崇明年鉴

CHONGMING
NIANJIAN

2023

《崇明年鉴》编纂委员会 编

方志出版社
Publishing House of Local Records

图书在版编目（CIP）数据

崇明年鉴. 2023 / 《崇明年鉴》编纂委员会编. —北京 ：方志出版社，2023.12
ISBN 978-7-5144-6075-9

Ⅰ. ①崇… Ⅱ. ①崇… Ⅲ. ①崇明区－2023－年鉴 Ⅳ. ①Z525.13

中国国家版本馆 CIP 数据核字(2023)第 253142 号

责任编辑：程倩
责任校对：张玉霞
责任印制：梅中英
出 版 者：方志出版社
地　　址：北京市朝阳区潘家园东里 9 号（国家方志馆 4 层）
邮　　编：100021
网　　址：http://www.zgfzcb.cn
发　　行：方志出版社图书营销中心（010-67110500）
印　　刷：廊坊市旭日源印务有限公司
开　　本：889 毫米×1194 毫米　1/16
印　　张：29
字　　数：1248 千字
版　　次：2023 年 12 月第 1 版
印　　次：2023 年 12 月第 1 次印刷
定　　价：245.00 元

《崇明年鉴》编纂委员会

顾　问：缪　京　李　峻　薛　红　邹　明

主　任：杨元飞　施　蕾

副主任：陈　荣　林建华

《崇明年鉴》审稿单位

上海市地方志办公室

《崇明年鉴》编辑部

主　编：朱鑫德

副主编：黄　健　杨中健　顾　超

吕厚艳　徐晓霞　宋建忠

编　辑：王海明　刘　姮　黄舒雨

上海·崇明

东海瀛洲　长江门户

数字崇明（2022）

区域面积：1413 平方公里
户籍人口：66.91 万人
农业总产值：56.5 亿元
工业总产值：479.5 亿元
社会消费品零售总额：134.9 亿元
接待游客：1240.6 万人次
财政收入：372.65 亿元
常住居民人均可支配收入：48237 元
居民储蓄存款余额：995.91 亿元

生态指标（2022）

环境空气质量（AQI）优良率：88.7%
森林覆盖率：30.62%
地表水环境功能区达标率：100%
绿色食品面积认证率：90%
绿色食品产量认证率：40%
新增森林面积：1.43 万亩
新增绿地：22.43 万平方米
卫生厕所普及率：99.2%
生活垃圾无害化处理率：100%

崇明名片

世界上最大的河口冲积岛
中国第三大岛
国际海洋装备岛
上海连接辐射长三角的重要桥头堡
全球首个 5G 全覆盖人居生态岛
中国特色农产品优势区
中国长寿之乡
白头鹤之乡
花博之乡
国家卫生区
国家级生态示范县
国家级生态农业县
国家级健康促进县
国家全域旅游示范区
国家绿色能源示范县
国家可持续发展实验区
国家生态农业标准化综合示范县
国家农业可持续发展试验示范区
全国文明城区
全国绿化模范县
全国科普示范县
全国双拥模范城
全国村庄清洁行动先进县
全国可再生能源建筑应用示范县
上海低碳经济示范区
上海民间文化艺术之乡

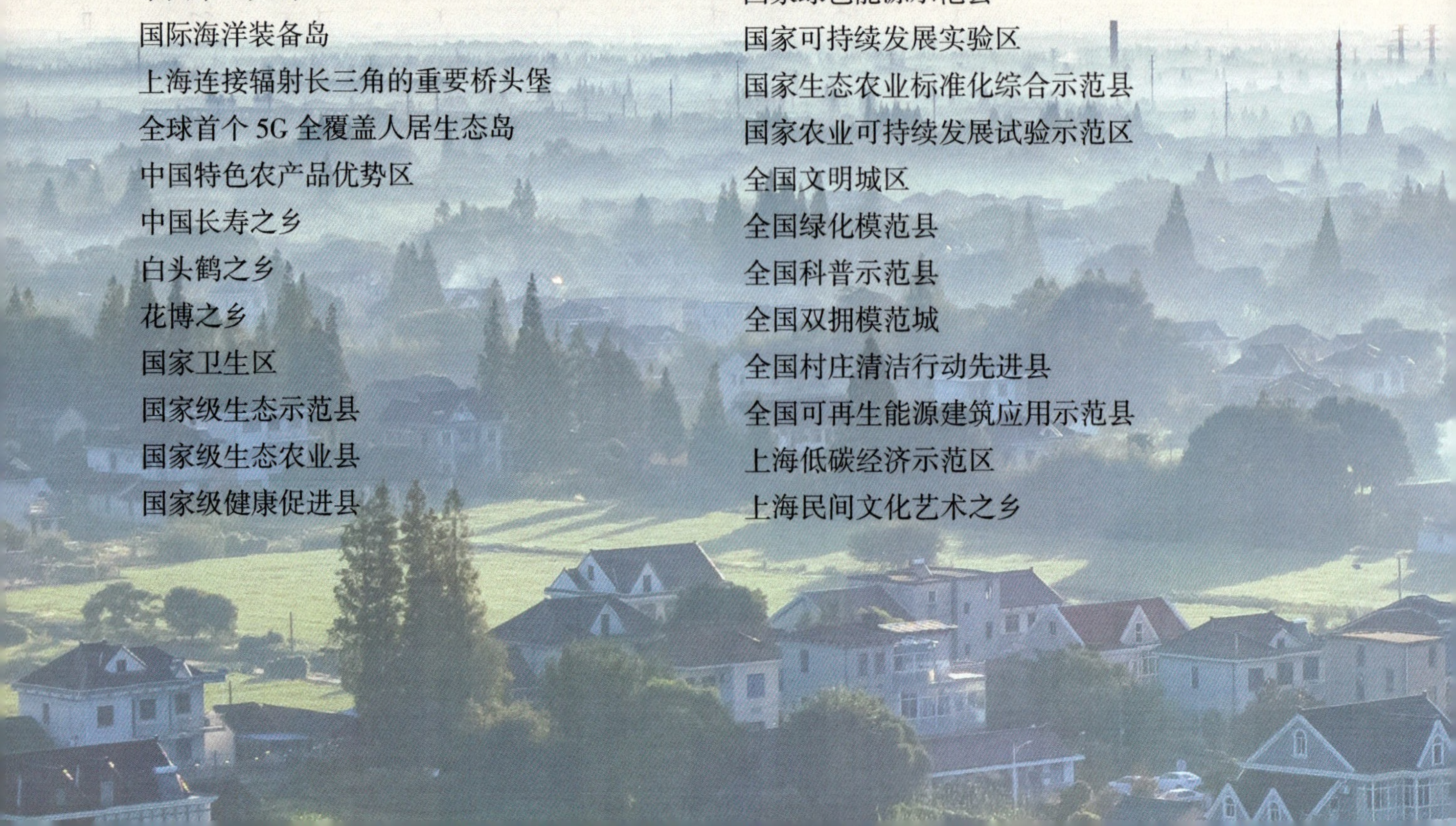

崇明风物

崇明特产：

清水蟹、老白酒、白山羊、金瓜、香酥芋、水仙、苦草、西红花（藏红花）、白扁豆、白虾、长江鲥鱼、长江鮰鱼、酱包瓜、崇明糕（上海米糕）、土布（蓝印花布）等

著名旅游景点：

东平国家森林公园
西沙明珠湖景区
前卫村海上花岛前卫生态村
三民文化村
东滩湿地公园
长兴岛郊野公园
高家庄生态园
瑞华果园
瀛东村
紫海鹭缘
仙桥村
海岛艺术田园景区
玉海棠景区
光明田原景区
稻 1968 景区
喜时尚工业旅游景区
上药中医药文化园
西岸氧吧
荷花博览园
绿港风情景区
虹桥花乡景区
上海崇明学宫景区
上海寿安寺·金鳌山景区
上海东禾九谷开心农场旅游区
香朵开心农场景区

国家级非物质文化遗产：

牡丹亭（江南丝竹）
琵琶艺术（瀛洲古调派）
崇明山歌

国家地理标志保护产品：

崇明老毛蟹
崇明老白酒

国家级自然保护区：

上海崇明东滩鸟类国家级自然保护区

国家地质公园：

上海崇明长江三角洲国家地质公园

全国最大江心水库：

青草沙水库

全国最大中华鲟保护基地：

上海长江口中华鲟湿地自然保护区

东滩日出（横沙乡 供图）

新中村新悦坊（新村乡 供图）

西沙明珠湖景区（徐平　摄影）

滩涂湿地

徐平 摄影

1. 新村乡滩涂
2. 西沙湿地

3. 东风西沙水库（徐平 摄影）
4. 飞翔中的雪雁（区融媒体中心 供图）
5. 水鸟白鹭（徐平 摄影）

3

4

5

区融媒体中心 供图

生态防汛

1—2. 崇明生态防汛堤一期
3—4. 崇明生态防汛堤二期

1

2

3

4

区融媒体中心 供图

生态环境治理

1. 待销毁的违规渔具
2. 执法人员正在销毁违规渔具
3. 工作人员正在河边清理福寿螺
4. 工作人员正在清理河道
5. 水上搜救演习

绿色低碳转型

1. 绿色能源车客渡船（区融媒体中心 供图）
2. 新能源公交车（区融媒体中心 供图）
3. 永安行共享单车（庙镇 供图）
4—5. 绿华光伏发电2022（区融媒体中心 供图）
6. 风力发电（区融媒体中心 供图）

绿色农业

1. 新村乡稻田画（新村乡 供图）
2. 春耕现场（区融媒体中心 供图）

1

2

区融媒体中心 供图

3. 农忙现场
4. 秋收现场
5. 种源保护实验室
6. 种源标本

3

4

5

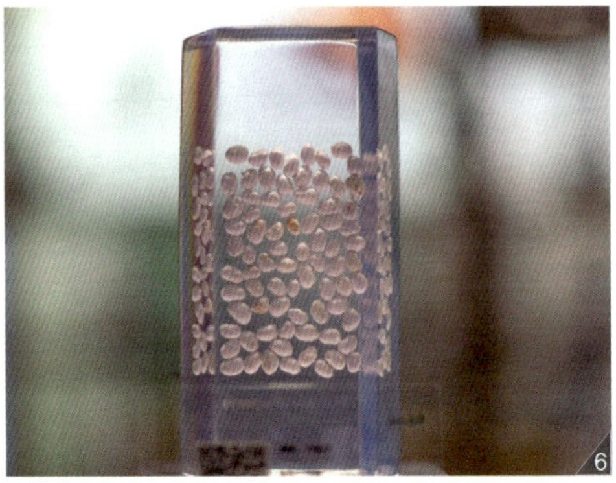
6

生态养殖

1. 白山羊养殖（区融媒体中心 供图）
2. 天鹅幼鸟养殖（区融媒体中心 供图）
3. 崇明清水蟹养殖（区融媒体中心 供图）
4. 正大蛋业工作车间［正大蛋业（上海）有限公司 供图］

1

2

3

4

区融媒体中心 供图

重大项目和实事工程

1. 轨道交通崇明线启动隧道掘进
2. 崇明岛公共货运码头项目

1

2

3. 南门液化气储备站（区融媒体中心 供图）
4. 崇明岛南沿水闸工程（徐平 摄影）

3

4

徐平　摄影

美丽乡村建设

1. 绿华镇风貌局部图
2. 东平镇风貌局部图
3. 港西镇风貌局部图
4. 崇明大道

1

2

3

4

5. 虹桥村香樟树林（区融媒体中心 供图）
6. 美丽庭院（徐平 摄影）
7. 位于庙镇的花海田园综合体（红掌花）（庙镇 供图）
8. 位于庙镇的花海田园综合体（菊花）（庙镇 供图）
9. 位于庙镇的花海田园综合体（郁金香）（庙镇 供图）
10. 新卫村新红湾花园（新村乡 供图）

人民生活

1. “悠悠爱情路 绵绵半世情” 金婚庆典（区融媒体中心 供图）
2. 村民跳广场舞（徐平 摄影）
3. 乡村集市（徐平 摄影）
4. 为老服务 （理发）（区融媒体中心 供图）
5. 老年助餐场所（区融媒体中心 供图）

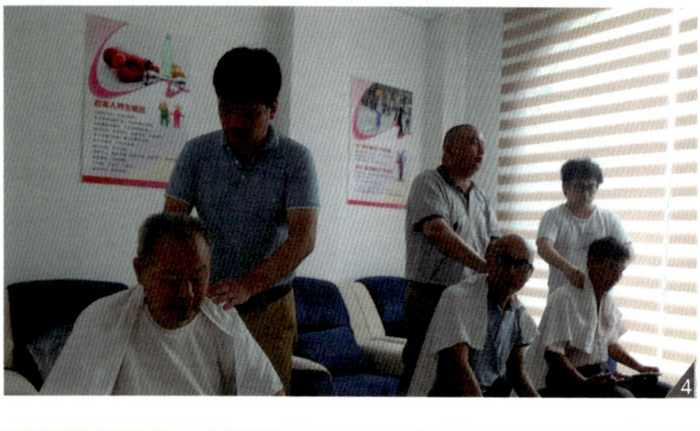

6. 为老服务 （健康宣传教育）（区融媒体中心 供图）
7. 夜游长兴郊野公园（长兴郊野公园 供图）
8. 健身步道夜景（徐平 摄影）

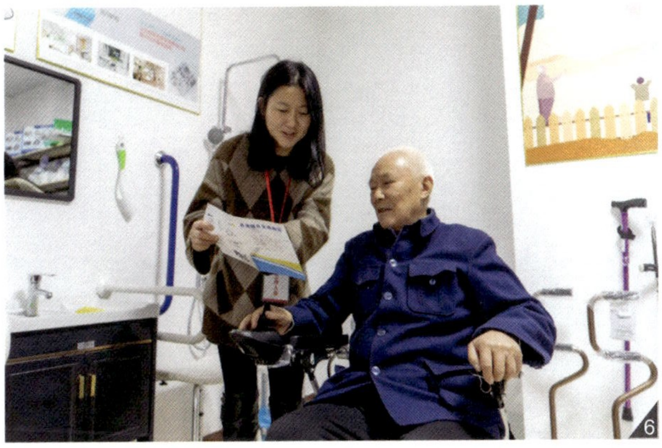
6

7

8

10. 永乐村乡村夜生活模特走秀（1）（徐平 摄影）
11. 永乐村乡村夜生活模特走秀（2）（徐平 摄影）
12. 村民和游客使用共享单车（庙镇 供图）
13. 市民使用健身步道（徐平 摄影）

11

10

12

13

各类活动

1.7 月 8 日，“品牌赋能 链接美好”2022 年崇明区品牌连锁企业招商云推介活动（区经委 供图）
2.8 月 10 日，崇明区促消费活动暨第三届“五五购物节”启动仪式（区经委 供图）
3.9 月 27 日，“推进崇明世界级生态岛碳中和示范区建设”论坛（区融媒体中心 供图）

1

2

3

区融媒体中心 供图

4—5. “十一”期间森林公园旅游节
6. “崇明 me 道崇明味道”农产品推介会首届崇明清水蟹开捕节
7. 游客投喂孔雀
8. 游客在森林公园露营

4

5

6

7

8

区体育局 供图

9. 烈士杯篮球赛
10. 明珠湖桨板趣味赛
11. 崇明区青少年校园足球联盟联赛
12. “兴业银行杯”上海城市业余联赛崇明区武术套路比赛
13. “体彩杯”龙舟比赛

党的二十大

1. 喜迎党的二十大景观（东平国家森林公园）（区融媒体中心 供图）
2. 喜迎党的二十大景观（徐平 摄影）

1

2

3. 三星镇新安村玉海棠景区稻田画（徐平 摄影）
4. 在“喜迎二十大 永远跟党走 建设新崇明”庆祝中国共产党成立101周年会议上，缪京带领新发展党员代表进行入党宣誓（区融媒体中心 供图）

3

4

5. 喜迎二十大 永远跟党走——“国旗下成长”暨爱国宣讲主题活动（区教育局 供图）
6. 喜迎二十大、永远跟党走、奋进新征程 2022 年崇明区新团员入团宣誓仪式（区教育局 供图）
7. 新村乡新国村村民观看党的二十大开幕会（徐平 摄影）

5

6

7

西沙湿地栈道俯拍图（徐平 摄影）

新城公园晨曦（城桥镇 供图）

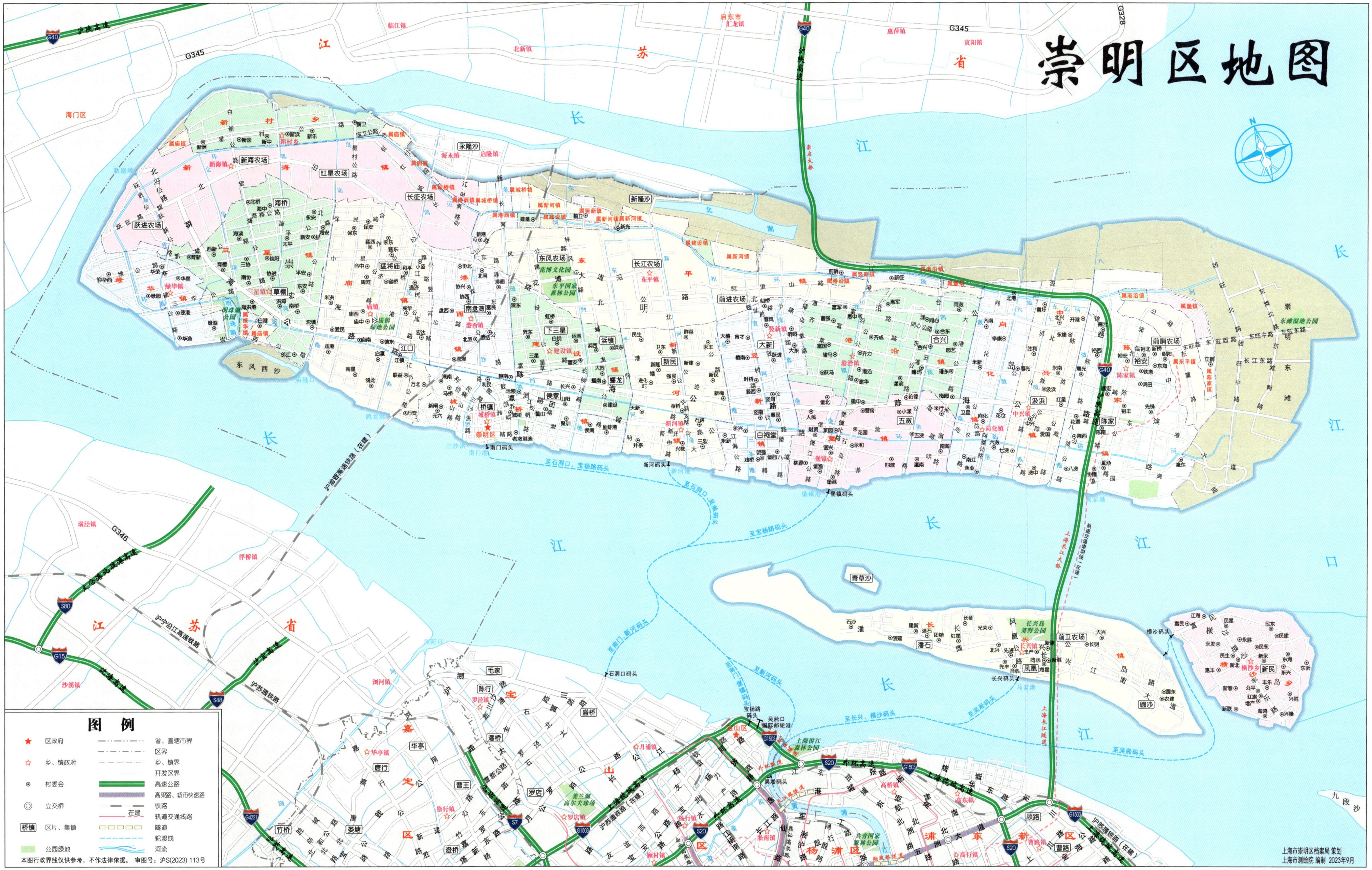

崇明区地图
图 例
区政府
乡、镇政府
村委会
立交桥
桥镇 区片、集镇
公园绿地
省、直辖市界
区界
乡、镇界
开发区界
高速公路
高架路、城市快速路
铁路
在建
轨道交通线路
隧道
轮渡线
河流
本图行政界线仅供参考，不作法律依据。 审图号：沪S(2023) 113号
上海市崇明区档案局 策划
上海市测绘院 编制 2023年9月
长
江
口
江
苏
省
海门区
东风西沙
青草沙
九段沙

编辑说明

一、《崇明年鉴（2023）》是经崇明区委、区政府决定，由区地方志办公室负责编纂，由区各部、委、办、局，各乡、镇，各群众团体，有关企事业单位等供稿，具有政府公报性质的综合性地方资料工具书。本年鉴是自《崇明县年鉴（1989）》以来的第27卷年鉴。

二、《崇明年鉴（2023）》以马克思列宁主义、毛泽东思想、邓小平理论、“三个代表”重要思想、科学发展观、习近平新时代中国特色社会主义思想为指导，坚持辩证唯物主义和历史唯物主义的立场、观点和方法，力求全面、系统、客观、准确地反映上海市崇明区2022年度自然、政治、经济、文化、社会、生态等方面的情况，体现时代特征、年度特点、地方特色，为崇明经济和社会发展提供参考。

三、《崇明年鉴（2023）》卷首设“文前彩页”“特载”“专文”“大事记”“崇明概貌”，并继续编制“英文目录”。卷中采用条目体，共有栏目29个，每个栏目均为类目、分目、条目三级结构层次。卷末设“统计资料”“附录”“索引”。

四、《崇明年鉴（2023）》记录时间从2022年1月1日到12月31日为止，部分条目作对比性记录。书中未作年份说明的均为2022年事项。

五、数字用法、标点符号用法分别采用国家标准《出版物上数字用法》（GB/T 15835—2011）、《标点符号用法》（GB/T 15834—2011），计量单位采用国家技术监督局1993年12月发布的《量和单位》系列标准。考虑到社会使用习惯，亩不作统一换算。

六、“统计资料”所刊内容为区统计局公布数据，各条目中由供稿部门提供的数据，如与其有出入，均以“统计资料”所刊数据为准。

目　录

特载

专文

大事记

崇明概貌

中共上海市崇明区委员会

上海市崇明区人民代表大会

上海市崇明区人民政府

政协上海市崇明区委员会

中共上海市崇明区纪律检查委员会・上海市崇明区监察委员会

民主党派·工商联

群众团体

法治

军事

生态建设

农业

工业·商贸

旅游业

交通运输业

房地产业

邮政通信

金融业

经济综合管理

城乡建设与管理

水 务

科技·信息化

教 育

文 化

医疗卫生

体 育

民生保障

重点开发单位选介

乡 镇

人物·先进

统计资料

附 录

索 引

Main Contents

CPC Shanghai Chongming District Discipline Inspection Commission&Shanghai Chongming District Supervisory Commission

Other Political Parties & Federation of Industry and Commerce

Mass Organizations

Rule of Law

Military Affairs

Ecological Construction

Agriculture

Industry & Commerce

Tourism

Transportation

Real Estate Industry

Postal Service & Communication

Finance

Economic Comprehensive Administration

Construction & Management of Urban and Rural Areas

Water Affairs

Technology & Informatization

Education

Culture & Media

The Medical and Hygiene

Sports

Civil Affairs

Key Development Areas

Township

Remarkable Figures

Statistics

Appendixes

Index

特载

中共上海市崇明区委常委会2022年工作报告

——2022年12月26日在中共上海市崇明区第二届委员会第五次全体会议上

中共崇明区委书记　缪　京

2022年是进入全面建设社会主义现代化国家、向第二个百年奋斗目标进军的重要一年，是党的二十大、市第十二次党代会召开之年，是二届区委工作的开局之年。一年来，区委常委会坚持以习近平新时代中国特色社会主义思想为指导，深入贯彻落实习近平总书记考察上海重要讲话和对上海工作重要指示批示精神，坚决贯彻"疫情要防住、经济要稳住、发展要安全"要求，坚持稳字当头、稳中求进，在市委的坚强领导下，高效统筹疫情防控和经济社会发展，抗疫防疫取得积极成效，经济社会发展企稳向好，全面从严治党持续深化，世界级生态岛建设取得新进展。预计全区实现增加值395.5亿元，可比下降3%；区级一般公共预算收入122.2亿元，同比下降16.3%；农村常住居民人均可支配收入34830元，同比增长5%。

一年来，区委常委会重点抓了三项工作。

第一，深入学习宣传贯彻党的二十大精神。坚持把迎接党的二十大召开、学习宣传贯彻党的二十大精神作为首要政治任务，以强烈的政治担当落细落小、走深走实。积极做好迎接工作。深入开展"喜迎二十大、永远跟党走、建设新崇明""强国复兴有我"等主题活动，不断营造良好环境。推出"喜迎二十大、奋进新征程、建功新时代"系列报道，深入宣传报道党的十八大以来生态岛建设取得的重大成就。大力开展学习宣传。及时召开区委常委会会议、区委中心组学习会、全区党员负责干部会议等，传达学习党的二十大精神。全覆盖举办处级领导干部专题研讨班，组织开展分众化、多层次的宣讲，迅速掀起学习宣传热潮。认真抓好贯彻落实。把学习贯彻党的二十大精神与全面贯彻习近平新时代中国特色社会主义思想紧密结合起来，与深入贯彻习近平总书记考察上海重要讲话精神紧密结合起来，与贯彻落实市第十二次党代会精神紧密结合起来，与做好当前工作、谋划今后任务紧密结合起来，不断把学习成果转化为推动发展的强大动力。

第二，坚决打赢疫情防控人民战争、总体战、阻击战。

第三，加快推动经济恢复重振。坚持稳预期、提信心，持续推出政策"组合拳"，最大限度释放政策效应，千方百计稳住市场主体，奋力打好经济恢复和重振攻坚战。加大助企纾困力度。制定发布应对疫情促进企业发展17条措施，出台落实区加快经济恢复和重振实施方案，明确具体操作办法，优化政策实施流程，加大宣传服务力度，确保政策应出尽出、应兑尽兑、应享尽享。深化联络走访服务。深入开展"防疫情、稳经济、保安全"大走访、大排查，落实重点企业首席联络员制度，加快落地减税降费和新的组合式税费支持政策，不断提升服务企业效能。优化市场发展环境。开展营商环境创新试点，推进惠企利民政策"免申即享"，搭建产业发展服务平台，开展"云招商"系列主题月活动，推出"疫去嗨购、点燃崇明"促消费活动，积极释放居民消费潜力，促进消费扩容提质。大力培育发展动能。研究制定生态产业总体实施方案，形成全区产业地图和产业政策汇编，加快构建生态产业体系。建立区稳投资联合工作协调机制，召开区投资促进大会，积极招引重点产业项目落地。

一、持续厚植生态环境优势

区委常委会牢固树立绿水青山就是金山银山的理念，全面促进人与自然和谐共生，努力使绿色成为崇明最动人的底色、最绚丽的亮色。

（一）深入开展长江生态大保护

加强重要湿地、堤防、江岸带修复，推进退滩还江，实施环岛防汛提标工程，深入推进长江经济带绿色发展示范，崇明东滩鸟类国家级自然保护区正式成为世界自然遗产提名地。持续开展跨行政区和流域性生态共建共治，加快建设长江口生态保护战略协同区。加强长江水生生物保护和水域生态修复，深化长江十年禁渔、长江流域重点水域禁捕退捕，持续加强非法捕捞案件侦破、"三无"船舶取缔。加快生物重要栖息地修复，加强水产种质资源保护，不断提高长江流域水生生物多样性。

（二）加强优美自然环境建设

深入实施世界级生态岛发展规划纲要、第五轮世界级生态岛建设三年行动计划、第八轮环保三年行动计划，生态文明领域创建工作有序开展，生态产品总值持续增长。开展净水清水活水行动，实施界河、四滧港等河道治理，完成一批生态清洁小流域建设，地表水环境质量考核断面达标比例100%。高质量完成"三区三线"划定，大力推进建设用地减量化和土地整理复垦，受污染耕地和污染地块安全利用率均达到100%。新增造林1.43万亩，推进2个开放休闲林地建设，森林覆盖率达到30.6%。加强大气污染源监管，环境空气质量优良率达到88.6%。持续开展“一枝黄花”等外来入侵物种治理，深化中央和市生态环境保护督察及市生态环境警示片反馈问题整改，生态治理瓶颈难题有力破解。

（三）加快碳中和示范区建设

制定实施碳中和示范区建设实施方案，开展碳排放精细化管理和GEP核算体系研究，编制完成体系建设方案。加强创新合作，与同济大学合作成立碳中和学院、同济崇明碳中和研究院，设立上海长兴碳中和创新产业园。深入推进绿色交通发展，国内首艘新能源车客渡船“新生态”号投入运营。全面推进建筑绿色化，完成既有建筑节能改造年度任务，试点开展社区超低能耗建筑集中示范工作。加快绿色能源开发利用，长兴岛电厂碳捕集利用与封存技术示范项目、港西镇渔光互补项目开工建设，可再生能源发电量占用电量比重达到30%。大力完善垃圾全程分类体系，生活垃圾回收利用率、农林废弃物资源化利用率持续提升。

二、积极推动生态经济高质量发展

区委常委会坚定绿色发展取向，加速生态资产向发展资本转化、生态要素向发展要素转化、生态优势向发展优势转化，着力推动生态经济实现质的有效提升和量的合理增长。

（一）全力做强都市现代农业

大力实施农业科创项目“揭榜挂帅”制度，推进种源等关键核心技术攻关，联合上海海洋大学共建全国农业科技现代化先行区。推进农业数字化转型，加快建设集门户、应用场景等于一体的农业智能管控系统。加强重大农业项目建设，盒马南美白对虾一期、国际菊花产业园等建成投产，现代畜禽养殖和高端设施农业产业片区加快建设。持续推进化学肥料、化学农药减量化，实施农产品质量安全精准管控，加快推动农产品精深加工。做优做强有机农产品、地理标志农产品，完善农产品公共品牌体系，推出“优农三兄弟”统一标识，打造“崇明米道”平台，启动国家地理标志产品保护示范区创建。加快推进农业全产业链标准化体系建设，深化产业联合体建设，规范行业标准、引导抱团发展，推动特色产业健康发展。

（二）大力发展高端制造业

积极打造海洋装备产业集群，稳步推进中船长兴二期等项目建设，沪东中华、江南造船等龙头企业成功交付一批具有世界领先水平的船舶。加快建设长兴海洋装备产业园，深入推进上海交大海洋装备研究中心等项目建设，临港长兴科技园一期项目竣工投用。积极搭建海洋经济创新研发平台，有序推进梧桐园、海洋科技港二期等项目建设，海洋经济产业链布局更加完善。持续推动产业园区向科技研发、生态文创、智能制造等方向转型，苦草生物科技项目正式落地，大数据云计算中心正式开工。

（三）聚力做优生态服务业

创新发展生态文旅，提升全域旅游示范区能级，继续推进西沙明珠湖AAAAA级旅游景区创建，新增一批高端酒店、精品民宿，竖新镇、横沙乡获评第二批全国乡村旅游重点乡镇，三星镇新安村成功入选中国美丽休闲乡村，江南造船获评国家工业旅游示范基地。制定落实民宿集群村建设导则，开发沉浸式体验、帐篷营地、文创市集、非遗传承等“民宿+”产品，加快构建乡村民宿发展新格局。大力发展康养产业，莎蔓莉莎、上实东颐等项目加快建设。持续拓展中医养生产业，西红花、苦草等药用植物的种研用全产业链建设稳步推进。大力推动多旅融合，乡村旅游、亲子研学、生态教育等多元化旅游业态蓬勃发展。

三、大力发展社会主义民主政治

区委常委会坚持党的领导、人民当家做主、依法治国有机统一，健全人民当家做主制度体系，扩大人民有序政治参与，充分体现人民意志、保障人民权益、激发人民创造活力。

（一）支持人大及其常委会依法行使职权

出台区委关于坚持和完善人民代表大会制度加强和改进新时代人大工作的实施意见。支持人大及其常委会依法履职行权，围绕乡村振兴、安全生产、食品安全、长江十年禁渔、酒店民宿质量、检察公益诉讼、固体废物污染防治等重点工作开展监督，围绕饮用水水源保护、花卉产业和康养产业发展等深入调研，不断促进依法行政、依法监察、公正司法。深入践行全过程人民民主，密切同人民群众的联系，不断提高人大工作服务世界级生态岛建设的能力水平。

（二）支持政协发挥专门协商机构作用

支持政协发挥社会主义协商民主重要渠道和专门协商机构作用，在建言资政和凝聚共识上持续发力。支持政协创建“瀛洲智库”“长江工作站”等品牌，围绕高品质农业发展、城区交通环境优化等开展协商议政，聚焦多层住宅电梯加装后续运维情况、“限塑令”实施情况等开展民主监督，针对“双减”政策落实情况、生态市集建设情况等开展专题调研，积极反映社情民意。支持政协推进专业化、机制化、品牌化建设，不断提高履职能力和协商质量。

（三）持续巩固和发展爱国统一战线

坚持和加强党对统一战线工作的集中统一领导，召开区委统战工作会议，制定实施加强新时代乡镇统战工作实施意见等文件，不断完善大统战工作格局。动员广大统战成员投身疫情防控，举办“双碳”主题论坛等活动，助推崇明绿色高质量发展。加强党外代表人士队伍建设，支持各民主党派、无党派人士积极参政履职，完成各统战团体换届。深入做好统战领域防范化解风险隐患工作。深化民营经济统战工作，扎实做好民族宗教、港澳台海外等统战工作。

四、着力加强宣传思想文化工作

区委常委会坚持以社会主义核心价值观引领思想文化建设，坚定文化自信、增强文化自觉、强化文化担当、建设文化崇明，不断提升世界级生态岛文化软实力。

（一）持续巩固壮大主流思想舆论

严格落实意识形态工作责任制，实施主体单位履行责任承诺制度，并纳入区委巡察重要内容。强化理论武装，深入开展《习近平在上海》采访实录等书目的学习，坚定不移推动习近平新时代中国特色社会主义思想深入人心。持续推动理论研究，实施重点课题调研，部分成果在市级媒体刊发。围绕抗疫情、促发展，建立健全舆情动态研判、有效引导和协同处置机制，公开透明回应群众关切。持续推进媒体融合发展，加快构建大宣传格局，不断讲好崇明故事、传播崇明精彩。

（二）着力提升全社会文明程度

深入开展社会主义核心价值观宣传教育，动员人人践行上海城市精神品格、崇明精神品格，持续提升区域发展软实力。坚持创建为民、创建惠民、创建靠民，扎实推进全国文明城区常态长效建设。深化群众性精神文明系列创建，动员广大志愿者投身疫情防控和爱国卫生运动。深化市民修身行动，完善道德典型常态选树机制，评选表彰精神文明建设好人好事41件，2人获评2022年“中国好人”。广泛开展学雷锋志愿服务系列活动，不断传递奉献友爱互助进步正能量。

（三）大力提升公共文化服务水平

实施文化下乡工程，配送市、区两级文艺演出260场，全力打通文化服务“最后一公里”。开展抗疫作品创作，推出诗歌、曲艺说唱、音乐、戏剧等原创作品，不断提升文艺创作质量。开展“瀛洲古韵”音乐会等直录播活动，“学才艺”视频入选全市文艺教学视频教材。启动文创扶持资金项目和文创园区申报工作，加快打造文化新品牌。推动红色文化发掘宣传，加快推进1929年中共崇明县委机关旧址修缮工作。推进非遗传承保护，深入开展非遗代表性项目、区级保护单位和传承人评定。加强档案、地方志编纂和党史研究工作。

五、奋力创造幸福美好生活

区委常委会坚持在发展中保障和改善民生，把最好的资源留给人民，用优质的供给服务人民，不断提高人民共享生态发展成果的广泛性、公平性、便捷性。

（一）加快实施乡村振兴战略

强化典型示范引领，扎实推进4个市级、15个区级乡村振兴示范村建设，持续优化人居环境，美丽乡村提标升级不断加快。有序推进农民住房改善，制定落实农民建房政策操作口径，完成新一轮农民相对集中居住任务。贯彻落实市乡村振兴促进条例，市级、区级重点任务加快推进。深化农村综合帮扶，已建成造血项目收益提取工作有序推进，在建造血项目加快建设。建立区级农村集体经济发展平台，做实“村集体经济组织＋龙头企业＋农户”模式，大力发展“家门口产业”，全力促进集体经济发展壮大。

（二）不断提高民生保障水平

扎实推进稳岗就业，做好就业困难人员、失业人员等重点群体就业帮扶，完成新增就业9216人，帮助就业困难人员实现就业4581人、长期失业青年实现就业创业480人，城乡登记失业人数控制在市下达的指标以内。继续实施全民参保计划，城乡居民基础养老金标准提高至每人每月1300元，城乡居保覆盖率达到99.74%。扩大社会救助范围，做实社会救助保障标准与物价上涨挂钩联动机制，全面保障城乡低保、特困供养、重残无业等特殊群体基本生活。

（三）着力推动社会事业发展

加强基层科普设施建设，开展防疫科普宣传、科技艺术巡演，成功举办崇明科技节。持续加强优质教育资源供给，上海市实验学校东滩高级中学、上海市实验小学长兴分校实现招生办学。持续开展医药卫生体制改革，荣获国务院办公厅“深化医药卫生体制改革成效明显的地方”表彰激励，上海健康医学院附属崇明医院揭牌成立。稳步推进新华医院崇明分院改扩建、区精神卫生中心整体改扩建工程，完成3家综合医院发热门诊和18家社区卫生服务中心发热门诊、哨点诊室建设。优化公共体育设施，滚动推进市民益智健身苑点、多功能运动场、健身步道、健身驿站等新建改建工程。持续完善退役军人服务保障体系，做好各类优待证发放工作。

（四）扎实推进民生实事工程

提高养老服务供给能力，新增一批综合为老服务中心、老年助餐服务场所、老年人日间照护中心、市级示范睦邻点，深入推进居家环境适老化改造、长护险试点。加强未成年人关心关爱，普惠性托育点乡镇覆盖率达到89%，未成年人保护工作站率先在全市实现乡镇全覆盖。持续推进早餐工程，新增、改造一批早餐网点。大力提高居住品质，城桥镇利民村“城中村”改造加快实施，不成套职工住宅及小梁薄板类房屋改造有序推进，明珠花苑综合整治稳步开展。持续优化基础设施，加快推进燃气管网设施改造、南门液化气储配站迁建、架空线入地及合杆整治。加快推进轨道交通崇明线、沪渝蓉高铁崇明段有关工作，公共货运码头实现竣工，500千伏输变电工程长江大跨越段完成建设。

六、全面提升城乡治理现代化水平

区委常委会牢牢把握城乡生命体、有机体特征，不断推动治理模式创新、治理方式重塑、治理体系重构，努力走出一条符合世界级生态岛建设规律的城乡治理新路。

（一）持续创新基层治理

创新乡村治理模式，开展市级乡村治理清单制试点创建，完成全国乡村治理体系建设试点示范区验收。开展乡村治理积分制试点工作，3个市级、12个区级基地试点加快推进。加强数字乡村治理探索，乡村治理数字化转型应用场景正式启用。巩固拓展“五美社区”建设，升级村居电子台账，规范阳光村居务，村居治理水平不断提高。持续开展违法用地及农村乱占耕地建房问题整治，保持新增违法建筑动态清零。工会、共青团、妇联等群团组织顺利完成换届，政治性、先进性、群众性进一步增强。

（二）大力推进城乡治理智能化

持续深化政务服务“一网通办”改革，推动“一件事一次办”服务集成，有效增强全程网办等服务能级，优化拓展企业专属网页、“随申办”崇明旗舰店服务，企业群众的办事体验感和满意度持续提升。加快升级城市运行“一网统管”，建成投用社区疫情防控智能应用等场景，问题及时发现、协同处置能力不断提高。构建城市数字化转型“1+3+X”政策体系，经济、生活、治理等领域数字化转型持续向纵深推进。

（三）深入推进平安崇明建设

加强风险预判预防，依法从严处置政治案件，有效防范重大敏感事件发生。建立规模性群体性事件应急处置机制，稳妥处置疫情防控、环境保护等领域重大矛盾。大力推进市域社会治理现代化试点，深入开展“除隐患、铸平安”冬春防控、“百日行动”及“砺剑”系列专项行动，常态化推进扫黑除恶斗争，刑事案件万人发案率全市最低，公众安全感暨公安工作满意度再夺全市“双第一”。优化完善反诈分中心运作机制，推进电信网络诈骗综合治理，电信诈骗立案数大幅下降。扎实推进生产、消防、食品药品等安全整治，完善防灾减灾救灾体制机制，不断筑牢城乡安全防线。持续推进军民融合发展。

（四）全面提升依法治区水平

健全党领导全面依法治区工作的制度机制，建立20个基层法治观察点，实现区管党政负责人书面专题述法全覆盖。推进全国法治政府建设示范创建，完成新一届法律顾问聘任工作，试点设立行政复议基层咨询受理点，“法治护航世界级生态岛建设的探索与实践”被评为全国法治政府建设示范项目。夯实法治社会建设根基，举办首届法治文化节活动，加快全国民主法治示范村（社区）建设，开展涉疫行政争议先行调解工作，设立涉侨纠纷调解室，不断推动矛盾纠纷多元化解。

七、不断提高党的建设质量和水平

区委常委会坚决扛起管党治党政治责任，坚持全面从严治党永远在路上、党的自我革命永远在路上，健全全面从严治党体系，深入推进新时代党的建设新的伟大工程。

（一）把党的政治建设放在首位

旗帜鲜明讲政治，加深对“两个确立”决定性意义的认识，不断增强“四个意识”、坚定“四个自信”、坚决做到“两个维护”。全面推动理想信念教育常态化制度化，引导广大党员干部严守政治纪律和政治规矩。大力弘扬理论联系实际的马克思主义学风，学深悟透中国特色社会主义理论体系，坚定不移以之武装头脑、指导实践、推动工作。举办学习贯彻党的十九届六中全会精神专题研修班，切实提高干部队伍政治能力和政治担当。严格落实全面从严治党主体责任，深化细化“四责协同”机制，强化党组织书记第一责任人责任和班子成员“一岗双责”责任。

（二）打造高素质干部人才队伍

坚持新时期好干部标准，树立重实干、重实绩的用人导向，注重在关键岗位上选优配强干部，调配干部88名。加强区管领导班子建设，调整完善区管国有企业党建工作体制机制，对18个乡镇领导班子开展换届后运行情况调研回访。统筹抓好年轻干部培养，开展全覆盖的年轻干部队伍建设专题调研，大力实施“雏鹰工程”、90后“321”起跑计划。建强干部培养锻炼平台，启动新一轮干部双向交流挂职三年行动计划，选派10名干部到市级单位学习锻炼。创新引才育才方式，大力推进“燕归巢 凤来栖”计划，新设博士后创新实践基地，建设区留学人员创业园，新增院士工作站1家。

（三）加强党的基层组织建设

开展“战疫有我、守护瀛洲家园”行动、“五先锋五行动”，以党建引领疫情防控社会动员。创新社区组织建设，探索实施在地央企党员志愿者任村居“第二书记”机制。大力实施抓党建促乡村振兴，扎实做好扶持发展壮大农村集体经济试点工作。锻造党组织书记“领头雁”，启动新一轮瀛洲书记工作室建设。深化“两新”组织党建，建立新业态新就业群体、乡村民宿产业等党建工作委员会，成立城桥万达商圈党建联盟。大力实施“火炬行动”，持续深化党建“叶脉工程”，进一步做实崇启海毗邻党建。

（四）持之以恒正风肃纪反腐

强化监督执纪问责，落实“一把手”监督等五个“三年行动计划”，探索实践“五五”工作法，不断涵养风清气正的政治生态。深化粮食购销领域、长江十年禁渔、常态化疫情防控等方面的政治监督，保障上级重大决策部署落地落实。组织开展年度全面从严治党述责述廉评议，完善全面从严治党工作记实制度，进一步强化年轻干部教育管理监督。坚持不敢腐、不能腐、不想腐一体推进，全区各级纪检监察组织处置问题线索413件，立案135件160人，查办职务犯罪案件12件。首次成功办结受贿人与行贿人同步留置案件，实现政治效果、纪法效果和社会效果的有机统一。深化中央八项规定精神落实，持续纠“四风”树新风，严肃查处群众身边腐败问题。全面深化政治巡察，选优配强巡察干部队伍，对21家区级党组织、70个村居党组织开展集中巡察，充分彰显巡察“利剑”作用。

一年来，区委常委会高度重视自身建设，严守党的政治纪律和政治规矩，始终在政治立场、政治方向、政治原则、政治道路上同党中央保持高度一致。注重发挥总揽全局、协调各方作用，推动成功召开区“两会”，选举产生新一届区人大、区政府、区政协领导班子和监委主任、法院院长、检察院检察长。坚持和完善集体领导制度，贯彻民主集中制，不断提高科学决策、领导发展的能力和水平。坚持集体学习制度，大兴调研之风，增强工作的科学性、预见性、主动性。严肃党内政治生活，严格执行廉洁自律各项规定，自觉接受各方监督。

上海市崇明区人民政府2022年工作报告

——2023年1月6日在上海市崇明区第二届人民代表大会第四次会议上

崇明区人民政府区长　李　峻

一、2022年工作回顾

2022年是党的二十大胜利召开之年，也是崇明区新一届政府履职的开局之年。我们坚持以习近平新时代中国特色社会主义思想为指导，坚持把迎接党的二十大和学习宣传贯彻党的二十大精神作为全年工作的主线，深入贯彻习近平总书记考察上海重要讲话精神，坚决贯彻落实党中央、国务院，市委、市政府和区委的决策部署，坚定不移走生态优先、绿色发展之路，高效统筹疫情防控和经济社会发展，实现了经济加快恢复和社会大局稳定。

一年来，面对经济下行压力和疫情冲击影响，我们以非常之举应对非常之难，全区经济社会发展总体呈现企稳回升、稳中向好态势。一是经济运行稳健恢复。通过实施稳经济一揽子措施，主要经济指标降幅逐渐收窄，全年实现增加值404.16亿元、下降4.3%，区级地方一般公共预算收入121.9亿元、下降16.5%，全社会固定资产投资总额179.78亿元、下降22.8%，社会消费品零售总额134.91亿元、下降6%。二是生态品质稳固提升。森林覆盖率达到30.62%，环境空气质量（AQI）优良率达到88.7%，地表水环境质量考核断面达标比例保持100%。三是民生福祉稳步提高。完成区内新增就业9216人，城乡登记失业人数控制在本市下达的指标以内；农村常住居民人均可支配收入35225元、增长6.2%。

一年来，我们在应对挑战中主动作为，在爬坡过坎中砥砺攻坚，启动实施世界级生态岛新一轮发展规划纲要和第五轮三年行动计划，着力推动各项事业高质量发展。主要做了以下工作：

（一）持续厚植生态优势，环境品质巩固提升

生态环境不断优化。全面推进第八轮环保三年行动计划，实施界河、四滧港等河道生态治理和7个骨干河道断点打通项目，推动一批生态清洁小流域建设，完成10个撤制乡镇污水管网完善工程。严格控制和预防土壤污染，受污染耕地安全利用率、污染地块安全利用率均保持100%。加强大气污染源监管，PM2.5年平均浓度降至25微克/立方米。从严抓好中央和市生态环境保护督察及生态环境警示片反馈问题整改，生态环境领域短板加快补齐。

生态空间持续拓展。落实新增森林面积1.43万亩，实施公益林抚育1.03万亩，推进2个开放休闲林地建设。加强滩涂、自然湿地生态修复和规范管理，持续开展外来入侵物种治理，有效遏制福寿螺扩散蔓延态势，清除“一枝黄花”7000亩、互花米草1500亩。完成国土空间“三区三线”划定，持续开展违法用地及农村乱占耕地建房问题整治，守好耕地保护红线。打好“长江禁渔”持久战，侦破非法捕捞案件21起，取缔内陆河道等区域“三无”船舶136艘，常态化保持禁捕水域“四清四无”。

绿色低碳转型步伐加快。发布碳中和示范区建设实施方案，与同济大学合作成立碳中和学院、同济崇明碳中和研究院，引入上海碳中和技术创新联盟，设立上海长兴碳中和创新产业园。全面启动“无废城市”创建，持续完善垃圾全程分类体系，生活垃圾资源回收利用率达到42.1%。深入推进绿色交通发展，更新新能源公交车43辆，国内首艘超级电容新能源车客渡船“新生态”号投入运营。全面推进新建建筑绿色化，新增绿色建筑13.08万平方米，完成既有建筑节能改造2.36万平方米。加快绿色能源开发利用，港西镇128兆瓦渔光互补光伏发电项目开工建设，全区可再生能源装机容量达到58万千瓦，可再生能源发电量占全社会用电量比重超过31%。

（二）扎实推动绿色发展，产业能级稳步提升

现代绿色农业创新发展。严格落实粮食安全责任制，强化粮食安全全生命周期管理，完成15.7万吨年度粮食生产目标任务。推进高标准农田和设施菜田建设，大力推广绿色种养技术模式，绿色优质农产品认证率保持90%以上。全面推动“农业科创岛”建设，实施农业科创项目“揭榜挂帅”，加强特色种源保护和开发利用，促进种源农业“育繁推”一体化发展。联合上海海洋大学共建全国农业科技现代化先行区。盒马南美白对虾一期等项目建成投产，现代畜禽养殖和高端设施农业产业片区加快建设。完善农产品公共品牌体系，推出“优农三兄弟”统一标识，打造“崇明米道”平台。

海洋装备产业不断壮大。中船长兴二期等项目建设稳步推进，沪东中华、江南造船等龙头企业成功交付一批具有世界领先水平的船舶，海洋装备产业集群发展能级持续提升。积极搭建海洋经济创新研发平台及产业承载空间，临港长兴科技园一期等项目竣工投用，上海交大海洋装备研究中心、梧桐园标准厂房、海洋科技港二期等项目加快建设，海洋经济产业链布局更加完善。

旅游康养发展提质升级。巩固提升全域旅游示范区建设成效，继续推进西沙明珠湖国家AAAAA级景区创建，积极引导民宿高质量集群发展，竖新镇、横沙乡获评第二批全国乡村旅游重点乡镇，三星镇新安村入选中国美丽休闲乡村，江南造船厂获评国家工业旅游示范基地，全区实现旅游收入32.7亿元。莎蔓莉莎高端医美、上实东颐疗养院、太保家园东滩国际颐养中心等康养项目加快建设。

经济发展动能持续增强。发布应对新冠疫情进一步促进企业发展17条政策措施，出台区加快经济恢复和重振实施方案及助行业强主体稳增长若干政策，累计惠及市场主体9万余户。加大招商引资力度，开展"云招商"系列活动，举办投资促进暨生态岛产业发展大会，发布全区产业地图和产业政策汇编，新签约亿元以上项目29个。开展"疫去嗨购 点燃崇明"等促消费活动，大力发展夜间经济，激发消费市场活力。产业园区加快转型升级，崇明工业园区引进落地苦草生物科技等项目，智慧岛产业园大数据云计算中心等项目正式开工，富盛经济开发区推动绿色金融集聚区发展，现代农业园区加快老杜农产品加工等项目建设。

（三）促进城乡融合发展，区域能级不断提升

城乡基础设施加快完善。轨道交通崇明线全面启动隧道掘进，沪渝蓉沿江高铁崇明段开工建设，环岛防汛提标二期工程主体完工，崇明岛公共货运码头项目竣工。崇明500千伏输变电工程完成长江大跨越段建设，崇明岛—长兴岛—浦东新区五号沟LNG站管道工程过江隧道全线贯通，南门路液化气储配站完成更新改造，崇明岛南沿3座水闸改建工程建成投用，长兴镇固体废弃物资源化利用中心及堡镇、横沙建筑垃圾中转站建设持续推进。

美丽乡村建设提质升级。农村人居环境持续优化，完成5个市级、15个区级乡村振兴示范村和7个市级美丽乡村示范村建设。积极打造宜居家园，城桥地区港西3号地块、陈家镇4号地块一期农民相对集中居住项目主体结构完工，出台农村村民建房相关操作办法。持续加强"四好农村路"建设，深化农村公路管理养护体制改革，提档升级农村公路30公里。

城市有机更新扎实推进。启动南门路架空线入地和杆箱全要素整治项目，完成老北沿公路（建设公路—东平河）弱电架空线入地整治。深化住宅小区综合治理，完成既有多层住宅加装电梯30台，为9个住宅小区新增电动自行车集中充电设施。编制旧区改造三年行动计划，加快实施旧住房综合改造，有序推进城桥镇利民村（西）"城中村"改造项目和明珠花苑综合整治工程，启动不成套职工住宅和小梁薄板房屋改造及新一轮"美丽家园"小区建设。实施老旧小区燃气管道改造28万平方米，推进2.2公里老旧隐患供水管道改造。严格落实"房住不炒"要求，新增筹措保障性租赁住房1206套。

（四）倾情倾力保障民生，群众福祉更加厚实

全力兜牢民生底线。扎实推进稳岗就业，做好高校毕业生、就业困难人员、失业人员等重点群体就业帮扶，支持市场主体稳岗扩岗，帮助就业困难人员实现就业4581人、长期失业青年实现就业创业480人，累计开展补贴性职业技能培训7.6万人次。全力保障困难群众基本生活，实施最低生活保障、特困人员供养、临时救助等各类社会救助38.4万人次，确保困难群众求助有门、受助及时。

社会事业稳步发展。深化教育综合改革，增强优质教育资源供给，上海市实验学校东滩高级中学和上海市实验小学长兴分校实现招生办学。持续开展医药卫生体制改革，荣获国务院办公厅"深化医药卫生体制改革成效明显的地方"表彰激励，上海健康医学院附属崇明医院揭牌成立，新华医院崇明分院改扩建和区精神卫生中心整体改扩建工程稳步推进，完成3家综合医院和18家社区卫生服务中心发热门诊及哨点诊室标准化建设。新建改建市民益智健身苑点120个、市民多功能运动场10片，新建市民健身步道15公里、市民健身驿站8个，崇明体育健儿在市第十七届运动会上取得佳绩。持续完善退役军人服务保障体系，发放退役军人及其他优抚对象优待证近3万张。妇女儿童事业稳步发展。

公共服务水平加快提升。新增社区综合为老服务中心、老年助餐服务场所、老年人日间照护中心等为老服务场所17家，改建认知障碍照护床位59张，实施居家环境适老化改造115户，新建市级示范睦邻点26家，长护险惠及老人1.6万名。生态惠民保险赔付受益者1790人次，生态养老补贴惠及近15.9万人。加强未成年人和农村留守儿童关心关爱，乡镇普惠性托育点覆盖率达到89%，未成年人保护工作站在全市率先实现乡镇全覆盖。繁荣群众文化，承接市级各类活动146场，开展区级配送文艺演出408场。持续推进早餐工程建设，新增早餐网点20家、提升改造44家。积极深化东西部协作，助力对口地区巩固拓展脱贫攻坚成果。

（五）持续提升治理效能，城乡运行平稳有序

"两张网"建设加快推进。政务服务"一网通办"不断深化，推进"一件事一次办"服务集成和惠企利民政策"免申即享"，全面落实"两个免于提交"，实现"零跑动"事项2558项、全程网办事项2541项，"好办、快办、智能办"成为新常态。企业专属网页、"随申办"崇明旗舰店服务更加完善，推动惠企政策更好直达企业、落地见效。城市运行"一网统管"加快升级，开发社区疫

情防控智能应用等场景并投入实战，城运平台实现统一赋能。聚焦经济、生活、治理三大领域，推动城市数字化转型向纵深推进，江南造船5G全连接工厂项目入选世界5G大会“十大应用案例”。

基层治理能力有效提升。创新乡村治理模式，2个乡镇实施市级乡村治理清单制试点，3个乡镇开展市级乡村治理积分制示范基地创建。加强数字乡村精细精准治理探索，乡村治理数字化转型应用场景正式启用。巩固拓展“五美社区”建设，升级村居电子台账，规范阳光村居务，不断提高村居治理水平。持续推进存量违法建筑逐年减量，保持新增违法建筑动态清零。深化全国文明城区常态长效建设，城市品质和市民文明素养不断提升。民族、宗教、侨务和对台工作巩固深化。工会、共青团、妇联等群团组织在基层治理中的作用进一步发挥。

城乡安全防线更加巩固。社会治安环境持续向好，深化平安崇明建设，继续保持高压严打态势，深入推进“砺剑”系列等专项行动，常态化推进扫黑除恶斗争，刑事案件万人发案率保持全市最低水平。推进电信网络诈骗综合治理，电信诈骗立案数同比下降43.5%，群众防范意识持续提升。深入开展“防疫情、稳经济、保安全”大走访、大排查，设立区城市运行和突发事件应急管理委员会，实施自建房安全专项整治，加强消防、供水、食品等领域安全保障，全力确保城乡运行安全有序。

过去一年，我们持续推进政府自身建设。着力建设法治政府，“法治护航世界级生态岛建设的探索与实践”入选全国法治政府建设示范项目。有序推动行政复议体制改革，畅通复议调解衔接机制。严格依法依规决策，推进重大行政决策全过程公开，行政机关负责人出庭应诉率达到94%。办理区人大代表建议152件、区政协提案178件。严格落实中央八项规定精神，严控区级部门一般性支出，确保把宝贵资金用在发展紧要处、民生急需上。审计监督、廉政建设持续加强。

各位代表，2022年是极不平凡的一年。面对空前严峻复杂疫情，我们坚持人民至上、生命至上，迅速落实国务院联防联控机制和市委、市政府决策部署，刻不容缓推进“四应四尽”，全力突破资源极限挑战，全区人民识大体、顾大局，挺身而出守护家园安全，充分展现坚韧不屈、守望相助的精神品质；广大医务人员、公安干警、基层工作者等恪尽职守、冲锋在前，经受住了极限条件下的考验，完成了艰巨繁重的任务。在抓好本土疫情处置的同时，我们主动服务全市抗疫大局，全力支持配合市级救治场所，积极助力全市面上拔点攻坚，加强市区农产品供应保障，为打赢大上海保卫战贡献了积极力量。我们持续巩固来之不易的疫情防控成果，因时因势调整工作着力点和应对举措，深入贯彻落实疫情防控优化措施，不断提升疫情防控科学精准水平，最大限度保护人民生命安全和身体健康，最大限度减少疫情对经济社会发展的影响。

各位代表，回顾过去一年，成绩来之不易，历程令人难忘。我们深刻体会到，做好崇明工作、推动崇明发展，最坚强的保证是习近平总书记掌舵领航和党中央坚强领导，最根本的遵循是习近平新时代中国特色社会主义思想的科学指引。我们也深刻感受到，过去一年取得的成绩，得益于市委、市政府和区委的坚强领导、科学决策，离不开广大人民群众的顽强拼搏、埋头苦干。在这里，我代表上海市崇明区人民政府，向团结奋进的全区人民，尤其是在抗疫大战中作出重要贡献的各条战线工作人员，向给予政府工作大力支持的人大代表和政协委员，向各民主党派、工商联、无党派人士、各人民团体，向中央和市属在崇各单位，向驻崇部队和武警官兵，向所有关心支持崇明发展的同志们、朋友们，致以最崇高的敬意和最诚挚的感谢！

在看到成绩的同时，我们也清醒认识到，崇明经济社会发展还面临不少困难和挑战，政府工作中仍存在一些不足。主要是：经济稳增长压力较大，经济发展质效、产业发展能级需进一步提升；绿色低碳转型任务艰巨，生态环境基础仍需不断巩固提高；城乡协调发展存在不足，交通、能源、水利等基础设施还有不少短板；“老小旧远”等民生难题需要加快破解，就业、医疗、教育、养老等民生领域还有不少薄弱环节；政府系统工作人员的专业水平和攻坚克难能力也有待进一步提高。对此，我们将直面这些问题和挑战，采取更加扎实的措施，尽心竭力改进工作。

二、2023年主要任务

2023年是全面贯彻党的二十大精神的开局之年，也是实施“十四五”规划承上启下的关键一年。做好今年工作，必须坚持以习近平新时代中国特色社会主义思想为指导，全面贯彻落实党的二十大精神，深入贯彻落实中央经济工作会议和市委全会精神，按照二届区委五次全会部署，坚持稳中求进工作总基调，完整、准确、全面贯彻新发展理念，深化供给侧结构性改革，更好统筹疫情防控和经济社会发展，加快推进世界级生态岛建设。

综合各方面因素，建议今年全区经济社会发展的主要预期目标是：全区增加值增长5%左右，区级地方一般公共预算收入与去年持平，全社会固定资产投资总额完成180亿元左右，社会消费品零售总额增长7%，森林覆盖率达到30.7%，环境空气质量（AQI）优良率不低于85%，地表水环境质量考核断面达标比例保持100%，区内新增就业不少于9000人，城乡登记失业人数控制在本市下达指标以内，农村常住居民人均可支配收入增长快于经济增长。

新的一年，我们将继续坚持稳字当头、稳中求进，全面实施世界级生态岛建设第五轮三年行动计划，努力实现经济高质量发展和社会大局持续稳定。重点做好五个方面工作。

（一）全力提升生态环境品质，积极打造美丽崇明样板

深入推进环境污染防治。坚持综合治理、源头治理、系统治理，持续推行“四长协同”机制，全面完成第八轮环保三年行动计划。打通5个骨干河道断点，完成界河、四滧港等河道生态治理。强化土壤污染源头防控，持续开展固定污染源、扬尘源污染防治。加强生态环境预警监测，逐步构建覆盖多领域的智慧管理系统。严格落实中央和市生态环境保护督察要求，常态长效抓好问题整改。

持续加强生态修复治理。优化森林群落结构，继续推进公益林抚育和开放休闲林地建设，全面启动国际湿地城市、国家森林城市和中国天然氧吧创建。坚持防除并举、综合防治，强化“一枝黄花”、互花米草、福寿螺清除整治，实施重点生态区域生物多样性监测。全面加强长江大保护，持续开展“清船、净岸、打非”三大行动，细化落实长江十年禁渔工作。全面加强国土空间用途管制，严守耕地和永久基本农田保护红线，严厉打击违法违规用地行为。

促进人与自然和谐共生。坚持减排、控源、固碳、增汇并举，强化绿色低碳技术支撑，推动建立生态岛GEP核算体系，加强碳排放精细化管理，着力打造世界级生态岛碳中和示范区。有序推进可再生能源开发利用，推动港西镇128兆瓦、中兴镇100兆瓦渔光互补光伏发电项目建设。持续推进新能源公交车更新，加强公交站点规范化建设，方便群众绿色出行。扎实推进既有建筑节能改造，深化建筑领域全生命周期绿色低碳转型。以建设“无废城市”为目标，大力推进生活垃圾分类和资源节约集约利用，建成3处区级建筑垃圾中转站。

（二）全力增添经济发展动能，加快构建现代产业体系

大力发展现代绿色农业。全面提升粮食安全保障能力，建成区级粮食储备中心库，加快高标准农田建设，推动规模化种植基地产能提升。强化农产品安全监管，持续提升农产品绿色认证水平。不断加强农业科技创新，推动农业关键核心技术攻关，加快构建产学研相结合、“育繁推”一体化的农业发展新格局。全力抓好种质资源保护、优质种源选育扩繁，筹建白山羊、清水蟹等良种繁育基地，进一步延伸农业产业链，提升农业附加值。建强农业智慧大脑，加快推动农业生产“机器换人”。

集聚发展先进制造业。以全国海洋经济发展示范区建设为抓手，瞄准高端船舶与海洋工程制造，加大驻岛央企服务力度，支持中船长兴二期等项目加快建设，推动振华重工长兴智能港口装备产业项目开工，着力打造千亿级海装产业集群。瞄准产业链核心和高端环节，加强重大产业项目招引，开工建设临港长兴科技园二期、声通5G智慧应用产业园等项目，推动各产业园区向科技研发、生态文创、智能制造转型，着力打造优势更优、强项更强、特色更特的新型园区经济。

积极发展文旅康养产业。全力推进西沙明珠湖国家AAAAA级旅游景区创建，积极打造特色精品民宿集群，做精做优文化旅游产品，促进多旅融合高质量发展。有序推进东滩自行车小镇建设，上海自行车馆竣工投用，筹办环崇明岛国际自盟女子公路世界巡回赛等国际赛事，做大体育产业生态圈。不断完善康养产业布局，推动上实东颐疗养院、国华人寿国际生态医养中心等项目加快建设，莎蔓莉莎高端医美、中信国际养老社区等项目建成运营；深度挖掘藏红花、银杏、苦草等药用植物中医养生价值，培育壮大特色康养品牌。

推动经济发展增量增效。持续加大招商引资力度，狠抓助企纾困政策落地见效，深度挖掘产业链关联企业、上下游配套企业，积极扩大有效投资，为经济高质量发展注入新动能。围绕新技术、新工艺、新材料、新装备、新能源，加大绿色低碳产业培育力度，谋划布局氢能产业链。加快完善全区商业布局，有序推进生态市集建设，引进商业品牌连锁经营门店，因地制宜打造特色商业街区。继续办好“五五购物节”等促消费节庆活动，持续释放消费需求和潜力。健全企业帮扶长效机制，促进民营经济发展壮大。深化国资国企改革，加快国有经济布局优化和结构调整，不断提高国有资本和国有企业的经济及社会效益。

（三）全力优化城乡发展格局，持续提升城市功能品质

深入实施乡村振兴战略。坚持农业农村优先发展，加大乡村振兴示范村产业谋划力度，挖掘更多“家门口”的产业项目，促进农村集体经济高质量发展，带动村民增收致富。加快第五批4个市级、15个区级乡村振兴示范村建设，积极打造乡村振兴示范区。持续抓好农村人居环境整治，继续推进市级美丽乡村示范村建设，不断优化乡村环境风貌。聚焦“三高两区”和农宅零星分散区域，统筹推进农民相对集中居住，城桥地区港西3号地块、陈家镇4号地块一期农民相对集中居住项目完工交付，城桥地区港西4号地块项目开工建设。扎实推动农村自建房安全专项整治，研究制定农村危旧房修缮操作办法，保障群众居住安全。

加快完善城乡基础设施。协调推进轨道交通崇明线、沪渝蓉沿江高铁崇明段等重大交通项目加快建设，完成鼓浪屿路（南横引河—陈海公路）整治和陈海公路新建慢行道工程。优化公交线网和公交站点设置，深入实施停车难综合治理工程，完善电动汽车充电设施布局。继续推进老旧小区燃气管道改造，推动崇明岛—长兴岛—浦东新区五号沟LNG站管道工程整体铺设连通。完成东风西沙水库扩容和增能工程，实施3.4公里老旧隐患供水管道改造，扎实推进城桥污水处理厂二期工程，完成新河等4个污水处理厂站提标扩容改造。

着力完善城市功能布局。尊重城市发展规律，顺应群众期盼，扎实开展人民城市建设。高起点谋划推进高铁小镇、地铁小镇“一站一城”功能开发，积极打造城乡融合发展新格局。推动城桥镇利民村（西）“城中村”改造项目开工建设，加快实施明珠花苑综合整治工程，继续推进“口袋公园”和新一轮“美丽家园”小区建设。完成既有多层住宅加装电梯35台，为14个住宅小区新增电动自行车集中充电设施。实施“乡镇菜市场＋早餐门店”模式提升改造，新增改造提升一批早餐网点。坚持“房住不炒”定位，促进房地产市场平稳健康发展。

（四）全力增进民生福祉保障，更好满足群众美好生活期待

千方百计扩大就业。强化就业优先导向，健全就业促进机制，推动创业带动就业，落实援企稳岗各项政策，加强重点群体就业帮扶和新就业形态劳动者权益保障。积极构建和谐稳定劳动关系，扎实开展根治欠薪整治，坚决维护广大劳动者合法权益。持续推进专业技术人才和技能人才队伍建设，进一步规范人才引进、培养和服务工作，着力优化人才发展环境，积极营造高品质的人才生态。

大力发展社会事业。持续推进教育综合改革，深化教师人事管理制度建设和教师评价改革，提高教师队伍专业素养和教育教学质量。优化教育资源布局，启用堡镇幼儿园（新园），推进城桥世外教育集团九年一贯制学校、长兴完全中学建设。协调推动上海交通大学国际农业与生态学院开工建设。大力实施健康崇明行动，更大力度开展综合医改试点，推进健康版“新华－崇明”医联体建设。深化社区卫生服务综合改革，引导优质医疗资源进一步下沉，营造更加便捷的看病就医环境。始终坚持人民至上、生命至上，准确把握疫情防控新形势新任务，因时因势优化疫情防控措施，健全完善公共卫生体系。全力开展新一轮全国双拥模范城创建。助力对口地区加快实现乡村振兴。

强化养老托幼服务。继续实施公共设施、老旧小区适老化改造，新增养老床位420张、社区综合为老服务中心等为老服务场所23家，推动110户居家环境适老化改造，开展7个老年认知障碍友好社区建设试点，不断提升长护险评估、服务的精细化水平。健全普惠托育服务体系，加强优质托幼资源建设，开展社区“宝宝屋”建设试点。保障妇女儿童合法权益，加强残疾人等困难群体关心关爱。

繁荣文化体育事业。促进基层公共文化设施更新与功能提升，升级打造一批家门口的人文新景观、休闲好去处。深入挖掘特色文化资源，实施文化配送下乡工程，文艺演出资源进一步向村居倾斜，更好满足基层群众对文化生活的需要。办好区第二届运动会，持续完善体育健身设施，完成横沙乡市民健身中心建设，努力构建更高水平的全民健身公共服务体系。

（五）全力提升治理能力水平，坚决守牢安全发展底线

深入推进“两张网”建设。着力提升政务服务“一网通办”效能，推动“随申办”为民为企服务升级，深化拓展“高效办成一件事”，持续推进惠企利民政策服务“免申即享”，让企业群众办事更加便捷。深化城市运行“一网统管”，推动公共数据集中汇聚，加强平台建设和场景开发应用，加快形成相互赋能、上下贯通的“一门户、多系统”枢纽平台，优化区镇两级城运平台指挥调度机制。

着力提升社会治理效能。健全完善社区治理体系，深化村居规范化建设，加强社区工作者队伍的统筹规划和分类管理，划小做实基层治理单元。加大“五美社区”建设力度，深化社区云2.0版运行，畅通社情民意，激发社区活力。提高信访工作和人民建议征集工作水平，不断优化“12345”市民服务热线等政民互动平台。做好民防、民族宗教、侨务和对台工作。支持工会、共青团、妇联等群团组织在社会治理中更好发挥作用。持续巩固深化全国文明城区创建成果。

严守城乡运行安全底线。坚持源头管控、预防为先，深入推进动态隐患清零，加强矛盾纠纷排查化解，常态化推进扫黑除恶斗争，着力建设更高水平的平安崇明。统筹灾害事故综合防范治理，聚焦危险化学品、建筑施工、交通运输、燃气、消防等重点领域，严格落实安全生产责任制，实现隐患闭环整改、动态清零，切实巩固安全生产专项整治三年行动成果，全力保障人民群众生命财产安全。积极构建平战结合的应急管理体制机制，加强粮食、能源和战略应急物资储备，不断提高应对突发应急事件能力。

三、深入推进政府治理现代化

做好今年各项工作，必须要牢记“三个务必”，深入推进政府治理体系和治理能力现代化，努力建设人民满意的服务型政府。

持续强化政治引领。把忠诚拥护“两个确立”、坚决做到“两个维护”作为最根本的要求摆在首位，进一步增强“四个意识”、坚定“四个自信”，不断提高政治判断力、政治领悟力、政治执行力，始终在思想上政治上行动上同以习近平同志为核心的党中央保持高度一致，不折不扣贯彻执行党中央、国务院大政方针，认真落实市委、市政府和区委各项决策部署。

持续优化营商环境。高标准开展营商环境创新试点，深化行政审批制度改革，加大“放管服”改革力度，全力打造政务服务升级版。加快实施“一业一证”改革，在更多领域推行告知承诺制。深入开展综合监管改革，强化包容审慎监管，以精准有效监管促进公平竞争，营造良好创新发展环境。深化重点企业走访联系制度，巩固拓展减税降费成效，持续减轻企业负担。积极回应群众关切，让群众和企业办事少跑腿、更舒心。

持续建设法治政府。坚决把政府工作全面纳入法治轨道，严格规

范行政决策程序，促进行政决策科学化、民主化、法治化。健全行政权力运行制约和监督体系，推进行政复议、行政应诉规范化建设。扎实做好全国法治政府建设示范创建，深入推进政务公开，不断提高政府公信力。自觉接受人大法律监督、工作监督和政协民主监督，主动接受纪检监察监督、群众监督、舆论监督。认真办好人大代表建议和政协提案，确保件件有着落、事事有回应。

持续改进工作作风。强化全面从严治党“四责协同”机制，锲而不舍落实中央八项规定精神，坚定不移推进政府系统党风廉政建设和反腐败斗争,持续纠“四风”树新风，营造风清气正的政治生态。不断提高政府系统干部专业化能力，在谋事干事中坚持统筹兼顾、强化协同联动，切实增强工作的预见性和前瞻性，不断开创政府工作新局面。坚持政府过紧日子，带头落实节约理念，严控“三公”经费，强化预算绩效管理和审计监督，让每一分财政资金都用在刀刃上。

名词解释

1. 三区三线：农业空间、生态空间、城镇空间三种类型空间，以及分别对应划定的永久基本农田保护红线、生态保护红线、城镇开发边界三条控制线。

2. 四清四无：禁捕水域实现清江、清湖、清船、清网，以及无捕捞渔船、无捕捞网具、无捕捞渔民和无捕捞生产。

3. 无废城市：通过绿色发展方式和生活方式，推进固体废物源头减量和资源化利用，最大限度减少填埋量，将固体废物环境影响降至最低的城市发展模式。

4. 两个免于提交：本市政府部门核发的材料原则上一律免于提交，能够提供电子证照的原则上一律免于提交实体证照。

5. 四长协同：围绕生态环境治理实行的河湖长制、林长制、路长制、环长制协同机制。

6.GEP：生态系统生产总值，也就是生态系统服务价值，是指生态系统为人类福祉和经济社会可持续发展提供的最终产品与服务价值的总和，包括物质产品价值、调节服务价值和文化服务价值等内容。

7. 三高两区：高速公路、高铁和高压线沿线以及生态敏感区和环境综合整治区。

8. 健康版“新华－崇明”医联体：由新华医院等市三级医院总牵头，崇明区域内二级医院、社区卫生服务中心、村卫生室组成的医疗联合体，从最初以“医疗救治”为中心，转变为现在以“健康管理”为中心的新模式。

9. 宝宝屋：在社区内设置嵌入式、标准化的托育服务设施，为有需求的 1～3 岁幼儿提供临时托、计时托等普惠托育服务的社区托育点。

专文

崇明区世界级生态岛碳中和示范区建设纪实

崇明位于长江入海口，与东南沿海大通道交汇，主要由崇明岛、长兴岛、横沙岛组成，素有“东海瀛洲、长江门户”的美称，其中崇明岛是世界最大的河口冲积岛。经过20多年的生态岛建设，崇明拥有东滩国际重要湿地、国家级鸟类自然保护区和中华鲟保护基地，承载全市约40%的生态资源和50%的生态服务功能，是上海水体质量最佳、空气质量最优、林地面积最广、生物多样性最为丰富的区域。当前，崇明区紧紧围绕生态优先、绿色发展主线，坚持减排、控源、固碳、增汇并举，着力推动崇明世界级生态岛碳中和示范区建设，促进经济社会发展全面绿色低碳转型。

一、建设背景

2020年9月22日，国家主席习近平在第七十五届联合国大会一般性辩论上发表重要讲话，明确中国将提高国家自主贡献力度，采取更加有力的政策和措施，二氧化碳排放力争于2030年前达到峰值，努力争取2060年前实现碳中和。这意味着中国作为世界上最大的发展中国家，将完成全球最高碳排放强度降幅，用全球历史上最短的时间实现从碳达峰到碳中和。

实现碳达峰、碳中和，是全球气候治理的重要手段，事关全球可持续发展和人类命运共同体建设，是党中央统筹国内国际两个大局作出的重大战略决策。推进“双碳”工作，有利于加快生态文明建设和实现高质量发展，对建设具有全球引领示范作用的世界级生态岛意义重大。2022年7月，上海市政府正式发布《上海市碳达峰实施方案》，明确提出聚焦可再生能源开发利用、森林碳汇、绿色交通、低碳农业等方面，推动崇明世界级生态岛开展碳达峰、碳中和示范区建设。崇明作为上海面向未来最重要的生态发展空间，经过20年持之以恒的生态建设，最有条件、最有能力承担起碳中和示范区建设任务。根据有关科研机构的调查结果，崇明区能源活动碳排放量、全口径温室气体排放量在达到峰值后，呈稳步下降态势，经济增长基本实现与能源消费和碳排放脱钩。

二、碳中和概念

碳中和指在一定时间内经济社会活动所排放的二氧化碳与吸收的二氧化碳相当，使得大气中二氧化碳含量不会增加，实现二氧化碳“净零排放”。主要是通过减少化石能源消耗，以及增加森林碳汇、其他人工技术或工程手段加以捕集利用或封存。

三、建设过程

在国家“30·60”双碳总目标下，2021年3月，市生态环境局与崇明区人民政府签署共建世界级生态岛碳中和示范区合作框架协议，谋划碳中和示范区技术路线图和实施路径。2021年6月，生态环境部与上海市人民政府在京签署共同推进人民城市生态环境治理战略合作框架协议，将崇明世界级生态岛碳中和示范区建设纳入其中。2022年5月，区政府成立碳中和示范区建设工作领导小组，加强对碳中和示范区工作的整体部署和系统推进，统筹研究重大事项、重大政策。

崇明作为全市首个且唯一全面推进碳中和的区，在市委、市政府和区委的坚强领导下，在市双碳工作领导小组和市环科院等研究机构大力支持下，在社会各界的共同努力下，碳中和示范区建设有力有序推进。在全市率先建立“1+6”研究支持体系，其中“1”是指碳中和总体实施方案研究，“6”是指能源领域、交通领域、建筑领域、农业领域、废弃物领域及生态碳汇6个领域碳中和实施路径研究；编制印发《崇明世界级生态岛碳中和示范区建设实施方案》(以下简称《实施方案》)《2022年崇明世界级生态岛碳中和示范区建设及节能减排重点工作安排》，研究梳理年度重点项目清单，对碳中和示范区建设重点工作全面深化细化，确保目标任务有效落实。

四、《实施方案》出台

2021年3月深入开展前期研究工作，委托相关专业研究机构开展大量由点及面的基础数据排摸、精细化发展情景模拟和预判等工作；2021年7月开展崇明世界级生态岛碳中和示范区建设实施方案编制工作，研究确定基本原则、发展目标、重点任务、特色示范和政策保障；2021年9月起开展5轮征询意见、5次专题汇报，各领域主管部门与相关科研机构反复进行研讨校对，广泛吸纳意见建议，不断优化完善各项目标任务；2021年12月15日《实施方案》经区政府常务会议审议通过；2022年1月26日经区委常委会审议通过；2022年2—8月报市发展改革委及市相关部门征询意见；2022年11月15日崇明区政府编制印发《崇明世界级生态岛碳中和示范区建设实施方案》。

(一)确立“1+3”目标定位。锚定世界级生态岛碳中和示范区总目标，坚持减排、控源、固碳、增汇并举，结合崇明三岛定位和发展实际，因地制宜、分类施策，努力把崇明岛、长兴岛、横沙岛分别建成碳中和岛、低碳岛、零碳岛。崇明岛在能源、交通、建筑等重点领域强化降碳举措及部分外来绿电支持下实现碳中和；长兴岛力争打造成为以国际领先水平海洋装备为特色的低碳岛；横沙岛在实现能源自我平衡、零碳排放的前提下积极探索向负碳目标迈进。

（二）实施碳中和九大任务。《实施方案》重点任务主要包括9个方面32条具体措施。

一是开源谱写新篇章。大力发展可再生能源、加快建设新型电力系统、推进零煤城市建设。到2025年，全区光伏装机容量达到800兆瓦，全区陆上风电装机容量达到340兆瓦，可再生能源发电量占全社会用电量比重达到40%以上；构建新能源占比逐渐提高的新型电力系统，推动可再生能源高效优化配置；推进长兴岛电厂更新改造，2025年前完成现有机组“煤改气”清洁能源升级替代工作。

二是节流彰显新风貌。全面提升能源利用效率、严格控制“两高一低”项目盲目发展、加强新型基础设施节能降碳、推动市政基础设施综合能效提升。鼓励重点用能单位积极开展能效对标活动、限额管理、重点设备节能技术改造；对“两高一低”项目实行清单管理、分类处置、动态监控；加快推进智能化终端基础设施在社会治理与公共服务中的应用；推进先进绿色建筑技术示范应用。

三是转型发展新经济。推进现代绿色农业全面发展、加快海洋装备产业绿色转型、坚持传统制造业升级和新兴产业发展并重、创新发展高端服务业。建立健全“崇明+”地理标志品牌管理体系，建成规模农业产业集群，培育壮大科技型现代农业企业；推动船舶工业转型升级，加快布局海洋装备产业互联网集群，加快先进适用节能低碳技术产业化应用；鼓励传统制造企业整合资源、创新模式，向崇明智造转型；建立覆盖高端医药、健康养老、中医养生、医疗美容、体育运动等领域的康养体系。

四是提升优化新交通。构建集约高效运输结构、扩大清洁能源在交通领域的应用、完善绿色低碳交通基础设施。完善货运集疏运体系，推动绿色物流发展；加速推进公共服务车辆低碳转型；完善充（换）电设施网络建设（公交、货运、住宅、公共建筑等领域）；推进交通行业节能技改，提升能源利用效率。

五是打造城乡新格局。推进城乡生态空间结构优化、提升建筑能效水平、优化建筑用能结构、深化既有建筑节能改造、继续推进农村建设和用能低碳转型。严格管控高耗能建筑建设，推行绿色施工，开展绿色建造示范工程创建行动；到2025年新建民用建筑全面执行建筑能耗和碳排放限额设计标准，绿色生态城区范围内新建民用建筑中二星级及以上绿色建筑所占比例达到70%；2022年起新建党政机关、学校、工业厂房等建筑屋顶安装光伏的面积比例不低于50%，其他类型公共建筑屋顶安装光伏的面积比例不低于30%；推动高校、医院、科研院所等重点公共建筑和机构率先开展节能改造，推进既有农房节能改造和清洁能源改造。

六是变废为宝新资源。推进固废源头减量、综合提升固废收集处置能力、构建固废高效资源化利用体系、推进农业废弃物资源化循环利用。完善垃圾源头分类减量化长效机制，深入推进塑料污染治理工作；力争2025年前建成湿垃圾集中厌氧处理设施（日处理360吨）；持续推进园区循环化改造，推动设施共建共享、能源梯级利用、污水处理和循环再利用；推动农作物秸秆多元化高值利用，拓展肥料化、饲料化、基料化、燃料化等多种离田利用方式。

七是培育发展新科技。包括培育绿色技术研发基地、打造绿色低碳示范基地、建设世界一流“农业科创岛”。支持建设绿色技术重点研发项目，培育一批绿色技术创新企业和创新中心，加强对重点领域绿色技术创新的支持；培育各类低碳数字经济企业，开展园区低碳企业试点示范，强化低碳产品新场景应用推广；布局“数字农场”“无人农场”，优化稻田水分灌溉管理，推广绿色高效栽培技术，全力开展种养结合、生物能源－有机肥联产、低碳堆肥等关键核心技术攻关。

八是全民参与新风尚。加强生态文明宣传教育、推广绿色低碳生活方式。开展学校绿色低碳生活活动，加强对公众的生态文明宣传和引导；创建完成一批高质量的低碳发展实践区和低碳社区（含近零碳排放实践区和近零碳排放社区），积极参与国家级与市级节约型公共机构示范单位创建。

九是提质增汇新生态。包括巩固提升森林碳汇能力、完善城乡公园体系建设、增强湿地生态系统固碳能力。稳步提升森林面积，到2035年，森林覆盖率达到35%，提高公益林的抚育强度，细化森林经营管理工作；稳妥推进“海上花岛”建设步伐，以骨干道路生态景观带为纽带，激活建成区及周边地区活力；加强湿地修复和重建，稳定增加湿地植被面积，优化湿地固碳植被结构。

五、试点示范工作情况

（一）能源领域，已建成陈家镇110兆瓦、华电崇明绿华44兆瓦渔光互补项目和长兴岛电厂10万吨级燃煤燃机CCUS创新示范项目。截至2022年底，全区可再生能源装机容量达到59.3万千瓦，可再生能源发电量占全社会用电量比重达31%，均居全市前列。

（二）建筑、交通领域，新建民用建筑全部按照绿色建筑标准进行设计建造，在陈家镇国际生态社区范围内开展超低能耗建筑集中示范和建筑可再生能源应用集中示范；在全市率先实现全域新能源公交、出租车全覆盖，国内首艘超级电容新能源车客渡船建成并用于长横对江渡。

（三）生态碳汇领域，有序推进生态廊道和公益林建设，打造三星海棠花溪等一大批高品质造林项目，全域打造“海上森林花岛”，森林覆盖率从1999年的9.77%提高到2022年的30.62%，湿地保护率达到

59%，森林碳汇量可抵消全区温室气体排放总量的比例达到 15%。

（四）低碳生活领域，非必要一次性塑料制品使用量持续减少，生活垃圾回收利用率达到 41.8%，崇明已获评全市生活垃圾分类示范区。下一步，将继续巩固前期工作成果，不断探索低碳生活新示范。

（五）合作创新领域，2022 年 1 月 18 日，与同济大学合作共同成立碳中和学院、同济崇明碳中和研究院；2022 年 6 月 15 日（全国低碳日），区政府与市科委合作，共同启动上海碳中和技术创新联盟和上海长兴碳中和创新产业园项目。将充分利用创新平台载体，加快推进核心技术的突破和产业化，助推绿色低碳科研成果转化为现实生产力，助力崇明世界级生态岛高质量发展。

六、相关经验和启示

（一）严格把控碳排放源头是前提。坚持高科技、高品质、高附加值方向，大力发展资源循环型现代绿色种养业，减少农业发展对环境的影响。加快推动传统产业绿色低碳转型，推进制造工艺、设备、产品智能化绿色化升级，推进绿色低碳技术成果转化。积极开发文化体育、绿色康养、生态教育等服务项目，加快培育数字经济、现代花卉、中医药等新兴经济，全力构建绿色低碳的生态产业体系。

（二）推进能源领域深度脱碳是关键。持续调优绿色低碳的清洁能源结构，形成以风能、太阳能、生物质能等多种可再生能源为主体，天然气等清洁能源为支撑的能源结构，促进能源低碳转型。合理控制能源消费总量，提高能源利用效率和效益。提高新增产业项目准入要求，将单位增加值（产值）能耗水平作为项目引入的重要标准，严格节能审查验收闭环管理。

（三）大力营造绿色生活方式是方向。积极倡导绿色生活，以构建集约高效交通运输结构、完善低碳交通基础设施为支撑，引导公众优先选择绿色出行方式。扎实推进既有建筑节能改造，深化建筑领域全生命周期绿色低碳转型。以“无废城市”建设为目标，大力推进生活垃圾分类和资源节约集约利用，全面提高资源利用效率。同时，加强生态文明宣传教育，加快打造绿色低碳的生态生活空间，推动形成全社会自觉践行绿色低碳的良好氛围。

七、下阶段计划

站在新的历史起点，崇明世界级生态岛建设事业加快发展、步入佳境。2022 年市政府发布的《崇明世界级生态岛发展规划纲要（2021—2035 年）》（以下简称《规划纲要》）和《世界级生态岛建设第五轮三年行动计划（2022—2024 年）》（以下简称《行动计划》），均把实现绿色低碳高起点突破列为规划计划的重要内容。

按照《实施方案》《规划纲要》和《行动计划》要求，将重点开展以下四个方面工作：一是全面分解落实方案目标任务。按照《安排表》确定的具体目标任务、时间进度、分工安排，对标对表，统筹推进节能减排降碳和宏观经济社会发展，确保《实施方案》各项年度目标任务如期完成。同时，以项目为支撑，全力推进港西镇 128 兆瓦渔光互补光伏发电、新建崇明湿垃圾处置中心工程等重点项目建设。二是加快建立 GEP 核算体系。《规划纲要》指标体系中已列入 GEP（生态产品总值）指标，明确生态产品总值年增长率高于 GDP 增速的目标；《行动计划》中将研究建立生态岛 GEP 核算方法体系列为探索生态产品价值实现任务专项之一。将按照任务要求，研究建立生态岛 GEP 核算方法体系，制订数据统计规范，构建工作运行机制，开展年度核算工作，支撑生态岛指标评估。三是着力推进碳排放精细化管理。《行动计划》中已明确将进碳排放精细化管理列为完善支撑保障体系的任务专项之一。将研究建立生态岛碳排放核算体系，探索建立能耗消费、可再生能源、温室气体排放、碳汇等监测与管理平台，积极探索蓝碳交易机制。四是不断修正更新目标举措。结合崇明碳中和示范区建设和世界级生态岛发展需要，定期更新、修正碳中和示范区建设阶段性目标任务和重点举措，及时跟踪评估、督促检查各重点领域碳中和目标任务落实情况，确保政策到位、措施到位、成效到位。（区发展改革委）

崇明区乡村振兴工作纪实

民族要复兴，乡村必振兴。实施乡村振兴战略的是党的十九大作出的重大决策，也是关系全面建设社会主义现代化国家的全局性、历史性任务。2021年6月1日起，《中华人民共和国乡村振兴促进法》正式施行，标志着乡村振兴战略迈入有法可依、依法实施的新阶段。2022年9月1日起，《上海市乡村振兴促进条例》正式施行，为上海全面推进乡村振兴提供坚强的法治保障。其中，专门设立了"崇明专章"，围绕目标定位、特色产业融合发展、生态保护、政策支持等方面，作出明确立法和制度保障，对破解崇明乡村振兴瓶颈难题具有重要意义。

近年来，在市委、市政府坚强领导下，崇明始终立足国际化视野，坚持高质量发展，成立了以区委书记任组长的区实施乡村振兴战略工作领导小组，下设办公室，不断健全乡村振兴督查考核机制，实施"挂图作战"，全力推动农业农村现代化，努力把崇明乡村打造成为世界级生态岛的闪亮名片。

一、主要工作举措和成效

（一）高站位、高标准，夯实乡村振兴要素保障

一是加强党的领导。落实五级书记抓乡村振兴要求，将党的二十大报告、习近平总书记关于"三农"工作的重要论述以及"一法一条例"等纳入区委研讨学习、干部培训、基层党组织书记培训轮训的重要内容，分层分级开展学习。区委领导多次开展乡村产业、农业重大项目、集体经济发展等农业农村调研，召开年度乡村振兴大会和农业农村现代化专题会议，部署相关工作。二是压实工作责任。全面贯彻《乡村振兴责任制实施办法》，成立区乡村振兴局，在全市率先成立乡村振兴服务中心，全覆盖成立乡镇农业农村发展办公室。建立健全乡村振兴督查考核机制，2022年共制定发布乡村振兴任务清单93项，实施"挂图作战"，开展实绩考核，压实乡镇抓落实责任，推动重点任务高质量完成。2022年获得国务院办公厅通报"生态文明体制改革、制度创新、模式探索等方面成效显著"。三是坚持规划引领。制定出台生态岛建设第五轮三年行动计划以及乡村振兴领域"十四五"规划，形成2个绿色田园先行片区规划方案（2022—2025年），出台加快发展都市现代绿色农业政策意见（2023—2026）、农村集体经济高质量发展实施意见、促进崇明乡村民宿高质量发展的实施意见等政策措施，开展康养产业、乡村民宿等乡村产业专项规划编制，为乡村高质量发展奠定扎实基础。四是强化要素保障。统筹人才、土地、资金等资源要素支持乡村振兴。有序引导高能耗、高污染、低能级的工矿仓储用地转型退出，合理推进分布零散、规模小、效能低的商服用地减量归并。通过空间平移腾挪的方式，为乡村振兴产业发展项目预留空间。2022年，支持乡村振兴资金106.5亿元，减量化指标中用于乡村振兴项目占比80.2%，选派61名选调生支持乡村发展，落实445名处级以上领导干部作为村居党组织"工作导师"，实施"头雁"项目培育乡村产业振兴带头人10名。

（二）固根本、提效益，扎实推进产业发展

一是全面完成底线任务。严格落实粮食安全党政同责和"菜篮子"区长、乡镇长负责制，粮食、蔬菜、水产和生猪养殖全面完成市级下达任务，保障崇明优质农产品稳定供给。2022年疫情期间，共抢种蔬菜8000亩，建立集采集配集送模式，累计供应各类农产品约5.2万吨。实行耕地保护党政同责，2022年共整治拆除农村乱占耕地建房307.5亩，综合整治违法用地1600亩，推进高标准农田建设1.44万亩，受污染耕地安全利用率100%。二是发展生态绿色农业。创建水稻绿色高质高效整建制示范乡镇2个、农产品绿色生产基地17.87万亩，推广水产绿色养殖方式4.2万亩。获评全国首批"生态农场"2家、全国首批种植业"三品一标"基地1家。畜禽粪便资源化利用率和秸秆综合利用率均达98%以上，农药包装废弃物回收率100%，绿色食品面积认证率和产量认证率分别在90%和40%以上。加快国家现代农业产业园创建，实施崇明生态稻米+崇明白山羊种养循环基地建设项目，建成运行上海最大的"渔光互补"单体项目。严格落实长江"十年禁渔"，持续保持涉渔"三无"船舶动态清零。三是激发产业发展活力。加快种源农业破题，结合全国农业科技现代化先行区共建，培育携带特色基因的"崇明1号"河蟹新品系。2022年全国河蟹大赛中7家企业获得"金蟹奖"，崇明清水蟹入选"全国名特优新农产品"。推动农业科创和数字化转型，12个农业科创项目实施"揭榜挂帅"。探索建设集"一张图""一个门户""数字驾驶舱"等于一体的高质量数字农业智能管控系统，试点布局"无人农场"应用场景，对接喜马拉雅打造"崇明'三农'之声"线上学习培训平台，初步完成区级长江禁捕智能管控系统建设。全区水稻耕种收综合机械化率98%。推出"优农三兄弟"崇明农产品区域公共品牌统一标识，打造"崇明米道"线上销售平台。四是推动产业融合

发展。发展新型农业经营主体，累计培育市级及以上龙头企业15家，组建农机社会化服务龙头企业，打造农机服务“滴滴打车”模式。构建农业产业体系，组建河蟹、白山羊、蔬菜等行业龙头企业、行业协会和农产品销售联盟，通过产业联合体实现抱团发展。发展亲子研学、乡村旅游、休闲体育、乡村民宿等新业态，启用挂牌市首个学生综合性劳动实践基地（光明花博邨），3个学生劳动教育课程入选国家智慧平台“劳动教育”板块资源清单。建成上海首个麋鹿野放栖息地，获评年度中国美丽休闲乡村1个，全国乡村旅游重点镇2个，环崇明岛国际自盟女子公路世界巡回赛入选“2022中国体育旅游精品项目”。成立上海市首个区级民宿协会，新增市星级乡村民宿五星3家、四星6家，市星级民宿总量72家，占全市66%，全年旅游收入33.6亿元。

（三）多形式、多渠道，努力实现农民增收

一是做实产业机制。建立农村集体经济组织与现代农业产业发展的利益联结机制，以“村集体经济组织+农业龙头企业+农户”的模式，遴选37个村开展崇明白山羊订单式养殖试点，带动农户740户。二是促进帮扶增收。完成第二轮农村综合帮扶5个“造血”项目实施，精准帮扶生活困难农户3.1万户4.6万人。“结对百镇千村”行动累计确定帮扶协议资金1.03亿元、落实帮扶项目759个。加强与云南临沧的协作交流，全年市级统筹帮扶资金共2.66亿元、帮扶项目35个，帮助就业8986名。三是提升就业技能。完成农民就业技能培训14539人次，认定新型职业农民334名。生态养老补贴提高至每人每月100元，惠及15.9万人。四是盘活沉睡资源。深化农村产权制度改革，启动规模土地中零星未流转土地“拔钉子”行动，整村制探索推进农村土地归并整合，土地规范流转率90.83%。

（四）稳步伐、提质量，有序开展乡村建设

一是优化人居环境。健全河湖长制、林长制、路长制、环长制“四长”协同机制，上海崇明东滩鸟类国家级自然保护区提名中国黄（渤）海候鸟栖息地（第二期）世界自然遗产。累计清除“加拿大一枝黄花”7000余亩，建成2个市级生态清洁小流域，生态绿道总里程203公里，森林覆盖率30.6%，农村生活污水治理率100%，农村生活垃圾分类达标率95%、回收利用率42%。新建健身步道15公里，建成基站3436个，实现5G网络基础全覆盖，新增2家乡村长者照护之家、10家社区老年助餐服务场所和8家市级示范睦邻点，提档升级农村公路30公里，累计创成市级“四好农村路”示范镇9个、示范路20条，大港公路获评年度市十大最美农村路。二是抓好“两村”建设。培训乡村建设工匠144名，实现持证工匠乡镇全覆盖。完成2021年度5个市级、15个区级乡村振兴示范村建设，推进2022年度4个市级、15个区级乡村振兴示范村建设。2021年、2022年分别获评市级美丽乡村示范村7个。三是改善居住条件。形成村民建房相关工作口径，开展宅基地线上审批培训。完成2900户农民相对集中居住签约，试点启动3个乡镇镇内跨村统筹平移项目建设。

（五）促改革、提实效，持续提升治理效能

一是完善公共服务。加强新华-崇明紧密型区域医疗联合体建设，优化“小病到社区、大病不出岛”就医格局，60岁及以上老年人等重点人群家庭医生签约率84.57%，获得国务院办公厅通报“深化医药卫生体制改革成效明显”。平均每月为1.12万名老人提供居家养老服务，获评全国示范性老年友好型社区1个。配送文艺演出、数字电影等各类文化资源2250场，受众11万人次，培训农村社会体育指导员600名。二是推动文明建设。严厉打击违法犯罪，年内刑事案件万人发案率12.4，“国家反诈中心”App安装注册超30万人，农村矛盾纠纷调解成功率95%以上。推进农村移风易俗突出问题专项治理，建设文明实践特色阵地117个，1人获评2022年“中国好人”。三是提高治理水平。深化党建“叶脉工程”，组建“第二书记”“第二村民小组长”等“第二梯队”1.1万名。推进市域社会治理现代化试点，建成全国乡村治理体系建设试点示范区，创新分层分类村级议事协商，创成市级乡村治理积分制示范基地3个，培育“法律明白人”“法治带头人”2955名，获评第九批全国民主法治示范村1个。推进智慧治理，开发上线“社区疫情防控智能应用系统”，持续完善“阳光村居务”“社区云”“智慧养老服务”“互联网+诊疗”“雪亮工程”等,全市首创的“疫期帮侬忙”代配（取）药送药专项行动获《解放日报》头版报道。

二、下阶段工作打算

崇明将深刻把握在全市农业农村发展的功能定位，扎实推动乡村产业、人才、文化、生态和组织振兴，加快推进农业农村现代化，彰显乡村生态、经济和美学价值。一是筑牢崇明优品供应基础。优化农业绿色发展环境，落实“双碳”战略，强化农业生产全过程监管，注重资源的高效集约利用，打造全市最安全、最健康、最生态的“米袋子”“菜篮子”,稳固农产品供应“基本盘”。二是完善乡村产业发展链条。加快农业关键核心技术攻关，健全农业社会化服务体系，加强产业联合体建设，推进农业产业延链、补链、强链，贯通产加销，实现产品增值、产业增效，提高产业体系的韧性和稳定性，拓展农业多种功能，挖掘乡村多元价值，推动产业融合发展。三是建设宜居宜业和美乡村。统筹乡村基础设施和公共服务布局，优化城乡空间，推动乡村振兴集聚、联动发展，巩固提升人居环境，发展壮大农村集体经济，深化农村移风易俗和乡村数字治理。（黄嘉赟）

崇明年鉴
ChongMing NianJian
2023

大事记

2022年崇明区大事记

1月

1日

▲ 崇明区城乡居民基础养老金标准调整至每人每月1300元，生态养老补贴提高至每人每月100元。全区城乡居民养老金平均领取水平达每人每月1520.6元。

2日

▲ 公安崇明分局围绕突出违法犯罪活动、重点安全隐患、交通违法行为持续组织开展“砺剑1号”专项行动第五次全区集中清查打击整治行动。

4日

▲ 崇明区重大工程集中开工仪式举行。上海市实验学校东滩高级中学、智慧岛大数据云计算中心、上实东颐疗养院等35个重大项目前期准备工作基本就绪、集中启动，总投资约274.5亿元，涵盖生态环境、医疗、教育、交通、保障房等多个领域。

10—12日

▲ 中国人民政治协商会议上海市崇明区第二届委员会第一次会议在崇明会议中心召开。区政协主席邬明代表政协上海市崇明区第一届委员会常务委员会作工作报告。区政协副主席张荣作政协上海市崇明区第一届委员会常务委员会关于提案工作情况的报告。

11—13日

▲ 上海市崇明区第二届人民代表大会第一次会议在崇明会议中心召开。大会审议通过区人民政府、区人大常委会、区人民法院和区人民检察院的工作报告，审查和批准2021年国民经济和社会发展计划执行情况与2022年国民经济和社会发展计划、2021年预算执行情况和2022年预算。依法选举产生崇明区第二届人民代表大会常务委员会主任、副主任、委员，区人民政府区长、副区长，区监察委员会主任，区人民法院院长，区人民检察院检察长，表决产生崇明区第二届人民代表大会各专门委员会主任委员、副主任委员、委员。

18日

▲ 崇明区与同济大学合作框架协议签约仪式暨“同济大学碳中和学院”“同济崇明碳中和研究院”揭牌仪式举行。

19日

▲ 2022年崇明区“千万人帮万家”迎春帮困活动启动仪式举行，区红十字会向包括癌症康复协会患癌困难群众在内的崇明区1027户困难家庭发放救助款71.89万元。

21日

▲ 区校共建合作“五彩计划”签约仪式在区新时代文明实践中心举行，复旦大学团委、华东理工大学团委、上海大学团委与区委宣传部、区委党校、团区委签署战略合作协议。

26日

▲ “文明与文化同行·新时代文明实践志愿行”2022年上海市宣传系统助力深化拓展新时代文明实践中心建设首场活动在崇明区港西镇新时代文明实践分中心举行。市委宣传部基层工作处与区委宣传部，SMG集团党群工作部与港西镇团结村分别签署结对共建协议。

是月

▲ 区总工会慰问全区劳模366人，发放慰问金、慰问品26.5万元；慰问在职困难职工1750人，发放慰问金、慰问品140万元；慰问退休困难职工1509人，发放慰问金、慰问品75.45万元。

▲ “上海崇明”App正式上线互动项目“小禾帮您忙”，通过记者“小禾”与百姓的互动、交流，在各相关部门的合力下，实现线上问题线下解决。

▲ 区领导分别慰问离退休干部、党外干部，走访慰问驻崇部队、一线职工等，开展春节帮困送温暖活动。全区投入救助资金4865.77万元，受益群众9.9万余人次。

2月

10日

▲ 市委副书记、市长龚正到崇明调研长江禁捕及长兴岛开发建设工作。

▲ 二届区委二次全会在崇明会议中心召开，全会表决通过崇明区党的二十大代表候选人初步推荐人选名单。

12日

▲ “梅开东平 香飘瀛洲”2022崇明东平第五届梅花文化节开幕。

14日

▲ “群贤荟聚引领区 笔歌墨舞唱未来”第三十二届上海五区元宵书画笔会在浦东新区文化艺术指导中心（新馆）举行，活动由浦东新区文化体育和旅游局、崇明区文化和旅游局、松江区文化和旅游局、杨浦区文化和旅游局及虹口区文化和旅游局共同主办。

16日

▲ 区市场监管局和区工商联联合举办“保护知识产权，激发民企活力”知识产权保护沙龙。

▲ 区融媒体中心推出“奋进新征程 建设新崇明”学习贯彻区党代会和区“两会”精神系列访谈节目，实现可视化直播并通过网络平台同步直播。

24日

▲ 崇明区水环境治理联席会议制度建立。区委副书记、区长缪京担任第一召集人，副区长胡柳强、

张秩通担任召集人，相关部门、18个乡镇及相关区属企业主要负责人任成员。联席会议下设办公室，办公室设在区水务局，办公室主任由区水务局党组书记、局长苏卫东兼任。

25日

▲ 崇明区与先正达集团中国签署战略合作框架协议，重点围绕种源农业、数字农业、低碳农业等领域开展合作。

▲ 崇明区水务行政执法支队联合崇明区河长办、崇明海事局、长江航运公安局、南通市海门区水利局、崇明区人民检察院开展北长江口水域联合执法行动。

▲ 全市首个麋鹿野放栖息地基本建成。新村乡麋鹿极小种群恢复与野放项目引入的4头麋鹿在进行健康检查、佩戴追踪项圈后，被放归至新村乡栖息地。

26日

▲ 台北市崇明同乡会和崇明区台胞台属联谊会通过“云交流”的方式共同庆祝台北市崇明同乡会成立60周年。

28日

▲ “明天会更好”第二届华语音乐剧大赏在上音歌剧院举行，活动由中国演出行业协会指导，崇明生态企业集团下属中国音乐剧产业基地承办。

是月

▲ 区委宣传部首次联合美协、作协等区文联协会，以“奋进新征程·建设新崇明”为主题，以24节气为节点，开展崇明区文化艺术海报创作活动，扩大“迎接宣传贯彻党的二十大”社会面宣传。

▲ 横沙乡民永村、三星镇平安村、港沿镇同滧村、长兴镇石沙村、新村乡新洲村、新河镇天新村、建设镇界东村7个村被评为2021年度“上海市美丽乡村示范村”。

3月

2日

▲ 区二届人大常委会举行第二次会议。会议审议通过《上海市崇明区人民代表大会常务委员会2022年度工作要点》；表决通过区人民政府组成人员人事任职案和区人民检察院有关人事任免案，并举行宪法宣誓仪式。

2—4日

▲ 崇明区“新时代基层干部主题培训行动”暨高质量推进“碳中和示范区”建设专题研修班（第一期）在同济大学碳中和学院举办。

3日

▲ 在全市司法行政工作会议上，崇明区港西镇“老潘”调解工作室被授予上海市“十佳调解品牌”称号。崇明区联合人民调解委员会驻新河派出所人民调解工作室和崇明区司法局堡镇司法所分获上海市“十佳调解品牌提名奖”和上海市“十佳新时代司法所提名奖”。

4日

▲ 水利部太湖流域管理局党组书记、局长吴文庆，市水务局副局长阮仁良到崇明调研水环境治理工作。

5日

▲ 由中国浦东干部学院举办的国家乡村振兴重点帮扶县党政正职巩固拓展脱贫攻坚成果、全面推进乡村振兴专题培训班到港沿镇开展主题为“崇明乡村振兴的实践探索”现场教学活动。

10日

▲ “科技创新助力‘双碳’”2022年崇明区科技艺术展演活动举行。

▲ 中国能源建设集团投资有限公司华东分公司与中兴镇政府在中兴镇文化活动中心签署项目合作协议，双方共同推动项目并网发电并围绕“双碳”领域开展合作。

15日

▲ 区市场监管局开展消费维权知识竞赛、线上直播课堂等“3·15”系列活动，揭牌成立“海上花岛集团有限公司消费维权联络点”。

18—20日

▲ 公安崇明分局召开党委扩大会议，传达贯彻公安部专项督导动员部署会、市局政治督察动员部署会议精神，部署政治督察、肃清流毒专项督导迎检工作。

23日

▲ 区红十字会将市、区两级红十字会的1000条棉被、500条毛毯、350个家庭应急包和108条睡袋送达长兴镇。

29日

▲ 崇明区开展第一轮32万户“大礼包”发放、物流配送统筹协调工作。

▲ 崇明区在2021年全国文明城区年度复议审中，以直辖市中全国第九、上海第二的测评成绩被中央文明办通报表扬。

▲ 根据农业农村部长江禁捕退捕工作专班通报，区市场监管局获评“2021年度长江禁渔执法监管先进集体”。

▲ 区科协获评由中国科协创新战略研究院颁发的2021年度“中国科协全国科技工作者状况调查优秀站点”。

▲ 绿华镇获市农业农村委授予的“生态循环农业示范镇”称号；建设镇创建“第三批上海市特色创业型社区”。

4月

2日

▲ 安徽省组建691人的医疗队抵达崇明，支援疫情防控工作。

6日

▲ 崇明区首家农业合作社上海臻岛禾粮食种植专业合作社复产，在水稻田抢种蔬菜。

8日

▲ 区法院和区工商联共同召开支持保障疫情期间企业纾困线上座谈会。

16日

▲ 崇明区启动第二轮生活物资发放工作。

18日

▲ 中共中央政治局委员、市委书记李强到崇明调研疫情防控工作，慰问疫情防控的党员志愿者及安徽省援沪医务工作者。

22日

▲ 崇明区启动超市有限开放。

▲ 崇明区扶持企业发展联席会议办公室公布2021年度崇明区红榜企业名单，评选出上榜企业519家。

25日

▲ 崇明区作为全市首批参加企业变更全程电子化登记试点的5个区之一，正式开展试点工作。

28日

▲ 中国海油中长期FOB资源配套LNG运输项目（二期）签约仪式，在中国北京、天津、深圳、上海和日本东京以视频连线方式举行。通过“云签约”，驻长兴岛央企沪东中华和中国船舶工业有限公司作为联合卖方，与买方代表日本邮船株式会社（NYK）共同签署6艘17.4万立方米大型液化天然气（LNG）运输船、总金额达84亿余元人民币的建造合同，为中国造船史最大单笔LNG船建造订单。

▲ 崇明区重点外贸企业上海冠甲电子有限公司复工。

29日

▲ 上海群力橡塑制品有限公司复工，成为崇明区首家复工工业企业。

是月

▲ 崇明区多次召开区委常委会（扩大）会议、疫情防控工作领导小组会议、长兴岛疫情防控应急处置前方指挥部工作会议等，研究疫情防控有关工作。

▲ 区人大常委会通过书面形式调研崇明区贯彻实施《上海市崇明区人民代表大会常务委员会关于加强检察公益诉讼工作服务保障崇明世界级生态岛建设的决定》情况。

▲ 崇明区检察院组建由民主党派人士、代表委员以及各行政领域专业人士组成的上海市首支“益心为公”检察云平台志愿者队伍。6月10日，“益心为公”检察云平台启动暨志愿者聘任仪式举行。

5月

2日

▲ 崇明区启动第三轮生活物资发放工作。

12日

▲ 庙镇地区连锁加盟店“苏宁小店”正式恢复对外运营，成为全区首家“六小行业”复工单位。

13日

▲ 崇明公交在全市率先复工，崇明生态交通集团下属崇明巴士公司试点恢复3条城桥镇环城线路城桥1路、城桥3路、城桥5路。

14日

▲ 崇明万达广场内5家市级保供餐饮商铺实现“线上订、线下送”的有限开放。

15日

▲ 绿华镇与三星镇、新村乡与新海镇实行区域有限互通开放试运行。

16日

▲ 崇明区首个重大工程建筑工地（崇明生态岛环岛防汛提标二期工程）复工。

▲ 崇明区第一批3家银行的4个银行网点恢复线下营业。

▲ 庙镇菜场、新村菜场成为崇明区首批有限开放集贸市场。

17日

▲ 崇明区首批3个通信运营商营业网点正式复业。

18日

▲ 区生态产业办与中国银行黄浦支行通过“云签约”方式，签订战略合作框架协议和党建共建协议。

▲ 崇明万达广场在全市率先恢复线下营业。

20日

▲ 崇明区基本恢复正常生产生活秩序，私家车恢复全区范围通行，全区党政机关、企事业单位全员有序返岗。

21日

▲ 区婚姻（收养）登记中心在全市率先恢复婚姻登记业务办理。

26日

▲ 沪东中华造船（集团）有限公司复工生产的8万立方米LNG运输船“传奇太阳”号命名交付。

27日

▲ 中共中央政治局委员、市委书记李强到崇明检查复工复产、复商复市情况，调研察看上海齐茂粮食专业合作社、城桥镇八一路步行街。

29日

▲ 区市场监管局、区经委、城桥镇政府在全市率先开展崇明区餐饮单位有限放开堂食试点工作。

▲ 区生态产业办以视频形式举行《2022年崇明区“云招商”系列活动方案》发布暨“共抗疫情、共谋发展”云招商活动认领仪式。

30日

▲ 崇明区135家规模以上企业全部复工。

是月

▲ 区领导开展大走访、大排查工作，调研餐饮业试营业、防范区公共交通试运行，慰问医护人员。

6月

2日

▲ 二届区委三次全会在崇明会议中心举行。全会表决通过《中国共产党上海市崇明区委员会工作规则》《中国共产党上海市崇明区第二届委员会第三次全体会议决议》，推选产生崇明区出席中国共产党上海市第十二次代表大会代表候选人预备人选。

7日

▲ 中国共产党上海市崇明区代表会议召开，选举产生崇明区出席中国共产党上海市第十二次代表大会代表。

8日

▲ 上海市2022年“世界海洋日暨全国海洋宣传日”主场活动在线上举行，主题为“共建和美海岛，发展蓝色经济”，由市海洋局、市长兴岛管委会、区人民政府共同举办。市海洋局、市长兴岛管委会、崇明区签署《关于推进崇明（长兴岛）海洋经济发展示范区建设合作框架协议》。自然资源部东海局副局长唐文胜，市水务局、市海洋局局长史家明出席。

14日

▲ 区二届人大常委会第三次

会议举行。会议听取和审议崇明区贯彻实施《上海市崇明区人民代表大会常务委员会关于加强检察公益诉讼工作服务保障崇明世界级生态岛建设的决定》情况的报告，书面审议区人民政府关于崇明区2021年度环境状况和环境保护目标完成情况的报告以及区人大常委会主任会议关于办理区二届人大一次会议期间代表对区人大常委会工作报告审议意见的报告，审议表决通过有关人事任免案。

15日

▲ 崇明区与市科委战略合作框架协议签约仪式暨“上海碳中和技术创新联盟”“上海长兴碳中和创新产业园”揭牌仪式举行。市政协副主席、中国工程院院士、上海碳中和技术创新联盟理事长黄震，市科技工作党委书记徐枫出席。

▲ 2022年崇明区生态农旅产业招商云推介会暨“绿华蟹港·山东商会”依游两地云签约活动举行，绿华镇与山东商会签订战略合作框架协议。

16日

▲ 2022上海全球投资促进大会集中开工仪式暨长兴海洋科技岛重点项目开工仪式在长兴产业园区举行。

18日

▲ 崇明区党政负责干部会议召开。市委常委、组织部部长胡文容出席会议并讲话，市委组织部副部长孙甘霖主持会议并宣读市委决定：缪京任中共崇明区委书记，中共上海市长兴岛开发建设管理委员会党组书记。

22日

▲ 中国人寿原董事长杨超携企业家一行到长兴企业集团考察。

23日

▲ 崇明海关到沪东中华造船有限公司为中国首艘全球最大24000TEU超大型集装箱船长益号办理船员上船手续并签发卫控证书，确保该船按时交付使用。

28日

▲ 第五届“中国创翼”创业创新大赛上海崇明赛区海选赛项目路演（线上）评审会举行，评选出优秀创业项目30个。并于11月23日，举办崇明赛区颁奖暨项目资源对接活动。

是月

▲ 区法院报送案例《坚持强基导向推动乡村治理能力现代化》入选最高人民法院“打造枫桥式人民法庭服务全面推进乡村振兴”典型案例。

▲ 区台胞台属联谊会学雷锋志愿服务队获评“上海市志愿服务先进集体”。

▲ 区生态环境局执法大队获2021年上海市生态环境执法大练兵表现突出集体奖。

▲ 绿华镇华渔村获评“上海市河长制工作先进集体”；港西镇北双村获评“上海市乡村振兴先进集体”。

▲ 崇明现代农业园区盒马南美白对虾工厂化养殖一期项目正式投产，预计年产量达100吨，年产值达800万元。

7月

1日

▲ 区委政法委、民进崇明区委、团区委联合开展“阳光助学·童心筑梦”困境儿童关爱物资捐助活动。

4—7日

▲ 区消防委办分八批次开展居（村）委微型消防站可视化设备配置使用培训。

8日

▲ 崇明区实现“120”急救车院前急救医保费用直接结算和脱卡支付。

12日

▲ “品牌赋能链接美好”2022年崇明区品牌连锁商业企业招商云推介活动举行。

▲ 区市场监管局指导帮助上海盒成食品有限公司创建2022年度崇明区第一批崇明区院士（专家）工作站。

15日

▲ “蓝秀带”生态志愿品牌建立，并开展首次净滩活动。

19日

▲ 上海市计量协会到国家电网上海市电力公司崇明供电公司检查2022年崇明区电能表状态更换工作。

▲ 建材集团总裁兼耀皮玻璃集团董事长、总裁沙海祥一行到长兴产业园区考察交流。

▲ 长兴企业集团下属长兴产业园区集中对接特种橡胶项目、智能供应链产业园项目等拟落户项目。

20日

▲ 区融媒体中心的电视专题新闻《花博园区成为中国首个碳中和园》获第三十一届上海新闻奖二等奖。

20—25日

▲ 区人力资源和社会保障局联合区市场监管局，开展清理整顿人力资源市场秩序专项执法行动。

21日

▲ 城桥镇入选上海市首批“一刻钟便民生活圈”示范社区建设试点单位。

22日

▲ 崇明区首批、第二批方志驿站揭牌仪式在区委党校、区行政服务中心召开。至12月，全区18个乡镇及区党群服务中心、博物馆、扬子中学等建立方志驿站40余家，配送地情书籍5000余册。

25日

▲ 崇明区委召开常委会（扩大）会议，市委组织部副部长孙甘霖出席宣读关于李峻等人职务任免的通知，宣布崇明区政府主要领导的调整。

27日

▲ 由上海广播电视台和全市16家区级融媒体中心联手打造的《民生一网通》在2021年度上海广播电视奖评选活动中获特等奖。崇明区融媒体中心参与制作的《民生一网通》荣获中共上海市委宣传部、上海市新闻工作者协会颁发的第三十一届上海新闻奖（“新闻名专栏”）

28日

▲ 云南省临沧市委常委、临

翔区委书记、临沧工业园区党工委书记蒋世良，双江自治县县委常委、组织部部长杨春花分别率临翔区党政代表团、双江自治县党政代表团到堡镇开展交流互访，共商东西部协作事宜。

29日

▲ 云南省临沧市镇康县委书记、二级巡视员魏丛柱等镇康县党政代表团一行到港西镇开展互访对接工作；云南省临沧市永德县委书记宋正琨，县委常委、县委办公室主任武正和等永德县党政代表团一行到建设镇开展互访对接工作；云南省临沧市委常委、临翔区委书记、临沧工业园区党工委书记蒋世良带领云南省临翔区党政代表团到向化镇考察。

是月

▲ 崇明区作为全市唯一的全员申领试点区率先开展退役军人和其他优抚对象优待证申领发放工作。

8月

1—2日

▲ 上海市统计局、崇明区统计局在崇开展统计服务经济稳增长调研并走访上海昌华商业管理有限公司和中信养老产业有限公司，了解企业招商、养老项目建设整体规划、运营模式、工期进展等情况。

2日

▲ 上海市农业农村委、上海市体育局主办，上海市农民体育协会、崇明区体育局、崇明区农业农村委、崇明区新河镇人民政府承办，以“喜迎二十大 携手看振兴”为主题的2022年上海市乐动乡村线上健步走活动启动仪式在崇明区新河镇井亭村举行。

3日

▲ 2022年崇明共青团重点工作推进会暨学习贯彻中国共产主义青年团成立100周年大会精神主题宣讲会在区会议中心召开。

4日

▲ 上海市崇明区生态环境局、江苏省苏州市生态环境局、南通市生态环境局在南通市委党校召开“崇苏通党建联盟结对共建签约活动”。

5日

▲ “学习强国”崇明融媒号正式上线。

7日

▲ 区市场监管局在崇明万达广场和八一广场同步举办2022年度上海崇明生态人居质量满意度现场征询活动。

9日

▲ 华能华东分公司党委书记、执行董事张茂义，副总经理刘金生一行到长兴企业集团下属长兴产业园区考察交流。

10日

▲ 崇明区“疫去嗨购 点燃崇明”促消费活动暨第三届“五五购物节”启动仪式在崇明万达广场举行。

12日

▲ 崇明区开展首次长护险社区居家护理服务机构星级评定。上海卫瀛护理站、上海崇恒护理站、上海生康舒心护理站、上海真欣护理站4家长护险居家服务机构获评“2021年度五星级服务机构”。

▲ 区水务局针对全区的市、区、镇、村各级河道制定垦植清退计划，并聚焦市区管河道垦植问题开展集中清理整治行动。

▲ 为纪念中共二大召开100周年，党的统一战线政策提出100周年，孙中山、李大钊酝酿国共合作100周年，上海孙中山故居纪念馆、崇明区档案馆、崇明区台联会联合举办“纪念百年统战政策，重温国共合作史篇”实景剧《握手》云展演活动。

▲ 建设镇与内蒙古苏尼羊驼牧业科技有限公司就虹桥村苏尼羊驼牧场项目举行签约仪式。

12—14日

▲ 上海市公安局崇明分局组织开展“百日行动”“砺剑”系列专项行动第十九次全区集中清查打击整治行动。

16日

▲《上海市崇明区产业地图（2022）》正式发布。

17日

▲ 区市场监管局会同区农业农村委、区公安分局开展“长江禁渔”联合执法。

▲ “法润童心”崇明区未成年人普法项目启动仪式暨普法大讲堂活动在崇明区新时代文明实践中心举行。

▲ 崇明房管领域掌上政务服务“生态e居”正式在“随申办”崇明区旗舰店上线。

18日

▲ 崇明区工商联、崇明区人民法院共建沟通联系机制做法入选全国工商联“四个一百”典型事例。

▲ 崇明抖音联盟正式成立暨崇明农产品线上推介活动在区融媒体中心举行。崇明抖音联盟的首批10名会员、特邀主播签署网络文明承诺书。

▲ “2022上海数字生活节”启动仪式上，上海市商务委对首批12家市级直播电商基地授予“上海市直播电商基地”称号，崇明区上海智慧岛数据产业园入围。

▲ 崇明城桥万达商圈党建联盟成立暨“线上嗨购”电商消费节启动仪式在崇明城桥万达广场举行，活动通过“上海崇明”视频号等平台进行线上直播。

19日

▲ 区青联党政军法、建设交通界别组牵头，和新的社会阶层人士、民主党派、民族宗教、港澳台侨界别组等联合开展“风起扬帆正当时·乘风破浪逐今朝”学习宣传贯彻落实市第十二次党代会精神主题活动。

22日

▲ 区政府与上海联通、上海电信、上海移动、上海铁塔、上海仪电签署关于共同推进崇明城市数字化转型战略合作协议。

▲ 以“绿色新赛道，生态新优势”为主题“潮涌浦江”投资上海全球分享季系列活动——崇明区投资促进暨生态岛产业发展大会在崇明区融媒体中心举办。

▲ “新华—崇明”区域医联体

发布第三批（2022年第一批）药品集中议价采购中选结果。全身抗感染药物、心血管系统药物、消化道和代谢药物三大类别11个药品确认中选结果，中选药品药价平均降幅为46.95%，最大降幅达66.72%。

23日

▲ 区人力资源和社会保障局组织开展“仲裁开放日”暨“政府开放日”活动。

23—24日

▲ 区市场监管局组织开展2022年“守查保”重点领域之夏季高温“食监利剑”专项交叉执法行动。

▲ 第五届上海（崇明）休闲体育大会在新河镇井亭村戎灏体育青少年足球基地举办，云南省临沧市云县开设分赛场。

25日

▲ 沪渝蓉高铁上海至南京至合肥段初步设计获得国铁集团、上海市人民政府、江苏省人民政府、安徽省人民政府联合批复。

26日

▲ 崇明区与日本群马县举行线上交流会，探讨开展全方位、深层次交流，推动多领域合作共赢。

▲ 崇明区举行中广核新能源港西镇渔光互补光伏发电项目开工仪式。

29日

▲ 区民政局与建设镇人民政府联合举办“秉承为民爱民理念，提升‘一网通办’效能”主题的“政府开放日”活动。

30日

▲ 超威动力能源有限公司董事长孟新华、蓝奥控股集团有限公司董事长刘日益携公司相关负责人来长兴企业集团下属长兴产业园区考察交流。

31日

▲ 上海市实验小学长兴分校正式启用。

▲ 崇启海三地在启东市行政中心科技楼举行生态绿色一体化发展暨毗邻共治文明联盟成立仪式，进一步发挥崇启海“毗邻党建联盟”作用，切实推动三地文明共治互动合作。

是月

▲ 崇明区参展纪念中韩建交30周年“济州—中国省市友好交流周”活动，展现崇明文化特色，共续两地友好情谊。

▲ 区科委会同崇明联通、江南造船厂打造“千兆虚拟专网助力江南造船5G全连接工厂应用项目”。该案被列入第四届2022世界5G大会十大5G案例。

▲ 区科委举办“走进科技 你我同行”2022年崇明科技节。

▲ 东平国家森林公园完成上海市文明进步指数测评迎检和A级景区复核工作。

9月

3日

▲ 崇明区2022年食品安全宣传周主题日活动在万达广场举行。

5日

▲ 崇明区联合江苏省启东市和海门区，开展以“汇聚慈善力量，助力共同富裕”为主题的“中华慈善日”活动。

7日

▲ 上海市公安局崇明分局举行“喜迎二十大忠诚保平安”主题实践活动——“警心向党担使命 忠诚奉献护安宁”。

9日

▲“崇明的夜Yeah！”2022崇明乡村夜生活节启动仪式在庙镇永乐村G20花岛宿集亚洲园内举行。

10日

▲ 崇明区全面实施医疗救助“免申即享”，救助对象在医院就诊后，无需申请，系统自动整合各类数据，精准核算医疗救助金额，在线完成资金拨付，实现由“人找政策”到“政策找人”的转变。

▲ 区侨办举办“寻味中秋·共话团圆”崇明区港澳代表人士共度中秋活动。

▲ 崇明区政府与上海广播电视台、上海文化广播影视集团有限公司（简称“SMG”）举行战略合作框架协议签约仪式，签署战略合作框架协议。

14日

▲ 区国资委指导崇明区国有企业全面完成房租减免工作，涉及减免小微企业、个体工商户等市场主体1626家，减免租金6516.31万元。

16日

▲ 中兴镇应急消防救援工作站揭牌仪式举行，崇明区首支乡镇层面应急消防救援队伍成立。

17日

▲ 区民防办开展全区防空警报试鸣，警报鸣响率、统控率均达到100%。全区18个乡镇结合警报试鸣，组织防空疏散演练，共逾5.8万人参演。

19日

▲ 2022年崇明区公民科学素养知识竞赛在区青少年活动中心举行。

▲ 区水务局获“上海市节约用水科普点”称号。

20日

▲ 崇明区应邀在线上参加“2022金砖国家友好城市暨地方政府合作论坛”和“金砖国家同新兴市场和发展中国家地方政府对话会”。

▲ 郑州金惠科技公司总经理李伟，副总经理、山东金惠公司总经理王启明，郑州金惠公司股东吴锦明一行到长兴企业集团下属长兴产业园区考察交流。

▲ 长兴镇G9CM-0601单元02-04地块在崇明区土地交易中心举行挂牌交易活动，沪朵汇科技发展（上海）有限公司摘得地块。

22日

▲ 崇明区第九批（2022年）共有产权保障住房摇号排序现场会在风瀛洲剧场举行。

23日

▲ 长兴横河公园（面积约12公顷）录入2022年城市公园名录。

24日

▲“上海市学生综合性劳动实践基地（光明花博邨）启用仪式”暨“庆丰收 惜粮食 爱劳动”主题实践活动展示举行，上海首个学生综

合性劳动实践基地正式启用。

26日

▲ 上小竖河北沿公路——崇明市区管河道最后一处阻水点位打通。

27日

▲ 区委宣传部、区农业农村委、区民政局联合主办的“倡导文明新风·共建美丽乡村”2022年崇明区农村移风易俗主题宣传月启动仪式暨“我们的节日·重阳文艺演出活动”在庙镇新时代文明实践中心举行。

▲ “推进崇明世界级生态岛碳中和示范区建设”论坛在崇明举行。

28日

▲ 区人力资源和社会保障局组织开展“喜迎二十大 共话乡村新奇迹”——2022年“星民宿+新农业”主题交流活动。

▲ “水育中国·崇明行”暨2022年崇明区文明校园联盟成立仪式在陈家镇新时代文明实践分中心举行。

29日

▲ 2022年度“上海礼物”品牌和“优选经营店”榜单正式对外公布，12个崇明好物入选“上海礼物”。

30日

▲ 崇明区第九批共有产权保障住房暨第四批非上海市户籍共有产权保障住房选房活动在锦绣宾馆会议厅举行。

▲ 至9月30日，崇明区2021年度企业年报公示率96.83%，高于全市平均年报率0.96个百分点，比上年提高0.02个百分点，创历史新高。

是月

▲ 由崇明区台办、崇明区教育局和崇明区融媒体中心联合主办的“情系两岸，同心圆梦”崇明区涉台教育宣传线上主题活动在“上海崇明”App举办。

▲ 区科协命名玉海棠崇明苦草科普基地、崇明数字家庭体验馆、东禾九谷稻米文化园、中华鲟梦园4家区级基础性科普基地。

▲ 新河镇人民政府被评为2021年度上海市社区、企事业单位献血工作考核优秀集体。

▲ 崇明工业园区下辖企业上海汇良锻造有限公司、上海永利输送有限公司获“上海市和谐劳动关系达标企业”称号。

10月

8日

▲ 区税务局组织开展“税月传薪火 踔厉启新程”喜迎二十大主题活动。

▲ 陈海公路新建慢行道工程启动施工。

10—16日

▲ 区经委在万达广场一楼中庭开展粮食安全宣传周活动。

11日

▲ SMG融媒体中心联合区融媒体中心开展《“人民城市”融媒联播》。区委书记缪京在竖新镇仙桥村介绍独具崇明特色的人民城市建设“样板间”。

13日

▲ 崇明区首个基于上海电信“1网1号1亭”数字助老服务体系的数字公话亭于兰双公路1581弄3号（电信盘效营业厅门口）落地。

14日

▲ 崇明区举办2022年崇明区退役军人秋季专场招聘会。

▲ 即日起，崇明区红十字会党组与崇明区红十字会联合组建一支红十字党员及志愿者服务队，开展“喜迎二十大，架起连心桥——政策咨询、文化传播、技能展示”活动，围绕“三救、三献”等主责主业在机关、企业、学校、社区等开展系列宣传活动。

▲ 长兴企业集团下属长兴产业园区长兴岛智能环保设备研发及“数智低碳”智慧化生产基地项目、长兴岛智能化船舶航空承重平台研发生产基地项目、长兴岛海洋装备产业园智能输配电产线项目、上海良薇机电工程有限公司4个产业项目准入评审会举行。

18日

▲ 区市场监管局电梯实训基地正式揭牌开班，该基地是上海市区局层面成立的首个电梯实训基地。

20日

▲ 区民政局与建设镇人民政府联合举办“秉承为民爱民理念，提升‘一网通办’效能”主题“政府开放日”活动。

26日

▲ 上海海洋大学校长万荣、市农业农村委副主任陆峥嵘到崇明对接全国农业和科技现代化先行区共建工作。

27日

▲ 区工商联（总商会）在上海东禾九谷开心农场有限公司举办区工商联（总商会）二届五次主席（会长）会议暨二十大报告学习活动。

28日

▲ 区市场监管局获评“2022年全国清理整顿人力资源市场秩序专项行动取得突出成绩单位”。

▲ 港沿镇举办“金秋最田园 星火耀征程”——“星火”党建带发布会暨“金秋花享、你好生活”主题活动。

31日

▲ 区经委全面完成崇明区早餐工程验收工作，并初步确定通过区级早餐示范点验收网点53家（新建网点15家、提升改造38家），其中3家网点被市商务委列入市级早餐示范点名单。

是月

▲ 中下旬，区供销社与全区300余家企事业机关单位签订“云品大礼包”采购合同，共计33770份、金额995.30万元。

▲ 区委宣传部开展首届“基层新闻官”优秀作品推荐活动。

▲ 区规划资源局完成崇明区“三区三线”划定工作，划定66.33万亩耕地和永久基本农田，占全市耕地保护任务的32.8%，划定生态保护红线515.8平方公里（行政区范围内），划定城镇开发边界线140.6平方公里。

▲ 崇明工业园区下辖企业上海泓济环保科技股份有限公司获上海市企业技术中心认定。

11月

2日

▲ 三星镇代表崇明区获得上海市森林技能竞赛区组第一名。

4日

▲ 2022年沪滇合作妇联干部能力提升专题研讨班学员到崇明开展考察交流活动，实地参观和了解美丽庭院创建、民宿产业发展和农村女带头人基地等情况。

5日

▲ 由崇明区学习型社会建设与终身教育促进委员会主办，区教育局、区文明办、区社区学校和三星镇人民政府承办的“引领全民学习 礼赞百年辉煌”——崇明区第十七届全民终身学习活动周开幕式在三星镇新安村草帽论坛举行。

7日

▲ 长兴企业集团与区生态产业办、市长兴岛管委会产业发展处、中国银行黄浦支行、东滩建设集团在上海国家会展中心共赢厅举办“生态文明新名片 绿色发展新标杆”崇明专场贸易对接推介活动。

8日

▲ 区工商联“健全政企沟通机制 助力民营经济发展”做法入选上海市2022年优化营商环境良好实践案例。

9日

▲ 崇明区政协书画院成立揭牌仪式暨“庆祝党的二十大·翰墨丹青颂党恩”主题书画作品展开幕式在崇明美术馆举行。

10日

▲ 国家电网上海市电力公司崇明供电公司团委联合崇明区规划资源局团支部开展“学习二十大，永远跟党走，奋进新征程”主题团日活动。

11日

▲ 崇明区与上海宝冶集团举行战略合作框架协议签约仪式。

12日

▲ 2022“橘黄蟹肥”上海崇明第二届绿华金秋吃蟹季活动在国家AAA级旅游景区——绿港风情园举行。

13日

▲ 由上海市知联会、上海复旦大学医学院和崇明区知联会共同举办的“关爱健康·共建和谐”同心义诊活动在庙镇文化广场启动。

▲ 2022“兴业银行杯”上海城市业余大赛第五届上海（崇明）休闲体育大会暨“上海蟹港”欢乐骑跑赛举行。

14日

▲ 崇明区粮食储备中心库全面完成结构封顶。

▲ “情系云滇·大爱温情——帮困助学 敬老扶残”暖心行动在港西镇举行。

▲ 在由上海市文化和旅游局、上海市绿化和市容管理局、上海市精神文明建设委员会办公室、上海东方网股份有限公司主办的2022年寻找上海“最美厕所”征集推选活动中，崇明的西沙明珠湖景区停车场旅游厕所获评2022年上海“最美厕所”，高家庄生态园沙船厕所获“最佳生态环保奖”，长兴岛服务区智慧公厕获“最佳抗疫防护奖”。

15日

▲ 云南省临沧市镇康县委副书记、县长段寿华率县党政代表团一行到港西镇开展东西部协作对接交流工作。镇康县委副书记、县委党校校长李云学率县党政代表团一行到建设镇开展东西部协作对接交流工作。

16日

▲ 第五届上海（崇明）休闲体育大会首届“金枫酒业·和酒”活力康养大赛在崇明区西来农庄举行。

16—18日

▲ 崇明区“百日大招商立功竞赛活动”总结会暨未来“鸿鹄企业”招商擂台赛启动仪式以视频形式举办。

18日

▲ 上海瀛庙果蔬专业合作社的“国家红掌花栽培标准化示范区”创建项目，通过国家标准化委员会专家组的项目终期评估，共形成67项标准，其中引用国家标准29项、行业标准17项、地方标准1项、企业自主标准20项。

▲ 2022“崇明me道 崇明味道”农产品推介会暨首届崇明清水蟹开捕节在三星镇稻田驿站举办。

22日

▲ 崇明现代农业园区老杜农业初级农产品加工项目奠基仪式举行。

23日

▲ 区人力资源和社会保障局举办第五届“中国创翼”创业创新大赛上海崇明赛区颁奖展示暨项目资源对接活动。

24日

▲ 崇明区探索农村污水运维“新模式”“四位一体”打造“半小时”服务圈。

25日

▲ 根据区委编办批复，区人力资源和社会保障局下属上海市崇明区劳动能力鉴定中心和上海市崇明区农村社会养老保险事业管理中心进行机构整合，正式成立上海市崇明区社会保障服务中心。

▲ “YI行港西 为爱出发”崇明区港西镇第二届乐游嘉年华暨上海市进才中学国际部牵手崇明区培林学校公益之行活动在港西镇假日岛农庄开幕。

26日

▲ 上海市第十人民医院崇明分院举行建院五十周年庆典。

29日

▲ 崇明区行政复议局与区人民政府、浦东新区人民法院、中共崇明区委党校共同组织举办2022年崇明区行政机关负责人出庭、旁听与讲评“三合一”活动。

▲ 区方志办召开《第十届中国花博会志》编纂培训会。

▲ 三星镇新安村被国家卫生健康委员会、全国老龄工作委员会办公室命名为2022年全国示范性老年友好型社区；被农业农村部命名为2022年中国美丽休闲乡村。

12月

1日

▲《崇明区人民防空袭方案》

编制完成，上报市级主管部门审核通过。

7日

▲ 日本群马县上海事务所代表团一行到崇明调研上海市实验学校东滩高级中学。

8日

▲ 区税务局举办"'益企'促发展"优化税收营商环境座谈会暨"税收现代化服务中国式现代化"大讨论活动。

14日

▲ 区工商联召开法治服务民营经济高质量发展工作会议暨"护航"2023年崇明区法治服务民营经济高质量发展十大实事项目发布会。

15日

▲ 里程碑项目上海崇明中双港至东风35千伏线路工程完成送电。

19日

▲ 区委书记缪京参加上海人民广播电台《市民与社会·2022对话区委书记》访谈节目。

24日

▲ 上海市委书记陈吉宁到崇明调研横沙岛东滩促淤圈围工程现场、振华重工长兴分公司、东滩鸟类国家级自然保护区、港沿镇园艺村以及由由中荷农业创新园等。

是月

▲ 生态企业集团所属城桥镇9-1号安置房项目完成新建住宅交付使用许可证办理，并启动回搬工作。

是年

▲ 4月23日—5月8日，崇明区代表第十届中国花卉博览会参展第十二届欧洲花博会，参展的中国花园以"绽放的玉兰"为主题。

▲ 5—7月，区科协开展"弘扬科学家精神 争创科技工作者先锋"征文及短视频征集展示活动。

▲ 5—9月，区科协开展以"湿地与崇明岛"为主题的第13届崇明区中学生生态知识竞赛。

▲ 6—11月，区规划资源局开展耕地占补平衡指标交易工作。先后有金山、闵行、嘉定、临港等区域购买崇明区耕地占补平衡指标，累计500公顷（7500亩），按照80万元/亩的标准，总资金60亿元。

▲ 7月18日至8月19日，区人力资源和社会保障局联合区委组织部、团区委，开展2022年崇明籍大学生暑期回乡实习活动。

▲ 上半年，崇明区确立陈家镇瀛东村为崇明区档案工作服务农村基层社会治理示范点建设试点单位，12月提请上海市档案局验收。

▲ 8—10月，区人力资源和社会保障局开展"援助暖民心 就业解民忧"——就业援助"暖心活动"。活动共认定援助对象944人，走访慰问18人，帮助援助对象实现就业831人。

▲ 9—10月，首届崇明法治文化节聚焦拓展法治文化承托载体、赓续红色法治文化基因、彰显本土法治文化魅力、优化法治文化传播链条等四大领域开展四大主题行动。

▲ 10—11月，区重大项目上海崇明堡镇25-05地块闵达雅苑住宅配套项目、上海崇明堡镇21-05地块达山佳苑住宅配套项目、225项目陈家镇东翰路10千伏接入工程完成送电。

崇明概貌

地理环境

【概况】 崇明区由崇明、长兴、横沙三岛组成，三岛陆域总面积1413平方公里。三面环江，一面临海，西接长江，东濒东海，南与浦东新区、宝山区及江苏省太仓市隔水相望，北与江苏省南通市海门区、启东市接壤。地处北亚热带，气候温和湿润，年平均气温16.5℃，日照充足，雨水充沛，四季分明。全域水土洁净，空气清新，生态环境优良。

【崇明岛】 崇明岛位于西太平洋沿岸中国海岸线的中点地区，地理位置在北纬31°27′00″至31°51′15″，东经121°09′30″至121°54′00″，地处中国最大河流长江入海口，是世界最大的河口冲积岛，也是中国仅次于台湾岛、海南岛的第三大岛屿。素有“长江门户、东海瀛洲”之称。全岛面积1269.1平方公里。东西长80公里，南北宽13~18公里。岛上地势平坦，无山岗丘陵。西北部和中部稍高，西南部和东部略低。90%以上的土地标高（以吴淞标高0米为参照）在3.21~4.20米。

【长兴岛】 长兴岛位于吴淞口外长江南水道，东邻横沙岛，北邻崇明岛。岛呈带状，东西长26.8公里，南北宽2~4公里。面积89.5平方公里，其中滩涂面积8.5平方公里，可耕地面积26.2平方公里（不包括前卫农场）。南沿有深水岸线近20公里，一般水深12米至16米，最深处22米，可停靠30万吨级轮船。

【横沙岛】 横沙岛是长江入海口最东端的一个岛屿，背靠长兴，北与崇明岛遥相呼应，南与浦东新区隔江相望。岛呈海螺形，南北长12公里左右，东西宽8公里左右。平均海拔2.8米。总面积54.4平方公里，其中可耕地面积26.8平方公里。尚有滩涂资源0米以上20万亩，-5米以上67万亩。周边岸线30余公里，其中南端约有2公里深水岸线，水深12米左右。 （区统计局）

建置沿革

【概况】 历史上，长江口北岸的发育模式是一代代沙岛或沙岛群向北并岸，形成新的江口北部岸线。明代宣德年间，巡抚周忱奏定狼山以南、宝山以北，西起福山、东迄佘山，其中水面都是崇明的境域，即所谓“以涨补坍”，使崇明常屹立于江海之间。然而，因江口沙洲的涨、坍，多涉及各地的地域分野，所以历年因争界引起的纠纷多有发生。崇明各沙洲坍涨不定，治城经历六建五迁，始得稳定。

【主要沙洲涨坍】崇明沙洲形成至今有1400年历史。唐武德年间（618—626年），长江口积涨出两个沙洲，相隔70余里，史称西沙（又称顾俊沙）、东沙。后来“渐积高广，渔樵者依之，遂成田庐”。武周万岁通天元年（696年），开始有渔民、樵夫在西沙定居。

北宋天圣三年（1025年），东沙北面涨出新的沙洲，最早移居开垦的为姚、刘两姓，因此称作姚刘沙，之后逐渐与东沙接壤。建中靖国元年（1101年），姚刘沙西北50余里的地方也出现一个新的沙洲，由于三次叠涨，因此名“三沙”。一说因句容朱、陈、张三姓首先居住，故而得名。至宋代，在西沙逐渐形成平等、道安、释乐3个村，之后逐渐坍塌。

元代，东沙逐渐南坍北涨，姚刘沙不断涨积，三沙也逐渐扩张。元末明初，东沙坍没大半。

明建文年间（1399—1402年），在三沙西南30余里处涨起平洋沙。正德年间（1506—1521年），长沙露出水面，在平洋沙东南，该沙成陆后位置基本未产生迁移。在此期间，姚刘沙与西北三沙连成一片，而西沙坍塌仅剩道安一个乡。嘉靖二十九年（1550年）左右，姚刘沙坍没，三沙始坍。万历十一年（1583年），平洋沙始坍，后来坍存部分渐与长沙接壤。

明末清初，长沙开始持续涨积。清康熙元年（1662年），随江流变化，三沙大半坍没，留下东三沙和西三沙的残余。明清时期，又有大安沙、高明沙、享沙、日隆沙、富民沙、南沙等许多沙洲时东时西、忽南忽北涨坍变化。清初，以长沙为主体的沙洲相互连接形成现今崇明岛的基本形状。20世纪中期开始至今，北部滩涂与东部滩涂团结沙、东旺沙持续涨积并大规模围垦，崇明本岛面积从600余平方公里扩大至1269.1平方公里。

长兴岛、横沙岛同样是长江口的河口沙洲，其成陆过程一如长江口北岸千百年来的发展演变模式——北部沙洲并岸，新的沙洲在南部积涨。长兴岛形成于清道光年间（1821—1850年），距今170多年。横沙岛形成于清咸丰年间（1851—1861年），有160多年历史。

【建置变迁】 五代十国时期，吴国与吴越在长江口一带争战，静海都镇遏使姚彦洪（治所在今南通市）于杨吴天祚三年（937年）在西沙设立崇明镇，崇明沙洲始有建制。

937年末，李昪取代杨吴，国号大齐，后改国号唐（史称南唐），改年号为升元，继续管辖崇明镇。李璟继位后，崇明镇辖于静海制置院（今南通市）。显德五年（958年），后周军队攻下南唐在江北的所有领地，废除崇明镇建制。

北宋初，恢复崇明镇建置，归通州海门县管辖。朝廷发配流刑犯人在崇明沙洲煎盐生产，崇明岛盐业从此开始。

南宋时，韩侂胄、张循王、刘婕妤各有庄园设在姚刘沙，以取渔盐之利。嘉定十五年（1222年），在姚刘沙设置天赐盐场，抽征盐税。宝庆元年（1225年），拨隶淮东总领所。

元至元十四年（1277年），崇明镇升为州，隶属扬州路。首任崇明知州薛文虎在姚刘沙天赐盐场场署旧址建立州城。改崇明镇为西沙巡检司，仅存的道安村改为道安乡。元至正十二年（1352年），旧城坍没，州城迁于原址北15里处。是为始迁，之后历经五迁六建。

明洪武二年（1369年），崇明降州为县，仍隶扬州路。洪武八年（1375年），改隶苏州府。弘治十年（1497年），崇明县兼隶于太仓州。

清顺治年间，南明御史沈廷扬、将领郑成功、张名振反攻崇明岛。顺治十六年（1659年），郑成功率领水师进攻崇明县城（今城桥镇），被总兵梁化凤带领崇明县军民击退。雍正二年（1724年），崇明县专隶于太仓州。

民国时期，先后隶属江苏南通、松江。1949年6月2日，崇明解放，隶属南通专区。1958年12月1日，改隶上海市。

2005年5月18日，经上海市人民政府报请国务院批准，原属上海市宝山区的长兴、横沙两个乡行政区域，整体划入崇明县。2009年11月18日，长兴撤乡建镇。

2016年3月26日，上海市委、市政府召开市委书记专题会议，研究部署崇明撤县设区工作，之后向国务院正式上报请示件。6月，国务院批复同意。7月22日，上海市委、市政府召开“崇明撤县设区”工作大会，改崇明县为崇明区。

【历史上的大规模沙洲划拨】 清雍正十三年（1735年），拨十二沙（山前、永兴、扁担、大年、小年、万盛、龙珠、三角、丁家、藤盘、杨桩、汤家）隶通州。乾隆三十三年（1768年），割十一沙（半洋、富民、太平、乌桂、复兴、大洪、戎台、永年、大安、小安、日盛）属海门厅，崇明西北地域大为缩小。

光绪初年，与宝山县争崇宝沙，被判中分为界，而崇明县东南地境又缩小。

1928年3月1日，崇明外沙（又称北沙）划出，与海门县吕四等地，设置启东县。

【嵊泗列岛归属与划出】 清康熙二十九年（1690年），分江浙洋汛。江、浙两省各派员勘定洋界，在小洋山岛立江浙分界碑。“以羊山、马迹山（泗礁山）为界。马迹山脚以南之洋岛属浙江，大羊山脚以北之洋岛属江南。”嵊泗大部分划归江南省，隶于太仓州崇明县。

1912年，嵊泗列岛隶属江苏省崇明县。1916年，属江苏省沪海道崇明县。1918年，沪海道废，由江苏省水上第一警察厅负责治安和防务，行政仍属崇明县。1934年，嵊泗列岛设区，为崇明县第五区。1946年，嵊泗列岛改为江苏省直辖区。

【崇明治城六建五迁】 由于海潮和江流的作用，长江河口沙洲的坍涨受到很大的影响，沙洲的境域很不稳定。崇明治城经历六建五迁（州治一迁，县治四迁）：

姚刘沙南坍北涨，元至正十二年（1352年），崇明州旧城坍没，州城一迁于北15里处。

永乐十八年（1420年），城南为海潮坍逼，县城二迁于北10里处秦家符（村）。

嘉靖八年（1529年），秦家符（村）县城坍没于海，县城三迁于三沙马家浜，该城存在20余年就坍没。

嘉靖三十四年（1555年），县城四迁于平洋沙，存在近30年。

万历十六年（1588年），县城五迁于长沙，城周方圆4里7分，即现今崇明区委、区政府所在地。明清时期，此县城南距长江10～15里。清嘉庆至光绪年间，长江南泓主流北偏，城南一带又被江水冲坍，县城有再次被逼迁移的危险。黄清宪、王清穆、曹炳麟等乡绅全力保堤，向清廷力争国库资金支援修筑江堤，县城得以保全。

（区档案局）

气　候

【概况】 气温偏高，夏季干热，高温日数异常偏多；降水偏少，日照偏少，影响台风2个。

1.气温：年平均气温16.7℃，较常年偏高0.5℃。年极端最高气温39.2℃（8月19日），居历史第三高；年极端最低气温-6.7℃（12月19日）。年内高温日数34天（常年8天），为有气象记录以来第二多。

2.降水：年总降水量923.5毫米，较常年偏少265.4毫米；年降水日数112天，比常年偏少15天。年暴雨日数3天，比常年偏少1天；日最大降水量为82.2毫米（9月15日）。汛期（6—9月）总降水量436.1毫米，较常年（652.0毫米）偏少3成左右；降水日数40天，较常年偏少9天。6月12日入梅（常年6月19日），7月1日出梅（常年7月10日），梅雨期19天（常年21天）；梅雨量46.0毫米，仅为常年值（234.0毫米）的1/5，与2017年同列历史第二少。

3.日照：年总日照时数1844.6小时，比常年偏少76.9小时。

4.台风：2022年有2个台风（2211号“轩岚诺”、2212号“梅花”）影响崇明区。其中，“梅花”台风给崇明区带来明显风雨影响，雨量普遍达暴雨程度，局部有大暴雨，沿江地区最大阵风达13级。

【主要天气气候事件】 2022年主要天气气候事件为高温、强对流、暴雨、台风、寒潮和连阴雨，给电力、农业生产、交通、航运及居民生活等造成一定的影响。

1.高温：夏季遭遇持续酷热高温天气，高温日数居历史第二高，10月首次出现高温，创历史最晚纪录。

2022年本区高温日数（≥35.0℃）共计达34天，极端最高气温达39.2℃（8月19日）。其中，7月高温日数有14天，6—15日连续高温，12—14日每天最高气温均超过38.0℃；8月高温日数达17天，≥38℃的日数有7天，均创历史同期最多纪录。10月首次出现高温天气（35.7℃，10月3日），创历史最晚高温日。

2.强对流：夏季对流强，有雷

雨大风、短时强降水、冰雹等天气出现。

7月26日15—18时，受雷暴云团影响，崇明区出现短时强降水和雷暴大风天气，最大小时雨强34.0毫米（东平中医药文化园站，16—17时）；6个乡镇风力达8—10级，其中新海百路达站瞬时风速25.0米/秒（10级）为最大。

8月6日13—17时，受短波槽影响，崇明区出现雷暴大风、短时强降水、冰雹等强对流天气。过程最大雨量与最大小时雨强均出现在东平森林公园站，分别为62.7毫米和50.9毫米（14—15时）。风力普遍5—7级，局部地区达8级，最大瞬时风速17.8米/秒（8级，向化站）。气象信息员观测到港西镇与城桥镇有小冰雹出现。

3. 暴雨：春季西南涡影响下出现一次暴雨到大暴雨降水过程。

4月13日，受西南涡影响，崇明区遭遇一次明显风雨及降温天气过程。24小时最高气温由12日的31.9℃降至13日的19.0℃，降幅达12.9℃。主要降水时段出现在13日12时至14日04时，过程累积雨量普遍达暴雨到大暴雨，全区46%的站点累计雨量超过100.0毫米，最大出现在上实园区站146.7毫米，横沙新民站135.2毫米次之，最大小时雨强24.8毫米（东滩湿地公园站，13日17—18时）。风力普遍6—7级，东部地区有8级，东滩湿地站瞬时风速20.0米/秒（8级）为最大。

6月30日12—19时，受较强降水云团影响，崇明区西部地区普降大到暴雨，其中新海镇有大暴雨出现，最大降水量和最大小时雨强均出现在新海百路达站，分别为103.4毫米和51.7毫米（15—16时）。

4. 台风：年内共有2个台风（2211号台风“轩岚诺”、2212号台风“梅花”）影响崇明区。其中，台风“梅花”给崇明区带来明显风雨影响，雨量普遍达暴雨程度，局部有大暴雨，沿江地区最大阵风达13级。

2022年第11号台风“轩岚诺”于近海折向北上，越过上海同纬度时强度为“超强台风级”，最近距离上海海岸线约300公里。“轩岚诺”主要影响时段为9月4日08时至5日20时，崇明区普降中到大雨，累计雨量最大为向化站30.7毫米。阵风风力普遍有6—8级，长江口区9—10级，最大瞬时风速27.4米/秒（东滩湿地站，10级）。

台风“梅花”于2022年9月15日0时30分前后在上海奉贤沿海二次登陆，登陆时近中心最大风力达12级，凌晨04时前后移至崇明境内，强度为台风级，是1950年来登陆上海最强的台风。“梅花”影响期间，崇明区普降暴雨，局部地区有大暴雨，主要影响时段为9月14日08时至15日14时，最大降水量115.6毫米出现在东平长江农场站，G40沪苏收费站108.2毫米次之；最大小时雨强27.3毫米（堡镇站，15日01—02时）。阵风风力普遍8—10级，东部地区达11—13级，最大瞬时风速40.3米/秒（东滩湿地站，13级），长兴岛服务区站31.7米/秒（11级）次之。

9月12日，受台风“梅花”外围环流和冷空气共同影响，本岛中东部出现暴雨。主要降水时段为16—22时，崇明区近1/3的站点累计雨量超过50.0毫米，其中中兴站99.5毫米为最大，上实园区站87.6毫米次之；最大小时雨强50.6毫米（东滩湿地公园站，17—18时）。

5. 寒潮：年底遭遇两次寒潮天气过程，带来明显降温大风天气。

11月29日至12月1日，受强冷空气南下影响，本区遭遇明显降温，并伴有大风和小雨夹雪天气出现。其中，28日受暖平流影响，日极端最高气温攀升至22.7℃，29日起气温连续下降，12月1日最高气温仅4.1℃，48小时最高气温降幅达15.3℃。过程风力普遍6—7级，沿江地区达8—10级，最大瞬时风速24.9米/秒（10级）出现在东滩湿地站。

12月16—18日，崇明区迎来寒潮天气过程，出现明显大风降温天气。48小时日平均气温降幅达8.0℃，18日平均气温跌破冰点，仅为-1.0℃，19日最低气温降至-6.7℃。过程风力普遍6—7级，沿江地区有8级，最大瞬时风速19.8米/秒（8级）出现在横沙富民站。

注：常年值统计时段为1991—2020年。

（区气象局）

水 文

【概况】 崇明地处长江入海口，崇明、长兴、横沙三岛均受沿海潮汐影响，属平原感潮河网地区，周围潮汐属非正规浅海半日潮型，流向基本为往复流。

2022年，崇明区年平均降水量为928.5毫米，比多年平均降水量少223.6毫米，属偏枯年年份。其中，崇明本岛年平均降水量为922.4毫米；长兴岛年平均降水量为975.1毫米；横沙岛年平均降水量为961.1毫米。

【降水量】 2022年，崇明区梅雨期（6月12—30日）平均降水量为76.5毫米，比多年平均梅雨期降水量少164.4毫米；汛期（6月1日至9月30日）平均降水量为434.1毫米，比多年平均汛期降水量少207.0毫米。2022年汛期，崇明区共出现10场暴雨及以上强度的降雨，其中50—100毫米暴雨120站次，100毫米以上大暴雨34站次，最大1日降水量出现在2022年9月12日团旺河北站175.5毫米，未超崇明最大1日降水量历史记录（2018年9月16日草棚镇站349.5毫米）。2022年汛期，崇明区受“轩岚诺”“梅花”台风影响，两次台风平均降水量分别为23.3毫米、82.3毫米。

【潮位】 2022年崇明地区平均潮位偏低，其中崇明岛南侧崇西闸站年最高高潮位5.59米（9月15日），崇明南门站5.59米（9月15日），堡镇站5.36米（9月15日），崇明岛北侧新村沙站年最高高潮位5.66米（9月15日）。

【蒸发量】 2022年，崇明区年平均水面蒸发量为962.0毫米（E601型蒸发器），比多年平均年蒸发量多125.4毫米。以堡镇站为例，年蒸发量为979.9毫米，最大月蒸发量达152.8毫米（8月），最大日蒸发量7.0毫米（8月23日）。（区水务局）

人口

【概况】 2022年底，崇明区共有户籍人口66.91万人，比上年减少0.38万人，男性32.81万人、女性34.10万人。全年户籍人口出生1855人，出生率2.76‰；死亡7722人，死亡率11.51‰；人口自然增长率为-8.75‰。

总人口中城镇人口27.55万人，乡村人口39.36万人。年内迁入人口1864人，迁出人口60人。民族以汉族为主，另有彝族、壮族、苗族、回族、满族、白族、维吾尔族、布依族、哈尼族、土家族、朝鲜族、蒙古族、藏族等少数民族43个。

（区统计局）

【少数民族人口】 崇明是少数民族散居地区，在崇少数民族人口近1.3万人，涉及43个民族，以壮族、回族、满族、彝族人口居多。其中，崇明户籍少数民族群众约0.17万人，主要包括机关、企事业单位招录人员以及婚嫁到崇明的外来媳妇等；流动少数民族群众约1.13万人，主要包括崇明中学、上海市工程技术管理学校新疆高中（职）班学生，青海、甘肃到崇明经营拉面馆的回族群众，以及在崇个体经营者和企业务工人员等。经区民政局注册登记的区级民族工作社团组织1个，即崇明少数民族联合会。（区民族宗教办）

区情特色

【概况】 崇明区深入践行“人民城市人民建、人民城市为人民”重要理念，统筹推进经济建设、政治建设、文化建设、社会建设、生态文明建设的总体布局，坚定不移贯彻创新、协调、绿色、开放、共享的新发展理念，立足新发展阶段，服务新发展格局，坚持生态优先、绿色发展主线，坚持全生态、高品质、国际化发展方向，深入实施“+生态”“生态+”发展战略，以世界级生态岛建设总目标为战略指引，以打造高能级生态、推动高质量发展、创造高品质生活、实现高效能治理为重点，以深化供给侧结构性改革为根本动力，大力推进农业农村现代化，全面提升生态岛发展能级，着力增强生态核心竞争力，积极融入新发展格局，加快推进城乡治理体系和治理能力现代化，向建设具有示范引领效应的世界级生态岛迈出坚实脚步。

【碳中和示范区建设】 为深入贯彻党中央、国务院和市委、市政府决策部署，加强崇明世界级生态岛碳中和战略顶层设计和系统规划，2022年11月15日，崇明区人民政府印发了《崇明世界级生态岛碳中和示范区建设实施方案》，明确“1+3”目标定位，锚定世界级生态岛碳中和示范区总目标，坚持减排、控源、固碳、增汇并举，结合崇明三岛定位和发展实际，因地制宜、分类施策，力争把崇明岛、长兴岛、横沙岛分别建成碳中和岛、低碳岛、零碳岛。崇明岛在能源、交通、建筑等重点领域强化降碳举措及部分外来绿电支持下实现碳中和，长兴岛力争打造成为以国际领先水平海洋装备为特色的低碳岛，横沙岛在实现能源自我平衡、零碳排放的前提下积极探索向负碳目标迈进。通过多个领域探索实践和试点示范，为上海、长三角乃至全国提供碳中和崇明案例。（区发展改革委）

【生态格局和空间结构】 崇明岛、长兴岛、横沙岛是崇明生态保育的基本空间单元。崇明岛生态保育的重点是协调好城镇建设与生态保护，实现人与自然和谐发展；长兴岛重点涵养青草沙水源地，减少船舶等临港工业对生态环境的影响；横沙岛重点保育原生态的自然生态环境。识别重要水资源、森林资源密集区、自然保护区等生态要素节点，规划形成“五源多廊”的总体生态空间结构。

五源包括崇明东滩、西沙、北湖、东平国家森林公园、长兴青草沙湿地等5个重要生态源地，是代表崇明生态价值的核心名片，重点保护自然生态环境，减少人为干预，适度允许少量公共功能建设。东滩生态源地位于崇明岛东侧，包括崇明东滩鸟类国家级自然保护区和长江口中华鲟自然保护区及周边湿地滩涂资源，是崇明全球鸟类栖息地与自然资源保护地的核心承载区。西沙生态源地位于崇明岛西侧，包括东风西沙水源保护区，明珠湖公园、西沙湿地等公园湿地，是崇明重要的水源保护地和湿地地质资源保护区。北湖生态源地位于崇明岛北部，包括北湖及其周边长江口湿地，是崇明重要的湿地地质资源保护区和滩涂资源集聚区。东平国家森林公园生态源地位于东平镇，包括东平森林公园核心区及其拓展区，是华东地区最大的人造平原森林和动植物资源集聚区。青草沙水源保护区生态源地位于长兴岛北侧，是上海市最核心的水源保护区之一。

市区级生态走廊包括1条市级生态走廊和10条区级生态走廊，串接生态基本片区及重要生态源地，构建崇明区生态骨干网络。市级生态走廊即环崇明岛的生态环廊，最小宽度控制在1000米。保护生态走廊内重要生态资源，增加景观和生物多样性；适度建设林地，森林覆盖率达到55%以上；控制建设用地比重，规划建设用地占比控制在5%以下。区级生态走廊为崇明岛南北向重要水系走廊及长兴、横沙生态走廊。其中，八滧港、老滧港、横沙岛生态走廊最小宽度控制在1000米；六滧港、四滧港、堡镇港、新河港、鸽龙港、庙港、长兴岛生态走廊最小宽度控制在500米。区级生态走廊强调景观和生物多样性，适度建设林地，森林覆盖率达到50%以上；控制建设用地比重，规划建设用地占比控制在10%以下。蓝绿网络在市区级生态走廊基础上，规划控制17条生态蓝道和5条生态绿道，作为崇明区生态网络构建的重要支撑，连通外围生态片区与城乡功能区，重点保护廊道及周边缓冲区，严格管控各类建设。

（区规划资源局）

【生态农业】 面向全球开展农业精准招商，上海崇明智慧生态花卉园、由由崇明中荷现代农业创新园、正大崇明300万羽蛋鸡场等重大农业项目相继建成投产。强化农业投入品源头管控，持续推进化肥农药减量增效，全覆盖推广绿色生产技术，全区绿色食品面积认证率达到90%以上，产量认证率达到40%以上，获评全国首批农业绿色发展先行区、国家农产品质量安全县、国家现代农业产业园、国家农业现代化示范区，农业绿色发展指数连续多年位列全国第一。推出“优农三兄弟”区域公共品牌，打造“崇明Me道”线上销售平台，充分用好“崇明+”农产品地理标志，实现统一生产标准、统一标识授权、统一包装样式、统一品牌推广。（区农业农村委）

【生态旅游】 崇明结合世界级生态岛建设实际，大力发展乡村旅游。2022年，全区接待游客1240.61万人次，实现旅游收入32.72亿元。

至2022年，崇明区主要景区（点）共25个，其中国家AAAA级旅游景区7个、国家AAA级旅游景区18个、国家生态旅游示范区2个、国家级湿地公园1个。中高端宾馆酒店34家，其中星级饭店6家（四星2家、三星3家、二星1家），未评星但具备四星级以上条件12家。备案登记民宿1097家，其中中高端民宿379家。旅行社共有38家，其中AAAA级旅行社1个、AAA级旅行社9个。

在“旅游+”发展战略的带动下，工业科普、亲子研学、房车露营、康养旅游等一大批新兴旅游业态蓬勃发展。崇明区各类社会主体每年平均举办百余项文旅节庆活动，覆盖全区，贯穿全年。花朝节、生态文化旅游节、骑游节等品牌节庆活动精彩不断。（区文化和旅游局）

【乡村振兴】 崇明区先后对242个行政村实施村庄改造，惠及农户23.5万户，通过完善基础设施、改善公共配套、美化村容村貌，全面提升农村人居环境。以乡村振兴示范村和美丽乡村示范村建设为抓手，坚持因村施策、各美其美，保持乡村自然肌理，深挖村庄产业禀赋，引导集中连片融合发展，形成园艺村黄杨、永乐村西红花、新安村苦草、仙桥村民宿等一批特色鲜明、产业兴旺、环境优美的宜居宜业和美乡村，累计建成市级乡村振兴示范村14个、区级示范村49个，获评市级美丽乡村示范村45个。试点实施乡村振兴“点状供地”政策，建成东禾九谷、香朵等一批开心农场项目，推动一、二、三产业融合发展。

（区农业农村委）

崇明年鉴

ChongMing NianJian

2023

中共上海市崇明区委员会

综述

2022年，中共上海市崇明区委（以下简称“区委”）坚持以习近平新时代中国特色社会主义思想为指导，贯彻落实习近平总书记考察上海重要讲话和对上海工作重要指示批示精神，学习宣传贯彻党的二十大精神。深化全面从严治党，坚持和完善集体领导制度，贯彻民主集中制，坚持集体学习制度，严肃党内政治生活，总揽全局、协调各方，召开区“两会”，选举产生新一届区领导班子。贯彻“疫情要防住、经济要稳住、发展要安全”要求，坚持稳字当头、稳中求进，打赢疫情防控的人民战争、总体战、阻击战，抗疫防疫取得积极成效；加快推动经济恢复重振，高效统筹疫情防控和经济社会发展，经济社会发展企稳向好，世界级生态岛建设取得新进展。全区实现增加值404.16亿元，比上年下降4.3%；区级一般公共预算收入121.9亿元，比上年下降16.6%；农村常住居民人均可支配收入35225元，比上年增长6.2%。

（沈保华）

重要会议

【概况】 2022年，中共上海市崇明区第二届委员会第二次全体会议、第三次全体会议、第四次全体会议、第五次全体会议召开，中共上海市崇明区代表会议召开。

【二届区委二次全会】 2月10日在崇明会议中心举行。区委常委、组织部部长陆志斌作《关于上海市崇明区党的二十大代表候选人初步人选推荐人选产生情况的说明》，全会表决通过崇明区党的二十大代表候选人初步推荐人选名单，推选李政为崇明区党的二十大代表候选人初步人选。

【二届区委三次全会】 6月2日在崇明会议中心举行。区委副书记、区长缪京主持会议并讲话，区委副书记李峻作关于《中国共产党上海市崇明区委员会工作规则(讨论稿)》的说明，区委常委、组织部部长陆志斌作《关于崇明区出席上海市第十二次党代表大会代表候选人初步人选产生情况的说明》。全会审议并表决通过《中国共产党上海市崇明区委员会工作规则》《中国共产党上海市崇明区第二届委员会第三次全体会议关于推选出席上海市第十二次党代表大会代表候选人预备人选的办法》《中国共产党上海市崇明区第二届委员会第三次全体会议决议》，推选产生崇明区出席上海市第十二次党代表大会代表候选人预备人选。

【中国共产党上海市崇明区代表会议】 6月7日在崇明会议中心和各乡镇同步视频召开，区第二次党代会代表355人参加。区委副书记、区长缪京主持会议，区委常委、组织部部长陆志斌作《关于崇明区出席上海市第十二次党代表大会代表候选人预备人选产生情况的说明》。会议通过选举办法和监票人、总监票人名单，差额选举产生李峻、沈雪峰、张永恒、陆志斌、陈群、倪卫东、龚霞、董玲娟、缪京、王东霞、施凤、施连琴、桂军、韩东英等14人为崇明区出席中国共产党上海市第十二次代表大会代表。

【二届区委四次全会】 7月29日在崇明会议中心举行。全会贯彻市第十二次党代会精神，总结上半年工作，部署下半年任务。区委书记缪京主持会议，作《中共上海市崇明区委关于深入学习宣传贯彻市第十二次党代会精神高标准推进崇明世界级生态岛建设的实施意见（讨论稿）》起草情况的说明并讲话。会议审议并表决通过《中共上海市崇明区委关于深入学习宣传贯彻市第十二次党代会精神高标准推进崇明世界级生态岛建设的实施意见》《中国共产党上海市崇明区第二届委员会第四次全体会议决议》等。

【二届区委五次全会】 12月26日在崇明会议中心举行。全会由区委常委会主持，区委书记缪京代表区委常委会作工作报告。全会总结2022年工作，部署2023年任务，审议并表决通过《中国共产党上海市崇明区第二届委员会第五次全体会议决议》等。

（沈保华）

重要工作

【概况】 2022年，区委坚持生态立岛，实施世界级生态岛发展规划纲要、第五轮世界级生态岛建设三年行动计划，促进人与自然和谐共生，提升生态环境品质。坚定绿色发展，加速生态资产、生态要素和生态优势的转化，推动生态经济高质量发展。坚持惠民利民，保障和改善民生，共享生态发展成果，提高人民群众的幸福感、获得感。贯彻党中央疫情防控和恢复经济决策部署，开展疫情防控各项工作，打赢疫情防控战争，释放政策调控最大效应，打好重振经济攻坚战。发展社会主义民主政治，坚持党的领导、人民当家做主和依法治国有机统一，支持人大及其常委会依法履职行权，支持政协发挥专门协商机构作用，巩固和发展爱国统一战线。推动社会治理模式创新、治理方式重塑、治理体系重构，探索世界级生态岛城乡治理新路，提升城乡治理水平。坚持以社会主义核心价值观引领思想文化建设，坚定文化自信、增强文化自觉、强化文化担当、建设文化崇明，提升世界级生态岛文化软实力。加强组织领导，扛起管党治党政治责任，坚持全面从严治党和自我革命，健全全面从严治党体系建设，推进新时代党的建设伟大工程，提高党的建设质量和水平。

【厚植生态优势】 2022年，崇明区坚持生态立岛，创建生态文明。实施世界级生态岛发展规划纲要、第五轮世界级生态岛建设三年行动计划、第八轮环保三年行动计划，开展净水清水活水行动，治理界河、四滧港等河道，建设生态清洁小流域，地表水环境质量考核断面100%达标。完成“三区三线”划定，推进建设用地减量化和整理复垦，受污地块安全利用率均达到100%。新增造林1.43万亩，建设2个开放休闲林地，森林覆盖率达到30.62%。破解生态治理瓶颈难题，治理大气污染源和外来入侵物种，整改上级生态环境保护督察反馈问题，环境空气质量优良率达到88.6%。开展长江区域生态共建共治，建设生态保护战略协同区，注重水域生态修复和长江水生生物保护，做好长江十年禁渔、禁捕和退捕工作。退滩还江，修复湿地、堤防和江岸带，实施环岛防汛提标二期工程，崇明东滩鸟类国家级自然保护区成为世界自然遗产提名地。建设碳中和示范区，研究碳排放精细化管理和建立生态系统生产总值核算体系，设立上海长兴碳中和创新产业园。开发利用绿色项目，国内首艘超级电容新能源车客渡船“新生态”号运营，完成建筑节能改造年度任务，试点社区超低能耗建筑，建设长兴电厂碳捕集利用与封存技术示范项目、港西镇渔光互补光伏发电项目，可再生能源发电量占比达30%，生活垃圾回收利用率、农林废弃物资源化利用率持续提升。

【发展生态经济】2022年，崇明区坚定绿色发展取向，推动生态经济质的提升和量的增长。做强都市现代农业，攻关种源等关键核心，共建全国农业科技现代化先行区，建设农业智能管控系统，建成盒马南美白对虾工厂化养殖场一期、国际菊花产业园等，建设现代畜禽养殖和高端设施农业产业片区，实行化学肥料和化学农药减量化，管控农产品质量安全，推出“优农三兄弟”统一标识，打造“崇明米道”销售平台，创建国家地理标志产品保护示范区，规范行业标准，建设农业全产业链标准化体系和产业联合体。发展高端制造业，打造海洋装备产业集群，建设中船长兴造船基地二期等项目、长兴海洋装备产业园区和上海交大海洋装备研究中心，临港长兴科技园一期项目竣工，建设梧桐园标准厂房、海洋科技港二期等项目，智慧岛大数据云计算中心开工。做优生态服务业，创新发展生态文旅，提升旅游示范区能级，推进西沙明珠湖国家AAAAA级旅游景区创建，竖新镇、横沙乡获评第二批全国乡村旅游重点乡镇，三星镇新安村入选中国美丽休闲乡村，江南造船厂获评国家工业旅游示范基地，开发沉浸式体验、帐篷营地、文创市集、非遗传承等“民宿+”产品，建设莎蔓莉莎、上实东颐等医美康养项目，打造西红花、苦草等养生药用植物的种研用全产业，发展乡村旅游、亲子研学、生态教育等多元化旅游业态。

【乡村振兴建设】2022年，崇明区贯彻落实市乡村振兴促进条例，推进市级、区级重点任务，建设4个市级、15个区级乡村振兴示范村，改善农民住房，制定农民建房操作政策，完成新一轮农民相对集中居住，建立区级农村集体经济发展平台，做实“村集体经济组织+龙头企业+农户”模式，发展“家门口产业”。提高民生保障水平，做好就业困难人员、失业人员等重点群体就业帮扶，区内新增就业9216人，城乡登记失业人数控制在市下达的指标以内。实施全民参保，城乡居民基础养老金标准提高至每人每月1300元，城乡居保覆盖率达到99.74%。扩大社会救助范围，保障城乡低保、特困供养、重残无业等特殊群体基本生活。建设基层科普设施，开展宣传防疫科普、科技艺术巡演等；增加教育资源供给，上海市实验学校东滩高级中学、上海市实验小学长兴分校招生办学；改革医药卫生体制，获国务院办公厅“深化医药卫生体制改革成效明显的地方”表彰，成立上海健康医学院附属崇明医院，改扩建新华医院崇明分院和区精神卫生中心，建成3家医院发热门诊和18家社区卫生服务中心发热门诊等。新建改建市民益智健身苑点、多功能运动场、健身步道、健身驿站等；服务退役军人，发放各类优待证。推进民生实事工程，新增一批老年服务、老年助餐、老年人日间照护、市级示范睦邻点等项目，试点长护险；未成年人保护工作站实现乡镇全覆盖，普惠托育点乡镇覆盖率达到89%；改造城桥镇利民村“城中村”、不成套职工住宅等项目，综合整治明珠花苑；改造燃气管网设施，迁建南门液化气储配站，整治架空线入地等，开展轨道交通崇明线、沪渝蓉高铁崇明段相关工作，公共货运码头竣工，500千伏输变电工程长江大跨越段建成。

【城乡社会治理】2022年，崇明区完成全国乡村治理体系建设试点示范区验收，试点3个市级、12个区级乡村治理积分制；探索数字化转型应用场景等数字乡村治理模式；建设“五美社区”，升级村居电子台账，规范阳光村居务；整治违法用地及农村乱占耕地建房，新增违法建筑动态清零。改革政务服务“一网通办”，集成“一件事一次办”服务，拓展企业专属网页、“随申办”崇明旗舰店服务；升级城市运行“一网统管”，建成社区疫情防控智能应用等场景；构建城市数字化转型“1+3+X”政策体系，推进各领域数字化。预判预防各类风险，防范重大敏感事件发生，建立规模性群体性事件应急处置机制，处置疫情防控、环境保护等领域重大矛盾。试点市域社会治理现代化，开展各类专项行动，扫黑除恶斗争常态化，刑事案件万人发案率全市最低，公众安全感暨公安工作满意度再夺全市“双第一”；治理电信网络诈骗，整治生产、消防、食品药品等安全，筑牢城乡安全防线。健全依法治区制度机制，建立20个基层法治观察点，区管党政负责人书面专题述法全覆盖；创建全国法治政府建设示范区，聘任新一届法律顾问，试点设立行政复议基层咨询受理点，“法治护航世界级生态岛建设的探索与实践”被评为全国法治政府建设示范项目。举办首届法治文化节活动，建设全国民主法治示范村（社区），先行调解涉疫行政争议，设立涉侨纠纷调解室，多元化解矛盾纠纷。

【**民主法治**】 2022年，崇明区制定《中共上海市崇明区委关于坚持和完善人民代表大会制度加强和改进新时代人大工作的实施意见》，支持人大及其常委会依法履职行权和监督乡村振兴、安全生产、食品安全、长江十年禁渔、酒店民宿质量、检察公益诉讼、固体废物污染防治等工作，调研水源保护、花卉产业和康养产业发展等事项，促进依法行政、依法监察、公正司法。支持政协发挥专门协商机构作用，支持政协创建“瀛洲智库”“长江工作站”等，协商议政高品质农业发展、城区交通环境优化等，民主监督多层住宅电梯加装运维情况、“限塑令”实施情况等，调研“双减”政策落实情况和生态市集建设情况等，反映社情民意。巩固发展爱国统一战线，召开统战工作会议，制定《中共上海市崇明区委关于加强新时代乡镇统一战线工作的实施意见》等文件，举办“双碳”主题论坛等活动；加强党外代表人士队伍建设，支持各民主党派、无党派人士积极参政履职，完成各统战团体换届；做好民营经济、民族宗教、港澳台海外等统战工作。

【**宣传思想文化工作**】 2022年，崇明区巩固壮大主流思想舆论，落实意识形态工作责任制并将其纳入巡察工作；学习《习近平在上海》采访实录等资料，习近平新时代中国特色社会主义思想深入人心；推动理论研究，调研重点课题，市级媒体刊发相关成果；建立疫情动态引导和协同处置机制，公开透明回应群众关切；发展媒体融合，讲崇明故事、播崇明精彩。开展社会主义核心价值观宣传教育，践行上海城市精神品格、崇明精神品格，发展区域软实力，提升全社会文明程度；常态长效建设全国文明城区，开展群众性精神文明创建，广大志愿者投身疫情防控和爱国卫生运动；常态选树道德典型，表彰精神文明建设好人好事41件，2人获评2022年“中国好人”，开展学雷锋志愿服务，传递正能量。实施文化下乡工程，配送市、区两级文艺演出260场；创作形式多样的抗疫作品；直录播“瀛洲古韵”音乐会等，“学才艺”视频入选全市文艺教学视频教材；打造文化新品牌，发掘红色文化，修缮1929年中共崇明县委机关旧址；保护非遗传承，评定非遗代表性项目、区级保护单位和传承人；加强档案、地方志编纂和党史研究工作。

【**党建工作**】2022年，崇明区严守政治纪律和政治规矩，深刻领悟“两个确立”的决定性意义，增强“四个意识”、坚定“四个自信”、做到“两个维护”，理想信念教育常态化制度化，以中国特色社会主义理论体系武装头脑、指导实践、推动工作，举办学习贯彻党的十九届六中全会精神专题研修班，提高干部政治能力和政治担当；落实全面从严治党主体责任，强化党组织书记第一责任人责任和班子成员“一岗双责”责任。加强领导班子建设，完善区管国有企业党建工作，对乡镇领导班子换届后调研回访，在关键岗位上选优配强干部，调配干部88名；抓好年轻干部培养，专题调研年轻干部队伍建设，实施“雏鹰工程”、90后“321”起跑计划；启动新一轮干部双向交流挂职三年行动计划，选派10名干部到市级单位学习锻炼；推进“燕归巢 凤来栖”计划，建设博士后创新实践基地和留学人员创业园，新增院士工作站1家。创新党建方式，引领疫情防控，实施在地央企党员志愿者任村居“第二书记”，试点党建促进农村集体经济扶持工作，建设新一轮“瀛洲书记工作室”；深化“两新”组织党建，建立新业态新就业群体和新乡村产业等党建工委，成立城桥万达商圈党建联盟；实施“火炬行动”，深化党建“叶脉工程”，做实崇启海毗邻党建。强化监督执纪问责，落实“一把手”监督等五个“三年行动计划”，探索实践“五五”工作法；监督粮食购销领域、长江十年禁渔、常态化疫情防控等工作，开展全面从严治党述责述廉评议，完善全面从严治党工作记实制度，加强年轻干部教育管理监督；落实中央八项规定精神，纠“四风”树新风，查处腐败，纪检监察组织处置问题线索413件，立案135件160人，查办职务犯罪案件12件；深化政治巡察，对21家区级党组织、70个村居党组织开展集中巡察。（沈保华）

重要活动

【**概况**】 2022年，区委组织区委常委会、区委中心组和各级党组开展迎接党的二十大召开、学习宣传贯彻党的二十大精神系列活动，召开党政负责干部会议和党员负责干部会议。

【**党政负责干部会议**】 6月18日，视频会议形式召开，市委常委、组织部部长胡文容出席会议并讲话。市委组织部副部长孙甘霖主持会议并宣读市委决定：缪京任中共崇明区委书记，中共上海市长兴岛开发建设管理委员会党组书记。区委书记缪京表示，坚决拥护和服从市委的决定，在市委、市政府的坚强领导下，全力推动世界级生态岛建设事业实现新跨越、铸就新辉煌。区领导薛红、邹明、李峻分别作表态发言，区四套班子领导、“两长”、一级巡视员、副局级干部等参加会议。

【党员负责干部会议】 10月26日，视频会议形式召开，传达学习党的二十大精神和全市党员负责干部会议精神，部署学习贯彻工作，区委书记缪京讲话。区四套班子党员领导，区人民法院、区人民检察院党组书记，区一级巡视员、副局级干部，部分老同志，各乡镇、各部委办局、区级群众组织党员主要负责同志，各直属企事业单位、在崇市属单位驻崇机构党员主要负责人，区委巡察组组长等出席。

【陈吉宁到崇明调研】 12月24日，市委书记陈吉宁到崇明调研横沙岛东滩促淤圈围工程现场、振华重工长兴分公司、东滩鸟类国家级自然保护区、港沿镇园艺村以及由由中荷农业创新园等。市委副书记、市委秘书长、政法委书记诸葛宇杰参加调研，区领导缪京、李峻、杨元飞、黄晓霞等陪同。 （沈保华）

组织工作

【概况】 2022年，崇明区各级组织部门以党的二十大和十九届历次全会精神为指导，坚决贯彻区委要求，自觉推动组织工作向中心聚焦、为大局聚力。强化政治自觉。开展各类班次培训，完成2018—2022年干部教育培训规划。完成党的二十大代表推荐提名和市第十二次党代会代表选举工作。开展“喜迎二十大 永远跟党走 建设新崇明”主题活动。凝心聚力打赢“大上海”保卫战。开展“战疫有我·守护瀛洲家园”行动。推动疫情一线组织覆盖，调配保障应急力量。开展“疫期帮侬忙”行动。开展疫情防控一线专项调研，对50名表现突出干部开展专项职级晋升。探索党建引领基层治理新路。做实做强区委党建办，协调推动全区党建工作落地落实。推进党建“叶脉工程”，探索“五个治理”（系统治理、协同治理、民生治理、韧性治理、效能治理）。完善长兴区域化党建联席会议机制，选派2批15名“第二书记”。锻造高素质干部队伍。突出正确选人用人导向，在关键岗位上选优配强干部。开展换届后处级领导班子运行情况调研回访。着眼2026年换届，开展年轻干部队伍调研。实施“雏鹰工程”三年行动，启动换届后第一轮干部双向交流挂职新三年行动计划。推动468名崇明籍大学生暑期回乡实习，全年引进和培养高层次人才223人，专业技能人才3412人。提升基层组织力，助力乡村振兴。全面推进乡村振兴72条措施。总结第四轮结对帮扶工作。逐步规范落实村干部社会保险及住房公积金待遇。启动基层党建“火炬行动”，分领域创建“一单位一品牌”。深化“两新”组织

2022年崇明区委中心组（扩大）学习活动情况表

表1

时间	地点	主题
1月14日	崇明会议中心 各乡镇	听取市社科联副主席、市中共党史学会会长忻平教授作《以史为鉴、开创未来：学习党史上第三个历史决议——党的十九届六中全会精神解读》专题辅导报告
2月22日	崇明区人民政府	学习习近平总书记关于碳达峰碳中和重要指示要求，努力打造崇明世界级生态岛碳中和示范区主题交流活动
6月22日	崇明区人民政府	学习《习近平在上海》《当好改革开放的排头兵——习近平上海足迹》
7月15日	崇明会议中心 各乡镇	听取市委党校马克思主义学院执行院长、市习近平新时代中国特色社会主义思想研究中心副秘书长王公龙作题为《加快建设具有世界影响力的社会主义现代化国际大都市》的专题辅导报告
8月24日	崇明会议中心 各乡镇	听取复旦大学国际关系学教授、博士生导师张家栋作《从俄乌冲突看国际形势与中美关系》专题报告
9月14日	崇明会议中心 各乡镇	学习《习近平经济思想学习纲要》《习近平生态文明思想学习纲要》，听取上海交通大学安泰经济管理学院特聘教授陆铭作《贯彻新发展理念 推动高质量发展》的专题辅导报告
10月27日	崇明会议中心	学习党的二十大报告，交流心得体会
11月21日	崇明会议中心 各单位	听取市学习贯彻党的二十大精神专家宣讲团成员郭庆松作《以中国式现代化全面推进中华民族伟大复兴》专题辅导报告
12月1日	崇明会议中心 各乡镇	听取中共上海市委巡视工作领导小组办公室副主任楚永桥和华东政法大学胡玉鸿教授分别作《加强巡视监督，推动全面从严治党向纵深发展》和《新时代推进全面依法治国的战略指南》的专题辅导报告

（区委组织部）

党建，探索新业态新就业群体党建，推进机关事业党建，强化国有企业党建。开展新一轮晋位升级，评选“模范网格党支部”25个。全面完成农村发展党员违规违纪问题排查整顿工作。加强公务员队伍管理。招录公务员114人（包含选调生17人）。其中，全日制本科及以上学历占95.61%，男性和“双一流”院校毕业生近50%。开展公务员教育培训。畅通公务员交流渠道。优化完善公务员职级晋升和事业单位职员等级晋升操作口径，树立择优导向。实施区对乡镇分类差异化考核。做好区财政局、国资委等6个部门“三定”工作，加大重点领域编制保障力度，完善机构设置，围绕科级领导职数设置、教师队伍结构优化、非编额度核定等重点课题开展调研，发挥机构编制源头管理作用。坚持从严治部，完善部务会议事决策规则，健全部条线联络员等制度，实行联系服务区管处级领导班子工作机制。牵头推进落实区委“三走三听”大走访调研。至2022年底，全区共有基层党组织2580个，共有党员50411人。其中，女党员14296人，新发展党员共388人；新经济组织381个，党员3416人；新社会组织100个，党员399人。现职区管干部605人（不含公检法）。其中，党外干部32人，占5.3%；女干部190人，占31.4%；最高学历为硕士研究生的101人、占16.7%，大学491人、占81.2%，大专13人、占2.1%。（张雁航）

【优秀年轻干部选育】 2022年，崇明区开展年轻干部队伍建设专题调研，全面摸底、切实掌握崇明区年轻干部队伍现状，通过单位“小平台”、条块“中平台”、全区“大平台”比较分析，对72—79年副处、“80后”副处、“80后”正科、“90后”副科等对象，分层分类建立三梯队名单，发现一批可堪重任、有培养潜力的优秀年轻干部。紧扣世界级生态岛建设需要，选派12名年轻干部赴市级部门学习锻炼，开阔眼界、增长本领，5名援滇干部到临沧脱贫攻坚一线挂职，压担吃劲、砥砺成长，选派52名年轻干部到区委巡察组、防控办、创城办等区委区政府重点工作项目和阶段性重点任务中锻炼，经受磨砺、接受考验。（黄俊杰）

【干部培训】 2022年，崇明区围绕学习贯彻党的二十大精神和区第二次党代会精神，开展正职干部研修班、处级干部进修班暨新任副职领导干部培训班、中青年干部培训班等主体班次及线上培训，促使干部坚定理想信念，提升专业能力，全年培训干部854人次。持续开展新时代基层干部主题培训行动，举办区政府系统业务培训班、碳中和示范区建设研修班等重点班次，协调基层单位办好相关示范班，推动保质保量完成轮训任务。（黄俊杰）

【科级干部跨部门交流】 2022年，崇明区立足全区干部“一盘棋”，注重合理调度干部资源，把基本素质好、有发展潜力的年轻干部优先配备到偏远地区或重点乡镇，进一步拓宽选人视野，把交流对象扩展至在崇垂直管理部门，吸纳更多专业人才到本区机关工作。共成功跨部门交流科级干部27人，比上年增长35%；其中，从区级机关交流至乡镇16人，从在崇明垂直管理部门交流至崇明区4人。（陈薇）

【权责清单集中调整】 2022年，根据市委编办《关于开展各区、街道乡镇权责清单集中调整工作的通知》等精神，组织开展崇明区区级政府部门和乡镇权责清单集中调整工作，形成《崇明区区级权责事项目录》《崇明区乡镇权责事项目录》，共计权力事项2931项、责任事项43519项。（朱怡婷）

【综合行政执法体制改革】 2022年，崇明区明确上海市崇明区城市管理行政执法局执法大队为上海市崇明区城市管理行政执法局所属行政执法机构。（朱怡婷）

【“燕归巢 凤来栖”青年人才工程三年行动计划】 为了吸引优秀大学生来崇就业创业，为世界级生态岛建设储备后备力量，1月，“燕归巢 凤来栖”青年人才工程三年行动计划正式启动实施。1月26日，区委组织部、区人社局、团区委联合举办2022“燕归巢 凤来栖”大学生就业创业信息发布会，同步网上直播，近5万名观众线上观看。7月20日至8月19日，开展崇明籍大学生暑期回崇实习活动，478名大学生分赴全区18个乡镇、16个委办局、6个直属企事业单位等进行实习。（戴振伟）

【事业机构调整】 1月，设立上海市实验学校东滩高级中学。5月，设立上海市崇明区应急管理事务中心。8月，上海市崇明区中小企业服务中心加挂上海市崇明区粮食和物资储备事务中心牌子。9月，上海交通大学医学院附属新华医院崇明分院更名为上海健康医学院附属崇明医院，增挂上海交通大学医学院附属新华医院崇明分院、上海市崇明区中心医院牌子。11月，设立上海市崇明区党建服务中心，撤销原在中共上海市崇明区委组织部党员电化教育中心加挂的上海市崇明区党建服务中心牌子；撤销上海市崇明区劳动能力鉴定中心、上海市崇明区农村社会养老保险事业管理中心事业单位建制，整合组建上海市崇明区社会保障服务中心；上海市崇明区建筑建材业管理所更名为上海市崇明区建筑建材业管理中心，撤销上海市建设工程交易管理中心崇明区分中心牌子，加挂上海市崇明区工程建设项目审批审查中心牌子；上海市崇明区防汛指挥中心更名为上海市崇明区河湖管理中心，加挂上海市崇明区防汛指挥中心牌子；上海市崇明区农村水利管理所更名为上海市崇明区水利管理所；上海市崇明区市容环境卫生管理所更名为上海市崇明区市容环境卫生管理中心。（朱怡婷）

【行政机构调整】 5月，上海市崇明区农业农村委员会加挂上海市崇明区乡村振兴局牌子。10月，中兴镇人民法庭更名为陈家镇人民法庭。11月，上海市崇明区生态产业促进办公室更名为上海市崇明区投资促进办公室。（朱怡婷）

【崇明区2021级选调生到村任职动员会暨带教签约仪式】 1月6日召开。区委常委、组织部部长陆志斌出席会议并讲话，各有关单位分管领导、选调生带教老师代表、18名市级机关选调生和23名区级选调生参加会议。会上，2021级选调生代表与带教老师签约。会后随即开展为期两天的岗前培训，为选调生尽快适应新的工作岗位打下基础。（沈奕安）

【崇明区人才工作会议】 1月7日召开。会议由区委副书记、区长缪京主持，区委书记李政讲话。会议传达中央、市人才工作会议精神，总结2021年人才工作，部署2022年任务，对《关于促进世界级生态岛建设人才发展的若干意见》作了解读。（戴振伟）

【《关于促进世界级生态岛建设人才发展的若干意见》】 1月7日正式发布。意见围绕崇明“十四五”经济社会发展定位和重任，结合人才工作任务目标、发展方向，对相关人才政策进行优化升级，共涉及人才引进、人才培养、人才平台、人才服务4个方面，推出21条更开放和更精准的人才服务举措。（戴振伟）

【区委党的建设工作领导小组会议】 3月16日召开。区委书记李政出席会议并讲话。会上审议通过《中共上海市崇明区委党的建设工作领导小组2022年工作要点》和《上海市崇明区加强基层治理体系和治理能力现代化建设2022年工作要点》。（沈奕安）

【“喜迎二十大 永远跟党走 建设新崇明”庆祝中国共产党成立101周年会议】 6月29日举行。区委书记、区长缪京出席并讲话。区人大常委会主任薛红、区政协主席邹明出席。区委副书记李峻主持会议。正式启动喜迎二十大系列主题活动，区委常委、组织部部长陆志斌就崇明区基层党建“火炬行动”作说明。来自区公安分局、区市场监管局等单位的10余位抗疫一线新发展党员代表在区委书记领誓下，进行集中入党宣誓。（沈奕安）

【区国有企业党建工作会议暨党风廉政建设工作会议】 7月15日召开。区委书记、区长缪京出席会议并讲话。区委副书记李峻主持会议，区委常委、组织部部长陆志斌总结部署本区国有企业党建和党风廉政建设工作，副区长徐慧泉出席会议。（沈奕安）

【“红色助企直通车”经济恢复重振系列政策宣讲会】 7月21日举办。会议以“稳经济、促发展、增信心”为主题，由崇明区“两新”组织党建工作联席会议主办，区委组织部和区工商联联合承办。7家职能部门共举办7次宣讲专场，近1200家民营企业参加。（沈奕安）

【2022年崇明区优质党课展评活动】 8月12日在区党群服务中心举行。由区委组织部、区委党校联合主办，区党建服务中心承办。各乡镇党委共推送18堂党课参加全区展评。（沈奕安）

【崇明区新业态新就业群体党建工作推进会】 8月16日以视频会议形式召开。区委组织部副部长、区社会工作党委书记孙现印出席会议。会上审议通过《崇明区关于建立新业态新就业群体党建工作专门委员会的工作方案》。（沈奕安）

【崇明城桥万达商圈党建联盟成立暨“线上嗨购”电商消费节启动仪式】 8月18日举办。区委常委、组织部部长陆志斌，市委组织部、市商务委有关领导出席活动。副区长徐慧泉发表视频致辞。城桥镇党委书记董玲娟介绍崇明城桥万达商圈党建联盟。区委组织部副部长、区社会工作党委书记孙现印，城桥镇党委副书记、镇长施俊共同为抗疫保供中表现优秀的新业态新就业群体代表颁发证书，并发放了爱心礼包。（沈奕安）

【上海市“美好社区 先锋行动”崇明区长兴镇村居“第二书记”项目推进会】 8月30日在长兴家园社区召开，活动由市委党的建设工作领导小组办公室指导，上海广播电视台、新华社上海分社、上海大学三家单位主办。（沈奕安）

【崇明区2022年人才工作领导小组扩大会议】 9月2日召开。区委书记缪京主持会议并讲话。会议听取并审议《崇明区关于申请人才专项资金的实施细则（2022年版）》、领导小组工作规则等文件方案。（戴振伟）

【区第一届网格党支部书记“大比武”暨崇明区“模范网格党支部”创建考核验收会】 9月26日举办。各乡镇的50名网格党支部负责人现场进行擂台比武。（沈奕安）

【区深化推进基层治理体系和治理能力现代化建设会议】 9月29日召开。区委书记缪京出席会议并讲话。区委副书记、区长李峻主持会议。市委组织部部务委员、市社会工作党委副书记徐树杰出席会议。区委常委、组织部部长陆志斌宣读命名“上海市崇明区模范网格党支部”的决定。市、区领导在主会场为模范网格党支部代表授牌。会上印发《崇明区关于深化党建引领“五个治理”的工作方案》。（沈奕安）

【“瀛洲书记工作室”带教活动启动仪式暨“新时代好班长”村居党组织书记论坛】 9月29日举行。在启

动仪式上，与会领导共同为带教老师颁发聘书。7名“名书记”带教21名年轻书记，带教老师与学员进行现场签约。（沈奕安）

【选树担当作为优秀村居党组织书记】 9月底至10月初，崇明区选树100名区级担当作为优秀村居党组织书记，并从中择优遴选30名同志为市级担当作为优秀村居党组织书记建议人选。（沈奕安）

【“乡村魅力 民宿演绎”新兴领域发展趋势·片区论坛】 10月28日举行。区委常委、组织部部长陆志斌出席活动并致辞。市委组织部组织二处副处长朱文杰到会指导工作。崇明区委组织部副部长、区社会工作党委书记孙现印介绍崇明区乡村民宿党建工作专门委员会成立的有关情况。会上举行了崇明区乡村民宿产业党建工作专门委员会成立仪式，印发《崇明区关于成立乡村民宿党建工作专门委员会的实施方案》。（沈奕安）

【海聚英才创新创业大赛崇明赛区初赛】 11月10日在上海智慧岛数据产业园举行。来自新一代信息技术、新能源、新材料、文化创意及农业科技等领域的10个创业项目参与路演角逐，其中1个项目入围市级决赛。（戴振伟）

【宣贯党的二十大 奋进新赛道——崇启海“毗邻党建”联盟工作推进会】 11月15日召开。上海市委组织部组织二处副处长张东保，崇明区委副书记杨元飞，崇明区委常委、组织部部长陆志斌，启东市委副书记龚心明，启东市委常委、组织部部长、统战部部长彭晓红，海门区委常委、组织部部长、统战部部长杨江华以及崇启海三地党委及组织部门相关领导、崇启海毗邻地区8个乡镇及光明食品（集团）有限公司下属驻地企业相关领导出席会议。杨元飞在会上发表致辞。会议发布崇启海“毗邻党建”联盟标识和工作章程，推出崇启海“毗邻党建”联盟2023年度十大实事项目，并联合推出“崇启海火炬专列”项目。（沈奕安）

【学贯党的二十大“八个一”系列活动】 12月2日举办。活动以“强堡垒 当先锋 促发展”为主题，内容包括：赛出一批优质选调生党课、组织一次“瀛洲书记工作室”座谈交流、开展一次“村居大讲堂”暨“网格党支部书记话党建”活动、办好一批“双联系”民生实事、推出一批新业态新就业群体关爱举措、遴选一批优秀主题党日精品案例、打卡一批崇明红色主题线路、举办一期新发展党员示范培训班。（沈奕安）

【市委全面从严治党主体责任专项调研组到崇明调研】 12月7日，市委全面从严治党主体责任专项调研组到崇明开展2022年度全面从严治党主体责任专项调研，调研组组长、市市级机关工作党委常务副书记杨峥，区委书记缪京，区委副书记杨元飞等参加调研。（沈奕安）

老干部工作

【概况】 2022年，崇明老干部工作以贯彻落实党的二十大精神，全国、全市老干部工作“双先”表彰大会精神以及《关于加强新时代离退休干部党的建设工作的意见》（以下简称《意见》）精神为重点，结合市委老干部局“乐龄申城·五心行动”要求，组织部署“瀛洲晚晴·乐哉银XING”五个重点项目，引领全区老干部工作部门用心用情、精准服务，全力做好离退休干部各项工作。至12月31日，崇明区共有离休干部83人（含崇明区71人、市属代管9人、外省市易地安置崇明区3人；本区的71人中，安置在外省市2人）。离休干部平均年龄92.28岁，年龄最大105岁，年龄最小88岁，全年去世23人。全区共有离退休干部党支部51个，其中离休干部党支部7个、离退休合建支部11个、退休干部党支部33个，有党员948人。

【离退休干部党建工作】 2022年，开展“喜庆二十大 晚晴耀银心”主题系列活动、引导老同志学习党的二十大精神。指导各支部书记按照《意见》对标对表加强党组织规范化建设。区委政法委退休支部、区卫健委离退休支部、区检察院离退休第一支部获评2021—2022区级离退休干部示范党支部。培育党建特色项目共11个，城桥镇离退休干部党支部获“创新成果奖”，崇明区人民法院南门离退休干部党支部获“优秀案例奖”。探索“瀛洲爱晚晴 叶脉润银杏”专项结对共建活动，以崇明党建“叶脉工程”为依托，试点在党委（组）、支部、品牌、党员4个层面展开“四同四结对”工作，推动构建“资源共享、优势互补、共同进步”的离退休干部党建新发展格局。

【为老同志纾困解难】 2022年，区委老干部局组建“90+90”“60+90”结对关爱志愿者队伍，定期与老同志联系沟通掌握思想和身体状况，为老干部处理各类生活困难及个性化需求30余件次，为全区离休干部、四套班子退休干部寄送防疫物资，为居住在本岛的离休干部和四套班子退休干部、住院离休干部赠送各类生活物资大礼包。及时协调解决老同志的就医需要和配药需求。有效推进“乐龄申城·五守护”行动，精准落实“养守护”“医守护”“法守护”“心守护”“智守护”要求，做好养老咨询服务工作，开展清洗空调、油烟机、窗户、方便叫车、购买银发无忧意外险、代付有线电视费等便民实事工程及养老服务。以老干部活动室为阵地开展好方便配药工作。完成老干部病房提标升级改造工作。利用城桥镇“法律明白人”工作室等乡镇村居法律顾问资源，为老同志提供法律咨询、纠纷调解、遗嘱公证等法律服务。持续做好各类慰问工作，开展离休干部、四套班子退休干部传统节日、高温、住院、生日等各类走访慰问730人次，做好23位名过世离休干部的治丧善后工作，对家属进行走访慰问。

【离退休干部作用发挥】 2022年，区委老干部局培根育苗，以贯彻落实《关于加强新时代关心下一代工作委员会工作的意见》精神为抓手，做好关心下一代工作。探索“老少牵手结对关爱”项目新内容，“五老”组成关爱小组为重点学生和留守儿童设法解决学习生活中的困难，引导树立正确人生观和价值观，联合法院、妇联对行为偏差的孩子进行重点关爱。2022年关爱对象的10名初三毕业生中，1名考入市示范性高中，4名考入普通高中，合格率达到90%。开展“从石库门再出发”主题红色文化教育活动。

【离退休干部精神文化生活】 2022年，区委老干部局结合喜迎二十大和干部离退休制度建立40周年的契机，开展“乐哉瀛幸 银感党恩”系列活动，包含启动仪式、讲述活动、“新三看”活动意见征集、征文活动、书画摄影展、志愿活动、文艺演出、金婚庆典等。适时在各传统节日、纪念日，举办各色节庆活动弘扬传统文化，如正月十五闹元宵活动，“巾帼心向党・喜迎二十大”的三八节活动，“喜迎二十大 红心永向党”七一活动，“乐龄瀛洲庆国庆・同心喜迎二十大”国庆游艺活动等。充分发挥老干部大学主阵地作用，探索与瀛通老年大学启动合作办学模式，围绕“四史”教育、俄乌形势、健康养生等主题，开设瀛洲老干部大讲堂共8场。新增退休干部学习、乒乓兴趣小组，离退休兴趣组队总数达8个。疫情期间，各兴趣组利用微信群开展活动，积极创作宣传防疫知识，歌颂感人事迹的书法、绘画、摄影、诗词等抗疫文艺作品100余件。

【老干部工作自身建设】 2022年，区委老干部局开展老干部工作意见建议征集调研活动，形成5篇调研报告，并注重加强调研成果的落地转化。着力加强信息化建设，不断提高“上海老干部”App、各级微信公众号、视频号等新媒体在支部工作、学习、活动中的使用率，在全区离退休干部党支部、老干部工作者中更新安装率达100%，“瀛洲晚晴”公众号全年推送信息共270余条。

【“乐哉瀛幸 银感党恩”喜迎二十大暨纪念干部离退休制度建立40周年系列活动启动仪式】 7月8日举办。区委组织部、区委老干部局策划开展“我来讲、我来颂、我来秀、我来行、我来听、我来护”六大系列活动，市委老干部局副局长龚怡，区委常委、组织部部长陆志斌，市委老干部局发挥作用指导处处长薛晓东，区委组织部副部长、老干部局局长陈汇辉，城桥镇党委书记董玲娟共同按下系列活动启动键。

【老干部病房提标升级改造】 6月17日至10月8日，老干部病房改造总投资400多万元、历时三个月，根据老干部的特点开展适老化、高能级、全方位的全面改造，改造后的老干部病房软硬件设施得到全面升级，就医环境大幅度改善。

【老干部区情通报会】 7月14日召开。区委书记缪京向老同志通报上半年疫情防控工作、经济运行态势和特点、世界级生态岛建设各项事业发展等情况和后续重点工作。区委常委、组织部部长陆志斌主持通报会。

【区老干部工作者培训班】 7月19—20日举办。区委组织部副部长、老干部局局长陈汇辉作开班动员，邀请市委老干部局处室负责人、市委党校教授作相关专题辅导，另针对老干部工作实务作重点培训，全区老干部工作者50余人参加。

【区离退休干部党支部书记培训班】 7月20—21日召开，由崇明区离退休干部党工委和崇明区委党校联合举办。培训班旨在进一步提升各离退休支部书记的党性修养和履职能力。全区各离退休干部党支部书记50余人参加。

【“乐龄申城E行动”网络志愿服务活动】 8月2日至12月31日举办。招募讲政治、懂网络、乐奉献的22名离退休干部志愿者组建网络市民巡访团，开展“E宣传”“E监督”“E引领”等志愿服务项目，总时长达275小时，其中“E宣传”老年人防诈骗系列宣传平均点击量达159人次，“E监督”网络不良信息巡查有效举报2条，“E引领”正能量作品共收到100余件。

【社区离退休干部之家建设工作推进会】 8月25日在瀛园召开。会议回顾前一阶段工作情况，部署下一阶段“社区离退休干部之家”建设重点工作。区委组织部副部长、区委老干部局局长、区离退休干部党工委书记陈汇辉出席会议并讲话。全区各乡镇老干部工作者及分管领导50余人参会。

【“瀛洲爱晚晴 叶脉润银杏”“四同四结对”签约仪式】 9月20日在区行政会议中心举办。区级机关党工委与城桥镇党委签署“同心向党领晚晴”党委结对共建协议书；崇明法院离退休支部与崇明法院商事审判庭党支部签署“同心创建聚晚晴”支部结对共建协议书；司法局退休支部与城桥镇丁家桥社区党总支签署“同心为民秀晚晴”品牌结对共建协议书；检察院离退休第一支部书记张旦明与检察院在职年轻党员陈欢签署“同心互助爱晚晴”党员结对共建协议书。

【“弘扬优良家风 传承家国情怀”崇明区离退休干部喜庆二十大文艺演出暨老干部金婚庆典】 10月26日举办。活动分“乐享晚晴秀温暖”“乐龄晚晴秀恩爱”“乐韵晚晴秀风采”三个篇章，弘扬31对钻石婚离休干部夫妇和9对退休四套班子金婚夫妇以及若干对退休干部金婚夫妇的优良家风家训。市委老干部局副局长张家科，区委常委、组织部部长陆志斌，市委老干部局生活待遇处处长蒋新跃，市老干部活动中心主任范剑桥，区委组织部副部长、老干部局局长陈汇辉，以及各协办单位领导出席活动。

【“联学共建·携手共创”结对共建活动】 11月11日举办。瀛洲晚晴退休干部学习兴趣组队联合新村乡稻米文化小镇领导小组开展结对共建。区委组织部副部长、老干部局局长陈汇辉，新村乡党委书记王慧健出席并讲话，双方介绍各自工作基本情况后分别作学习党的二十大精神交流发言，瀛洲晚晴学习兴趣组组长陈锡昌和新村乡稻米文化小镇领导小组推进办公室主任张静签订结对协议书。

【市委老干部局调研崇明老干部工作】 11月28日，市委组织部副部长、老干部局局长杨佳瑛一行来崇明区调研老干部工作，参观老干部病房提标升级改造工程，听取2022年老干部工作汇报，提供推进老干部工作的意见建议。崇明区委常委、组织部部长陆志斌陪同。

【学习贯彻党的二十大精神动员部署会】 12月14日召开。会议表彰2022党建特色项目创新成果奖（城桥镇）、优秀案例奖（法院），为“乐龄申城·E行动”志愿者队伍颁发聘书，举行区老干部大学与瀛通老年大学的合作办学签约仪式，区委党校谭江衡作党的二十大精神解读。区委老干部局机关全体及瀛通老年大学主要领导、各离退休支部书记、瀛洲晚晴志愿者代表参会。

（奚元君）

宣传和精神文明建设

【概况】 2022年，区委宣传部紧扣迎接宣传贯彻党的二十大精神工作主线，聚焦区第二次党代会重点任务和区委、区政府重大项目，统筹组织开展疫情防控新闻宣传和志愿服务，宣传思想文化各项工作取得新成效。落实意识形态工作责任制。与相关单位签订2022年崇明区各处级部门党委（党组）书记履行意识形态工作责任制承诺书。将意识形态工作纳入区委巡察，对20家单位开展专项检查。建好用好“学习强国”学习平台，崇明学情持续处于全市前列。

【理论学习研究】 2022年，开展区委中心组学习会16次。开展基层党委（党组）理论学习中心组学习巡听旁听活动20次。完成市委宣传部重点课题《习近平生态文明思想引领下崇明世界级生态岛建设研究》，部分成果在市级媒体刊发。组织重大主题宣讲。围绕党的十九届六中全会精神、市第十二次党代会精神，指导发动各单位、各宣讲团开展基层理论宣讲活动。与复旦大学、华东理工大学、上海大学签署战略合作协议，深化基层理论宣讲区校合作。

【深化主题宣传报道工作】 2022年，做好2022年崇明区“两会”主题宣传，上线“两会群聊”H5，开设“两会朋友圈”，推出“奋进新征程 建设新崇明”系列乡镇访谈节目12期。指导区级新闻媒体推出“2+3+N”生态产业系列报道。加大对外宣传工作力度。围绕“碳中和示范区”建设、《崇明世界级生态岛发展规划纲要（2021—2035年）》发布等工作，邀请新华社、《解放日报》等媒体采访报道，中央及上海市媒体全年刊发报道5000余条，新媒体直播《大江万里共此青绿 看诗意长江新画卷》，各平台总观看量超1800万次。围绕“强国复兴有我”开展主题活动。

【媒体融合发展】 2022年，加强流程再造升级，推进咔咔采编融合生产指挥系统建设使用，倡导以工作室、团队化、“轻骑兵”为模式的跨界融合生产，在全市各区广电报争先创优和综合评比中名列前茅，报送的《花博园区成为中国首个碳中和园区》获第三十一届上海新闻奖。着力构建大宣传格局。协调推进“融合岛内外、形成大宣传”项目，形成内外宣、社会面宣传“一盘棋”统筹的大宣传工作制度。推进本区基层新闻官工作，开展培训评比活动，培育基层新闻官近千人。

【网络安全工作】 2022年，开展2022年国家网络安全宣传周崇明地区活动19场，将网络安全知识送到田间地头，惠及群众5万余人。定期开展网络安全巡查，指导开展网络安全自查整改。

【公民道德建设】 2022年，加强社会主义核心价值观建设，开展好人常态选树活动，命名2021年度崇明区社会主义精神文明好人好事41件，张瀛获评2022年“中国好人”。推进市民修身行动，号召广大市民树立婚事新办、丧事简办、孝老爱亲、勤俭节约等文明风尚。举办“我们的节日”清明、端午等线上线下系列活动。做好爱国主义教育基地建设工作。

【新时代文明实践中心建设】 实现文明实践四级阵地全覆盖，拓展建设特色阵地117个。发挥“市民巡访团”“法治宣讲团”“河长志愿者”“网络志愿者”等区级特色志愿服务队作用，开展文明交通、法治宣传、爱水护河志愿服务，扎实推进文明实践活动。

【加强未成年人思想道德建设】 2022年，组织开展“喜迎二十大·争做好队员”主题教育实践，做好中小学青少年风采展示征集工作，评选“新时代好少年”十佳、百优156名。优化“社区组织、学校配合、社会参与、家庭保障”模式，吸纳中小学插村（居）教师、大学生村官、五老人员等社会力量参与未成年人暑期工作。

【推进全国文明城区建设】2022年，深化文明系列五大创建，搭建互学互促平台，提升群众性文明创建的数量和质量。加强创城测评体系学习，提高对新指标体系的认识理解。组织第三方模拟测评2次，策划开展14个专项整治活动，推进问题整改。更新现有点位，加强点位库动态管理。

【文旅活动】强化新闻出版和电影管理，牵头推进崇明区文化科技卫生“三下乡”活动，做好文艺资源配送，承接市级各类活动40场，配送区级文艺展演2250场次，惠及群众近11万人次。举办2022年上海崇明乡村文化旅游节暨首届美食狂欢季活动。开展“瀛洲古韵”新年音乐会、“讲崇明生态发展故事”主题摄影展等直录播活动，录制的“学才艺”等8个视频入选全市文艺教学视频教材。制定发布《崇明区促进文化创意产业发展的扶持办法(试行)》《崇明区文化创意产业园区管理办法》等文创扶持政策。启动文创扶持资金项目和文创园区申报工作，落实市、区扶持资金5000余万元。做好第六批国家级非物质文化遗产代表性传承人（瀛洲古调派琵琶、崇明山歌）申报工作。出台《崇明区不可移动文物保护实施办法》，牵头推进1929年中共崇明县委机关旧址修缮工作。

【壮大宣传队伍】2022年，实体化运行区网信应急指挥中心和新时代文明实践中心。推进乡镇“1+1+2+N”（至少保证1名专职公务员、1名专职事业编人员、2名新时代文明实践分中心社工和N名兼职宣传工作人员）宣传工作队伍建设。提升工作能力。举办区宣传系统增强“四力”教育培训班，开展新闻发布、文明创建、理论宣讲等各类专题培训。宣传推介“新时代、新奇迹·2017—2022”上海发展成就网上展，征集报送崇明世界级生态岛建设版块内容，组织线上观展7万余人次。开展“奋进新征程·建设新崇明”崇明区文化艺术海报创作活动，推出“崇明24节气”海报15期。结合“五一”“十一”等重要节点，综合运用各类公益广告宣传阵地和载体，广泛展播宣传海报、标语等，做好党的二十大社会环境宣传。推出宣传报道。全媒体推出“喜迎二十大 奋进新征程 建功新时代”主题系列报道，广电报刊播典型人物报道及各领域成就性报道44条（篇）；用好新媒体传播方式，在上海崇明“两微一端”开设《非凡十年》《我的乡村我的家》《崇明十八境》等11个专栏共200余篇（条）。加强与中央、市级媒体合作，讲好崇明乡村振兴故事。组织学习宣讲。制定学习计划和宣讲方案，开展专题学习，指导基层党组织组织好基层党员、干部学习。组建党的二十大精神宣讲团，在全区范围内集中开展党的二十大精神宣讲。挖掘基层新闻线索，重点抓牢基层党员奋战抗疫一线、志愿服务社区暖心故事、邻里热心相助共同抗疫等方面，编辑刊播新闻报道。区级媒体共播发抗疫报道5000余篇，播出抗疫公益广告1万余次，新媒体平台浏览量超2.5亿人次。加强服务保障，贡献志愿力量。

1月14日，上海市人民政府举行市政府新闻发布会，介绍《崇明世界级生态岛发展规划纲要（2021—2035年）》相关情况，区委副书记、区长缪京出席并回答记者提问（区委宣传部 供图）

【2022年崇明端午季】作为崇明传承优秀传统文化、弘扬生态文明理念的群众性精神文明建设品牌活动，崇明端午季自2011年以来已连续举办十一届。2022年，区文明办以“家国安康 云聚端阳”为主题，通过云演端午、云诵端午、云康端午、云游端午、云享端午五大“线上”活动，在“上海崇明”App、“上海崇明”视频号、“上海崇明”抖音号、“文明崇明”微信公众号上开展“‘瀛’花开疫去 咏家国情怀”端午诗会、“家国安康，云聚端阳”群众文艺节目线上展播，推送端午民俗知识和香囊制作小视频，开展线上有奖问答和“一起过端午”网络文明传播活动，展现“崇德明礼、敢为人先、垦拓不息”的崇明精神品格，引导全区市民感悟中华文化、增进家国情怀，凝聚起打赢大上海保卫战的强大动力。端午期间，各乡镇开展多种形式的云上活动，引导广大群众感悟中华文化、增进家国情怀，进一步激发全区广大干部群众凝心聚力共抗疫情、打赢大上海保卫战的强大合力。

【《崇明世界级生态岛发展规划纲要（2021—2035年）》新闻发布会】1月14日，上海市政府举行新闻发布会，副市长彭沉雷介绍《崇明世界级生态岛发展规划纲要（2021—2035

年）》（以下简称《纲要》）相关情况。市政府副秘书长、市发展改革委主任华源，崇明区委副书记、区长缪京，市发展改革委副主任王华杰，市生态环境局副局长朱石清，市农业农村委副主任陆峥嵘，市绿化市容局副局长顾晓君出席发布会，共同回答记者提问。《纲要》是指导世界级生态岛中长期发展的行动纲领，规划期限到2035年。《纲要》从顶层设计的角度，对崇明世界级生态岛进行前瞻思考和系统谋划，在发展内涵、发展特色、发展质量等方面，进行全方位拓展和战略性提升。站在“两个一百年”历史交汇点，上海将突出《纲要》规划引领作用，一张蓝图绘到底，继续滚动实施三年行动计划，开展国际、部市、沪苏、市区、政企等多层面合作，完善资金、土地、人才等要素配套，举全市之力稳步推进生态岛建设，推动美好蓝图变为生动现实。崇明将加速绿色崛起，探索生态产品价值实现路径，凝聚更高层面、更多主体、更大合力，持续将世界级生态岛建设事业向纵深推进，走出“绿水青山就是金山银山”的生态发展之路。

【区校共建合作“五彩计划”签约仪式】 1月21日在区新时代文明实践中心举行。复旦大学团委、华东理工大学团委、上海大学团委与崇明区委宣传部、区委党校、团区委签署战略合作协议。区委常委、宣传部部长陈立俊出席活动并致辞。“五彩计划”将根据崇明世界级生态岛建设需求，发挥高校学科优势，共同建设理论宣讲新平台，深化拓展新时代文明实践中心建设工作，为文明实践注入新的活力。本次共建时间从2022年1月起至2026年12月，着重从“聚焦主题深入讲”“创新形式生动讲”“注重结合融入讲”“面向青少年广泛讲”四方面深化理论宣讲内涵，助力提升软实力。

【“文明与文化同行·新时代文明实践志愿行”2022年上海市宣传系统助力深化拓展新时代文明实践中心建设首场活动】 1月26日在港西镇新时代文明实践分中心举行。崇明区委常委、宣传部部长陈立俊出席并讲话。市委宣传部基层工作处与崇明区委宣传部，SMG集团党群工作部与港西镇团结村分别签署结对共建协议，市宣传系统与崇明区在文明共建、文化共享等方面拉开深度合作序幕。

【“强国复兴有我”群众性主题宣传教育活动】 2月起，围绕迎接宣传贯彻党的二十大精神主线，区委宣传部牵头制定《关于本区组织开展“强国复兴有我”群众性主题宣传教育活动的通知》，对全区广泛组织开展群众性主题宣传教育活动作出安排，共开展学习体验、先进模范学习宣传、红色基因传承教育等7大类主题活动3000余场次，30万余人次参与。其中，“文明与文化同行·新时代文明实践志愿行”“乡村大课堂——党的二十大主题宣讲”“我的家乡叫崇明——强国复兴有我”崇明区青少年学习教育主题活动等3项活动入选市级重点项目。崇明区委宣传部首次联合美协、作协等区文联协会及区级媒体，以“奋进新征程·建设新崇明”为主题开展崇明区文化艺术海报创作活动，推出“崇明二十四节气海报”24期，涵盖200余幅绘画作品和24期文字作品，推介岛内外艺术家20余人，依托微信、客户端、抖音等新媒体平台广泛传播，以文艺宣传扩大“迎接宣传贯彻党的二十大”社会面宣传。《崇明二十四节气海报》荣获2022年上海市“银鸽奖”最佳设计奖。

【2022年区精神文明建设工作会议暨全国文明城区常态长效建设推进会】 7月1日在崇明会议中心召开。区委书记、区长、区文明委主任、区创城工作领导小组组长缪京在会上指出，要深入学习贯彻习近平总书记重要指示精神，全面贯彻落实全国精神文明建设表彰大会、全国宣传部长会议和上海市精神文明建设工作会议精神，鼓足昂扬之气，汇聚奋进之力，更加有力地强信心、聚民心、暖人心、筑同心，共同推动精神文明建设工作取得新的更大进步，为全区深入推进两手抓、两手硬、两手赢提供强大的精神支撑。国家统计局上海调查总队副总队长孙德麟出席会议，通报2021年崇明区全国文明城区年度测评情况。区委副书记李峻主持会议，宣读《关于命名表扬2021年度崇明区社会主义精神文明好人好事的决定》。区委常委、宣传部部长陈立俊传达2022年市精神文明建设工作会议精神，总结部署本区精神文明建设工作暨全国文明城区常态长效建设工作。区人大常委会主任薛红、区政协主席邹明出席会议。区四套班子其他领导、区人民法院院长、区人民检察院检察长出席会议。区经委、长兴镇、陈家镇新桥裕鸿佳苑第四社区、新华医院崇明分院、“疫期帮侬忙”区外代配药前方志愿组临时党支部相关负责人在会上作交流发言。会前，区文明委召开工作会议，听取审议《2021年上海市崇明区精神文明建设工作暨全国文明城区常态长效建设工作总结》《2022年上海市崇明区精神文明建设工作要点》《上海市崇明区文明委2022年重点工作项目》、全国文明城区常态长效建设5个专项方案。

【“德耀中华 美德瀛洲”崇明区学习宣传贯彻习近平总书记给“中国好人”重要回信精神会议暨2022年度道德模范和最美崇明人颁奖典礼】 9月19日，在区文化馆风瀛洲剧场举行。市委宣传部副部长、市精神文明办主任潘敏，区委副书记杨元飞，区委常委、人武部政委陈志忠，区委常委、宣传部部长陈立俊，区委常委、组织部部长陆志斌，区人大常委会副主任张建英，副区长施蕾，区政协副主席张荣出席活动。会议对本年度的道德模范、最美崇明人、最美崇明人（战疫先锋）及提名进行命名表彰，授予胡传硕、黄刚、陈礼兴“2022年度崇明区道德模范”荣誉称号；授予李诚等11

人“最美崇明人”荣誉称号；授予马文昭等10人“最美崇明人”（战疫先锋）荣誉称号；授予马秀芳等20人“最美崇明人”提名奖；授予贝兴等10人“最美崇明人”（战疫先锋）提名奖。集体学习习近平总书记给“中国好人”重要回信精神，播放关爱慰问2022年“中国好人”张瀛视频，严林妹、陆科肖、沈花代表本区获评“中国好人”，宣读了“讲文明，学精神，做好人”倡议书。会上举行崇贤馆线上开馆仪式。该馆将为市民提供一个感受先进风采、学习先进事迹的阵地。

【“水育中国·崇明行”暨2022年崇明区文明校园联盟成立仪式】 9月28日在陈家镇新时代文明实践分中心举行。由中共崇明区委宣传部、北京可持续发展教育协会、市志愿服务公益基金会指导。崇明区精神文明办、区水务局、区教育局，相关单位领导以及区文明校园师生代表等60余人参加活动。会上，区教育局党委副书记陆惠星为2021—2023年文明校园创建联盟成立致词，新一轮文明校园联盟老师代表、新时代好少年代表宣读倡议。区文明办、区水务局相关领导进行“蓝秀带”新时代文明实践行动的启动仪式。

【崇明区庆祝第二十三届中国记者节暨“瀛洲好新闻奖”颁奖大会】 11月8日，在区融媒体中心综艺演播厅召开。《崇明三分地系列报道》等72件获评崇明区2021—2022年度“瀛洲好新闻奖”。公安崇明分局等12家单位和区融媒体中心总编室等2个部门获“通联协作奖”。

【“奋进新征程 投身新实践 建功新时代”2022年崇明区新时代文明实践志愿服务季启动仪式暨上海雷锋事迹展览馆揭牌仪式】 12月2日在竖新镇举办。崇明区委常委、宣传部部长陈立俊和上海市文明办志愿服务处副处长管晓玲共同为上海雷锋事迹展览馆揭牌。（董文欢）

统战工作

【概况】 2022年，崇明统一战线认真学习宣传贯彻党的二十大精神，深入践行习近平总书记关于做好新时代党的统一战线工作的重要思想，扎实落实中央、市委、区委统战工作会议精神，推进各领域统战工作。加强党对统战工作的领导，召开区委统战工作会议和区委统一战线工作领导小组会议，将学习中央、市委统战工作会议精神纳入区委常委会、区各党委（党组）理论学习中心组、区委党校、区社会主义学院各主体班次的学习内容。制定并下发《中共上海市崇明区委关于加强新时代乡镇统战工作的实施意见》《关于加强新时代国企统战工作的实施意见》，加强对各委办局成员单位督促检查，将统战工作纳入区委督查要点。深化思想政治引领，举办区统一战线学习贯彻党的十九届六中全会精神专题培训班等，全年分层分类举办培训班16个，专题讲座10场，培训统一战线成员和统战干部约2500人次。在全区统战领域开展主题教育，组织开展“统一战线献礼二十大”主题宣传教育，开展党的统一战线政策提出100周年主题研讨会、知识竞赛等活动。协助区委调整完善区党员领导干部与党外代表人士联谊交友工作方案，深化联谊交友工作。坚持服务中心大局工作，动员全区统一战线助力打赢大上海保卫战，支持统战成员报送相关党外建言400余篇，182家民营企业对口保供212个村居，累计捐款捐物847万元，3000余名统战成员、统战干部投身志愿服务。推动一系列惠企政策落地落实，助力加快经济恢复和重振。助推崇明绿色高质量发展，联合九三学社市委举办“推进崇明世界级生态岛碳中和示范区建设”论坛，推动“新侨双创在上海”等优质项目落地。深入参与基层社会治理，落实“桑梓助农”“侨爱小站”等公益项目，引导统战成员参与新时代文明实践志愿服务。坚决维护政治安全和社会稳定，制定实施《崇明区关于防范化解统战领域重大风险隐患的工作方案》，开展防范化解宗教领域重大风险“百日攻坚”专项行动。深化各领域统战工作实效。围绕发展高品质现代农业、加强文旅品牌建设等区委、区政府重点工作，召开协商通报会8次。支持各民主党派和无党派人士围绕崇明世界级生态岛建设开展专题调研。“两会”期间，各党派团体共提交政协集体提案19件、个人或联名提案138件，领衔提出代表建议67件。推动各民主党派思想政治建设、民主生活会、组织发展等工作规范提质。调整充实党外优秀年轻干部队伍，做好党外市人大代表、政协委员提名推荐、审查考察等工作，深化区管党外干部社会履职综合评价工作。召开区委民族工作会议暨崇明区宗教工作会议，制定实施《崇明区关于深入做好新时代党的民族宗教工作的实施意见》。开展铸牢中华民族共同体意识系列活动，深化“石榴籽暖心工程”，积极开展民族团结进步工作。夯实“三级网络两级责任制”，做实宗教工作行政执法机制，拓展民宗事务管理信息化平台功能，加大非法宗教打击力度，引导宗教界加强内部管理。持续开展民营经济人士理想信念教育。建立民营经济发展联席会议机制，持续巩固“政会银企”四方合作、“一商会一专员”金融服务机制，深化“公检法司”合作机制，开通“亲清直通车”，举办圆桌会、“法治体检”等活动，做深做实民营企业服务工作。加强新媒体负责人、党外网络评论员、网络宣传员三支队伍建设，建立自由职业人员数据库，开通“寻美崇明”官方微博，开展线上主题活动，深化市、区新的社会阶层人士实践创新基地和活动点建设。深化拓展疫情下对台交流，举办台北市崇明同乡会成立60周年两岸云端庆祝活动和崇台“友好社区”云端交流活动，开展上海台商子女学校与城桥中学“姐妹

2月26日，台北市崇明同乡会60周年庆祝活动（区委宣传部 供图）

学校”校际交流等，巩固崇台“四缔结”基层交流“亲家情”。开展“庆祝香港回归25周年”“瀛洲乡情”等系列活动。承办海外华裔青少年夏令营等，弘扬中华优秀文化。创建涉侨纠纷调解室，举办“侨界法治宣传月”系列活动，落实为侨服务实事项目。推进全国、市级涉侨阵地建设。成立区侨联青年委员会，完成区民族联、区基督教两会、区新联会、区海联会、市欧美同学会崇明分会、区侨商联合会、区留学生家属联谊会、区台联会换届。

【市统战系统各单位领导到崇明调研】 1月17日，市台办副主任阳礼华到崇明区建设镇，走访慰问在沪台胞家庭。市台办相关处室、崇明区台办和建设镇相关负责人等陪同走访。2月7日，市民宗局副局长王凡、佛道教处处长潘元庆、市佛教协会常务副会长兼秘书长张国铭、副秘书长兼办公室主任曹曙红等一行，到庙镇无为寺调研，察看在建的大雄宝殿及二期工程，了解施工进展情况，肯定无为寺的各项工作，提出新的工作要求。2月11日，市欧美同学会常务副会长陆建非一行到崇明调研崇明分会工作。区委常委、统战部部长龚伟，区委统战部副部长、区侨办主任黄珺，欧美同学会崇明分会会长陆铭参加座谈。6月9日，市台办副主任王立新率经济处一行到崇明调研指导崇明对台经贸交流工作，6月10日，市民族宗教局副局长王凡实地督导检查崇明区宗教活动场所有序恢复开放工作。6月，市民族宗教局副局长、一级巡视员毛云琪一行调研崇明民族宗教工作。毛云琪实地考察了长兴镇长兴家园“石榴籽”少数民族关爱站，检查城桥镇寿安寺、崇主堂疫情防控以及消防安全等工作。7月25日，市委统战部常务副部长、市侨办主任黄红一行到崇明开展走访，分别走访了区级统战阵地“同心苑”“桑梓助农”基地和东禾九谷开心农场。9月1—2日，市台办副主任王立新、上海市台胞投资协会会长张简珍带领市台协部分常务副会长、行业工委会主委到崇明开展走访、调研，深入学习了解崇明世界级生态岛、碳中和示范区建设情况。9月，市人大常委会宗教事务条例执法检查组副组长、市人大侨民宗委、外事委主任委员林杰带队，到崇明调研宗教活动场所《上海市宗教事务条例》贯彻执行情况。9月22日，市委统战部副部长、市工商联党组书记王霄汉到崇明开展“防疫情、稳经济、保安全”走访调研，组织召开座谈会，听取企业在发展中遇到的问题以及对相关政策的意见建议。11月30日，市委统战部副部长，市民族宗教局党组书记、局长王珏到崇明调研民族宗教工作。

【民主协商会】 2月18日召开。会议就2022年区委重点工作安排听取党外代表人士的意见建议。区委书记李政主持会议并指出，各民主党派、工商联和无党派人士要认真学习贯彻习近平新时代中国特色社会主义思想、中共十九大和十九届历次全会精神，结合中共崇明区委年度工作实际，找准履职切入点，同心协力促发展，为全区改革发展稳定大局勇立新功、再创佳绩。

【庆祝台北市崇明同乡会成立60周年】 2月26日，台北市崇明同乡会和崇明区台胞台属联谊会通过“云交流”的方式共同庆祝台北市崇明同乡会成立60周年。上海市台办副主任阳礼华，中共崇明区委常委龚伟出席活动，台北市崇明同乡会乡亲和崇明区台联会理事、两岸同胞乡亲代表参加活动。台北市崇明同乡会成立于1962年2月，是台北市最早成立的同乡会之一，是上海各区赴台人士在台湾地区成立的两家同乡会之一。同乡会成立以来，充分发挥敦亲睦族、联情联谊的重要作用，开展一系列卓有成效的细致工作，留下一段段温暖乡亲的美好佳话，为促进在台崇明人士团结共进、崇台两地交流合作作出积极贡献。

【崇明区“侨界法治宣传月”】 3月1日正式启动。活动期间，区镇两级上下联动，举办侨法报告会，开展符合崇明特点的原创作品；开设侨法咨询热线，举办“侨法知识我知道”线上问答，“侨法知识进校园”等活动。各乡镇设计宣传横幅、易拉宝、电子屏、宣传海报总计478份，发放侨法宣传资料5468份。

【助推企业复工复产】 崇明区工商联联合有关部门、在崇金融机构分别于5月12日、5月20日、5月25日、6月7日、6月10日、6月15日、6月17日举办多场支持企业复工复产金融宣讲会，介绍近期出台的相关涉企金融政策，讲解对中小微企业的金融纾困措施及助力企业复工复产的相关金融服务，并进行现场答疑助企解惑。

【统一战线培训班】 6月23—24日，区委统战部联合上海市社会主义学院通过网络举办崇明区统一战线学习贯彻党的十九届六中全会精神专题研讨班。各民主党派、无党派、非公经济、新的社会阶层、少数民族、港澳台侨代表人士和统战干部共230余人参加培训。8月2日，崇明区民族宗教办举办民族宗教界人士第一期党史学习教育暨民族宗教政策法规学习培训班，全区各民族宗教团体、场所负责人，部分宗教教职人员和乡镇民宗干部等80余人参加培训。8月18日，区委统战部、区社会主义学院联合举办崇明区学习贯彻中央统战工作会议精神专题培训会，邀请上海市社会主义学院副教授王俊华作“深入学习贯彻习近平总书记关于做好新时代党的统一战线工作的重要思想”专题讲座。8月18—19日，区委统战部、区社会主义学院联合举办2022年崇明区党外年轻干部培训班。本次培训班首次加入了“行走的教学”课程。11月24—25日，区委统战部、区社会主义学院联合举办崇明区无党派人士培训班。11月23日，崇明区举办2022年民族宗教界人士党的二十大精神专题学习培训班。

【党外代表人士区情通报会】 6月30日召开。区委常委、统战部部长龚伟向区各民主党派、统战团体和党外代表人士传达市第十二次党代会主要精神。10月27日召开。区委副书记、区长李峻向党外代表人士通报2022年经济社会发展和世界级生态岛建设情况。

【崇明区2022年度民主党派专项民主监督工作】 受区委委托，各民主党派区委聚焦“五美共建”“五新”生态产业，对中共上海市崇明区第二次党代会精神贯彻落实情况开展专项民主监督。6月30日召开工作启动会。区委统战部副部长蔡健通报《关于委托各民主党派崇明区委对中共上海市崇明区第二次党代会精神贯彻落实情况开展专项民主监督的实施方案》，区发展改革委、区经委、区科委、区农业农村委、区文化和旅游局分管领导就相关工作推进情况进行全面介绍。与会人员围绕如何做好专项民主监督工作进行交流。

【“同心庆回归·齐心向未来”香港代表人士庆祝香港回归祖国25周年座谈交流会】 7月1日召开。与会代表共同学习上海市第十二次党代会报告，收看庆祝香港回归祖国25周年大会暨香港特别行政区第六届政府就职典礼。畅谈香港回归25年来的变化以及香港经济社会的发展情况，热切展望在“一国两制”方针下香港发展的美好前景。区香港同胞及其眷属代表近10人参加会议。

【崇明区委统一战线工作领导小组第六次（扩大）会议暨全区统战工作会议】 7月5日召开。区委常委、统战部部长龚伟主持会议，总结部署崇明区统战工作。副区长张秩通传达全国统战部长会议、上海统战工作领导小组第六次全体会议和全市统战部长会议精神。区委书记缪京对下阶段统战工作提出要求。

【民营经济发展联席会议第一次全体会议】 7月7日召开。会议通报崇明区民营经济发展联席会议筹备情况，审议通过《上海市崇明区民营经济发展联席会议议事规则（草案）》。区经委、区市场监管局、长兴镇作交流发言。区委常委、统战部部长龚伟就发挥联席会议机制作用，助推民营经济高质量发展提出要求。

【党外代表人士协商通报会暨廉政教育会】 7月8日召开。区委常委、区纪委书记、区监委主任沈雪峰通报2022年上半年崇明区纪检监察工作情况，以及下半年重点工作，听取各民主党派、无党派代表人士意见建议。区委常委、统战部部长龚伟主持会议。

【区统战团体换届】 8月6日，崇明区基督教召开第二次代表会议，会议审议通过区基督教两会章程，选举产生新一届领导班子。9月21日，崇明区第二届新的社会阶层人士联谊会召开会议。会议审议通过《上海市崇明区新的社会阶层人士联谊会章程（修正案）》，选举产生崇明区第二届新联会理事会、监事会成员。9月28日，上海市崇明区台胞台属联谊会召开第二次代表会议，会议审议通过区台联会第一届理事会工作报告，选举产生新一届崇明区台联会理事会、监事会成员。10月10日，上海市欧美同学会（上海市留学人员联合会）崇明分会第二次会员大会在区会议中心召开。会议审议通过《上海市欧美同学会（上海市留学人员联合会）崇明分会工作细则（修正案）》，选举产生新一届分会理事。10月14日，崇明区侨联青年委员会召开成立大会。会议审议通过《崇明区侨联青年委员会章程（草案）》，选举产生崇明区侨联青年委员会第一届理事会。11月25日，上海市崇明区海外联谊会第二次会员大会召开会议，会议审议崇明区海外联谊会第一届理事会工作报告、崇明区海外联谊会章程（修正案），选举产生第二届理事会和监事会。12月2日，区民族联召开第二次代表会议，会议通过区民族联章程、区民族联第二次代表会议决议，选举产生新一届领导班子。12月15日，崇明区留学人员家属联谊会第一次代表会议召开，审议通过《崇明区留学人员家属联谊会章程（草案）》，选举产生崇明区留学人员家属联谊会第一届理事会。

【“纪念百年统战政策，重温国共合作史篇”实景剧《握手》云展演活动】 为纪念中共二大召开100周年，党的统一战线政策提出100周年，孙中山李大钊酝酿国共合作100周年，

8月12日，上海孙中山故居纪念馆、崇明区档案馆、崇明区台联会联合举办“纪念百年统战政策，重温国共合作史篇”实景剧《握手》云展演活动。上海孙中山故居纪念馆馆长何沫、崇明区档案局局长朱鑫德、崇明区台办主任林艳华、崇明区台联会会长王愫怡以及区台联会理事、在崇台胞代表等40余人参加活动。

【网络代表人士同心座谈会】 8月12日召开。会上，网络代表人士围绕自身发展情况、当前面临的问题困难、如何发挥优势作用助力崇明经济社会高质量发展三个方面进行发言交流，并提出意见建议。

【崇明区委统战工作会议】 8月24日召开。会议传达了中央、市委统战工作会议精神，区委书记缪京指出，要深刻学习领会习近平总书记关于做好新时代党的统一战线工作的重要思想，深入贯彻落实中央、市委统战工作会议精神，为高标准推进崇明世界级生态岛建设汇聚更磅礴的力量，以实际行动迎接党的二十大胜利召开。区委常委、统战部部长龚伟，副区长张秩通出席会议。

【“情系两岸，同心圆梦”崇明区涉台教育宣传线上主题活动】 9月在“上海崇明”App举办，由崇明区台办、崇明区教育局和崇明区融媒体中心联合主办。全区共21所中小学488名学生通过书画、诗歌、朗诵等形式参与“情系两岸——创作小达人”活动；网上涉台知识竞赛活动参与者超7200人次。

【“寻味中秋·共话团圆”崇明区港澳代表人士共度中秋活动】 9月10日由区侨办举办。一起动手制作月饼，共迎中秋佳节、共叙亲情乡情。区港澳代表人士及其眷属近20人参加活动。

【上海（崇明）民营经济圆桌会】 9月22日举行。以“稳预期促发展提信心释活力”为主题，深入了解民营企业当前发展诉求，助力民营企业稳定预期、提振信心、释放活力。上海东禾九谷开心农场有限公司、上海为中集团有限公司、上海双腾电子电器有限公司、上海衡元高分子材料有限公司、上海冠甲电子有限公司、上海万禾农业科技发展有限公司、知谷1984民宿等7家企业负责人作交流发言，结合企业发展实际和遇到的困难瓶颈问题提出意见建议。市长兴岛管委会、区发展改革委、区经委、区农业农村委、区文化和旅游局等相关部门就相关问题现场作出回应。

【“推进崇明世界级生态岛碳中和示范区建设”论坛】 9月27日举行。由九三学社上海市委与中共上海市崇明区委统战部主办。上海市政协副主席、九三学社上海市委主委、中国工程院院士钱锋到会致辞并做主旨报告，崇明区委书记缪京致辞。本次论坛旨在加强政府、科研院所、高校、企业的交流与合作，进一步助推产业绿色转型升级、创新发展，打造清洁低碳、安全高效的现代产业体系，开辟一条速度快、成本低、效益高的碳中和之路。会议邀请国内知名专家学者，深入解读我国“双碳”战略重大意义，系统介绍“双碳”战略最新政策导向，深入分析“双碳”战略带给上海的机遇和挑战，精准提出崇明打造碳中和示范区的思考建议，推动实现“双碳”目标任务，以实际行动迎接党的二十大胜利召开。

【“共话百年统战 喜迎党的二十大”主题研讨会】 9月30日召开。市委统战部宣传处“百年统战”系列活动负责人熊颖应邀参加会议并致辞，区委常委、统战部部长龚伟出席会议并讲话，民盟区委主委施蕾、民建区委主委施志琴、民进区委主委姚安宝、农工党区委主委丁汉明、九三学社区委主委施菊萍、民革区总支部主委赵磊、致公党区总支部主委施利华、区工商联副主席张俊、区知联会副会长刘静波围绕“共话百年统战 喜迎党的二十大”主题作学习交流发言。

【区委民族工作会议暨崇明区宗教工作会议】 11月4日召开。区委常委、统战部部长龚伟部署下阶段民族宗教工作，区公安分局、区教育局、城桥镇作交流发言。区委书记缪京在会上指出，要深入学习贯彻党的二十大精神，全面贯彻落实习近平总书记关于加强和改进民族工作的重要思想、关于宗教工作的重要论述，全面落实中央民族工作会议、全国宗教工作会议精神和全市民族、宗教工作会议部署要求，紧密结合崇明实际，抓好民族宗教各项任务落实，推动全区民族宗教工作不断迈上新台阶，为高标准推进世界级生态岛建设凝聚更多智慧和力量。区委副书记、区长李峻主持会议。区人大常委会主任薛红、区政协主席邹明、区委副书记杨元飞、副区长施蕾出席会议。

【统一战线学习贯彻中共二十大精神座谈会】 11月24日召开。会议对全区统一战线学习宣传贯彻中共二十大精神再动员、再强调。区委常委、统战部部长龚伟出席会议并对下阶段全区统一战线学习宣传贯彻中共二十大精神提出要求。

【崇明区首个“桑梓小站”揭牌仪式】 11月25日在港西镇举行。市委统战部常务副部长、上海海外联谊会执行副会长、市侨办主任黄红，区委常委、统战部部长龚伟，交通大学党委常委、统战部部长张卫刚，市华侨基金会理事长裘菲立，港西镇党委书记王卫中，上海家扶家果蔬专业合作社创始人、董事长余进等出席揭牌仪式。揭牌仪式上，市华侨基金会秘书长李桃芝详细解读桑梓助农项目，上海交通大学农业与生物学院教授、桑梓助农团专家张才喜介绍崇明柑橘种植课题研究情况，区委统战部与交大党委统战部签订战略框架合作协议，在加强统战人士培养、充分发挥统战作用助力崇明世界级生态岛建设等方面加强合作。

【法治服务民营经济高质量发展工作会议暨“护航”2023年崇明区法治服务民营经济高质量发展十大实事项目发布会】 12月14日召开。会议通报《崇明区法治服务民营经济高质量发展实施意见》和2023年“护航”十大实事项目；区工商联主席、总商会会长仇瑜峰向广大民营企业发出《自觉诚信守法 树立良好形象》的倡议；区法院、区检察院、区公安分局、区司法局围绕2022年度法治服务保障民营经济工作开展情况进行交流发言。（刘　卿）

民族　宗教

【概况】 崇明区有佛教、天主教、基督教三大宗教，登记备案的宗教活动场所45处，分布在全区18个乡镇。其中，佛教有17个活动场所；天主教有11个活动场所；基督教17个活动场所，全区有爱国宗教团体3个，分别是崇明区佛教协会、崇明区天主教爱国会、崇明区基督教两会。

2022年，崇明区坚决贯彻落实中央和市委、市政府关于民族宗教工作的各项决策部署，坚持以铸牢中华民族共同体意识为主线，以推进我国宗教中国化为重点，真抓实干，锐意进取，各项工作稳中有进。开展试点学校铸牢中华民族共同体意识教育活动。推动崇明区民族团结教育基地建设。开展各族困难群众结对帮困助学和“家门口”就业工作。帮助少数民族群众解决“急难愁盼”问题。组织民族宗教界人士深入学习党的二十大精神和中央、市民族宗教工作会议精神，积极参加区统一战线专题研讨班、区政协委员大讲堂等学习培训活动，举办两期区民族宗教界人士专题培训班。开展民族宗教政策法规宣传学习月活动。引导民族宗教界主动参与东西部协作。贯彻落实国家政策法规，依法管理民族宗教事务。完善基层民族宗教事务管理机制，扩展充实区民族和宗教工作联席会议成员单位。区民族联、区天主教爱国会、区基督教“两会”完成换届工作。试点推动宗教场所法人登记工作，指导宗教界开展崇俭戒奢教育活动。

【民族宗教界人士思想政治引领】 2022年，崇明区切实强化政策理论培训。组织民族宗教界人士系统深入学习党的二十大精神和中央、市民族宗教工作会议精神，参加区统一战线专题研讨班、区政协委员大讲堂等学习培训活动，举办2期区民族宗教界人士专题培训班，强化民族宗教界人士政治引领。深入开展民族宗教法治宣传月活动。创新学习方式，以线上为主深入开展民族宗教政策法规宣传学习月活动，线上专题讲座、有奖竞答、线上分享交流活动参与达300余人次。制作四套宣传展板在各乡镇巡回展示，发放宣传资料400余套，受众7000余人次。

【民族团结进步】 2022年，崇明区推进铸牢中华民族共同体意识宣传教育。会同有关部门，积极推进铸牢中华民族共同体意识教育纳入试点学校德育教育范畴，扎实开展试点学校专题教育活动。根据市民宗局相关文件精神，推动崇明区民族团结教育基地建设，指导重点乡镇高质量建设社区民族之家（活动点）。全面加强民族团结和谐。持续推进“石榴籽暖心工程”，深入开展少数民族结对帮困助学和“家门口”就业工作，完成二轮慰问帮困工作。帮助少数民族群众解决“急难愁盼”问题，开斋节看望、慰问群众。妥善处理堡镇一拉面馆店内玻璃爆裂事件。

【民族宗教事务】 2022年，崇明区打击非法宗教活动。发挥区民族宗教工作联席会议、区“扫黄打非”工作领导小组机制作用，依法取缔3处非法烧香点，分类精准处置3处私设聚会点。依法化解云林寺、慎修庵经济纠纷。拓展民族宗教事务管理信息化平台功能，贯彻落实国家政策法规。组织宗教界人士深入学习贯彻《互联网宗教信息服务管理办法》《宗教活动场所财务管理办法》，推动宗教团体、场所完善民主管理组织，提升自我管理水平。

【宗教团体、场所规范化管理】 2022年，崇明区试点推动宗教场所法人登记工作。根据崇明区宗教场所实际情况，按照自愿原则，以佛教寿安寺为试点单位，以点带面，有序推进落实宗教场所法人登记工作。依法推进宗教场所规范化建设。依法依规推进寒山寺、无为寺、镇海寺改扩建工作。深入推进全面从严治教。指导宗教界深入开展崇俭戒奢教育活动，匡正教风；强化典范引领作用，区基督教“两会”主任陈美金获评全国宗教界先进个人。加强民族宗教团体自身建设。指导区民族联、区天主教爱国会、区基督教“两会”完成换届工作，健全完善管理规章制度，调整充实班子队伍。提升工作能力和效能。（张　力）

保密工作

【概况】 2022年，崇明区保密工作坚持“党管保密”原则，夯实保密管理基础，提升保密综合保障能力。把握安全保密形势，树立底线思维。全力做好重要会议活动保密服务保障，开展“为党的二十大和市第十二次党代表大会提供坚强保密服务保障”主题实践活动，落实落细各项管理措施。压实保密管理主体责任，完善保密考核评价体系，召开保密工作专题会议，传达学习市委保密委全会精神。推进依法定密解密，完成定密基础数据统计，按规定对国家秘密进行集中解密。强化网络保密管理，协助查处市委保密办移交问题线索，稳慎推进微信泄密专项整顿行动，开展数据安全保密管理专项自查，定期开展风险评估、运行维护等。深入开展宣传教育，组织保密法规宣传并播放警示教育片，开展订刊学刊用刊，完成年度《保密工作》等杂志征订工作。加强监督检查，开展专项保密检查，协助市委保密办开展违规失泄密案件协查处置，配合市教育考试院对命题中心进行检查，完成各环节保密监管。提升综合保障能力，严格报废涉密载体仓库管理，对仓库升级改造，提升涉密载体回收处置能力。完善重大会议活动保障工作机制，严格会议活动人员、场所等保密管理，完成区两会及涉密会议保密保障工作。落实重点工作任务，开展保密管理大排查工作，查摆问题隐患。加强与区纪委监委沟通配合，制定移送问题线索管理办法。

【主题实践活动】 3月，开展“为党的二十大和市第十二次党代表大会提供坚强保密服务保障”主题实践活动，严格会议文件起草、印制、销毁等全过程保密管理，明确涉会人员行为规范，加强对重要涉密会议、活动的技术服务保障，落实信息公开保密审查制度等内容。

【区保密工作会议】 6月10日，召开年度保密工作会议。会议传达学习市委保密委全会和诸葛宇杰在市委保密委全体会议上的讲话精神。区委副书记、区委保密委主任李峻同志出席会议并作讲话。印发《中共上海市崇明区委保密委员会2022年工作要点》。

【保密督查及考核】 9月，区保密局结合党的二十大保密管理要求，对各乡镇、重点委办局开展专项监督检查，针对问题突出单位提出整改措施，开展回头督查、约谈等方式消除隐患，堵塞漏洞，检查结果纳入年度绩效考核评价范围。

（顾秋昊）

机关党建

【概况】 2022年，区级机关工作党委以模范机关创建为抓手，聚焦新时代机关党建职责使命，以守正创新精神提高党建质量水平，以实际行动迎接党的二十大胜利召开。坚持把加强党的政治建设作为机关党建的“一号工程”，强化政治机关意识教育，把学习贯彻习近平新时代中国特色社会主义思想为首要政治任务，以中共十九届六中全会、市十二次党代会、区二次党代会精神的学习宣传贯彻为重点，制定区级机关工作党委2022年度中心组学习计划，围绕中心工作，创新学习方式，提高理论学习中心组的质量和效果，充分发挥领学促学作用。联合区委党校、区科委、区城管局等8家单位党支部开展“新时代 新思路 新征程”党的二十大精神联学交流活动，邀请二十大代表邱莉娜作专题报告，各党支部书记和部分青年代表交流学习心得体会。通过多形式全面系统学、深入思考学、联系实际学，引导党员不断凝聚思想共识，深刻领会“两个确立”，不断增强“四个意识”，坚定“四个自信”，做到“两个维护”。利用“崇明机关党建”微信公众号开设“学习二十大、永远跟党走、奋进新征程”区级机关党员干部热议二十大专栏，征集基层支部书记、“尔雅”读书会、文学沙龙、党史读书班成员关于党的二十大精神学习心得体会，促进学习成果交流共享，营造良好氛围。举办专题辅导报告会。以“尔雅”机关文化品牌为载体，邀请市委学习宣传贯彻党的二十大精神宣讲团成员作专题辅导报告，并开展“尔雅”党史读书班学习党的二十大精神研讨交流活动，系统内党组织书记率先深入学习党的二十大精神实质和丰富内涵，以“关键少数”带动“绝大多数”。推进支部学习和支部书记讲党课。结合“三会一课”“主题党日”开展支部党的二十大精神专题学习活动。落实党员领导干部讲党课制度，鼓励区级机关各党组织支部书记面向广大党员，带头宣讲党的二十大精神，以实际行动带动广大干部群众的学习，让广大党员听得懂、能领会、可落实。

【意识形态建设】 2022年，崇明区开展一年两次专题研究意识形态工作，细化工作措施，筑牢思想根基，坚决维护党和国家的意识形态安全。建立健全区区级机关工作党委学习制度，对标中央、市委、区委意识形态重要文件、重要精神，制定中心组学习计划，深入开展中心组学习交流，进一步提高思想理论水平和实践能力，着力提升中心组理论学习的针对性和实效性。签订2022年崇明区各处级部门党委（党组）书记履行意识形态工作责任制承诺书，坚持“一把手”牵头抓总、靠前指挥，做到“三个带头”“三个亲自”，切实加强意识形态工作组织领导和统筹指导，切实当好“第一责任人”。明确分管领导抓具体，内部科室抓落实的管理机制，指导和推动系统内基层党组织把意识形态工作要求融入基层党建工作之中，提高基层党组织书记对意识形态工作的履职意识。开展意识形态工作落实情况常态化督查，将意识形态责任制工作纳入区级机关工作党委系统2022年基层党组织建设考核细则，作为基层党组织书记年度述职评议的必述内容，确保意识形态工作责任制在基层党组织的有效落实。梳理意识形态工作总思路，对存在的问题，及时采取针对性措施，增强政治意识、忧患意识，增强做好意识形态工作的主动意识和主体意识，进一步建立健全意识形态工作相关规章制度，落实党委主体责任，加强意识形态监管力度。明确专人负责“崇明机关党建”微信公众号的宣传、管理，结合工作实际，开设“疫情防控，党员在行动”“区级机关党员热议二十大”“区级机关党员热议市第十二次党代会”“区级机关党建阵地宣传”等系列专题，发挥好公众号典型示范和正面教育引导作用，守牢意识形态教育阵地。

【基层党组织建设】 2022年，崇明区印发《崇明区2022年区级机关党建工作要点》，细化党建各项工作任务，确保全面从严治党任务落到实处。制定《2022年度崇明区区级机关党工委系统党组织书记抓基层党建工作责任清单》，坚持抓基层推进与抓评议考核相结合，坚持服务指导与督促检查相结合，形成党委（党组）抓书记、支部书记抓党员的工作合力，督促党组织书记履行抓基层党建工作第一责任人责任，不断提高基层党建工作质量。完善《崇明区区级机关工作党委系统2022年党组织建设考核细则》，明确考核指标、项目、分值、细则。牵头拟定《关于推进区级机关部门（单位）党组（党委）落实机关党建主体责任的办法》，进一步压实党建责任。组建组织生活会督导小组，由班子成员带队督促指导基层党组织的组织生活会和民主评议党员会议，推动基层党支部组织生活会质量有新的提高。以落实党支部工作条例为抓手，研究制定《关于推动区级机关党支部全面进步、全面过硬的实施意见》，突出区级机关特点，深化党支部创优争先。指导系统内党组织落实"三会一课"、领导干部过双重组织生活等制度，认真开展主题党日、过"政治生日"等活动。完善党组织换届选举提醒督导机制，推动基层党组织按时"应换尽换"，指导96个党组织完成换届选举工作。严格党员发展流程，完成党员发展49人。落实"双联系"工作要求，制定工作方案，与湄洲新村党总支签订双联系协议书，组织开展联学联建、走访慰问活动。下发《崇明区区级机关工作党委关于开展基层党建"火炬行动"暨深化模范机关创建工作的实施方案》，推动机关党建与业务工作深度融合，聚力打造基层党建"一机关一品牌"。通过邀请专家讲授机关品牌建设的内涵与外延、分批开展模范机关创建论坛、开展"模范机关大家谈"主题征文和机关党的建设研究调研等方式，加强过程管理，不断提升区级机关模范机关建设质量和机关党建工作水平。区医保中心支部委员会、区检察院第二支部委员会、区劳动人事争议仲裁支部委员会、区农业技术推广中心联合支部委员会、区党校支部委员会5个党组织被区委组织部命名为2022年崇明区"模范党支部"。

【精神文明建设】 2022年，崇明区制定《2021—2023年度区级机关工作党委系统文明单位创建规划表》，141家单位申报创建不同层级的文明单位。其中，区法院机关党委、区市场监管局机关党委、区行政服务中心党委3家新创全国文明单位，区法院机关党委和区市场监管局机关党委在年终考评的区创建单位中并列第一。上海市崇明区委党校等6家单位，通过筛选入围新创市级文明单位。指导创建单位严格对照指标体系，结合本单位实际，开展富有特色的创建活动。认真贯彻区文明城区创建常态化工作会议精神，对标对表推进相关指标任务的落实，以系统内党员志愿服务为抓手，在创建工作一线发挥党员先锋模范作用。组织机关党员干部积极参与疫情防控、文明交通等志愿服务工作，以志愿服务彰显文明建设成效。

【党风廉政建设】 2022年，崇明区按照巡察工作要求，立即全面梳理整理上次巡察以来的台账资料，并认真撰写《2019年以来区级机关党建工作情况报告》《2019年以来区级机关纪检监察工作情况报告》《2019年以来组织人事工作情况报告》《2019年以来区级机关意识形态工作情况报告》等报告，深入查找问题，研究制定整改措施，全力支持配合巡察工作的开展。巡察反馈会后，班子多次专题学习探讨巡察组反馈的四个方面十七项问题，深入研究剖析，明确整改措施、责任分工、时间节点，抓好整改落实，做好巡察"后半篇"文章。巡察期间，未收到相关举报件，未发现需要移交区纪委监委的问题线索。以专题会议、廉政谈话等形式，学习贯彻区纪委全会精神，研究党风廉政工作计划，制定党风廉政工作责任清单。班子成员、科级干部逐级签订履行党风廉政建设责任书，督促落实好"一岗双责"工作要求，构建职责清晰的管党治党责任体系。修订完善《区级机关工作党委"三重一大"集体决策制度》，严格党委会会议记录管理，加强监督审核。组织开展对干部选拔任用相关工作要求的学习，严格落实干部任用管理相关规定。持续深入贯彻落实中央八项规定精神，下发《关于紧盯节日期间"四风"问题的通知》，杜绝"节日腐败"，严防"四风"回弹。及时通报违纪违法典型案例，督促党员干部克己自律。开展新提任干部、新发展党员廉政谈话，加强纪律教育和警示教育，为新任党员干部系牢"安全带"，把好"方向盘"。开展"喜迎二十大 青春有为 廉洁有我"主题征文，不断提高年轻干部廉洁自律意识。

【机关作风建设】 2022年，崇明区以问卷测评、社会评价、实地评议、窗口测评等方式对委局和乡镇进行考核，召开联席工作会议，对考核结果进行审议，不断深化结果运用。研究制定《2022年崇明区加强机关作风建设工作要点》和《崇明区2022年机关作风和效能建设测评实施方案》，积极听取成员单位的意见建议，认真研究存在问题，提出建议措施，把机关作风建设向纵深推进。聘请机关作风特邀监督员，每月电话回访400名在行政服务中心窗口办事的群众和企业代表，及时发现问题，并督促整改落实。聘请市民巡访团定期开展作风建设实地评议，委托崇明调查大队对各单位作风建设情况作问卷调查，促使各单位始终将作风建设作为重要工作内容。1月4日，为总结崇明区2021年加强机关作风建设工作，谋划2022年度加强机关作风建设工作，崇明区加强机关作风建设联席会议在区会议中心召开。区加强机关作风建设联席会议召集人，区委常委、区纪委书记、区监委代理主任沈雪峰主持会议并作讲话。区加强机关作风建设联席会议成员单位领导，联席会议办公室正、副主任和测评工作相关单位领导出席会议。

【"尔雅"机关文化特色品牌】 2022年，崇明区为强化崇明机关党建阵地建设，推动机关学习教育落到实处，弘扬正能量、唱响主旋律，区级机关工作党委从2017年以来精心打造"尔雅"机关文化品牌，下设"尔雅"读书会、"尔雅"青年理论学习小组、"尔雅"文学沙龙、"尔雅"党史读书班4个学习组织，全区近200名党员参加。通过定期组织"尔雅"机关文化讲坛和"尔雅"读书会等活动，吸引党员干部参与学习，不断深化政治机关建设，全年共开展机关文化讲坛3次，读书会活动4次，不断丰富机关文化生活。2月23日，区级机关工作党委举办"尔雅"机关文化讲坛2022年第一期，邀请海军军医大学第三附属医院心血管内科主任、主任医师，美国俄亥俄州立大学教授、博士生导师赵学作专题健康讲座，并现场开展义诊。3月10日，区级机关工作党委举办"尔雅"读书会2022年第一期活动，翰墨堂奥·书法普及课《认识书法》，邀请全国当红书法家、中国书法家协会会员、上海市书法家协会主席团成员严亚军作专题辅导并进行现场书法示范。8月31日，区级机关工作党委在区图书馆三楼报告厅举办"尔雅"机关文化讲坛2022年第二期活动，邀请中国哲学史学会副会长，上海市儒学研究会会长，复旦大学儒学院执行院长、博士生导师、资深教授吴震作《孔子的当代意义》专题报告。9月29日，区级机关工作党委假座城桥镇党群服务中心报告厅，举办"尔雅"读书会2022年第二期大师音乐普及课《"指吟弓引·古意今韵"二胡艺术赏析》，邀请二胡演奏家段皑皑讲授并作现场示范演奏。10月31日，区级机关工作党委举办中心组（扩大）学习会暨2022年第三期"尔雅"机关文化讲坛，特邀市"学用新思想、奋进新征程"宣讲团成员、浦东干部学院原常务副院长，市委党校原常务副校长、教授、博士生导师奚洁人作《踔厉奋发、勇毅前行、团结奋斗，以中国式现代化全面推进中华民族伟大复兴》学习贯彻党的二十大精神专题报告。在全党上下深入学习贯彻党的二十大精神之际，区区级机关工作党委于11月21日举办"尔雅"读书会2022年第三、四期"学二十大精神 写新时代风采"读书交流暨优秀传统文化传习活动，邀请中国作协会员、作家、《文汇报》副总编缪克构作二十大报告学习辅导，"劲太极"创始人周春捷讲授和现场演示太极。同时，带领大家先后参观"崇明土布""崇明雕花板"展陈，领略非遗民俗魅力，感受历史文化韵味。12月9日，举办"奋进新征程 展示新风采"主题演讲诵读大赛，进一步引导党员干部秉初心、亮身份、表决心、展期望，充分展现区级机关党员"勇担时代使命、阔步复兴征程"的良好精神风貌，迅速掀起学习贯彻党的二十大精神热潮，扎实推进政治机关建设。

【走访慰问】 春节前夕，结合党员干部"双联系"及慰问困难党员群众等工作，区级机关工作党委党员领导干部赴启瀛村、城桥镇南门居委等地开展调研走访，探望困难党员群众，嘘寒问暖，问询民情，将慰问物资送到他们手中，关心他们的生活并献上新春问候与美好祝愿，让困难群体充分感受到党的温暖与关怀。8月24日，区级机关文明交通志愿者冒着酷暑奋战在第一线，为全国文明城区创建常态化和迎接复检奉献着力量与汗水。区区级机关工作党委书记张耀春、副书记黄胜，前往江帆路崇明大道路口、西门路人民路路口、鼓浪屿路育麟桥路路口等，慰问坚守在一线的文明交通志愿者，感谢交警以及交通协管员的指导和相互配合，并送上防暑用品。（孙兆颖）

党校

【概况】 2022年，区委党校（区行政学院）坚持以习近平新时代中国特色社会主义思想为指导，认真贯彻落实党的二十大精神和《中国共产党党校（行政学院）工作条例》，围绕区委区政府中心工作，坚持党校姓党，扎实推进培训、教研、科研、决咨、党建等工作。根据《崇明区2022年干部教育培训办班计划》，分层分类开展干部培训，举办正处职领导干部研修班、处级领导干部轮训班、中青年干部培训班以及纪检、组工、宣传、法治等各级各类培训班共51期，累计培训学员7388人次。配合区委宣传部、区级机关工作党委等部门，组建校宣讲团，聚焦学习宣传党的二十大、党的十九届六中全会、市第十二次党代会精神等内容开展系列宣讲活动，全年共开展基层宣讲60余场次，赴村居义务送教18次，覆盖党员群众4400余人。依托国家、市、区级各类学术平台，组织教师加强课题申报、撰写学术论文，共发表科研文章10篇，申报课题26项，其中4项获市委党校课题立项，10项获市党建研究会课题立项，6项获校级课题立项，实现年度课题立项数新突破。常态化开展决咨研究，优化主体班"教员+学员"决咨协作机制，26项决咨课题结项，通过《校院专报》向区四套班子领导报送8期决咨报告并首次报送中青班学员决策咨询报告汇编，7篇获区领导批示、1篇获市党校系统优秀科研咨询成果奖、1篇通过市委党校报送市委、市政府。积极参与公共建筑节能评估，成功创建节约型机关，并在2022年度区级机关考核中被评为优秀。

【崇明区干部教育领导小组第十五次成员会议】 1月21日，在区会议中心召开。区委副书记、区委党校校长李峻，副区长、区行政学院院长宋学梅出席并讲话，区委常委、组织部部长陆志斌主持，区干部教育领导小组全体成员参加。会议对崇明区2021年干部教育培训工作进行总结，并对2022年干部教育培训办班计划作说明，成员单位集体审议了《崇明区2022年干部教育培训办班计划安排表（讨论稿）》，并对做好2022年干部教育培训工作提出意见和建议。

【区委领导调研】 2月7日，区委书记李政，区委副书记、区委党校校长李峻来校慰问教职工，并送上新春祝福。2月25日，区委常委、区纪委书记、区监委主任沈雪峰来校调研，实地参观党校新校舍，听取党校工作汇报。8月11日，区委书记缪京来校调研，听取党校工作开展情况汇报，并就下阶段贯彻落实习近平总书记关于党校办学治校的系列重要指示精神提出要求。9月8日，区委副书记、区委党校校长杨元飞专程到校向全体教职工致以节日问候。11月16日，副区长、区行政学院院长宋学梅到校调研行政学院相关工作开展情况。

【2022年正处职领导干部学习贯彻党的十九届六中全会精神专题研修班】 2月21—26日，分两期在市委党校举办，区委书记李政出席开班式并为全体学员上开班第一课，区委副书记、区委党校校长李峻主持动员会，区委常委、区纪委书记、区监委主任沈雪峰和区委常委、宣传部部长陈立俊作专题报告，来自全区各政府工作部门党政正职、乡镇党委书记等共89人参加。培训班根据培训对象的需求和特点，联系崇明实际，重点围绕政治建设、领导素质与能力建设、提升党性修养、乡村振兴等方面，通过专题讲授和情景模拟等方式，引导学员深入学习贯彻党的十九届六中全会精神，全面提高崇明区正职领导干部综合素质和工作能力。

【“新时代基层干部主题培训行动”暨高质量推进“碳中和示范区”建设专题研修班】 3月2—4日、9月19—21日，分别在同济大学碳中和学院和崇明区委党校举办，区委副书记、区委党校校长李峻出席第一期开班式并作动员讲话，区委副书记、区委党校校长杨元飞出席第二期开班式并作动员讲话，区委常委、组织部部长陆志斌出席两期结业式并作总结讲话，来自各委办局、乡镇领导班子成员等共计135名学员参训。围绕上海市“双碳”战略的分析和思考、碳中和愿景下的政府工作重点探讨、关于崇明世界级生态岛“碳中和示范区”建设要点的思考等主题，培训邀请高校、科研机构、市级部门和区级部门在“双碳”领域较为前沿的领导专家专题授课，内容丰富、针对性强，助推领导干部成为“双碳”工作的行家里手。

【配合做好第二届崇明区委第一轮巡察】 6月20日至8月19日，崇明区委第五巡察组对区委党校（区行政学院）进行巡察。区委党校高度重视，认真筹备巡察动员会、配备办公设备、配合做好选人用人、意识形态等专项检查工作，切实保障巡察工作顺利进行。9月8日，区委第五巡察组向区委党校（区行政学院）反馈巡察情况，区委副书记、区委党校校长杨元飞出席，并对巡察整改提出要求。区委党校全盘接受巡察组提出的在整改意见和建议，及时制定整改措施、开展集中整改，并出台相关制度巩固整改成果。

【“方志驿站”揭牌仪式】 7月7日，崇明区首批“方志驿站”揭牌仪式在区委党校举行。区委副书记、区委党校校长李峻为党校“方志驿站”揭牌并讲话，区委党校常务副校长郭琰与区方志办主任朱鑫德代表双方单位进行共建合作签约。区委办、区委组织部、宣传部、党校、区档案局以及18个乡镇的分管领导出席活动。

【崇明区2022年处级领导干部进修班】 7月25日至9月1日、9月15日至10月24日，分两期在区委党校举办，来自区级机关、乡镇党政领导班子共88人参训。两期培训以党的理论教育和党性教育为重点，设置深入学习习近平新时代中国特色社会主义思想、党性修养和廉洁从政教育、习近平新时代中国特色社会主义思想的区域实践、执政本领和履职能力培训等四个单元课程，

9月14日，习近平生态文明思想的实践探索与崇明生态岛建设奋斗历程和经验启示理论研讨会暨2022年上海党校系统经济学年会在区委党校举办（区委党校 供图）

教学形式灵活多样，课程内容针对性强，引导学员进一步增强“四个意识”，坚定“四个自信”，坚决做到“两个维护”。

【**习近平生态文明思想的实践探索与崇明生态岛建设奋斗历程和经验启示理论研讨会暨上海党校系统经济学年会**】 9月14日，由上海市委党校经济学教研部、上海市中部片区党校（行政学院）协作体、崇明区委党校及市区两级党校共建世界级生态岛与生态文明研究室联合举办。市委党校（市行政学院）副校（院）长曾峻，区委副书记、区委党校校长杨元飞出席并讲话，市委党校、有关高校、兄弟区党校的专家学者和论文作者，中部片区党校（行政学院）协作体成员单位分管领导，以及本区部分乡镇委局领导等参会，长三角地区党校等专家学者通过视频方式参与交流。会上，来自复旦和同济大学、丽水和南通市委党校的四位专家围绕主题发表主旨演讲，来自区发改委、青浦党校、启东市委党校等四位与会代表立足具体实践进行专题发言，并举行上海党校系统经济学年会“优秀组织奖”和优秀征文的颁奖仪式。党校教师撰写的《深入践行习近平生态文明思想 加快培育典型案例》会议综述在《社会科学报》刊登。

【**崇明区2022年中青年干部培训班**】 9月15日至11月15日，在区委党校举办，区委副书记、区委党校校长杨元飞出席开班式并作动员讲话，区委常委、组织部部长陆志斌为学员上党课，出席专题学习分享会、辩论赛和结业式并作总结讲话。来自区级机关、乡镇部分优秀中青年干部共35人参加，首次采用集中封闭式管理。培训共设置马克思主义基本理论、习近平新时代中国特色社会主义思想、党性修养与廉洁从政教育、执政本领和履职能力4个理论学习单元，并安排读书会、演讲比赛和学员论坛等活动，内容丰富、形式多样，切实实现教学相长、学学相长。

【**崇明区“新时代基层干部主题培训行动”暨2022年区政府系统业务专题培训班**】 9月23日至10月28日，在区委党校举办，区委常委、副区长、区政府党组副书记黄晓霞出席开班式并作动员讲话。来自区政府各委办局、各乡镇政府、区各直属单位行政主要负责人、相关负责人和相关科室长等参训。培训班坚持实践实战导向，聚焦改革发展、财政金融、乡村振兴、自贸区建设等主题，通过专题研讨、案例分析、线上学习等形式，分层分类开展专业化能力辅导，着力打造一支高素质专业化政府系统干部队伍。

【**崇明区第十三届干部论坛**】 10月9日，以“喜迎二十大 建功新时代”为主题，由区委组织部、区委党校联合举办，市委党校（市行政学院）副校（院）长谢根华，区委副书记、区委党校校长杨元飞，区委常委、组织部部长陆志斌出席并讲话，共同为崇明区干部教育培训现场教学基地授牌。市委组织部、市委党校有关处室领导，各乡镇、各部委办局分管负责人，到崇明挂职干部代表，2022年崇明区处级领导干部轮训班、中青年干部培训班全体学员参加。论坛上，五位乡镇党委书记以“话党建引领乡村振兴”为主题做主旨演讲，来自区民政局、横沙乡、堡镇、长兴镇、区传染病医院、区人大常委会科教文卫工委的六位嘉宾围绕“践行人民城市理念 加强基层社会治理”主题开展访谈交流。我校教师撰写的《聚焦生态文明建设背景下党建引领乡村振兴的崇明实践探索》论坛综述在核心期刊《社会科学报》和《崇明报》刊登。

【**崇明区领导干部学习贯彻党的二十大精神专题研讨班**】 11月20—23日、12月4—7日、12月18—21日，由区委组织部、区委党校联合举办，共三期。区委书记缪京出席开班式并作宣讲报告，区委副书记、区长李峻主持宣讲会，区委常委、组织部部长陆志斌出席结业式并作总结讲话。培训采取“主会场+分会场”的形式，来自区人大专门委员会，区政府工作部门，区法院、检察院，区各部委办局党政、区级群众组织，区直属企事业单位共702名区管干部参加。培训班围绕党的二十大主题，结合崇明实际，聚焦中国式现代化、马克思主义中国化时代化、科教兴国、高质量发展、生态文明等内容，开展专题辅导、小组讨论等，推动党的二十大精神学深悟透。

（王 倩）

党史工作

【**概况**】 2022年，区委党史研究室以习近平新时代中国特色社会主义思想为指导，组织开展对《中共中央关于党的百年奋斗重大成就和历史经验的决议》和文献部门主要负责人会议精神的学习研讨，围绕抗日战争77周年开展网络宣传活动，撰写《启航生态新征程》崇明发展报告，出版《中共上海市崇明区历史实录（2016—2021）》，推进党史征编研宣各项工作，发挥党史工作资政育人、服务大局的重要作用。“激荡百年 继往开来——中国共产党在崇明百年图片展”获上海党史系统2016—2021年优秀科研成果“反对历史虚无主义类”作品。

【**红色资源保护利用**】 2022年，崇明区挖掘全区红色革命遗址遗迹，对重要遗址和旧址开展树碑挂牌。开展红色基地专项调研。全面核查竖河镇大烧杀遗址、上海雷锋纪念馆、崇明区烈士馆的展陈文案和讲解词，进一步增强了红色纪念场馆的内容规范性，助力提升革命历史类重点纪念设施。

【**1929年中共崇明县委机关旧址专项工作**】 2022年，崇明区贯彻落实《上海市红色资源传承弘扬和保

护利用条例》要求，推进1929年县委机关旧址修缮改建项目，着力做好重要红色资源的保护传承利用工作。成立旧址修缮改建项目工作专班，加快项目推进。

【崇明发展报告《启航生态新征程》】 6月，由中共上海市委党史研究室主编的《新时代 新步伐——2017—2022上海发展报告》正式出版。中共崇明区委党史研究室参与其中崇明发展报告《启航生态新征程》的编纂工作。该文主要展现崇明区五年发展取得的显著成果，以及崇明区在践行习近平生态文明思想、探索生态发展新路等方面的创新举措、制度规范及取得的成果。

【《中共上海市崇明区历史实录（2016—2021）》出版】 6月出版。全书共21.5万字，全面反映一届区委统筹推进经济、政治、文化、社会、生态文明和党的建设等方面取得的重大成就。并通过“崇明档案”公众号开展赠阅宣传。

【“激荡百年 继往开来——中国共产党在崇明百年图片展”获奖】 2月荣获上海党史系统2016—2021年优秀科研成果“反对历史虚无主义类”作品。展览设于崇明区档案馆一楼，2021年7月至2022年5月免费面向社会开放。展览共占地800多平方米，分为斗争中求索、探索中前进、改革中发展、跨越中提升4个历史阶段，通过370多张图照和相关实物、档案资料勾勒中国共产党在崇明留下的红色印迹，描绘中国共产党对生态立岛的矢志追求，展现中国共产党带领崇明人民实现从站起来到富起来，再到强起来的伟大飞跃。展览使参观者对于崇明地方党组织的建立、发展，以及在党领导下崇明百年来的奋斗历程和取得的成就有更为清晰的认识和深刻的理解。展期内，累计参观2863人次。

【“赓续抗战精神 砥砺奋进力量——纪念抗日战争胜利暨世界反法西斯战争胜利77周年”网络宣传活动】 9月举办，在“崇明档案”微信公众号连续登载《崇明抗日斗争史》《论“崇总”在抗日战争中的地位和作用》《侵华日军在崇明的暴行述略》等10期纪念文章，展现崇明抗战的厚重历史。（徐龙静）

档案工作

【概况】 2022年，崇明区档案局（馆）完成民生档案平台升级改造，推进电子文件归档试点；完成档案工作服务农村基层社会治理示范点建设试点培育、1993—1995年度馆藏档案的鉴定划控等工作。（王海明）

【档案法治建设】 2022年，区档案局（馆）全面贯彻落实新修订《中华人民共和国档案法》《上海市档案条例》《乡镇档案工作办法》，印发本区档案法治宣传教育“八五”普法规划，做好宣贯解读和配套制度的修订完善。深入推进行政执法“三项制度”实施，加大行政执法力度，依法组织开展对区委办、区人大办、区政协办等23家一级立档单位档案行政执法检查。（张 旋）

【“一网通办”工作】 2022年，区档案局（馆）围绕“一网通办”改革四周年宣传工作，提升行政权力和公共服务事项标准化水平。集中调整本单位权责清单，形成9项权责清单；强化事中事后监管，实施规范、精准、有效监管。积极落实领导干部线下帮办制度，全年，局馆窗口、行政服务中心窗口和各社区事务受理中心网点共计受理查阅档案7752人次，完成长三角地区异地查档9次。（张 旋 罗 东）

【档案信息化建设】 2022年，区档案局（馆）完成民生档案平台升级改造工作；开展电子文件中心改造项目，完成平台搭建，开展接口建设，推进电子文件归档试点。加快档案数字化进程，全年共完成档案数字扫描605813页。（罗 东）

【档案工作服务农村基层社会治理示范点建设】 2022年，区档案局联合区农委、区民政等涉农部门开展前期实地走访，确立申报陈家镇瀛东村参与示范点建设培育工作。3月印发《崇明区档案工作服务农村基层社会治理示范点建设项目实施方案》，明确区、镇、村三级主体责任和示范点建设培育工作任务分工，镇村两级先后成立试点工作小组；建立健全示范点培育工作专班和协调机制。督导指导示范点系统梳理主要村务管理活动、日常工作事务，制定完善能够满足农村基层治理需求的村务管理档案基本目录，形成具有瀛东村特点的村级档案分类方案和编制规范，引领推动全区基层村居档案工作提质增效。（张 旋）

【基层档案业务调研指导】 2022年，区档案局（馆）开展区属国有企业档案工作调研，至4家区属国有企业开展调研和实地指导，完成9家区属国有企业文件材料归档范围和档案保管期限表修订；做好基层档案业务指导，对陈家镇、中兴镇、检察院、组织部等20余家单位开展业务指导，印发《崇明区基层单位档案业务建设检查评价办法》，启动区供销社1家单位业务建设评价试点建设。（张 旋）

【档案开放鉴定】 2022年，区档案局（馆）依照《各级国家档案馆馆藏档案解密和划分办法》，明确划控范围，调整控制事项，优化完善操作细则，依法推进馆藏档案的公开，确保档案开放工作正常化、制度化和科学化。全年完成1993—1995年度馆藏档案的鉴定划控工作，共涉及18531卷，并形成材料申报市局审批。（罗 东）

【档案移交进馆】 2022年，区档案局（馆）全年，主要开展抗疫档案征集和2012年度立档单位十年档案进馆工作。其中，脱贫攻坚档案201卷；年度档案进馆15家328卷9400件，工程档案30个2372卷、土地流转确权档案14家148卷、花博档案（文书6488件、照片3952张、光盘49张、实物275件），2021年婚姻档案6528件、政法委荣誉档案3件，全部完成消毒工作。（罗　东）

【档案业务培训】 2022年，区档案局（馆）按照市档案局教育培训要求，及时组织师资力量参加市局兼职教师培训。结合疫情防控工作需要调整培训模式，通过线上培训的模式确保工作顺利进行。全年共开展3项培训：区属国有企业档案专题业务培训、档案人员继续教育培训班、档案人员岗位业务知识培训班，共计150余人。（杜庆庆）

【档案安全】 2022年，区档案局（馆）认真贯彻落实《关于进一步加强档案安全工作的意见》，充分认识档案工作安全性，落实档案安全主体责任，建立健全《档案信息化数字化保密制度》《档案征集制度》《档案馆窗口工作人员服务规范》《档案馆聘用人员管理制度》等规章制度。加强隐患排查治理，做到工作日每天例行检查无缺漏，节假日安全检查无隐患，注意重特大活动、防汛防台期间的档案安全防控工作，确保档案信息安全与实体安全万无一失。年内，局（馆）库房、商务中心档案管理服务中心无安全事故发生。（罗　东）

地方志工作

【概况】 2022年，区地方志办公室全面统筹推进《崇明县志（2005—2016）》、乡镇志、部门志、《崇明年鉴（2022）》、乡镇年鉴以及《崇明区抗疫大事记》等编纂工作，打造"方志驿站"，开展地方志宣传活动。（季诗怡）

【《崇明县志（2005—2016）》首发暨《第十届中国花博会志（上海·崇明）》启动】《崇明县志（2005—2016）》9月正式出版发行，是上海市三轮志书编纂中的首部志书，在志书纲目、体例上都有所突破和创新。9月召开《崇明县志（2005—2016）》首发式暨《第十届中国花博会志（上海·崇明）》编纂动员会议，会议下发《〈第十届中国花博会志（上海·崇明）〉编纂工作实施方案》等材料，正式启动《花博会志》编纂工作。（季诗怡）

【乡镇志编纂】 2022年，区方志办撰写《崇明区乡镇志编纂进展情况通报》两篇专报。强化分层分类指导，对通过区级评议的乡镇志继续加强审定验收，对未通过区级评议乡镇进行重点走访，对进度落后的乡镇采取"写好一篇审阅一篇"的方式开展指导。至12月，共有16家乡镇通过区级评议，9家乡镇志完成出版。（季诗怡）

【专业（部门）志编纂】 2022年，区方志办重点走访区教育局、区水务局等单位，调研指导部门志编纂工作。《崇明档案志》编纂工作于6月正式启动；《崇明农业志》《崇明水务志》初稿完成，进入审阅阶段；《崇明供销合作商业志》8月出版发行。（季诗怡）

【《崇明年鉴（2022）》出版】 2022年，区方志办完成《崇明年鉴（2022）》编纂出版工作。《崇明年鉴2022》是崇明县（区）编纂出版的第26部年鉴。年初，印发《上海市崇明区地方志办公室关于做好〈崇明年鉴（2022）〉编纂工作的意见》，强化素材收集上报的时效性和规范性。继续推出年鉴"掌上阅读"，通过"崇明档案"微信公众平台，可直接阅读。（王海明）

【乡镇年鉴编纂】 2022年，区方志办全面启动全区18个乡镇首次年鉴编纂工作。3月，与江苏省兄弟市交流学习镇级年鉴编纂经验，参考借鉴编纂成果。分片召开全区乡镇座谈会，听取各乡镇相关意见建议。5月起，印发实施意见及建议框架方案，组建编纂工作人员队伍，做好对乡镇答疑指导，开展集中培训和赴各乡镇开展专题培。8月、12月，深入了解各乡镇年鉴编纂总体情况，召开分享交流会，拟定《崇明区乡镇年鉴编纂进展情况通报》呈报区领导，同时下发所有乡镇。至年底，各乡镇完成人员配备、框架设计、动员培训等各项准备工作，12家乡镇素材收集与编纂进度过半。（季诗怡）

【"精品年鉴品读季"主题征文获奖】 2022年，由区方志办报送，刘姮撰写的评议文章《乘"读精品"之势 悟"用精品"之义 探"编精品"之路——以〈北京朝阳年鉴（2020）〉为例》在中国地方志指导小组办公室主办的"精品年鉴品读季"主题征文活动中，获全国优秀论文二等奖。（王海明）

【《2022年崇明区大事记》编纂】 年末，完成《2022年崇明区大事记》编纂工作。《2022年崇明区大事记》注重对年度重要事件和崇明特色事件的记述，展现崇明区新发展、新气象，为全区各机关党政部门提供参考，凸显地方志利用成效及价值。（王海明）

【地情资料成果】 2022年，区方志办《崇明档案》改版提质。全新设计封面装帧，改版内页形象；科学设置栏目，在发掘地方文化底蕴的同时，实时记录区档案局（馆）工作动态，扩大工作研究文章征集，提升书刊专业性，为工作交流提供平台。"崇明档案"微信公众号刊送优秀地情文章。《瀛洲风暴》《瀛洲吼声》出版，由区文史研究会统筹参与编纂。该书记录崇明西沙田革命和抗战历史，献礼中国共产党成立100周年，打造新的红色文化成果，赓续红色文化血脉。（季诗怡）

【"方志驿站"建设】 2022年，区方志办为深入开展地方志宣传"七进"工作，制定完善崇明区方志驿站建设实施方案、书目清单、课程清单等，分别在区委党校、区行政服务中心召开崇明区首批、第二批方志驿站揭牌仪式，并签署共建合作协议，推动方志资源下基层，打造崇明方志文化新名片。至年底，在全区18个乡镇以及区党群服务中心、区政协委员之家、区博物馆、扬子中学等陆续建立方志驿站40余家，配送地情书籍5000余册。（季诗怡）

【地方志法规宣传活动】 2022年，区方志办制定《2022年崇明区地方志法规宣传活动方案》。围绕"全力以赴防疫抗疫"和"全面推进地方志事业发展"年度主题，重点开展《崇明区抗疫大事记》编纂、乡镇年鉴编纂培训会、崇明区首批"方志驿站"设立等活动。推出"地方志知识"网络答题竞赛。（季诗怡）

【方志文化建设】 2022年，区方志办撰写《深耕修志编鉴 服务中心大局 推动崇明地方志事业高质量发展》专报。全年与上海市嘉定区方志办、江西省抚州市方志办、天津市滨海新区方志办交换志书30余套，赴上海市通志馆新馆参观，接待青浦区方志办到崇明交流。崇明区方志馆征集崇明地情书刊100余册，向社会公众开放，展示宣传崇明地情文化。（季诗怡）

崇明年鉴

ChongMing NianJian

2023

上海市崇明区人民代表大会

综述

2022年，上海市崇明区人民代表大会（以下简称区人大）及其常务委员会（以下简称区人大常委会）共召开常委会会议9次，审议专项工作报告14项，开展执法检查3项，组织专题询问和满意度评价3次、视察和集体调研8项，作出决议决定9项，决定代理区长、任免区人大常委会及“一府一委两院”工作人员共计103人次。加强对任命人员的任后监督工作，主任会议先后听取区市场监管局、区建设管理委、区司法局、区科委、区医保局行政主要负责人履职汇报。在助推产业兴旺上积极作为。听取讨论区人民政府《关于促进崇明乡村民宿高质量发展的实施意见》，听取审议酒店民宿服务质量提升情况报告，助推崇明乡村民宿集群化发展、品牌化经营、差异化竞争。视察后花博花卉产业发展情况，提出制定现代花卉产业发展规划、落实差别化用地配套政策、加强花卉种源繁育保护和产业研发、加快花卉人才引进培养服务等建议，助推花卉产业发展能级进一步提升。集体调研康养产业发展情况，围绕进一步完善组织架构、理清问题症结、明确发展路径等方面提出意见建议，助推活力新康养产业体系加快构建。围绕“降碳减污”深入监督。开展固体废物污染防治工作专项监督，聚焦法定责任落实、制度措施执行、末端处置能力建设、执法工作开展等情况，对相关部门履行职责及生活垃圾、农业固体废物等处置情况开展深入调研，提出意见建议，推进固体废物处置减量化、无害化、资源化，助力深入打好污染防治攻坚战。落实全面节约战略，聚焦绿色化、低碳化发展的关键环节，围绕绿色建筑发展、节能工作推进等情况开展监督，推动先进节能技术研发应用、各类资源节约集约利用，助力加快绿色转型发展。促进安全治理水平提升。市、区、乡镇三级人大联动，开展安全生产综合执法检查，对照《上海市安全生产条例》等7部法规，梳理消防、燃气等8个领域问题清单34项，推动风险隐患及时整改，筑牢安全生产和城乡运行安全底线。开展《上海市食品安全条例》执法检查，重点对中小学校学生营养午餐安全质量管理方面审议意见办理情况进行满意度评价。围绕矛盾纠纷多元化解工作机制建设和《上海市非机动车安全管理条例》《上海市宗教事务条例》等法规实施情况开展监督调研，为营造安全有序稳定的生活环境发挥积极作用。视察防汛防台准备工作情况，加强跟踪监督，推动长兴大堤抢险工程等加速推进，横沙反帝圩水闸用电等问题加快解决，助力三岛安全度汛。

加大法治建设监督力度。守护好法治生命线。坚持“有件必备、有备必审、有错必纠”原则，常委会首次听取审议规范性文件备案审查工作情况报告，依法对《崇明区被征收农民集体所有土地农业人员就业和社会保障实施办法》等6件规范性文件开展备案审查。审议依法行政工作情况报告，听取“两院”半年工作情况报告，促进依法行政和公正司法。配合市人大常委会做好《上海市市容环境卫生管理条例》《关于进一步做好当前促进就业工作的决定》等16部法规草案的意见征求工作，为相关法规草案的修改完善建言献策。加强预算和国有资产管理监督。听取审议预算执行和决算报告，审查批准区级预算调整方案，深入相关部门开展预算草案初审，加大审计整改监督力度，促进国家财政政策得到有力有效落实。审议国有资产管理情况综合报告，促进国资监管体制机制不断完善，提升国有资产经营管理整体水平。组织人大代表开展实事项目和重点工程视察，集体调研政府性投资项目全过程绩效管理实施情况，推动区人民政府进一步提高投资项目预算绩效意识和财政资金使用效率。区人大常委会审议区人民政府关于区二届人大一次会议以来代表建议、批评和意见落实情况的报告，并做好公开工作，接受社会监督。深入贯彻落实全过程人民民主理念，将“坚持和发展全过程人民民主”写入《上海市崇明区人民代表大会议事规则修正案》，把“人民代表大会制度是实现我国全过程人民民主的重要制度载体”要求落到实处。坚持面向人大代表和人民群众广泛征集监督议题，完善公民旁听、文字直播等群众参与监督机制，通过代表联系群众、人民建议征集等方式，扩大人民群众有序参与监督的广度和深度。发挥区农业农村委基层立法联系点作用，围绕《上海市乡村振兴促进条例》《上海市动物防疫条例》等法规草案，广泛收集人民群众意见建议184条，让原汁原味的社情民意直通立法机关。区农业农村委基层立法联系点、港沿镇园艺村代表联络站等实践案例在市级媒体平台宣传推广，讲述全过程人民民主的崇明故事。（朱泽洲）

重要会议

【概况】 2022年，区人大常委会依法履行职责，筹备召开区二届人大一次会议、二次会议和三次会议，召开常委会会议9次、主任会议21次，在听取和审议“一府一委两院”专项工作报告、“规范性文件备案审查”工作情况报告等事项，作出相关决议决定，依法任免地方国家机关工作人员，对部分议题开展专题询问、完善代表履职服务保障，各项工作取得进展。

【区二届人大常委会第一次会议】 1月13日召开。会议经过审议表决，任命区人大常委会教科文卫（侨民宗）工委、城建环保工委、预算工委、人事工委、代表工委组成人员，区人大常委会代表资格审查委员会组成人员，区人大常委会办公室、研究室主任，并举行常委会新任命人员宪法宣誓仪式。区人大常委会主任薛红围绕做好新一届常委会开局之年工作提出要求。

【区二届人大常委会第二次会议】3月2日召开。会议审议通过《上海市崇明区人民代表大会常务委员会2022年度工作要点》；表决通过区人民政府组成人员人事任职案和区人民检察院有关人事任免案，并举行宪法宣誓仪式。

【区二届人大常委会第三次会议】6月14日召开。会议听取和审议崇明区贯彻实施《上海市崇明区人民代表大会常务委员会关于加强检察公益诉讼工作服务保障崇明世界级生态岛建设的决定》情况的报告，书面审议《区人民政府关于本区2021年度环境状况和环境保护目标完成情况的报告》以及《区人大常委会主任会议关于办理区二届人大一次会议期间代表对区人大常委会工作报告审议意见的报告》，听取区人大常委会关于充分发挥人大职能作用坚决打赢新冠疫情防控阻击战情况的报告，审议表决通过有关人事任免案。

【区二届人大常委会第四次会议】7月27日召开。会议决定接受缪京辞去崇明区区长职务的请求，李峻任崇明区副区长、代理区长。会议审议关于个别代表的代表资格的报告；审议并表决通过有关人事任免事项。会议决定，李峻任崇明区副区长、代理区长，并举行宪法宣誓仪式。会议听取和审议区人民政府关于区二届人大一次会议以来代表建议、批评和意见办理情况的报告等事项。会议审议并表决通过关于召开上海市崇明区第二届人民代表大会第二次会议的决定；听取和审议关于区二届人大二次会议有关事项和筹备工作情况的报告，并提出了大会有关事项的草案。

【区二届人大常委会第五次会议（扩大）】8月8日召开。区委副书记、区长李峻代表区政府报告2022年上半年全区经济社会发展情况和下半年工作总体考虑。李峻在会上还就区人大代表、区政协委员关心的主要指标任务、世界级生态岛建设、产业发展、城乡建设、保障和改善民生等问题作出回应。

【区二届人大常委会第六次会议】9月15日召开。会议听取和审议区人民政府关于崇明区贯彻实施安全生产和城乡运行安全相关法规情况的报告以及常委会执法检查组关于检查崇明区贯彻实施安全生产和城乡运行安全相关法规情况的报告。会议听取和审议区人民政府关于崇明区贯彻实施《上海市人民代表大会常务委员会关于促进和保障长江流域禁捕工作若干问题的决定》情况的报告以及常委会执法检查组关于检查崇明区贯彻实施《上海市人民代表大会常务委员会关于促进和保障长江流域禁捕工作若干问题的决定》情况的报告，并开展专题询问。

【区二届人大常委会第七次会议】11月2日召开。会议听取和审议区人民政府关于本区固体废弃物污染防治情况的报告。与会代表围绕完善建筑垃圾处置体系、提升农业废弃物资源化利用率、巩固生活垃圾分类工作成效等方面提出意见建议。会议书面审议区人民政府关于本区2021年度国有资产管理情况的综合报告。会议审议表决并通过关于召开上海市崇明区第二届人民代表大会第三次会议的决定。

【区二届人大常委会第八次会议】11月28日召开。会议听取和审议区人民政府关于崇明区酒店民宿服务质量提升情况的报告、区人民政府办理区人大常委会关于崇明区贯彻实施《上海市食品安全条例》情况报告审议意见（中小学校学生营养午餐安全质量管理方面）工作情况报告以及“区人民政府关于本区2022年预算调整方案（草案）的议案”，审查和批准“2022年区本级预算调整方案”；经审议表决通过关于修改《上海市崇明区人民代表大会常务委员会任免国家机关工作人员办法》的决定；审议区人大常委会关于接受个别代表辞去上海市崇明区第二届人民代表大会代表职务请求的决议；审议关于个别代表的代表资格的报告；听取和审议关于区二届人大三次会议有关事项和筹备工作情况的报告，提出大会有关事项的草案；经审议表决通过关于召开上海市崇明区第二届人民代表大会第四次会议的决定。

【区二届人大常委会第九次会议】12月23日召开。会议主要听取区人民政府关于2023年实事项目和重点工程安排情况的报告；听取和审议2022年度规范性文件备案审查工作情况的报告；审议区人大常委会工作报告（草案）和《上海市崇明区人民代表大会议事规则修正案（草案）》；书面审议区人民政府关于本区2022年度依法行政、节能工作、城乡规划制定和实施以及2021年度审计整改情况的报告；审议并通过人事任免案；听取和审议关于区二届人大四次会议有关事项和筹备工作情况的报告，并提大会有关事项的草案。

【区二届人大常委会主任会议】2022年，召开区人大常委会主任会议21次，即区二届人大常委会主任会议第一次至第二十一次会议。1月13日，主任会议第一次会议讨论有关人事任免等事项。1月27日，主任会议第二次会议听取关于区二届人大一次会议期间代表建议、批评和意见有关情况等事项的汇报。2月24日，主任会议第三次会议听取人事任职有关工作方案等事项的汇报。3月2日，主任会议第四次会议听取常委会第二次会议分组审议有关人事任职案情况的汇报。3月4日，主任会议第五次会议听取各专工委关于2022年度工作要点的汇报等事项。4月25日，主任会议第六次会议听取关于区市场监管局局长履职情况的调研汇报等事项。5月24日，主任会议第七次会议决定区二届人大常委会第三次会议相关议题事项。6月28日，主任会议第八次会议听取关于防汛防台准备工作情况视察报告、建筑节能工作推进

2022年崇明区二届人大常委会会议情况表

表2

时间	会议名称	会议议题
1月13日	区二届人大常委会第一次会议	审议人事任免案
3月2日	区二届人大常委会第二次会议	（一）审议表决《上海市崇明区人民代表大会常务委员会2022年度工作要点（草案）》 （二）审议人事任免案
6月14日	区二届人大常委会第三次会议	（一）听取和审议本区贯彻实施《上海市崇明区人民代表大会常务委员会关于加强检察公益诉讼工作服务保障崇明世界级生态岛建设的决定》情况的报告 （二）书面审议区人民政府关于本区2021年度环境状况和环境保护目标完成情况的报告 （三）书面审议区人大常委会主任会议关于办理区二届人大一次会议期间代表对区人大常委会工作报告审议意见的报告 （四）听取区人大常委会关于充分发挥人大职能作用坚决打赢新冠疫情防控阻击战情况的报告 （五）审议人事任免案
7月27日	区二届人大常委会第四次会议	（一）听取和审议区人民政府关于本区贯彻实施《上海市食品安全条例》情况的报告以及常委会执法检查组关于检查本区贯彻实施《上海市食品安全条例》情况的报告，并开展专题询问 （二）听取和审议区人民政府关于2021年区本级决算（草案）及2022年上半年预算执行情况的报告，听取和审议区人民政府关于2021年区本级预算执行和其他财政收支的审计工作报告，审查和批准2021年区本级决算 （三）听取和审议区人民政府关于区二届人大一次会议以来代表建议、批评和意见办理情况的报告 （四）审议关于个别代表的代表资格的报告 （五）审议人事撤职案 （六）审议人事任免案 （七）审议表决关于召开上海市崇明区第二届人民代表大会第二次会议的决定（草案） （八）听取和审议关于区二届人大二次会议有关事项和筹备工作情况的报告，提出大会有关事项的草案
8月8日	区二届人大常委会第五次会议	听取区人民政府2022年上半年工作情况的报告，并开展分组评议（扩大至全体区人大代表）
9月15日	区二届人大常委会第六次会议	（一）听取和审议区人民政府关于本区贯彻实施安全生产和城乡运行安全相关法规情况的报告以及常委会执法检查组关于检查本区贯彻实施安全生产和城乡运行安全相关法规情况的报告 （二）听取和审议区人民政府关于本区贯彻实施《上海市人民代表大会常务委员会关于促进和保障长江流域禁捕工作若干问题的决定》情况的报告以及常委会执法检查组关于检查本区贯彻实施《上海市人民代表大会常务委员会关于促进和保障长江流域禁捕工作若干问题的决定》情况的报告，并开展专题询问 （三）审议区人大常委会关于接受个别代表辞去上海市崇明区第二届人民代表大会代表职务请求的决议（草案） （四）审议关于个别代表的代表资格的报告 （五）审议人事任职案
11月2日	区二届人大常委会第七次会议	（一）听取和审议区人民政府关于本区固体废物污染防治情况的报告 （二）书面审议区人民政府关于本区2021年度国有资产管理情况的综合报告 （三）审议表决关于召开上海市崇明区第二届人民代表大会第三次会议的决定（草案）

续表 2

时间	会议名称	会议议题
11 月 28 日	区二届人大常委会第八次会议	(一)听取和审议区人民政府关于本区酒店民宿服务质量提升情况的报告 (二)听取和审议区人民政府办理区人大常委会关于本区贯彻实施《上海市食品安全条例》情况报告审议意见(中小学校学生营养午餐安全质量管理方面)工作情况报告，并开展满意度评价 (三)听取和审议区人民政府关于本区 2022 年预算调整方案(草案)的议案，审查和批准 2022 年区本级预算调整方案 (四)审议表决关于修改《上海市崇明区人民代表大会常务委员会任免国家机关工作人员办法》的决定(草案) (五)审议区人大常委会关于接受个别代表辞去上海市崇明区第二届人民代表大会代表职务请求的决议(草案) (六)审议关于个别代表的代表资格的报告 (七)听取和审议关于区二届人大三次会议有关事项和筹备工作情况的报告，提出大会有关事项的草案 (八)审议表决关于召开上海市崇明区第二届人民代表大会第四次会议的决定(草案)
12 月 23 日	区二届人大常委会第九次会议	(一)听取区人民政府关于 2023 年实事项目和重点工程安排情况的报告 (二)听取和审议 2022 年规范性文件备案审查工作情况的报告 (三)审议区人大常委会工作报告(草案) (四)审议《上海市崇明区人民代表大会议事规则修正案(草案)》 (五)书面审议区人民政府关于本区 2022 年度依法行政工作情况的报告 (六)书面审议区人民政府关于本区 2022 年度节能工作推进情况的报告 (七)书面审议区人民政府关于本区 2022 年度城乡规划制定和实施情况的报告 (八)书面审议区人民政府关于 2021 年度审计整改情况的报告 (九)审议人事任免案 (十)听取和审议关于区二届人大四次会议有关事项和筹备工作情况的报告，提出大会有关事项的草案

(区人大办)

情况的调研汇报等事项。7 月 22 日，主任会议第九次会议讨论有关人事任免事项。7 月 26 日，主任会议第十次会议讨论关于召开区二届人大二次会议的决定(草案)等事项。7 月 27 日，主任会议第十一次会议听取有关人事任免事项情况的汇报。7 月 27 日，主任会议第十二次会议讨论有关人事任职案。8 月 30 日，主任会议第十三次会议听取关于崇明区贯彻实施《上海市非机动车安全管理条例》情况的视察报告等事项。9 月 6 日，主任会议第十四次会议专题听取关于检查本区贯彻实施《上海市人民代表大会常务委员会关于促进和保障长江流域禁捕工作若干问题的决定》情况的报告及专题询问工作方案等事项。10 月 20 日，主任会议第十六次会议听取关于补选上海市崇明区第二届人民代表大会代表建议方案的汇报。10 月 25 日，主任会议第十七次会议听取关于本区固体废物污染防治情况报告的说明等事项。11 月 10 日，主任会议第十八次会议确认区第 32 选区、第 47 选区正式代表候选人名单。11 月 17 日，主任会议第十九次会议听取关于本区酒店民宿服务质量提升情况报告的说明等事项。11 月 28 日，主任会议第二十次会议听取关于接受个别代表辞去上海市崇明区第二届人民代表大会代表职务请求的决议(草案)的汇报等事项。12 月 2 日，主任会议第二十一次会议讨论通过《关于推迟召开上海市崇明区第二届人民代表大会第三次会议的决定(草案)》。

【**其他重要会议**】 1 月 25 日，召开常委会党组党史学习教育专题民主生活会。2 月 14 日，召开党组中心组(扩大)学习会暨党风廉政建设专题会议。7 月 1 日，召开区人大常委会党组召开党组理论学习中心组(扩大)学习会。8 月 18 日，常委会党组开展党组中心组(扩大)学习会暨国防教育活动。9 月 19 日，常委会党组召开党组理论学习中心组(扩大)学习会暨常委会机关“党建品牌我来创”沙龙活动。10 月 21 日，市人大农业与农村委分党组与区人大常委会党组理论学习中心组召开联组学习会。12 月 28 日，李峻区长在区情通报会上向区人大代表作通报。(朱泽洲)

重要活动

【**概况**】 2022 年，区人大常委会深入践行全过程人民民主重大理念，发挥人民代表大会职能作用。年内，围绕上半年经济社会发展情况、下半年政府重点推进工作和代表关注的有关问题等情况听取和审议“一府一委两院”专项工作报告；对崇明区实施《上海市食品安全条例》等贯彻实施情况开展执法检查；围绕“后花博花卉产业发展”等情况开展视察和集体调研；提高代表建议工作质量，强化与代表和群众的联系，推动“一府一委两院”加强和改进联系代表工作，有效发挥代表沟通联系党和政府与群众的桥梁纽带作用。

【市领导到崇明调研】7月7日，市人大常委会副主任高小玫等到崇明，就市人大崇明代表团在市人代会上提出的《关于规范有序推进湿地生态修复的建议》开展督办工作，市人大城建环保委副主任委员魏蕊，市绿化市容局局长邓建平、副局长顾晓君，市财政局副局长王蔚静，市规划资源局副局长王训国，市发改委有关负责人员及崇明区委书记、区长缪京，区人大常委会主任薛红、副主任姚思平，区人民政府副区长张秩通等参加。7月8日，市人大常委会副主任周慧琳等到崇明开展乡村振兴工作调研。实地查看由由中荷现代农业创新园、港沿镇园艺村、建设镇虹桥村顾伯伯民宿集群和港西镇农民集中居住点项目，并召开座谈会，听取区人民政府关于乡村振兴工作情况和区人大常委会关于《上海市乡村振兴促进条例》“崇明专章”重点问题研究情况的汇报，并围绕“崇明专章”相关内容和与会人员进行座谈交流。区委书记、区长缪京，区人大常委会主任薛红，区委常委、副区长黄晓霞，区人大常委会副主任龚思聪等参加。9月9日，市人大常委会主任蒋卓庆等到崇明区开展专题调研。实地考察崇明三星镇新安村和庙镇永乐村，座谈听取崇明区政府有关乡村振兴工作情况及贯彻实施条例的工作安排、崇明区人大常委会督促条例贯彻实施的有关情况等。市人大常委会副主任周慧琳、市人大常委会秘书长赵卫星，区委书记缪京、区人大常委会主任薛红等参加调研。9月29日，市人大常委会代表工委主任邬立群等到崇明开展人大代表“家站点”平台绩效评价调研评估工作，评估组对庙镇人大代表之家、米洪村人大代表联络站，竖新镇静捷人大代表联系点、竖河村人大代表联络站进行实地调研核查。区人大常委会主任薛红、副主任张建英等参加调研。10月14日，市人大常委会办公厅副主任吴晓云等到横沙乡实地考察调研乡村振兴示范村建设情况。崇明区人大常委会副主任姚思平、区人大常委会办公室、横沙乡人大相关人员参加调研。

【视察调研】2022年，区人大常委会紧扣世界级生态岛建设需要，充分发挥全体代表和常委会组成人员的集体智慧和履职热情，对5项工作开展视察和调研。5月13日，集体调研崇明区贯彻实施《上海市崇明区人民代表大会常委会委员会关于加强检察公益诉讼工作服务保障崇明世界级生态岛建设的决定》情况，重点围绕决定出台以来公益诉讼案件办理质效、配套保障机制建设、工作合力提升以及队伍能力建设等方面工作征求意见建议。5月26日，集体调研本区关于进一步减轻义务教育阶段学生作业负担和校外培训负担工作（以下简称“双减”工作）情况，与会人员围绕教育教学质量、课后服务供给、校外培训治理等有关问题进行询问交流，提出意见建议。5月31日，视察区防汛物资储备基地、环岛防汛提标二期工程、老滧港南闸改建工程和堡镇港南闸改建工程4个点位情况，听取区防汛办关于本区防汛防台准备工作情况的汇报并召开视察座谈会。6月16日，集体调研《上海市食品安全条例》实施情况，以“四个最严”为统领，严守疫情防控和食品安全两条底线，统筹有序推进食品安全各项监管、服务工作，强化落实企业主体责任，切实保障人民群众食品安全。6月20日，区人大常委会视察后花博花卉产业发展情况并举行座谈会，听取区农业农村委等部门作有关情况汇报，并围绕崇明花卉产业未来发展、花博会溢出效应、花卉产业附加值等方面，提出意见建议。（朱泽洲）

依法监督

【概况】2022年，区人大常委会紧紧围绕世界级生态岛建设大局开展监督工作，坚持正确监督、有效监督、依法监督，推动党中央决策部署贯彻落实，人大监督在不断探索中实现提质增效。共对12项“一府一委两院”专项工作开展监督，开展执法检查3次，检查9部法律法规和决定的实施情况，对6件规范性文件进行备案审查。

【专项工作监督】2022年，区人大常委会依法对12项“一府一委两院”专项工作进行监督：听取区人民政府关于2022年上半年工作情况的报告，并组织全体区人大代表评议；听取和审议关于区二届人大一次会议以来代表建议办理情况的报告；听取和审议关于本区贯彻实施《上海市崇明区人民代表大会常务委员会关于加强检察公益诉讼工作服务保障崇明世界级生态岛建设的决定》情况的报告；听取和审议关于本区酒店民宿服务质量提升情况的报告；听取和审议区人民政府办理区人大常委会关于本区贯彻实施《上海市食品安全条例》情况报告审议意见（中小学校学生营养午餐安全质量管理方面）工作情况报告，并开展满意度评价；听取和审议关于崇明区固体废物污染防治情况的报告；书面审议关于办理区二届人大一次会议期间代表对区人大常委会工作报告审议意见的报告；书面审议崇明区2021年度环境状况和环境保护目标完成情况的报告；书面审议关于2021年度国有资产管理情况的综合报告；书面审议关于崇明区2022年度依法行政工作情况的报告；书面审议关于崇明区2022年度节能工作推进情况的报告；书面审议关于崇明区2022年度城乡规划制定和实施情况的报告。

【规范性文件备案审查】 2022年，依法依规做好规范性文件备案审查工作，听取审议规范性文件备案审查工作情况报告，依法对《崇明区被征收农民集体所有土地农业人员就业和社会保障实施办法》等6件规范性文件开展备案审查。

【执法检查】 3—10月，安全生产综合执法检查，同时检查《上海市安全生产条例》《上海市消防条例》《上海市燃气管理条例》《上海市道路交通管理条例》《上海市道路运输管理条例》等7部法规贯彻实施情况；4—6月，检查本区贯彻实施《上海市食品安全条例》情况，并开展专题询；6—8月，检查崇明区贯彻实施《上海市人民代表大会常务委员会关于促进和保障长江流域禁捕工作若干问题的决定》情况，并开展专题询问，同时进行文字直播并邀请公民旁听。

（朱泽洲）

人事任免

【概况】 2022年，区人大常委会任免国家机关工作人员103人次，做好代表辞职、补选、资格审查等工作，依法接受2名区人大代表的辞职请求，依法做好2名区人大代表的补选工作，依法做好2名因调离本行政区域辞职代表和1名因病去世代表的代表资格终止工作。2022年12月，区二届人大三次会议依法选举应由崇明区产生的上海市第十六届人大代表36人。

【国家机关工作人员任免】 2022年，区人大常委会任免国家机关工作人员103人次。其中，决定代理区长1人次，任免区人大常委会工作人员57人次，任免区人民政府组成人员38人次（含撤职1人次），任免区人民法院工作人员6人次，任免区人民检察院工作人员2人次。

【区人大代表资格变动】 2022年，做好代表辞职、补选、资格审查等工作，依法接受2名区人大代表的辞职请求，依法做好2名区人大代表的补选工作，依法做好2名因调离本行政区域辞职代表和1名因病去世代表的代表资格终止工作。

【市人大代表换届选举】 12月，区二届人大三次会议依法选举应由崇明区产生的上海市第十六届人大代表36人。

（李 浩）

2022年崇明区二届人大常委会选举、决定、任免情况表

表3

时间	会议名称	选举、决定、任免情况
1月13日	崇明区第二届人民代表大会常务委员会第一次会议	任命顾佩红为区人大常委会教科文卫（侨民宗）工作委员会主任
		任命黄丽萍为区人大常委会教科文卫（侨民宗）工作委员会副主任
		任命王赞为区人大常委会教科文卫（侨民宗）工作委员会委员
		任命王卫民为区人大常委会教科文卫（侨民宗）工作委员会委员
		任命王媛慧为区人大常委会教科文卫（侨民宗）工作委员会委员
		任命王慷怡为区人大常委会教科文卫（侨民宗）工作委员会委员
		任命玄洪为区人大常委会教科文卫（侨民宗）工作委员会委员
		任命沈辉为区人大常委会教科文卫（侨民宗）工作委员会委员
		任命顾佩为区人大常委会教科文卫（侨民宗）工作委员会委员
		任命郭震为区人大常委会教科文卫（侨民宗）工作委员会委员
		任命蒋春蕾为区人大常委会教科文卫（侨民宗）工作委员会委员
		任命武俊夏为区人大常委会城建环保工作委员会主任
		任命姚昶熙为区人大常委会城建环保工作委员会副主任
		任命朱伯胜为区人大常委会城建环保工作委员会委员
		任命严林妹为区人大常委会城建环保工作委员会委员
		任命李志为区人大常委会城建环保工作委员会委员
		任命李陆逸为区人大常委会城建环保工作委员会委员
		任命杨裕琴为区人大常委会城建环保工作委员会委员
		任命沈柳辉为区人大常委会城建环保工作委员会委员
		任命施诚为区人大常委会城建环保工作委员会委员
		任命施卫华为区人大常委会城建环保工作委员会委员

续表 3

时间	会议名称	选举、决定、任免情况
1月13日	崇明区第二届人民代表大会常务委员会第一次会议	任命黄尚渊为区人大常委会城建环保工作委员会委员
		任命王健为区人大常委会预算工作委员会主任
		任命顾国兴为区人大常委会预算工作委员会副主任
		任命王庆跃为区人大常委会预算工作委员会委员
		任命杨冬琴为区人大常委会预算工作委员会委员
		任命宋佩华为区人大常委会预算工作委员会委员
		任命陆立新为区人大常委会预算工作委员会委员
		任命陈卫兵为区人大常委会预算工作委员会委员
		任命范聿侃为区人大常委会预算工作委员会委员
		任命茅迎春为区人大常委会预算工作委员会委员
		任命施沛国为区人大常委会预算工作委员会委员
		任命裘煜铖为区人大常委会预算工作委员会委员
		任命施伟为区人大常委会人事工作委员会主任
		任命张明霞为区人大常委会人事工作委员会副主任、代表工作委员会副主任
		任命沈菁菁为区人大常委会人事工作委员会委员、代表工作委员会委员
		任命陆琍红为区人大常委会人事工作委员会委员、代表工作委员会委员
		任命陈建国为区人大常委会人事工作委员会委员、代表工作委员会委员
		任命顾建舟为区人大常委会人事工作委员会委员、代表工作委员会委员
		任命倪朝辉为区人大常委会人事工作委员会委员
		任命周伟明为区人大常委会代表工作委员会主任
		任命刘炎燕为区人大常委会代表工作委员会委员
		任命汤美忠为区人大常委会代表工作委员会委员
		任命范巧勇为区人大常委会代表工作委员会委员
		任命周勤为区人大常委会代表工作委员会委员
		任命顾春荣为区人大常委会代表工作委员会委员
		任命施伟为区人大常委会代表资格审查委员会主任委员
		任命周伟明为区人大常委会代表资格审查委员会副主任委员
		任命沈国兴为区人大常委会代表资格审查委员会委员
		任命沈菁菁为区人大常委会代表资格审查委员会委员
		任命张明霞为区人大常委会代表资格审查委员会委员
		任命顾建舟为区人大常委会代表资格审查委员会委员
		任命倪朝辉为区人大常委会代表资格审查委员会委员
		任命倪朝辉为区人大常委会办公室主任
		任命沈国兴为区人大常委会研究室主任
		免去沈贤良的区人大常委会办公室主任职务
		免去沈学能的区人大常委会研究室主任职务
3月2日	崇明区第二届人民代表大会常务委员会第二次会议	任命林建华为上海市崇明区人民政府办公室主任
		任命张立新为上海市崇明区发展和改革委员会主任
		任命陈尧为上海市崇明区经济委员会主任
		任命龚耀飞为上海市崇明区教育局局长
		任命施志琴为上海市崇明区科学技术委员会主任
		任命陈琦为上海市公安局崇明分局局长
		任命施金星为上海市崇明区民政局局长
		任命时枫为上海市崇明区司法局局长

续表3

时间	会议名称	选举、决定、任免情况
3月2日	崇明区第二届人民代表大会常务委员会第二次会议	任命朱菊平为上海市崇明区财政局局长
		任命郁京忠为上海市崇明区人力资源和社会保障局局长
		任命宋玉波为上海市崇明区规划和自然资源局局长
		任命褚卫东为上海市崇明区生态环境局局长
		任命陈晖为上海市崇明区建设和管理委员会主任
		任命龚霞为上海市崇明区农业农村委员会主任
		任命苏卫东为上海市崇明区水务局局长
		任命黄海盛为上海市崇明区文化和旅游局局长
		任命蔡志昌为上海市崇明区卫生健康委员会主任
		任命黄松夺为上海市崇明区退役军人事务局局长
		任命王勇为上海市崇明区应急管理局局长
		任命瞿英为上海市崇明区审计局局长
		任命陈冰为上海市崇明区市场监督管理局局长
		任命丁汉明为上海市崇明区国有资产监督管理委员会主任
		任命姚李超为上海市崇明区体育局局长
		任命秦雷为上海市崇明区统计局局长
		任命施鑫为上海市崇明区医疗保障局局长
		任命陈翠娥为上海市崇明区绿化和市容管理局局长
		任命张飞雁为上海市崇明区民防办公室主任
		任命蔡俊春为上海市崇明区住房保障和房屋管理局局长
		任命施易为上海市崇明区城市管理行政执法局局长
		任命陈杰为上海市崇明区交通委员会主任
		任命徐钢为上海市崇明区生态产业促进办公室主任
		任命吴蕾为上海市崇明区政务服务办公室主任
		任命顾钰红为上海市崇明区人民检察院检察员
		任命李琳为上海市崇明区人民检察院检察员
		免去卢雪华的上海市崇明区人民检察院副检察长、检察委员会委员、检察员的职务
6月14日	崇明区第二届人民代表大会常务委员会第三次会议	任命王怡为上海市崇明区人民法院审判委员会委员
		任命施卫星为上海市崇明区人民法院审判委员会委员
		任命顾硕为上海市崇明区人民法院审判委员会委员
		免去朱胜范的上海市崇明区人民法院审判委员会委员职务
7月27日	崇明区第二届人民代表大会常务委员会第四次会议	任命唐涛为上海市崇明区人民检察院检察员
		免去常加飞的免上海市崇明区人民检察院检察委员会委员、检察员职务
		撤销黄海盛的上海市崇明区文化和旅游局局长职务
		任命李峻为上海市崇明区人民政府副区长
		决定李峻为上海市崇明区人民政府代理区长
9月15日	崇明区第二届人民代表大会常务委员会第六次会议	任命倪向东为上海市崇明区文化和旅游局局长
12月23日	崇明区第二届人民代表大会常务委员会第九次会议	任命徐钢为上海市崇明区生态产业促进办公室主任

（区人大办）

代表工作

【概况】 2022年，区人大常委会围绕区委中心工作和区人大常委会工作要点，履行宪法和法律赋予的职责，以深化落实《关于加强和改进区人大代表工作的若干意见》和加强代表工作能力建设为主线，完善制度，强化职责，提升质量，充分发挥代表主体作用，推进代表工作取得新进展。

【代表建议办理】 2022年，区人大常委会坚持和完善常委会会议审议督办、代表工委统筹协调督办、各专工委对口督办、主任会议重点督办工作机制，做好每一件代表建议督办工作。自区二届人大一次会议召开至年底，代表共提出代表建议、批评和意见153件，其中会议期间151件、闭会期间2件。列入解决范畴的127件，解决采纳率83%。

区二届人大一次会议代表建议、批评和意见目录情况表

表4

编号	代表建议标题	提出代表	主办	会办	办理结果
1	关于深化美丽乡村建设，扶持民宿发展的建议	傅　倩	区文化和旅游局	区经委	已经解决
2	关于提高学生在校就餐伙食质量标准的建议	李　虹	区教育局	区农业农村委 区市场监管局 区财政局	正在解决
3	关于制定老旧小区加装电梯后后期运维及流转相关操作流程的建议	施裕丹　陈英杰	区住房保障房屋管理局	区发展改革委 区规划资源局	已经解决
4	关于以“后花博”理念重振生态旅游老品牌助力崇明生态旅游产业提质增效的建议	施　诚　王庭峰 陆琍红	区文化和旅游局	区经委 区融媒体中心	正在解决
5	关于确保乡镇农民街农户合法权益的建议	施红柳	区公安分局	区规划资源局	留作参考
6	关于迫切要求恢复崇明公交“堡胜线”堡镇站至前卫村定班线路的建议	陆琍红	区交通委	生态交通集团	正在解决
7	关于陈海公路部分路口中间隔离带绿化降低高度的建议	侯云龙	区交通委		正在解决
8	关于开通庙镇南星村至庙镇镇区公交线路的建议	俞　贤　施建昌	区交通委	区公安分局 生态交通集团	留作参考
9	关于增加种粮合作社补贴的建议	管仕忠	区农业农村委		已经解决
10	关于港沿公路北延伸段与新征村进村路口安装红绿灯的建议	杜红兵	区公安分局	区交通委	计划解决
11	关于增加社区临床检验种类的建议	刘　萍　蔡菊丽	区卫生健康委	区财政局	计划解决
12	关于探索农民进城镇集中居住社会管理模式创新的建议	许海灵	区民政局	区规划资源局 区住房保障房屋管理局	已经解决
13	关于在公共场所增设口罩自助售货机的建议	路月颖	区经委 区卫生健康委	区市场监管局 区交通委	已经解决
14	关于大力推进崇明“足球区”创建的建议	李　虹　李　志	区体育局	区融媒体中心 新河镇 区经委 长兴企业集团 区规划资源局 区教育局	已经解决
15	关于加快农村电网设施改造的建议	朱利超	区发展改革委		正在解决
16	关于推进崇明花卉产业发展的建议	钱海忠　徐辰辰	区农业农村委		已经解决
17	关于进一步关爱精神残疾人群的建议	周　阳	区卫生健康委	区民政局	已经解决
18	关于优化属地安全监管工作机制的建议	施沛国	区应急局		正在解决
19	关于长江岸堤观光大道增加道路交通安全标识的建议	俞　贤	区水务局 区交通委	区公安分局	计划解决
20	关于崇明大道南门至堡镇段红绿灯修改的建议	傅　倩	区公安分局	区交通委	计划解决

续表 4

编号	代表建议标题	提出代表	主办	会办	办理结果
21	关于推进学校“5+2”课后服务提供免费点心的建议	施锦菊	区教育局	区市场监管局 区财政局	留作参考
22	关于统筹建立企业“环保管家”的建议	杨天华	区生态环境局		已经解决
23	关于尽快推进崇明新城大型体育场馆建设的建议	玄　洪	区体育局	区发展改革委	计划解决
24	关于解决城区部分行道树的边缘砖损坏问题的建议	黄　平	区绿化市容局	城桥镇	正在解决
25	关于尽快实施农民建房申请批复的建议	杜红兵　施红柳	区农业农村委		正在解决
26	关于请求解决大新中学校车停靠问题的建议	朱琴燕	区交通委	区公安分局 生态交通集团 新河镇	已经解决
27	关于进一步优化营商环境，疏通“中梗阻”，助推乡村振兴产业发展的建议	杨冬琴　陈　群 凌　青	区发展改革委	区市场监管局 区建设管理委 区规划资源局 区绿化市容局 区水务局 区生态环境局 区农业农村委 区经委 区工商联 区政务服务办 区行政服务中心 区司法局	已经解决
28	关于规范乡村道路命名、设立路牌的建议	朱　铭　张建新 顾　客	区交通委		计划解决
29	关于公共安全视频监控建设整体规划的建议	张建新	区科委	区公安分局	已经解决
30	关于落实农村刚需建房需求的建议	陈　英	区农业农村委	区规划资源局	正在解决
31	关于大力推进崇明生态养老产业发展的建议	范聿侃	区发展改革委	三星镇 区卫生健康委 区民政局	留作参考
32	关于加强宏海公路、新建公路两侧行道树修剪的建议	黄中华	区交通委		正在解决
33	关于在全区域加强禁塑的建议	许海灵	区发展改革委	区市场监管局 区文化和旅游局 区经委	已经解决
34	关于增设相关道口红绿灯的建议	朱　铭　倪　辉	区公安分局	区交通委	计划解决
35	关于进一步加快新城区域社区商业布局的建议	陈英杰	区经委	城桥镇	正在解决
36	关于推进环岛沿江观光大堤南门码头段商业布局的建议	顾建舟	区经委		留作参考
37	关于调整申崇线接驳车时间的建议	顾娟娣	区交通委	生态交通集团	留作参考
38	关于建设农旅融合示范村，助推农业旅游共发展的建议	杨赛玲	区文化和旅游局	区农业农村委	已经解决
39	关于推进“电－碳”联动，助力崇明“碳中和岛”建设的建议	陈　兵	区发展改革委		已经解决
40	关于解决公交车站环境卫生问题的建议	丁冬妹	区交通委	区绿化市容局	留作参考
41	关于加强粮种精选和甄别的建议	顾国平	区农业农村委		已经解决
42	关于优化“住崇明”，做好多旅融合的建议	王媛慧	区文化和旅游局	生态旅游集团	已经解决
43	关于调整城区公交线路“城桥5路”早高峰时段发车时间的建议	严林妹	区交通委	生态交通集团	已经解决
44	关于解决电瓶车充电难的建议	郭　震	区住房保障房屋管理局	区规划资源局 区机管局	已经解决
45	关于解决大东路出行难的建议	沈　琳	区交通委	区公安分局	计划解决

续表 4

编号	代表建议标题	提出代表	主办	会办	办理结果
46	关于加快增设利民路交通标志标线的建议	施卫华	区公安分局	区交通委	正在解决
47	关于推进崇明稻米产业发展的建议	宋永久	区农业农村委	区经委	已经解决
48	关于排查农村道路隐患，加强对农村道路路面维修的建议	包　璐	区交通委	区农业农村委区公安分局 区水务局	计划解决
49	关于对河道疏浚后沿线桥梁实施同步改造的建议	严林妹	区水务局	区交通委	留作参考
50	关于为老服务送餐车投保的建议	刘炎燕	区民政局	区公安分局 庙镇	已经解决
51	关于改善陈海公路星虹路路口设施，提高群众出行安全性的建议	樊锦娟	区公安分局	区交通委	正在解决
52	关于解决团城公路人行道交通安全问题的建议	丁冬妹	区交通委	生态企业集团 区建设管理委	已经解决
53	关于尽早对川心街实施老城区改造的建议	演　煊	区住房保障房屋管理局	城桥镇 区公安分局 区规划资源局	正在解决
54	关于推进“可以坐下的城市”公共空间座椅优化升级的建议	演　煊	区绿化市容局	区规划资源局 区交通委 区住房保障房屋管理局 区文化和旅游局	正在解决
55	关于消防部门进宗教场所开展消防安全宣传工作的建议	演　煊	区民族宗教办	区消防救援支队	正在解决
56	关于落实城桥镇利民路、湄洲路、一江山路等道路土地补偿费的建议	周　泉	区交通委	区规划资源局 城桥镇	难以解决
57	关于长兴岛新建一所完中优化教育资源的建议	张　艳　莫晓健 董春琳	区教育局	长兴镇	计划解决
58	关于推进长兴镇人民医院新华分院急诊室开诊的建议	董春琳	区卫生健康委		正在解决
59	关于动迁小区及周边公共区域增装电动车充电桩的建议	蔡慧英 高越娇	区交通委	区住房保障房屋管理局	留作参考
60	关于深入挖掘文化资源，优化文旅软件配套的建议	王庆跃	区文化和旅游局		已经解决
61	关于加大崇明区人才落户政策支持的建议	莫晓健	区人力资源和社会保障局		已经解决
62	关于崇明区人民路与新崇东路公交站加装公交候车亭的建议	演　煊	区交通委	生态交通集团	正在解决
63	关于在三双公路和长征公路交会路口设置红绿灯的建议	姜泽锋	区公安分局	区交通委	计划解决
64	关于加大农村道路维护保养投入保障的建议	朱　甘	区交通委	区农业农村委	计划解决
65	关于完善居民小区安装新能源汽车充电桩的建议	范莲萍	区交通委	区规划资源局 区住房保障房屋管理局 区发展改革委	已经解决
66	关于提高本区学前教育机构保育员工资待遇的建议	蒋春蕾 施卫莉	区教育局	区财政局	计划解决
67	关于国有建设用地上个人房屋修缮、翻建的建议	汤惠琴	区住房保障房屋管理局	区规划资源局 城桥镇	正在解决
68	关于关爱农村留守儿童的建议	陆新美	区民政局	区教育局 区妇联 区卫生健康委	已经解决
69	关于安装陈海公路西段路灯的建议	袁　瑾	区交通委		留作参考
70	关于解决堡镇港海洋渔船停泊点的建议	陈云兵	区交通委	区农业农村委堡镇	正在解决

续表 4

编号	代表建议标题	提出代表	主办	会办	办理结果
71	关于堡镇堡兴村、菜园村房屋确权的建议	朱晓梅 刘湘瀛	区规划资源局 区农业农村委		留作参考
72	关于加大对民宿产业用地政策指导，满足民宿产业发展需求的建议	王慷怡	区规划资源局	区文化和旅游局	留作参考
73	关于打造“住、游联盟”，扶持民宿产业发展的建议	陈丽君 顾 客	区文化和旅游局	生态旅游集团	正在解决
74	关于允许民宿厨房设置在辅房的建议	王慷怡	区文化和旅游局	区生态环境局 区规划资源局 区卫生健康委 区农业农村委 区市场监管局	计划解决
75	关于加强职业培训，提高民宿管理服务水平的建议	王慷怡	区文化和旅游局	区教育局	已经解决
76	关于在清洁小流域项目建设中兼顾小微水体、退出名录河道、宅沟的整治的建议	沈 平	区水务局	区规划资源局	留作参考
77	关于完善污水管网的建议	张建忠 沈建红 顾玉美	区水务局	区文化和旅游局	留作参考
78	关于农村道路维护纳入区统筹的建议	沈 平	区交通委	区财政局	计划解决
79	关于翻修堡镇北路、中路、南路的建议	黄超	区交通委	区财政局	计划解决
80	关于相关部门向社区卫生院配送相对便宜、有效果的常规药品的建议	顾秀静 沈建红 顾玉美	区卫生健康委	区医保局	已经解决
81	关于为方便就医改善崇明中东部地区公共交通的建议	费 燕 范巧勇 袁 瑾	区交通委	生态交通集团 区公安分局	计划解决
82	关于陈海公路和宏海公路三岔路口加装左转信号灯的建议	何 丹	区公安分局	区交通委	正在解决
83	关于对区综合性医院发热门诊（病区）财政资助的建议	费 燕	区卫生健康委	区财政局	正在解决
84	关于长兴岛部分学校开通天然气管道的建议	张 艳	区建设管理委	长兴镇 区教育局	计划解决
85	关于利用闲置工业用地，促进堡镇发展的建议	陆 军 刘湘瀛 陆永明 施雪松 施 斌 袁 瑾 黄青愉	区发展改革委	堡镇区规 划资源局 区经委	计划解决
86	关于完善特殊教育经费保障机制，支持特殊教育事业发展的建议	童姝婷	区教育局	区财政局	正在解决
87	关于完善居民老小区安装电梯的建议	范莲萍	区住房保障 房屋管理局	堡镇 区市场监管局 区规划资源局 城桥镇 区建设管理委	已经解决
88	关于将横沙乡丰乐路纳入并落实道路全面修整项目的建议	周春琴 邢建良 刘新倚 孙建明 杨冬卫 沈建华 陆宇一 茅迎春 周咸立 施 艳 顾春荣 曹 俊 龚云云	区交通委	横沙乡	计划解决
89	关于全面农业品牌的合理布点的建议	王慧健	区农业农村委	区市场监管局	已经解决
90	关于加大现代都市奶牛产业发展扶持力度的建议	王 赟	区农业农村委		正在解决
91	关于宏海公路、合作公路部分路段中树木消除安全隐患的建议	郁建飞 路月颖	区交通委	区绿化市容局	正在解决
92	关于加快推进落实乡村振兴战略规划的建议	张 静	区农业农村委		已经解决

续表 4

编号	代表建议标题	提出代表	主办	会办	办理结果
93	关于完善家庭农场扶持政策的建议	陈建国	区农业农村委		已经解决
94	关于在我区道路停车场安装电动汽车充电桩的建议	董　梁	区交通委	区公安分局 区发展改革委	留作参考
95	关于解决助老送餐车上路安全保障问题的建议	茅迎春　邢建良 刘新倚　孙建明 杨冬卫　沈建华 陆宇一　周春琴 周咸立　施　艳 顾春荣	区民政局	区公安分局	已经解决
96	关于庙镇合作公路周河中路公交站牌设置遮阴棚及到站时间的建议	陈　丹	区交通委		已经解决
97	关于老滧港居民点搬迁的建议	严根法	生态企业集团	城桥镇	留作参考
98	关于多管齐下保障公立医院经费不足问题的建议	郭　震	区卫生健康委	区人力资源和社会保障局 区财政局	正在解决
99	关于老年综合津贴随养老金发放建议	祝　伟	区民政局		计划解决
100	关于长护险统一实行上门评估的建议	陈　丹	区医保局		已经解决
101	关于清理废弃电杆、规范架设线路的建议	王正刚　祝　伟	区建设管理委	区公安分局 区发展改革委 区科委 区文化和旅游局	正在解决
102	关于在港东公路和三双公路增设车辆测速抓拍设备的建议	陈　英　李陆逸	区公安分局		留作参考
103	关于加大陈海公路绿化带白色垃圾巡查清理力度的建议	陈　英	区交通委		正在解决
104	关于优化横沙液化气站服务建议	沈建华　邢建良 刘新倚　孙建明 杨冬卫　陆宇一 茅迎春　周春琴 周咸立　施　艳 顾春荣	区建设管理委	横沙乡	正在解决
105	关于研究制定横沙岛院前急救应急保障的建议	陆宇一　邢建良 刘新倚　汤美忠 孙建明　杨冬卫 沈建华　茅迎春 周春琴　周咸立 施　艳　顾春荣	区卫生健康委	区消防救援支队 横沙乡 区应急局	已经解决
106	关于加快推进横沙危险品码头建设的建议	茅迎春　邢建良 刘新倚　孙建明 杨冬卫　沈建华 陆宇一　周春琴 周咸立　施　艳 顾春荣	区交通委	区卫生健康委 横沙乡	计划解决
107	关于崇明大道通公交车的建议	沈婷瑜　张建忠 陆凯凯	区交通委	生态交通集团 区公安分局	计划解决
108	关于残疾证定期复评的建议	杨　华　沈婷瑜 徐海岳	区残联	区卫生健康委	正在解决
109	关于加强区管道路管理的建议	张秀丽　朱小法 沈建红	区交通委	陈家镇	正在解决
110	关于堡镇北路、港沿公路的陈海公路路口拓宽及增设转向信号灯的建议	袁　瑾	区公安分局 区交通委	区建设管理委 堡镇 区绿化市容局	正在解决

续表 4

编号	代表建议标题	提出代表	主办	会办	办理结果
111	关于提升乡镇综合行政执法工作效能的建议	顾方亮	区城管执法局	区公安分局 区司法局	留作参考
112	关于打造“沈氏三杰”文化传承基地的建议	蒋春蕾 杨冬琴	区文化和旅游局	区体育局 区交通委	计划解决
113	关于对 G40 向化收费站周边道路大型车辆激增引发相关问题进行整改的建议	沈菁菁 顾忠兵	区公安分局 区交通委	区生态环境局 向化镇	计划解决
114	关于加快推进崇明第三福利院建设的建议	顾立新	区民政局	区卫生健康委	留作参考
115	关于完善长兴 4 路仁建路北园沙路停靠点设施的建议	张　艳　高越娇 蔡慧英	区交通委	生态交通集团 区公安分局	已经解决
116	关于尽快恢复堡镇南海村公交线路通行的建议	沈　黔	区交通委	生态交通集团 区公安分局	计划解决
117	关于对长护险机构和护理人员加强管理的建议	顾立新　沈　辉	区医保局	区民政局 区卫生健康委	正在解决
118	关于加快把崇明生态资源转化成生态资产和生态资本的建议	顾立新　沈　辉	区发展改革委	区绿化市容局 区生态环境局	已经解决
119	关于调整申崇线运营线路方便长兴岛圆沙地区居民出行的建议	蔡慧英　张　艳 高越娇	区交通委	区公安分局 生态交通集团	留作参考
120	关于促进我区民宿产业集群化、专业化、品牌化、差异化发展的建议	印刘琼　王素群 朱伯胜	区文化和旅游局	区水务局 区消防救援支队 区市场监管局 区交通委 区人力资源和社会保障局 区公安分局 区农业农村委	已经解决
121	关于七滧港进行综合提升改造的建议	倪祖德	区水务局	区规划资源局 区生态环境局	留作参考
122	关于建立托幼机构的建议	张　红　黄丽萍	区教育局		已经解决
123	关于北滧公路拓宽改造的建议	李永林　茅哲诚	区交通委	区规划资源局 区公安分局 中兴镇	计划解决
124	关于翠竹路（万达段）双向禁止车辆调头的建议	茅哲诚	区公安分局	区交通委	正在解决
125	关于恢复镇社区卫生服务中心核酸检测采样的建议	张　红	区卫生健康委		已经解决
126	关于中兴镇广福养老院提标改造的建议	朱　洪　蔡菊丽	区民政局	中兴镇	已经解决
127	关于配备农林废弃物生产运输工具的建议	黄宇英	区农业农村委	区交通委 区绿化市容局	已经解决
128	关于解决东平镇花博会临时住宿餐饮单位继续经营问题的建议	沈　辉　顾立新	区文化和旅游局	区公安分局 区消防救援支队 区规划资源局 区建设管理委 区市场监管局 区卫生健康委	留作参考
129	关于崇明区民宿发展的建议	顾春辉	区文化和旅游局	区卫生健康委 区农业农村委 区市场监管局 区消防救援支队 区公安分局	已经解决

续表 4

编号	代表建议标题	提出代表	主办	会办	办理结果
130	关于“双减”工作与崇明区产业发展新机遇的建议	范巧勇	区发展改革委	区教育局 区农业农村委 区文化和旅游局 区科委 区体育局	已经解决
131	关于发展林下经济，培育中医药产业的建议	杨丽华 李　峰	区农业农村委	区卫生健康委 区绿化市容局	计划解决
132	关于建立碳中和奖励机制的建议	黄　超　顾　佩	区发展改革委		已经解决
133	关于加强落实公共场所佩戴口罩、查验健康码管理的建议	杨　欢	区卫生健康委	区市场监管局 区经委 区文化和旅游局	已经解决
134	关于进一步贯彻落实“双减”政策的建议	沈柳辉	区教育局	区妇联	正在解决
135	关于制定管理已动迁但未规划建设区域规范性文件的建议	施　昊	区城管执法局	长兴镇区生态环境局区绿化市容局区房屋(土地)征收中心区规划资源局	已经解决
136	关于降低崇明—上海段高速公路收费标准的建议	黄胜利	区发展改革委		留作参考
137	关于建立“人才专班”公交车的建议	沈红妹　马艳红	区交通委	陈家镇 区公安分局 生态交通集团	留作参考
138	关于改进民政居家养老服务工作的建议	朱　玲　蔡红娣	区民政局	区卫生健康委 区医保局	已经解决
139	关于在长横对江渡码头设立停车场的建议	顾春荣　邢建良 刘新倚　孙建明 杨冬卫　沈建华 陆宇一　茅迎春 周春琴　周咸立 施　艳　曹　俊 龚云云	区交通委	横沙乡 区财政局 区公安分局 生态交通集团 长兴镇 区发展改革委	计划解决
140	关于对二级出水标准农村生活污水处理站提标改造的建议	沈　利　史程丽	区水务局	区生态环境局	计划解决
141	关于科学精准实施农村断头及废弃河道治理的建议	玄　洪　路月颖	区水务局	区规划资源局	计划解决
142	关于进一步加大对小微蔬菜产业扶持力度的建议	陈　英	区农业农村委		已经解决
143	关于制定农村区域旅游的新型行业形态（民宿、农家乐、乡村旅游点等）建设规划管理规范性文件的建议	施　昊	区文化和旅游局	区消防救援支队 区农业农村委 区规划资源局	正在解决
144	关于落实社会责任、加强校企合作的建议	陆　贤	区教育局	区人力资源和社会保障局 区经委	正在解决
145	关于加强长期护理保险服务标准和需求的建议	吴　静	区医保局	区民政局	已经解决
146	关于加快推进城桥片区殡葬服务中心择地重建的建议	玄　洪　王正刚 郁建飞　侯云龙	区民政局	城桥镇	已经解决
147	关于做好崇明本土文化的传承与发展、提高崇明人文化自信的建议	王媛慧	区文化和旅游局	区教育局	已经解决
148	关于盘活和充分利用企业土地资源和房屋资产的建议	朱小法　沈建红 张建忠	区规划资源局	区住房保障房屋管理局 陈家镇区经委	留作参考

续表 4

编号	代表建议标题	提出代表	主办	会办	办理结果
149	关于实施新合作公路建设缓解庙镇交通拥堵的建议	玄　洪　王正刚 陈建飞　侯云龙 施建昌　祝　伟 路月颖	区交通委	庙镇 区发展改革委 区规划资源局 区财政局	计划解决
150	关于充分发挥竖新镇红色教育基地功能，开展爱国主义教育，满足崇明中小学生校外教育体验的建议	苏　英	区文化和旅游局	竖新镇 区教育局 区委宣传部	已经解决
151	关于及时推送法院判决书至相关部门的建议	祝　伟	区法院		已经解决
152（闭会）	关于尽快设立崇明区职业健康体检机构的建议	陈建国	区卫生健康委	区总工会	留作参考
153（闭会）	关于加快解决横沙反帝圩泵闸供电问题的建议	施　艳	区发展改革委	区水务局	正在解决

（区人大办）

【双联系活动】 2022 年，区人大常委会开展常委会组成人员联系代表和代表联系选民的“双联系”活动。6 月和 11 月组织常委会组成人员集体集中联系代表活动，围绕本区安全生产、食品安全、农村人居环境整治等方面，以及本区重大生态项目推进落实情况等听取意见建议，梳理意见建议 170 条，转送“一府一委两院”研究参考。

【代表报告履职情况、代表参与情况】 2022 年，区人大常委会组织 138 人次区人大代表列席常委会会议，690 人次区人大代表参加常委会组织的视察、调研、执法检查等活动；组织 72 名区人大代表参与信访接待工作。指导区人大代表小组组织 62 名区人大代表当面向选民报告履职情况，使代表更好接受选民监督。

（李　浩）

乡镇人大事务

【概况】 2022 年，区人大常委会加强对乡镇人大联系指导，推动乡镇人大工作有序开展。精心指导、统筹推进人大代表“家站点”建设运行提质增效。2022 年，全区人大代表“家站点”组织开展联系接待选民等各项活动 4127 次，联系接待选民 11854 人次，收集反馈意见建议 2406 条，纳入解决范畴 1784 条，全面发展全过程人民民主，得到人民群众的广泛好评。全区 21 个人大代表“家站点”获评市级示范平台。加强对乡镇人大的工作指导，组织召开好 4 次乡镇人大主席例会，延续由乡镇人大承办、区人大及其常委会各专工委、办事机构携主题参加的模式，增加专题学习议程，为提升基层人大履职效能搭建学习平台，丰富会议的主题，加强各专工委与乡镇人大的联动，在联动中加强联系指导，提升全区人大工作整体水平。指导和服务代表小组开展专题调研活动，提升代表小组活动质量，使调研的过程成为代表知情知政的过程，为代表提升履职水平提供服务、搭建平台。2022 年，18 个区人大代表小组共形成调研成果 21 篇，其中 6 篇转区政府相关部门研究参考，切实提升区人大代表小组专题调研成效。

【人大代表“家站点”】 2022 年，全区人大代表“家站点”组织开展联系接待选民等各项活动 4127 次，联系接待选民 11854 人次，收集反馈意见建议 2406 条，纳入解决范畴 1784 条，全面发展全过程人民民主，得到人民群众的广泛好评。全区 21 个人大代表“家站点”获评市级示范平台。

【乡镇人大主席例会】 2022 年，区人大常委会加强对乡镇人大的工作指导，组织召开好 4 次乡镇人大主席例会，延续由乡镇人大承办、区人大及其常委会各专工委、办事机构携主题参加的模式，增加专题学习议程，为提升基层人大履职效能搭建学习平台，丰富会议的主题，加强各专工委与乡镇人大的联动，在联动中加强联系指导，提升全区人大工作整体水平。

【代表小组专题调研】 2022 年，区人大常委会指导和服务代表小组开展专题调研活动，提升代表小组活动质量，使调研的过程成为代表知情知政的过程，为代表提升履职水平提供服务、搭建平台。2022 年，18 个区人大代表小组共形成调研成果 21 篇，其中 6 篇转区政府相关部门研究参考，切实提升区人大代表小组专题调研成效。（李　浩）

专门委员会

【概况】 2022 年，区人大设有法制（监察和司法）委员会、财政经济（农业与农村）委、社会建设委员会等 5 个专门委员会。法制（监察和司法）委员会以监督和支持“一府一委两院”依法行政、依法监察和公正司法为工作重心，严格依法履职。财政经济（农业与农村）委员会以服务保障好崇明世界级生态岛建设大局为工作目标，围绕乡村振兴工作重点，履行宪法和法律赋予的各项职责。社会建设委员会以推进各项综合执法检查、开展康养、医疗产业专项调研为工作特色，切实履行法定职责，深入开展各项履职工作。

【法制（监察和司法）委员会】 2022年，区人大常委会服务保障区人大常委会行使监督职权，对崇明区贯彻执行《上海市非机动车安全管理条例》情况和“一网通办”工作情况开展常态化监督。监督与支持并重，依法开展规范性文件备案审查，推动检察公益诉讼工作深化开展。支持和指导区农业农村委基层立法联系点建设，积极配合市人大做好立法工作，助力崇明世界级生态岛建设和乡村振兴事业高质量发展。

【财经（农业与农村）委员会】 2022年，区人大常委会协助常委会做好《上海市乡村振兴促进条例》立法中“崇明世界级生态岛建设”专章重点问题研究；优化《上海市人民代表大会常务委员会关于促进和保障做好长江流域禁捕工作若干问题的决定》贯彻实施情况等各类重要议题的前期调研和服务保障工作；完善各类工作机制，做好与市人大联动、与政府部门沟通、与各方面协调工作，切实履行法定职责。

【社会建设委员会】 2022年，区人大常委会充分发挥牵头协调作用，开展安全生产综合执法检查，筑牢安全生产和城乡运行安全底线。着眼康养产业发展带动养老、健康事业发展，找准制约产业发展的瓶颈问题并提出意见建议，助推康养产业高质量发展。通过听取情况汇报、走访有关部门和单位、召开座谈会等方式，总结医疗救助体系建设有效做法和经验，建议区政府及部门加强医疗救助政策落实工作，进一步保障重点群体民生福祉。

（朱泽洲）

工作委员会

【概况】 2022年，区人大常委会设有教科文卫（侨民宗）工作委员会、城建环保工作委员会、预算工作委员会、人事工作委员会、代表工作委员会5个工作委员会。教科文卫（侨民宗）工作委员会围绕区委中心工作，聚焦民生重点难点，按照年初既定目标，依法积极履职，提升监督实效。城建环保工作委员会围绕常委会年度工作要点，聚焦区委重点工作及人大代表和人民群众关心的热点、难点问题，依法履职、积极作为。预算工作委员会深入贯彻党中央关于加强人大预算审查监督的决策部署，围绕常委会2022年度工作要点和年度监督工作计划，人事工作委员会围绕区人大常委会中心工作，履行宪法和法律赋予的职责，依法做好人事任免工作和代表资格审查工作。代表工作委员会以深化落实《关于加强和改进区人大代表工作的若干意见》和加强代表工作能力建设为主线，完善制度，强化职责，提升质量，发挥代表工委职能作用。

【教科文卫（侨民宗）工作委员会】 2022年，区人大常委会按照常委会年度工作计划和市区人大联动工作要求，做好《上海市食品安全条例》执法检查有关工作。围绕学校教育教学改革，校内课后服务供给，校外培训机构治理等热点问题，开展集体调研。根据市人大常委会有关部署，将《上海市宗教事务条例》实施情况作为市区联动项目，开展专项监督调研，强化人大统筹协调作用，提高办理实效，持续加强跟踪督查，回应群众民生关切。

【城建环保工作委员会】 2022年，区人大常委会通过听取汇报、实地察看、召开座谈会、暗访等多种形式，对崇明区固体废物污染防治情况开展专项监督，深入查找崇明区固体废物污染防治工作的短板问题。根据《区人大常委会开展安全生产综合执法检查的工作方案》的有关要求，对崇明区贯彻实施安全生产和城乡运行安全相关法规情况开展执法检查。围绕第八轮环保三年行动计划推进落实、环境保护执法监管、环境保护工作薄弱环节等实际工作情况，对崇明区2021年度环境状况和环境保护目标完成情况开展监督调研。加强与相关部门的沟通，对63件代表建议的办理和落实情况进行督办，进一步推动代表建议落实解决。

【预算工作委员会】 2022年，区人大常委会通过强化预算支出情况、国资管理情况、审计整改情况监督，强化预算联网监督系统运用，了解区政府对政府性投资项目开展全过程绩效目标管理、绩效跟踪管理、绩效评价管理和绩效评价结果应用等实施情况，以及存在的问题、原因和主要工作措施，并提出针对性的意见建议推动政府进一步强化对政府性投资项目的预算绩效意识，提高绩效管理水平，提升财政资金使用效率，提升预算审查监督工作实效。

【人事工作委员会】 2022年，区人大常委会围绕区人大常委会中心工作，修改完善人事任免制度，推进人事任免工作规范化、制度化。依法做好人事任免工作，决定代理区长1人次，任免区人大常委会工作人员57人次，任免区人民政府组成人员35人次（含撤职1人次），任免区人民法院工作人员4人次，任免区人民检察院工作人员2人次。研究制定《关于区人大代表退出程序的实施办法》，依法做好区代表资格终止、辞职、补选工作及资格审查工作，为依法做好市人大代表换届选举工作提供服务保障。

【代表工作委员会】 2022年，区人大常委会巩固和完善常委会联系工作制度，制定常委会组成人员固定联系区人大代表工作方案，积极开展“双联系”走访活动。完善代表履职学习平台，通过在线学习、专题讲座和业务培训等形式，丰富代表履职学习培训形式。持续推进崇明区人大代表履职服务平台功能优化完善，推进代表履职服务平台信息化建设。邀请代表参加常委会集体调研、视察、执法检查等活动690人次，列席常委会会议138人次，参加“一府一委两院”相关会议和活动28人次，推动代表参加常委会活动规范化常态化，保障代表知情知政权。围绕代表建议、批评和意见的提出和办理，推进完善代表建议处理工作机制、办理督办工作机制和意见建议闭环处理工作机制，推动代表工作制度化、高效化。指导推进人大代表“家站点”项目建设运行，部署完成人大代表“家站点”绩效评价工作，推动本区“家站点”基础建设持续升级，运行维系得到有力保障，功能效用不断提升。（朱泽洲）

崇明年鉴

ChongMing NianJian

2023

上海市崇明区人民政府

综 述

2022年崇明区人民政府在市委、市政府和区委的坚强领导下，坚持以习近平新时代中国特色社会主义思想为指导，坚持把迎接党的二十大和学习宣传贯彻党的二十大精神作为全年工作的主线，深入贯彻习近平总书记考察上海重要讲话精神，坚决贯彻落实党中央、国务院,市委、市政府和区委的决策部署，坚定不移走生态优先、绿色发展之路，高效统筹疫情防控和经济社会发展，实现经济加快恢复和社会大局稳定。（郭正琪）

重要会议

【概况】 2022年，区政府先后召开5次重要会议。2月7日，区政府召开工作会议。5月10日，区政府召开重点工作推进会。7月14日，区政府召开工作会议。10月11日，区政府召开工作会议。12月16日，区政府召开全体会议。

【区政府工作会议】 2月7日，区政府召开工作会议。会上，区长缪京部署一季度重点工作。7月14日，区政府召开工作会议。会上，区长缪京强调，要加快推动经济恢复和重振，着力做好稳增长、稳投资、促消费工作，狠抓惠企政策落实，实施精准招商，发挥平台作用，吸引和推动重大项目精准匹配、快速落地，以更多有效投资拉动经济增长，以消费牵引带动经济循环。要持续保障和改善民生，全力保主体稳岗位，强化重点群体就业帮扶，抓好高校毕业生、失业人员、就业困难人员等重点群体就业，加强资源配置和政策保障，确保民生实事项目顺利推进。要坚决守牢安全风险底线，全力做好防汛防台各项工作，稳定安全生产形势，全面落实安全生产制度，进一步聚焦重点领域，持续查风险、排隐患、补短板，做好各类事件的防范处置，确保社会大局稳定。广大党员及领导干部在特殊时期要展现特殊担当。10月11日，区政府召开工作会议。会上，区长李峻强调，全区上下要进一步提高政治站位，充分认识做好安全稳定工作的极端重要性，尽心尽责、担当作为，严防各类风险隐患，牢牢守住底线。要进一步坚定信心、迎难而上，锚定目标任务，抓住发展机遇，千方百计赢得工作主动。

【区政府重点工作推进会】 5月10日召开。会上，区长缪京强调，要稳妥有序推进复工复产复市，全力推动招商引资和助企纾困，做好民生保障兜底和“三区三线”划定等重点工作。要树牢安全发展理念，切实抓好防汛防台工作，精心保障城市平稳安全运行，主动防范化解重点领域风险，努力以高水平安全保障高质量发展。政府系统干部要担当实干强作风，增强运筹帷幄、攻坚克难、狠抓落实等方面的能力本领，在统筹好疫情防控和经济社会发展中彰显担当作为、作出积极贡献，以实际行动迎接党的二十大胜利召开。副区长黄晓霞、胡柳强、张秩通、宋学梅、陈琦、施蕾、徐慧泉出席会议。区政府各部门、各乡镇政府主要负责人，区政府各直属事业单位行政主要负责人，各区管企业行政主要负责人，部分中央及市属在崇单位主要负责人出席会议。

【区政府全体会议】 12月16日召开。区长李峻主持会议。会议听取《政府工作报告》起草情况的说明，部署岁末年初重点工作。李峻指出，2022年以来，全区上下团结奋进、攻坚克难，高效统筹疫情防控和经济社会发展，经济运行回稳向好，发展动能逐步恢复，民生福祉不断增进，实现了经济加快恢复和社会大局稳定，取得了来之不易的成绩。加强资源统筹，守稳医疗系统，夯实基层力量，积极做好各项应对准备。要扎实做好2022年收尾工作，进一步咬紧牙关、奋力冲刺，以实实在在的成效取信于民。要全力抓好2023年开局工作，抓紧分解明年目标指标和重点任务，各项重点工作尽可能更早部署，重大工程项目尽可能更早开工，为圆满完成明年全年工作打牢基础。要切实做好城乡安全运行工作，进一步树牢安全意识，压紧压实安全责任，全力抓好隐患排查整改，全力确保各项供应安全，牢牢守住城市安全底线。要全力确保社会大局和谐稳定，用心用情关爱困难群众，织密兜牢民生底线，深入开展就业帮扶。要服务和参加好区“两会”，做好各项准备和服务保障。要严守各项财经纪律，持之以恒正风肃纪，深入贯彻落实中央八项规定精神，坚决防止“四风”问题。副区长胡柳强、宋学梅、徐慧泉出席会议。区人大常委会副主任姚思平，区政协副主席樊红妹，以及区人大各专门委员会、常委会各工作委员会负责人，区纪委监委、区法院、区检察院负责人，各乡镇党政主要负责人，区政府各直属事业单位行政主要负责人，各区管企业行政主要负责人应邀参加会议。

（郭正琪）

重要工作

【概况】 2022年，全年实现增加值404.16亿元，比上年下降4.3%；区级地方一般公共预算收入121.9亿元，比上年下降16.5%；全社会固定资产投资总额179.78亿元，比上年下降22.8%；社会消费品零售总额134.91亿元，比上年下降6%；森林覆盖率达到30.62%，环境空气质量（AQI）优良率达到88.7%，地表水环境质量考核断面达标比例保持100%；完成区内新增就业9216人，城乡登记失业人数控制在本市下达的指标以内；农村常住居民人均可支配收入35225元，比上年增长6.2%。

【生态环境品质】 2022年，崇明区生态环境不断优化。全面推进第八轮环保三年行动计划，实施界河、四滧港等河道生态治理和7个骨干河道断点打通项目，推动一批生态清洁小流域建设，完成10个撤制乡镇污水管网完善工程。严格控制和预防土壤污染，受污染耕地安全利用率、污染地块安全利用率均保持100%。加强大气污染源监管，PM2.5年平均浓度降至25微克/立方米。从严抓好中央和市生态环境保护督察及生态环境警示片反馈问题整改，生态环境领域短板加快补齐。生态空间持续拓展。落实新增森林面积1.43万亩，实施公益林抚育1.03万亩，推进2个开放休闲林地建设。加强滩涂、自然湿地生态修复和规范管理，持续开展外来入侵物种治理，有效遏制福寿螺扩散蔓延态势，清除"一枝黄花"7000亩、互花米草1500亩。完成国土空间"三区三线"划定，持续开展违法用地及农村乱占耕地建房问题整治，守好耕地保护红线。打好"长江禁渔"持久战，侦破非法捕捞案件21起，取缔内陆河道等区域"三无"船舶136艘，常态化保持禁捕水域"四清四无"。绿色低碳转型步伐加快。发布碳中和示范区建设实施方案，与同济大学合作成立碳中和学院、同济崇明碳中和研究院，引入上海碳中和技术创新联盟，设立上海长兴碳中和创新产业园。全面启动"无废城市"创建，持续完善垃圾全程分类体系，生活垃圾资源回收利用率达到42.1%。深入推进绿色交通发展，更新新能源公交车43辆，国内首艘超级电容新能源车客渡船"新生态"号投入运营。全面推进新建建筑绿色化，新增绿色建筑13.08万平方米，完成既有建筑节能改造2.36万平方米。加快绿色能源开发利用，港西镇128兆瓦渔光互补光伏发电项目开工建设，全区可再生能源装机容量达到58万千瓦，可再生能源发电量占全社会用电量比重超过31%。

【绿色产业发展】 2022年，崇明区现代绿色农业创新发展。严格落实粮食安全责任制，强化粮食安全全生命周期管理，完成15.7万吨年度粮食生产目标任务。推进高标准农田和设施菜田建设，大力推广绿色种养技术模式，绿色优质农产品认证率保持90%以上。全面推动"农业科创岛"建设，实施农业科创项目"揭榜挂帅"，加强特色种源保护和开发利用，促进种源农业"育繁推"一体化发展。联合上海海洋大学共建全国农业科技现代化先行区。盒马南美白对虾一期等项目建成投产，现代畜禽养殖和高端设施农业产业片区加快建设。完善农产品公共品牌体系，推出"优农三兄弟"统一标识，打造"崇明米道"平台。海洋装备产业不断壮大。中船长兴二期等项目建设稳步推进，沪东中华、江南造船等龙头企业成功交付一批具有世界领先水平的船舶，海洋装备产业集群发展能级持续提升。积极搭建海洋经济创新研发平台及产业承载空间，临港长兴科技园一期等项目竣工投用，上海交大海洋装备研究中心、梧桐园标准厂房、海洋科技港二期等项目加快建设，海洋经济产业链布局更加完善。旅游康养发展提质升级。巩固提升全域旅游示范区建设成效，继续推进西沙明珠湖国家AAAAA级旅游景区创建，积极引导民宿高质量集群发展，竖新镇、横沙乡获评第二批全国乡村旅游重点乡镇，三星镇新安村入选中国美丽休闲乡村，江南造船厂获评国家工业旅游示范基地，全区实现旅游收入32.7亿元。莎蔓莉莎高端医美、上实东颐疗养院、太保家园东滩国际颐养中心等康养项目加快建设。经济发展动能持续增强。发布应对新冠疫情进一步促进企业发展17条政策措施，出台区加快经济恢复和重振实施方案及助行业强主体稳增长若干政策，累计惠及市场主体9万余户。加大招商引资力度，开展"云招商"系列活动，举办投资促进暨生态岛产业发展大会，发布全区产业地图和产业政策汇编，新签约亿元以上项目29个。开展"疫去嗨购 点燃崇明"等促消费活动，大力发展夜间经济，激发消费市场活力。产业园区加快转型升级，崇明工业园区引进落地苦草生物科技等项目，智慧岛产业园大数据云计算中心等项目正式开工，富盛经济开发区推动绿色金融集聚区发展，现代农业园区加快老杜农产品加工等项目建设。

【城乡融合发展】 2022年，崇明区城乡基础设施加快完善。轨道交通崇明线全面启动隧道掘进，沪渝蓉沿江高铁崇明段开工建设，环岛防汛提标二期工程主体完工，崇明岛公共货运码头项目竣工。崇明500千伏输变电工程完成长江大跨越段建设，崇明岛－长兴岛－浦东新区五号沟LNG站管道工程过江隧道全线贯通，南门路液化气储配站完成更新改造，崇明岛南沿3座水闸改建工程建成投用，长兴镇固体废弃物资源化利用中心及堡镇、横沙建筑垃圾中转站建设持续推进。美丽乡村建设提质升级。农村人居环境持续优化，完成5个市级、15个区级乡村振兴示范村和7个市级美丽乡村示范村建设。积极打造宜居家园，城桥地区港西3号地块、陈家镇4号地块一期农民相对集中居住项目主体结构完工，出台农村村民建房相关操作办法。持续加强"四好农村路"建设，深化农村公路管理养护体制改革，提档升级农村公路30公里。城市有机更新扎实推进。启动南门路架空线入地和杆箱全要素整治项目，完成老北沿公路（建设公路—东平河）弱电架空线入地整治。深化住宅小区综合治理，完成既有多层住宅加装电梯30台，为9个住宅小区新增电动自行车集中充电设施。编制旧区改造三年行动计划，加快实施旧住房综合改造，有序推进城桥镇利民村（西）"城中村"改造项目和明珠花苑综合整治工程，启动不成套职工住宅和小梁薄板房屋改造及新一轮"美丽家园"小区建设。实施老旧小区燃气管道改造28万平方米，推进2.2公里老旧隐患供水管道改造。严格落实“房住不炒”要求，新增筹措保障性租赁住房1206套。

【民生保障】 2022年，崇明区全力兜牢民生底线。扎实推进稳岗就业，做好高校毕业生、就业困难人员、失业人员等重点群体就业帮扶，支持市场主体稳岗扩岗，帮助就业困难人员实现就业4581人、长期失业青年实现就业创业480人，累计开展补贴性职业技能培训7.6万人次。

全力保障困难群众基本生活，实施最低生活保障、特困人员供养、临时救助等各类社会救助38.4万人次，确保困难群众求助有门、受助及时。

社会事业稳步发展。深化教育综合改革，增强优质教育资源供给，上海市实验学校东滩高级中学和上海市实验小学长兴分校实现招生办学。

持续开展医药卫生体制改革，荣获国务院办公厅“深化医药卫生体制改革成效明显的地方”表彰激励，上海健康医学院附属崇明医院揭牌成立，新华医院崇明分院改扩建和区精神卫生中心整体改扩建工程稳步推进，完成3家综合医院和18家社区卫生服务中心发热门诊及哨点诊室标准化建设。

新建改建市民益智健身苑点120个、市民多功能运动场10片，新建市民健身步道15公里、市民健身驿站8个，崇明体育健儿在市第十七届运动会上取得佳绩。

持续完善退役军人服务保障体系，发放退役军人及其他优抚对象优待证近3万张。

妇女儿童事业稳步发展。公共服务水平加快提升。新增社区综合为老服务中心、老年助餐服务场所、老年人日间照护中心等为老服务场所17家，改建认知障碍照护床位59张，实施居家环境适老化改造115户，新建市级示范睦邻点26家，长护险惠及老人1.6万人。生态惠民保险赔付受益者1790人次，生态养老补贴惠及15.9万人。

加强未成年人和农村留守儿童关心关爱，乡镇普惠性托育点覆盖率达到89%，未成年人保护工作站在全市率先实现乡镇全覆盖。

繁荣群众文化，承接市级各类活动146场，开展区级配送文艺演出408场。

持续推进早餐工程建设，新增早餐网点20家、提升改造44家。积极深化东西部协作，助力对口地区巩固拓展脱贫攻坚成果。

【城乡治理效能】 2022年，崇明区“两张网”建设加快推进。政务服务“一网通办”不断深化，推进“一件事一次办”服务集成和惠企利民政策“免申即享”，全面落实“两个免于提交”，实现“零跑动”事项2558项、全程网办事项2541项，“好办、快办、智能办”成为新常态。企业专属网页、“随申办”崇明旗舰店服务更加完善，推动惠企政策更好直达企业、落地见效。聚焦经济、生活、治理三大领域，推动城市数字化转型向纵深推进，江南造船5G全连接工厂项目入选世界5G大会“十大应用案例”。基层治理能力有效提升。创新乡村治理模式，2个乡镇实施市级乡村治理清单制试点，3个乡镇开展市级乡村治理积分制示范基地创建。加强数字乡村精细精准治理探索，乡村治理数字化转型应用场景正式启用。巩固拓展“五美社区”建设，升级村居电子台账，规范阳光村居务，不断提高村居治理水平。持续推进存量违法建筑逐年减量，保持新增违法建筑动态清零。深化全国文明城区常态长效建设，城市品质和市民文明素养不断提升。民族、宗教、侨务和对台工作巩固深化。工会、共青团、妇联等群团组织在基层治理中的作用进一步发挥。城乡安全防线更加巩固。社会治安环境持续向好，深化平安崇明建设，继续保持高压严打态势，深入推进“砺剑”系列等专项行动，常态化推进扫黑除恶斗争，刑事案件万人发案率保持全市最低水平。推进电信网络诈骗综合治理，电信诈骗立案数同比下降43.5%，群众防范意识持续提升。深入开展“防疫情、稳经济、保安全”大走访、大排查，设立区城市运行和突发事件应急管理委员会，实施自建房安全专项整治，加强消防、供水、食品等领域安全保障，全力确保城乡运行安全有序。

【政府治理水平】 2022年，崇明区政治引领更加突出。认真学习宣传贯彻党的二十大精神，忠诚拥护“两个确立”，增强“四个意识”，坚定“四个自信”，做到“两个维护”，政治判断力、政治领悟力、政治执行力持续增强。坚持党的全面领导，思想上政治上行动上始终做到同以习近平同志为核心的党中央保持高度一致，不折不扣贯彻执行党中央、国务院大政方针，认真落实市委、市政府和区委决策部署。营商环境持续优化。深化行政审批制度改革，加大“放管服”改革力度，积极打造政务服务升级版。落实重点企业首席联络员制度，形成重点企业“一企一档案”，企业服务效能不断提升。大力实施“一业一证”改革，在更多领域推行告知承诺制，打造全方位线上线下帮办服务体系，最大限度减少企业和群众跑腿次数。深入开展综合监管改革，着力维护企业合法权益，维护市场公平竞争秩序。全面落实各类减税降费政策，持续减轻企业负担。法治政府加快建设。深入开展法治政府建设示范创建，“法治护航世界级生态岛建设的探索与实践”入选全国法治政府建设示范项目。有序推动行政复议体制改革，畅通复议调解衔接机制。严格依法依规决策，推进重大行政决策全过程公开，行政机关负责人出庭应诉率达到94%。办理区人大代表建议152件、区政协提案178件。深入推进政务公开，自觉接受人大法律监督、工作监督和政协民主监督，主动接受纪检监察监督、群众监督、舆论监督，不断提高政府公信力。工作作风不断改进。强化全面从严治党“四责协同”机制，坚定不移推进政府系统党风廉政建设和反腐败斗争，锲而不舍落实中央八项规定精神，持续纠“四风”树新风，营造风清气正的政治生态。加强政府系统干部能力建设，做想干事、能干事、干成事的表率。坚持政府过紧日子，带头落实节约理念，严控区级部门一般性支出，强化预算绩效管理和审计监督，确保把宝贵资金用在发展紧要处、民生急需上。

【市长到崇明调研情况】 2月10日，市委副书记、市长龚正调研长江禁捕及长兴岛开发建设工作。龚正指出，要深入贯彻落实习近平生态文明思想，按照“共抓大保护、不搞大开发”的总要求和市委部署，深入践行“绿水青山就是金山银山”和人民城市重要理念，切实补齐基础设施短板，树立绿色生态样板，搭建高质量发展和高品质生活的“跳板”，以更高标准深入推进长江禁捕，以更大作为推动上海生态环境质量跃升。上海地处长江入海口，要把守护长江生态环境的重任扛在肩上、落在实处，加快推进基础设施建设，完善监管执法及跨区域协作机制，用好数字化智能化手段，铁腕整治非法捕捞等非法产业链，为长江流域智能化管控提供“上海方案”。要改变生产生活方式，鼓励市民群众共同参与，共同守牢“十年禁渔”，守护一江清水。要发挥郊野公园改善生态环境、带动乡村振兴的重要作用，顺应人民对美好生活的向往，持续提升内涵功能，留住历史记忆，放大综合效益，打造和谐宜居的生态之城，更好满足市民多样化需求。区领导李政、缪京、吴召忠陪同调研。

（郭正琪）

外事

【概况】 2022年，崇明区外事工作贯彻落实上海市委外事工作委员会会议精神，围绕区委区政府中心工作，积极应对新形势新挑战，稳步推进全区各项涉外事务，全力服务疫情防控和经济社会发展。为外籍人士来华提供优质外事服务，建立健全外籍人士来华邀请闭环管理工作机制。加大APEC商务旅行卡宣传力度，进一步完善申办APEC商务旅行卡的工作流程，为区属国有企业人员、注册地在崇明的民营企业和三资企业人员“走出去”提供“一站式”申请服务，以务实服务助力经济社会发展。至11月，全区共办理16家企业71名外籍人士来华邀请函，受理5家企业7人次APEC商务旅行卡申请。以中韩建交30周年为契机，实现友好交流新突破，启动崇明区与韩国济州特别自治道西归浦市建立友城关系报审工作。应韩国济州特别自治道西归浦市邀请，参加纪念中韩建交30周年“济州—中国交流城市交流周”“韩中书画美术展”活动，持续加强两地友好交流。以中日邦交正常化50周年为契机，举办崇明区与日本群马县线上交流会，开创市区两级外办共同推动两地友好交流的新模式。录制“崇明世界级生态岛建设”培训课程，配合上海市人民政府外事办公室完成“中国（上海）—爱尔兰公务人员交流项目”线上培训。代表第十届中国花博会参展第十二届欧洲花博会，展现上海崇明风采。参展的中国花园以“绽放的玉兰”为主题，由近2500株花卉和200株灌木组成，在16天展期内共吸引240余万人次入园观赏，网上观展浏览量达400余万次。

【新年贺信】 1月，崇明区向韩国济州特别自治道西归浦市、荷兰南荷兰省等第十届中国花博会国际友城展园所在城市政府寄送新年贺信，表达美好祝愿，延续花博友谊。

【2022年荷兰世界园艺博览会线上研讨会】 2月22日，崇明区农业农村委应邀参加2022年荷兰世界园艺博览会线上研讨会。荷兰Food Ventures公司分享以“温室技术运用在大规模食品生产和分销”为主题的崇明案例。

【韩国西归浦市与崇明区互致友好信函】 4月22日，韩国济州特别自治道西归浦市向崇明区致信，邀请崇明区参加纪念中韩建交30周年“济州—中国交流城市交流周”“韩中书画美术展”活动。6月24日，韩国济州特别自治道西归浦市市长金泰烨向崇明区委书记、区长缪京致信，祝贺其履新，希望两地进一步深化交流合作。8月29日，崇明区委书记缪京，区委副书记、区长李峻向韩国济州特别自治道西归浦市市长李钟佑致信，祝贺其履新，并表达进一步巩固两地交往成果，推动两地友好关系升级的愿景。

【第十二届欧洲花博会】 4月23日至5月8日，崇明区代表第十届中国花博会参展第十二届欧洲花博会。参展的中国花园以“绽放的玉兰”为主题，由近2500株花卉和200株灌木组成，16天的展期共吸引240多万人次入园观赏，网上观展浏览量达400多万。

【协助在崇外籍人士离境】 4—6月，崇明区为符合疫情防控要求的外籍人士必要出行和离境等提供便利，共帮助9批次外籍人士离境回国。

【“济州—中国交流城市交流周”活动】 6月6日，崇明区向韩国济州特别自治道寄送土布系列产品、玉海棠苦草茶、藏红花礼盒等纪念中韩建交30周年“济州—中国交流城市交流周”活动展品。6月17日，崇明区委副书记、区长缪京为纪念中韩建交30周年“济州—中国交流城市交流周”活动录制祝贺视频。8月，崇明区特色产品参展纪念中韩建交30周年“济州—中国交流城市交流周”活动。崇明区委书记缪京线上出席活动并致辞。

【崇明区与日本群马县线上交流会】 8月26日举办。交流会进一步凝聚两地生态发展共识，打造市区两级外办共同推动主题合作的友好交流新模式。上海市人民政府外事办公室副主任马颖慧、崇明区人民政府副区长张秩通、日本群马县知事战略部（国际交流部）部长田子昌之出席活动并致辞。

【“崇明世界级生态岛建设”涉外培训视频】 9月19日，上海市人民政府外事办公室开展“中国(上海)—爱尔兰公务人员交流项目”线上培训，崇明区录制“崇明世界级生态岛建设”涉外培训课程，展示生态岛建设成果。

【金砖国家友好城市线上活动】 9月20日,崇明区应邀线上参加“2022金砖国家友好城市暨地方政府合作论坛”和“金砖国家同新兴市场和发展中国家地方政府对话会”活动。

【济州国际青少年论坛】 11月11—13日，崇明区选派崇明中学5名学生参加2022年第十三届“济州国际青少年论坛”，就“全球化竞争下的教育行动计划”“实现性别平等和增强弱势群体权利的行动计划”等主题与来自11个国家41个城市的200多名青少年进行线上交流研讨。

【“韩中书画美术展”活动友城视频】 11月23日，崇明区应韩国济州特别自治道西归浦市邀请，为西归浦市主办的2022年“韩中书画美术展”活动寄送书画作品、录制友城视频，交流两地未来的交流合作愿景。

【日本群马县上海事务所代表团访问崇明区】 12月7日，日本群马县上海事务所代表团一行到崇明调研上海市实验学校东滩高级中学，探讨上实东滩高中和群马县立尾濑高中青少年交流活动。上海市人民政府外事办公室亚大处陪同。（丁　希）

合作交流

【概况】 2022年，区合作交流工作围绕公务接待、合作交流和东西部扶贫协作等方面开展。公务接待方面，坚持贯彻落实中央八项规定及本市关于规范开展国内公务接待的要求，严格执行《崇明区党政机关国内公务接待管理办法》及其实施细则，保质保量完成党政机关国内公务接待保障工作。全年共完成公务接待64批次、862人次。东西部协作方面，崇明区聚焦“守底线、抓发展、促振兴”，深化与对口地区全领域协作，推动重点任务有效落实，助力对口地区加快乡村振兴。先后3次召开专题会议研究部署区东西部协作工作。组织2批次56人次区级代表团赴结对县（区）调研，并与云南临沧8县（区）召开精准帮扶联席会议8次，推动两地东西部协作工作。围绕产业发展、农村建设等方面。年内，安排市级统筹帮扶资金26568.2万元，涉及帮扶项目35个。动用区级财政资金1552万元，动员社会帮扶资金3532.3万元，用于各项帮扶工作。新选派5名干部在临沧市挂职，遴选教育、卫生、农业等专业骨干和青年志愿者54名。举办各类培训班99期，为临沧市培训党政干部3696人次、专业技术人才6940人次。全年引导企业赴临沧投资额3.3亿元。深入开展消费帮扶行动，年内累计完成消费帮扶金额1.85亿元，并在区内建设销售平台窗口18个。年内组织发动919人赴云南省疗休养。全年帮助临沧6082名农村劳动力实现就业，其中3617名农村劳动力实现就近就地就业，1263名农村劳动力实现来沪就业，帮助1202名农村劳动力到其他地区就业，完成全年就近就地和转移就业考核指标。继续落实崇明区18个乡镇与临沧市28个乡镇开展结对帮扶，动员217爱心家企业、19个社会组织、22个村（居）与临沧458个行政村，16个乡村振兴示范村落实结对帮扶关系，累计帮扶资金3325万元。与对口地区9所学校、9家医院建立结对帮扶关系。（徐林峰）

【临沧市党政代表团到崇明学习考察】 7月27—28日，临沧市党政代表团到崇考察对接，召开两地联席会议，共商东西部协作事宜，并安排学习考察活动。区委书记缪京，副区长宋学梅会见代表团并陪同考察。（茅　锐）

【崇明区党政代表团赴临沧市学习考察】 8月15—17日、9月14—17日，区委书记缪京，区委副书记、区长李峻分别带队赴临沧市8个县（区）调研沪滇对口协作工作，召开两地联席会议，实地考察产业协作项目，与临沧共谋巩固拓展脱贫攻坚成果。（杨珅珅）

【市政府合作交流办到崇明考察调研】 9月8日，市政府合作交流办主任潘晓岗到崇明考察调研，共商年度对口帮扶工作事宜。潘晓岗希望崇明继续发挥自身优势，在产业帮扶、项目建设、园区共建、劳务协作、社会帮扶等各方面下功夫，不断提升东西部协作水平。（范琳姣）

【市人大常委会主任蒋卓庆到崇明调研】 9月9日，市人大常委会主任蒋卓庆到崇明调研，并召开座谈会听取崇明区乡村振兴发展有关情况。蒋卓庆指出，要牢牢把握市委、市政府关于崇明世界级生态岛建设的定位要求，认真做好乡村振兴促进条例的宣传贯彻，加大制度性创新力度，走出崇明世界级生态岛乡村振兴发展新路。要聚焦重点，完善区域产业发展方向，建立健全有利于农民收入稳定增长机制，研究制定世界级生态岛建设相关指标体系，促进农业高质高效、乡村宜居宜业、农民富裕富足。（范琳姣）

机关事务管理

【概况】 2022年，区机管局统筹疫情防控和机关运行保障，持续提升做优服务品质、做强保障能力、做实管理绩效，努力推动机关事务管理服务保障。机关后勤保障方面，盯牢物业安全保障、设施设备运行、人员管理、车辆服务等重点领域，确保区级机关集中办公点安全有序高效运行。做好集中办公点维修改造，推进区政府大院老旧设施改造、区会议中心温湿度环境监测系统改造、行政服务中心餐厅及屋顶等改造项目。完成区党代表会议、区人代会及区委全会等有关重要会议保障及物业应急保障工作。办公用房管理方面，强化集中统一管理，摸清房屋资源底数，对全区范围内的办公用房进行再次统计核查，准确掌握信息。全面梳理办公用房存量资源，针对闲置的党政机关办公用房及未来可能闲置的办公用房进行全面统计，强化机关办公用房资产盘活利用力度，最大限度发挥办公用房使用。继续加强办公用房维修工作，对办公用房确因使用时间较长、设施设备老化、功能不全、存在安全隐患，不能满足办公要求的，进行维修改造。2022 年，办公用房维修共涉及单位 12 家，维修面积约 4648 平方米，维修经费 395 万元。公务用车管理方面，根据国管局要求，完成 2021 年度崇明区党政机关、参公事业单位的车辆信息填报工作。疫情期间，完成医院车辆保障工作，驾驶员零感染、车辆零事故、车辆保障工作零投诉。本区党政机关一般公务车辆配备更新中大力推广使用新能源汽车，严格执行公务用车更新工作中新能源汽车占比 80% 政策。2022 年完成区党政机关，事业单位公务用车更新审批 15 辆，新能源适配车型更新 5 辆，占比达 100%。公共机构节能减排管理方面，制定《崇明区公共机构光伏开发应用行动方案》和《崇明区公共机构光伏建设管理实施意见》，推进崇明区公共机构领域光伏开发建设工作。专注做实能耗统计，做好崇明区公共机构每月的能耗填报工作，合理设置乡镇的年度能源消费总量目标值，完成年度节能降耗指标。推进公共机构能源审计，下发《公共机构能源审计有关工作提示》等文件，贯彻落实相关能源审计工作。严格部署垃圾分类工作，联合区绿化市容局对全区 18 个乡镇共 396 家公共机构进行垃圾分类专项检查，持续开展塑料类可回收物单独回收试点工作，有效推动塑料废弃物资源利用。

【政府集中采购工作】 2022 年，区机管局严格政府采购项目日常管理，抓好政府采购政策落实，提高采购质效。全年累计办结采购业务 101 件，完成采购预算金额 34097.05 万元，实际采购金额 33415.01 万元，共节约资金 682.04 万元，有效地降低财政支出，发挥财政资金的使用效益。

【《上海市机关运行保障条例》宣贯工作】 2022 年，区机管局《上海市机关运行保障条例》(以下简称《条例》)是上海市首部机关运行保障地方性法规，为把《条例》落实落细，见到实效，区机管局加强统筹安排，突出重点内容，深入贯彻落实。坚持领导班子带头学，带动党员干部深入学，全面梳理现有规章制度，做好废改立工作。制定本区《条例》宣贯工作的实施方案，助力《条例》落地实施。 (*方必豪*)

信访工作

【概况】 2022 年，崇明区信访工作坚决贯彻区委、区政府决策部署，有效化解群众合理合法诉求。全年共接收群众信、访、电、邮 4776 件(批)，比上年减少 5.80%。其中，来信 1418 件，比上年减少 29.84%；来访 303 批 535 人次，比上年批次减少 55.57%，人次减少 55.75%；来电 255 件，比上年增加 112.50%；网信 2568 件，比上年增加 28.34%。强化责任担当、坚持人民至上，夯实体制机制，开展以贯彻《信访工作条例》，坚持人民信访为人民”为主题的学习宣传活动，对条例的修订背景和主要内容进行深入解读，详细阐述做好新时代信访工作的重要意义和实践要求。充分发挥信访工作联席会议机制重要抓手的作用，及时传达上级关于信访工作的决策部署和工作要求，协调处理疑难复杂信访问题，有效形成齐抓共管工作合力。基础业务进一步规范高效，坚持程序规范与实体规范并重的工作原则，对信访事项的转送、受理、答复、汇报等每一个关键环节的办理操作从严从紧从细规范，并注重常态化的培训、沟通、指导，促基础业务规范化之弦不放松。对满意度件的办理推进与责任单位保持常态化沟通机制，督促责任单位将“三联系三及时三见面”工作要求落实到位,力争“应评尽评”，满意为主。制定人民建议征集专报月刊制度，报送区四套班子主要领导和分管领导并抄送有关部门，着力推进“金点子”化为“金果子”。全年共计刊发人民建议征集专报 18 期(收录区内优秀人民建议 141 条)。矛盾攻坚进一步推动见效，深化治理重复信访化解信访积案专项工作，强化高位推动，坚持实行领导包案全覆盖，对于历时 5 年以上和纳入再督办范围的重复信访事项，继续实行“区领导+责任单位党政主要领导”双包案督办,落实“五个一定”领导包案责任。落实领导接访下访工作，要求各乡镇发挥领导干部每日接访制度，对所接待的信访事项要全程负责、一盯到底，做到真接访、真下访、真化解，努力把矛盾化解在基层和萌芽状态。做好信访复查和依法分类处理信访诉求工作，建立协商督办机制，对于信访复查后被撤销的信访事项，做好后续跟踪处置，定期沟通协商，督促责任单位落实后续处置工作。开展上海信访“家门口”服务体系十大优秀案例评选活动，积极创新群众工作方法，从接访工作中培育新观念、发现新思路、探索新方法，推动创新举措落地生根。18 个乡镇全部参加案例评选，其中新海镇案例获评上海信访“家门口”服务体系十大优秀案例。

【《信访工作条例》学习宣传活动】 5月1日，新修订的《信访工作条例》（以下简称《条例》）正式实施后，区信访办开展以“贯彻信访工作新《条例》，坚持人民信访为人民”为主题的学习宣传活动，为做好新时代信访工作和开展好“阳光信访、法治信访”奠定扎实基础。区信访办通过制作《条例》宣传展板、海报、横幅、易拉宝等开展环境宣传，提升《条例》影响力，把《条例》的学习宣传融于接待来访群众全过程。依托全区所有职能部门、18个乡镇、343个村（居）委的信访渠道，充分利用“四级接待”体系开展《条例》学习宣传工作，制作和发放宣传册、小扇子、抹布、环保袋等共计约2万份。充分运用新媒体平台服务信访工作、宣传《条例》，引导群众树立正确信访观，宣扬依法信访、理性表达诉求、维护合法权益，营造文明信访、依法信访的良好氛围。

【崇明区信访工作会议】 3月10日召开。区委副书记、区长缪京主持会议。区委常委、政法委书记龚朝晖回顾总结2021年全区信访工作情况，全面部署2022年重点工作。副区长、区公安分局局长陈琦通报2021年全区信访工作目标责任考核情况；区委书记李政作重要讲话。

【“集中治理重复信访、化解信访积案”专项工作】 2022年崇明区坚持群众息诉息访的标准，倒排进度、挂图作战，强化措施、加压奋进，确保高质量完成既定工作目标。自2020年9月集中治理重复信访、化解信访积案专项工作开展以来，崇明区共承办2批重复信访事项301件，一批疑难信访问题得到解决。

【区委书记缪京专题听取信访工作汇报】 8月19日，区委书记缪京赴区信访办开展专题调研，听取区信访办基本情况、信访基础业务、化解信访积案、人民建议征集等重点工作开展情况、下阶段工作计划等汇报，强调要深刻认识信访工作，协同化解突出矛盾，切实做好风险预防。

【市委常委、宣传部部长赵嘉鸣下访接待信访群众】 9月23日，市委常委、宣传部部长赵嘉鸣到崇明区竖新镇下访接待信访群众3批6人次，针对群众反映的问题，当场落实责任单位，明确化解措施。市联席办、市信访办副主任张俐蓉，区委副书记、区长李峻以及相关部门负责人参加下访接待工作。

【区委副书记、区长李峻专题听取信访工作汇报】 10月13日，区委副书记、区长李峻到区信访办开展专题调研，听取区信访办基本情况、重点工作开展情况、当前面上形势和存在问题以及下阶段工作打算等汇报。李峻强调要重视初信初访工作，发挥职能部门作用，加强系统谋划思考。

【信访工作“家门口”服务体系活动】 2022年，区信访办围绕上海信访“家门口”服务体系建设工作主题主线，深入推进基层信访窗口建设持续完善、基层信访工作能力不断提升。在标准化创建的基础上，进一步开展回头看活动，全面推动“人民满意窗口”场所设施更加便民温馨、专业服务更加优质高效、多元参与更加广泛深入、信访秩序更加安全稳定。开展上海信访“家门口”服务体系十大优秀案例评选活动，积极创新群众工作方法，从接访工作中培育新观念、发现新思路、探索新方法，推动创新举措落地生根。全区18个乡镇全部参加案例评选，其中新海镇案例获评上海信访“家门口”服务体系十大优秀案例。 （张惊晓）

政务服务

【概况】 2022年，崇明区“一网通办”平台发布区级政务服务事项5130项，涵盖37个部门、事项情形10373项。其中，申请办理类事项情形2623项，实现全程网办2307项。年内，升级改版“随申办”崇明旗舰店，年度访问量突破2300万人次。加快打造“15分钟政务服务圈”，累计布设自助终端53台，建成24小时自助服务区3个，提供市、区各级各类服务事项1973项。推进惠民利企政策和服务“免申即享”，完成两批次市级重点项目3项、区级特色项目12项。新增“中小学转学”等“一件事”集成服务，优化“开办林木育苗企业”等上线“一件事”10项。推行政务智能服务改革应用，新增及优化“疫情防控援企稳岗（企业职工线上职业培训）”等“好办”服务12项、“开具气象证明”等“快办”服务8项。落实区级事项“线上人工帮办”15项。推进惠企精准主动服务，企业专属网页上线“政策体检”服务10个，完成“产业发展服务平台”等5个属地化特色专区建设接入。第一时间将助企纾困、经济恢复重振等各项政策精准推送给崇明区近30万家企业。

【政务服务“一网通办”专项立功竞赛】 2022年，区政务服务办、区总工会、区级机关工作党委、区行政服务中心联合成立崇明区“一网通办”专项立功竞赛联席会议，组织全区86个政务服务中心近千名窗口工作人员开展政务服务“一网通办”专项立功竞赛，凝聚“崇尚为民初心锤炼金牌服务”思想共识，激励全区政务服务人争做最美“瀛洲店小二”、打造一流“政务服务军”。凝聚初心共识，打造政务服务共同语言。创建崇明政务服务标识和服务形象“迎迎”，形成“崇尚为民初心锤炼金牌服务”的崇明政务服务理念，创作政务服务主题歌曲《初心》，以文化理念引领，打造共同价值追求。围绕政务服务人如何助企纾困在肩、惠企利民在心，优化营商环境、提升办事体验，开展全员参与的大讨论，共征集文章206篇。加强业务培训，落实政务服务共同标准。编写《崇明区政务服务窗口培训读本》，详细介绍政务服务规范，明确各项政务服务标准、业务要求、工作制度等。举办全区窗口人员专题培训讲座，全面讲解市、区两级“一网通办”改革形势任务、目标要求，区各相关部门分别组织开展常态化内训，抓实抓细业务提升。在区政务服务中心建立全区政务服务系统窗口实训基地，组织28名乡镇社区事务受理中心人员分3批次到实训基地综合窗口和现场管理岗位轮岗。激励比学赶超，实现政务服务共同目标。围绕国家、上海市崇明区出台的“一网通办”改革有关政策文件和重点业务工作，组织全区窗口工作人员每天开展答题学习，增加业务知识储备，每天线上答题参与度达99以上。在各窗口岗位练兵的基础上，组织现场笔试和场景模拟比赛，检验窗口人员基础知识掌握情况和业务应对能力，评选出最佳组织奖1个，集体类一等奖2个、二等奖4个、三等奖6个，最具人气奖1个。个人类一等奖6个、二等奖12个、三等奖15个。通过树立一批政务服务标杆，进一步增强全区窗口工作人员的归属感、荣誉感。

【医疗救助“免申即享”】 2022年，崇明区深入聚焦困难群众较多的区域特点，依托“一网通办”平台支撑和数据赋能，持续优化打造“医疗救助一件事”，着力解决救助保障办事远、材料多、打款慢等问题，实现“线下窗口办”向“线上一次办”“申请办”向“免申办”2次全面飞跃，切实践行“以人为本”政务服务初心，显著提升用户办事体验。至2022年底，建成上线“崇明区医疗救助‘一网通办’平台”，通过对接市医保局数据库，自动获取申请人身份信息、医药费发票信息，整合身份认证、综合减负、费用核算、救助发放等业务流程，综合打造“医疗救助一件事”，办理时间缩短80%——5个工作日内发放救助资金，申请材料压减100%——“零材料”提交，跑动次数减少100%——全程网上办、指尖办，办事环节优化100%——自动核算、系统流转。至2022年8月底，全区完成“医疗救助一件事”办件113682件，其中80.53%为网办件。为进一步促进全区医疗救助经办服务提质增效，确保救助保障覆盖到每个一个困难对象，崇明区积极探索推进医疗救助“免申即享”，将繁琐的“申请、审批、拨付”流程，调整为系统主动认证、后台数据比对、精准核实拨付的“免申请、不打扰”服务模式，以部门最大化的压减自由裁量权换取百姓最大化的办事便捷度。救助对象在医院就诊后，无需申请，系统自动整合医保结算、综合减负、居保大病、工会补助等数据，精准核算医疗救助金额，在线完成资金拨付。群众办事更便捷，做到了“人找政策”到“政策找人”“被动服务”到“主动服务”的转变，时刻关爱到每一个救助对象。政府审核更精准，以充分的数据赋能、严密的系统架构、智能的审核逻辑，大幅减轻了各级经办人员的工作压力，有效避免了漏救、错救、重救等问题，有力强化了医疗救助兜底保障性功能。8月底，崇明区港西镇完成试点，9月15日起，实现全区推广实施，惠及6万余名救助对象，占全市整体救助量的1/3左右。年内，共计救助19.2万人次、发放资金8400余万元，相关经验被国家医疗保障局网站刊录。

【电子证照社会化应用场景拓展】 2022年，针对景区购票入园需要身份证实名登记的实际需求，崇明区在东平国家森林公园完成岛内首家电子证照社会化应用场景建设，并将建设运营经验复制推广至西沙明珠湖景区，分别在明珠湖、西沙湿地入口实现了居民身份证、残疾人证亮证预约或购票及核销入园应用场景。出行办事方面，在上海客轮南门、新河、吴淞码头等重要点位布设扫码设备，扫描居民身份证亮证二维码核验登记人员身份和健康信息，助力疫情精准防控。向化镇居民办理迁户、分户等事项，可以通过出示居民身份证、居民户口簿、上海市居住证、不动产权证、社保缴费证明等相关电子证照进行审核验证。区供销社所属的农资公司连锁经营门店购买农资商品认可出示电子身份证进行实名登记。会同市级部门拓展了使用电子社保卡在医院挂号、付费，使用电子身份证在区档案馆登记查阅档案等种类丰富的社会生活服务场景。文旅体育方面，陈家镇图书馆通过扫描居民身份证亮证二维码实现了“身份登记、防疫核验及预约核销”多场景联动。同时，陈家镇图书馆支持出示残疾人证、医师执业证书、护士执业证书等电子证照使用场馆优先服务，借书日期可以延长一周。绿华镇图书馆认可出示电子身份证办理借书卡。长兴镇社区党群服务中心开展“电子亮证，文化惠民”活动，帮助群众化解忘带身份证无法登记身份、借阅图书的尴尬。“稻1968”、光明瑞华果园、上海智慧岛数据园等景区园区认可访客出示电子身份证登记入园。铁人三项、自行车等体育赛事认可参赛选手出示电子身份证进行入场参赛登记。教育就业方面，在本区中小学、幼儿园入学入园验证阶段，支持使用居民身份证、居民户口簿、上海市居住证、不动产权证、社保缴费记录等电子证照，由工作人员现场进行目视确认核验。

（黄　瑜）

崇明年鉴

ChongMing NianJian

2023

政协上海市崇明区委员会

综　述

2022年，政协上海市崇明区委员会（以下简称区政协常委会）坚持以习近平新时代中国特色社会主义思想为指引，深入贯彻落实中共十九大及历次全会精神，认真学习宣传贯彻中共二十大精神，坚持团结和民主两大主题，坚持建言资政和凝聚共识双向发力，持续推进专门协商机构建设，积极践行全过程人民民主，注重理论武装，强化思想政治引领，广泛凝聚共识力量；聚焦中心工作，助推经济社会发展，提升专门协商机构专业水准；关注民生福祉，致力改善民生，提高民主监督工作实效；加强自身建设，推动提质增效，打造开放自信一流政协，带领区政协委员、各党派团体和各族各界人士，围绕中心、服务大局，切实履行政治协商、民主监督、参政议政职能，为取得疫情防控积极成效、推进世界级生态岛建设高质量发展作出新的贡献。

（高黎明）

重要工作

【概况】 2022年，区政协坚持团结和民主两大主题，坚持建言资政和凝聚共识双向发力，持续推进专门协商机构建设，积极践行全过程人民民主，紧扣世界级生态岛建设、加快发展绿色低碳产业等工作，切实履行政治协商、民主监督、参政议政职能，为推进世界级生态岛建设高质量发展作出新的贡献。

【思想建设】 2022年，把加强思想政治引领、广泛凝聚共识作为履职工作的中心环节，用党的创新理论武装头脑、指导实践、汇聚力量。加强党的全面领导，不断巩固和深化共同思想政治基础。始终坚持“人民政协是政治组织，必须旗帜鲜明讲政治”这一本质要求，把迎接中共二十大、学习宣传贯彻二十大精神作为贯穿全年的重大政治任务，深刻领悟“两个确立”的决定性意义，增强“四个意识”、坚定“四个自信”、做到“两个维护”。切实肩负起党对政协工作全面领导的重大政治责任，确保党中央大政方针和决策部署贯彻落实到政协全部工作之中。引导各党派团体、各族各界人士在根本问题、重大原则上统一认识，把各方面力量紧密团结在党的周围，夯实团结奋斗的共同思想政治基础。加强学习型政协建设，努力推进委员学习培训常态长效。持续推进“书香政协”建设，精心制订年度学习计划，健全以党组理论学习中心组学习为引领，主席会议集体学习、常委会专题学习、专委会学习、界别学习、委员学习培训相配套的学习制度体系。指导委员深入学习《中国共产党政治协商工作条例》《关于加强和改进新时代区政协工作的实施意见》《关于加强和改进上海市各民主党派、无党派人士和人民团体在人民政协履职工作的意见》。通过“学习宣传贯彻中共二十大精神”等委员大讲堂宣讲、“促进文化产业高质量发展”等阶段性主题读书活动、“加强和改进新时代基层政协工作”等专题研讨、“委员培训微课”等线上培训，为委员“懂政协、会协商、善议政”打下坚实的理论与实践基础。委员参与各类学习培训累计5800余人次。加强宣传引导工作，广泛汇聚各界人士团结奋斗强大合力。牢固树立政协宣传工作是党的宣传思想工作重要组成部分的工作理念，着力构建政协宣传工作“一盘棋”格局，切实以“宣”聚力，服务发展。与区委宣传部门联合研究部署“政协在线”宣传工作，精心打造“1+4”线上宣传栏目，不断形成加强和改进人民政协工作的良好社会舆论氛围。其中，《情系田间地头，聚焦为“农”发声》被市政协收录进上海电视台《协商第一线》栏目。《崇明政协委员抗疫歌》《暖心助花农，鲜花慰医护》等委员战“疫”故事被央广网、文汇报等多家媒体报道。推动人民政协理论走进区委党校，成立政协书画院，举办“庆祝党的二十大·翰墨丹青颂党恩”书画展，开展妇女节、教师节、重阳节等节日走访慰问及主题沙龙活动，发挥政协文史在“存史、资政、团结、育人”中的重要作用，将政协委员和社会各界人士的思想共识凝聚起来、智慧力量汇集起来，不断增强政协工作的思想引领力、社会影响力。

【调研协商】 2022年，区政协聚焦服务城市发展、完善城市功能，助推城市功能品质提升，深入开展调研协商。以“维护社会公共利益”为主题，主席会议成员就“检察公益诉讼工作”等专题赴10余家单位开展集体知情调研，为厚植生态优势、守住发展底线出谋划策。以“加快发展各项社会事业”为主题，各专委会就“公共卫生体系三年行动计划完成情况”“生态市集建设管理情况”等开展实地调研，助推做好民生实事，改善人民生活。以“生态赋能产业发展”为主题，召开“大力实施第八轮环保三年行动计划”“加强文旅品牌建设”“发展高品质现代农业”等专题协商性常委会会议，就促进产业融合发展、探索生态补偿、推进生态环境治理等形成协商建议45条，助力生态环境与经济发展双促双赢。与市政协界别和地区工作委员会联合成立“瀛洲智库”，聘请部分全国、市、区三级政协委员为智库专家，发挥其“头雁效应”，切实提升课题研究、专题议政、大会发言的质量。创设“崇明区政协长江工作站”，围绕“学习贯彻二十大·共话长江大保护”主题，邀请“瀛洲智库”专家等就助力长三角污染防治、绿色发展的共性话题议政建言，推动这一平台上下联动、左右协同、共商共治、开放共享，获得市政协高度重视和各级媒体广泛关注。组织区政协各参加单位及市、区两级委员深入开展系列调研，并召开“坚持生态优先，加快发展绿色低碳产业”专题议政会，形成《打造崇明农产品中央厨房片区》等16篇调研报告，助力“农产品集采集配中心”等项目的前期规划和推进工作。突出界别特色，提升界别履职质效，率先在农业、工商联、经济界别成立“界别委员工作室”，建立政协委员联系界别群众的特色阵地。以万禾、凤凰、冠华工作室为载体，开展“线上线下资源整合”“共议经济重振”等界别协商活动，为解决群众操心事、烦心事靶向问症、精准建言，《人民政协报》以题为《服务界别群众、服务经济民生》专题报道了相关工作，《联合时报》全文刊载了理论文章《激发界别活力，推进全过程人民民主》。29个界别根据自身特色和专业特长开展实地调研，为委员搭建了解疑释惑、知情明政、宣传交流、反映民意的平台。强化19个乡镇(公司)政协工作联络组基层功能，推动政协协商与基层协商有效衔接。组织“协商于民”政协委员工作站负责人参加市政协线上培训会议，加深对“政协协商延伸至基层”重要意义的认识。开展“请你来协商”现场观摩活动，通过“明珠花苑综合整治”协商座谈，使委员沉浸式参与基层社会治理。各工作站围绕“助力长兴地铁小镇建设”“增设灶花堂休息区加油站”等主题，邀请相关部门及有关协商主体座谈，面对面进行协商、实打实解决问题，使政协协商融入社区最基层、激活协商最末梢。

【民主监督】 2022年，专项民主监督由区政协全面统筹、专委会牵头推进、工作站具体实施，选取“学生在校午餐质量”“社区多层住宅电梯加装后续运维情况”等6个主题，分赴有关职能部门、乡镇等20余家单位开展调研、视察和座谈。通过专项民主监督情况通报会，提交了6份监督报告。其中，关于“电梯维修基金的募集工作应予以前置”等12条意见建议被相关部门采纳吸收，并落实到后续工作当中，有力推动了一批专业领域的民生问题在基层落地见效。各专委会围绕“关注崇明优质稻米产业”“促进农旅文旅融合发展”等，开展小微型平时视察，详细了解有关部门具体经验做法、存在不足和困难问题，提出中肯建议。创新委员年末集中视察形式，围绕区政府实事项目和重点工程建设推进情况，聚焦“乡村振兴”“养老设施建设”“公共文化服务”等主题，开展多批次、多点位视察，组织协商座谈，征求多方意见，提升视察监督活动整体成效。区政协二届一次会议以来，立案的185件提案，通过“云办理”“线上商”等方式，办结率达到100%。其中，办理结果为“解决或采纳”“列入计划拟解决”的提案171件，占92.4%。《关于崇明碳中和示范区建设的几点建议》等一批事关崇明经济社会发展和人民群众关心关注的提案，以主席会议成员领衔督办、提案公开、提案选登、优秀提案评选等方式予以重点督办，促进提案建议落地落细落实。紧盯委员关注、群众关心的难点痛点问题，通过区融媒体中心平台，制作访谈栏目《议政面对面》，将提案的提出、调研、协商、办理、落实等关键环节一一呈现，体现“群众关注什么，提案就监督什么”，促进提案办理工作见“效”更见“情”。专题部署反映社情民意信息工作，发动政协委员、党派团体成员、社情民意信息员聚焦党委政府关注的要事、保障改善民生的实事、基层社会治理的难事，高质量反映社情民意信息。据统计，围绕疫情防控、经济发展、民生福祉三大领域，全年共收到601篇社情民意信息。上报市政协218篇，报送区委、区政府及有关职能部门54篇。市政协采用57篇，全国政协采用6篇，其中4篇被转送国务院及有关部委，为党委政府了解民情、体察民意、集中民智、科学决策提供了有价值的参考意见。

【自身建设】 2022年，区政协推进两支队伍的专业化建设，形成委员队伍和机关干部队伍有机互动、共同提升、彼此成就的生动局面。激发委员活力，强化履职担当，对委员政治责任、履职责任、社会责任作出系统规定，保障委员参与协商、平等协商、有序协商的民主权利，提升委员政治把握能力、调查研究能力、联系群众能力、合作共事能力。建设“模范机关”，提升服务质量，按照“政协机关服务政协履职”的要求，树立“崇学善思”“机关干部讲习台”等机关工作品牌，打造政协机关“四个过硬”，激励机关干部争做“四个表率”，以抓队伍建设来提高干部的能力水平，为政协高效履职提供坚强服务保障。推进政协工作制度化建设，锚定实现“完整的制度体系、科学的运行机制、规范的工作模式”这一目标，全力推动制度的有效执行。完善工作制度，围绕提升委员管理服务工作水平、加强协商议政成果转化、强化政协协商与基层协商有效衔接、规范居家办公等方面，做好各项制度完善，推动政协制度更加成熟更加定型。优化机制运行，进一步理顺工作机构、办事机构沟通协调运转机制，凸显专委会的基础性作用，促进界别、专委会、联络组“三驾马车”在政协履职中的良性互动和高效衔接，不断提升政协专业协商的能力和水平。抓实落地见效，加强对各层面意见建议落实情况的跟踪督促检查，并提升到具有普遍性、示范性、操作性的制度层面上来，真正推动各类协商成果转化为解决问题的实际成效，让委员更有成就感、群众更有获得感。按照“重点发力、深耕品牌”的目标要求，实施政协工作品牌化战略，以点带面、辐射引领，通过创建、培育、厚植系列品牌，全面推进政协整体工作提质增效。做精三大既有品牌，凸显“委员大讲堂”理论宣讲特色，使之成为宣传党的方针政策和凝聚各界共识的重要载体；扩大“协商于民——请你来协商”协商影响力，不断助力各联络组以协商之思解当下之困；深化“协商监督在一线”履职实践，推动民主监督赢得百姓好口碑。打响三大创新品牌，用好“瀛洲智库”，借智引智、借力发力，汇聚各方资源，形成推动崇明高质量发展的智慧力量；建好“界别委员工作室”，以界别协商助力基层协商，更好服务界别群众；依托“长江工作站”，探索“五联五跨”多维度、场景式协商议政新实践，服务长三角地区政协各参加单位、各级委员就更宽领域、更深层次的共性话题，共同研讨交流、协商建言。（高黎明）

1月10—12日，中国人民政治协商会议上海市崇明区第二届委员会第一次会议在崇明会议中心召开（区政协　供图）

重要会议

【概况】 2022年，崇明区召开中国人民政治协商会议上海市崇明区第二届委员会第一次会议、“坚持生态优先，加快发展绿色低碳产业”专题议政会等重要会议。

【中国人民政治协商会议上海市崇明区第二届委员会第一次会议】 1月10—12日在崇明会议中心召开。区委书记李政等出席会议，参加界别委员小组讨论，与委员共商崇明经济社会发展。会议以习近平新时代中国特色社会主义思想为指导，听取并讨论区长缪京所作的政府工作报告，讨论区人民法院工作报告、区人民检察院工作报告以及其他有关报告。会议对上述报告表示赞同，并提出意见建议。会议审议通过邹明代表政协上海市崇明区第一届委员会常务委员会所作的工作报告、张荣代表政协上海市崇明区第一届委员会常务委员会所作的提案工作情况报告。

【常委会会议】 1月12日，区政协主席邹明主持召开二届一次常委会会议，会议协商决定了区政协有关人事事项。2月23日，区政协主席邹明主持召开二届二次常委会会议，区委书记李政应邀出席会议并通报了2022年度区委重点工作安排情况，会议协商通过区政协二届一次会议提案审查情况的报告、《政协上海市崇明区委员会常务委员会2022年工作要点》和《政协上海市崇明区委员会2022年度重要会议、活动安排》。6月28日，区政协主席邹明主持召开二届三次常委会会议，副区长张秩通出席会议并作关于崇明区加强文旅品牌建设，促进文旅融合发展工作情况的通报。会议围绕精准文旅品牌定位、提炼品牌名称、丰富品牌发展内涵等方面提出意见建议。7月28日，区政协主席邹明主持召开二届四次常委会会议并总结区政协上半年工作、部署下半年工作。区委常委、副区长黄晓霞出席会议并作关于崇明区发展高品质现代农业工作情况的通报。会议围绕健全农产品质量监管机制、推动公共品牌主导产业升级、培育农业新型经营主体等方面提出意见建议。8月25日，区政协主席邹明主持召开二届五次常委会会议，副区长张秩通出席会议并作关于崇明区实施第八轮环保三年行动计划、推进生态环境治理体系和治理能力现代化工作情况的通报。会议围绕统筹生态环境系统治理、建设循环经济体系、推动清洁能源多样化、加强企业环保指导、加大信息公开力度等方面提出意见建议。会议听取副区长徐慧泉关于世界级生态岛碳中和示范区建设工作情况的通报。10月20日，区政协主席邹明主持召开二届六次常委会会议，副区长张秩通出席会议并作关于区政协二届一次会议以来提案办理工作情况的通报。会议围绕加强提案办理业务培训、做好提案办理成果的吸收转化、加大对提案办理落实的宣传力度等方面提出意见建议。会议协商通过有关人事事项。11月30日，区政协主席邹明主持召开二届七次常委会会议，会议协商通过关于召开政协上海市崇明区第二届委员会第二次会议的决定，区政协常务委员会工作报告报告人名单、提案工作情况报告报告人名单。会议协商通过政协上海市崇明区第二届委员会第二次会议议程（草案）、日程（草案），政协上海市崇明区第二届委员会第二次会议秘书长、副秘书长、分组召集人建议名单；协商讨论政协上海市崇明区第二届委员会常务委员会工作报告、政协上海市崇明区第二届委员会常务委员会关于二届一次会议以来提案工作情况的报告。

【“坚持生态优先 加快发展绿色低碳产业”专题议政会】 9月29日召开。区委副书记、区长李峻出席会议并讲话，区政协主席邹明主持会议。会上，农工党区委、九三学社区委、民革区总支部和区政协经济委员会、教科卫体委员会、社会和法制委员会分别就“打造崇明农产品中央厨房片区，以现代新农业助力乡村振兴战略”“依托世界级生态岛自然环境资源优势，通过文体旅融合打造高质量崇明体育特色品牌”“探索建立以公共品牌为引领的品牌矩阵，促进崇明绿色现代农业高质量发展”“发挥政策先导效应，助推数字经济发展”“加快新型信息基础设施建设，助力崇明城市数字化转型”“打造世界级生态康养旗舰店，激活崇明经济发展新动能”等主题作议政发言。专题议政阮青、钱世超对崇明生态发展理念作了进一步诠释，并就产业扶持引导、规划布局、招引培育、生态价值实现路径等方面提出了意见建议。“瀛洲智库”专家代表、上海市政协委员、市发展改革委党组副书记、副主任、市发展改革研究院院长阮青，上海市政协常委、华东理工大学经济发展研究所所长钱世超作专题建言，区政协副主席张荣、樊红妹、丁汉明、施菊萍等出席会议。（高黎明）

重要活动

【概况】 2022年，区政协围绕区委、区政府中心工作，组织开展首批界别委员工作室云授牌、云揭牌仪式及专题学习报告会、委员大讲堂等活动，并成立“瀛洲智库”、区政协书画院、“崇明区政协长江工作站”。

【委员大讲堂】 3月9日，区政协、区委统战部联合举办2022年第一期委员大讲堂，邀请上海市环境科学研究院低碳经济研究中心主任胡静作“关于双碳战略推进路径的思考”专题讲座。6月22日，第二期委员大讲堂邀请华东师大国际关系与地区发展研究院终身教授、俄罗斯研究中心主任冯绍雷作“俄乌冲突与全球转型”专题讲座。8月16日，第三期委员大讲堂邀请上海交通大学博士、上海市元宇宙标准专家组专家张东，作“元宇宙赋能文博文旅文创”专题讲座。10月28日，第四期委员大讲堂邀请中共上海市委党校教授周敬青作“学习宣传贯彻党的二十大精神”专题讲座。

【首批界别委员工作室云授牌、云揭牌】 5月26日,视频会议形式召开。会议对首批3家界别委员工作室予以云授牌、云揭牌。进一步增强崇明区政协界别工作活力，彰显界别特色和功能作用。区政协副主席、党组副书记张荣出席仪式。区政协副主席、党组成员樊红妹主持仪式。

【“瀛洲智库”成立】 7月29日，由崇明区政协、上海市政协界别和地区工作委员会共同主办的“瀛洲智库”专家知情明政活动暨聘任仪式在市长兴岛开发建设管理委员会举行，24名来自全国政协、上海市政协和崇明区政协的专家、学者受聘加入“瀛洲智库”。上海市政协副主席虞丽娟、人口资源环境建设委员会主任陆月星、界别和地区工作委员会主任于秀芬，崇明区委书记缪京，区政协主席邹明，区委常委、组织部部长陆志斌，市政协界别和地区工作委员会专职副主任吉玉萍，崇明区政协副主席樊红妹出席仪式，区政协副主席张荣主持仪式。

【专题学习报告会】 8月4日召开。区政协党组、机关党组邀请上海市委党校教授、经济学教研部副主任李猛作“疫情防控常态化下的中国宏观经济走势”专题报告。区政协主席、党组书记邹明，区委常委、统战部部长、区政协党组副书记龚伟，副局级干部袁刚，副主席丁汉明、施菊萍及机关党员、干部参加。会议由区政协副主席、党组成员樊红妹主持。

【市政协副主席金兴明到崇明视察调研】 9月6日，上海市政协副主席金兴明率市政协委员围绕“‘后花博’综合效应情况”主题，到崇明开展平时视察活动。区委书记缪京、区政协主席邹明、副区长张秩通、区政协副主席樊红妹陪同调研。

【区政协书画院揭牌】 11月9日，由区政协主办，区政协文化文史和学习委员会、区文化和旅游局承办的崇明区政协书画院成立揭牌仪式暨“庆祝党的二十大·翰墨丹青颂党恩”主题书画作品展开幕式，在崇明美术馆举行。市政协副主席、市政协书画院院长金兴明，市政协文化卫生体育委员会常务副主任、市政协书画院常务副院长尤存，市政协民族和宗教委员会专职副主任、市政协书画院副院长徐梅，中共崇明区委副书记、区长李峻，崇明区政协主席邹明，崇明区人大常委会副主任王菁，崇明区副区长张秩通，崇明区政协副主席樊红妹，静安区政协副主席陈琦华，闵行区政协副主席蔡怿晖，崇明区政协副局级干部、区政协之友社理事长袁刚等出席。崇明区政协副主席张荣主持。

【“崇明区政协长江工作站”揭牌】 11月17日，在海巡01轮上举办，并召开首场专题协商座谈会。会议旨在深入学习宣传贯彻党的二十大精神，助力崇明持续抓好长江大保护工作，深度融入长三角区域一体化。上海市政协秘书长黄国平，人口资源环境建设委员会主任陆月星，界别和地区工作委员会主任于秀芬，上海海事局党组书记、局长谢群威，崇明区委书记缪京，区委副书记、区长李峻，崇明区政协主席邹明，副主席张荣、樊红妹、丁汉明、施菊萍、瞿英，区人民检察院检察长奚山青、部分崇明区政协“瀛洲智库”成员参加活动。（高黎明）

专门委员会

【概况】 2022年，区政协下设7个专门委员会。各专门委员会坚持以习近平新时代中国特色社会主义思想为指引，深入贯彻落实党的十九大及历次全会精神，认真学习宣传贯彻党的二十大精神，坚持团结和民主两大主题，坚持建言资政和凝聚共识双向发力，充分发挥专委会的基础性作用，组织开展学习研讨、协商调研、监督议政等各类活动，为委员履职创造条件、搭建平台。

【提案委员会】 2022年，区政协共收到提案205件，经审查立案185件，全部办复。其中，办理结果为“解决或采纳”的138件，占74.6%；“列入计划拟解决”的33件，占17.8%；“留作参考”的14件，占7.6%。委员们紧扣区委、区政府战略布局，聚焦崇明绿色发展、关注民生持续改善、紧盯基层治理难点，为世界级生态岛建设建言献策，意见建议得到党政部门高度重视，许多建设性意见被纳入工作规划中、被落实到具体工作中。面对疫情的特殊情况，积极探索实施“云办理”，同时，依托政协“议政面对面”品牌，请提案者直接上电视对话相关部门一把手，有力促进面上提案办理的推进。评选表彰优秀提案19件。

【农业和农村委员会】 2022年，区政协把迎接党的二十大、学习宣传党的二十大精神作为贯穿全年工作的主线。动员委员在村居基层报到、积极参与疫情防控工作，宣传报道委员抗疫风采。创设区政协农业界别委员工作室·万禾工作室，举办首场“崇明种源农业发展”论坛，围绕“食宿平台融合”开展专题协商。会同民盟、农业界别开展界别活动。与区农业农村委、区水务局开展对口协商。指导三星镇、城桥镇、庙镇政协委员工作站开展“协商于民”活动。到港西镇、新河镇、三星镇、庙镇开展“协商监督在一线”活动。围绕“振兴崇明特色种业”开展课题调研，形成调研报告。组织委员参与《协商第一线》电视栏目拍摄。牵头开展“高品质现代生态农业”主席会议成员集体知情调研。

【经济委员会】 2022年，区政协深入学习贯彻习近平总书记关于加强和改进人民政协工作的重要思想。举办“数字经济与企业高质量发展”“聚焦生态产业发展”线上线下读书活动。牵头举办“推进长三角地区资源流动，助力企业复工复产”云协商活动。开展课题调研，形成《发挥政策先导效应，助推数字经济发展》的调研报告。围绕防疫期间“限塑令”执行情况，开展“协商监督在一线”活动。牵头开展“生态市集建设管理情况”主席会议成员集体知情调研。会同农工党、工商联、经济界别开展界别活动。指导港西镇、建设镇、新河镇、生态企业集团政协委员工作站开展“协商于民”活动。

【人口资源环境委员会】 2022年，区政协发动委员以志愿服务、捐款捐物等形式投入新冠疫情防控工作。开展课题调研，形成《关于降低本区建筑综合能耗的建议》调研报告。组织委员开展年末集中视察、“协商监督在一线”活动。牵头组织开展“第八轮环保三年行动计划实施情况”“城区交通环境优化”主席会议成员集体知情调研。与区生态环境局、区交通委开展对口协商活动。联系无党派人士、共青团、青联等界别开展界别活动。联系堡镇、向化镇、中兴镇政协委员工作站开展“协商于民”活动。围绕“实施长三角一体化发展国家战略”开展委员线上读书活动，围绕阅读书目《中国人的性格》开展委员读书分享会暨书法艺术欣赏沙龙活动。

【教科卫体委员会】 2022年，区政协深入学习贯彻党的二十大精神，开展以“满足人民群众对美好生活的向往”为主题的线上读书活动和以“共享幸福美好高品质生活”为主题的线下读书活动。围绕“加快新型信息基础设施建设，助力崇明城市数字化转型”开展课题调研。牵头组织开展“双减政策”落地实施情况、公共卫生体系“三年行动计划”完成情况的主席会议成员集体知情调研。围绕“学生在校午餐质量情况”开展“协商监督在一线”活动。组织开展界别活动、“委员沙龙”活动、委员年末集中视察活动。与区教育局、区市场监管局开展对口协商活动。加强与竖新镇、港沿镇、东平镇政协工作联络组的联系沟通和交流指导。

【社会和法制委员会】 2022年，区政协动员委员立足本职岗位、发挥专业所长，全力支持基层工作。围绕“社区多层住宅电梯加装后续运维”主题组织委员到城桥镇、堡镇、新海镇等乡镇开展实地调研，形成专项民主监督报告。牵头负责“检察公益诉讼工作”“乡镇养老设施建设和运行”主席会议成员集体知情调研。围绕“发挥侨海优势，助力乡村振兴”开展致公党界别活动。联系新村乡、绿华镇、新海镇政协委员工作站围绕产业融合发展、生态研学等议题开展“协商于民”活动。

【文化文史和学习委员会】 2022年，区政协认真学习贯彻习近平新时代中国特色社会主义思想及党的二十大精神，开展线上线下读书活动。围绕“关于双碳战略推进路径的思考”等主题举办4期委员大讲堂。牵头组织开展“文旅品牌建设工作”主席会议成员集体知情调研。会同文化艺术、特邀人士、新闻等界别开展界别活动。联系陈家镇、横沙乡、长兴镇政协委员工作站开展“协商于民”活动。与区档案局开展对口协商活动。围绕“彰显地域特色优势，打造崇明特色文旅品牌”开展课题调研。围绕“区内文物保护情况”开展“协商监督在一线”活动，并组织委员开展年末集中视察活动。编辑《崇明文史》，牵头组织开展“庆祝党的二十大·翰墨丹青颂党恩”书画展活动。 （高黎明）

2022 年崇明区政协优秀提案情况表

表 5

序号	名称	提案单位（提案人）
1	关于积极应对崇明超老龄社会的建议	民盟上海市崇明区委员会
2	关于提升区传染病医院运行能力，加强崇明公共卫生体系建设的建议	民建上海市崇明区委员会
3	关于打造“长江百里秀带”，提升江岸带多旅融合功能的建议	民进上海市崇明区委员会
4	加强农村集体资产（房屋）管理 助力乡村振兴战略实施	农工党上海市崇明区委员会
5	关于崇明碳中和示范区建设的几点建议	九三学社上海市崇明区委员会
6	推进城桥核心镇建设，打造崇明世界级生态岛人文高地	民革上海市崇明区总支部委员会
7	大力发展线上经济，推动发展崇明绿色新科技产业	致公党上海市崇明区总支部委员会
8	关于促进崇明家政服务业提质扩容发展的建议	上海市崇明区妇女联合会
9	关于推动解决老旧小区电线乱旧损问题的建议	新海镇政协工作联络组
10	关于进一步解决崇明区停车难的建议	施　捷、郁爱萍
11	提升营商环境“软实力” 开启招商引资“新篇章”	周婉蓉、张忆萍、施　捷、黄松涛、颜春荣
12	关于健全机制整体规划，打造功能更加丰富的滨江公共空间的建议	邢亚轲
13	关于加快推进高铁小镇建设的建议	施德明
14	关于尽快完善和提升崇明（生态）大道功能的建议	朱宏培
15	关于“后花博”时期进一步促进花卉产业发展的建议	梁金萍
16	以“村庄景区化”运营新模式，探索乡村振兴新路径	杨　霞
17	关于后花博时期推动我区民宿高质量发展的建议	黄宗逵、施文光
18	关于优化融合本区交通资源，构建崇明便捷快速的对外交通网络的建议	施建华、嵇开明
19	规范崇明社区生鲜电商管理，营造良好的市场环境	高　舜

（区政协）

2022 年崇明区政协优秀社情民意信息情况表

表 6

序号	名称	反映人
1	建议切实规范长江口水域水生物种放生行为	彭海兵
2	关于把握冬奥契机，促进我国冰雪运动可持续发展的建议	盛　立
3	关于崇明区地理标志保护和运用的建议	施　畅
4	关于进一步加强网约车出租车驾驶员疫情防控管理的建议	沈柳辉
5	关于进一步畅通绿色通道，提升崇明农产品保障上海市民“菜篮子”供给水平的建议	朱举纲
6	建议在中小学全员网课和网格化筛查背景下充分考虑学生人群的心理关怀和核酸检测绿色通道	茅哲诚
7	关于规范新冠样品送检流程的建议	沈　妹
8	关于暂停上海防疫“大礼包”发放，进一步做好民生主副食品供应的建议	夏璟璟
9	关于“12348”公共法律服务热线开辟复工复产援助专区的建议	黄　赛
10	关于有效纾解本市高校毕业生就业问题的相关建议	方一燕、董　娟
11	关于统筹安排涉及上海高考考生回原籍考试的建议	盛佳贇
12	关于加强家庭应急物资储备工作的建议	朱空斌

续表 6

序号	名称	反映人
13	关于进一步完善我市老旧小区加装电梯及后续运维工作的建议	施利华
14	关于上海松绑地摊经济的建议	周威立
15	关于对服务行业疫情防控措施落实情况开展常态化督查的建议	梁金萍
16	关于进一步加强本区畜禽种质资源保护与开发利用的建议	朱勇
17	关于建立养老服务职业培训体系的建议	黄珺
18	关于缓解崇明就医配药难的建议	吴健春、钱志华

（区政协）

崇明年鉴

ChongMing NianJian

2023

中共上海市崇明区纪律检查委员会·
上海市崇明区监察委员会

综　述

2022年，崇明区各级纪检监察组织深入学习贯彻党的二十大、市第十二次党代会精神，认真落实中央纪委、市纪委全会以及区委全会、区纪委全会明确的工作任务，制定实施五个“三年行动计划”（“监督护航世界级生态岛建设”“加强对‘一把手’和领导班子监督”“加强新时代廉洁文化建设”以及“纪检监察干部能力提升”“青年干部党性锤炼”），探索实践“五五”工作法（实施履职尽责“五航”行动、建立案件质效“五零”目标体系、形成问题线索“五全”管理模式、塑造崇廉文化“五彩”品牌、锤炼“五气”纪检监察干部），推动崇明纪检监察工作高质量发展。

重要会议和活动

【概况】 2022年，全区各级纪检监察组织围绕区纪委二届二次全会部署的各项工作任务，忠实履行新时代纪检监察职责使命，围绕乡村振兴、长江十年禁渔等“国之大者”，聚焦世界级生态岛建设、疫情防控、涉粮领域专项整治等重点工作抓监督，不断深化纪检监察体制改革，以“全面从严治党永远在路上”的韧劲，敢于斗争、善于斗争的精神推动全区党风廉政建设和反腐败工作更高质量发展。

【以案示警】 2022年，制定典型案件警示教育工作方案，组织干部现场旁听法院庭审，打造“零距离”警示教育课堂。指导案发单位召开专题民主生活会，用活身边案例强化警示教育。组织召开国资国企领域廉政教育专题座谈会，全系统排摸廉洁风险点。建设区级廉洁文化示范点，拍摄《贪婪酿苦果》系列警示教育片，创设《瀛洲清风》内刊，丰富纪法宣传方式。2022年开展党纪法规宣讲工作58场次，受众5200余人次。

【教育培训】 2022年，围绕学习贯彻党的二十大精神，在全区纪检监察系统举办专题研讨、学习交流活动。建立区纪委书记专题会每周学习、区纪委常委会（扩大）会议每月集中学习制度。举办第一期青年干部党性锤炼专题班、新时代纪检监察干部能力建设专题班，选派22批94人次参加中央纪委调训、市纪委培训，以及各层级“以干代训”。与华东政法大学纪委签订战略合作协议，是全市首家与高校建立合作关系的地方纪检监察机关。

【第二届纪律检查委员会第二次全体会议】 1月28日召开。会议传达学习十九届中央纪委六次全会和十一届市纪委六次全会精神，回顾总结2021年全区纪检监察工作，研究部署2022年主要任务。区委书记李政出席会议并讲话。全会审议并通过区委常委、区纪委书记、区监委主任沈雪峰代表区纪委常委会所作的《坚定不移推进党风廉政建设和反腐败斗争，为建设美丽蝶变的新崇明提供坚强保障，以实际行动迎接党的二十大胜利召开》工作报告。

【崇明区纪检监察系统优秀案例（工作方法）评比决赛】 3月3日举行。区委常委、区纪委书记、区监委主任沈雪峰出席活动并讲话。本次评比共征集区纪委监委机关、各派驻纪检监察组、乡镇纪委监察办案例53个，最终评选出案例类与工作方法类优秀案例共计18个。

【新提任领导干部集体廉政谈话】 7月13日举行。全区146名新提任干部参会，观看警示教育片《远离家庭腐败》，签订廉洁自律承诺书，三名新提任领导干部代表作交流发言。区委常委、区纪委书记、区监委主任沈雪峰出席会议并讲话，区委常委、区委组织部部长陆志斌主持会议。

【国企廉政教育专题座谈会】 7月20日召开。会议学习传达习近平总书记关于“三不腐”一体推进重要讲话精神，为贯彻落实区委对国企党建工作暨党风廉政建设工作会议精神提出要求。区委常委、区纪委书记、区监委主任沈雪峰，副区长徐慧泉出席会议并讲话。

【区委书记调研区纪检监察工作】 8月9日，区委书记缪京到区纪委监委开展调研工作。区委常委、区纪委书记、区监委主任沈雪峰汇报区纪委监委基本情况及换届以来全区纪检监察工作推进情况及工作重点。

【区委反腐败协调小组会议】 11月24日召开。区委常委、区纪委书记、区监委主任、区委反腐败协调小组组长沈雪峰主持会议并讲话，传达学习党的二十大报告关于全面从严治党、党风廉政建设和反腐败斗争的精神，回顾总结2022年全区纪检监察机关审查调研工作情况，审议通过《上海市崇明区委反腐败协调小组工作规则》，区公安分局、区审计局等成员单位作交流发言。区委反腐败协调小组及办公室、追逃追赃及防逃办公室全体成员参加会议。

【纪检监察系统贯彻党的二十大精神学习交流会】 12月14日召开。区委常委、区纪委书记、区监委主任沈雪峰主持会议，并围绕学习贯彻党的二十大精神为全区纪检监察干部讲授专题党课。 （汤添婷）

政治监督

【概况】 2022年，区纪委监委围绕党的二十大决策部署，推进政治监督具体化、精准化、常态化，切实扛起协助职责和监督专责，使管党治党政治责任更加压紧压实。围绕中央、市委重大决策部署，设置具体任务，制定监督项目清单，建立

"分级分类、责任到人"的监督网络。深入分析崇明区政治生态存在的突出问题，有针对性地开展集中整治，有效防范化解风险隐患，系统推进政治生态建设。

【"一岗双责"机制】 2022年，区纪委监委协助区委落实全面从严治党主体责任，区委主要领导带队开展党风廉政建设责任制实地检查，带头梳理"两份清单"。紧盯关键少数，加大对"一把手"和领导班子落实全面从严治党责任、履职用权等情况的监督力度。优化完善领导干部全面从严治党记实制度，编发记实手册，突出"一岗双责"要求。制定《关于推动党委（党组）进一步加强年轻干部教育管理监督工作的实施意见》，引导年轻干部梳理正确政绩观，增强拒腐防变免疫力。

【日常监督工作机制】 2022年，聚焦中央、市委支持崇明发展的重大战略，围绕区第二次党代会明确的目标任务，制定实施"监督护航世界级生态岛建设""加强对'一把手'和领导班子监督""加强新时代廉洁文化建设"以及"纪检监察干部能力提升""青年纪检监察干部党性锤炼"五个"三年行动计划"，高站位谋划纪检监察中心工作。立足崇明地域特点和工作实际，积极探索"五五"工作法，建立工作例会机制，在全面履行纪委协助职责、监督专责，推动纪检监察工作更高质量发展上形成崇明实践。

【专项监督检查】 2022年，向区委报告党风廉政建设责任制专项检查情况，协助区四套班子全体领导和区法院院长、区检察院检察长带头梳理汇总"两份清单"，经区委常委会集体审定后向全区公开，11名区委领导确定责任项目22项，提出主要问题22个，制定工作措施69项。

【涉粮领域腐败问题专项监督】 2022年，区纪委监委以专项监督为主体，联合巡察监督、审计监督协同发力，对粮食购销领域进行专项整治。区镇（乡）两级上下贯通开展流转土地面积，种植粮食面积、售粮补贴发放情况专项检查，条块结合对区属国有涉粮企业实施专项审计。全面起底涉粮领域问题线索，依法从严从快查办，先后立案查处16人、移送司法机关2人。督促健全区级储备粮轮换等10余项制度规范，指导印发《崇明区粮食企业深化改革工作方案》。

【查究"四风"问题】 2022年，探索破解形式主义、官僚主义发现难、定性难、根治难问题，制定实施《关于加强"12345"市民服务热线工作监督的实施办法（试行）》，开展重复来电专项整治，分批次重点对29件事项进行督办。紧盯节日"四风"问题，严查违规公款吃喝、违规购买礼品等现象，开展区属企业事业单位公务用车专项检查。全年查处形式主义、官僚主义问题30件，处理49人次，给予党纪政务处分42人次。全年累计通报7起12人次违反中央八项规定精神典型案例，查处享乐主义、奢靡之风问题17件，处理39人次，给予党纪政务处分29人次。

【问责工作】 2022年，开展问责工作，督促各级党组织、党员干部负责、守责、尽责，及时对履职不力、管党治党不严，存在不作为、乱作为、慢作为、假作为的党员干部开展追责问责工作。重点聚焦对领导干部特别是"一把手"履行管党治党责任的监督。全区各级纪检监察组织办理问责类案件17起，问责25人次，涉及区管干部5人次，给予党纪政务处分18人次，诫勉谈话7人次。

（汤添婷）

监督检查和审查调查

【概况】 区纪委监委针对耕地保护及农村乱占耕地建房情况、农村集体经营性资产监管情况，开展专项检查。针对困难群众救助补助资金审计发现问题，实施专项管理。针对教育培训机构"双减政策"落地、"三阳机构"资金使用、重残无业人员残疾状况复核等事项，直插一线、精准监督，督促有关部门和乡镇压实责任。

【反腐败工作】 2022年，全区纪检监察组织共受理信访举报件467起，处置问题线索488件，立案147件181人，其中处级干部12人，自办案件130件164人。共查处职务犯罪案件12件，留置7人，移送司法机关11人。

【以案促改】 2022年，坚持多措并举，加强对权力运行的监督制约。深化政治领航、监督护航、协同巡航、责任适航、铁军起航"五航"行动，不断扎进"制度笼子"，制定落实《崇明区纪检监察机关"一案双查"实施办法（试行）》，在查处党员干部违纪违法案件时，既查清当事人的违纪违法事实，又查明问题背后的管党治党责任。持续推进"两书一单"跟踪回访制度落实，全年累计制发纪律检查建议书5份、监察建议书22份、廉情抄告单4份，推动标本兼治，堵漏建制。（汤添婷）

巡察工作

【概况】 2022年，区委巡察工作坚持以习近平新时代中国特色社会主义思想为指导，学习贯彻习近平总书记关于巡视工作重要论述，全面落实中央巡视工作方针，落实"两个维护"根本任务，科学谋划、精心组织实施新一届区委巡察工作，加强巡视巡察上下联动，深化政治巡察，加强巡察整改和成果运用，促进巡察规范化建设，大力推动区委巡察工作高质量发展，巡察利剑作用初显。全年组织开展两轮常规巡察、一次开发区专项巡察，对16

家区级机关党组织，4 家乡镇党委及所辖村居党组织开展常规巡察，对长兴企业集团开展开发区专项巡察。

【落实区委巡察主体责任】 2022 年，围绕党中央、市委关于巡视巡察工作的新部署新要求，区委召开 3 次常委会、2 次书记专题会，专题研究部署落实巡视巡察上下联动、巡视巡察整改和成果运用工作，科学谋划年度巡察工作。全面学习、把握、落实党的二十大精神，以“加强巡视监督，推动全面从严治党向纵深发展”为主题，组织召开区委理论中心组学习（扩大）学习会。区委巡察工作领导小组全年召开 4 次会议研究起草二届区委巡察工作规划，组织启动二届区委巡察工作，健全巡察工作制度规范，听取巡察情况汇报，推动监督贯通融合，统筹推动整改落实，抓好干部队伍监督管理。

【巡察综合监督平台建设】 2022 年，加强党内监督统筹衔接，围绕被巡察党组织政治生态，重点领域、关键环节、重要岗位廉洁风险，“一把手”和关键少数思想、工作、作风、生活状况，开展巡前情况通报 22 次。深化选人用人专项检查，增设意识形态专项检查组，推动成果运用。加强与专业部门协同贯通，以巡审联动为牵引，深化与信访、12345 市民热线、统计、财政等部门的专业协作，选派 34 名专业人员参与巡察工作，探索提升监督合力。组建巡察专业协作组，加强农村集体“三资”、工程项目建设等乡村振兴领域的政治监督，共发现农村集体“三资”222 个问题，工程建设 28 个问题，提升乡镇村居巡察监督质效。建立人大、政协专门协作机制，共听取 21 次，收集意见建议 59 条。

【常规巡察】 2022 年，聚焦核心职能责任，紧盯资金密集、资源丰富、资产聚集等重点领域、重要岗位、关键环节，紧盯“一把手”和关键少数权力运行、依法行政等情况，深化同题共答，精准发现问题。全年两轮常规巡察工作巡察区级党组织 20 个，共发现问题 591 个，立行立改 56 个，移交问题线索 19 个。

【村居巡察】 2022 年，聚焦基层治理，巡镇带村与直接巡村相结合，加强对村干部特别是“一肩挑”人员管理的监督，推动整治群众身边小微权力的腐败问题。全年巡察村居党组织 70 个，共发现问题 733 个，立行立改 82 个，移交问题线索 3 个。

【开发区专项巡察】 2022 年，落实巡视巡察上下工作部署，聚焦开发区贯彻新发展理念、推动高质量发展，重点关注招商引资、土地租赁、工程建设、人才引进等领域和环节的廉洁风险，了解重点和关键岗位权力运行监督制约是否到位，查找体制机制问题。选优配强组织、财经、审计、国企领域专业人员，全领域、深层次挖掘存在问题，形成开发区投资经营、服务采购等领域专题报告 2 篇，共发现问题 49 个，移交问题线索 2 个。

【巡察整改和成果运用】 2022 年，规范整改流程，制定《区委巡察反馈工作规范办法》，全年制发反馈意见 20 份，梳理思维导图和被巡察党组织巡察整改落实情况推进表等 5 类表格，为抓好整改提供导引。提升涉粮领域整改成效，区委巡察机构与区专项整治组密切配合，压实涉粮部门整改主体责任，推动成立崇明区粮食安全工作领导小组，督促落实粮食安全责任制，全面加强粮食领域党的领导，推动涉粮领域整改建章立制、举一反三、堵塞漏洞，健全区级储备粮轮换、竞价交易、安全管理等 10 余项制度规范，指导印发《崇明区粮食企业深化改革工作方案》《崇明区储备粮管理政策性和经营性职能分开工作方案》《崇明区粮食国有资产管理工作方案》等一系列制度文件。深追细查涉粮领域突出问题，移送问题线索 2 件，立案 2 件，党纪处分 6 人，政务处分 1 人，移送司法 1 人。

【巡察工作规范化、法治化、正规化建设】 2022 年，将制度建设贯穿巡察监督全过程，健全完善同题共答领学促学、问题线索中期汇报、边巡边移督促、中期走访实地调研、巡察整改谈心谈话等巡察监督“五项工作机制”。建立《崇明区巡察监督与审计监督协作联动工作办法（试行）》《区委巡察反馈工作规范办法（试行）》《区委巡察专业干部人才选调工作办法》四项工作机制，为巡察工作提供专业人才支撑，加强监督贯通融合。突出政治教育，围绕党的二十大精神开展政治巡察，强化巡察干部敢于斗争、善于斗争的精神。突出业务学习，全年开展全员巡察业务培训 3 次，每轮巡察提供专门文件汇编，强化政策法律支撑。落实内控机制，严明纪律、严实作风、严格管理，牢固树立“两职”观念，加强巡察组临时党支部建设，依规依纪依法开展巡察工作，防止出现文牍主义，力戒形式主义、官僚主义，铸造忠诚干净担当的巡察干部队伍，坚决防止“灯下黑”。加强巡察工作信息化建设，巡察组全流程使用信息系统，以信息化促规范化。（朱嘉蓓）

崇明年鉴
ChongMing NianJian
2023

民主党派·工商联

综述

2022年，崇明区各民主党派坚持以习近平新时代中国特色社会主义思想为指导，深入学习贯彻中共二十大精神，按照建设中国特色社会主义参政党要求，认真履行参政议政、民主监督和政治协商职能。年内，崇明区共有7个民主党派组织。其中，民盟、民建、民进、农工党、九三学社为民主党派区委组织，民革、致公党为直属总支部。至12月底，全区共有民主党派成员880人（含未成立组织的台盟1人）。组织区各民主党派深入学习市第十二次党代会、区第二次党代会精神，深入开展“矢志不渝跟党走、携手奋进新时代”政治交接主题教育，组织开展知情调研、参观考察以及“委员大讲堂”“社院大讲坛”“暑期学习会”等活动，进一步坚定理想信念，深化政治共识。鼓励和支持各民主党派、无党派人士积极参政履职。全年围绕发展高品质现代农业、加强文旅品牌建设、碳中和示范区建设等区委、区政府重点工作，召开协商通报会8次。支持各民主党派区委聚焦推动崇明生态产业高质量发展、推进“五美共建”开展专项民主监督，撰写民主监督报告10篇，提出意见建议42条。各民主党派和无党派人士围绕崇明世界级生态岛建设开展专题调研，形成调研报告9篇。区“两会”期间，各党派团体共提交政协集体提案19件、个人或联名提案138件，领衔提出代表建议67件。支持区各民主党派、无党派人士和党外知识分子撰写报送党外建言470余篇。联合九三学社市委举办推进崇明世界级生态岛碳中和示范区建设论坛，助推崇明产业绿色转型升级。引导和支持民主党派和无党派人士积极参与疫情防控工作。推动各党派团体开展规范化建设，深化政治交接，协助各民主党派、知联会做好换届后的组织、制度和作风建设。加强党外代表人士队伍建设，深化“两部”联席会议制度，调整充实党外优秀年轻干部队伍，加大党外干部培养选拔使用力度。开展无党派人士年度认定工作，全年新认定无党派人士48人。（黄 婷）

2022年崇明区各民主党派情况表

表7

单位	课题调研数	提交提案数	2022年新发展成员数	2022年党派成员数	担任人大代表和政协委员人数	党派成员结构分析								
						年龄结构				文化结构			职称	
						51岁以上（人）	41～50岁（人）	30～40岁（人）	30岁以下（人）	研究生以上（人）	本科（人）	大专以下（人）	高级（人）	中级（人）
民革	2	19	6	79	11	28	27	24	0	15	52	12	7	37
民盟	4	32	13	182	25	92	58	25	7	14	149	19	54	93
民建	5	16	7	100	16	38	35	23	4	6	60	34	7	24
民进	3	26	8	227	31	146	45	33	3	16	185	26	74	104
农工党	4	18	6	158	19	88	47	20	3	18	93	47	38	100
致公党	2	12	4	41	11	14	17	10	0	5	28	8	4	0
九三学社	4	16	4	92	15	43	30	19	0	21	66	5	29	42

（区委统战部）

中国国民党革命委员会上海市崇明区总支部委员会

【概况】 2022年，中国国民党革命委员会上海市崇明区总支部委员会（以下简称民革崇明区总支部）由5人组成：主委赵磊，副主委张春军，委员盛佳赟、杜晓丹、张蕾。下设5个支部，各支部均设主委1人、委员2人。全年发展党员6人，共有党员79人，平均年龄46岁，分别来自社会管理与法制、“三农”、教育、卫生等领域。其中，男党员41人，女党员38人；博士研究生3人，硕士研究生12人，大学本科学历52人，大学以上学历占比为65.8%；中高级职称44人，占比为56%；界别特色56人，占比为71%。区人大代表3人，区政协委员11人（其中区政协常委3人）；乡镇委局正职领导2人，副职1人，科级干部27人。年内，民革崇明区总支部荣获民革上海市委会“2017—2021年组织工作先进集体”“2017—2021年祖统工作先进集体”“2017—

2021年社会服务工作先进集体"，获区政协"2022年度反映社情民意信息工作先进集体三等奖"。第四支部获民革上海市委会示范支部；1人获民革上海市委会2017—2021年思想宣传工作先进个人；1人获民革上海市委会2017—2021年组织工作先进个人；2人获民革上海市委会2017—2021年参政议政工作先进个人；1人获民革上海市委会2017—2021年社会服务工作先进个人；2人获民革上海市委会2017—2021年祖统工作先进个人；3名党员获民革上海市委会2017—2021年社会服务工作优秀个人；简利、陶渊2名党员获2020—2021年度民革上海市委三八红旗手称号。

【思想建设】 2022年，把迎接中共二十大召开、学习宣传贯彻中共二十大精神作为全年首要政治任务。发动各支部、广大党员收看大会盛况；依托微信群等网络平台转发主流媒体专家解读，传达学习二十大精神；借助"崇明统战"微信公众号登载民革党员学习感言、思想认识、心得体会，掀起中共二十大精神学习热潮。传达学习中央统战工作会议精神，参加"崇明区关于党的统一战线政策提出100周年研讨会"，撰写《百年统战创造辉煌，同舟共济再启征程》，引导广大党员深入思考、自发学习，不断增强全体党员坚持中国特色社会主义道路、坚持中国共产党领导、坚持多党合作的信念和决心。组织全体党员赴金山朱学范故居开展"矢志不渝跟党走，携手奋进新时代"主题教育，开展"喜迎二十大·民革满书香"读书会，畅谈学习"四史"及民革党史体会，传承民革"不忘初心"的优良传统。

【参政议政】 2022年，依托党员中的人大代表、政协委员和支委骨干，积极参与各类协商议政活动，发出民革声音，提案及社情民意信息工作成果丰硕。共递交集体提案4件，委员个人及联名提案15件，人大代表建议案3件。集体提案《推进城桥核心镇建设，打造崇明世界级生态岛人文高地》被区政协评为年度优秀提案。切实反映社情民意，共向民革市委、区政协、区委统战部等单位共报送各类社情民意信息52件，全部被采用并报送上级部门，其中，市政协采用6篇，2篇综合报送全国政协，得到市领导批示3篇。《建议切实规范长江口水域水生物种放生行为》《关于"12348"公共法律服务热线开辟复工复产援助专区的建议》《关于统筹安排涉及上海高考考生回原籍考试的建议》被区政协评为"2022年度优秀社情民意信息"。深入开展调查研究，聚焦崇明经济社会发展"十四五"规划重点，撰写调研报告《建立以区域公共品牌为引领的品牌矩阵，促进崇明绿色现代农业高质量发展》。组织民革界别政协委员、参政议政骨干党员赴庙镇合中村、竖新镇仙桥村、上海东禾九谷农场有限公司开展民革界别调研活动，为崇明生态产业发展探索新道路。主动向民革市委申报专题调研《关于崇明打造碳中和示范区促进清洁能源发展的建议》，参与民革市委年度重点课题《农业文化遗产发掘传承，助力乡村振兴》调研，分别被选为民革市委会市"两会"集体提案。

【社会服务】 2022年，响应民革市委号召，助力贵州省纳雍县锅圈岩乡精准脱贫，以"博爱同心·为了山区孩子"主题帮扶锅圈岩乡困难学生，开展"让爱延伸一米"活动，献爱心捐赠新衣合计28万元。借力民革上海市委，连续12年为新河镇20户特困家庭送上慰问金和新春祝福。组织全体党员前往庙镇白港村开展"博爱·植树行"活动。依托民革市委法律服务工作（崇明）站开展法律宣传、现场咨询活动。开展"博爱·大手牵小手"活动，向长明中学捐赠物品合计6万元；开展"博爱·敬老"服务，为建设、大同敬老院的老人们送去火龙果、豆奶粉等慰问品；连续9年关爱捐助湖南邵阳2名抗战老兵1.2万元。

【祖国统一工作】 2022年，关心台胞台眷疫情期间所遇困难，帮助协调解决实际问题；了解台企生产经营、保供情况及复工复产等方面问题和难点，帮助排忧纾困解难。引导鼓励党员中的台眷加强与台湾各阶层尤其是中青年代表人士的联系，深化交流、增进友情；积极为台胞来崇投资创业提供信息、政策方面的服务。

【助力打赢疫情防控阻击战】 2022年，号召党员主动作为、发挥优势，汇聚民革智慧力量。全体党员或立足岗位或参与志愿服务支援防疫一线，或捐款捐物或撰写社情民意助力抗疫。踊跃撰写疫情防控相关建言信息33条，彰显民革党员的责任担当。

【2021年度工作总结会暨民主生活会】 1月21日，总支部召开2021年度工作总结会暨民主生活会，总支部班子成员、各支部主委、委员参加会议。会议回顾总结2021年主要工作，部署谋划2022年主要任务。民革崇明区总支部主委赵磊作年度工作报告。总支部主委赵磊、副主委张春军按照民革中央关于民主生活会制度要求，围绕"作风建设年"主线，分别就2021年各项工作对照检视问题，进行深刻自我剖析，并听取总支部班子其他成员的批评意见。（杜晓丹）

中国民主同盟上海市崇明区委员会

【概况】 2022年，中国民主同盟上海市崇明区委员会（以下简称民盟崇明区委）发展盟员11人，共有盟员180人，其中在职142人，离退休38人。其中，高级职称54人，中级职称93人。民盟区委班子由9

人组成：主委施蕾，副主委黄宗逵、张虹、方一燕，委员顾斌、朱举纲、周建辉、张瀛、吕厚艳，下属10个支部：崇明中学、城桥教育、城桥综合、金融综合、扬子中学、民本中学、堡镇综合、医卫综合、司法、离退休支部。盟员中有副区长1人，人大常委会副主任1人，乡镇委局正职1人。市人大代表1人，区政协委员21人，其中区政协常委4人。7名盟员被民盟市委聘为专委会委员，2位盟内企业家被推荐为民盟上海市企业家联合会会员。民盟的宣传刊物《崇明盟讯》，每季度一期，宣传党的方针政策和统一战线理论，传递党派工作信息，交流民盟组织活动情况和盟员动态，反映社情民意信息，提出各类意见建议。1986年12月创办，至今出版136期。

【参政议政】 2022年，民盟崇明区委及盟内的人大代表、政协委员共提交集体提案3件、以第一提案人提交的个人提案和建议33件。集体提案《深入推进“一网通办”助推数字化转型》、个人提案《关于八一路商业街改造提升的建议》被评为区政协优秀提案。年内共进行4项课题调研，形成《关于港沿镇贯彻落实区第二次党代会精神情况的调研报告》《关于建设镇贯彻落实区第二次党代会精神情况的调研报告》《进一步提升我区义务教育阶段课后服务质量》《“双减”背景下提升义务教育阶段课后服务质量的区域实践》《促进乡村民宿品质提升，助力上海城乡融合发展》5篇调研报告，递交中共区委区政府、区政协和民盟市委。全年共向民盟市委、区政协、区委统战部等部门上交社情民意近100则，其中《关于有效纾解本市高校毕业生就业问题的相关建议》等4则获市主要领导批示。2022年再次获评民盟市委社情民意信息工作先进集体、区政协反映社情民意信息工作先进单位。黄宗逵、吕厚艳等盟员被评为民盟市委社情民意信息工作先进个人。

【服务社会】 2022年，民盟崇明区委充分发挥教育界人力资源优势，与民进区委连续14年联合开展中招义务咨询活动。2022年，为100余人次提供升学指导服务，发放宣传资料100多份。落实民盟市委“烛光行动”定向资助优秀学生，促成“民盟上海企业家联谊会教育奖励基金”助学金连续第11年在崇明区港沿学校发放。积极鼓励盟员依托所在行业和岗位优势，主动承担疫情防控重任，并通过上海民盟同舟公益基金会等平台共计捐款捐物2万余元。各基层支部也根据各自特点，认真开展形式多样的社会服务活动，如帮困助学、重阳敬老服务等。

（蔡　丹）

中国民主建国会上海市崇明区委员会

【概况】 中国民主建国会上海市崇明区委员会（以下简称民建崇明区委）第二届委员会由9人组成，主委施志琴，副主委朱理东、孙红、缪冬英，委员杨霞、茅德、施挺、黄玲、颜春荣。下属5个支部：分别为一支部、二支部、三支部、五支部、六支部。5个专委会：分别为参政议政专委会、企业家专委会、学习宣传专委会、社会服务专委会、监督专委会。2022年，民建崇明区委在民建上海市委和中共崇明区委的领导下，在中共崇明区委统战部的关心指导下，深入学习贯彻中共十九大、十九届历次全会和中共二十大精神，全面贯彻落实习近平总书记关于做好新时代党的统一战线工作的重要思想和多党合作重要论述，团结带领广大会员，强化思想政治引领，全面加强自身建设，切实履行参政党职能，充分发挥出特色优势，为服务崇明区经济社会发展做出积极贡献。组织工作方面，民建崇明区委获2022年度组织工作先进集体一等奖，区委所属的5个支部均获得2022年度基层支部创先争优先进集体称号。宣传思想工作方面，崇明区委获2022年度宣传思想工作先进组织一等奖、“致敬统战百年 赓续民建传统”民建上海市委会史宣讲比赛优秀组织奖，闻铤荣获宣讲比赛二等奖。薛芹获得2022年度宣传思想工作先进个人。参政议政方面，获2022年度参政议政先进组织二等奖，盛立获评2022年度参政议政先进个人。社会服务方面，朱理东、杨霞、竺鸿华、陈冲、徐玮、薛芹被评为民建市委“众志成城 抗击疫情”先进个人。会员施挺、瞿建松获“上海民建优秀企业家”称号。

【思想建设】 2022年，中共二十大召开后，民建崇明区委通过举办中心组学习会、专题培训班、座谈交流等多种形式，迅速兴起学习贯彻中共二十大精神的热潮。民建崇明区委不断健全工作机制，进一步加强理论研究人才队伍建设，持续强化培训指导，团结带领广大会员积极参与理论研究工作，参与民建市委参政党建设理论研究课题，以盛立为执笔人的区委课题组申报理论研究课题3项，形成课题成果3篇。研究成果的数量和质量都有新的提高。区委进一步做好网站和微信公众号的学习宣传工作。一是借助民建市委和区委统战部的网站平台，共发布民建崇明区委的动态信息32篇；二是用好“崇明民建”微信公众号，展示民建崇明区委重要活动和履职亮点，共开展宣传报道39期。同时择优推荐会员参加民建市委通讯员培训班，参与民建市委宣讲比赛，其中3人获得优秀奖、1人获得优胜奖。

【组织建设】 2022年，民建崇明区委按照“注重质量、注意数量，保持特色、优化结构”的组织发展原则，开展会员发展工作。年内，发展8名新会员，平均年龄32岁，为本科及以上学历。会员的年龄结构、教育程度不断优化提升。举办新会员培训班，通过会史简介、履职要求等相关课程，让新会员感受民建发展的光荣历史，感悟民建人的责任与使命。结合民建市委“春节送温暖”“暑期送清凉”，区委慰问年老、伤病等困难会员近20人次，进一步提高组织凝聚力。认真做好会内素质好有潜力的人才发现培养工作，创造条件使他们在工作中得到锻炼，尽快成长起来，扩大代表人士的人才队伍。杨霞获上海市三八红旗手。黄玲荣获上海市巾帼建功标兵。施挺、新会员瞿建松获2021—2022年上海民建优秀企业家称号。缪冬英当选新一届市人大代表。民建崇明区委对获得荣誉的会员及时进行宣传，提高队伍荣誉感，在会员中形成互相激励、互相学习的良好氛围。

【参政议政】 2022年，在市“两会”召开期间，市人大代表施志琴提交书面意见4条，其中有关数字化转型的观点受到上海教育电视台的关注并进行报道。在区“两会”召开期间，区委提案《关于在乡村振兴战略下完善崇明农村公共体育服务的建议》被评为优秀提案；民建崇明区委被评为社情民意信息工作先进单位二等奖，会员盛立、陈程撰写的2篇社情民意被评为优秀社情民意。“两会”期间，区委提交2件集体提案，会内区政协委员共提交14件个人提案，内容涉及双碳行动、乡村振兴战略、居家养老等方面。其中，《加强崇明公共卫生体系建设，提升区传染病医院的运行能力》和《以“村庄景区化”运营新模式，促进乡村振兴新路径》被列为重点督办提案。朱理东荣获2019—2021年优秀政协委员。朱理东、杨霞接受崇明电视台的采访。建言信息献实策。收集信息和反映社情民意工作是政府决策科学化、民主化的需要，也是民主党派履行参政议政职能的重要组成部分。2022年度共收到建言信息95篇，其中全国政协采用1篇，市政协采用6篇，市领导批示3篇，民建市委采用15篇。民主监督促落实。受中共崇明区委委托，崇明民建分别对口联系三星镇、港西镇，围绕区第二次党代会精神贯彻落实情况开展专项民主监督活动。区委成立民主监督工作领导小组，抽调骨干力量深入对口乡镇开展实地考察，总结工作特色亮点、发现问题并进行原因分析、提出具有针对性和操作性的意见建议，形成专项民主监督报告。课题调研出成果。一方面，围绕中共区委、区政府中心工作，开展区级层面课题调研。围绕长江国家文化公园建设主题，组成课题调研组，开展调查研究，提交高质量调研报告。另一方面，承接民建上海市委的课题调研。根据民建上海市委的工作部署，承接市委理论调研课题、参政议政课题，并引导会员积极参加民建上海市委一号、二号课题，累计提交《新型政党制度背景下强化民建会员的使命与担当》等4篇调研报告。

（薛 芹）

中国民主促进会上海市崇明区委员会

【概况】 中国民主促进会上海市崇明区委员会（以下简称民进崇明区委）领导班子由9人组成，主委姚宝安，副主委施建华、吴美华、师先义，下属有13个支部。全年发展会员8人，共有会员227人，在职会员151人，离退休会员76人，高级职称74人、中级职称104人。会员中有市人大代表1名，区人大代表8名，区政协委员有22名（其中常委4名）。2022年，会员黄永兵在“黄浦杯”长三角征文活动中获二等奖、中华职教社调研课题成果获三等奖，在上海职业教育杂志、浦江同舟等杂志发表文章5篇、创作的诗歌《沁园春·花开瀛洲又出发》在2022年崇明区教育系统第三届“教育情·生态梦”诗文创作中获一等奖；会员嵇开明被区委统战部评为崇明区党外建言信息工作突出贡献先进个人；会员沈柳被评为年度上海市教育系统三八红旗手；会员梅瑛获年度行政奖励嘉奖；会员季凤英被评为“上海市乡村振兴先进个人”；会员陆颖获年度林业站工作“先进个人”称号；会员顾素华获崇明区学生合唱节比赛小学组二等奖辅导老师奖；会员龚萍被评为崇明区城桥镇优秀园丁；会员沈东、王丹丹、周庆、陈永琴获崇明区教育局嘉奖。

【参政议政】 两会期间，民进崇明区委向区人大和区政协提交建议案提案26件，其中集体提案3件。其中民进集体提案《关于打造“长江百里秀带”，提升江岸带多旅融合功能的建议》被评为区政协年度优秀提案。民进崇明区委被评为2022年度区政协反映社情民意信息工作先进单位（一等奖）。组织课题组完成重点课题《聚焦崇明三类人才发展 促进崇明新时代生态产业落地生根》调研报告。一年来，提交社情民意119篇，全国政协采用1篇，民进上海市委采用74篇，市政协采用13篇，崇明区政协采用41篇，市领导批示4篇。会员夏璟璟撰写的《建立赛事审批制，抑制“马拉松热”》被全国政协综合采用；《关于进一步做好社会稳岗就业工作的建议》被市政协采用，综合报送全国政协；《关于努力实现60岁以上老年人新冠疫苗接种全覆盖的建议》被市政协采用，市领导批示；《关于将老旧电话亭“变废为宝”的建议》被市政协录用，转送市有关部门；《关于暂停上海防疫“大礼包”发放 进一步做好民生主副食品供应的建议》被市政协录用。会员黄永兵撰写的《关于率先建设长三角统一大市场的建议》《关于加强新时代党外知识分子统战工作的建议》被市政协采用，综合报送全国政协；《关于规范抗疫志愿者招募及管理的建议》被市政协采用，市领导批示；《关于规范抗疫时期本市居民小区团购管理的建议》被市政协录用。会员嵇开明撰写的《关于进一步完善常态化便民核酸采样点设置的意见建议》被市政协采用，市领导批示；《建议重视保障本市防疫工作者的身心健康》

被市政协采用，综合报送全国政协；《运用数字化手段，缓解上海停车难》被市政协录用，转送市有关部门。会员韦致君撰写的《关于提高志愿者福利保障的建议》被市政协采用，市领导批示。会员杜庆庆撰写的《关于进一步强化快递和外卖行业人员疫情防控的建议》被市政协录用。还有施建华等9名会员有65篇社情民意被民进市委采用，顾永兵等9名会员有29篇社情民意被区政协采用。

【社会服务】 2022年民进崇明区委开展社会服务，提高服务水平，组织会员参加社会服务的活动，进一步扩大民进在社会上的影响。区委还积极为青年会员搭建平台，让更多的会员参与到崇明的社会服务中，组织广大青年会员积极开展社会服务活动。一是走访慰问了烈士莫贡华的家属，并送上了会员共同捐献的慰问品；二是开展关爱儿童活动，携手三星幼儿园开展“疫情期间送温暖 真情帮扶暖人心”活动；三是开展“喜迎二十大、奋进新征程”送戏下乡活动；四是开展“阳光助学·童心筑梦”困境儿童关爱物资捐助活动。（袁剑飞）

中国农工民主党上海市崇明区委员会

【概况】 2022年，中国农工民主党上海市崇明区委员会（以下简称农工党崇明区委）下属5个支部：中心医院、城桥镇、堡镇医卫、堡镇教育和退休支部。主委丁汉明、副主委陈子龙、陆斌、马宇杰。发展新农工党员6人，农工党区委现有农工党员158人，在职党员115人，占比72%，离退休党员43人，占比27%；高级职称38人，占比24%，中级职称100人，占比63%，平均年龄57岁。19名党员担任人大代表和政协委员，其中1人是区政协副主席、2人是区政协常委、14人是区政协委员；1人是区人大常委，1人是区人大代表。

【自身建设】 2022年，崇明区农工党按照民主集中制原则，不断推进领导班子建设，实行分工与合作相结合，明确职责，重大事项在充分发扬民主的基础上，由集体决策。8月，农工党崇明区委正式成立农工党崇明区委内部监督委员会，定期召开民主生活会加强对班子成员的监督。不断加强组织的团结，提高领导班子成员的思想理论素质、组织领导水平、社会活动能力，增强对党员及所联系群众的影响力。不断加强学习，努力提高政治把握能力、参政议政能力、合作共事能力和组织协调能力，继承和发扬农工党老一辈领导人的优良传统和高尚风范。

【推进组织发展】 2022年，农工党崇明区委认真贯彻执行《中国农工民主党组织发展工作规程》，以拓宽参政议政工作领域、提升履职能力为出发点，发展人口资源、生态环境界别和其他领域的党员，加强队伍建设，促进组织可持续发展。根据《组织发展五年规划》的工作要求，着重发展一批条件比较优秀、具有发展潜力的党员，进一步优化和改善了组织结构。2022年共发展新党员6人。新党员平均年龄38岁，都属于主界别。至12月底，农工党崇明党员共158名，5个支部。在职党员115人，占比72%，离退休党员43人，占比27%；高级职称38人，占比24%，中级职称100人，占比63%，平均年龄57岁。有19位党员担任人大代表和政协委员，其中1人是区政协副主席、2人是区政协常委、14人是区政协委员；1人是区人大常委，1人是区人大代表。

【队伍建设】 2022年，为适应多党合作形势发展需要，农工党崇明区委加大后备人才梯队建设力度。全年共有7人次参加上海市社会主义学院和中共崇明区委统战部举办的培训班学习；1人次参加农工党上海市委与上海市社会主义学院联合举办的中青年党员学习班学习；1人次参加农工党上海市委举办的新任主委培训班学习。同时，农工党崇明区委通过青年工作委员会平台，把一批年轻的骨干党员集中起来，发挥其自身优势，以带动整个农工党崇明的组织建设和后备队伍建设。

【农工党党员之家投入使用】 2022年，005号党员之家投入使用后，接待市统、市政协、农工党市委兄弟区的多次活动。农工党崇明区委充分利用这一资源，多次组织党员开展学习交流活动。

【参政议政】 2022年，区委多次召开区委委员扩大会议，参政议政专题工作会议，围绕中共区委区政府中心工作，积极建言献策。2022年两会期间，党员中的人大代表和政协委员提出书面意见、提案共27件（人大4件政协23件）。其中农工党集体提案《提升崇明城乡精细化管理水平，夯实世界级生态道建设基础》，施捷、郁爱萍联名的《关于进一步解决崇明区停车难的建议》被评为区政协2021年度优秀提案。区委高度注重发现和培养党内参政议政积极分子，定期举办参政议政沙龙活动，紧紧围绕中共崇明区委、区政府的中心工作和社会关注、人民群众关心的热点、难点问题，深入调查研究，了解社情民意，广泛收集相关信息，认真进行分类整理、提炼，以调研报告、人大建议、委员提案、社情民意形式，积极建言献策。今年完成市立课题二项，区政协课题一项，由茅哲诚执笔的重点课题《打造崇明农产品中央厨房片区以现代新农业助力乡村振兴战略》在政协专题议政会上做大会发言，供政府科学决策参考。2022年6月，根据中共上海市崇明区委的安排与区委统战部的部署，农工党崇明区委对口堡镇与向化镇就崇明区第二次党代会精神贯彻落实情况开展专项民主监督。重点聚焦“五美共建”和生态产业发展情况进行调研。为做好这一工作，农工党崇明区委做了大量前期准备工作，与堡镇与向化镇政府协商制订了专项监督工作方案，成立领导小组和专项监督小组，确定专项监督内容、形式和时间安排。通过实地走访、专题座谈等多种方式，监督调研小组收集了大量的数据。由施华和吴小毛分别撰写了堡镇与向化镇的专项民主监督报告，目前已由区委统战部提交中共崇明区委。截至2022年12月1日，区委向各个渠道提交社情民意60篇，全国政协采用2篇，农工党中央采用2篇，市政协采用14篇，农工党市委采用57篇，市领导批示3篇。崇明区政协采用40篇。农工党崇明区委领导认真参加中共崇明区委召开的各种座谈会、协商会、通报会以及谈心会，并代表农工党崇明区委就崇明区域发展的规划、经济和社会各项事业的发展、精神文明建设以及中共党内的有关事项、决策、和有关人事安排等积极建言献策，发表看法和建议。

【社会服务】 农工党崇明区委号召全体成员投身志愿者服务，展现农工党员的担当和智慧。上海王波果园专业合作社是农工党上海市委乡村振兴实践基地，对接2个街道、14个小区，每日需打包送出近25吨的蔬菜。农工党崇明区委组织党员志愿报名前往合作社协助包装蔬菜。按日分组分批前往开展活动。2022年7月至12月，农工党崇明区委下属医卫支部分别在建设镇、东平镇、港西镇开展义诊咨询和健康讲座活动活动，这些讲座都深入村民社区，针对当时当地居民的需求精心选题和准备，取得良好的社会效果。（凡 飞）

致公党上海市崇明区总支部委员会

【概况】 2022年，致公党崇明区总支部委员会（以下简称致公党崇明区总支部）由5人组成，主委施利华，副主委施雪花，委员沈柳辉、陈鸿翔、高健。支部共有党员41人，其中高级职称4人，中级职称0人；区二届人大代表1人，二届区政协委员10人。总支部以习近平新时代中国特色社会主义思想为指导，遵循本党“致力为公，侨海报国”宗旨，始终将思想建设放在首位，认真学习中共二十大精神，按照统筹全区疫情防控和经济社会发展的要求，主动、积极、有序开展参政议政、社会服务、自身建设和组织建设等工作，注重涉“侨”涉“海”人员的吸收、考察、培养。年内发展4名新党员、慎重吸收考察对象1名。

【思想政治建设】 2022年，致公党崇明总支部积极组织党员思想政治学习，把开展“矢志不渝跟党走、携手奋进新时代”政治交接主题教育，作为进一步引领思想政治建设的首要任务贯穿全年。继续组织党员深入学习中共十九届六中全会，引导党员深刻领悟“两个确立”的决定性意义，不断增强“四个意识”、坚定“四个自信”、做到“两个维护”。同时，不间断在微信群中推送中共二十大精神解读文章，要求党员认真学习运用；传达学习中共中央统战工作会议精神，努力按照“四新”“三好”要求，建设参政党基层组织。此外，总支委还及时向党员推送中共上海市委和崇明区委全会精神学习材料，发动党员开展自学，确保在思想上和履职中与中国共产党同心同向。

【参政议政】 2022年，致公党崇明总支部注重汇聚全体党员智慧，努力提高参政议政质量。组织部分参政议政骨干成立专题调研课题组，围绕“完善生态岛法治保障体系，提升生态岛发展水平”“发挥绿水优势，提升崇明旅游能级”主题开展致公市委和区政协课题调研，分别形成调研成果；在年初区“两会”中，总支部提出集体提案1件、人大代表建议和政协个人提案11件。其中，总支部集体提案《大力发展线上经济，推动发展崇明绿色新科技产业》获评区政协年度优秀提案。反映社情民意信息数量、质量同步提升，总支部获区政协反映社情民意信息工作三等奖，施利华、沈柳辉反映的信息获评优秀社情民意；召开“两会”参政议政讨论会，精心选题，选定提交代表建议和政协大会发言和提案。形成大会发言1篇，集体提案1件，党员个人代表建议和政协提案9件。所提交的《关于优化城区交通环境的建议》大会发言，被区政协录用作为会议发言，总支部集体提案被确定为区政协重点提案。

【侨海联谊】 2022年，致公党崇明区总支部协助市委在高家庄园农业发展有限公司举办趣味运动会和爱心义卖活动，并由党员提供价值数千元崇明特色农产品义卖，义卖所得款项全部捐赠市委爱心基金；加强与区侨联的经常性联系和沟通，参加其重要会议和活动；组织区政协致公党界别委员赴浦东新区海归人员创办的农业企业、环境保护企业考察调研，拓展视野，探讨崇明生态建设、产业发展的方向、策略；举办妇女节女党员联谊活动；积极关心旅居海外的党员生活、防疫情况。（钱绍明）

九三学社上海市崇明区委员会

【概况】 2022年，九三学社上海市崇明区委员会（以下简称九三学社崇明区委）第二届委员会由9人组成，下属3个支社。2022年发展社员4人，现有社员92人，在职82人，退休10人，中高级职称71人。社员中有处级干部7人，区人大代表2人，区政协委员11人（其中副主席1人，常委1人）。获评九三学社上海市委“2022年度基层组织工作优秀案例”，区委统战部“2020—

2021年度崇明区党外建言信息工作先进集体"，获区政协"2022年度优秀社情民意信息工作先进单位二等奖"。施菊萍获评"九三学社全国组织工作先进个人"，朱勇获农业农村部"2019—2021年度全国农牧渔业丰收奖农业技术推广成果奖三等奖"，王雨璐撰写的网络类新闻作品《杨程：在这里，他打响一场没有硝烟的医废处置硬仗》获九三学社中央"2022年度全国优秀新闻作品二等奖"；陈柳淼获评九三学社上海市委"2022年度组织工作先进个人"，王雨璐获评九三学社上海市委"2022年度宣传思想工作先进个人"；朱宏培、梁金萍提交的个人提案分别被区政协评为"2022年度优秀提案"，社员提交的社情民意信息分别被区政协评为"2022年度优秀社情民意信息"。

【学习中共二十大精神】 2022年，九三学社自觉用习近平新时代中国特色社会主义思想武装头脑、指导实践、推动工作。中共二十大召开后，组织委员、支社班子、专工委班子以及社内部分骨干社员，分层分类召开精神学习传达会，进行学习交流，发挥"关键少数"的示范表率作用；为丰富学习形式，九三学社崇明区委还组织开展由青工委承办的"中共二十大报告互动测试100题"知识竞赛，增添比学赶超的良好学习氛围，不断提升中共二十大精神学习成果；及时报道九三学社区委和各级组织学习动态，以"同心跟党走、奋进新时代"为主题，组织各支社、专工委开展征文活动，刊载学习体会，用中共二十大精神凝聚思想共识，激发奋进力量。

【"矢志不渝跟党走、携手奋进新时代"主题教育】 2022年，制定学习教育方案，组建层级学习团队，打造"线上多方位+线下沉浸式"学习教育模式。把主题教育学习融入日常思想政治工作，贯穿日常履职实践工作全过程、各环节，推送学习文章，引导各支社、专工委和全体社员深刻领悟"两个确立"的决定性意义，增强"四个意识"，坚定"四个自信"、做到"两个维护"，提高政治判断力、政治领悟力、政治执行力，不断增进对中国共产党领导和中国特色社会主义的政治认同、思想认同、理论认同、情感认同。选派社员参与社市委、区委统战部的各类培训班。

【参政议政】 2022年，提交两会提案、书面意见。区"两会"期间，提交集体提案2件；通过社内人大代表、政协委员，提交书面意见1件，个人提案13篇。其中集体提案《关于崇明碳中和示范区建设的几点建议》被立为区重点提案。开展调查研究。赴崇明区三星镇、绿华镇、新河镇、港西镇等多个乡镇，开展"深化体旅融合，打造崇明生态体育旅游特色品牌"党派重点调研，深入调研生态体育旅游融合发展的现状、问题及对策，在政协专题议政会上作大会发言。反映社情民意、建言类信息。及时发布季度信息征集重点，做好关键节点及重要问题的信息报送工作。全年共收到社情民意、建言类信息111篇，上报社上海市委、区政协、区委统战部共101篇。其中，报送全国政协1篇；市政协采用9篇、九三学社市委采用99篇；此外，2篇被报送全国政协均被采用。开展专项民主监督。一是受中共崇明区委委托，对竖新镇、新河镇开展推动生态产业高质量发展、推进"五美共建"的调研，形成调研报告2篇，相关意见建议得到对口乡镇的充分肯定和积极回应；二是积极参加中共崇明区委、区政府、区政协等召开的座谈会、协商会、通报会。妥善履行民主监督职责，向相关单位和部门提出意见和建议，受到有关方面的重视。

【崇明世界级生态岛碳中和示范区建设论坛】 9月27日，由九三学社上海市委与区委统战部共同主办，社区委承办的"推进崇明世界级生态岛碳中和示范区建设论坛"在崇举办。市政协副主席、九三学社上海市委主委钱锋，崇明区委书记缪京出席并致辞。论坛邀请国内知名专家、学者，加强政府、科研院所、高校、企业的交流与合作，论坛还向区委党校2022年中青年干部培训班以及第2期处级干部进修班暨新任副职干部培训班等80余位学员全程直播。这是社市委也是区委统战部首次联合主办，由党派区级组织承办的形式成功完成的一次论坛。

（王雨璐）

工商联

【概况】 2022年崇明区工商联以迎接学习宣传贯彻党的二十大为主线，着力落实中央统战工作会议和习近平总书记关于民营经济发展的重要论述精神，强化思想政治引领、深化政企沟通机制、加大纾困服务力度，团结带领广大民营经济人士攻坚克难、开拓创新、砥砺奋进，为崇明世界级生态岛建设作出积极贡献。区工商联立足崇明生态岛建设二十周年新起点，建立工作机制，强化政企协商，召开民营企业家恳谈会，听取民营企业家代表对于推进复工复产复市的意见建议，促进相关问题解决。聚焦工作重点，做好精准调研，开展复工复产专项调研，就加快复工复产提出针对性建议。年内，区工商联共实地走访调研70余家民营企业，召开18场座谈会，做到"走新"与"走心"相结合、全覆盖。崇明区民营企业筹措多批物资支援抗疫一线。据不完全统计，全区100余家民营企业捐款捐物679万元，其中捐款98万元，捐物价值581万元。区工商联多项工作成果获表彰。崇明区工商联被评为全国工商联2022年调查点工作"先进基层单位"称号；崇明区工商联与崇明区人民法院沟通联系机制做法入选全国工商联与人民法院沟通联系机制典型事例；崇明区工商联被授予2022年度上海市工商联青年创业者理想信念教育特色案例；崇明区工商联被授予2022年度上海市工商联民营经济宣传组织工作三等奖；堡镇、中兴镇商会获2021—2022年度全国“四好”商会。

【开展民营企业经营状况调查】2022年，区工商联组织开展民营企业经营状况调查，每季度1次，全年共4次，问卷完成数量和完成率在全市名列前茅。完成部分企业运行状况、涉企政策落实情况调查和民营企业社会责任调研、上规模民营企业调研工作。同时，组织开展民营企业优秀案例申报工作、民营企业科技创新百强申报工作。

【支持和保障疫情期间企业纾困的线上座谈会】 4月8日，区法院、区工商联召开支持和保障疫情期间企业纾困线上座谈会，区法院党组成员、副院长沈璇敏，区工商联党组成员、副主席王可杰出席会议，区法院相关部门干警、区工商联、园区、企业、金融机构及民宿经营主代表参加座谈会。会上，与会代表踊跃发言，对区法院充分发挥司法职能，积极服务保障企业在疫情期间纾困和发展给予肯定，并结合企业实际，分别提出企业在疫情防控期间遇到的问题和困难、涉企业相关纠纷及有关司法需求，各部门负责人先后对企业代表提出的问题作现场解答。

【支持企业复工复产金融宣讲会】 5月12日，崇明区工商联联合中国银行崇明支行、黄浦支行在线上联合举行。中国银行黄浦支行党委书记、行长张迅，中国银行崇明支行行长王赛金等出席会议，区工商联各所属商会班子代表及金融服务专员50余人参加。会上，中国银行上海分行普惠金融事业部许青经理介绍中央和本市在疫情下出台的相关涉企金融政策，讲解中行上海分行支持中小微企业抗疫情促发展十六条举措、助企纾困十五条金融支持措施等金融解决方案，并进行现场答疑助企解惑。年内，区工商联联合在崇金融机构先后举办金融支持企业复工复产系列宣讲会9场，解读相关金融政策，累计232家（次）民营企业参加。

【崇明区民营经济发展联席会议第一次全体会议】 7月7日召开。区委常委、统战部部长、联席会议总召集人龚伟，副区长、联席会议第一召集人徐慧泉出席会议，区民营经济发展联席会议成员参加会议。会议通报崇明区民营经济发展联席会议筹备情况，通过《上海市崇明区民营经济发展联席会议议事规则（草案）》。区经委、区市场监管局、长兴镇根据部门职责，就前阶段促进民营经济发展举措和下一步工作打算作交流发言。

【“红色助企直通车”经济恢复重振系列政策宣讲会】 7月22日，为助推崇明区一系列助企纾困政策直达企业，打通惠企政策落地“最后一公里”，由崇明区“两新”组织党建工作联席会议主办，区委组织部和区工商联联合承办的以“稳经济 促发展 增信心”为主题的“红色助企直通车”经济恢复重振系列政策宣讲会正式开讲。宣讲活动以线上形式举办，共约120家企业负责人参加。宣讲会于每周二、周四下午3点开始，共安排7次专场。每次专场分别邀请区政府相关职能部门在线讲解助企纾困最新政策，现场为企业答疑解惑。

【崇明区工商联（总商会）2022年非公经济人士区情通报会】 8月31日在区会议中心召开。区政府副区长徐慧泉作区情通报。区委统战部副部长、区工商联党组书记、常务副主席施卫东主持会议。会上，徐慧泉通报全区上半年经济社会发展情况，介绍下半年区政府工作的总体考虑，并解答非公经济人士关心的关于主要指标任务、经济恢复和重振、世界级生态岛建设、产业发展、城乡建设等五个方面的问题。

【对标全国先进 共促“两个健康”——区工商联赴奉贤学习交流】 9月7—8日，为提升“五好”工商联和“四好”商会建设水平，不断加强学习交流，为商会及会员“走出去”“引进来”提供平台，不断探索拓展合作的新领域，实现互利共赢，共促“两个健康”，区工商联带领区工商联企业家代表一行赴奉贤区工商联为期2天的学习交流。先后参观上海晨光文具股份有限公司、吴房村、奉贤台州商会及上海伟星新型建材有限公司等地，实地考察全国“五好”标杆县级工商联、“贤商之家”建设、民营企业党建工作等方面先进经验，并与奉贤区工商联座谈交流。

【王霄汉走访调研东禾九谷开心农场】 9月22日，市委统战部副部长、市工商联党组书记王霄汉到崇明开展“防疫情、稳经济、保安全”走访调研，一行实地察看东禾九谷开心农场稻米文化产业园，解水稻育秧生产系统、育秧工序流程等情况，考察精品民宿“米16”“稻14”项目。并召开座谈会，听取企业在发展中遇到的问题以及对相关政策的意见建议。

【上海（崇明）民营经济圆桌会】 9月22日举行。圆桌会以“稳预期促发展 提信心释活力”为主题，市委统战部副部长、市工商联党组书记王霄汉，区委副书记、区长李峻出席会议。区委常委、统战部部长龚伟主持会议。会上，上海东禾九谷开心农场有限公司、上海为中集团有限公司、上海双腾电子电器有限公司、上海衡元高分子材料有限公司、上海冠甲电子有限公司、上海万禾农业科技发展有限公司、知谷1984民宿等7家企业负责人进行交流发言，结合企业发展实际和遇到的困难瓶颈问题提出意见建议。市长兴岛管委会、区发展改革委、区经委、区农业农村委、区文化和旅游局等相关部门就相关问题现场作出回应。

【奉贤区工商联组织青年企业家到崇明交流考察】 10月26—27日，奉贤区委统战部副部长、区工商联党组书记张青率青商会来崇交流考察，崇明区委统战部副部长、区工商联党组书记施卫东等参加活动。考察团队一行参观上海冠华不锈钢制品股份有限公司、上海宝岛蟹业有限公司、东禾九谷开心农场，并进行座谈交流。崇明青创联会长陆贤介绍崇明区青创联的情况，奉贤青商会执行会长陈沈融介绍奉贤区青商会的情况，企业家代表积极发言，分享创业故事。会后，奉贤区青商会与崇明区青创联签订友好商会合作协议。

【湖北省十堰市工商联到崇明交流考察】 10月29日，湖北省十堰市工商联党组成员、副主席李世耀带队到崇交流考察，崇明区委统战部副部长、区工商联党组书记施卫东、上海市湖北十堰商会会长纪洲等参加活动。一行人先后参观上海冠华不锈钢制品股份有限公司、香朵开心农场。考察过程中，施卫东向客人介绍崇明世界级生态岛建设情况，"十四五"规划和2035年远景目标。

【崇明工商联部署推进"党的二十大精神进商会进民企"工作】 11月10日，为广泛学习宣传贯彻党的二十大精神，推动"党的二十大精神进商会进民企"活动有序开展，区委统战部副部长、区工商联党组书记施卫东在乡镇统战工作会议上部署推进"党的二十大精神进商会进民企"工作，并走进上海冠华不锈钢制品股份有限公司，为嘉定区青创联、崇明区青创联及相关企业职工宣讲党课，就党的二十大报告中促进民营经济发展壮大新的重大论述进行解读。

【崇明、嘉定两区青创联开展结对联学活动】 11月10—11日，嘉定区工商联党组成员、副主席陈攀，嘉定区青创联会长张波率青创联一行24人到崇明开展交流活动。崇明区委统战部副部长、区工商联党组书记施卫东，党组成员、副主席兼秘书长陈伟聪等参加活动。嘉定区青创联一行先后参观上海冠华不锈钢制品股份有限公司、上海高家庄园农业发展有限公司，学习企业以红色能量提升发展动能、发挥自身优势参与乡村振兴的新思路。在"学习二十大 奋进新征程"主题交流座谈会上，两区青创联集中学习党的二十大报告，代表分享学习心得体会。

【崇明区工商联、崇明区人民法院共建沟通联系机制做法入选全国工商联"四个一百"典型事例】 8月18日上午，由全国工商联主办，最高人民法院、最高人民检察院、公安部、司法部、中国法学会支持举办的第四届民营经济法治建设峰会在京召开。峰会上，公检法司机关分别与全国工商联联合通报沟通联系机制建设落实情况及调研中发现的"四个一百"典型事例。区工商联、区人民法院共建沟通联系机制做法入选全国工商联与人民法院沟通联系机制典型事例（2020—2022）。

【崇明区工商联"健全政企沟通机制助力民营经济发展"做法入选上海市2022年优化营商环境良好实践案例】 11月8日，市发展改革委印发公布《上海市2022年各区优化营商环境优秀案例和良好实践的通知》（沪发改营商〔2022〕7号）。崇明区工商联"健全政企沟通机制 助力民营经济发展"做法入选上海市2022年优化营商环境良好实践案例。

【宪法宣传周"法治进民企"普法讲座】 12月9日，区工商联召开邀请区人民检察院检察官作题为"预防企业犯罪 服务瀛商发展"的专题普法讲座。讲座结合其丰富的涉企犯罪案件办案经验，以案释法，为企业家们剖析讲解企业经营中常见的涉罪风险点，并介绍区检察院致力优化法治化营商环境作出的工作。全区140余名企业家全程参加。

【法治服务民营经济高质量发展工作会议暨"护航"2023年崇明区法治服务民营经济高质量发展十大实事项目发布会】 12月14日召开会议。市工商联党组成员、副主席杨茜，区委常委、统战部部长龚伟出席会议并讲话。会议由区委统战部副部长、区工商联党组书记施卫东主持。会上，施卫东通报《崇明区法治服务民营经济高质量发展实施意见》和2023年"护航"十大实事项目；区工商联主席、总商会会长仇瑜峰向广大民营企业发出《自觉诚信守法 树立良好形象》的倡议；区法院、区检察院、区公安分局、区司法局围绕2022年度法治服务保障民营经济工作开展情况进行交流发言。

【崇明区堡镇商会、中兴镇商会获评2021—2022年度全国"四好"商会】 为表彰优秀、鼓励先进、树立典型，按照全国"四好"商会认定标准，通过各地工商联逐级推荐、省级工商联审核把关和全国工商联组织评审，经全国工商联主席办公会议审议通过，认定堡镇商会、中兴镇商会为2021—2022年度全国"四好"商会。（李应联）

群众团体

综述

2022年，全区各群众团体以党的二十大为纲领，团结带领全区各级群团组织继续发挥参与创新社会治理和维护社会稳定的作用。总工会举办"崇明工匠""最美崇明劳动者""最美抗疫先锋及集体"命名大会，命名"崇明工匠"10人、"最美崇明劳动者"10人、"最美抗疫先锋"30人、"最美抗疫集体"20个。获全国工人先锋号1个、市五一劳动奖状4个、市五一劳动奖章8个和市工人先锋号7个，获评"上海工匠"1人。团区委开展多种形式的宣传活动，弘扬党的二十大精神。成立专门项目组，发动团员、青年积极参与疫情防控，服务乡村振兴、文明创城、生态保护、矛盾调处等重点工作。加强基层团组织建设，引导全区各级团组织和广大团、队干部提升建功世界级生态岛的专业水平。区妇联注重思想引领，完成2022年村（居）妇联换届。2家获评市提高级妇女之家，6家获市示范型妇女之家。开展"数字破难微家行动"，完成43期线上教程制作。实地走访困难妇女群众家庭94户，企业、民宿、女带头人基地、女性社会组织90余个。选拔产生95户最美家庭和47名最美媳妇，其中7户最美家庭被评为2022年度"海上最美家庭"。强化资源整合，全域推进儿童友好社区创建。实施婚姻家庭纠纷预防化解项目。建立重点关注家庭（婚恋对象）档案数据。推进第六轮知心妈妈项目。持续推进新标准两病筛查项目。开展寻找崇明"最美家庭、最美媳妇"活动。区侨联组织开展"奋进新征程·建功新时代"主题系列活动，召开党的二十大精神专题学习交流座谈会；举办侨联女委员乡村振兴考察学习活动，感受我区美丽乡村建设成效；开展"心系'国家事'肩扛'国家责'"体会分享活动，开展"大走访·大排查"，组织侨企代表互动交流；对26家区级三星级"侨微家"进行表彰授牌；针对各乡镇侨情特点和工作特色，指导堡镇"侨之家"获全国侨联系统优秀"侨胞之家"称号，长兴镇同舟同"星"新侨驿站获"特色新侨驿站"称号；指导全区18个乡镇建立"网上乡镇侨联"全覆盖，搭建后疫情时代联谊交流快捷平台。区残联推进崇明残疾人事业发展。持续深入开展基层残疾人工作者招录工作，录用53名大学生进入残疾人工作者队伍。累计慰问32312人次，投入金额659.01万元，共计为35名多重残疾人、全日制在校学生等人适配组合类辅具，为121名听力残疾人适配助听器，为758名失禁残疾人配发护理用品，为65名肢体残疾人适配假肢矫形器，为296名视力残疾人适配眼镜式助视器，为30名不同类别的残疾人适配电动类辅具，新购残车39辆，换新44辆，为33名患有关节病残疾人提供关节置换补贴，还为残疾人配发常规辅具7005件。区红十字会继续弘扬"人道、博爱、奉献"的红十字精神，加强民生救助，2022年，区红十字会提升应对灾害能力，做好突发灾害救助。开展区级救援队培训演练活动，招募10名红十字会员志愿者、应急救援队队员担任120救护车急救转运工作驾驶员、担架员。2022年，崇明区共有11户困难家庭发生火灾等突发事故，共发放救灾款2.83万元；提高生命安全意识，开展应急救护培训。2022年，完成救护员培训977人，普及培训9088人，救护知识讲座4578人；举办现场急救技能竞赛活动。在第23个"世界急救日"期间，红十字会组织18支乡镇红十字救护队开展"终身学急救，救护伴我行"为主题的红十字应急救护比赛；抓好民生救助工作，不断提高困难群体获得感。

（《崇明年鉴》编辑部）

总工会

【概况】 2022年，崇明区总工会下属18个乡镇总工会、46个委局工会、18个区属企事业单位工会，全区共有1280个工会组织，10.2万名工会会员。设"三部一室"，分别为办公室、基层工作部、宣传教育部、维权保障部。领导班子结构为"1+2+1+2"（1名主席，2名专职副主席，1名挂职副主席，2名兼职副主席）。区总工会下设一个正科级事业单位——崇明区职工服务中心。年内，区总工会加强抗疫一线职工关心关爱，坚定职工群众攻坚克难的信心决心。开展"崇明职工健身大比拼"、心理讲座、"公益乐学"课程等线上活动，丰富职工居家抗疫生活。组织开展"爱上海、看上海、品上海"主题系列活动，组织抗疫职工参加疗休养，关注复工复产阶段企业职工需求与困难。广泛开展职工主题宣传教育活动，营造团结奋进的良好氛围。举办"崇明工匠""最美崇明劳动者""最美抗疫先锋及集体"命名大会，获评全国工人先锋号1个、获市五一劳动奖状4个、市五一劳动奖章8个和市工人先锋号7个，获评"上海工匠"1人。以"弘扬劳模精神 共筑抗疫壁垒""弘扬先进精神 践行责任担当"等为主题，进行先进人物抗疫事迹的宣传。举办线上庆"五一"系列活动，积极参与"喜迎二十大 建功新时代"文化网络大赛等群众性主题宣传教育活动。举办上海市职工乒乓球等级联赛（崇明分站赛）和上海市职工趣味运动会等活动。持续推进劳动和技能竞赛，激发广大职工建功新时代的劳动热情。开展"聚力绿色发展、建功生态崇明"主题劳动和技能竞赛。启动举办崇明职工厨艺系列技能竞赛暨"源自生态岛的美味——崇明职工厨艺竞赛"。联合开展"一网通办""一网统管"专项立功竞赛活动、长期护理保险护理服务人员职业技能比武、区职业技能竞赛等。广泛发动各级工会开展技能比武岗位练兵活动，吸引7400名职工参与。扎实履行维权服务主责主业，提高工会组织吸引力凝聚力。推动召开区、乡镇两级政府与工会联席会议，共提出议题27个。受理法律援助案件781件，调解劳动争议案件316件，代理仲裁116件，代写法律文书349件，为职工挽回经济损失723万元。新增工会会员卡6707张，组织9842名职工参加健康体检，组织700名新就业形态劳动者参加互助保障计划。广泛宣传职工互助保障政策，参保21.3万人次，参保金额3132万元；申请给付9.9万人次，给付金额4701万元。着力加强工会自身建设，夯实工会组织基础。召开崇明区工会第二次代表大会。健全"小三级"工会组织体系，推进乡镇建立医养照护、家政等行业工会，推进3家重点劳务公司组建工会，吸纳会员4100余名。启动扫码入会工作，全年共新增入库实名制会员1.1万人。为9407名灵活就业人员提供服务，吸引加入工会。优化区总工会"一网通办"服务，9项业务落实"减证便民"措施，"法律援助"服务事项入驻"快办"栏目。（秦春华）

【"促发展、保安全"大走访大排查】 1月26日，市总工会副主席周奇一行到崇明开展"促发展、保安全"大走访大排查，深入上海江南长兴造船有限责任公司、中远海运重工非公企业联合工会开展走访慰问。一行人首先到上海江南长兴造船有限责任公司车间，参加长兴在崇外来建设者慰问品发放仪式，为企业的产业工人发放慰问品，并送上新春祝福。之后，召开座谈会，听取企业在运营管理、疫情防控、安全稳定、工会工作等方面存在的困难以及长兴镇和崇明区工会工作的情况。随后，调研慰问中远海运重工非公企业联合工会，为企业职工发放节日慰问品，听取企业的发展现状和存在的困难。（袁佳琪）

【法律宣传进企业活动】 为了引导广大职工养成遵法、学法、守法、用法的自觉性，牢固树立法治观念，增强依法维权能力和劳动安全保护意识，运用法律知识处理好工作和生活中遇到的困难和问题，促进劳动关系的和谐和企业与职工的共同健康发展，区总工会1月开展法律宣传进企业活动，为现场职工发放宣传册和宣传品。活动共发放宣传册、宣传品近5000份。（袁佳琪）

【"巾帼建功创伟业 凝心聚力向未来"主题活动】 为了汇聚广大女职工的智慧和力量，团结引领广大女职工岗位建功，积极投身于崇明世界级生态岛建设伟大事业，以此迎接和庆祝"三八"国际妇女节112周年，3月2日，区总女职工委员会举办"巾帼建功创伟业 凝心聚力向未来"主题活动，区总工会副主席陆婷婷出席活动。为帮助大家更好地关注自身健康、提升职业女性形象，活动邀请到金凡老师为大家讲解芳疗和肩颈放松。讲座后，开展微景观生态瓶制作、永生花制作。（袁佳琪）

【庆"五一"系列活动】 5月，为进一步大力弘扬新时代劳模精神、劳动精神和工匠精神，深化劳动创建幸福主题宣传教育，引导广大职工群众凝聚合力抗击疫情，崇明区总工会开展崇明职工齐心抗"疫"随手拍活动、"笔墨蕴情，战'疫'有我"网络书画展、公益乐学宅家烹饪系列课程、公益乐学宅家健身系列课程、庆"五一"线上有奖知识竞赛、"崇明职工健身大比拼"和"崇明职工线上健步行"等系列活动。崇明总工会组织开展"崇明职工线上健步行"活动，吸引4000余人次参与。活动将体育运动和历史、文化、教育等结合起来，在层层闯关中寻访红色足迹，引导广大职工弘扬革命精神，传承红色文化，追忆党的光辉历程，让参赛者通过线上运动打卡收获健康和快乐。（袁佳琪）

【周奇一行到崇明慰问一线职工】 8月10日，上海市总工会党组成员、副主席周奇，市总工会基层工作部部长桂云林等一行至陈家镇社区卫生服务中心、堡镇电业社区居委会慰问一线职工。（袁佳琪）

【关爱"彩虹"行动 跟着劳模做志愿活动】 为进一步弘扬劳模精神和"奉献、友爱、互助、进步"的志愿服务精神，发挥劳模先进的示范引领作用，同时做好常态化疫情防控形势下切实维护广大职工群众的劳动健康权益。8月，崇明各级工会与全区各类劳模先进共同开展关爱"彩虹"行动。崇明各级工会志愿者、各户外职工爱心接力站工作人员及劳模先进代表分别赴全区对一线医务人员表示慰问，感谢他们在疫情防控工作中无私奉献和辛勤付出，叮嘱他们在履行职责的同时，做好疫情防护与防暑降温工作，确保自身安全，关爱人次达1000余人。（袁佳琪）

【崇明工会困难职工家庭大学生社会实践活动】 7—8月，崇明区总工会组织开展。大学生社会实践对象要求为：崇明区工会建档的第一、第二、第三梯度困难职工家庭中的大专以上在校大学生（自本年度9月起，就读大一到大四的全日制学生）。活动共提供50个大学生社会实践基地，共有24名困难职工大学生报名参加。（袁佳琪）

【崇明青年夏日联谊会】 为深入落实上海市总工会服务职工实事项目，切实关心关爱奋战在医疗卫生一线工作的医务青年和相关委办局的志愿服务青年。9月7日，由区总工会、区卫生健康委员会主办的2022年崇明青年夏日联谊会在明珠湖举办。来自区卫健委、区委办、区纪委、长兴企业集团的40余名青年职工参加活动。（袁佳琪）

【社工培训会】 10月26日，崇明区总工会、上海崇明宝岛社会工作服务中心组织开展2022年度工会社工培训会暨工作例会。区总工会党组书记、副主席秦文新，区总工会副主席陆婷婷，区总工会副主席（兼职）施烨出席会议。区总工会党组书记、副主席秦文新对做好新时代崇明工会工作提出，要努力学习，提升素质。要学好党的二十大精神、练就过硬的业务本领；要体现担当，主动作为。要有服务意识、参谋意识、合作意识、争先意识、创新意识、奉献意识；要敢于碰硬，攻坚克难。要在非公企业工会组建、职工技能提升、困难职工帮扶等方面有所作为和有所突破。培训课程围绕工会社工履行职责的实际需要，就工会基层组织建设工作、职工宣传教育及劳模服务与管理工作、职工维权保障工作等方面开展培训。全体工会社工参加培训。（袁佳琪）

【“崇明工匠”“最美崇明劳动者”“最美抗疫先锋及集体”命名大会】 11月10日召开。区委副书记杨元飞出席会议并讲话，区人大常委会副主任、区总工会主席张建英主持会议，区总工会党组书记、副主席秦文新宣读2022年命名“崇明工匠”“最美崇明劳动者”“最美抗疫先锋及集体”的决定。命名“崇明工匠”10人、“最美崇明劳动者”10人、“最美抗疫先锋”30人、“最美抗疫集体”20个。区委副书记杨元飞在讲话中强调，要深入学习贯彻党的二十大精神，切实加强职工群众思想政治引领；要大力弘扬劳模精神、劳动精神和工匠精神，努力营造劳动光荣、创造伟大的浓厚氛围；要强化培树先进典型榜样，激励广大职工群众建功新时代。（袁佳琪）

【“蟹逅美味”崇明职工厨艺系列技能竞赛】 11月12日，区总工会在西来农庄举办“源自生态岛的美味”崇明职工厨艺系列技能竞赛“蟹逅美味”厨艺技能竞赛。竞赛以崇明生态美食竞赛为平台，为各路厨神提供施展才华、创新创造的舞台，进而扩大一批崇明特色农产品影响力、推出一批优质崇明菜、选出一批崇明菜大师，助力崇明文旅发展，特别是民宿行业发展。并以此大力弘扬劳模精神、劳动精神和工匠精神，团结带领全区广大职工群众以实际作为高标准推进崇明世界级生态岛建设。区人大常委会副主任、区总工会主席张建英，区文化和旅游局党组书记、局长倪向东，区总工会党组书记、副主席秦文新，绿华镇党委副书记（党群）顾惠明，区总工会副主席陆婷婷，绿华镇人大副主席、总工会主席刘静，区总工会挂职副主席施天杰，上海宝岛蟹业有限公司董事长黄春出席活动。（袁佳琪）

共青团

【概况】 2022年，崇明区共有940个基层团（总）支部，9302名团员。年内，崇明团区委常态化开展“喜迎二十大、永远跟党走、奋进新征程”主题教育实践活动、“红领巾爱学习”“我的家乡叫崇明”等主题活动，做到基层团组织和少先队中队学习全覆盖。发挥“瀛小青”青年讲师团作用，通过海报、H5等形式，推出主题微团课、云队课112讲，开展主题宣讲800余场。围绕“青年大学习”，连续多期网上主题团课参与率在全市地区系统排名前三。举办“与党同心同行”微团课宣讲大赛，收到作品50余件，10个优秀作品经过遴选进入决赛。大上海保卫战期间，组建崇明区“火线行动”支援疫情防控临时团支部，成立青年突击队48支，招募1.4万余名团员青年参与疫情防控志愿服务；开展“疫期帮侬忙”专项行动，完成药品配送2.1万余单，捐赠资金12万元，防护用品4.9万余件，生活物资20余吨；开展“敲门行动”，动员团队干部、青少年事务社工等参与社区志愿服务3800余人次，为青少年提供结对助教、学业辅导、心理咨询等全方位的关怀；少先队发起红领巾倡议，“红领巾学战疫情先锋”专题被全国少工委、“萌动上海”等媒体报道，阅读量达10万+次。实施“燕归巢”崇明籍大学生回乡工程、开展“启航计划”等，对2843名2022年新毕业大学生开展青年就业情况调研，为489名崇明学子提供实习岗位。在辖区新建非公企业团组织51个，成立民宿行业协会团支部，提升团的组织覆盖面。推进县域共青团基层组织改革试点，完善团代表联络站，实现代表委员进站率达100%。对标团市委任务要求，完成非公企业团支部新建任务127.5%，智慧团建专题学习录入率、团员发展率和录入率、团支部对标定级率、青年之家云平台录入率等各项指标均达到100%。指导各乡镇成立社区少工委，打造少先队15分钟幸福圈争章基地。形成“以区级青年中心为核心，辐射带动区域特色型、功能主导型、社团嫁接型、文化传承型等各具特色”的青年中心总体格局，常态化开展寻访红色地标、扁担戏传承等活动333场，服务青少年6139人次。开办小学生“爱心云托班”，服务小学生4384人次。分类举办区团、青、队干部培训班，乡村青年人才培训班，青年英才训练营等，培训各类青年人才、团青骨干400余人次。

【共青团上海市崇明区第一届委员会第十次全体（扩大）会议】 1月19日在崇明区会议中心召开。全体团区委委员，各乡镇、委局、集团共青团工作分管领导、团组织负责人等参加会议。团区委副书记顾玲玲代表共青团上海市崇明区第一届常务委员会作了题目为《奋进新征程 勇担新使命 为奋力创造世界级生态岛建设新奇迹贡献青春力量》的工作报告。会上，长兴镇党委、区人力资源社会保障局团委、区税务局团委、上海冠华不锈钢制品股份有限公司团支部4家单位结合工作实际，分别进行交流发言。

【燕归巢·凤来栖“崇尚人才 明智之选”青年发展论坛暨2022年大学生就业创业信息发布会】 1月26日，区委组织部、区人力资源和社会保障局及团区委在区文化馆风瀛洲剧场联合举办燕归巢·凤来栖“崇尚人才 明智之选”青年发展论坛暨2022年大学生就业创业信息发布会。5万余名观众线上观看这场直播。

2022年1月19日，共青团上海市崇明区第一届委员会第十次全体（扩大）会议在崇明区会议中心召开（团区委 供图）

【崇明区中学生共产主义学校2022年培训班】 2月26日，崇明区中学生共产主义学校2022年培训班开班动员暨2021年培训班结业仪式在城桥中学大礼堂举行。区教育工作党委副书记陆惠星、团区委副书记顾玲玲、城桥中学副书记、副校长秦飞出席本次活动。2021年和2022年区级共产主义学校全体学员通过线上线下相结合形式参与本次活动。来自崇明中学的2021年学员代表李宋琦分享参加区级共产主义学校的点滴成长与进步；来自扬子中学的2022年新学员代表施怡譞作表态发言。活动结束后，2022年崇明区中学生区级共产主义学校第一次集中培训在城桥中学举行。全区高中阶段202名学员通过线上线下相结合的方式参与培训。

【“阳光助学·童心筑梦”困境儿童关爱物资捐助活动】 7月1日，区委政法委、民进崇明区委、团区委联合开展。本次困境儿童关爱物资由民进会员、民进崇明企业家联谊会副会长、区政协委员、上海伟驰数码喷绘有限公司总经理魏冬晖捐赠，为300名困境儿童提供价值近5万元的生活物资。团区委副书记顾玲玲为捐助人魏冬晖颁发感谢状。

【2022年崇明区小学生“爱心云托班”】 7—8月，团区委开展2022年崇明区小学生“爱心云托班”，为小学生提供云陪伴服务，引导和帮助小学生们度过一个安全、快乐、有意义的假期。共招募青年教师122人次，大学生志愿者610人次，服务小学生4384人次。

【2022年崇明共青团重点工作推进会暨学习贯彻中国共产主义青年团成立100周年大会精神主题宣讲会】 8月3日在区会议中心召开，全体团区委委员，各乡镇、委局、公司、集团团组织负责人等近50人参加。会上，团区委书记朱敏煜就下半年重点工作推进提出希望，各条线负责人对下半年重点任务进行工作部署。区教育局团委、长兴镇团委、青年代表、青联委员代表4人分别围绕青少年思想引领、青年助力经济发展等主题，结合自身工作实际，进行交流发言。会议还传达团市委2022年重点工作推进会和中国共产党上海市崇明区第二届委员会第四次全体会议精神，并确定共青团上海市崇明区第二届委员会组成原则。

【“法润童心”崇明区未成年人普法项目启动仪式暨普法大讲堂活动】 8月17日在崇明区新时代文明实践中心举行。上海市律师协会未成年人保护专业委员会主任计时俊、上海市阳光中心总干事黄旦闻、崇明区委政法委副书记姚斌、崇明团区委书记朱敏煜、浦东新区人民法院少年家事审判庭庭长顾江平、长宁区人民检察院七部主任尤丽娜出席，市律协未保委青年律师代表、社工代表和结对留守儿童共同参加此次活动。活动还对“法润童心”崇明区未成年人普法教育实践基地进行揭牌，授“法润童心”普法志愿服务队旗，并向学生代表送上普法读物。

【“风起扬帆正当时·乘风破浪逐今朝”学习宣传贯彻落实市第十二次党代会精神主题活动】 8月19日，

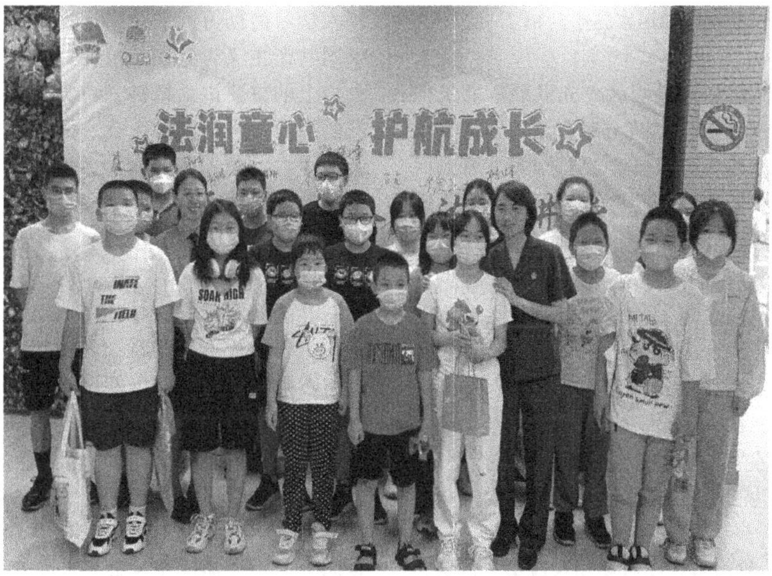

8月17日，“法润童心”崇明区未成年人普法项目活动（团区委 供图）

10月13日，“喜迎二十大，争做好队员”崇明少先队庆祝中国少年先锋队建队73周年暨少先队入队仪式在东门小学举行（团区委 供图）

区青联党政军法、建设交通界别组牵头，和新的社会阶层人士、民主党派、民族宗教、港澳台侨界别组等联合开展，团区委书记朱敏煜出席。

【“崇明共青团健康快车下百村”活动】 8月21日，崇明团区委在建设镇富安村开展。活动为百余名村民送去健康理念和义诊服务，让村民们在家门口就能享受到专业的医疗服务。同济大学附属同济医院心脏康复科沈玉芹教授为村民带来健康讲座，向村民科普高血压、高血脂、中风等常见病的防治知识。崇明团区委向富安村的村民赠送家庭小药箱。

【2022年崇明区少先队新学期工作例会暨少先队上海市崇明区第二次代表大会筹备会议】 9月9日，区少工委召开。区教育局副局长、区少工委主任陆琴，区少先队“三员”、各校大队辅导员出席会议。区少先队“三员”传达上海市少工委八届三次全会精神，解读2022年下半年崇明区少先队工作要点，部署区第二次少代会、建队节活动、“星级队室”评比、少先队考核等重点工作，为2022学年少先队工作指明方向。

【县域共青团基层组织改革工作学习研讨会】 9月15日在崇明区青年中心召开。团区委全体班子成员、机关工作人员，各基层团组织负责人参加会议。会议学习传达全国县域共青团基层组织改革动员部署会及上海市县域共青团基层组织改革工作推进会精神，解读《关于推进县域共青团基层组织改革的指导意见》中明确的具体要求和任务；并围绕落实改革攻坚，就重点工作提出具体要求。

【共青团上海市崇明区第二次代表大会】 9月28日在区会议中心开幕。区委书记缪京在开幕式上指出，要深入学习贯彻习近平总书记在庆祝中国共产主义青年团成立100周年大会上的重要讲话精神，自觉把自己的小我融入祖国的大我、人民的大我中去，融入高标准推进世界级生态岛建设的火热实践中去，在报效祖国、服务人民、建设家乡中加快成长为有理想、敢担当、能吃苦、肯奋斗的新时代好青年，奋力书写崇明青年的青春新华章。共青团上海市委书记上官剑，崇明区委副书记、区长李峻，区人大常委会主任薛红，区政协主席邹明，区委副书记杨元飞，副区长张秩通出席大会开幕式。团区委书记朱敏煜代表共青团上海市崇明区第一届委员会作工作报告。

【“喜迎二十大，争做好队员”崇明少先队庆祝中国少年先锋队建队73周年暨少先队入队仪式】 2022年10月13日在东门小学举行。团区委书记、少工委主任朱敏煜，区教育局副局长、少工委主任陆琴，团区委副书记阮江南，少先队“三员”出席，各小学少先队大队辅导员通过线上观看形式参加本次入队仪式。

【2022年崇明区团队干部培训班】 10月25—26日开班。各乡镇、委局、公司、集团团组织负责人，区第二次团代会代表，各校大队辅导员、团委书记，青少年事务社工，青联委员，青企协会员，社会组织、非公企业等团员青年代表，采用“线上和线下相结合、理论学习和走访调研相结合”的方式参与。

【“大爱相髓·点亮生命”崇明青年造血干细胞采集志愿者行动】 为进一步弘扬“人道、博爱、奉献”的红十字精神，展现崇明青年乐于奉献的精神风貌，10月28日，团区委、区红十字会联合举办，190余名青年志愿者参与。

【党的二十大精神联学活动暨“毗邻团建”交流座谈会】 为深入学习宣传贯彻党的二十大精神，进一步贯彻习近平总书记关于长三角一体化发展的重要讲话和指示批示精神，11月16日，崇明团区委、启东团市委在崇启海“毗邻党建”联盟工作指引下联合开展。会上，崇明团区委、启东团市委分别结合党的二十大报告，交流学习心得，分享党建带团建、县域共青团改革、青年发展型城区建设的有关经验做法。崇启两地团组织分别围绕政治理论联学、青年人才共育、团属品牌联建、青年阵地共用等方面进行交流讨论，并就下阶段的团组织结对共建事宜达成共识。

【崇明区青年工作联席会议全体成员单位会议暨青年发展型城区建设试点工作动员会】 11月24日召开。

会议深入学习贯彻党的二十大精神，全面落实市第十二次党代会提出的“建设青年发展型城市，打造年轻人希望之城”的工作要求，为促进崇明青年发展谋方向、定目标。区青年工作联席会议主任、区委副书记杨元飞出席。会议由区青年工作联席会议副主任、区委办副主任邢亚轲主持。

【“情系云南，冬日送暖”崇明青年关爱云南省云县大寨幸福公社儿童、临沧市耿马自治县儿童爱心捐赠活动】 11月，崇明团区委和大华公益基金会联合开展活动，号召青年志愿者加入关注关爱云南农村儿童的队伍中来，为边疆青少年成长成才贡献青春力量。3周共募集捐赠物资204箱。在“12·5”国际志愿者日，装载崇明青年志愿者爱心的物资车辆整装出发。

【“国旗下成长”青少年升国旗暨2022年新团员入团仪式】 12月12日，在东门中学举行。主题为铭记历史 薪火相传 筑梦未来——“国旗下成长”青少年升国旗暨2022年新团员入团仪式。党员、团员、少先队员代表作“一二·九”运动爱国宣讲，区教育工作党委副书记陆惠星寄语全体学生。活动现场，还观看“一二·九”运动展板，感悟“一二·九”运动中表现出的爱国主义精神和民族精神。（杨一亦）

妇联

【概况】 2022年，崇明区实现357个村（居）妇联组织全覆盖，建立妇女之家357家，姐妹微家900余家，乡镇、村（居）妇联主席374人。建管委、教育局、农业农村委、公安局等10家建立妇工委，成立“四新”领域妇联17家。区、乡镇、村（居）三级妇联执委人数为6019人。年内，完成2022年区、乡镇两级妇联换届，选举产生区妇联执委35名。2家获评市提高级妇女之家，6家获评市示范型妇女之家。开展“数字破难微家行动”，完成43期线上教程制作。实地走访困难妇女群众家庭94户，企业、民宿、女带头人基地、女性社会组织90余个。下沉防疫物资及女性卫生用品、婴幼用品等368箱。举办线上三八节纪念大会，制作《崇明巾帼十二时辰》公益宣传片。开展“崇明巾帼好物市集”展销、女性素养提升、广场舞、新媒体创意作品征集、“最美庭院创建”、农村女带头人联谊会、女村官联谊会等活动。实施困难妇女居家就业扶持项目，帮助250余名困难妇女增长就业技能。开展“游在崇明 学在路上”崇明区亲子游学设计大赛，入围产生20条线路、27个点位，编撰形成《崇明区亲子游学图鉴》，其中5条线路入围上海市乡村振兴亲子游路线。选树产生95户最美家庭和47名最美媳妇，其中7户最美家庭被评为2022年度“上海最美家庭”。发挥妇女儿童法律援助中心、妇联人民调解室，心理咨询室的作用，全年共接待处理各类来信来访1333件。开展全面排查报告妇女儿童重点群体工作，建立“一户一档”“一户一策”制度。对919名重症妇女、困难妇女和特殊儿童、130名困境儿童、低保家庭儿童进行帮困慰问，共计75.8万元；为全区1082名低保儿童发放价值10.8万元的文体用品；帮助19名品学兼优的高中、大学学生申请助学金5.6万元，帮助19名学生完成助学梦。完成2.5万名妇女“两病”筛查工作。

【崇明区儿童友好社区创建实现全覆盖】 2022年，根据上海市妇儿工委下发《关于公布上海市儿童友好社区示范点名单的通知》（沪妇儿工委〔2022〕1号），经上海市儿童友好社区创建评估委员会审核，崇明区14个乡镇通过评估验收，成为2021年上海市儿童友好社区示范点。通过2020年和2021年两年的创建，崇明区18个乡镇均获评上海市儿童友好社区示范点，率先实现全覆盖，其中港沿镇、建设镇、东平镇、新河镇、城桥镇、长兴镇、竖新镇7个乡镇获评优秀示范点。

【崇明区妇联一届十次执委（扩大）会议】 1月20日，在区会议中心召开。区委副书记李峻出席会议并讲话。区妇联一届常委、执委，各乡镇、相关委局党委分管领导，各乡镇妇联主席，委局妇工委相关领导等参加会议。区委副书记李峻在讲话中就做好2022年妇联工作提出三点要求。区妇联党组书记、主席沈晰作题为《行稳致远扬风帆 踔厉奋发谱华章 团结引领广大妇女奋力创造世界级生态岛建设新奇迹》的工作报告。

【市妇联到崇明开展走访慰问及调研】 1月21日，市妇联副主席葛影敏一行到崇明开展春节走访慰问和基层调研。召开农村女带头人座谈会，分析企业遇到的瓶颈问题。走访调研上海药材公司中药基地和也山民宿。了解企业经营状况。走访慰问老“三八红旗手”、妇科重症妇女，了解妇女健康状况和生活需求。

【新春慰问活动】 1月24—29日开展。区妇联领导班子分成六组，带领机关干部分别前往18个乡镇，走访慰问困难妇女、重症妇女、老三八红旗手、困难及留守儿童家庭代表等，与受助对象都进行亲切交流，询问她们的家庭、工作及身体状况，鼓励她们乐观面对困难，为她们送去新春的慰问和祝福。叮嘱乡镇妇联主席及工作人员，要深入了解困难家庭情况，主动协调，帮助困难群众解决实际问题。各乡镇妇联负责人等随同走访。

【崇明区纪念三八国际妇女节112周年大会暨上海市乡村振兴亲子游线路征集活动启动仪式】 3月8日线上召开。上海市妇联副主席、一级巡视员翁文磊和中共崇明区委常委、组织部部长陆志斌致辞。仪式上，表演崇明姐妹老布秀，播放

《崇明巾帼十二时辰》宣传片，致敬2020—2021年上海市巾帼文明岗、2020—2021年巾帼建功标兵代表、2021年上海市三八红旗手、2021年三八红旗集体代表等。启动上海市乡村振兴亲子游线路征集活动暨“游在崇明学在路上”崇明区亲子游学设计大赛。邀请上海市乡村民宿协会名誉会长、宿予民宿创始人王冠伦，北京师范大学家庭教育学博士、华东师范大学领导教育学博士王芳，麦淘亲子创始人谢震进行“乡村振兴及‘双减’背景下的游中学”主题论坛分享。大会通过录播形式线上发布，各村居妇联通过视频在线观看。

【2022年崇明区家庭文化节活动】 6—11月开展活动。围绕红色家风、廉洁家风、文明家风、书香家风、生态家风、孝道家风6个方面，发布78个相关主题活动。开展家庭文化节之书香家风系列微视频大赛，由崇明区妇女联合会主办，崇明区图书馆承办。网络投票期间，视频累计浏览量达到4万人次。经过线上展播、专家打分，结合微信投票情况，最终在首轮甄选出的20个人围作品中产生各自奖项，其中一等奖1人、二等奖2人、三等奖3人、优秀奖14人，同时在参与投票的读者中随机抽取出幸运奖20人。

【区委巡察组对区妇联党组进行巡察】 6月20日至8月19日，区委第三巡察组巡察区妇联党组。6月20日召开工作动员会，区委第三巡察组组长张永康就巡察工作进行动员，通报巡察任务、总体安排，并就做好本轮巡察工作提出要求。区妇联党组书记、主席沈晰主持会议并就配合做好巡察工作作表态发言。巡察期间，开展个别谈话10人次，听取4个专题汇报，列席1次会议，召开延伸座谈会1场，查阅相关卷宗和财务账册170余件，发放并回收调查问卷21份，收到区人大监督意见6条、日常监督部门意见2条，收到来电1人。8月24日，区委巡察工作领导小组听取巡察组巡察情况的汇报，同意巡察组的报告，并对区妇联整改工作提出明确要求。8月26日，区委巡察工作领导小组向区委书记专题会汇报二届区委第一轮巡察工作情况，缪京作重要讲话。

【儿童友好社区复评审推进会】 7月4日召开。区妇联组织2022年申报儿童友好社区创建复评审乡镇召开座谈会，实地考察其他乡镇儿童服务中心、儿童之家，学习先进经验做法。有关乡镇妇联主席、社工、区妇联维权部工作人员参加。座谈会上，各创建单位汇报去年评审过程中失分点，并对2022年以来开展的相关工作做简要说明，围绕镇级儿童服务中心和村居儿童之家的硬件改造及软件提升等，进行充分交流。

【“两病筛查”项目推进会】 7月5日，区妇联组织召开。区妇联副主席许晓芳、相关医院负责人及各乡镇妇联主席参加。相关医院负责人介绍今年以来项目推进情况，对接下来的工作进行详细部署，同时，结合以往工作开展中的不足和短板，对与会人员进行培训。各乡镇妇联主席结合辖区内“两病筛查”工作中的经验做法及存在的问题及进行交流。

【崇明妇女工作年中工作会议暨基层领头雁培训会】 7月26—27日，在区党群服务中心召开。各乡镇妇联负责人、社工，委局妇工委主任、副主任，区妇联全体机关人员等参加会议。会上，区妇联党组书记、主席沈晰对各乡镇妇联、委局妇工委上半年工作给予肯定，就下半年工作提出指导意见。条线分管领导就2022年几项重点工作做指导和部署。各乡镇妇联负责人，委局妇工委主任、副主任围绕上半年特色、亮点工作进行汇报，对下半年工作打算做交流发言。邀请区委党校教研室主任、讲师张林，以《牢记嘱托建新功 勇毅前行启新程》为主题，为大家上党课。白玉兰开心家园家庭服务社特聘专家、原上海市信访办接访处副处长姚洪彬，为大家做《信访工作条例》实务解读。上海市女性社会组织发展中心主任郁进以建设“四新”妇联组织为主题，对妇联组织建设、阵地打造、队伍力量发挥等多个方面工作进行指导。复旦大学新闻学院教授、博士生导师黄芝晓，结合当下社会形势，为大家开展讲座。

【家庭纠纷预防化解项目联席会议暨法律实务专题培训活动】 7月27日，在区会议中心举行，区妇联和区人民调解协会联合举办。区婚姻家庭纠纷人民调解委员会调解员、各乡镇婚姻家庭纠纷调解窗口调解员以及区妇联、区人民调解协会工作人员共40余人参加活动。区司法局副局长刘静波回顾总结项目前期推进情况，指出项目后期要开展的工作。区妇联副主席许晓芳提出指导意见。上海市白玉兰开心家园家庭服务社特聘专家姚洪彬老师对《信访工作条例》进行实务解读。崇明区向化镇人民调解委员会专职人民调解员龚丽萍选取典型人民调解案件进行解析，讲授婚姻家庭纠纷相关法律依据，并讲解各类纠纷调解技巧和方法。

【崇明区第二次妇女代表大会】 8月25日，在区会议中心及相关分会场召开，采取线上、线下相结合的方式。中共崇明区委书记缪京，上海市妇联副主席、一级巡视员翁文磊出席大会并讲话，中共崇明区委副书记、区长李峻，区人大常委会主任薛红，区政协主席邹明，副区长张秩通，副区长、区妇儿工委主任施蕾等出席会议并在主席台就座。区群团组织有关领导，各乡镇党委分管领导以及委局妇工委主任等应邀参加大会。大会审议通过《崇明区妇女联合会第一届执行委员会工作报告》，选举产生区妇联第二届执行委员会委员。大会闭幕后，区妇联第二届执行委员会召开第一次全体会议，选举产生崇明区妇联新一届执行委员会常委、主席和副主席。沈晰当选为区妇联第二届执行委员会主席。

【妇女儿童发展“十四五”规划年度监测统计培训会】 8月22日召开，区妇儿委办组织。区妇联副主席许晓芳、区妇儿委相关成员单位联络员、统计员等20余人参加培训。区统计局工作人员根据市级培训会议精神，对监测统计指标的口径、填报原则、报送时间等指标体系作详细的说明和解读，区妇儿委办人员结合工作实际，对相关报送工作进行补充说明。

【市妇联到崇明开展“万名执委大走访”活动】 10月14日，市妇联党组成员、二级巡视员、市妇儿工委副主任刘武萍，市妇女干部学校校长周森，上海新分众广告传播有限公司合伙人、首席战略官陈岩等来到崇明进行走访调研。区妇联党组书记、主席沈晰，庙镇党委副书记陈新，区妇联其他班子成员等参加调研。刘武萍一行实地走访庙镇合中村妇女之家、儿童之家及文化活动室，对日常运营情况进行详细询问；走访慰问困难妇女，了解其在享受国家医疗、养老等方面优惠政策的情况。围绕儿童友好、亲子游学和乡村振兴主题，实地走访调研上海市三八红旗集体——香朵开心农场，查看儿童活动设施设置情况，了解农场运营和女性就业创业等情况。围绕妇女发展和权益保护中的重点难点问题及妇女群众普遍关心的急难愁盼问题等方面，在区会议中心召开专题座谈会。区妇联班子成员，公检法系统代表，部分女企业家、女带头人，部分乡镇、村居妇联执委等参加座谈。

【沪滇合作妇联干部能力提升专题研讨班学员到崇明考察】 11月4日开展考察交流活动。实地参观和了解美丽庭院创建、民宿产业发展和农村女带头人基地等情况。调研长兴镇前小桔创意农场、陈家镇瀛东村、港沿镇园艺村，感受崇明环境美、产业旺、乡风好的美丽乡村新风貌。崇明区妇联副主席许然美等陪同考察。

【千名执委大培训暨党的二十大精神学习会】 11月10日，区妇联组织召开，通过“线上+线下”的方式。区妇联班子成员，区、镇、村居妇联执委，部分妇联社工，区妇联全体机关工作人员等参加会议。区妇联党组书记、主席沈晰主持会议，并就各级妇联干部进一步深入学习贯彻党的二十大精神提出要求。邀请原中共上海市委宣传部党校教研室副主任、原上海工会管理职业学院干部培训中心主任王连祥以《新起点、新挑战、新征程——深刻领会党的二十大提出新的历史使命》为题授课。

【“知心妈妈”项目】 11月10日召开“知心妈妈”项目推进会，区妇联联合区信访办组织召开。白玉兰开心家园工作人员、相关乡镇信访办主任及妇联主席参加会议。区信访办副主任王小平、区妇联副主席许晓芳出席会议。各乡镇分别就相关信访工作化解和推进情况进行介绍，并对当前存在的困难和下一步工作方案进行汇报。区妇联副主席许晓芳、区信访办副主任王小平对相关工作提出指导意见。

【妇女维权法治宣传活动】 11月17日开展。区妇联和区女法律工作者联盟共同组织。赴各乡镇开展“反对家庭暴力 共建和谐家庭”妇女维权法治宣传活动。区女法律工作者联盟的成员在绿华镇、庙镇、港西镇等地开展早市宣传、法律咨询、主题讲座等多种形式的宣讲活动。活动现场，女法联成员向参与群众发放反家庭暴力法和崇明妇女维权阵地信息等宣传折页，并用通俗易懂的语言、生动形象地介绍什么是家庭暴力、如何预防和制止家庭暴力等，普及反家暴告诫书开具和人身保护令申请相关知识，宣传家庭暴力的危害、解决措施和解决途径等内容，帮助群众提升对家庭暴力的认识，引导大家运用法律武器维护自身合法权益。 （毋晓菲）

侨　联

【概况】 2022年，区侨联组织开展“奋进新征程·建功新时代”主题系列活动，召开党的二十大精神专题学习交流座谈会；举办侨联女委员乡村振兴考察学习活动，感受我区美丽乡村建设成效；开展“心系‘国家事’肩扛‘国家责’”体会分享活动，热议习近平总书记给南京大学留学归国青年学者的回信；举办“崇明区2022年度侨联干部培训班”，邀请市侨联副主席徐大振围绕中共十九届六中全会精神、习近平总书记关于侨务工作的重要论述。开展“大走访·大排查”，组织侨企代表互动交流；对26家区级三星级“侨微家”进行表彰授牌；针对各乡镇侨情特点和工作特色，指导堡镇“侨之家”获全国侨联系统优秀“侨胞之家”称号，长兴镇同舟同“星”新侨驿站获“特色新侨驿站”称号；指导全区18个乡镇建立“网上乡镇侨联”。成立区侨联青年委员会，召开崇明侨、华商分会融合会更名成立区侨商联合会，完成区留学生家属联谊会换届工作。做实为侨服务，依法维护侨益，举办“学习民法典·维护侨界权益”侨法报告会；召开维权工作联席会议；做好中国侨联“连心侨——维护侨益”项目的落地工作，成立城桥镇涉侨纠纷调解室。实施“侨爱心”工程，重要节日电话微信向海外华侨华人致以慰问祝福，向归侨侨眷、留学人员家属“送温暖”；高温日走访慰问老归侨、侨界空巢老人、侨企及留学人员等“送清凉”；深化“我为群众办实事”实践活动，做好“侨帮侨”早期困难归侨金龙鱼专项帮扶工作；完成全区“特殊困难早期归侨家庭、归侨侨眷低保家庭、低收入家庭、大病归侨、一般困难家庭”5类29户困难归侨侨眷家庭排摸申报慰问工作。举办2022年“新侨双创在上海”——崇明新侨“侨看侨·共谋发展”活动，加强新侨间沟通联络、交流合作、共赢发展。弘扬中华文化，承办中国侨联“亲情中华·为你讲故事”海外华裔青少年网上夏令营活动，来自美国欣欣教育基金会的60余名华裔青少年，为期10天进行“云端”打卡互动。

【区侨联一届七次全委（扩大）会】 2月22日，崇明区侨联在区会议中心召开一届七次全委（扩大）会。市侨联副主席徐大振，区委常委、统战部部长龚伟出席会议并讲话。区人大教科文卫（侨民宗）工委主任顾佩红、区政协人口资源环境委员会主任陆祖国、致公党崇明区总支部主委施利华、留联会会长沈庆佳、区侨联全体委员、乡镇侨联主席和秘书长60余人出席会议。会议传达学习中共十九届六中全会、市侨联务虚会、区第二次党代会精神，区侨联副主席兼秘书长赵磊总结了2021年侨务工作并部署了2022年主要任务。会上，还举办了市星级“侨之家”和区三星级“侨微家”授牌仪式。

【崇明区2022年度侨联干部培训班】 2月22日，崇明区侨联在区会议中心举办。区侨联副主席兼秘书长赵磊主持活动，区侨联全体委员、各乡镇侨联班子成员、部分涉侨团体负责人60余人参加培训。市侨联副主席徐大振围绕中共十九届六中全会精神、习近平总书记关于侨务工作的重要论述，详细讲述新时代如何开展侨联工作，进一步明确新时期侨联工作的目标任务，拓展了侨联干部的工作思路，提升做好侨联工作的能力和水平；区侨界法顾委成员、上海聚隆律师事务所副主任丁美红作题为“学习民法典·维护侨界权益”的专题讲座，阐述编纂民法典的总体要求、基本原则以及蕴含在其背后的法理，提高侨联干部运用法治思维和法治方式开展工作的能力。

【“侨界法治宣传月”系列活动】 3月1日正式启动，全区共有2950人在259个村居、20个“侨之家”、47个“侨微家”和20个党群服务中心集中收看启动仪式；制作崇明方言“冲冲讲侨法”宣传小视频1份，指导各乡镇侨联根据自身特点设计宣传横幅、易拉宝、电子屏、宣传海报总计478份，发放侨法宣传资料10000余份；召开维权工作联席会议；做好中国侨联“连心侨——维护侨益”项目的落地工作，成立城桥镇涉侨纠纷调解室，搭建有效防范化解各种涉侨矛盾风险平台；充分发挥媒体作用，共计发布侨法宣传信息及知识问答稿等31篇。

【“心系‘国家事’肩扛‘国家责’”活动】 5月20日，为进一步展现和激发留学归国人员等广大侨界人士的爱国报国、创新创造热忱，崇明区侨联约请崇明归国留学人员代表人士就有关习近平总书记给南京大学的留学归国青年学者的回信，畅谈感想体会。大家纷纷表示，一定牢记习近平总书记的殷切期望和谆谆教诲，不负重托、勇担使命，心系“国家事”、肩扛“国家责”，在奋斗中创造精彩人生，为祖国和人民不断贡献智慧和力量。

【走访调研涉农侨企复工复产情况】 5月31日，区委常委、统战部部长龚伟赴归国留学人员企业东禾九谷开心农场有限公司和侨属企业上海日鑫农业种植专业合作社调研，感谢在疫情期间立足自身主业，主动靠前，勇担社会责任，助力上海疫情防控工作，并详细了解企业疫情期间农产品生产、保供情况以及复工复产中的问题和难点。竖新镇党委书记王昊，镇党委副书记、镇长康乾，港沿镇党委书记丁冬红，镇党委副书记、镇长张锋，区侨联副主席兼秘书长赵磊陪同调研。

【“中国航海日”走访慰问侨眷陈晓钟船长】 7月11日，区侨联副主席兼秘书长赵磊一行到陈干青故居“思蓼山庄”走访慰问爱国航海家陈干青的幼子、侨眷陈晓钟船长。一行人听取思蓼山庄的由来，陈家先辈的光荣事迹等介绍，对陈晓钟矢志不渝的航海情怀表示敬佩。同时，关切询问陈晓钟的健康状况和日常生活情况，听取他对侨联工作的意见建议。

【区侨联一届八次全委会】 8月11日召开。区委常委、统战部部长龚伟出席会议并讲话。区侨联党组书记施斌，区侨联委员20余人出席会议。区侨联副主席兼秘书长赵磊主持会议。会议采取举手表决方式选举增补杨霞为区侨联第一届委员会主席（不驻会）。会上，施斌传达学习中央统战工作会议精神和习近平总书记重要讲话精神，总结2022年上半年工作，部署下半年工作任务。

【2022“亲情中华·为你讲故事”海外华裔青少年网上夏令营上海（崇明）营活动】 8月10—19日，区侨联承办中国侨联“亲情中华·为你讲故事”海外华裔青少年网上夏令营活动，主题为“东海瀛洲·生态崇明”。来自海外华校美国欣欣教育基金会的60余名华裔青少年顺利结业。夏令营（崇明营）设计“东海瀛洲·扬帆再起航”“生态崇明·别具风味”等丰富多彩、独具特色的营员学习内容，融入《三字经》、成语故事等中华传统文化的精髓，让海外华裔青少年更加深刻地感受中华传统文化的魅力，进一步擦亮崇明侨联联谊联络的工作品牌。

【侨界维权工作会议】 8月24日，召开。区人大侨民宗委、司法局、公证处和侨界法律顾问委员会等相关负责人出席会议。区侨联党组书记施斌主持会议。会议回顾总结自2021年以来区侨界维权工作情况，通报区侨联在侨法宣传、纠纷化解、信访处理、帮扶助困等多个方面的

9月28日，崇明区侨联首个“涉侨纠纷调解室”在城桥镇星火路1号成立（区侨联 供图）

积极作为和创新实践，并就进一步做好2022年度侨界维权工作、深入开展普法宣传、为侨服务等活动提出设想。会上，侨界法顾委成员集中反映侨界维权工作中遇到的各类问题，并就积极参与涉侨法律建设、持续加强侨法宣传力度、扎实做好维护侨益工作等内容开展讨论。

【新侨双创在上海——“侨看侨·共谋发展”活动】 9月23日举办，区侨联常委及新侨代表20余人参加活动。“新侨双创在上海”是市侨联精心打造的品牌项目，由市侨联与崇明区侨联上下联动、共同策划，由“共谋发展”座谈会、调研新侨人员创新创业企业、沉浸式参观崇明统一战线“同心客厅”三个部分构成，旨在加强与新侨的沟通联络，引领新侨大力发扬爱国爱乡、爱拼敢赢精神，为助力崇明高质量建设世界级生态岛贡献侨界力量。

【崇明区首个“涉侨纠纷调解室”挂牌成立】 9月28日，崇明区首个“涉侨纠纷调解室”在城桥镇星火路1号挂牌成立。市侨联副主席徐大振，区委常委、统战部部长龚伟等领导出席揭牌仪式。市侨联基层工作部部长栾旭琛、区侨联副主席兼秘书长赵磊、城桥镇党委委员金玉妹等人以及侨界群众代表20余人参加活动。仪式上，徐大振和龚伟共同为涉侨纠纷调解室揭牌，城桥镇党委书记董玲娟介绍调解室工作情况，区侨联党组书记施斌致辞。城桥镇司法所所长刘卫兵与城桥镇侨联主席梁晟签署合作协议，城桥镇党委副书记王彬斌宣读涉侨纠纷调解员聘任决定，区司法局局长时枫和董玲娟向调解员颁发聘书。

【崇明区侨联青年委员会正式成立】 10月14日，崇明区侨联青年委员会成立大会举行。区委常委、统战部部长龚伟，市侨青总会会长姚珩，区侨联党组书记施斌等领导出席成立大会。区侨联副主席兼秘书长赵磊、云南省侨联青委会常务副会长沙呷阿曳、市侨青总会副秘书长赵云昊以及崇明区侨界青年代表50余人参加会议。会议听取崇明区侨联青年委员会成立大会筹备工作报告，审议通过《崇明区侨联青年委员会章程（草案）》，选举产生崇明区侨联青年委员会第一届理事会，姚智云当选为会长。

【留学人员家属联谊会第一次代表会议】 12月15日召开。区委常委、统战部部长龚伟出席会议并讲话，留学人员家属30余人参加会议。会议听取和审议沈庆佳代表崇明区留学人员家属联谊会第四届理事会所作的工作报告。审议通过《崇明区留学人员家属联谊会章程（草案）》，选举产生崇明区留学人员家属联谊会第一届理事会，沈庆佳当选为会长。

【侨商联合会更名成立大会】 12月16日召开。区委常委、统战部部长龚伟出席会议并讲话，侨商会会员近30人参加会议。会议听取区侨联党组书记施斌所作的《筹备工作报告》，审议通过《崇明区侨商联合会章程（草案）》，选举产生崇明区侨商联合会第一届理事会，陈璐当选为会长。 （孙闻鹃）

残联

【概况】 2022年，区残联严格落实动态核查对象重新评定工作，至年底全区共有持证残疾人42363人，比上年减少977人，持续保持负增长态势。全年累计慰问32312人次，投入金额659.01万元，为35名多重残疾人、全日制在校学生等人适配组合类辅具，为121名听力残疾人适配助听器，为758名失禁残疾人配发护理用品，为65名肢体残疾人适配假肢矫形器，为296名视力残疾人适配眼镜式助视器，为30名不同类别的残疾人适配电动类辅具，新购残车39辆，换新44辆，为33名患有关节病残疾人提供关节置换补贴，为残疾人配发常规辅具7005件。完成三星镇、新河镇和区残疾人辅具服务中心3家标准型辅具服务社验收，投入经费40余万元。完成121户残疾人的2021年度家庭无障碍改造工程的上门验收，2022年，有序实施127户残疾人家庭无障碍改造，投资金额348.32万元。全年18个乡镇完成改造140户残疾人家庭内部坡道改造和扶手安装，投入资金17.5094万元。全区459多名志愿者为2329名残疾人提供居家养护服务。完成3771名重度残疾人城乡居民基本养老保险代缴，补贴资金达226万余元，完成8183名重度残疾人城乡医保代缴工作，补贴金额4300余万元，完成309人次重残疾人员门急诊、住院起付段及大病住院补贴的审核发放工作，涉及资金17.8万元。受理审核残疾人生活补贴申请171957人次补贴金额为6125万元，受理护理补贴申请117355人次，补贴金额2280万元。完成交通补贴发放77672人次，补贴金额1054.89万元，助学帮困41人，补贴资金25万元。投入700余万为残疾人购买了商业综合保险，受益5325人次，理赔金额近600万元。分层次、广覆盖开展帮困慰问，3万余人次受益。元旦、春节期间，慰问困难残疾人2142人，发放慰问金及慰问品223.83万元；开展2022年区级精准帮扶慰问困难残疾人1742人，发放慰问金及慰问品150.9万元；重阳节期间，慰问年满60周岁的残疾人28428人，发放慰问金284.28万元，为年满90周岁的残疾人发放慰问品价值32.19万元。多渠道推荐残疾大学生就业，应届残疾大学生就业率达到100%。开展培训，依托市残联培训平台，线上培训86名残疾人。积极组织残疾人参加市级技能竞赛，19名残疾人参加、网络直播、无人机等12个项目市级残疾人技能竞赛。加大对残疾人事业的宣传力度，全年拍摄残疾人专题报道9条，制作手语新闻52条。上海崇明App“残疾人服务”专栏推出各类残疾人服务信息55条。微信公众号自8月上线以来，累计发布各类信息120余条，1200余人关注。开展残疾人体育健身运动，累计参与体育活动1000人次。

【区四套班子领导慰问困难残疾人】1月27日，区政协主席邹明，区委常委、宣传部部长陈立俊，区人大常委会副主任张建英，副区长胡柳强一行前往竖新镇慰问困难残疾人家庭。区民政局、区卫健委、区残联等委办局有关人员，竖新镇主要负责同志陪同慰问。一行人到明强村走访慰问困难家庭，并与慰问对象亲切交谈，向他们致以节日的祝福和问候。在详细了解他们的家庭情况和身体状况后，区领导鼓励他们要增强生活信心，保重身体，并叮嘱镇村干部要及时关心他们的生活需求，尽可能地帮助他们解决生活中的困难和问题，让他们更多地感受党和政府的关怀。

【市残联主要领导到崇明调研】6月14日，上海市残联党组书记、理事长王爱芬赴崇明区残疾人服务机构深入开展调研走访工作。市残联党组成员、副理事长郭咏军、崇明区副区长宋学梅、区残联理事长施菊萍、党组书记倪红兵等领导陪同调研。王爱芬一行到崇明区中兴镇残疾人综合服务中心，关切询问残疾人就业情况，听取机构负责人介绍。王爱芬听取竖新镇仙桥村残疾人“木棉花开”文化创意基地负责人的介绍，该基地是首批全国残疾人文化创意产业基地，以教育培训形式，支持残疾人参与传统手工技艺复兴。详细询问了复工复产过程中有哪些需求和建议，经营发展方面还有哪些堵点需要帮助打通。肯定该基地在丰富残疾人生活技能，带动残疾人灵活就业，实现残疾人劳动增收等方面的积极作用；希望进一步加强无障碍环境建设，实施品牌战略，积极打造成全国残疾人非遗示范基地。

【做好残疾人证核发管理工作】2022年，除继续严格把好残疾评定“受理关”和“审核关”以外，区残联实施“核查关”，对于重残无业负面清单对象应查尽查，对于财政供养人员勇于“刀刃向内”。于7月、9月分别完成第一、第二批重残无业对象的专场核查工作和财政供养人员的专场核查工作。根据乡镇排摸上报的负面清单，共核查两批重残无业对象531人及财政供养人员88人，其中不通过89人、残疾等级降低232人、维持原等级152人、残疾等级提高3人、未参评136人。至11月底，持证残疾人总数比上年减少1234人，下降2.92%，呈现逐年递减的趋势。2022年度实际新增持证残疾人1787人，死亡或注销3021人。6月21日，召开残疾人证动态核查对象重新评定工作部署会，会上区残联理事长施菊萍、党组书记倪红兵对各乡镇疾残疾人证动态核查对象重新评定工作提出工作要求，区纪委（监察委）第二派驻纪检监察组负责同志参会，各乡镇交流发言。9月2日，区残联施菊萍、倪红兵，区卫生健康委员会闫振峰共同召开2022年崇明区残疾评定联席会议，专题研究本区残疾评定工作。区纪委（监察委）第一派驻纪检监察组陈智勇开展廉政教育。3家区残疾评定指定医院的23名评残医生参加会议。会上区残联、区卫生健康委员会对于本区残疾评定工作情况作汇报，各评残医生按照残疾评定的类别依次讨论，发表专业意见。经研究，会议统一3家残疾评定指定医院残疾类别的评定口径。

【服务保障工作】2022年，建立区级—乡镇—村居三级联动机制，班子领导与包干区困难残疾人定期联系。党员、干部全员报到，下沉一线，3批志愿者驰援各乡镇开展志愿服务，青年干部张徐诚坚守35天。组织全区359名基层残疾人工作者成立“助残关爱保障”志愿服务队，为孤残、一户多残等特困残疾人提供每日送餐、助浴和打扫服务，为聋人提供视频手语翻译服务，为精神残疾人开展心理疏导、代配送药服务等。涌现一批区肢残协会主席翟海涛、肢体残疾人施建国、听力残疾人朱华康等优秀残疾人志愿者。3月28日以来，先后进行5轮排查工作，排查18473名居家养护、重度残疾人、“人户分离”残疾人等对象，梳理出430名重点关注的困难残疾人。通过细致的排查和梳理，掌握困难残疾人的生活保供、就医配药等共性需求及个体特殊情况。精准对接保供、打通堵点，及时完成第二季度交通补贴、两项补贴、护理用品发放，并为急需辅具的残疾人解决燃眉之急。为辖区范围内残疾人发放生活物资，解决就医配药需求。

【区残联第二届代表大会】 12月16日，在区会议中心举行，回顾总结上海市崇明区残疾人联合会第一次代表大会以来的工作，确定今后五年的主要任务，选举产生上海市崇明区残疾人联合会新一届主席团。上海市残疾人联合会党组书记、理事长王爱芬，区委书记缪京出席会议并讲话。区人大常委会主任薛红、区政协主席邹明、区人大常委会副主任范洪耀、副区长宋学梅、区政协副主席张荣出席会议。王爱芬代表市残联党组、理事会向大会的召开表示祝贺。缪京代表区委、区人大、区政府、区政协向大会召开表示祝贺。缪京指出，五年来，全区各级残联组织全面落实党中央、市委和区委关于残疾人事业的决策部署，聚焦残疾人民生福祉，切实履行“代表、服务、管理”职能，在残疾人民生保障、就业创业、康复训练、文化体育等方面做了大量卓有成效的工作，在世界级生态岛建设大局中的作用进一步彰显。会上，区残联第一届主席团副主席施菊萍作《牢记初心使命，踔厉奋发前行，共同谱写崇明残疾人事业高质量发展新篇章》工作报告；区红十字会党组书记薛美代表区人民团体致贺词。

【提升残疾人公共文化服务水平】2022年，围绕“喜迎二十大”主题开展“喜迎二十大 永远跟党走——崇明区残疾人书画征集活动”、区精协“一区一品之竹编舞”展演活动，区盲协“同声音颂党恩·喜迎二十大”2022年上海市第五届视力残疾人歌唱大赛等系列活动。线上线下开展形式多样的残疾人体育健身活动。组织线上参加“残健融合·乒博有爱”2022年乒博馆残健融合乒乓球线上活动，获得团体一等奖。“喜迎二十大·‘弈棋’向未来”2022年上海市残疾人棋类项目线上比赛、上海特奥阳光融合跑、上海市残健融合足球训练等活动。线下组织全区18个乡镇开展第十六次全国特奥日活动，全区不少于300人次参加活动。开展康复体育进社区工作，为全区10个乡镇不少于200名残疾人开展康复体育指导帮扶。

【创新就业创业服务形式】 2022年，充分运用各乡镇就业年龄段残疾人“一人一档”项目成果，共排摸就业困难人员约700人，真正做到人员底数清，就业需求明。利用就业援助“暖心活动”工作，积极和区人社局、民政局沟通，利用区人社局“就业招聘会”信息平台，以及社管中心下属福利企业用工需求，发布残疾人需求信息，实现精准对接，增加残疾人就业机会。各乡镇结合实际，开展形式多样的各类援助活动，依托属地化管理优势，积极挖掘就业岗位，为就业困难残疾人提供“送岗位、送培训、送政策、送服务”等援助活动，通过各方努力，共增加就业人员230人。（林婧怡）

2022年区残联组织举办各类培训、讲座情况表

表8

序号	日期	培训内容	参加对象	参加人数（人）	讲课人
1	8月4日	残疾人政务服务智慧化应用技能培训	全区基层残疾人工作者	300	区残联业务负责人
2	8月30—31日	持证残疾人基本状况调查暨换届工作培训	各乡镇分管领导、乡镇残联理事长、乡镇助残员全体	150	区残联业务负责人
3	10月30日	阳光心园业务知识培训班	各乡镇阳光心园工作人员	35	区残联业务负责人
4	10—11月	残疾人农村实用技术培训	全区就业年龄段残疾人	500	相关资质授课讲师

（区残联）

红十字会

【概况】2022年区红十字以弘扬“人道、博爱、奉献”的红十字精神为己任，确保年度工作任务有序完成，充分发挥党和政府在人道领域的助手作用，切实做到为政府分忧、为群众解难。

【基层组织建设】 2022年，区红十字会完成换届选举。9月7日，召开区红十字会第二次会员代表大会，通过《上海市崇明区红十字会第一届理事会工作报告》《上海市崇明区红十字事业发展规划纲要（2022—2026年）》，选举产生第二届理事会和第一届监事会；参与社会治理创新。持续推进“三走三听”大走访调研活动，2022年共走访调研乡镇、红十字企业、冠名医疗机构、会员单位20家，村居116家，红十字服务总站（站）134家，红十字服务对象1348家；加强博爱家园建设。推进建设镇国家级博爱家园示范点建设工作。3个乡镇被评为博爱乡镇，45家村居被评为博爱村居；提升红十字队伍能力建设。严格贯彻落实“三会一课”制度，通过召开的组织生活会暨民主评议党员会议，

提高政治站位。围绕区委、区政府确定的2022年全区民生工作总目标，聚焦“老弱病残幼”特殊群体，对崇明区应急救护培训工作方案进一步优化完善，切实提升基层群众自救互救能力。加强红十字干部队伍建设，组织换届后全区红十字系统干部培训班和定期召开乡镇红十字会季度例会。

【为民服务】 2022年，区红十字会提升应对灾害能力，做好突发灾害救助。开展区级救援队培训演练活动，招募10名红十字会员志愿者、应急救援队队员担任120救护车急救转运工作驾驶员、担架员。2022年崇明区有11户困难家庭发生火灾等突发事故，发放救灾款2.83万元；提高生命安全意识，开展应急救护培训。完成救护员培训977人，普及培训9088人，参加救护知识讲座4578人；举办现场急救技能竞赛活动。在第23个“世界急救日”期间，红十字会组织18支乡镇红十字救护队开展“终身学急救，救护伴我行”为主题的红十字应急救护比赛。抓好民生救助工作，不断提高困难群体获得感，2022年“千万人帮万家”项目为1027户特殊困难家庭累计发放爱心款91.67万元；为36所中小学中88名低保、低收入困难学生发放明旸法师帮困助学款14.3万元；为13名考取大学的贫困学生发放舜达帮困助学款6.5万元；出资18万元与临沧市6个县市开展结对捐赠助学等活动。资助学生154人次，发放助学款物35.9万元；扎实推进关爱失智老人项目，全区共有27306人次失智老人免费得到护理用品。对麻风病患者、罕见病儿童、特殊行业人群、艾滋病、老年护理院等困难群体进行慰问，发放资金12.6万元；弘扬志愿服务精神，切实推进“三献”工作。推进造血干细胞入库工作，联合区公务员局、团区委和贤达学院做好造血干细胞采集工作，263名志愿者数据成功入库。做好遗体（器官）捐献登记、宣传及慰问工作。2022年全区遗体登记者有21人，实现3人。开展无偿献血宣传活动。在“献血者日”期间做好对献血知识的宣传以及对献血者的表彰；关爱青少年生命健康，提高学校红十字工作水平。与区教育部门合作，将学生健康知识、急救知识，心肺复苏技能纳入素质教育内容。加强少儿住院互助基金管理。2022学年全区有48738名少儿学生参加少儿住院医疗互助基金，参保率99.96%。在“5·8”世界红十字日期间，乡镇红十字会、冠名医院、学校红十字会宣传体验活动。

【送温暖活动】 1月19日，2022年崇明区“千万人帮万家”迎春帮困活动启动仪式在区红十字会三楼会议室举行。区红十字会党组书记薛美、常务副会长顾钱菊代表区红十字会向包括癌症康复协会患癌困难群众在内的崇明区1027户困难家庭发放救助款71.89万元。癌症康复协会会长张惠、秘书长陆洪兴以及18个乡镇红十字会秘书长将善款送至困难群众手中。1月21日，崇明区红十字会党组书记薛美、常务副会长顾钱菊、副会长孙晋岳到城桥第三敬老院开展慰问活动，为在院老人送去新春祝福。城桥镇镇长施俊，镇党委委员、副镇长唐俭参与此次慰问。区红会向敬老院捐赠80条棉被。1月25日，区红十字会常务副会长顾钱菊、党组书记薛美一行到陈家镇开展慰问，向陈家镇裕鸿佳苑第七社区1名贫困学子送去新春祝福。

【区委第四巡察组巡察区红十字会党组工作动员会】 6月20日召开。区委第四巡察组组长吴磊就巡察工作进行动员，通报巡察任务、总体安排，并就做好本轮巡察工作提出要求。区红十字会党组书记薛美主持会议并就配合做好巡察工作作表态发言。区委第四巡察组副组长及巡察组全体成员，区红十字会领导班子成员及全体职工，基层红十字会干部代表，区红十字会退休人员代表，区纪委监委派驻纪检监察组有关同志出席会议。

【上海市崇明区红十字会第二次会员代表大会】 9月7日召开。上海市红十字会党组书记、常务副会长张浩亮，崇明区委书记缪京出席会议并讲话。崇明区委副书记、区长李峻，区人大常委会主任薛红，区政协主席邹明，区委副书记杨元飞，区政协副主席张荣，副区长、区红十字会会长宋学梅等出席此次大会。大会通过《上海市崇明区红十字会第一届理事会工作报告》《上海市崇明区红十字事业发展规划纲要（2022—2026年）》，选举产生第二届理事会和第一届监事会。

【应急救护技能比赛】 9月20日，在城桥镇社区活动中心召开。副区长、区红十字会会长宋学梅出席活动并致辞，区卫生健康工作党委副书记、卫生健康委主任、区红十字会常务副会长蔡志昌，区红十字会党组书记薛美，党组成员、副会长龚宇美，乡镇红十字会会长、秘书长，18支乡镇红十字救护队参加此次活动。

【“喜迎二十大，架起连心桥——政策咨询、文化传播、技能展示”活动】 10月14日起崇明区红十字会党组与崇明区红十字会联合组建一支红十字党员及志愿者服务队，联合开展活动，围绕“三救、三献”等主责主业在机关、企业、学校、社区等开展系列宣传活动，把红十字会相关政策、文化知识、救护技能送到干部职工、在校学生以及群众身边，号召大家筑人道之念、显博爱之心、行奉献之举。共开展相关活动20场，动员单位党员干部及志愿者67人次，宣传覆盖1900余人。

【崇明区红十字系统干部培训班】 10月27日举办。区红十字会第二届理事会、第一届监事会全体成员，乡镇红十字会会长、秘书长、红十字服务总站工作人员，红十字会冠名医疗机构、企业领导，以及相关部委办局分管领导参加培训。（崔海涛）

法治

综 述

2022年，区委政法委推动“一岗双责”的领导机制，形成全区社会面安保工作各司其职、各负其责、协调联动、整体作战工作格局。完善工作机制。明确应急处置指挥体系、力量安排、措施落实等工作。建立行业整治长效机制17个，制发“三书一函”6份。全区报警类110比上年下降29.37%，刑事案件立案数比上年下降16.5%，破案率达73.2%，重大案件即发即破，“八类”案件保持全破。围绕影响公众安全感的治安因素，重点整治社会治安重点问题21个。禁毒工作实现辖区内毒品案件零发生、在册人员零复吸、肇事肇祸零纪录、易涉毒物品零流失、毒品种植零产量、禁毒安保零差错，推进禁毒高质量发展。年内排摸梳理矛盾纠纷10527起，调处化解10433起，化解率99.1%。完成党的二十大、北京冬奥会、全国“两会”、第五届进博会等重大安保任务，警卫任务41批次。全年共立各类刑事案件981起，侦破刑事案件689起，抓获犯罪嫌疑人998人。侦破经济犯罪案件129起。追缴各类赃款1203万余元。查处治安案件2034起。查处违法人员973人。查处各类交通违法行为10.9万余起，整改农村无信控路口296个，临水临河路段隐患147处。全区发生道路交通事故（上报）650起。全年，发生各类火灾事故660起，比上年减少0.3%。收缴非法枪支60把、烟花爆竹1216箱、管制刀具8把，协调组织销毁危险化学品65.3千克、8.89升。区人民检察院全年共受理提请批准逮捕139件197人，受理移送审查起诉437件619人，批准逮捕101人，提起公诉334件474人。办理刑事、民事和行政诉讼监督案件302件、控告申诉等案件59件、公益诉讼案件170件，制发诉前检察建议102份。区司法局全年共收到行政复议申请132件，受理100件，审结89件。代理区政府参加行政应诉案件共27件，审结18件，无败诉情况。全区行政机关负责人出庭应诉率达到94.87%。筹建崇明区“八五”普法讲师团，落实“八五”普法规划。健全普法责任清单动态调整机制和项目化运作机制，48家国家机关、18个乡镇完成普法责任清单调整完善工作，全区立项并推进50个“谁执法谁普法”年度普法项目。 （《崇明年鉴》编辑部）

政法委与综治

【概况】 2022年，中共上海市崇明区委政法委推动“一岗双责”的领导机制，形成全区社会面安保工作各司其职、各负其责、协调联动、整体作战工作格局。完善工作机制，明确应急处置指挥体系、力量安排、措施落实等工作。开展稳定风险评估。围绕崇明经济社会发展重点领域，持续推进对决策事项的社会稳定风险评估工作，做到“应评尽评”。2022年内，对沪渝蓉北沿江高铁崇明段规划调整、轨道交通崇明线二期建设、环岛运河整治、农民集中居住地块新建道路、长兴岛土地征收等一批实事项目开展评估，登记备案17件。打击苗子性涉恶团伙12个89人，移送起诉12人，逮捕25人，行政处罚29人，取保候审23名。破获以张某浩、林某辉为首的寻衅滋事、非法持有枪支等多起涉黑涉恶犯罪。建立行业整治长效机制17个，制发“三书一函”6份。年内，全区报警类110比上年下降29.37%，刑事案件立案数比上年下降16.5%，破案率达73.2%，重大案件即发即破，“八类”案件保持全破。围绕影响公众安全感的治安因素，重点整治社会治安重点问题21个。联合文旅、消防等部门，对崇明区3个文娱项目开展风险防范研判，助力文娱新业态健康发展。做好刑满释放、社区矫正、吸毒人员、重点青少年等群体的服务管理，持续做好肇事肇祸精神障碍患者监护“以奖代补”工作。深入推进市域社会治理迎评工作。根据验收评估方案，围绕63项共性工作指标、1项区域特色工作指引、6项负面清单，强化跟踪推进、会议推进、专题推进、督导推进机制，推动各项工作有效落实。组建工作专班，建立健全“点对点”对接机制，推动各成员单位把提高站位转化为查短板补弱项、细化优化工作方案的具体行动。在传统媒体和新媒体平台开辟专栏，展示“百花工程”取得的成效，打造具有崇明特色的治理样板。组织开展“全国禁毒示范城市”创建。围绕争创“全国禁毒示范城市”这一核心目标，着力完善国家、上海市和崇明区三级争创体系，创新推进“无毒村居”“无毒乡镇”“禁毒示范单位”创建指引，组织开展18个乡镇、243个村居实地检查指导，“无毒乡镇”“无毒村居”占比分别达83.3%和68.8%。持续开展缉毒查处、戒毒管理和帮教关爱工作。健全完区联席会议制度，定期通报全区306家相关企业、69种易制毒化学品、设备监管情况。充分发挥“626”智能化平台在禁毒工作中的支撑作用，实现零售药局、医疗机构特药监管人证核查全覆盖。开展专项督查，依照《2022年崇明区委政法委执法司法监督工作要点》，重点围绕“战疫情、防风险、护稳定、促发展”目标，聚焦司法关键环节，对政法各单位防控疫情和保障复工复产开展专项督查，形成问题整改清单，逐项整改落实。深化涉法涉诉信访改革。制定《2022年本区涉法涉诉信访突出问题化解攻坚工作方案》，牵头政法各单位开展涉法涉诉信访突出问题化解攻坚工作。

（夏志华）

【政法队伍政治轮训暨全面从严管党治警报告会】 8月25日举行。区委常委、纪委书记、监委主任沈雪峰同志作专题报告。报告会系《崇明区政法队伍政治轮训三年行动方案》的首场活动，围绕“锻造忠诚干净担当的政法铁军”目标，把握巩固政法队伍教育整顿和扫黑除恶专项斗争成果等“两个抓手”，推进实施2022启动推进年、2023能力提升年、2024巩固深化年等为期三年的政法干警政治轮训。（夏志华）

【扫黑除恶领导小组（扩大）会议】 9月2日召开。会上，区委政法委副书记、区扫黑办主任姚斌回顾总结2022年上半年全区扫黑除恶斗争工作情况，分析工作中存在的薄弱环节和不足之处，并重点部署下阶段崇明区扫黑除恶斗争整改提升及迎接全国扫黑办特派督导相关工作。区建管委、区公安分局、向化镇分别结合本单位工作作交流分享经验。（袁卫滔）

【市见义勇为基金会慰问】 1月17日，上海市见义勇为基金会秘书长关明泉、监事徐志林到崇明慰问看望历年获评上海市见义勇为先进的董汉昌等5名困难人员。关秘书长在座谈交流中指出，市、区两级见义勇为主管部门将深入贯彻落实习近平总书记关于见义勇为的重要讲话指示精神，积极弘扬见义勇为精神，让全社会共同认识见义勇为行为是光荣的、见义勇为精神是不朽的、见义勇为事业是高尚的，切实加强领导、提供保障，进一步推动见义勇为事业不断发展，助力崇明世界级生态岛建设。（袁卫滔）

【“禁毒、禁赌、禁燃、防诈”专项行动】 1月19日，区委政法委召开“禁毒、禁赌、禁燃、防诈”专项行动，会上，区委政法委副书记、区平安办主任姚斌代表区平安办部署“三禁一防”专项行动工作方案，区委宣传部副部长施茂盛、区公安分局纪委书记张卫华围绕“三禁一防”宣传引导和打击整治作交流发言。1月25日，区委政法委、区文明办联合区公安分局、区禁毒办、区消防救援支队、区交通委等相关职能部门在宝岛世纪广场开展“三禁一防”专项行动社会面集中宣传活动。（袁卫滔）

【禁毒工作】 2022年，崇明禁毒工作实现辖区内毒品案件零发生、在册人员零复吸、肇事肇祸零纪录、易涉毒物品零流失、毒品种植零产量、禁毒安保零差错，推进禁毒高质量发展。在公众大屏播放禁毒公益视频，组织开展禁毒书法、绘画、文章、小视频等原创作品征集、网络有奖知识竞答和区禁毒科普教育馆云参观等全区性活动，多篇文章被“学习强国”平台、《中国禁毒报》、中国禁毒在线、“宁夏平台”等录用播放。做到在校学生毒品预防教育“五落实”“2课时”，“青骄”平台71所学校18585名学生注册率、参赛率“二个100%”。2022年，破获毒品案件3起，移送起诉犯罪嫌疑人17人，查处吸毒人员37人。实现社区戒毒康复办公室标准化建设全覆盖，完善乡镇“两室两基地”工作布局。年内组织各类活动35场次，提供生活、医疗、助学、就业等个性化服务392人次。吸毒人员三年认定戒断率为84.11%，高出全市平均9个百分点。严格执行易涉毒物品目录制度，组织开展对38种易制毒化学品、31种禁毒重点关注物品及关联企业排查工作，清理“僵尸”企业257家，督促61家实际经营企业全面落实网上注册登记，主管部门与相关企业签订禁毒重点物品信息管理责任告知书。依托禁毒智能化服务管理预警平台，组织开展对374种特殊管理药品专项督查，全区93个零售药房、279个医疗机构（领药窗口）规范领购药实名认证，采集上传信息近20万条，及时核查预警信息93条，有效防止药物流失滥用。崇明区全年未发生易制毒化学品、新精神活性物质、医用（非医用）麻精药品、禁毒重点关注设备漏管流失案件。至2022年底，全区83%的乡镇建成“无毒乡镇”、69%的村居为“无毒村居”，36个单位为“禁毒示范单位”，区、乡镇、村（单位）三级共创局面。发动志愿者开展“宣传、帮教、巡查、监管”禁毒志愿活动，“无毒之岛”建设深入人心、不断加强。与18个乡镇、38个成员单位签订禁毒工作目标责任书，将全国禁毒示范城市8大块35项测评指标落实到位。（邢施华）

【新修订《上海市禁毒条例》专题培训】 7月5日，崇明区禁毒办组织开展。培训会特邀市委政法委禁毒指导处处长李健莅临授课。区委政法委副书记，区禁毒委副主任施建城主持并讲话。培训会上，李健处长以《修订禁毒条例提升禁毒治理法治化水平和社会程度》为主题，介绍国内外的毒情形势和修订条例的背景、过程，解读修订的主要内容、贯彻落实的建议等。培训会分主会场和乡镇分会场以视频方式举行。区禁毒办相关人员、区委禁毒委成员单位联络员、各乡镇禁毒办主任、禁毒专职干部和公安派出所分管领导、禁毒专管民警，乡镇社区戒毒康复工作小组成员及全体禁毒社工共150余人参加。（邢施华）

【崇明区部署推进“全国禁毒示范城市”创建工作】 8月25日，崇明区召开创建全国禁毒示范城市动员部署暨2022年全区禁毒工作会议，贯彻落实国家和市禁毒工作会议精神，部署2022年禁毒重点工作，谋划推进新一轮全国禁毒示范城市创建。区委常委、政法委书记、区禁毒委主任龚朝晖出席会议并讲话，区委宣传部副部长、区禁毒委副主任施茂盛主持会议。公安崇明分局副局长、区禁毒委副主任张冲部署公安加强禁毒执法等工作。区委政法委副书记、区禁毒委副主任施建城宣读2021年崇明区基层无毒创建表彰决定，并就全国禁毒示范城市创建工作进行部署。会后，各成员单位、各乡镇进行《2022—2023年度禁毒工作责任目标》签约。（邢施华）

【崇明区赴云南临沧加强禁毒警务协作】 9月11—16日，由区委政法委副书记施建城带队，区禁毒办、公安崇明分局人员组成的崇明区调研考察组在临沧期间密集开展学习调研活动。分别与临沧市禁毒办、公安禁毒支队、沧源佤族自治县公安局进行座谈，就加强缉毒打击、临沧籍来沪人员管理、禁毒信息共享处置等深入交换意见；实地走访临沧市禁毒宣传基地、双江自治县勐库镇、沧源自治县边检站等，考察调研戒毒康复规范化建设、基层"无毒"创建、边民服务管理等基础工作，与当地政法干部、缉毒民警、社区管理人员进行广泛交流，共商两地禁毒协作事宜，完善"资源共享、优势互补、合作多赢"工作机制，沪滇联动推进乡村振兴战略。

（邢施华）

【易制毒化学品监管操作系统应用培训】 10月20日举办。特邀公安部一所技术员授课。培训会上，专家采用PPT的形式，首先向大家讲解上海市禁毒重点关注物品目录清单，接着就易涉毒物品信息监管系统中单位电子档案建立、信息采集录入等板块向大家作详细讲解并进行操作演示，最后现场解答大家提出的问题。区禁毒办要求各乡镇、相关成员单位：一是要加强对重点单位、重点行业的排查力度，确保不遗漏一家相关企事业单位的信息采集；二是要加强条块合作，乡镇与成员单位互相配合，共同做好信息采集和录入工作；三是要加强对禁毒重点关注物品的宣传力度，提高广大群众的知晓度、配合度、参与度。崇明区18个乡镇的禁毒专职干部、相关成员单位联络员及自强崇明工作站负责人等30余人参加培训。

（邢施华）

【市禁毒办领导到崇明调研指导禁毒品牌项目工作】 为不断扩大禁毒本土品牌项目成效，进一步梳理和总结"幸福在指尖""与爱同行"项目工作实践经验，呈现戒毒康复阶段性教育成果。崇明区禁毒办组织自强崇明工作站在赵艳工作室开展"2022年崇明区品牌项目总结汇报会"。会议邀请市委政法委毒品预防处副处长郑雨清，市自强总社总干事王雷参加。崇明区委政法委副书记、区禁毒办主任施建城出席会议并讲话。崇明区委政法委禁毒协调室主任吴亦东主持会议。一行人先后参观木棉花开戒毒康复实践基地、赵艳工作室以及服务对象制作的各类文创作品。随后由2名项目负责人就项目工作的具体实施和成效以及专业反思等方面进行详细陈述，并由服务对象代表分享参与项目活动后的感受。自强总社总干事王雷在点评时指出：把专业的理论知识运用到戒毒康复项目中实践，服务于更多的服务对象及其家庭，进一步发挥社工的团队凝聚力和项目开发能力，最终实现助人自助的理念。区委政法委副书记施建城肯定项目所取得的成效，并对下阶段工作的开展提四点建议：一是用高质量的艺术治疗手段，强化毒瘾戒断的专业性；二是建立艺术治疗分类机制，激发吸毒人员的参与兴趣与积极性；三是大胆创新，推动拓宽禁毒帮扶覆盖面；四加强品牌宣传，总结经验打造"崇明名片"。将"艺术疗法"的成果推广出去，成为具有本土特色的禁毒工作方法，努力实现创建全国禁毒示范城市目标。市委政法委毒品预防处副处长郑雨清对崇明区禁毒品牌项目给予充分的肯定，并强调：要紧紧围绕创建全国禁毒示范城市要求，对标对表，补齐短板，整合社会资源，充分发挥基层工作能力，培养综合复合型社工人才，推动本市禁毒工作向专业化、项目化高质量水平发展。（邢施华）

【2022年乡镇禁毒专职干部培训】 为更好地学习贯彻党的二十大精神和区委领导的批示要求，有效推进崇明区禁毒工作，11月9—10日，崇明区禁毒办在陈家镇瀛东村培训中心举办专职干部培训。区委政法委副书记、区禁毒办主任施建城在培训中讲话：一要充分认识毒情形势发展变化，进一步增强做好禁毒工作的紧迫感、主动性；二要肯定成绩直面问题，进一步增强争创全国禁毒示范城市的行动自觉和自信；三要围绕"三步走"工作目标，全力落实禁毒工作措施。培训班上各乡镇就全年禁毒工作进行交流总结；区禁毒办对禁毒工作情况进行梳理分析，对无毒村居创建工作台账、社戒社康戒断认定材料等做了辅导。参训人员通过分组讨论，交流分析禁毒工作中遇到的难点、痛点。同时开展团队协作团康活动，有效增禁毒工作针对性和团队凝聚力。（邢施华）

【政法工作会议暨司法行政工作会议】 2月17日召开。传达习近平总书记关于政法工作的批示精神、李强书记在市委常委会议上关于政法工作的重要讲话精神及中央、全市政法工作会议精神。区委政法委副书记姚斌同志作政法工作报告，区司法局党组书记、局长时枫作司法行政工作报告，区委常委、政法委书记龚朝晖作重要讲话。副区长、公安崇明分局局长陈琦，区人民法院院长竺常赟，区人民检察院检察长奚山青，区委政法委、公安分局、区法院、区检察院、区司法局、国安分局全体班子成员出席会议。乡镇分管政法工作的党委副书记、平安办主任、司法所所长列席会议。

（邱岳英）

公安

【概况】 2022年，崇明分局公众安全感和公安工作满意度再夺全市"双第一"，获评2022年度上海市公安局重大贡献单位。年内排摸梳理矛盾纠纷10527起，调处化解10433起，化解率99.1%。完成党的二十大、北京冬奥会、全国"两会"、第五届进博会等重大安保任务，警卫任务41批次。2022年，共立各类刑事案件981起，比上年减少22.0%。侦破刑事案件689起，比上年减少24.5%，抓获犯罪嫌疑人998人，比上年减少35.0%。侦破经济犯罪案件129起，比上年增加5.7%，抓获犯罪嫌疑人271人，比上年减少39.4%。追缴各类赃款1203万余元，比上年减少16.5％。查处治安案件2034起，比上年减少11.2%，其中黄赌毒案件167起；查处违法人员973人，比上年减少23.2%。查处各类交通违法行为10.9万余起，比上年减少25.9％，整改农村无信控路口296个，临水临河路段隐患147处。全区发生道路交通事故（上报）650起，其中重大交通事故16起致16人死亡，死亡人数比上年减少15.7%。全年，发生各类火灾事故660起，比上年减少0.3%，直接经济损失人民币234万余元，比上年增加4.7%。收缴非法枪支60把、烟花爆竹1216箱、管制刀具8把，协调组织销毁危险化学品65.3千克、8.89升。落实《公安部关于严禁违规宴请饮酒的规定》，实施从严管党治警“三项制度”，试点聘任首批16名专职纪检员，年内民警无严重违法违纪行为。成立“沈军实战研判工作室”，深化全警实战大练兵，开展实操实训30余次，送教上门10余次。全年，表彰先进集体17个、先进个人158人。陈丰锋获“上海市五一劳动奖章”，孙颖、王倩倩、顾敏敏等3人获评“上海市公安局三八红旗手”，李建明获评“上海市公安局优秀妇女工作者”，黄刚获评“崇明区道德模范”，张骅获评“崇明区最美崇明人”，陈凯珈、杨海荣、黄婕等三人获评市局“优秀辅警”。

【交通安全管理】 2022年，崇明分局围绕“减量控大”总体目标，开展易致祸交通违法行为、酒醉驾的查处打击以及非机动车重点违法行为的攻坚整治行动。年内共查处各类交通违法10.9万余起。其中，机动车违法4.5万余起（包括货车超载违法1347起、客载货违法6729起、酒后驾驶146起、醉酒驾驶84起）；非机动车违法6.4万余起（包括未佩戴安全头盔5.8万余起）。强化交通事故预防工作，利用交通安全态势等研判工具，累计发出研判报告349份，高效预警处置各类拥堵类路况841起，确保G40长江隧桥、高速主线的通行。

【社区警务】 2022年，崇明分局以提升基层社区警务效能为目标，积极争取区有关部门及乡镇支持，探索构建群防群治合力，在实现社区民警“两兼”率100%以及“一区一警两辅”和“一村一辅警”全覆盖的基础上，制定下发《崇明“瀛洲义警”群防群治队伍建设方案》以及《关于全面推广“平安屋”和“平安商户联盟”机制建设的实施方案》，组建以1124名村居干部、党员群众及治安积极分子为根基的“瀛洲义警”队伍，并在全区重点区域部位建设“平安屋”98处、“平安商户联盟”2家。

【夏季治安打击整治“百日行动”】 2022年，崇明分局深入贯彻落实全市公安机关夏季打击整治“百日行动”工作部署要求，围绕“六个严防、一个确保”目标，于2022年6月28日至7月8日以“清仓行动”打响“百日行动”开局战，集约精准侦破各类案件79起（刑事案件21起、行政案件58起），抓获各类违法犯罪嫌疑人140人，执行已裁决行政案件26起，执行裁决29人，基本清除涉疫违法犯罪“存量”案件。2022年6月至9月，以违法犯罪打击和安全隐患清零为两大抓手，由警种合成开展全区性清查3次，由派出所开展小切口清查整治47次，侦破各类案件79起，抓获违法犯罪嫌疑人62人，整治摘牌市级治安复杂重点区域1处、区级治安复杂重点区域20处。

【平安崇明建设】 2022年，崇明分局为创建“全国社会治安首善之区”，按照“党政统领、公安主推、部门协同”的思路，积极推动建立由区委政法委牵头，区公安分局、区应急管理局、区城运中心为骨干单位的平安崇明建设协调小组“动态隐患清零”工作制度以及依托“智能业务协同系统”分流隐患开展精准治理的崇明区风险隐患对接分流工作实施方案，全区994个村社党建微网格以及平安屋等最小作战单元均融进治理工作。工作开展以来，先后清零隐患2004处，合力化解各领域矛盾纠纷1319件。

【深化电信网络诈骗打防力度】 2022年，崇明分局通过反诈工作视频调度会及反诈联席会议工作机制的建立完善，制发播报130个（篇）反诈短视频和推文，联合区网信办、区融媒体中心、区教育局、区电信局等单位，通过“田间小喇叭”主题宣传活动及少先队员反诈宣传作品征集活动的创新推广，并依托在崇明的通信运营商公益短信发送、上海亚通文化传媒及客轮公司“客运＋传媒”新模式等，多形式、多载体、多渠道确保全区反诈宣传深入人心。全年电信网络诈骗案件接报既遂298起，比上年减少39.6%；电信网络诈骗立案197起，比上年减少43.4%；总案损5151万元，比上年减少27.1%。侦破电信网络诈骗案件174起，抓获犯罪嫌疑人152人。“国家反诈中心”App安装注册31.8万余人，占全区总人口数的50.4%，实现万人安装量5000的目标。

【严守生态领域安全防线】 2022年，崇明分局进一步将专案经营模式与“生态警务”机制相融合，在打击传统非法捕捞、狩猎的基础上，持续拓宽打击广度，会同区相关职能部门通过加强滚动排查、巡逻查控、密切协作联动，以最严厉的刑事司法保护措施，构筑对破坏生态环境违法犯罪活动的打防体系和长效机制。通过强化警种协作、深化队所联勤工作机制，年内破获各类破坏生态环境案件24起，出动警力200余人次。其中，“七滧河道被污染案”的侦破获公安部贺电。

【优化政务服务“一网通办”】 2022年，崇明分局在制定分局全面深化“一网通办”改革工作要点的基础上，由分局各级领导严格按照“领导干部帮办＋工作人员帮办”工作机制要求，以每月一次、每周一次、每日一次等形式积极下沉服务窗口开展线下帮办，同时配以“崇明旗舰店”App的研发上线，全面加强群众服务保障，提升政务服务人性化、标准化、规范化水平。全年依托由法制部门牵头的联合督导检查工作机制，制发联合督导通报8篇，落实整改办件质量、服务成效问题24条。

【加强全媒体宣传】 2022年，崇明分局通过成立崇明公安融媒体通讯社，推进“瀛洲110电视栏目”改版，邀请媒体记者编辑、市局宣传干部开展政工信息员培训，研究制定年度、阶段宣传工作计划等举措，持续加强与央级、市级、区级媒体沟通合作，在央视新闻、新华社、《人民日报》、《解放日报》、中国长安网等央级媒体和《新民晚报》、《上海法治报》、上观新闻等媒体平台刊播刊发新闻报道1903篇，录用数较上年同期增加53%。同步加强“警秀崇明”微博、微信、抖音、快手等新媒体平台、改版《瀛洲110》电视栏目以及《瀛洲警苑》杂志等自有特色宣传阵地融合发展。

【落实爱警惠警措施】 2022年，崇明分局统筹推进从优待警工作，结合春节、中秋、重阳等重要节日，开展困难民警、离退休人员、辅警及家属慰问600人次，发放各类慰问金180余万元。通过分局团委网页发布水中救援能力培训课程以及免费游泳、优惠理发、洗车保养、生活用品等团购活动8场次，惠及3500人次。与亚太EAP中心专业心理服务企业建立长效合作机制，通过提供国家二级心理咨询师7×24小时全天候心理咨询热线、线下一对一咨询、建立个人动态分析报告、政工领导关爱能力提升线下培训、重点岗位民警线下关爱讲座，使民警切实体验感受心理健康关爱服务。

【深化全警实战大练兵】 2022年，崇明分局围绕训为用、练为战、战训合一的目标，组织开展基础技能等科目实操实训、精准练兵。实训期间，以红蓝对抗、送教上门、队所联动等形式开展实操实训30余次，培训民警400余人次。所有练兵项目均通过市局抽考验收并在全市“迎盛会、强警技、筑平安”警务实战大比武中名列第三。

【侦破“11·22”开设赌场案】 2021年9月，分局接线索称：毛某松等6名赌博前科人员活动轨迹异常，有聚众赌博嫌疑。分局研判发现此案极有可能是一起运用境外赌博网站在境内组织人员以视频“百家乐”形式进行赌博的网络赌博案件。对此，分局即成立专案组开展全面调查。2022年2月14日，在广东湛江、上海宝山、杨浦、静安等多地抓获犯罪嫌疑人25人。经查，犯罪嫌疑人袁某某等人如实交代其利用境外赌博网站为下级代理提供网址、账号，并操控下级代理开设多个“百家乐”赌场招揽赌客进行赌博，从中赚取返水（洗码费）并约定分成的犯罪事实。该案的侦破工作获评2022年“上海治安部门十佳精品刑事案件”。

【侦破“2022·1·5”财会人员被骗案】 2022年1月5日，分局接报一起诈骗案：上海某公司法人杨某某报警称其单位财务人员被诈骗致使公司财产遭受巨大损失。分局即成立专案组查。经查：1月4日下午，该公司财务人员接到一个谎称银行工作人员的电话后与对方加为QQ好友，后该工作人员称因工作需要将财务人员拉进一个QQ群中，同时拉入假冒该公司法人“杨某”以及另一名假领导“丁某”，下午，汪某萍在群内收到两名假冒领导指示，以付工程款为由，通过公司账户向对方提供的账户转账两次共计493.8万元。2022年1月5日至2月26日，专案组先后在云南、安徽、新疆等地抓获9名犯罪嫌疑人，累计涉案金额800余万元。此案的侦破工作在2022年度“刑警803破案奖”评比中被评为铜奖。 （刘 翼）

检 察

【概况】 2022年，崇明区人民检察院（以下简称区院）忠实履行宪法法律赋予的职责，共受理提请批准逮捕139件197人，受理移送审查起诉437件619人，批准逮捕101人，提起公诉334件474人。办理刑事、民事和行政诉讼监督案件302件、控告申诉等案件59件、公益诉讼案件170件，制发诉前检察建议102份。在最高检评价基层院的38项竞争性案件质量评价指标中，区院数据均优于上年同期，22项位列全市前五，其中17项居全市首位。全年共4起案件获评最高检典型案例、2起案件获评全市十佳案例，29人次获评区级以上荣誉称号。

【保障党的二十大工作】 党的二十大召开期间，落实院领导首访包案9件，强化重大案件矛盾排查、纠纷化解。认真践行“群众来信件件有回复”，对283件来信来访做到7日内程序回复率、3个月内办理过程或结果答复率均达到100%。创新发展新时代“枫桥经验”，联合区司法局开展“一站式”检调对接，推动12起轻伤害案件达成刑事和解。积极应对存案、增案变化，开展“清积案”专项行动，通过快捕快诉，实现9月底所有案件办结率97%。

【打击暴力犯罪】 2022年，区院从严办理故意杀人、故意伤害致人死亡、强奸、抢劫等犯罪案件14件16人。维护城市公共安全，高效办理危险驾驶、交通肇事等犯罪案件117件118人。斩断网络黑灰产业链，依法惩处网络赌博、电信网络诈骗等涉网络犯罪案件73件119人。营造廉洁政务环境，依法办理工程领域受贿、粮食领域贪污等职务犯罪案件7件11人。常态化开展扫黑除恶，深入落实反有组织犯罪法，配合全国扫黑办督导检查，确保黑恶必扫、除恶务尽。

【关护“一老一少”】2022年，区院严惩侵害未成年人犯罪案件10件10人，做好涉罪未成年人教育、感化、挽救，依法决定附条件不起诉5人、开展观护帮教54人次。积极推动家庭落实监护责任，针对监护失职等情况发出督促监护令11份。扎实推进“检爱同行——法治进乡村”巡讲、法治副校长等普法教育活动，获评2022年区未成年人暑期工作优秀组织奖。坚持以“检察蓝”守护“夕阳红”，依法办理故意伤害等侵害老年人合法权益犯罪案件28件32人。开展打击整治养老诈骗专项行动，从重办理市委政法委督办涉养老床位投资诈骗案，获评上海检察机关打击整治养老诈骗优秀案（事）例三等奖。

【服务长江经济带发展】2022年，区院扎实办理长江“B7浮”水域非法采砂案，获评最高检第四批服务保障长江经济带发展典型案例。深入落实长江大保护战略，依法办理最高检长江航线船舶污染治理专案，着力解决执法扣押船舶违规占用滩涂等问题。主动服务崇明“双拥模范城”建设，深入推进最高检空军机场净空专项行动，联合军事检察院办理净空区内驯养信鸽危害飞行安全等案件6件。

【服务乡村振兴发展】2022年，区院严守耕地保护红线，开展“守土有我”专项行动，解决违规改变基本农田性质等问题21项。构筑乡村出行安全屏障，部署“公护安全、益心为民”专项行动，消除危险废桥等隐患问题15项。持续优化农村人居环境，提前介入工业废水倾倒重大环境污染案，解决扬尘污染等破坏生态环境问题99项。守好国有财产保护防线，督促追缴乡村道路修复款、农机补贴款等285万元，推动完善土地、环保税收制度。助力生态文旅产业发展，督促崇明农家乐可燃气体报警装置应装尽装，获评最高检安全生产公益诉讼典型案例、2022年度上海检察机关公益诉讼十大典型案例。

【完善检察协作机制】2022年，区院深化跨区域生态保护协作联盟，举办第二届长江口生态检察论坛，邀请最高检、华东政法大学等单位专家教授，共同研讨碳达峰实施等前沿问题。做实北长江口生态检察协作机制，入选推动长江经济带发展领导小组办公室首批试点经验做法。加强与上海公益诉讼研究中心等合作，依托生态检察理论研究基地开展常态化研讨交流、专家咨询，3项课题获最高检等重点课题立项。主动引入社会专业力量，组建全市首支“益心为公”检察云平台志愿者队伍，面向社会招募55名公益保护志愿者，其中民主党派专业人士27人，志愿者提供线索办理的案件入选最高检专刊典型案例。

【提升监督质效】2022年，区院主动部署“提质效”专项行动，强化监督事项过程管理，及时跟踪工作进度、督促回复采纳，社会治理检察建议等10项监督采纳率均为100%。强化与公安机关的协作联动、互相制约，在全市率先成立侦查监督与协作配合办公室，移送监督线索106件119人，依法监督立案15件、监督撤案79件。深化检法诉判共识，检察长列席法院审委会4次，与区法院会签“醉驾”、交通肇事等案件认罪认罚量刑备忘录，进一步就量刑标准达成共识。

【刑事侦查活动监督】2022年，区院依法追捕3件4人、追诉17件30人。推进刑事审判监督，对检法认识分歧提起抗诉1件，对外区法院遗漏被告人量刑情节提请市检二分院抗诉1件。加大刑事执行监督力度，对同案犯混关混押等问题，向区公安分局等制发监督文书12份。配合参与巡回检察，针对在押人员体检不及时、社区矫正对象档案管理不规范等情况，向区公安分局、司法局制发监督文书4份。全面落实“少捕慎诉慎押”刑事司法政策，对无社会危险性、犯罪情节轻微等决定不批捕67人、不起诉123件161人，开展羁押必要性审查92人，确保捕得“恰如其分”、放得“后顾无忧”。

【维护群众权利】2022年，区院坚持在贯彻实施民法典中全面履职尽责，受理民事监督案件24件。强化一类问题监督，筛查各类民事案件100余件，围绕同案不同判、办案超期等问题，制发检察建议7份。加大对虚假诉讼行为整治力度，及时发现假借民间借贷追讨赌债、合同诈骗等打“假官司”线索，向法院制发民事再审检察建议2份，提请二分院抗诉1件。积极为弱势群体依法维权“撑腰”，集中摸排民事纠纷线索30余件，办理土地流转费欠付支持起诉案等7件，针对土地承包经营权流转机制不完善等问题，向地方政府、职能部门制发检察建议3份，推动土地经营主体支付欠缴费用104万元。助力法治政府建设。发挥行政检察“一手托两家”职能特点，受理监督案件67件。深入推进精准监督，开展护航民生民利专项检察监督等专项活动，集中办理医疗卫生、市场主体权益保护等领域案件60件，推动解决逾期申请强制执行、被执行人信息错误等不规范问题10项，督促恢复执行行政处罚124万元。积极推进行政检察协调小组工作，聘请5名乡镇退岗“一把手”担任特邀成员，助力提升行政执法检查公正性、权威性。深化行政争议实质性化解，推动涉邻里纠纷行政复议申请人撤回申请，实现案结事了政和。强化行政非诉执行监督，督促某旅游发展公司恢复土地原状检察监督案，获评最高检“土地执法查处领域行政非诉执行监督”专项活动优秀案件。

【助企保障】2022年，区院着力优化法治化营商环境，扎实开展刑事“挂案”清理，监督公安机关撤销久侦不结等涉企刑事案件10件。当好企业健康发展“老娘舅”，深化涉案企业合规制度，对虚开发票等5家涉案公司提出依规经营检察方案、落实第三方跟进监督评估。助力企业完善管理，结合办理的国有公司人员滥用职权等案件，及时向相关国有企业制发检察建议4份，督促加强对下指导、健全内控制度。针对性加强企业法治供给，联合区工商联召开“法治进民企”普法讲座，为140余名企业家作主题授课，更好护航民营经济高质量发展。精益求精抓好办案。充分发挥业务数据评判办案质效“风向标”作用，组织召开业务数据研判会13次，准确把握指标背后蕴含的“大政治”“大民生”。努力把每一个办案环节做到极致，“案—件比”理念拓展至刑事、民事、公益诉讼案件多领域，切实以最少司法程序争取百姓最好感受。积极推动案件繁简分流、快慢分道，对事实清楚、矛盾已化解等案件平均办案周期2天，相比速裁案件缩短400%。创新内部办案组织架构，整合“四大检察”职能，优化未成年人案件检察官办案组设置，探索成立知识产权检察办公室，“攥指成拳”凝聚“一体化”合力。

【压实司法责任】 2022年，区院充分发挥领导办案“头雁效应”，正副检察长带头办理外籍船舶海上交通肇事案等重大案件31件。严格落实“谁办案谁负责、谁决定谁负责”，深入推进日常评查案件612件，开展重点评查、跨院交叉评查案件49件。强化办案监督管理，建立控告申诉环节案件质量反向审视机制，针对办案引发重大集体访等情况，及时审查办案质量，依规依纪追责问责。坚持用制度管人管事，出台检察人员考核、业绩档案管理办法，对个人业绩重大事项一人一档、终身记录，纳入评先评优、晋职晋级重要环节，更好激发干警创先争优活力。开展远程提审、远程庭审办案486人次。充分释放大数据线索“开源”优势，联合区城运中心签订数据共享协议，探索共建寄递领域毒品犯罪、危化品运输倾倒等数字监督平台。深化公益诉讼办案指挥中心建设，加强3D建模系统、无人机、移动执法箱等专业装备使用。打造“沪未云”监督线索预警平台，聚焦“医食住行学”五大领域，实现涉未成年人案件信息的实时推送，获评最高检大数据法律监督模型竞赛三等奖。

【党建工作】 2022年，区院深入贯彻《中国共产党政法工作条例》和市委实施意见，邀请区四套班子领导来院视察、出席重大活动11次，确保将党对政法工作的绝对领导贯穿检察工作全过程、各环节。深化重大事项请示报告制度，通过《检察工作专报》、上门汇报等方式报告工作46次，25次获批示肯定。紧扣区委工作重点，主动参与区委、区委政法委组织的专题协调会、工作例会12次，在接受监督中争取支持。接受人大、政协监督。认真履行接受人大监督宪法义务，主动配合开展公益诉讼、多元矛盾纠纷化解等专题调研。做好代表联络工作，院党组上门联系在崇市人大代表，认真落实区“两会”、专题视察期间代表审议意见62条，成功办结人大代表交办案件线索4件。积极接受政协民主监督，邀请区政协主席会议成员开展专项视察。坚持办案质效由人民评判、让人民满意，制定第三方参与公益诉讼整改“回头看”规定，邀请代表委员对公益诉讼案件实地走访，并完善生态检察指标体系，接受代表委员打分评价，针对性加强和改进工作。

【回应社会关切】 2022年，区院制定院领导对口联系乡镇制度，深入基层听取意见23次。持续推进办案信息公开，召开电信网络诈骗防范等新闻发布会，在12309中国检察网对外发布信息576条。坚持“应听证、尽听证”，聘任20名司法行政干部、律师等担任听证员，开展各类公开听证37次。依法接受履职监督，邀请人民监督员、特邀听庭评议员等监督办案46次。着力增强检察工作社会知晓度，组织社区群众、在校学生开展“检察开放日”活动，努力让检察工作可感、可评、可监督。积极引导群众遇事找法，升级打造“检察百村行”法律服务下基层活动2.0版，深入乡镇开展法治宣讲、小品演出，受众达1300余人，入选2022年上海市法治为民办实事立项项目。主动传播法治声音，着力打造“两微一端一抖”媒体矩阵，参与长三角人物周刊等节目录制，在新媒体、传统媒体发布报道1400余篇。推动增强全民法治观念，开设“检护夕阳红”“骗术检说”等法治专栏，常态化发布“马博士小课堂”等普法微视频。　（聂怀广）

法　院

【概况】 2022年，崇明区人民法院以习近平新时代中国特色社会主义思想为指导，深入学习贯彻习近平法治思想，认真学习贯彻党的二十大精神，制定“五年发展规划纲要（2022—2026年）”，聚焦“打造与世界级生态岛建设相匹配的新时代一流法院”的愿景，坚持生态司法工作主线，在司法业绩、司法服务、司法改革、司法科技、司法队伍方面争创一流，全面优化司法供给能力，为高标准推进世界级生态岛建设提供良好的司法服务和有力的司法保障。全年共受理各类案件16953件，办结16889件。被最高法院授予“全国优秀法院”称号，并被命名为首批“为群众办实事示范法院”，获上海市五一劳动奖状，涌现出上海市巾帼文明岗、上海市青年五四奖章集体，人民法院政治工作先进个人、环境资源审判工作先进个人等。

【刑事案件审理】 2022年，审结刑事案件376件，判处罪犯526人。深入推进扫黑除恶斗争常态化工作，审结开设赌场、寻衅滋事等犯罪案件27件，涉恶执行案件执行到位金额1224万余元。严惩故意杀人、故意伤害、抢劫等暴力犯罪案件20件，审理危害公共安全犯罪案件99件，保障群众生命财产安全。审结崇明区首例“高空抛物入刑案”，首例涉虚拟货币“挖矿”刑事案件。积极落实“断卡行动”工作要求，审结帮助信息网络犯罪活动罪及掩饰、隐瞒犯罪所得罪案件70件。与区纪委监委会签《关于办理职务犯罪案件工作衔接实施办法》。

【民事案件审理】 2022年，审结民事案件8283件。积极维护家庭关系和谐稳定，依法审结婚姻家庭、继承纠纷案件1408件。妥善办理非典型探视权纠纷案，通过调解实现祖父母探视孙子女的愿望，彰显司法的温情。探索建立家庭教育指导站，进一步延伸家事审判职能。依法审结人身权、健康权、生命权纠纷等侵权案件1422件，妥善审理教育培训、房屋租赁等民事合同纠纷案件3157件。正确适用民法典，妥善办理崇明区首例指定遗产管理人案件，推动停滞九年的安置房选房工作重新启动。

【知产案件审理】 自2022年7月1日起管辖知识产权案件，依托刑事、民事、行政案件“三合一”审判模式，审结知识产权案件153件。依法审理涉“阿玛尼”手表、“阿迪达斯”运动鞋等注册商标案，涉案金额分别超1000万元和200万元。在知识产权案件中探索引入“示范判决”机制，提高类案的审判质效。加强涉生态产业知识产权保护，妥善办理“崇明大米”地理标志规范使用司法确认案。围绕植物种源、地理标志、绿色科技等崇明知识产权保护重点，与区市场监管局（知识产权局）召开调研座谈会，与法学院校举办研讨活动，汇聚各方合力，努力打造具有崇明世界级生态岛特点的知识产权司法特色。

【执行案件办理】 2022年，办结执行案件5825件。强化失信联合惩戒，发布失信被执行人名单652人次，限制高消费1951人次，限制出境18人次。通过“崇明信用微门户”小程序向区执行联动联席会议成员单位共享失信被执行人信息，并推送“黑榜”信息422条。坚持把失信名单张贴到村居最基层，进一步提高曝光率。坚持善意文明执行理念，促使被执行人主动履行生效判决所确定的义务。建立疫情期间信用修复快速办理机制，向主动履行义务的被执行人出具自动履行证明书，向积极整改、履行到位的被执行人出具信用修复证明书，发挥信用修复激励功能。

【服务生态文明】 2022年，审结环境资源案件156件，4篇案例先后入选上级法院典型案例。开展长江口滩涂湿地保护专项工作，审结涉滩涂腾退案件6件，办理长江口非法采砂案件9件，服务保障长江大保护战略实施。出台上海法院首份涉“碳”司法服务保障意见，完善生态执行工作机制，与区生态环境局、区水务局等部门推动完善生态司法协同机制建设，聚焦前沿议题开展“ECOs”生态司法沙龙活动，构建以环境资源审判工作为基础，全领域推进的生态司法大格局。举办第六届崇明世界级生态岛司法研讨会，并首次以国际研讨会方式召开，获评“上海市社会主义法治文化品牌活动”。

【服务优化营商环境】 2022年，注重发挥商事审判规范交易行为、维护市场秩序的作用，审结商事案件1843件，公开发布公司类纠纷案件审判白皮书，一起“双十一”期间延迟交付商品的合同纠纷案入选市高院“诚信兴商”典型案例。积极拓展司法服务民营企业工作举措，联合区工商联共同召开助企纾困座谈会和“e”课堂，发布涉企业法律问题“十问十答”，通过直播方式开展涉企复工复产法律问题解答活动，在经济园区设立法官工作室，开辟“法企通”沟通热线，建立常态化上门工作机制。在市高院法治化营商环境专项考核中排名基层法院前列。

【服务保障乡村振兴】 2022年，依法审理涉农土地纠纷案件101件，维护农民合法权益。依法办理涉农村专业合作社案件112件，加强对该类案件分析研判，提出对策建议。制定法官工作室提质增效方案，着力构建“中央厨房＋连锁网点”的服务模式，逐步覆盖全区各村居，努力满足基层群众多元化、个性化司法需求。依托人民法庭及驻村(居）法官工作室，围绕送法下乡，开展乡村振兴服务月活动，并召开新闻发布会，通报工作情况及典型民生案例。相关工作案例入选最高法院“打造枫桥式人民法庭 服务全面推进乡村振兴”典型案例。

【服务法治崇明建设】 2022年，依法履行非诉行政执行案件审查职能，审结非诉行政执行案件95件。发挥刑事审判职能，保障行政机关依法履职，审结袭警罪、妨害公务犯罪案件8件。深挖办案中发现的苗头性问题，向行政机关、基层组织、企事业单位发出司法建议19份。推动建立行政争议多元调处区级层面协调机制，有效汇聚行政争议化解合力。全年受理各类行政争议及相关的民事权益矛盾调解案件61件，实质性化解20件，实质化解率为32.79%。行政争议及相关民事权益“一体调处、一并化解、实质解决”工作机制，被市高院在全市法院推广。

【加强民生司法保障】 2022年，制定为群众办实事十项举措，有针对性地解决人民群众诉讼中“急难愁盼”问题。开展“最暖”诉服提升行动，持续提升窗口服务品质。立足岛情区情，积极构建以便民立案、上门服务、预约开庭、上岛鉴定为内容的便民服务体系。开展打击整治养老诈骗专项行动，依法审结朱某某、施某某非法吸收公众存款案。审结教育、医疗、劳动、住房等关系群众切身利益的案件532件。加快胜诉权益兑现，累计退还胜诉当事人诉讼费992.42万元，发放案款4.99亿元，给予司法救助17人、111.05万元。

【提升普法工作效能】 2022年，坚持以案释法，开展“小案大民生”专题宣传，10余篇案例获省级以上媒体转载。积极开展电台普法，通过区广播电视台《法治进行时》节目，宣传防范养老诈骗的法律知识。持续开展青少年普法，开展青少年法治讲师团进校园活动。编制《村居纠纷一本通》、司法提示卡，发放至各村居，进一步加强乡村普法工作。积极探索普法新形式，疫情期间在全市法院率先推出直播普法，7期“指尖上的法院——直播小课堂”获21万人次观看。进一步加强普法阵地建设，打造法治教育基地及其“云享”平台。

【司法体制改革】 2022年，以相对专业化为指导重新调整组建27个新型审判团队，初步形成科学赋权、明晰赋责、增势赋能、特色赋彩相结合的新型审判团队工作机制。制定“四类案件”监督管理规定，将163件案件纳入“四类案件”管理，做到“放权不放任”，提高办案质量。制定民商事案件繁简分流工作方案，发挥院诉调对接中心和各部门速裁团队作用，推动“院庭两级”分层分流体系建设。统筹推进繁简分流改革与四级法院审级职能定位改革，制定案件提级管辖工作规定。以全流程网上办案体系建设为抓手，推动审判流程系统性再造，实现全部诉讼流程均可网上办理。（王彪）

司法行政

【概况】 2022年，崇明区司法局制定《中共上海市崇明区委全面依法治区委员会办公室法治观察工作办法》，建立首批20个基层“法治观察点”和60名基层“法治观察员”队伍。以“法治护航世界级生态岛建设的实践与探索”作为申报项目，成功获评全国第二批法治政府建设示范创建项目。在横沙、三星、中兴3个乡镇试点开展行政复议基层咨询受理点工作。2022年，共收到行政复议申请132件，受理100件，审结89件。代理区政府参加行政应诉案件共27件，审结18件，无败诉情况。全区行政机关负责人出庭应诉率达到94.87%。筹建崇明区“八五”普法讲师团，有序落实“八五”普法规划。健全普法责任清单动态调整机制和项目化运作机制，48家国家机关、18个乡镇完成普法责任清单调整完善工作，全区立项并推进50个“谁执法谁普法”年度普法项目。开展“以‘法’助企，全力以‘复’”专项法律服务活动，组织引导律师针对企业复工复产法律难题，开展个性化法律服务。提升窗口各项办件能级及电子证照调用数量，不断为公共法律服务赋能增效。优化法律援助服务。推行“七办一宣传”为民服务举措，做好指导法律援助申请服务，鼓励、指导申请人递交法律援助案件申请。指导乡镇法律援助工作站、村居法律援助联络点开展学习，协调民政局社会救助事务管理中心，完善信息共享机制。2022年，办理“指尖办”299件，网办率90.7%，较上年提高65%，办理“全市办”8件，“就近办”33件，“上门办”14件，“轻松办”248件，“优先办”250件，90%的案件实现“快速办”。以线上诉调对接工作为重点，推动诉调对接工作优化升级，2022年，受理和调解诉调对接案件1248件，接收并处置“110”非警务警情3530件。建立轻伤害案件检调对接“一站式”协作配合工作机制，引导人民调解组织调处化解检察部门相关轻伤害案件。建设“智慧矫正中心”，推进社区矫正系统开展“防范电信网络诈骗”专题教育活动。全年全区开展集中教育272次，约4500人次；个别教育约7730次；公益活动460次，约4000人次。

【律师惩戒委员会（扩大）工作会议】 1月17日，崇明区司法局牵头召开，律师惩戒委员会主任及全体委员、各律师事务所负责同志参加会议。各律师事务所结合自身工作实际，就规范律所内部管理，避免律师违法违规执业及依法依规处理律师执业投诉等内容进行交流探讨。

【崇明区社区矫正委员会第一次全体会议】 1月19日召开。区委常委、政法委书记、社区矫正委员会主任龚朝晖出席会议并作重要讲话。会议审核通过《崇明区社区矫正委员会工作规则》《崇明区社区矫正委员会成员单位职责》。

【矛盾纠纷多元化解机制】 2月16日，崇明区副区长、区公安分局党委书记、局长陈琦赴堡镇人民村、堡镇驻派出所调解室调研矛盾纠纷多元化解机制工作，区司法局、区公安分局、堡镇党委政府相关领导和职能科室负责人参加调研。

【2022年司法行政工作会议】 2月17日，崇明区司法局召开会议，对2022年全区司法行政工作进行部署。会议总结2021年全区司法行政工作，并对2022年全区司法行政工作进行部署。会议要求要坚持党的领导，全面排查整改各方面风险隐患，全力维护社会安全稳定。发挥法治优势，加强建设形成现代公共法律服务体系，不断提升法律服务质效，打响崇明法律服务品牌。

【2022年党风廉政建设工作会议】 2月24日，崇明区司法局召开会议。对2022年党风廉政建设工作作出具体部署。会上，中层干部集体签订2022年度党风廉政建设责任书。会议要求要自觉把握运用政法队伍教育整顿成果，建立“我为群众办实事”常态化制度，持续从严从实推进正风肃纪，实现党风廉政建设与司法行政工作的有机统一。

【法治政府建设工作调研】 3月1日，崇明区人大常委会副主任姚思平一行到区司法局调研司法行政和法治政府建设工作，与会人员就“八五”普法规划、法治政府建设、基层法治建设、矛盾纠纷多元化解、专业人才队伍建设等工作进行交流探讨。

【司法行政工作集体获市级荣誉】 3月3日，在全市司法行政工作会议上，崇明区港西镇“老潘”调解工作室被授予上海市“十佳调解品牌”称号。崇明区联合人民调解委员会驻新河派出所人民调解工作室和崇明区司法局堡镇司法所分别获上海市“十佳调解品牌提名奖”和上海市“十佳新时代司法所提名奖”。

【全国法治政府建设单项示范创建】 5月16日，崇明区法治政府建设领导小组召开区全国法治政府建设单项示范创建集中评议准备会。会议要求要提高站位，牢牢把握崇明生态岛建设的基础定位。要紧盯时间节点，对照问题清单，压实各项责任，确保各单位相关材料翔实，充分体现崇明区近年来在法治政府建设领域及世界级生态岛建设方面的主要做法和取得成效，推动崇明法治政府建设示范创建工作步入良性发展的快车道。

【“美好生活·民法典相伴”主题宣传教育活动】 2022年5月，崇明区法宣办组织开展。制定“美好生活·民法典相伴”主题宣传方案，统筹疫情防控与民法典宣传重点内容，推出《谈“典”看法》等系列普法短视频、民法典系列海报、《民法典50问》电子读本、检谈民法典等原创内容，通过新媒体普法矩阵、各单位与主要道口电子屏、宣传栏等立体化传播渠道进行广泛宣传。联合区教育局将民法典学习作为青少年居家学习的法治课程，开展《民法典50问》“云”上学习活动，线上学习阅读近1.5万人次。

【结对村居双联系活动】 7月7—8日，崇明区司法局领导班子及各党支部全体党员赴长兴镇5个结对村居开展双联系活动，具体了解群众的身体状况和家庭情况，听取意见和建议，并送上慰问物品。

【习近平法治思想学习实践宣讲】 为深入学习宣传贯彻习近平法治思想，带领全区掀起学习宣传新热潮，8月3日，崇明区习近平法治思想学习实践宣讲团举办系列宣讲活动的首场宣讲。

【首届崇明法治文化节】 2022年9月8日至10月10日，崇明区委宣传部、区法宣办、区委依法治区办举办首届崇明法治文化节。首届法治文化节聚焦“乡村振兴 法治同行”惠民服务行动、红色法治文化感悟弘扬行动、“法治元素+”交融创新行动、法治文化作品创作繁荣行动等四大主题行动，创作法治扁担戏、法治土布系列贴画等“法治+非遗”作品，推出法治文化精品力作88个，发放实用法律读本6600余本，累计开展“五个一”法治实事暖心活动、法治文艺会演、法治游园会等各项活动147场次，覆盖5万余人次，录制法治广播节目3期、电视节目1期，发送普法短信11600余条。《民声千百问 话“典”你听听》方言普法短视频连续登上微博热搜，话题总阅读量超3.7亿次，引发网友讨论超1.2亿次。

【行政复议基层咨询受理点揭牌】 9月29日，崇明区司法局在中兴镇举行区行政复议基层咨询受理点揭牌（授牌）仪式。

【行政复议十大典型案例】 9月，崇明区行政复议局报送的“某银行不服崇明区生态环境局行政处罚案”入选“2022年度上海市行政复议十大典型案例”。

【律师工作会议暨律师业务培训会】 11月25日，崇明区司法局、崇明律工委联合举办。

【第34届宪法宣传周】 11月30日，崇明区举行第34届宪法宣传周启动仪式暨“法护瀛洲 助力振兴”推进会。市司法局党委委员、二级巡视员张祎，区委常委、宣传部部长、区委全面依法治区委员会守法普法协调小组组长陈立俊，区人大常委会副主任姚思平，副区长陈琦出席。会议由接力、强基、鼎新三个篇章组成。接力篇章围绕“接续奋斗”主题，与会领导为全国“七五”普法先进集体、先进个人颁奖，向崇明区“八五”普法讲师团成员代表颁发聘书。强基篇章聚焦法治乡村建设，发布“全国民主法治示范村（社区）”重点培育单位名单，第九批“全国民主法治示范村（社区）”命名候选单位新村乡新中村交流创建经验。鼎新篇章着眼法治文化建设，举行法治文艺活动展演，并在活动外场举办法治文化作品展陈。区委全面依法治区委员会守法普法协调小组全体成员、区法治宣传教育联席会议部分成员单位分管领导、各乡镇分管负责人、司法所负责人、全国“七五”普法先进代表以及崇明区“八五”普法讲师团代表等70余人参加活动。

【法治服务民营经济高质量发展工作会议】 12月14日，崇明区召开法治服务民营经济高质量发展工作会议暨护航2023年崇明区法治服务民营经济高质量发展十大实施项目发布会。会上，时枫围绕2022年度法治服务保障民营经济工作开展情况作交流发言。 （黄子秋）

法治政府建设

【概况】 2022年，崇明区深入推进法治政府建设各项工作并取得积极成效，为崇明区经济社会高质量发展、世界级生态岛建设高标准推进提供了坚实的法治保障。2022年以来，崇明区坚持全面落实法治政府建设单项示范创建各项任务，申报的单项示范创建项目“法治护航世界级生态岛建设的探索与实践”获第二批全国法治政府建设示范项目命名。深入学习宣传贯彻习近平法治思想，制订《中共上海市崇明区委全面依法治区委员会办公室关于2022年度学习宣传研究阐释习近平法治思想的若干措施》，成立崇明区习近平法治思想学习实践宣讲团，全区累计开展宣讲161场次，参与1.9万余人次，推动习近平法治思想学深、悟透、做实。不断统筹加强法治政府建设，持续推进政府职能转变和优化。围绕建设人民满意的服务型政府加快转变政府职能，聚焦市场主体关切，落实重点企业首席联络员制度。深化“一件事”服务集成，完成各类“一件事”办件12.6万余件，推动有效市场和有为政府更好结合。专班滚动筛查区级、乡镇、村居相关文件与措施的法律风险，合法性审查文件共计141件，审核涉疫行政执法案件90件，对存在风险的9起案件提出法制审核意见。推动82个工地复工复产，督促7个存在欠薪隐患的工地整改落实。持续推进严格规范公正文明执法。全面落实《中华人民共和国长江保护法》，稳步推进长江禁渔工作。巩固清理取缔涉渔“三无”船舶工作成果，对非法捕捞工具进行现场集中销毁，帮助退捕渔民实现100%就业。持续强化执法监督，充分发挥行政复议化解行政争议的主渠道作用，进一步落实《上海市促进多元化解矛盾纠纷条例》，受理复议案件83件，审结78件。区政府作为被告或共同被告的行政应诉案件26件，审结15件，其中无败诉案件。全面推进政府信息公开制度。建立并完善政务公开标准化目录，定期优化重点领域公开内容。共主动公开政府信息6576件，切实保障人民群众的知情权、参与权、监督权。

【法治教育】 2022年，崇明区司法局牵头组建崇明区习近平法治思想学习实践宣讲团，将学习习近平法治思想纳入党委（党组）理论学习中心组、新时代基层干部主题培训等教育培训，实现各级党委（党组）理论学习中心组学习全覆盖。成立本区“八五”普法讲师团，建立落实领导干部应知应会法律法规清单制度。全面落实“谁执法谁普法”普法责任制，印发《2022年崇明区国家机关普法责任清单》，创新推出普法月历，立项推进50个“谁执法谁普法”普法项目，开展履职报告评议活动。成功举办首届崇明法治文化节，围绕宪法、民法典、乡村振兴、疫情防控等重点普法内容，推出《“疫”线有法》《谈“典”看法》《民声千百问 话“典”你听听》等系列原创普法作品，分层分类分众开展各类法治宣传教育活动1253场次，覆盖13.2万余人次。

【第二届中共崇明区委、区政府法律顾问的聘任仪式】 为深入贯彻习近平总书记系列重要讲话精神和治国理政新理念新思想新战略，全面落实中央及上海市关于普遍建立法律顾问制度的工作要求，进一步提升区委、区政府工作法治化水平，2018年，经区委、区政府研究决定，组建中共崇明区委、区政府法律顾问团。2021年7月，第一届区委区政府法律顾问履职期满。2022年11月8日，崇明区在区会议中心举行第二届中共崇明区委、区政府法律顾问的聘任仪式。区委常委、政法委书记龚朝晖主持仪式。区领导姚思平、陈琦、樊红妹出席。会上，区委书记李峻对进一步做好区委、区政府法律顾问工作，推进法治崇明建设提出了明确要求，李峻介绍区委、区政府聘任法律顾问有关情况；缪京、李峻向到场的区委、区政府法律顾问代表颁发聘书并合影；区委、区政府法律顾问代表罗培新、张璐、曹志龙、黄亚忠在仪式上发言。

【2022年行政执法人员基础法律知识培训考试】 为进一步加强行政执法队伍建设，提高新进行政执法人员的业务素质和工作能力，根据《上海市行政执法证管理办法》的相关规定，上海市崇明区司法局对2022年新进行政执法人员开展依法行政专项培训，经培训且考试合格者，可申请上海市行政执法证。2022年12月22日，组织开展2022年行政执法人员基础法律知识考试，共计64名考生参加考试，合格率为96.9%。

【制定崇明区乡镇重大行政审核目录】 为深入学习贯彻习近平法治思想，严格贯彻落实行政处罚法关于行政执法“三项制度”相关工作要求，结合市委依法治市委2022年工作部署及市法治政府建设工作领导小组办公室2022年行政执法“三项制度”相关要求，崇明区各乡镇制定重大行政审核目录。

【崇明区乡镇重大执法决定法制审核培训班】 7月20—22日举办。培训对象为各乡镇司法所所长、具体负责重大执法决定法制审核工作的工作人员1人、各乡镇综合行政执法队相关负责人1人。培训班上，区司法局党组书记、局长时枫作开班动员。本次培训邀请华东政法大学法律学院副院长、教授陈越峰、上海市恒远律师事务所主任张振候就重大行政法制审核要点进行讲解培训。培训结束后进行结业考试。

【区委依法治区委执法协调小组第四次（扩大）会议暨崇明区法治政府建设推进会】 10月10日，在崇明区会议中心201室召开。区委依法治区委执法协调小组全体人员，区政府工作部门负责人出席会议。会上，书面传达区委依法治区委第四次（扩大）会议精神；书面通报2021年崇明区行政复议、行政诉讼工作情况；区市场监管局、区应急局、城桥镇代表交流发言；区司法局党组书记、局长时枫总结近阶段法治政府建设工作，部署下阶段法治政府建设工作；副区长、区公安分局局长、执法协调小组组长陈琦讲话。

【行政机关负责人出庭、旁听与讲评“三合一”活动】 11月29日，崇明区行政复议局与浦东新区人民法院、中共崇明区委党校共同组织举办。崇明区副区长陈琦、市司法局二级巡视员、行政应诉与协调处处长宋健、上海浦东法院副院长包晔弘、上海崇明法院副院长杨庆堂等出席。（黄子秋）

军事

综　述

2022年，区人武部围绕学习宣传贯彻党的二十大，扣牢建军一百年奋斗目标，全面加强党的领导和建设工作。滚动修订作战、非战争行动和日常战备行动方案计划，突出抓好重大安全领域、力量建设、工作机制等重难点问题。巩固拓展党史学习教育成果，深化“拓展开放式教育新空间”创新课题。持续开展“创建学习型军营，争当学习型军人”活动，党委带头抓学习、强信仰，用伟大建党精神灌注，用先进典型事迹感召，用驻地红色资源熏陶。建成强军文化园、英模长廊、武器装备展示区，开展“百场活动铸就百分百忠诚”铸魂工程，用强军文化武装官兵、塑造灵魂、激励士气、提高凝聚力、催生战斗力。融通农业发展（上海）有限责任公司全年营业收入约5000万元。武警上海市总队执勤第二支队执勤一大队执勤三中队担负崇明区看守所看守执勤、武装押解、反恐处突和抢险救援等任务，肩负着维护崇明地区安全和社会稳定，保卫崇明人民安居乐业的神圣使命。崇明区消防救援支队紧紧围绕“固本拓新年”，以“争一流、扛红旗、补短板、创特色”为主基调，扎实开展学习党的二十大精神。区退役军人事务局开持续推进示范型创建工作，巩固深化服务机构“五有”“全覆盖”建设成果，加强检查督查，推动乡镇服务站在完成示范创建的基础上进行“回头看”。积极推进135个服务对象100人以上村居服务站示范创建工作。

（《崇明年鉴》编辑部）

人民武装

【概况】2022年崇明区人武部贯彻党中央、中央军委和习近平主席决策部署，在警备区党委和区委区政府的坚强领导下，强化政治责任，完成以练兵备战为中心的各项任务。参加上级组织的各项等级部署演练10余次，组织海上值班力量参加行动5次，实兵演练2次。2022年，被国防动员部表彰为“备战打仗先进单位”。围绕主题“奋进新时代、聚力强军梦”组织开展“全民国防教育日”系列活动，党政机关、乡镇社区、大中小学校多方联动，通过发放宣传资料、拉横幅警示标语、举办国防知识专题讲座等多种形式，进一步普及国防知识、强化国防观念、激发爱国热情。

【练兵备战】2022年，区人武部滚动修订作战、非战争行动和日常战备行动方案计划，突出抓好重大安全领域、力量建设、工作机制等重难点问题。完善修订7类日常战备方案计划，调整完善崇明区非战争军事行动“1+5+2”方案体系，细化落实战备值班、应急备勤等制度机制，规范“区、镇（乡）武装部”两级值班，拓展民兵信息员队伍，完成方案计划、制度机制、组织指挥、应急力量“闭合回路”的战备建设。坚持按计划、按实战标准组训施教，大抓现役干部、文职人员、专武干部、民兵分队军事训练。组织海上民兵参加演练，就如何发挥海上民兵有效应对多种安全威胁、维护海洋权益的重要作用进行积极的探索和实践。

【转型发展】2022年，区人武部积极适应“按需编兵、按岗编兵”新形势，在前期潜力调查的基础上，拓展新质新域编兵渠道，完成全区基干民兵编建任务，适应“两征两退”改革形势，聚焦“五率”考评，推动出台《崇明区征兵工作激励措施办法》，依法依规开展征兵各环节工作，完成上级赋予崇明区的年度新兵征集任务。根据国家征兵办和市征兵办要求，完成全市新兵应征入伍工作。在区委、区政府关心下，特事特办，按时间节点完成。区民兵管理保障中心设置和人员转聘定编，所属职工全部转入管理岗位。国防教育工作，广泛开展群众性国防教育活动，进一步引导广大群众牢记历史、缅怀先烈、居安思危，大力营造全社会关心国防、爱护国防、保卫国防的浓厚氛围。

【基层建设发展】2022年，区人武部深入贯彻军委基层建设会议精神，认真落实军委《关于加强新时代军队基层建设的决定》和军委国防动员部贯彻措施及警备区《上海市基层人民武装工作规范化建设实施细则》通知要求，坚持以法治引领建设、以制度规范工作，以“严格落实条令、正规四个秩序”活动为抓手，突出国防动员部《省军区系统战备、训练、工作、生活秩序规范（人武部分册）》的学习落实，结合营院改造，对照规范硬件与软件一齐抓，整体与局部共推进，对战备、训练、工作、生活等区域进行科学合理调整，对每间办公室、所有库室逐一进行规范，坚持从严格一日生活制度抓执行。组织新任职乡镇党委书记宣布任所在乡镇武装部教导员命令并进行任职谈话，指导中兴镇武装部、堡镇武装部完成规范化建设，在堡镇花园村民兵连召开现场观摩会，探索建立崇明区“三室一库一家一站一排”建设模式，受到警备区工作组的充分肯定，争创“四铁”先进单位、争当“四有”优秀个人的双争评比活动。

【军民双拥】2022年，区人武部带着感情拥军、饱含深情为民是崇明双拥工作的真实写照。在广泛征求各驻崇部队建设需求的基础上，坚持问题导向、以项目为抓手，修订完善100余个拥军项目，扎实推进新一轮创建全国双拥模范城的各项工作。积极组织民兵预备役人员并协调驻崇部队官兵参加崇明世界级生态岛建设，完成重大活动执勤警戒任务。人武部结对帮扶港西镇、三星镇经济薄弱村居，为三星镇沈镇村、东安村购置赠送空调、冰箱，用以改善办公和抗疫条件，与人武部一路之隔的北闸村三户三峡移民结对帮扶，主动走访慰问，为其解决实际困难。重阳节、春节都组织官兵到新村乡敬老院看望老人，一起开展“包粽子”“情暖夕阳”等联谊活动，大力弘扬中华民族敬老爱老的优良传统。积极发挥军地沟通协调桥梁作用，召开军地协商会议推进信鸽清退工作，保障崇明场净空区长效安。2022 年，被东部战区与六省（市）涉军维权工作协作中心表彰为“涉军维权工作先进单位”。

（张芬芬）

武警上海市总队执勤第二支队执勤一大队

【概况】 2022 年，武警上海市总队执勤第二支队执勤一大队官兵深入学贯习近平强军思想和党的二十大精神，开展好各项工作。2022 年，大队被总队评为“四铁”先进大队，大队团委被总队评为“先进基层团委”，执勤三中队被总队评为“四铁”先进中队。

【执勤战备工作】 2022 年，大队深入学贯“新时代执勤安保规范化网上集训精神”，开展“每日一通报、每周一讲评、每月一评比”活动，用好线上线下两种方式对各中队执勤战备情况进行不间断检查。本年度，大队完成“轩岚诺”“梅花”2 次台风防抗工作，9 批次市内武装押解，270 天一级巡逻任务。

【军事训练工作】 2022 年，大队加强新大纲学习研究，严密制订大队月训练计划，疫情期间积极探索最小网格化管理情况下的训练模式，采取小教员组训、小场地施训、小器材助训等方式，总结出“两查”“三考”“一小结”训练机制。大队 4 批次组织官兵年度军事体育训练考核，驻崇执勤三中队参加总队“四个基本、一个演练”动作会操，获得第一名；排长参加武警部队兵棋推演比赛，获得武警部队第七名、总队第一名。

（吴亚轩）

崇明区消防救援支队

【概况】 2022 年，崇明区消防救援支队（以下简称支队）党委在总队党委和区委、区政府的坚强领导下，坚持以习近平新时代中国特色社会主义思想为指导，深入学习、贯彻党的二十大精神，忠实践行习近平总书记重要训词，紧紧围绕“固本拓新年”，以“争一流、扛红旗、补短板、创特色”为主基调，坚定不移抓班子带队伍、抓练兵谋打赢、抓防控保平安、抓基层强基础、抓执纪正风气，牢牢守住社会面火灾防控和队伍管理“两个稳定”。

【队伍管理建设】 2022 年，支队统筹推进党的二十大精神学习、主题教育、纪念授旗训词 4 周年等教育活动，完成重大任务工作，政治教员队伍建设成效明显，“精品课件”在总队评比中获得第一名，舞龙舞狮队在“市双拥杯”蝉联金龙奖。依托市委党校，联合兄弟支队开展基层党支部书记培训，选派 12 名业务骨干到车站等“标兵队站”跟班见学。陆科肖典型持续升温，获评 2022 年第三季度“中国好人”，入围全国学雷锋志愿服务“最美志愿者”上海候选名单。长兴特勤站、新海站队伍建设水平保持前列，长兴特勤站被评为总队标兵站，江帆站首次评为总队先进站，堡镇站获评支队基层建设优胜站，横沙站在总队练兵考核中突破性取得集体项目第一名，队伍建设呈现良好态势。

【执勤战备建设】 2022 年，支队建立“达标 + 竞赛”“一周一会操、一月一竞赛”的练兵模式，常态化开展作战训练安全和紧急避险训练，加快推进“一短三快”初战机制改革试点，光伏发电调研课题在总队典型灾害评比中获得二等奖。联合上海消防研究所完成《船舶火灾应急处置指南》《船舶固定消防设施研学清单》等攻坚课题，与江南、沪东等大型船舶企业联合建立 4 个实训基地，完成总队 3 天 2 夜地震救援拉动考核，水域救援队在总队练兵考核中名列第三。高效处置各类警情 2657 起，抢救和疏散被困人员 135 人，抢救保护财产价值 2500 余万元，完成冬奥会、党的二十大、第五届进博会等重大安保工作。

【社会面火灾防控】 2022 年，支队提请区委区政府审议出台《关于切实加强区基层消防安全综合治理建设工作的实施意见》，加强乡镇基层消防安全组织建设。与上海防灾减灾研究所开展民宿消防安全课题研究，并经区政府审议出台《区乡村民宿消防安全管理指南》。消防安全三年专项整治行动收官，6 家挂牌督办重大火灾隐患区域全部摘牌，大穗丰（上海）环保科技有限公司行政处罚案获得总队案例评比第二名，并获评部局 2022 年优秀执法案例。推动中兴镇出资 350 余万元在誉福市场、固废园区建立应急消防救援工作站，8 名战斗员 24 小时轮流驻勤。为 20 个住宅小区新增电动自行车充电设施，在缺水区域新增 23 个消防取水点。

【消防安全宣传】 2022 年，支队动员 18525 人注册中国消防志愿者，人数大于当地常住人口数量的 2%；从 2022 年开始，对消防志愿工作纳入年终表彰和奖励范围。深入推进消防安全宣传“五进”工作，与各乡镇展开合作，重要时间节点开展消防宣传活动；推广使用全民消防学习云平台、中国消防志愿者管理平台，注册人数超 6 万人。区消防救援支队积极协调区委宣传部和区文旅局、民政局、农业农村委等共建定期会商机制，明确以全区 1013 个“新时代文明实践站”为载体，将“方言 +”消防安全宣传志愿服务队和作品推上群众舞台，融入村居社区文艺活动、民俗节庆活动、消防主题公园文艺表演，并加强在区融媒体中心传媒矩阵中的推送力度。截至年底，志愿服务队深入

204个村居委，开展各类活动300余场，全区LED显示屏、楼宇电视等媒介累计播放2万余次，进村入户上门宣传15万余人受益，其中老人8万余人。

【综合保障能力】 2022年，崇明区消防地方财政经费比上年增长8.1%，严格落实“过紧日子”要求，启用“守护火焰蓝”金融预警平台。岱山战勤保障站顺利完成主体框架封顶，圆沙站完成立项前准备工作。落实1800余万元，购置3辆消防车以及各类装备器材6000余件套。 （陆晶晶）

退役军人事务

【概况】 2022年，崇明区退役军人事务局以《2022年度崇明区退役军人事务工作要点》为工作统领，以推动退役军人工作高质量发展为主题，以“让退役军人获得感成色更足”为主线，以落实“十四五”规划为牵引，坚持稳中求进工作总基调，各项工作平稳有序、扎实开展。 （许文婷）

【退役军人服务保障体系建设】 2022年，持续推进示范型创建工作，巩固深化服务机构“五有”“全覆盖”建设成果，加强检查督查，推动乡镇服务站在完成示范创建的基础上进行“回头看”。推进135个服务对象100人以上村居服务站示范创建工作。进一步提升退役军人服务站政治文化环境建设，对未落实的服务站点进行督促整改。与区司法局联合制定《关于加强本区退役军人法律援助工作的实施办法》，在区退役军人服务中心设立退役军人法律援助工作站、在乡镇、村居退役军人服务站试点设立退役军人法律援助联络点，提供法律咨询、法律援助服务。标准化做好政务服务工作，一站式服务退役军人，持续开展“我为群众办实事”活动，将涉及办理的军人退役“单个事项”集成为“军人退役一件事”，年内办理179件。在区退役军人服务中心接待大厅设立退役军人“一条龙”服务专区，2022年完成自主就业退役士兵工作，好评率100%。 （黄蕾）

【优抚工作】 7月，崇明区作为全市唯一的全员申领试点区率先开展，成立服务保障组对接18个乡镇，做好对基层服务站的业务培训、联系指导工作，帮助熟悉政策规定，统一答复口径，及时解决难点问题。至12月31日，崇明区应办优待99.96%完成申请，崇明区户籍申领审核，完成率99.93%。足额发放抚恤补助金，保障优抚对象权益。完成发放各类优抚对象抚恤补助金、优抚对象医疗补助金。开展办实事活动，充分发挥部队、村居委干部、学生等作用，为残疾军人、烈士家属等家庭逐户上门张贴“光荣人家”和“新春对联”。加强走访慰问，重要节日为优抚对象发放一次性节日生活补助，赠送夏令清凉物品，为困难优抚对象发放慰问金。推进褒扬纪念工作，弘扬革命先烈精神。举办“我们来看望您”线上线下祭扫活动；围绕“抗疫精神我弘扬，青春献礼二十大”的主题，为暑期到历史博物馆活动的未成年人讲好英烈故事；举办“强国复兴有我”知识问答；开展“铭记历史、缅怀先烈、珍爱和平”巡展活动。 （赵文清）

【安置工作】 2022年，完成接收安置转业军官、退役士兵工作。接收自主就业退役士兵，发放自主就业退役士兵的一次性经济补助、生活补助，缴纳24个月社会保险等。移交军休人员，全部完成移交、落户工作。完成驻崇部队随军家属安置工作，均为乡镇社区工作者岗位。做好社保接续工作。根据国家、市局关于部分退役士兵社保接续工作的通知精神，推进符合国家政策社保接续集中补缴工作。组织开展线上线下招聘工作。举办3场退役军人线上招聘会，1次线下招聘会，年内退役军人成功就业。完善就业创业扶持服务站建设。提供面试辅导、政策优惠、项目指导等全方位服务，年内2家退役军人创办企业入驻服务站内，享受场地租金豁免和专家指导等服务。 （施中定）

【双拥工作】 2022年，崇明区双拥工作以高质量发展为主线，进一步把“拥军优属拥政爱民”体现在实实在在的行动上，紧紧围绕服务强军胜战、聚焦实事拥军、深化军民共建等目标，巩固和加强军政军民团结。拥军队伍不断壮大，持续打造“实事拥军品牌”，协调教育局为驻崇部队官兵子女解决入学问题。开展“情系边海防官兵”拥军优属活动，为在部队立二等功、三等功的军人家庭送去立功喜报、慰问金；扎实推进“双拥在基层”活动，推动崇明双拥工作取得实效。 （孔玲娇）

人民防空

【概况】 2022年，崇明区民防办公室（以下简称区民防办）行政编制6人，实有行政编制人员6人；事业编制17人，实有事业编制人员16人。内设综合科、救灾指挥科，下辖崇明区民防指挥信息保障中心、崇明区民防工程管理所。区民防办以习近平新时代中国特色社会主义思想为指导，全面贯彻党的二十大精神，忠实履行“战时防空、平时服务、应急支援”职能使命，坚持建体系、实备战、推转型、落改革、强基础，奋力推动崇明民防转型升级和高质量发展。

【民防工程结建审批】 2022年，区民防办利用行政协助系统办件，进行民防工程综合竣工验收。开具缴纳民防工程建设费（防空地下室易地建设费）核定单。

【民防工程】 2022年，区民防办开

11月9日，区民防办到崇明区实验小学开展“民防教育进校园”活动（区民防办 供图）

具民防工程档案接收意见书10份。全年区民防办共出动68次，检查非公用民防工程、公用民防工程，发现隐患49条，落实整改49条，口头警告6条，开具整改单6条。10月，完成崇明区民防工程普查工作，普查结果汇总提交市民防办。全年区民防办参与区地空联办组织地下空间联合检查3次。

【民防宣传教育】 2022年，区民防办利用“崇明民防”微信公众号报送原创工作动态和知识宣传66条。5月12日，区民防办联合区自然灾害防治委员会、区应急局、各乡镇政府和有关部门开展“5·12”防灾减灾宣传周活动，围绕“减轻灾害风险，守护美好家园”主题，通过线上宣传方式普及防空防灾知识。9月17日，区民防办开展“9·17”全民国防教育日宣传活动，在机关、社区、商圈、学校等公共场所，利用LED屏、宣传栏、展板多渠道张贴警报试鸣通告、海报和民防宣传标语。11月9日，区民防办赴崇明区实验小学开展“民防教育进校园”活动，1名教师和40余名学生参加活动。授课内容包括人民防空、应急疏散知识。

【市民防办、市应急局调研崇明应急避难场所相关工作】 7月21日，市民防办党组书记、主任钟杰，市应急局党组成员、副局长沈伟忠率市民防办、市应急局相关部门负责人到崇调研应急避难场所相关工作。崇明区副区长胡柳强、区应急局局长王勇、区民防办主任张飞雁、城桥镇和港沿镇相关领导陪同调研。

【党建工作】 7月8日，区民防办举行庆祝中国共产党成立101周年党史知识竞赛活动。竞赛内容包括党史、新中国史、改革开放史、社会主义发展史以及中国共产党成立101年来重大历史事件。7月22日，区民防办党组书记、主任张飞雁，区民防办党组成员、副主任孙晋岳带队赴向化镇六滧村开展“双联系”活动。向化镇党委副书记茅洪杰，党委委员顾峰华，党委委员曹明参加活动。

【组织乡镇武装部部长民防业务培训】 7月14日举行。培训主要内容包括人民防空基础知识、2022年度各乡镇民防工作任务部署、民防工作交流讨论等。

【市民防办党组成员、副主任吴斌调研崇明民防工作】 6月24日，市民防办党组成员、副主任吴斌赴率工程处、监管中心相关部门负责人到崇明调研民防工作。崇明区副区长胡柳强、区民防办主任张飞雁、区民防办副主任孙晋岳陪同调研。调研组查看崇明区民防工程。

【防空警报】 7—9月，区民防办开展全区防空警报巡检2轮，维修设备23台，更换老化线路2根。为全区76台防空警报器建立信息卡。9月17日，全市防空警报试鸣，警报器鸣响率、统控率均达100%。11月，区民防办新建3台电声警报器。

【组织群众开展疏散演练】 9月18日，区民防办开展防空疏散演练。全区18个乡镇、350个社区、119所学校共计5.8万人参加防空演练。

【区委常委、组织部部长陆志斌调研崇明民防工作】 11月3日，崇明区委常委、组织部部长陆志斌赴区民防办调研指导工作。会上，区民防办党组书记、主任张飞雁汇报本年度民防工作，陆志斌就当前崇明民防工作成果做出点评，并对下一阶段工作提出指导意见。

【人民防空方案修编推进会与人防专业队骨干培训会】 11月4日，区民防办召开全区人民防空方案修编工作推进会，区相关部门参加会议。会上，部署方案修编背景、组织领导、任务分工、方法步骤和相关要求。11月9日，区民防办召开全区人防专业队骨干培训会，区相关委办局、乡镇武装部、企事业单位参加会议。培训主要内容包括人民防空基本知识、人防专业队伍训练演练建设。

（顾　磊）

生态建设

综　述

2022年，崇明区启动实施世界级生态岛新一轮发展规划纲要和第五轮三年行动计划，持续厚植生态优势，环境品质巩固提升。生态环境不断优化。全面推进第八轮环保三年行动计划，实施界河、四滧港等河道生态治理和7个骨干河道断点打通项目，推动一批生态清洁小流域建设，完成10个撤制乡镇污水管网完善工程。严格控制和预防土壤污染，受污染耕地安全利用率、污染地块安全利用率均保持100%。加强大气污染源监管，PM2.5年平均浓度降至25微克/立方米。从严抓好中央和市生态环境保护督察及生态环境警示片反馈问题整改，生态环境领域短板加快补齐。生态空间持续拓展。落实新增森林面积1.43万亩，实施公益林抚育1.03万亩，推进2个开放休闲林地建设。加强滩涂、自然湿地生态修复和规范管理，持续开展外来入侵物种治理，有效遏制福寿螺扩散蔓延态势，清除“一枝黄花”7000亩、互花米草1500亩。完成土地空间“三区三线”划定，持续开展违法用地及农村乱占耕地建房问题整治，守好耕地保护红线。打好“长江禁渔”持久战，侦破非法捕捞案件21起，取缔内陆河道等区域“三无”船舶136艘，常态化保持禁捕水域“四清四无”。绿色低碳转型步伐加快。发布碳中和示范区建设实施方案，与同济大学合作成立碳中和学院、同济崇明碳中和研究院，引入上海碳中和技术创新联盟，设立上海长兴碳中和创新产业园。全面启动“无废城市”创建，持续完善垃圾全程分类体系，生活垃圾资源回收利用率42.1%。深入推进绿色交通发展，更新新能源公交车43辆，国内首艘超级电容新能源车客渡船“新生态”号投入运营。全面推进新建建筑绿色化，新增绿色建筑13.08万平方米，完成既有建筑节能改造2.36万平方米。加快绿色能源开发利用，港西镇128兆瓦渔光互补光伏发电项目开工建设，全区可再生能源装机容量58万千瓦，可再生能源发电量占全社会用电量比重超过31%。

（《崇明年鉴》编辑部）

环境质量

【概况】 2022年，崇明区设有空气自动监测站点8个（7个空气质量监测点、1个道路交通监测点）以及3辆移动监测车；地表水自动监测点33个（国控监测点5个、市考监测点21个、固定站和哨兵站5个、岸边站1个、浮标站1个）；声环境自动监测点位17个。12家企业安装污染源废气自动在线点位55个、长兴振华产业园区安装6个空气特征污染监测站点。加强自动监测数据审核，包括26家39个排放口废水在线、12家55个排放口废气在线以及329个扬尘监测自动点（建筑工地201家、搅拌站67家、码头堆场61家），发现问题及时提供报告。全年提供各类监测数据50000余个，涉及环境质量和污染源，包括水、气、声、污泥、加油站油气回收检测、机动车和非道路移动机械、电磁和电离辐射等监测领域121个参数，为生态环境管理和决策提供技术支持。

【空气环境质量】 2022年监测结果显示，按照《环境空气质量标准》（GB 3095—2012）评价，崇明区空气质量指数（AQI）优良天数322天，优良率为88.7%。二氧化硫、二氧化氮、一氧化碳、可吸入颗粒物（PM10）、达到国家环境质量一级标准；细颗粒物（PM2.5）和臭氧达到国家环境质量二级标准；二氧化氮、细颗粒物（PM2.5）、可吸入颗粒物（PM10）为5年来最低，崇明区总体空气质量略有波动。细颗粒物（PM2.5）污染水平进一步改善。

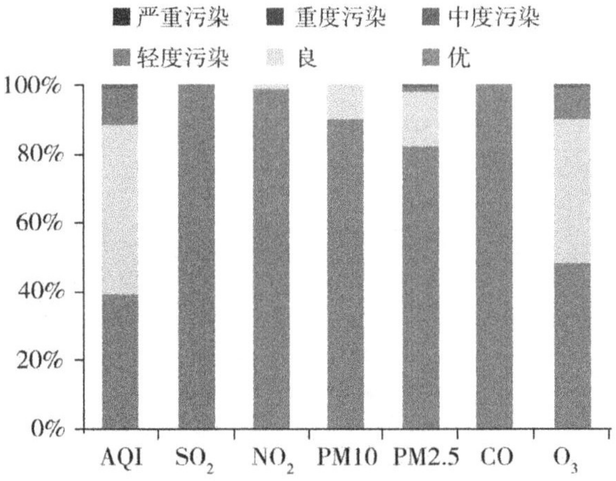

图1 2022年崇明区AQI指数分布

（区生态环境局 供）

【水环境质量】 2022年，崇明区地表水水质考核断面中国家考核断面5个，全部达到水质考核目标类别，达标率为100%。市考核断面22个，水质处于Ⅱ—Ⅲ类水，全部达到考核目标，断面达标率为100%［崇明区国考市考断面的考核目标除长江—东风西沙（Ⅱ类）外均为Ⅲ类水质］。与上年相比持平。5个区级断面水质为Ⅲ类水，均达到功能区类别要求，功能区达标率100%，水质状况为良好。与上年相比，区级断面的高锰酸盐指数、化学需氧量、五日生化需氧量、氨氮、总磷浓度基本持平。5个国考断面，各断面综合污染指数在0.29—0.68，平均综合污染指数为0.48，与上年相比基本持平。22个市考断面，各断面综合污染指数在0.38—0.68，平均综合污染指数为0.50，与上年相比略有改善。区级断面综合污染指数在0.32—0.64，平均综合污染指数为0.45。2018—2022年，区级断面综合水质总体呈现振荡变化趋势。

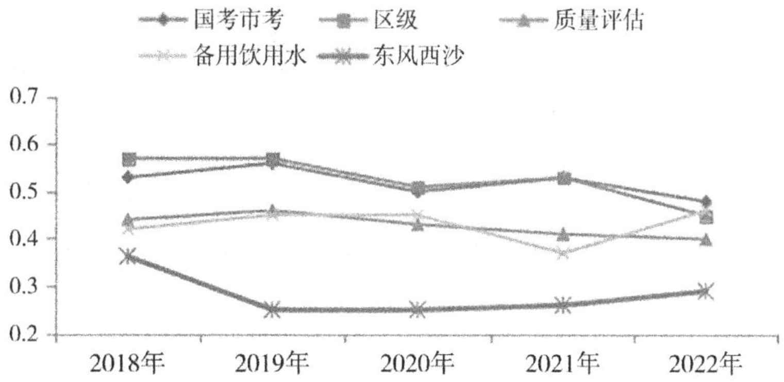

图2 2018—2022年崇明区各断面P值五年变化

（区生态环境局 供）

【**声环境质量**】 2022年，崇明区声环境质量总体良好。区域环境噪声昼间时段评价为较好，夜间时段评价为较好，昼夜间噪声较上年均有所上升；道路交通噪声昼夜时段评价均为好，较上年均有所降低；昼夜车流量明显降低；功能区环境噪声质量较上年有所提升，除1类功能区外，其他功能区昼夜时段等效声级均达到功能区类别要求。监测结果表明，2022年崇明区区域环境噪声昼间时段的等效声级在49.2—57.4dB（A），均值为54.1dB（A），达到二级，评价为较好；夜间时段的等效声级在40.0—50.5 dB（A），均值为44.1 dB（A），达到二级，评价为较好。与上年相比，昼间时段的平均等效声级上升4.4dB（A），夜间时段的平均等效声级上升1.9 dB（A）。2018—2022年，区域环境噪声总体变化不大，保持稳定，2022年较上年有所上升。

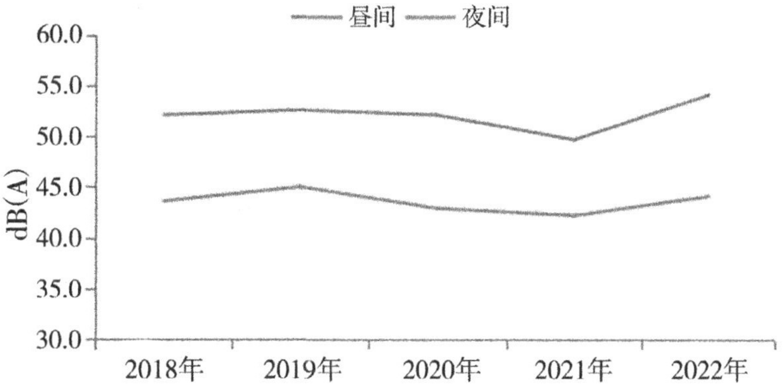

图3 2018—2022年崇明区区域环境噪声五年昼夜均值变化

（区生态环境局 供）

2022年，崇明区道路交通噪声昼间时段的等效声级在58.5—66.5 dB（A），平均等效声级为62.8 dB（A），达到一级，评价为好；夜间时段的等效声级在48.4—53.2dB（A），平均等效声级为50.8dB（A），达到一级，评价为好。与上年相比，昼间时段道路交通噪声平均等效声级值上升0.1 dB（A），夜间时段道路交通噪声平均等效声级值降低1.6 dB（A）。2018—2022年，道路交通噪声昼间时段变化不大，总体平稳，夜间时段呈现下降趋势。

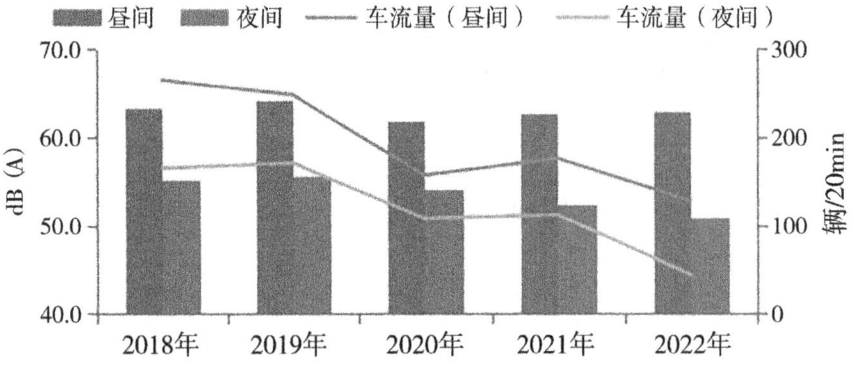

图 4 2018—2022 年崇明区道路交通噪声及车流量五年均值变化

（区生态环境局 供）

2022 年崇明区 1 类功能区噪声昼间时段的等效声级在 47.8—68.5dB（A），平均值为 55.5 dB（A）。昼间时段除第一、三季度外，夜间时段除第二、三季度外，其余昼夜时段等效声级均达到功能区类别要求。2018—2022 年，1 类功能区昼间噪声有上升趋势，夜间噪声总体保持稳定。

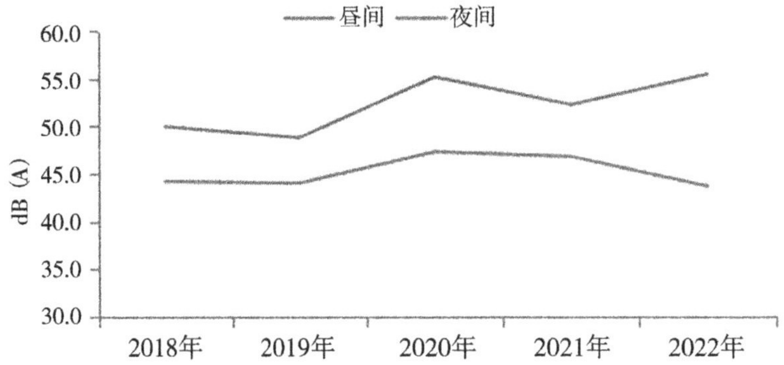

图 5 2018—2022 年崇明区 1 类功能区噪声五年昼夜均值变化

（区生态环境局 供）

2 类功能区噪声昼间时段的等效声级在 44.9—53.2 dB（A），平均值为 50.6 dB（A）。每个季度昼夜时段的等效声级均达到功能区类别要求。2018—2022 年，2 类功能区噪声变化不大，总体平稳，2022 年较上年有明显下降。

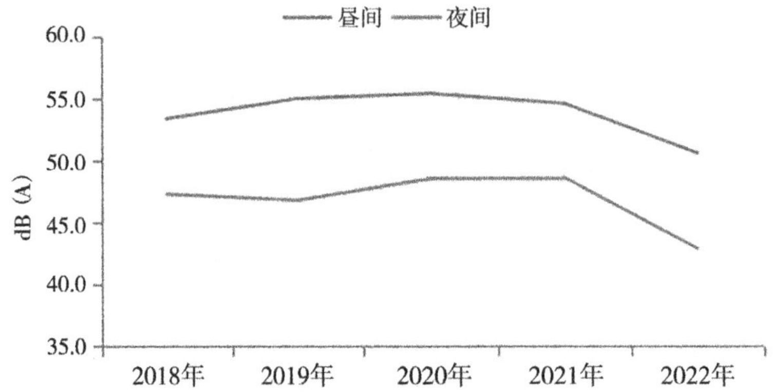

图 6 2018—2022 年崇明区 2 类功能区噪声五年昼夜均值变化

（区生态环境局 供）

3 类功能区噪声昼间时段的等效声级在 49.8—56.3 dB（A），平均值为 54.3 dB（A）。每个季度昼夜时段的等效声级均达到功能区类别要求。2018—2022 年，3 类功能区噪声有上升趋势，2022 年较上年有所下降。 （钮朝霞）

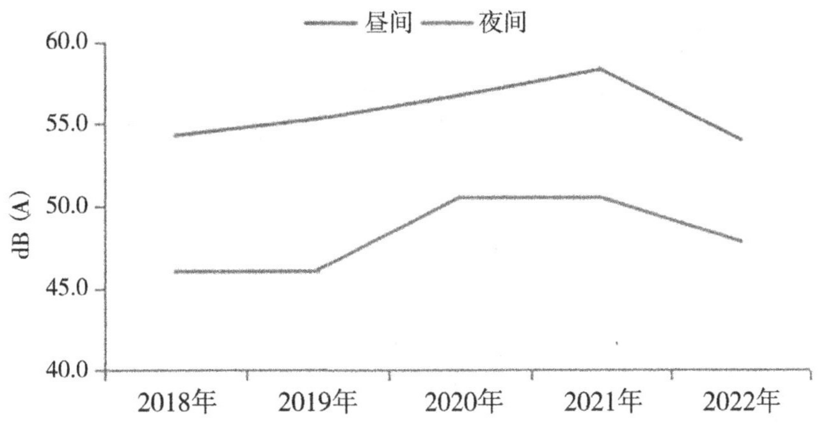

图 7 2018—2022 年崇明区 3 类功能区噪声五年昼夜均值变化

（区生态环境局 供）

碳中和示范区建设

【概况】 2022 年，崇明区按照国家和上海市关于碳达峰碳中和及节能降碳工作的总体部署，结合自身实际，进一步加强组织领导，明确目标责任、加快结构调整、突出重点管理、强化示范引领，积极谋划建设崇明世界级生态岛碳中和示范区，持续推进节能降碳各项工作。

【印发实施方案】 为深入贯彻党中央、国务院和市委、市政府决策部署，加强崇明世界级生态岛碳中和战略顶层设计和系统规划，2022 年，崇明区发展和改革委员会研究制定《崇明世界级生态岛碳中和示范区建设实施方案》，方案先后通过区政府常务会议和区委常委会审议，并取得市碳达峰碳中和工作领导小组办公室出具的审核衔接意见，于 11 月 15 日正式印发实施。

【发布重点任务安排和考核意见】 2022 年，崇明区结合《崇明世界级生态岛碳中和示范区建设实施方案》中具体减碳措施，发布《2022 年崇明世界级生态岛碳中和示范区建设及节能减排重点工作安排》，细化实施方案任务分工，分解落实具体工作，压实责任。制定出台《崇明区 2022 年度乡镇、企业集团节能降耗工作考核意见》，考核结果与各乡镇、企业集团年度绩效考核挂钩，确保碳中和示范区建设各项目标任务有效落实。

【崇明区 2022 年塑料污染治理劳动竞赛活动】 为充分发挥崇明区广大职工群众在推进塑料污染治理工作和崇明世界级生态岛碳中和示范区建设中的主力军作用，2022 年，崇明区节能减排工作领导小组办公室制定并印发《关于开展崇明区 2022 年塑料污染治理劳动竞赛活动的通知》（沪崇节能办〔2022〕4 号），开展以“争做‘少塑派’助力‘碳中和’”为主题的崇明区 2022 年塑料污染治理劳动竞赛。经全区各乡镇、相关园区、委办局、企事业单位推荐、初评，评选办公室组织审核、评定，上海天峰农贸市场经营管理有限公司等 2 个集体为“塑料污染治理先进集体”；张杰等 5 人为“塑料污染治理岗位能手”。

【崇明世界级生态岛碳中和示范区建设及节能减排重点工作推进会】 7 月 7 日召开。区政府党组成员、副区长徐慧泉主持会议。会议要求各部门、各乡镇要按照区委、区政府部署要求，根据 2022 年崇明世界级生态岛碳中和示范区建设及节能减排重点工作安排表确定的具体目标任务、时间进度、分工安排，对标对表，统筹推进节能减排降碳和宏观经济社会发展，确保《崇明世界级生态岛碳中和示范区建设实施方案（2022 年版）》各项年度目标任务如期完成。

【2021 年度双碳及节能目标考核工作】 11 月 21 日，市双碳及节能工作评价组通过视频会议形式对崇明区 2021 年度双碳及节能目标完成情况和措施落实情况进行评价反馈。经与市评价组沟通，2021 年度崇明区较好落实各项节能降耗措施，年度双碳和节能工作得分 100.4 分（权重为 90%），节能目标进度未得分（权重为 10%，全市 16 个区均未得分），年度评价综合得分为 90.36 分，高于全市平均分，居全市前列。

（周子君）

生态环境治理与保护

【概况】 为深入贯彻习近平生态文明思想和习近平总书记关于长江经济带“共抓大保护、不搞大开发”发展战略，推动落实《崇明世界级生态岛发展规划纲要（2021—2035年）》（沪府发〔2022〕1号），2022年，崇明区持续开展污染防治攻坚战，推进生态环境保护“十四五”规划、第八轮环保三年行动计划。促进环保政务服务改革，优化行政审批服务。不断加强环境监管、环境执法监察水平，积极调处环境信访等问题。围绕《“美丽中国，我是行动者”提升公民生态文明意识行动计划（2021—2025年）》，聚焦生态环保重点工作，充分发挥新媒体宣教优势，进一步加大宣教工作力度，努力营造良好氛围。

【大气环境污染防治】 2022年，区生态环境局统筹开展扬尘污染防治，多部门联合开展“扬尘污染、渣土整治”双月主题执法、渣土运输专项整治等专项行动。持续推进VOCs综合治理工作，开展本区挥发性有机物攻坚专项执法检查，出动31批次65人次，现场检查企业31户次。对4家机动车排放检验机构全覆盖监督检查，完成路检路查961辆、入户检查318辆、非道路移动机械监测518辆、非道路移动机械检查718辆；核发非道路移动机械环保牌照678张；24家单位自备加油点油品开展监测检查，18家自备加油站开展专项检查，未发现油品异常。完成2021年489家企业的大气污染源排放清单编制。开展重污染天气应急清单编制，梳理上报30家工业污染源、115个扬尘污染源。

【水环境污染防治】 2022年，区生态环境局狠抓断面水质达标治理，坚持每月编制“水环境质量简报”，及时通报断面水质监测数据、水质情况及断面超标预警。完成11期水环境质量简报的编制，发预警函6份，电话微信预警20余次。针对国考断面高锰酸盐指数连续超标，制定控藻、控源、控时间的解决方案；针对市考断面水质波动，组织召开断面水质提升推进会，督促新村乡和新海镇共同做好替代断面水质保障。积极落实饮用水水源地安全保障，推进卫星遥感问题点位销号，完成两个水源地共35个问题的核准销号。长江入河排污口整治工作完成率为99.8%；启动全区入河排污口排查，完成辖区范围内约30%河道岸线总长度的入河排污口排查、监测、溯源工作。

【土壤污染防治】 2022年，区生态环境局按期完成建设用地安全利用率核算，全区重点建设用地安全利用率100%。加强建设用地全生命周期管理，持续推进场地调查评审工作，共完成8个地块土壤污染环境调查报告评审。强化地下水污染防治，完成全区地下水监测井回填情况的排查，督促企业加快整改；启动危险废物处置场和垃圾填埋场地下水环境状况调查评估。持续加强对土壤重点监管单位的监管。督促企业严格落实土壤污染防治法要求，做好有毒有害物质地下储罐排摸、落实污染隐患排查、土壤及地下水自行监测、新改扩建及拆除过程污染防治等工作。

【危险废物规范化管理】 2022年，区生态环境局加快推进标准化的危废基础数据“一个库”，动态更新产废清单，督促产废单位完成危废管理计划备案，758家产废单位完成管理计划网上备案，完成率100%。深入推进危险废物专项整治，组织全区危险废物产生单位开展副产物排查，经排查崇明区无产生定性不明副产物的单位；认真开展危险废物规范化管理考核，印发工作方案，对82家相关单位实施专项检查，按时推进完成年度考核任务。持续跟踪并督促加快危险废物规范处置。统筹兼顾大、中、小、微型产废企业危废处置情况，安全处置危险废物2.02万余吨。

【辐射污染防治】 2022年，区生态环境局扎实推进辐射监管力量，辐射监管人员全部持证上岗。优化许可审批流程，及时完成相关审批手续。强化三监联动，完成辐射安全许可核查、辐射例行监督检查等专项任务。开展通信基站核实工作，强化长效管理，督促三大运营商和铁塔公司落实环境保护工作。严格落实辐射监测计划要求，完成电磁辐射监测及电离辐射监测。

【环保三年行动计划】 2022年，区生态环境局推进实施第八轮环保三年行动计划。围绕水环境保护、大气环境保护、土壤（地下水）环境保护、固体废物污染防治、工业污染防治等领域共92个项目，完成26个，开工（启动）65个，开工（启动）率为98.9%。其中，市重点项目73个，完成22个，开工率100%）。

【排污许可证管理】 2022年，区生态环境局全面贯彻执行环境影响评价、建设项目环境保护“三同时”制度，批准各类新、改、扩建项目44个，其中以告知承诺方式审批11个，涉及加油站、船舶等行业。对于不符合环境管理要求的项目进行劝阻，从源头上把环保要求落到实处。开展排污许可行政审批，依申请完成排污许可证核发128个；持续开展排污许可“双百”工作任务，完成198家发证企业2021年年度执行报告提交及时性审核及执行报告规范性审核工作。持续开展辐射安全、入河排污口许可审批，完成辐射安全许可证核发19个、入河排污口设置审批2个。完成30个一般工业固废跨省转移利用备案；41个企事业突发环境事件应急预案备案；20个污染源自动监控设施备案。

【环保政务服务改革】 2022年，区生态环境局重点聚焦环评审批、排污许可等高频事项，通过落实“减时间、减材料、减环节、减跑动”切实提高审批效率、提升办事便捷度。据统计，依申请政务事项办理时限压减比为96%，即办件比例84%，身份证、营业执照等政府部门核发证照免于提交，所有事项均实现“零跑动”和全程网办。此外，积极配合区政务服务办开展业务流程革命性再造工作，新增“建筑工地夜间施工作业的审批”快办事项。创新工作举措，细化办事指南，着力提升政务服务科学化、精细化、智能化水平，初步构建全方位服务体系，推动事项从“能办”到“好办”“快办”的转变。

【环境执法监察】 2022年，区生态环境局组织开展水、气、土、核与辐射安全等专项检查33项，面对多头管理、情节复杂的案件，联动公安、城管等执法部门，出动执法6651人次，监察3162户次，行政处罚90余件，罚款900余万元，案件数占全市的9.5%。使用四个配套办法严厉打击环境犯罪违法行为，查封扣押3件，责令停止限制生产1件，向公安部门移送涉嫌环境污染犯罪案件2件，配套措施总案件数6件。

【环境信访调处】 2022年，区生态环境局收到群众对生态环境的各类信访投诉件485件，较上年的843件下降42%，全部予以按期办结。对上级交办的突出信访矛盾制定“一案一专班”及“一事三方案”予以稳步推进。鼓励群众积极参与“有奖举报”。年内，有10件举报线索作为“有奖举报”向市局予以推荐。

【人大代表意见和政协提案办理】 2022年，区生态环境局承办人大代表建议8件（主办1件、会办7件），政协提案10件（主办1件、会办9件），建议提案办理结果均为满意。

【环境日常宣传教育】 2022年，“崇明环境”公众号发文386篇，利用“崇明环境”官方微博及抖音账号及时推送各类生态环保内容，包括生态环境工作动态、环境空气质量状况、政策法律解读等。“三监联动”、生态损害赔偿线索筛查等推文先后被“上海环境”“上海崇明”等微信公众号转发。开通“以案释法”栏目，通过典型案例的讲解，让企业认识到环境违法行为的严重后果，进一步提高企业的环保法治意识，加强企业环境管理，杜绝环境违法行为。以“5·22”生物多样性日、“6·5”环境日、全国低碳日为节点，在“崇明环境”“上海崇明”“上海环境”微信公众号上开展线上《中华人民共和国噪声污染防治法》解读及有奖知识问答、环境监测设施公众开放之小实验科普、生态环保科普知识等内容，进一步提升公众生态环保法治意识，投身崇明生态环境保护及生态文明建设；组织青年干部职工代表开展《环保人之歌》合唱活动，录制《环保人之歌》短视频，进行联合展播。

【长三角生态环境协作宣传】 2022年，崇明区生态环境局与苏州市、南通市生态环境局共同签订崇苏通生态环境系统毗邻党建联盟实施方案，建立宣传交流联络小组，通过召开臭氧污染防治视频交流研讨会，为长三角生态环境监管和宣传联动工作提供由“区域联动”走向“共建共享”的多元化、多路径的探索选择。

【企业送服务送指导】 2022年，区生态环境局围绕环保行政许可审批服务企业复工复产若干措施、排污许可证后管理、固废大气土壤污染防治、VOCs2.0综合治理减排核算和补贴等内容，通过邀请市级专家、业务科室等专家，对不同类型排污企业组织开展线上培训会，加大企业复工复产帮扶力度，提升企业管理能力，累计参与4000余人次。

【机构规格调整】 5月25日，区生态环境局下属事业单位崇明区环境监测站机构规格由相当于正科级调整为副处级，设立7个内设科室。成立生态环境宣教科，开展生态环境宣传队伍培训，统筹做好生态环境宣教、新闻报道等工作，推进生态环境宣教工作质量提升。

【崇苏通党建联盟结对共建签约活动】 8月4日，上海市崇明区生态环境局、江苏省苏州市生态环境局、南通市生态环境局在南通市委党校召开。崇明区生态环境局党组书记、局长褚卫东、苏州市生态环境局党组书记、局长金春林，南通市生态环境局党组书记、局长程炜参加签约活动，南通市生态环境局党组成员、机关党委书记陆汉勇主持签约会议。江苏省生态环境厅市县工作处处长施文烽出席会议并讲话，三地生态环境局党组成员及相关处（科）室领导参加活动。协议的签署有助于建立崇苏通生态环境区域联动发展战略合作机制。

【市级环保督察“回头看”工作】 9月19—28日，上海市第四生态环境保护督察组对崇明区开展为期10天的生态环境保护督察“回头看”工作。9月19日召开沟通汇报会，督察组组长胡浩，崇明区区长李峻出席并讲话。9月28日第四生态环境保护督察组会同崇明区召开市级生态环境保护督察“回头看”初步意见沟通会，督察组反馈督察“回头看”的初步意见，区委书记缪京作表态发言。

【生态环境部到崇明指导“两山”实践基地及“无废城市”创建工作】 11月10—11日，生态环境部环境与经济政策研究中心（习近平生态文明思想研究中心）到崇明指导“两山”实践基地及“无废城市”创建工作。

【批复市轨交崇明线工程环评报告书】 11月21日，区生态环境局受理上海市轨道交通崇明线工程长兴岛转换北井（不含）—裕安站环评报告书，于年底完成批复。

（钮朝霞）

生态空间拓展

【概况】 2022年，崇明区加强林地建设，落实新增森林面积，实施公益林抚育，推进2个开放休闲林地建设。加强滩涂、自然湿地生态修复和规范管理，持续开展外来入侵物种治理，有效清除互花米草。持续做好渔政管理，打好“长江禁渔”持久战，侦破非法捕捞案件21起，取缔内陆河道等区域“三无”船舶136艘，常态化保持禁捕水域“四清四无”。完成国土空间“三区三线”划定，持续开展违法用地及农村乱占耕地建房问题整治，守好耕地保护红线。（《崇明年鉴》编辑部）

【林地建设】2022年，崇明区落实新增森林面积1.43万亩，完成抚育面积1.03万亩；《崇明区“十四五”造林专项规划》获市级部门审批；启动竖新镇时桥村、建设大同村开放林地建设项目。（朱　硕）

【湿地保护】 2022年，区绿色市容局持续开展崇明北沿滩涂互花米草整治湿地修复项目，治理互花米草面积1500亩，并对前期治理区域进行维护性整治，防止互花米草二次入侵。（朱　硕）

【渔政管理】 2022年，区农业农村委持续开展“清船、净岸、打非”三大行动，强化联勤联动，加大宣传力度，确保“禁渔令”有效执行。及时制定禁渔工作要点及专项行动方案，明确打击违规垂钓、商货船违规携带网具等重点。组织开展打击非法捕捞“春雷1—8号”执法行动，通过水上执法、港口检查商货船、利用无人机巡查等方式，严查涉渔“三无”船舶、非法捕捞网具和违规垂钓。聚焦刀鱼等汛期，重点开展农（集）贸市场海刀鱼销售涉渔问题排查。全年出动渔政执法人员1542人次，执法车辆169辆次，执法船艇704艘次，陆上巡查5181公里，水上巡航2.7万海里，组织开展专项执法行动29次，联合检查农（集）贸市场、渔具商店119个次，印发宣传材料4.95万余份，媒体宣传29次；清理违规网具560顶；查办案件14起，罚款2.818万元。有效打击各类非法捕捞行为，保持崇明区长江禁渔工作的良好局面。（俞新强）

【违法用地及农村乱占耕地建房问题整治】 3月，国家层面出台《农村乱占耕地建房专项整治试点工作方案》，明确由农业农村部门牵头开展新增农村乱占耕地建房住宅类问题整治。根据国家和市级关于“坚决遏制新增乱占耕地建房行为（2020年7月3日之后新发生的）并保障好农村村民住宅合理用地需求”有关工作要求，各区启动整治工作。6月，崇明区收到市级部门移送的问题案件130宗。6月24日，区农业农村委将收到的问题图斑抄告各相关乡镇人民政府，要求立即开展核查处置工作，并先后于2022年8月、11月、12月对相关乡镇开展专项督导。年底，区政府办公室召集各相关乡镇召开线上工作会议，区农业农村委要求各乡镇建立由主要领导任组长、分管领导为副组长、各相关科室负责人为成员的工作专班，扎实推进整治工作。（李维维）

绿色低碳转型

【概况】 2022年，崇明区坚持生态优先原则，持续推进绿色低碳转型，生态环境质量稳居上海最优、产业转型与民生福祉双提升、生态示范效应显著增强，基本筑牢水、土、林、气、滩的生态基础，初步形成生态、生产、生活“三生共赢”的发展框架，逐步构建起以现代新农业、海洋新智造、生态新文旅、活力新康养、绿色新科技为重点的“五新”生态产业体系。（《崇明年鉴》编辑部）

【垃圾分类】 2022年，区绿化市容局开展形式多样的生活垃圾分类宣传活动，通过发布微信公众号、发放传单、组织志愿者上门宣传、面对面指导等方式宣传垃圾分类，全年发放宣传单30余万张，发布微信公众号文章75篇，开展宣传活动248场次，参与约50万人次。2022年度生活垃圾回收利用率42.1%；全区干垃圾处置能力达到1000吨/日，启动360吨/日区级湿垃圾资源化处置利用中心建设，完成430个可回收物服务点、18个可回收物中转站的提升改造工程，全力推进生活垃圾资源化、减量化、无害化处置，持续保持原生生活垃圾零填埋。同时，加大全流程重点环节督查力度，巩固生活垃圾分类实效，2022年度居住区生活垃圾分类覆盖率达到100%，居住区、单位达标率均稳定在95%以上，在市级垃圾分类考核中位列第五。（秦芸芸）

【绿色交通】 2022年，区交通委更新新能源公交车43辆。完善小区和商业充电桩配建，对居住和商业地块开发明确提出规范配建的要求。推进政府投资建设公共充电桩项目，政府投资建设公共充电桩共分3期，一期项目分布在花博会周边，已安装完毕；二期项目分布在崇明东部区域，建设进行中。鼓励第三方投资建设充电桩，加强与国网、特来电公司等沟通协调，优化充电桩网络布局。新能源电动车客渡船（含充电桩）投入运营。完成内河码头低压岸电标准化建设。积极推进公共自行车投放布点优化，城桥镇、长兴镇、庙镇累计投放公共自行车近2000辆，出行“微循环”进一步打通。（闫富威）

【绿色能源开发】 至年底，崇明区可再生能源装机容量为59.3万千瓦（崇明岛48.4万千瓦、长兴岛10.4万千瓦、横沙岛0.5万千瓦）。其中，风电29.1万千瓦，光伏27.8万千瓦，生物质能2.4万千瓦，可再生能源发电量占崇明三岛全社会用电量比重超31%。光伏方面，探索“渔光互补”光伏开发模式，陈家镇裕安养殖场110兆瓦渔光互补、上海华电崇明绿华44兆瓦渔光互补、横沙乡3.5兆瓦渔光互补相继并网，渔光互补项目为实现崇明土地资源的复合利用，进一步推进崇明节能降碳工作提供一种有效手段。重点推进中广核港西镇128兆瓦渔光互补项目建设。持续推动分布式光伏建设，按照“能建尽建”的原则落实新增建筑光伏开发，深入挖掘存量屋顶资源，支持和创新“光伏+”应用场景，重点依托公共机构、工商业建筑屋顶、产业园区等基础设施推进分布式光伏建设。推进新河镇、建设镇、堡镇、中兴镇4个乡镇整镇屋顶分布式光伏开发试点。风电方面，贯彻落实可再生能源开发利用与鸟类保护协调发展，推进崇明新村风电场、龙源北堡二期风电场、华能前卫五期风电场前期工作。

（施雯雯）

【绿色建筑】 2022年，崇明区全面推进新建建筑绿色化，新建民用建筑全部按照绿色建筑标准进行设计建造。区建设管理委在土地出让环节全面执行新建的建筑全面实施绿色建筑标准，对9个拟出让地块提出绿色建筑具体星级要求；在施工许可环节落实绿建二星级项目6个，建筑面积约13.08万平方米，二星级及以上标准占比为100%。

（龚 欢）

农业

综　述

2022年，崇明区稳产能保供应，实施蔬菜抢种8000亩，累计供应蔬菜、猪肉、鸡蛋、大米等各类农产品约5.2万吨，平均每日向市区供应农产品500吨以上，建立集采集配集送模式，每日统计乡镇需求，协调龙头企业组织货源、调配物资，统一配送至乡镇集中转运点，由乡镇组织人员分拣包装、上门配送；紧抓科技创新，以全国农业科技现代化先行区共建为契机，联合上海海洋大学，推进河蟹良种“江海21”配套系育种，加快培育携带特色标识性基因的“崇明1号”新品系。推进专用稻米、特色蔬菜、当地花卉等种质创新与品种选育技术攻关，不断深化种源种业创新研究。针对上海水牛、沙乌头猪、特色蔬菜、本地花卉、白山羊等特色种质资源，开展普查整理、提纯复壮、种性鉴定评价等工作，不断完善特色种源保护标准体系；依托行业协会，规范品牌准入标准，强化品牌管理监督。推出“优农三兄弟”崇明农产品区域公共品牌统一标识，构建以“优农三兄弟”为母品牌，以“崇明+”地理标志为子品牌的管理体系。围绕清水蟹、白山羊、蔬菜、大米等不同行业，组建龙头企业、行业协会等产业联合体，实现抱团发展。规范设置行业准入条件，科学制定行业标准体系，服务特色产业健康可持续发展。完善产业链条，坚持“扶龙头、带农民”，集聚上下游农业企业、新型经营主体和普通农户的各自优势，加快构建产、供、销一体化全产业链发展格局。优化产销模式。依托龙头企业、行业协会辐射效应，加快推动农产品单品化、规模化种植，逐步扩大订单农业规模。以龙头企业为核心，组建农产品销售联盟，重塑“崇明米道”销售平台，创新崇明优质地产农产品线上营销模式。（施人婕）

农业与技术创新

【概况】 2022年，崇明区推进农业生产信息直报，持续完善农业废弃物资源化利用体系，全区主要农作物秸秆综合利用率达98.07%。持续推进绿色（有机）食品认证工作。至年底，绿色食品面积认证率达90%以上，产量认证率达40%以上。完成市下达区级地产农产品定量检测任务2665批次，其中例行监测2030批次，监督检测635批次，合格率99%以上。

【污染治理】 2022年，区农业农村委建立从生产端到收集端的一体化工作链，形成“政府主导、企业参与、分镇推进、分类实施”的利用模式，大力推广秸秆燃料化、肥料化、基料化、饲料化利用，形成布局合理、多元利用的产业格局。为做好2022年崇明区秸秆综合利用，切实做好农作物秸秆禁烧工作，促进资源高效循环利用，保护和改善生态环境，区农业农村委制定《崇明区2022年秸秆综合利用实施方案》，督促指导乡镇开展秸秆禁烧工作。截至2022年底，全区主要农作物秸秆综合利用率达98%以上，无秸秆焚烧现象。

【农产品认证】 2022年，区农业农村委完成46家、78个产品绿色食品认证材料申报工作，主要为粮食类、蔬菜类、林果类生产主体。完成有机新认证企业6家、8个产品的申请材料报送工作，主要为粮食类、水产类生产主体。完成57家100个产品的绿色食品认证续展工作，全年共完成256家绿色认证企业证后监管和检查工作。

【农产品安全监管】 2022年，区农业农村委组织各乡镇全面开展农产品质量安全常规农药快速检测，全年共完成63021批次上市农产品的农兽药快速检测，检测合格率达99%以上。配合上海市农产品质量安全中心完成300种蔬菜抽检工作，配合中国绿色食品发展中心完成20个绿色蔬菜、水果的抽检工作，无合格产品，地产农产品上市安全水平总体稳中向好。（陈集慰）

农业综合管理

【概况】 2022年，崇明区持续加强农村“三资”管理，完善土地关系后续管理。截至2022年底，崇明区农村集体总资产为151.02亿元，其中区级12.64亿元、镇级52.60亿元、村级84.17亿元、组级1.61亿元，总负债80.55亿元，净资产70.47亿元。根据上海市开展农村集体资产清产核资工作要求，完成集体资产清产核资工作。规范土地流转、解答土地政策、处理土地纠纷，指导乡镇做好土地承包关系后续工作。根据市、区农村土地承包经营权确权登记工作总体布置，完成全区的土地确权登记工作，登记农户16.48万户，登记确权面积55.85万亩，农户登记率达100%。崇明区登记在上海市农村土地承包经营信息管理系统上的55.85万亩农户承包土地中，通过平台规范流转面积50.44万亩，规范流转率90.31%。为贯彻实施乡村振兴战略，推进“绿色田园”建设，依托市科研院校、区科创中心、田间学校内外专家资源和区、镇两级农技人员，建立市区、镇三级技术指导服务体系，派驻科技人员通过常驻农场、日常指导、个性化指导等方式，开展具有精准性、针对性的培训与指导相结合的服务工作。通过入场指导、电话、微信、发放技术资料等多种形式开展技术指导，开展入场服务9997人次，发放相关技术资料9900余份。（陈依蕊）

【经营主体培育】 2022年，区农业农村委通过政策引导，推进农业产业化进程，实际经营合作社1289个，其中市级示范社80家、区级示范社120家，区级龙头企业29家。累计培育认定家庭农场412家，水稻种植型家庭农场333家，经营规模4.93万亩，因地制宜培育特色种植养殖型家庭农场79家。（陈依蕊）

【“两村”建设】2022年，区农业农村委推进乡村振兴示范村建设，创建美丽乡村示范村。指导各乡镇、村因地制宜开展美丽乡村示范村建设，并以乡村特色产业发展为核心，推进乡村振兴示范村建设，依托自然、文化、原有产业基础，发展休闲旅游、民宿、文创、园艺等新产业新业态。2022年，创建陈家镇瀛东村、港沿镇合兴村、新河镇井亭村、建设镇富安村和庙镇镇东村5个市级乡村振兴示范村，完成第四批15个区级乡村振兴示范村建设；推进竖新镇惠民村、绿华镇华星村、庙镇联益村和中兴镇爱国村4个乡村市级振兴示范村创建，以及第五批15个区级乡村振兴示范村建设。横沙乡永胜村、港沿镇鲁东村、堡镇四滧村、新河镇新梅村、新村乡新国村、竖新镇跃进村和长兴镇长征村7个行政村获评2022年度上海市美丽乡村示范村；完成中央专项彩票公益金支持欠发达革命老区乡村振兴示范区项目。崇明区按照项目建设要求，围绕“五大振兴”总体内容，统筹谋划、协同推进、挂图作战，建设以花博片区的建设镇虹桥村、滧东村、界东村、三星村、白钥村、富安村以及竖新镇前卫村7个村的行政区域作为重点，形成集中连片、互动衔接的乡村振兴示范片区。示范片区总面积18.59平方公里，总人口1.55万人。项目于2021年12月获得区发改委批复，2022年7月正式开工建设，2022年11月底完工。（李维维）

【农民建房】2022年，区农业农村委会同各相关区级部门按照《上海市崇明区人民政府关于印发崇明区农村村民住房建设管理办法的通知》等扎实推进农民建房工作，不断健全区级政策体系，推动农民建房规范审批，累计完成农民建房审批15户。区农业农村委牵头制定《崇明区农村村民建房相关工作口径》，并于2022年11月印发各乡镇实施，进一步明确“1—2人户”面积标准等，持续加强对乡镇工作指导。区农业农村委依托“上海市农村宅基地管理信息系统”组织乡镇开展农民建房线上审批，并对审批过程进行实时监管，定期开展常态化督导检查等，严格遏止无序建房行为，保障农民合法权益。（李维维）

种植业

【概况】2022年，崇明区种植粮食面积30.00万亩，总产量15.92万吨。其中，单季稻面积27.62万亩，亩产545公斤，总产量15.08万吨。蔬菜及经济作物播种面积为37.42万亩次，社会总产量为72.50万吨，主要种植蔬菜作物、经济作物、中药材以及食用菌等，其中崇明区中药材产量为784吨。

【农技推广】2022年，区农业农村委推广以“南粳46”“沪早香软1号”等为主的优质水稻品种；推广水稻机插秧面积4.83万亩，水稻机直播面积20.93万亩，水稻种植机械化率达到98.17%。崇明区绿色农药覆盖面积40.30万亩；开展绿色防控技术应用面积17.06万亩次。推广施用商品有机肥0.8万亩次；实行冬季养地措施，推广绿肥深翻面积合计26.66万亩；开展粮食绿色高质高效创建面积8.97万亩，示范方全生育期亩化肥施用量比对照减15.7％，农药纯量总施用量比对照减26.72%。

【农业基础设施建设】2022年，区农业农村委累计批复建设高标准农田项目20个，建设面积3万余亩。完成并通过验收项目12个。

【蔬菜项目建设】2022年，区农业农村委加快引进具有标志性、示范性的重大农业项目，充分发挥项目“以点带面”的杠杆效应，上海崇明生态农业发展有限公司、上海锦英果蔬专业合作社等6个蔬菜产业集群项目开始运行。以蔬菜产业集群、都市现代农业项目、高标准设施菜田建设等项目为抓手，实施蔬菜基地基础设施建设，补齐环境短板，提升基地生产管理水平。持续推进崇明区建设镇生态菌菇基地项目建设项目以及中兴镇绿岛田园菜田等3个高标准设施项目建设。

【蔬菜示范基地】2022年，崇明区共签约上海王波果园专业合作社、上海静捷蔬菜专业合作社、上海日鑫农业专业合作社等高品质蔬菜规模化基地46家，其中核心基地17家、专业化基地21家，签约面积8380亩。签约上海崇明金瓜种植专业合作联社、上海绿瑞蔬果专业合作社等16家特色蔬菜规模化基地，签约面积达1135亩。努力培育以46家高品质规模化蔬菜基地为核心的当地优质经营主体，围绕单品种植、绿色认证、管理水平、销售布局等方面，统筹发挥政策合力和考核约束，提升蔬菜规模化基地生产水平和管理能力。

【农产品保供】2022年，崇明区设立15个农产品跨省统购点，其中、芦笋跨省统购点2个、花菜跨省统购点3个。1月12日至4月底集中交易期间，外省市到崇明收购农产品交易车辆累计658辆，交易总量7110.13吨。其中，蔬菜交易车辆362辆，总量6312吨。4月初，崇明区指导6家水稻种植合作社在水稻地块抢种2000亩速生型的鸡毛菜、杭白菜等绿叶菜，保障崇明区绿叶菜产能供给。通过调动龙头企业引领中小企业、合作社抱团发展的模式，在做好各合作社通行证办理的基础上，积极搭建蔬菜产销对接桥梁，形成“共享产能、统筹销售”的保供模式，有力提升农产品保供能力。崇明区累计上市供应各类蔬菜约41700吨。其中，供应崇明市场蔬菜约5100吨，向市区供应蔬菜约36600吨，重点承担菜篮子保供市区的任务。5月23—31日，由蔬菜龙头企业对8个乡镇菜场供应地产蔬菜70吨。

【蔬菜种源工程】 2022年，继续在崇明区开展传统特色蔬菜种质资源普查与收集工作，同时对收集的蔬菜种质资源进行主要农艺性状和纯度调查。收集各类地方品种9个种质资源335份，其中毛豆25份、红梗芋艿62份、白扁豆63份、金瓜72份、红皮土豆70份、小菠菜24份、薄皮甜瓜6份、崇明山药4份、甜芦粟9份。开展崇明小菠菜、白扁豆、崇明金瓜、薄皮甜瓜的加代纯化、自交留种工作。对收集的种质资源进行主要农艺性状和纯度调查，对于符合当地特色的种质材料自交留种，同时测定品质和产量性状。

【蔬菜技术推广和安全监管】 2022年，抓好重点蔬菜生产基地制度建设，指导基地开展蔬菜田间档案记载和信息上传工作，绿色防控器材应用等。2022年，崇明区建立绿色防控应用示范面积2.6万亩，以杀虫灯和性诱剂为主要防控技术措施，部分合作社增配色板。崇明区新增太阳能杀虫灯1973台，甜菜夜蛾、斜纹夜蛾诱芯31960套；采购全降解色板20.9万张，采购色板支架7.1万套，黄曲条跳甲诱芯26.6万余枚。推广以生物菌为主的土壤保育3800亩和水溶肥5280亩，构建地布地膜全覆盖回收网络，通过“1+16”绿色农资店，实现蔬菜生产主体地布地膜回收全覆盖。开展安全监管的技术培训和农残速测技术培训，全年区蔬菜站共开展蔬菜安全使用农药、新农药、安全监管等培训7场次。科学合理分解落实年度蔬菜质量安全监测任务，并根据病虫害发生规律及用药情况，适时发布3期《蔬菜安全监管指导意见》。全年指导完成6万个样品定性检测和1783个样品定量检测任务。

【科技兴菜】 2022年，承担实施市科技兴农项目2项、区重点科技攻关和推广项目3项。全年共开展实地技术指导600多人次，线上指导1300余人次，技术培训172人次，编制下发各类技术资料11份。

【蔬菜产业】 2022年，组织、引导组建成立上海崇明蔬菜发展集团有限公司，并重组成立崇明蔬菜协会。初步编制蔬菜品种的产品和种植标准，协助上海崇明蔬菜发展集团有限公司开展2000亩次的蔬菜订单生产，助推崇明蔬菜产业单品化、标准化、规模化、订单化、品牌化发展。

（刘　洋）

林　业

【概况】 2022年，区绿化市容局坚持培育生态优势，着力推动林业建设，持续优化“林业”文章，全区森林面积达53.8万亩，森林覆盖率达30.62%。全面推进林长制工作，全力推动林业高质量发展，崇明区在2022年度全市林长制工作考核中排名第一。不断巩固湿地生态，提升湿地综合效益，全区湿地总面积26.4万公顷，湿地保护率59.54%。

【推行林长制】 2022年，区绿化市容局根据全面推行林长制工作实施方案，制定五项配套制度，明确林长制成员单位工作任务及各级林长职能职责。召开全区林长制工作会议，安排部署阶段性工作任务，指明林长制工作推进方向。加强调研和检查督导，及时掌握各乡镇工作开展情况，对林长制工作开展提出指导意见。年内区总林长检查督导1次，区副总林长检查督查2次。依托“一网统管”平台，加强日常巡查管护，全区各乡镇日常巡查、专业巡查发现问题1258个，处置问题1256个，处置率为99.9%。

【林业资源管理】2022年，区绿化市容局对各乡镇及相关单位开展“清除一枝黄花”“林地台风灾后处置”“三乱整治行动”等专项检查12次，对检查中发现的林窗、林间垃圾、林地三乱等情况下发整改通知书。2022年，崇明区整改115个三乱情况，重点整治5个大规模违规养殖点，并及时开展回头看，督促养护单位整改到位。开展2022年森林督察工作，对包括上实集团、光明集团在内的全区164个减量图斑进行核查，累计判读面积40.8公顷，督促各乡镇及相关单位对因自然死亡等情况造成林木缺失、林地减量的地块及时做好补植，并通过开展养护质量回头看，不断提升崇明区公益林地管护水平。

【林政执法审批】 2022年，上报市绿化市容局审批林业行政许可9件，征占用林地145.68亩，采伐林木2398株，活立木蓄积208.6967立方米，迁移林木6796株，补建林地147.96亩。区绿化市容局审批林业行政许可9件，临时使用林地10218.29亩，采伐林木193043株，活立木蓄积6097.5445立方米，迁移林木1260株，开展批后监管8件。

【森林防火防汛】 2022年，区绿化市容局开展森林防火大检查11次，更新林地防火宣传警示牌画面155块，印发森林防火宣传册8000多本，开展防火宣传191次。全年共安排值班人员763人次，出动防水巡查人员538人次。11月，开展年崇明区森林防火技能比武活动，全区18个森林应急消防队伍参加比武活动。在防汛防台前督促各乡镇及相关单位全面做好应急准备，对重点区域进行全面排摸并加强固定，确保有专人值班、专人巡查，做到第一时间发现问题并及时处理。全年共出动各级林业巡查人员3750人次，巡查公益林11.3万亩次，巡查经济果林2.5万亩次，清理排水沟渠2360条，组织210支林业防汛应急队伍参加抢险。

【有害生物防治】 2022年，区绿

化市容局明确防控目标，维护生态安全，将相关重大林业有害生物防治目标完成情况列入林长制考核评价指标体系。全年共出动森防人员200多人次，踏查林地1万多亩，发布森防信息14期。全区18个乡镇、上实公司、光明集团、崇明农场、海塘、花博园区等林地内悬挂美国白蛾诱捕器300只，实现全区覆盖监测，实施防治作业面积达5.1万亩次。规范办理调运检疫证书267份，产地检疫证书75份，对37个绿化造林工程实施复检复查，严禁从疫区调运苗木，确保生态安全。

【野生动物保护】 2022年，区绿化市容局联合东平森林公园、西沙湿地公园等单位开展"湿地日""世界野生动植物日""保护野生动物宣传月"等主题宣传活动，进一步扩展宣传渠道、扩大宣传覆盖面。全年累计张贴悬挂宣传海报、宣传横幅、宣传展板40余份，现场发放宣传折页和宣传品2000余份。收容救护野生动物22只，其中国家重点保护动物11只；实施崇明5处重点生态区域生物多样性监测工作，并提交年度监测报告。（朱　硕）

畜牧业

【概况】 2022年，崇明辖区生猪年出栏量16.11万头，生猪存栏量9.4万头（能繁母猪0.94万头），规模养猪场9个；奶牛场3个，存栏量4793头，鲜奶产量18078吨；白山羊年出栏量9.45万头，羊存栏量9.93万头（白山羊存栏量9.83万头），存栏200头以上的养殖场（户）47户，白山羊保种场存栏945头；家禽出栏量163.32万羽，家禽存栏量269.07万羽，特种禽（肉鸽）出栏294.7万羽，规模化鸽场4个，规模化蛋鸡场1个，禽蛋产量30159吨。

【动物疫病防控】 2022年，崇明区共完成各类家畜口蹄疫免疫104.7272万头次、猪高致病性蓝耳病免疫23.31.9万头次、猪瘟免疫54.9488万头次、家禽高致病性禽流感600.0711万羽次、新城疫1532.5206万羽次、狂犬病2.267万条；完成羊痘免疫15.1107万头次，羊小反刍兽疫免疫10.9294万头。完成免疫抗体监测家禽高致病性禽流感H5血样3764份，H7血样3764份，新城疫血样2682份；家畜口蹄疫血样1750份，猪瘟血样1671份，猪高致病性蓝耳病血样1396份，狂犬病血样210份，监测非洲猪瘟51766头次。完成牛结核病检测26690头次，牛布病检测22874头次。

【动物卫生监督】 2022年，崇明区检查畜禽养殖场（户）、兽药、饲料生产经营企业等主体949家次，屠宰企业156家次；抽样送检饲料、兽药和畜禽产品201批次。全年生猪"瘦肉精"类违禁物质飞行检测样品1633份；屠宰场"瘦肉精"快速检测样品1320份，药残192份。完成产地检疫生猪290715只，牛6088头、羊5809只，其他畜473只。禽类2786936羽，其中鸡371693羽、鸭169118羽、鸽子2246125羽。定点屠宰检疫生猪屠宰85382头，羊屠宰4583头，肉鸡屠宰862086羽，肉鸭屠宰163449羽，肉鸽屠宰946773羽。监管病死猪处置30712头。全年动物防疫合格证受理1家，审核通过1家。（刘润韬）

水产业

【概况】 2022年，崇明区有水产养殖绿色生产主体183个，养殖总水面积2933公顷。全年渔业中产量43255吨，其中淡水养殖33618吨、近海捕捞9637吨。渔业生产劳动力3195人，其中专业捕捞劳动力1266人、专业淡水养殖劳动力1812人。投产渔船154艘，总吨位24377吨，总功率33659千瓦。崇明区生产鱼苗4520万尾。

【河蟹养殖】 2022年，崇明区养蟹面积1991公顷，其中，岛内商品蟹养殖面积356公顷。生产成蟹416吨；蟹种培育面积1635公顷，生产蟹种4782吨。岛外成蟹养殖面积328公顷，生产成蟹465吨。崇明清水蟹为崇明特产，应用国家级良种"江海21"，全程按照《崇明清水蟹绿色生产技术规程》养殖，体型好、规格大、产量高，有膏脂丰满、味道鲜美、肉质细嫩、入口鲜甜的特点，富含谷氨酸、天冬氨酸、丝氨酸三类鲜味氨基酸，钠、钾、镁、硒含量丰富。在历年"王宝和杯"全国河蟹大赛上获金奖、最佳种质奖、最佳口感奖。2021年4月，入选全国名特优新农产品名录。2022年崇明区与上海海洋大学签订战略协议，共同研发河蟹新品系"崇明1号"，在国家级良种"江海21"基础上进行升级改良，有基因标记KCNA，具有腿更长、生长更快、规格更大、产量更高的特点。

【淡水养殖】 2022年，崇明区淡水养殖面积2909公顷。其中，精养鱼塘533公顷。标准化水产养殖场1719公顷。崇明区淡水鱼产量27920吨。

【特种水产养殖】 2022年，崇明区特种水产除河蟹外养殖面积289公顷，产量1990吨。特种水产养殖品种主要有南美白对虾、河虾、鳖、罗氏沼虾、加州鲈等。其中，虾类产量429吨、鳖53吨、加州鲈1200吨。

【江海捕捞】 2022年，崇明区从事捕捞生产的渔业村6个，捕捞总产量9637吨。

【鱼病防治】 2022年，崇明区鱼类病害发病累计面积为161公顷，鱼病影响的鱼类产量有595吨。其中，影响草鱼、鲫鱼等鱼类生长的细菌性败血症仍是最主要病因。区水产技术推广站全年共发放《渔业简讯》12期，水产科技资料3500多份。

接待出诊咨询24人次，接答热线电话76个。

【水质监测】 2022年，崇明区对14个国考断面、11个养殖场、15个养殖户，共40个点进行水质监测，主要监测五日生物需氧量（BOD5）化学需氧量（COD）、总氮（TN）、总磷（TP）和溶解氧5项指标。全年采得断面水280个、养殖池塘水231个、养殖排放水231个共742个水样，获得监测数据3710个，根据数据做统计分析，并编制《崇明区渔业水环境监测报告》。（俞新强）

光明农业发展（集团）有限公司

【概况】 光明农业发展（集团）有限公司（以下简称光明农发集团）注册资本3.5亿元，是国家级农业产业化重点龙头企业，于2021年11月组建而成，是一家以粮食生产与经营为主业的专业化公司，形成了稻麦科研、育种、种植、加工、收储、销售为一体的全产业链，是上海地区规模最大、生产水平最高、最具完整产业链的粮食生产经营企业。光明农发集团现有耕地35万亩，日加工稻米能力1600吨，肩负着为光明食品集团推动集团农业产业化发展的重任。聚焦“种业、种植、米业”三大业务，着力推进全产业链协同发展、推进现代农业产业化经营。提升“种业辐射、种植引领、米业带动”三大能力，夯实上海市民“米袋子”保供坚强底板，努力提升现代农业产能。光明农发集团全方位夯实粮食安全根基，强化藏粮于地、藏粮于技，突出绿色农业、循环农业、智慧农业“三大引领”，以优质粮源为支撑，坚持优质稻种植。秉持“大品牌、大单品、大渠道”理念，全力打造“上海市民首选、长三角区域知名、全国有影响力品牌”。围绕“提升价值链、做优产业链、打造供应链”，实现“三链”融合，构建光明优粮产业生态联盟，推进乡村振兴的光明模式。锚定“绿色种业”发展目标，持续完善从种源研发至市场营销全产业链，深化“产学研”融合发展，突出“育繁推”一体化建设，朝着“打造全国种企20强”的奋斗目标不断前进。

【种源建设】 公司被评为“国家农作物品种展示评价基地”“全国农垦种业科技创新中心”“国家级水稻育繁推一体化企业（上海市首家）”“国家级高新技术企业”等。“镇麦12号”入选国家粮油生产主导品种，并列为全国小麦推广骨干品种；“沪软玉1号”入选第三届中国南方粳稻主产区优质水稻新品种（品系）品鉴推介会因地制宜试种的优良食味品种。2022年，完成水稻品种审定5个。其中，国审1个（上农粳927），苏审3个（上农粳219.武运粳962.莹香1号），沪审1个（沪软玉1号）。申请植物新品种权2个（上农粳219.沪软玉1号）。截至2022年底，水稻品种拥有“银香38”为代表的光明粳系列（1–7）、光明糯系列（1–4）、中垦稻100（国审）、中垦稻160（皖审）、中垦稻180（皖审）、沪软玉一号（沪审）、上农软香18（沪审）、浙沣糯188（皖审）、上农粳稻927（国审）、中垦稻962（苏审）等近30个水稻新品种；国家审定的小麦品种有中垦麦212.中垦麦616.中垦麦213.光明麦1311.光明麦1415.光明麦1526等。

【“新起点、共享未来”合作伙伴大会】 2022年，光明农发集团在崇明成功举办以“新起点、共享未来”为主题的合作伙伴大会，大会邀请联华、叮咚、本来生活、食行生鲜、大润发、苏宁小店等合作伙伴，以米为媒，相互合作，会同各方就大米消费需求及发展趋势开展交流研讨；为米而来，相互赋能，与新老合作伙伴携手共创辉煌，将更多安全、优质、健康的光明“放心米”送上市民餐桌。

【“中国好粮油”主题宣传】 2022年1月，光明农发集团借助海丰优质大米获“中国好粮油”称号的契机，加强宣传工作，涉及1000家门店、投放5000辆出租车后屏等，同时在线上渠道投放“上海去哪吃”微信公众号，以及3家小红书KOL进行宣传，取得显著宣传成效。

【首届“一心一意只为一粒好米”开耕节活动】 6月6日，光明农发集团在万顷绿色粮田里开耕播种，举办首届“一心一意只为一粒好米”开耕节活动。集团通过线上多平台、线下多视角，带领市民、网友“云观”播种现场、管理现场、收割现场、信息中心、繁育基地、鹤舞稻香体验馆、大米包装车间等，讲述精彩纷呈的育好种、种好粮、出好米、创好评的农发故事，向市民、网友全程展示“一粒好米”的神奇之旅。

【沪丰优粮产业生态联盟启动】 9月23日，由光明农发集团牵头，联合50余家种植加工企业、家庭农场、科研单位、金融企业、供应链企业的沪丰优粮产业生态联盟正式启动。

【“国庆稻”开镰】 9月23日，第五个中国农民丰收节开幕，光明农发集团“国庆稻”光明谷锦·早软香新米领“鲜”上市。

【光明谷锦稻田音乐会】 10月26日，由光明农发集团联合上海音乐学院举办。歌唱《龙腾虎跃庆丰收》《扬鞭催马运粮忙》《喜洋洋》《粮安天下》等丰收农忙相关歌曲，展现了农业生态生产、生活之美，体现了大米的品质和产业链优势，实现光明谷锦大米由“好米”向“名米”的转变。

【“环球干饭人，干出国际FAN”餐饮渠道交流会】 12月6日，光明农发集团主办。与众多连锁餐饮渠道商就大米消费趋势、烹饪方法、合作模式等进行深入探讨，赋能全新场景化营销。活动现场，光明农发集团与4家连锁餐饮渠道达成合作意向。（肖 伟）

光明食品集团上海崇明农场有限公司

【概况】 上海跃进现代农业有限公司隶属光明食品（集团）上海跃进有限公司，地处崇明生态岛，占地107平方公里，拥有设施良田6.5万余亩，建有国内较先进的环保型米业加工中心，以规模化优质粮食生产和“自然之子”大米系列产品生产、加工和销售为主，生产组织化水平高，科学技术领先，通过有机加工认证。2009年11月，在上海市优质稻米评比中获得银奖，并连续多次参加国际、国内农副产品博览会，成为2010年世博会农副产品推荐供应企业。（《崇明年鉴》编辑部）

【跃进现代农业公司整体划入光明农发集团】 3月25日，为贯彻落实光明食品集团推进农场农业改革的战略决策，根据集团通过的《关于光明食品集团农场农业改革的议案》精神，加快推进集团农场农业的改革工作，拟将崇明农场持有的上海跃进现代农业有限公司（以下简称跃进农业）100%股权以国资无偿划转的形式转让至光明农发集团，划转基准日为2020年12月31日。

【崇明区领导调研崇明农场】 8月3日，崇明区委常委，副区长黄晓霞，区农委主任龚霞一行到崇明农场开展工作调研。光明集团总经济师邵黎明全程陪同并主持座谈交流会。崇明农场和光明母港党政负责人参加会议。邵黎明要推进光明崇明农场与当地政府的交流合作，全面推进乡村振兴，加强殷实农场建设，推进农业的可持续发展，携手打造绿色生态、高品质、高科技的农业新高地。黄晓霞副区长对崇明区当前的重点农业规划项目进行详细介绍，并就如何加强崇明区与光明集团在农业产业联动发展等问题上提出指导意见。农业的地位举足轻重，区农委应与光明、崇明农场要高度统一思想，互相关心、互相支持，打好组合拳，找准合作共赢的发力点；进一步建立健全议事机制，定期围绕主题深化研究探讨，主动寻求合作空间。从种植业、种源种业、养殖业、花卉产业、人居环境提升以及人才、政策、资金等方面着手寻求合作的契合点，真正形成你中有我，我中有你的共赢格局。

【光明瑞华品牌获“崇明好物”称号】 在2022年度“上海礼物”崇明品牌优选评选活动中，经区经委、区文化和旅游局联合评定，瑞华实业旗下“光明瑞华”品牌商品获具有代表性的“崇明好物”称号。为鼓励和扶持崇明企业培育自主品牌产品，全力打响“崇明服务”“崇明制造”“崇明购物”“崇明文化”四大品牌，帮助更多崇明品牌产品“走出岛、走出沪、走出海”，促进国内国际双循环，崇明区经委、区文旅局于2022年在全区范围内开展“上海礼物”崇明品牌优选工作。瑞华实业积极参加本次评选活动，将光明瑞华小番茄作为“崇明好物”品牌申报，通过市商联会专家评审。该品牌于崇明区“疫去嗨购 点燃崇明”促消费活动暨第三届“五五购物节”中释放推荐，更好地满足市民游客多样化品质消费需求。未来，瑞华将持续围绕“小高巧”产业思路，做好品牌质量的提升，积极配合“崇明好物”品牌整合联动，提质升级服务生态岛建设高质量发展。

【崇明农场52名职工获“奋斗光明四十载”系列荣誉奖章】 9月28日，光明食品集团工会主席潘建军、工会副主席储今在崇明农场董事长张国江的陪同下，一起向在光明奋斗三十年的职工王勤芳、施炎培颁发“奋斗光明四十载”系列荣誉奖章，对他们为光明的付出、对农场的奉献表示衷心的感谢。据统计，崇明农场有52人将陆续获颁“奋斗光明四十载”系列荣誉奖章。崇明农场党委通过社区事务中心，以走访慰问、颁发仪式等方式将“奋斗光明四十载”系列荣誉奖章送到他们的手中。

【首届“崇明·光明”清水蟹文化美食节开幕】 11月17日开幕。活动由光明食品集团、崇明区政府和上海海洋大学联合主办，同时将拉开崇明·光明清水蟹养殖产业化发展大幕，开创多方合作共赢的良好局面，助力崇明地区特色水产产业发展。开幕式上，光明食品集团副总裁陆罡为美食节活动致辞；光明崇明农场同崇明清水蟹养殖企业、贸易商家签约，形成清水蟹产业联盟和销售联盟；同海洋大学共同设立研究生实践基地，上海海洋大学副书记潘燕和光明食品集团总经济师邵黎明共同为上海海洋大学研究生实践基地揭牌同崇明区农业农村委共同设立全国农业科技现代化先行区崇明农场基地，崇明区文化和旅游局局长倪向东和崇明农场董事长张国江共同为全国农业科技现代先行区崇明农场基地揭牌。同海洋大学共同设立数字渔业养殖基地，上海海洋大学工程学院院长胡庆松和崇明农场党委书记成岗为光明数字渔业养殖基地揭牌。

【市工人文化宫慰问崇明农场职工演出】 11月17日举行。光明食品集团工会携手上海市工人文化宫茉莉花艺术团，以“坚持员工第一，凝聚光明力量”为主题为崇明农场职工带来表演。活动现场，参加活动人员还为光明关爱基金崇明农场办事处捐款，为“三失”人员捐赠慰问金，展现光明人的爱心。此次演出通过视频直播平台进行现场直播，近1000名职工在线观看。活动现场举行光明关爱基金崇明办事处捐赠仪式，为光明关爱基金崇明农场办事处捐赠三失（失独、失智、失能）人员慰问金，展现出爱与尊重的强大光明力量。（杨　燕）

7月29日，现代农业园管理委员会合作共建产业园框架合作协议签约仪式举行（崇明现代农业园区 供图）

崇明现代农业园区

【概况】 崇明现代农业园区是2000年8月28日经上海市人民政府批准建立的市级现代农业园区，位于崇明岛东北部，崇明生态岛建设的整体规划与布局之中的以生态农业为主的规模农业区和战略储备区。园区东西长15公里，南北宽2.2公里，总面积为33平方公里。园区注册资本5000万元，由区国资委100%出资，为区直属企业，承担农业种源产业、农业投资、资产管理等职能，主要从事农、林、牧、渔种植、养殖的投资，土地开发，租赁等服务等业务，现有直属子公司7家，分别为上海崇明农业投资发展有限公司、上海崇明绿岛垦殖试验场有限公司、上海沙乌头农业科技有限公司、上海典韦农业有限公司沙乌头公司、上海崇明种子有限公司、上海崇明兴园林业养护社和上海市崇明现代农业园区企业服务中心。崇明现代农业园区成立后，以“区域化布局、专业化生产、集约化经营”为发展格局并致力于建立农业高科技示范基地、生物技术研究开发基地，充分发挥农、科、教、产、学、研的集聚优势，逐步发展成为集科研、生产、加工、销售和观光、休闲、旅游为一体的都市型生态低碳现代农业园区。上海由由集团股份有限公司、上海盒马农业科技有限公司及新加坡中新农业发展公司等19家企业落户园区。2022年，园区共完成税收15.86亿元，实现年度目标的288%。园区获2022年崇明区“百日大招商立功竞赛活动”作风优良奖。园区事业发展部获第五届上海市开发区优秀招商团队奖。2022年，盒马南美白对虾养殖和上海老杜农业发展股份有限公司老杜农业初级农产品加工（二期）两大项目被列入区委、区政府重点项目中。

【现代农业园管理委员会合作共建产业园框架协议签订会】 7月29日，上海崇明现代农业园区开发有限公司与云南省临沧市沧源佤族自治县勐省现代农业园管理委员会签订合作共建产业园框架协议。双方就党建工作、发展规划、投资资源及人才培养等领域展开深入合作。崇明现代农业园区党支部书记、董事长赵杰，副总经理陈晓晨，党支部委员、工会主席施俊文，行政事务部主任吴超等参加协议签订会。

【上海老杜农业发展有限公司项目合作协议签订会】 8月15日，上海崇明现代农业园区开发有限公司与上海老杜农业发展有限公司于崇明工业园区签订项目合作协议。本次合作协议就崇明现代农业园区加工区CMS14–0002单位地块相关事宜达成战略合作框架协议。此次合作协议为进一步推进现代农业园区农产品加工建设，充分发挥产业优势，提供农产品的附加价值奠定了良好基础。崇明现代农业园区总经理肖利锋与上海老杜农业发展有限公司副总经理徐利刚参加协议签订会。

（徐燕华）

崇明年鉴

ChongMing NianJian

2023

工业·商贸

综　述

2022 年，崇明区工业总产值（在地口径）实现 479.5 亿元，比上年下降 6.4%。其中，规模以上企业产值实现 459.7 亿元，比上年下降 5.9%。销售产值实现 480.6 亿元，比上年下降 6.0%。产销率为 100.2%。出口交货值实现 35.8 亿元，比上年下降 39.2%。全区实现商品销售总额（全口径）267.9 亿元，比上年下降 15.9%。社会消费品零售总额 134.9 亿元，比上年下降 6%。（叶思诗）

2021—2022 年崇明区全部工业企业生产情况表

表 9

分类	工业总产值（万元）					工业销售产值（万元）			产销率（%）
	2021 年	其中：规模以上	2022 年	其中：规模以上	2022 产值为 2021 年产值（%）	2021 年	2022 年	2022 年产值为 2021 年产值（%）	
总计	5121482	4886674	4794747	4596594	93.6	5114271	4806251	94.0	100.2
一、区级工业	429453	406943	319880	294933	74.5	434302	332698	76.6	104.0
1. 上海崇明生态企业集团有限公司	201367	192354	147120	140034	73.1	203424	153369	75.4	104.2
2. 上海长兴企业集团有限公司	228085	214589	172760	154899	75.7	230878	179329	77.7	103.8
二、乡镇工业	4692030	4479732	4474867	4301661	95.4	4679969	4473553	95.6	100.0

注：1. 工业总产值为现行价，以下同

2. 规模以上工业企业是指年主营业务收入 2000 万元以上的工业法人企业

（区统计局）

生态产业

【**概况**】 上海市崇明区生态产业促进办公室在近年实际运作过程中，功能定位发生变化，实际承担工作有较大调整。经区委编办批复同意，自 2022 年 11 月 10 日起，上海市崇明区生态产业促进办公室更名为上海市崇明区投资促进办公室。上海市崇明区投资促进办公室成立于 2019 年 3 月，主要承担统筹协调相关生态产业发展、招商引资、投资促进等职责。机关内设 3 个科室，分别为综合科、产业投资科和招商管理科。成立机关党支部、工会、团支部。2020 年 6 月 2 日，经区编委批复同意成立上海市崇明区投资促进服务中心，系区投资促进办所属公益一类事业单位，机构规格相当于副处级，主要承担招商引资、投资促进相关事务性工作。核定事业编制 12 人（原核定编制数 10 人，2022 年 11 月经区委编办审批，新增编制数 2 人），设 2 个内设机构：综合服务科、招商推广科。区招商工作联席会议制度。主要职责是促进招商企业提质增效，推动生态产业融合发展，确保本区招商引资工作良性健康发展。联席会议由区长任召集人，分管副区长任副召集人，成员单位由区经委、区财政局、区市场监管局和区税务局 5 个部门组成，办公室设在区投资促进办。区投资促进工作领导小组。参照相应市级领导小组成立，主要职责是研究全区招商引资规划及相关政策，明确招商引资工作目标和任务，总结全区招商引资工作情况等。领导小组由区长任组长，分管副区长任副组长，成员由区委宣传部、区府办、区发展改革委、区经委和区财政局等 26 个部门、4 个公司、18 个乡镇等单位组成，办公室设在区投资促进办。区文化创意产业推进领导小组。参照相应市级领导小组成立，主要职责是对崇明区各类文创项目、文创园区等进行初步认定和审核，促进崇明区文化创意产业发展。领导小组由区委副书记任组长，区委常委、宣传部部长和分管副区长任副组长，成员由区委宣传部、区府办、区发展改革委、区财政局、区文化和旅游局等 14 个成员单位，办公室设在区投资促进办。

【**区投资促进办开展“三走三听”大走访调研**】 1 月 6 日，区投资促进办副主任许亚辉带队走访调研企业。调研小组一行先后到上海长兴供销有限公司和上海为中集团混凝土有限公司，与企业相关负责人进行交流，了解企业发展规划、生产经营、项目进展、人才管理等情况。同时，听取企业的相关诉求和意见，并针对企业生产建设过程中存在的人才招聘、政策扶持等问题，共同进行研究探讨，并提出解决思路和路径对策。

【**华荣村调研活动**】 1 月 27 日，区投资促进办党组书记、主任徐钢带领班子成员及相关工作人员，到绿华镇华荣村，开展“三走三听”大调研，深入推进大走访、大排查，推动“促发展、保安全”各项工作落地见效。区投资促进办班子成员与村委会全体班子成员进行座谈，听取华荣村基本情况介绍，并就泯沟整治、生态保滩、道路修建、垃圾分类等相关问题进行交流。与会人员表示，要抢抓机遇、加快发展，充分发挥生态优势，积极探索“生态+”模式，积极谋划低碳绿色产业，为乡村振兴提供有力支撑。

【区投资促进办与中国银行黄浦支行签订战略合作框架协议】 5月18日，区投资促进办与中国银行黄浦支行，通过“云签约”的方式签订战略合作框架协议、党建共建协议。区投资促进办党组书记、主任徐钢，中国银行黄浦支行党委书记、行长张迅，区投资促进办党组成员、副主任杨惠海分别代表双方出席会议并签约。徐钢介绍崇明生态产业发展情况，表示优化招商引资环境需要金融“助力”，政银合作空间广阔。希望双方建立常态化沟通机制，开展党建、业务等全方位、多层次的交流合作，在共同服务崇明生态产业发展过程中创造互利共赢机会。张迅介绍中国银行黄浦支行总体情况，表示对崇明发展充满信心，将根据国家金融政策、产业政策，围绕崇明“十四五”规划研发综合化金融产品，为崇明企业发展提供有力的金融保障。此次签约开启双方新的合作模式，为深化崇明生态产业发展、提升金融服务质效奠定坚实基础。后续，双方将围绕招商引资、金融服务等领域开展全方位合作。

【云招商新举措】 5月29日，2022年崇明区“云招商”系列活动方案发布暨“共抗疫情、共谋发展”云招商活动认领仪式以视频形式举办。区投资促进办发布《2022年崇明区“云招商”系列活动方案》，正式拉开“云招商”系列活动的序幕。活动现场，绿华镇、长兴企业集团、东滩建设集团三家单位代表率先认领“云招商”项目。绿华镇将与山东商会农旅产业合作，围绕崇明区“五新”生态产业开展内容丰富、形式多样的“云推介”活动；长兴企业集团将围绕海洋经济，开展重大产业项目集中“云签约”；东滩建设集团将聚焦直播电商经济发展，开展为企“云服务”。参加活动的各乡镇、园区认领“云招商”项目，通过云推介、云洽谈、云签约、云服务，把“面对面”招商改为“屏对屏”招商，做到“连线不见面、招商不断线”，迅速采取行动掀起“云招商”系列活动热潮。经统计，全区共开展重点招商引资活动72场次，各类中小型活动196场次，对接客商2513人，累计服务企业6053家。

【文创政策专题培训会】 6月10日，区文创办通过线上会议方式举办，各乡镇、园区文创工作负责人员共40余人参加培训。培训会围绕2022年市级文创项目申报、区级文创扶持办法、区级文创园区管理办法，就政策的支持范围、扶持条款、申报流程等方面进行详细解读，并对项目评审中的共性问题和注意事项作提示和讲解。区文创办希望各乡镇、园区切实加强政策宣传，提升为企服务水平，共同推动崇明文创产业健康发展。

【区助企纾困政策培训会暨“奋战一百天 全力稳增长”百日大招商立功竞赛活动动员会】 8月1日，区投资促进办组织召开。会议采用视频会议形式召开。区内相关单位领导及乡镇、园区分管领导、经济小区主任共60余人参加。

【区市级文创项目复审培训会】 8月23日，由区文创办组织召开。项目单位负责人及财务人员共20余人参加。会上，上海信息投资咨询有限公司咨询总监、文创项目管理资深负责人申慧就市级文创项目的评审流程、材料准备、评审要点等作了详细辅导，并现场解答项目单位提出的问题。区投资促进办副主任杨惠海作评审要点补充并解读《崇明区促进文化创意产业发展的扶持办法》。下一步，区文创办将继续做好文创项目跟踪、管理、服务工作，推进全区文创产业高质量发展。

【区投资促进办开展“政府开放日”活动暨“瀛火崇”——崇明区生态新兴产业党建联盟启动仪式】 9月16日，区投资促进办响应“政府开放日”活动要求，以“走进崇明·生态新兴产业”为主题，开展“政府开放日”活动，活动邀请镇人大代表、镇党代表、社区居民、企业代表以及社会各界热心人士等，通过活动的举办，构建大家对生态新兴产业发展的美好愿景以及对政府机关的了解。

【上海文创园区考察活动】 9月23日，为促进崇明文创产业发展，学习先进经验和产业转型升级具体做法，拓展工作新思路，区文创办组织开展上海文创园区考察活动，先后赴智慧湾科创园、8号桥文化创意园区、M+幸福里3个市级文创（示范）园区考察调研，并听取相关园区开发过程、发展理念、运营模式和未来发展方向等详细介绍。区文创领导小组成员单位、产业园区和重点文创企业有关负责人一行23人参加考察活动。

【进博会崇明专场贸易对接推介活动】 11月7日，崇明区投资促进办在市投促办的指导下，与市长兴岛管委会产业发展处、中国银行黄浦支行、上海长兴企业集团有限公司、上海东滩建设集团有限公司在上海国家会展中心7.1号馆共赢厅举办“生态文明新名片 绿色发展新标杆”崇明专场贸易对接推介活动。崇明区副区长张秩通、市经信委产业投资处三级调研员杨键、市长兴岛管委会产业发展处处长刘卫星、区投资促进办主任徐钢、中国银行黄浦支行副行长丁晓波、长兴企业集团董事长张忠、东滩建设集团总经理茅近标出席。区投资促进办副主任杨惠海主持活动。推介会旨在放大进博会溢出带动效应，更好地宣传推介崇明，鼓励更多优质企业来崇投资兴业，推动重大产业项目更快更好落地，助力崇明产业经济高质量发展。张秩通副区长在致辞中表示，进博会为崇明加强对外合作交流、加速生态产业发展带来了新的契机。崇明正坚持以厚植生态优势立区、以高附加值农业兴区、以高端绿色产业强区，努力走出“好风景”催生“新经济”的创新路。欢迎更多企业和人才来了解崇明、认识崇明、投资崇明，崇明将竭尽所能提供更优环境和更优服务，提供更多市场机遇、投资机遇、发展机遇，共同创造美好未来。杨键作“投资上海 共创未来”主题推介，表示上海产业发展不仅有硬实力，更有软实力。上海将提供最美好的品质生活、最丰沛的人才资源、最完善的产业生态、最良好的营商环境、最贴心的政策服务，并承诺“五好五不缺”，即好项目不缺土地、好产业不缺空间、好应用不缺场景、好创意不缺人才、好团队不缺资源。欢迎海内外投资者和企业家，来到上海，了解上海、选择上海，共谋发展，共创未来。会上，东滩建设集团、长兴产业园区根据自身特色和产业布局分别作园区推介。长兴产业园区与上海西屋开关有限公司、上海良薇机电工程有限公司，智慧岛园区与上海正歆设施管理服务有限公司分别签订项目合作协议。活动结束后，张秩通副区长现场走访盒成食品、冠甲电子、芙盟实业发展公司3家进博会参展企业。

【崇明区“百日大招商立功竞赛活动”总结会暨未来“鸿鹄企业”招引擂台赛启动仪式】 11月17日以视频形式举办。副区长张秩通出席并讲话，区招商工作联席会议成员单位以及各乡镇、园区招商工作分管领导、经济小区主任和招商业务骨干参加会议。张秩通指出，竞赛活动开展以来，各乡镇、园区在挖掘新增税源、稳住存量企业基本盘、防范招商工作风险等方面开展大量工作，取得一定成效，距离年初既定目标还存在一定差距，要铆足干劲冲刺，全力以赴攻坚，确保2022年招商工作顺利收官。张秩通强调，招商引资是加快经济社会发展的“源头活水”，各乡镇、园区要切实扛起稳增长的责任，做好全区招商引资工作。要科学研判形势，增强抓好招商引资工作的责任担当。客观分析当前招商引资工作面临的挑战和机遇，及时转变思想，坚持“两条腿走路”，综合运用政策招商、载体招商、资本招商、生态招商等方式，提升崇明生态招商综合竞争力。要做好“实”字文章，助力招商引资工作再上新台阶。精耕“以商招商”，注重产业链招商，持续开展好“云招商”活动，加强宣传推介力度，推动高质量发展。要加快提升能力，奋力开创招商引资工作新局面。提高“善谋”能力，牢固树立招商“一盘棋”思想；提高“善作”能力，加强专业化招商队伍建设；提高“善成”能力，坚决落实整改要求，规范招商管理行为。为持续高效开展未来“鸿鹄企业”精准招引工作，努力开拓新的招商工作思路，区投资促进办梳理形成《崇明区未来“鸿鹄企业”指引手册》，并在会上发布《崇明区未来“鸿鹄企业”招引擂台赛实施方案》，旨在指导和督促各乡镇、园区积极招引一批高能级、高附加值、高成长性的企业，全面提升我区招商引资工作质量和水平。会上，通报了“百日大招商立功竞赛活动”期间工作开展情况，并向获得“收入贡献奖”“服务优质奖”和“作风优良奖”的单位代表颁发证书。（丁约律）

工业管理

【概况】 2022年，崇明区18个乡镇实现工业总产值434.8亿元，比上年下降4.8%，好于全区水平1.6个百分点。18个乡镇中有3个单位比上年保持正增长，分别是横沙乡（增36.8%）、绿华镇（增10.3%）和建设镇（增2.8%）。降幅前三位的分别是三星镇（-45.9%）、庙镇（-40.7%）、中兴镇（-38.9%）。崇明三大园区中，工业园区实现产值14.7亿元，比上年下降26.9%，长兴产业基地实现产值21.7亿元，比上年下降13.8%，富盛开发区实现产值8.3亿元，比上年下降17.2%。重点地区长兴实现产值346.1亿元，比上年下降0.6%，占全区总量的71.7%。

【海洋装备产业】 2022年，崇明区海洋装备产业实现产值347.7亿元，比上年下降0.1%，占全区总量的72.04%。其中，中船长兴2条生产线实现产值282.4亿元，比上年增长0.93%；华润大东实现产值16.4亿元，比上年增长7.28%；中远海运实现产值16.6亿元，比上年增长6.2%；振华港机重工受疫情影响，实现产值10.6亿元，比上年下降12.3%。

【复工复产】 4月底，区经委制定崇明区企业复工复产工作方案，至5月21日共审批通过130家企业复工复产申请。5月22日，区级层面复工复产审批权下放至乡镇园区。5月30日，崇明区135家规上企业全部复工。6月初，900余家工业企业全部复工。截至9月中旬，复工复产人数达总人数九成以上。研究并印发《崇明区大型工厂疫情防控方案》和《崇明区大型工厂疫情防控应急预案》。指导沪东中华完善二期工程项目复工复产方案，推动沪东H1756A船进上海船厂船坞事宜，指导华润大东开展疫情防控应急实战演练。累计帮助重点企业申请跨省运输和市内运输通行证400余张，申请办理复工证13000余张。成功创建84家“无疫企业”。为加强沟通机制，畅通政策接收渠道，区经委联合市商委贸发处、崇明海关、区税务局、中国银行黄浦支行、宁波银行崇明支行、市外资协会、区外资协会等部门，召开了优化营商环境、复工复市、稳增长促发展、“五年过渡期”等6次圆桌会议，共计262人次参加。

【产业政策规划】 2022年，崇明区制造业发展“十四五”专项规划发布，完成《崇明区促进先进制造业高质量发展若干政策意见》实施细则。更新完善产业政策工具箱，印发新版区级企业技术中心管理办法。发布2022版崇明区产业地图，涵盖5个产业园区、18个乡镇4大重点区域，共形成86张成果图。修订民营实体企业扶持政策，围绕支持企业做大做强、支持企业创新发展等九方面支持企业加快发展。启动《崇明区康养产业高质量发展专项规划》及三年行动计划，聚力打造“2+3+N”产业体系，促进产业能级稳步提升。

【中小企业服务】 2022年，指导企业获市、区两级扶持资金3418万元。1家企业获评市级企业技术中心，新增39家企业获评2021年度市“专精特新”企业。至年底崇明区共有市级“专精特新”企业102家，国家级“专精特新”小巨人企业2家，市级企业技术中心10家。4家企业获市级设计引领示范企业和市级设计创新中心称号，1名专业技术人士成功申报2022年度“上海产业菁英”高层次人才培养，6家企业94人成功申请第一批产业人才市级奖励。519家企业获评2021年度崇明区红榜企业。加强中小企业服务专员队伍建设，为2361家企业提供政策精准推送服务。“崇明企业服务”公众微信平台发布惠企信息281条。举办中小企业培训10次，服务1930余人次。

【产业结构调整】 2022年，完成工业企业资源利用效率评价工作。根据各乡镇、集团（园区）上报的2019—2021年企业有关指标汇总分析，本区实有工业企业888家，符合评价企业760家，其中优先支持类190家，鼓励提升类266家，调整转型类266家，落后淘汰类38家。2022年实施淘汰落后产能项目5个（区级），腾出土地116.5亩，节约能耗近552.4吨标准煤，拨付补贴资金55.1万元。

【工业节能降碳】 2022年全年规模以上工业万元产值能耗同比增长7.8%，综合能源消费量（不含保密企业）为13.1万吨标准煤，比上年下降11%。组织重点用能企业参与节能诊断线下培训班、能源审计培训和能源管理师网上培训班。5家重点用能企业完成能源审计。6家企业通过清洁生产评估。积极推动重点企业实施节能技改项目，共实施13项节能技改项目，其中规模较大的有华润大东高耗能落后电机改造项目（节约标煤100吨）、三江精密锻造余热技改项目（节约标煤600吨）、马腾材料厂完成光伏发电项目建设(年发电量200万千瓦时)。推进长兴产业基地绿色园区创建工作和永利公司绿色工厂创建工作。开展节能宣传周系列活动并获市优秀组织奖。

【工商领域投资】 2022年，建立实体经济项目信息库，制定《实体项目准入评价体系》，推进产业发展服务平台建设。举办崇明区投资促进暨生态岛产业发展大会，共11个重大项目完成签约，总投资近55亿元。协助举办2022上海全球投资促进大会，崇明区中船重工项目参加集中开工仪式，总投资3.1亿元。

（叶思诗）

崇明工业园区

【概况】 上海市崇明工业园区是1996年2月经上海市人民政府批准的市级综合性工业园区。园区规划总面积4.48平方公里，位于崇明岛南沿中部核心区域，紧邻规划建设中的高铁崇明站，区位交通和生态环境优势明显，基础设施配套齐全，现有各类实体企业93家，是崇明经济发展的重要增长点和崇明岛重要的工业集聚地之一。2022年，园区累计实现税收37.39亿元，比上年下降16.9%；投产落户企业实现工业总产值26.56亿元，比上年下降19.51%；引进注册企业800户，引进崇明苦草生物科技有限公司苦草项目和上海华上环保科技有限公司小型综合污水处理装置产品生产线项目2个实体项目。深化园区产业发展规划，全新编制投资手册和招商宣传片。围绕“云招商”“百日大招商”等活动，主动对接浙江杭州、湖南株洲、郴州等地商会开展“云洽谈”，全力构筑疫情常态化大背景下招商新模式，并与浙江中科院达成战略合作意向。坚持快中求进，项目建设有新速度。全力协助苦草项目推进土地摘牌、项目设计等前期工作；协助永利输送推进四期项目建设准备。深入开展低效闲置土地、厂房集中摸查和盘活整治，重点做好晋通光学低效工业用地项目重启工作，做好晋通大数据中心市级项目申报工作。坚持培优育强，转型升级有新突破。积极鼓励落户企业开展技改创新，全年帮助攀枝花厂、运良企业等4家落户企业完成技改工作；受理企业申报绿色工业产业发展专项资金3个，其中科技创新2个、节能减排1个，累计帮助企业获取扶持资金50余万元；长成自控获批市级“专精特新”中小企业，忠泰建筑、澳羽机电获批市级高新技术企业。坚持优质高效，为企服务有新提升。围绕帮助企业开展银企对接、给予房租减免、落实扶持政策等方面建立6项助企纾困制度机制。建立健全疫情防控机制，抓好流动人员监管，不断优化“安全管家”“环保管家”，夯实安全环保工作基础，为企业平稳较快发展保驾护航。坚持规划引领，做好高铁前期准备。组织开展崇明高铁区域概念规划和产业研究；开展高铁重点区域土地征收、房屋动迁等前期摸底调查，统筹考虑高铁区域道路、供给水、电力、通信等基础设施规划布局。全力开展对外合作。

就高铁小镇具体开发建设与中信建发、宝冶等公司进行深度接洽，积极引入社会资本，为未来高铁小镇开发建设集聚新力量。

【“明天会更好”第二届华语音乐剧大赏】 2月28日在上音歌剧院举行，由中国演出行业协会指导，工业园区所属中国音乐剧产业基地承办，28家音乐剧出品机构、29个音乐剧剧组参加此次活动。大赏采取“线上＋线下”现场直播形式，为观众带来《阿波罗尼亚》《爱情小笼包》《重生》《灯塔》《天使》《迪士尼嘉年华音乐会》《飞天》《浮生六记》《两个人的谋杀》《灵魂摆渡之永生》《梦见狮子》《陪你倒数》《人鬼情未了》《人间失格》《桑塔露琪亚》《生死签》《双城环梦记》《斜杠进化论》《寻找家人》《摇滚浮士德》《阴天》《隐秘的角落》《再见·ECHO》《赵氏孤儿》《致爱》《最美的一天》《Little Jack》《Time Share House狂想曲》等音乐剧精华片段。演出期间，百老汇联盟现任主席夏洛特·圣马丁和韩国音乐剧协会理事长李宗圭以视频方式对“第二届华语音乐剧大赏”表达祝福与期待。

【参加2022年崇明区投资促进暨生态岛产业发展大会】 8月22日，工业园区参加2022年崇明区投资促进暨生态岛产业发展大会，与国网电力崇明供电公司、上海崇明苦草生物科技有限公司等项目开展线上签约。

【工业园区企业获“上海市和谐劳动关系达标企业”称号】 9月，工业园区驻区企业上海汇良锻造有限公司、上海永利输送有限公司获评“上海市和谐劳动关系达标企业”称号。

【海龙公司浦东机场三期扩建交通配套工程监理组获“上海市工人先锋号”】 9月，工业园区注册企业上海海龙工程技术发展有限公司上海浦东国际机场三期扩建交通配套工程项目监理组被授予“上海市工人先锋号”。11月10日，参加2022年“崇明工匠”“最美崇明劳动者”“最美抗疫先锋及集体”命名大会接受表彰。上海浦东国际机场三期扩建交通配套工程是一项市府重大工程，位于浦东机场T1、T2两座航站楼之间的交通中心下方，沿S1迎宾高速南北向设置，西邻T1航站楼P1停车库，东接磁悬浮和轨道交通2号线及大众空港宾馆，北起机场景观水池，南至机场在建旅客过夜用房。车站全长557米，宽35米，总建筑面积47210平方米。

【泓济环保获市级“企业技术中心”认定】 10月，工业园区重点扶持企业上海泓济环保科技股份有限公司荣获“上海市企业技术中心”认定。泓济环保于2006年在园区创立，是一家国内领先的创新型环境综合治理服务商，专注为工业企业及工业园区提供“三废（废水、废气、固废）”综合治理服务，以及村镇水务全产业链服务。

【达华药业获区级“企业技术中心”认定】 12月，工业园区驻区企业上海达华药业有限公司被认定为2022年崇明区第10批区级企业技术中心。拥有一套完善的管理体系和先进的检测系统，2013年，先后通过中国新版GMP认证和世界卫生组织的GMP认证，此后多次通过复审。2017年6月，达华公司两根型皮下植入剂通过世界卫生组织预资质认证，并与联合国人口基金会签订长期采购协议，成为联合国人口基金会皮埋产品三大供应商之一。公司产品在非洲、南美洲、中亚、东南亚等地区的46个国家完成产品注册，并在19个国家注册中。同时与多个世界知名公益组织和企业保建立并持良好合作关系，如盖茨基金会（BMGF）、美国家庭健康组织（FHI360）、DKT等。（茅雨秋）

长兴企业集团

【概况】 2022年，长兴企业集团卯牢“长兴奋起、富盛突破，全力打造千亿级海装产业集群”总目标，锚定“集团统筹、两极支撑、四轮驱动、多元发展、竞相发力”产业布局，做大做强长兴海洋产业，建好富盛绿色金融集聚区，推动企业高质量发展。全年实现招商收入约298111万元，其中长兴产业园区约57810.2万元，富盛开发区约240300.9万元。两大园区累计注册企业超过18000家，共有实体驻区企业96家，其中规上工业企业11家。

【海洋产业发展】 2022年，长兴产业园区聚焦海洋产业发展，大力建设海洋科技研发引领板块、绿能智造集聚开发板块、协同创新融合发展板块、中小企业创业孵化板块“四大发展板块”，打造临港长兴科技园、海洋科技港二期、梧桐园标准厂房、北斗海智产业园“四大总部平台”，引入上海碳中和技术创新联盟，设立上海长兴碳中和创新产业园。

【富盛开发区】 2022年，富盛开发区聚焦绿色金融集聚区建设，共有类金融企业551家，其中准金融企业359家、私募基金及管理人71家。集团及两大园区积极筹建碳中和发展基金、复旦绿色创新发展产业基金和金浦基金二期3只基金以支持产业体系不断成长壮大。在重点项目上，新梅路雨水泵站初期雨水调蓄池工程、8号商业地块、亚藤汽配基建工程等7个2022年区委、区政府重大项目基本按既定的时间节点有序推进。

【内部运营】 2022年，集团全体人员正式上岛办公，注册地址变更为上海市崇明区长兴镇江南大道1333弄2号楼。集团各条线、各部门合力编制完成《制度汇编》，企业运营管理有法可依、有据可行。工青妇

等群团组织规范成立并发挥凝聚职工群体的作用。（施晓宇）

亚通公司

【概况】 亚通公司前身为崇明县轮船公司，隶属崇明县交通局。1993年10月改制上市，是崇明唯一的国有控股上市公司，长期经营沪崇苏水上车客运输业务，服务三岛人民交通出行。2009年底起，受长江隧桥开通影响，主营业务急剧萎缩。2010年6月，在县委、县政府的大力支持下进行资产重组，将锦绣宾馆、静南宾馆等与水路运输相关资产相互置换，将水上运输业务剥离，制止亏损局面。重组之后，经过多年调整和优化，逐渐形成以房地产开发、通信工程为主，其他业态多元并存的发展格局。公司以“有序调整传统业务，培育壮大新兴业态”为总体思路，推动房产业务向保障房建设转型，着力稳定通信工程等传统业务，同时大力发展光伏、风能等新能源产业，努力推动公司转型升级融入崇明世界级生态岛建设。2022年，公司总资产为29.56亿元，下属控股子公司23家，参股企业3家，物业资产4.6万平方米，农业用地2560亩。公司党委下属基层党支部9个，有党员99人。合同制员工656人，劳务派遣224人。

【培育发展新能源产业】 1月17日，亚通股份成立上海亚岛新能源科技有限公司，是公司战略发展全面融入崇明世界级生态岛建设进程的重要举措。经过布局和运营，实现当年成立当年盈利，全年发电37.3万千瓦时。全力推进风电、光伏项目的落地及建设，落实区机管局下达的2022年度崇明公共机构屋顶光伏任务和港西集中居住项目的光伏改造，并争取到两个大型自主开发新能源项目，分别为新村风电场一期项目和建设镇建垦28MW渔光互补光伏发电项目，挤入崇明新能源产业赛道，为企业发展注入绿色新动能。

8月26日，港西集中居住项目光伏屋顶改造（亚通公司 供图）

【主动承担企业主体责任】 复工复产期间，混凝土公司第一时间复产复工。全力保障崇明各类重点工程项目混凝土供应，同时积极掌握市场供求状况，确定合理的生产经营利润和销售价格，为保持崇明区混凝土市场价格稳定有序创造安全有利条件。落实中小企业租户租金减免工作。帮助小微企业和个体工商户共克时艰，减免57户小微企业及个体工商户租金210万元。志愿者相关典型事迹被全国平台报道5次、市级7次、区级8次。

【全速推进保障房项目进度】 12月21日，堡镇25-05地块安置房项目提前竣工交付。亚通公司全力减少疫情对项目进度的影响，统筹各施工单位，加快推进项目现场施工建设，积极协调落实红线外大市政雨污水配套和电力管线配套的建设。项目7月底完成实体工程，11月10日竣工，12月21日完成交付，提前实现项目节点目标。项目位于崇明区堡镇，东至规划堡辉路西侧绿带，南至规划公共绿地、幼儿园，西至规划长岛河绿带，北至规划牛石桥河绿带，总建筑面积100355.64平方米，主要用于安置堡镇、向堡公路、堡辉路等拆迁居民。（顾舒诗）

商贸管理

【概况】 2022年，崇明区商务工作坚持高效统筹疫情防控和商务经济发展，推进商业民生工程，打造多点支撑的消费增长格局。区内吃、穿、用、烧商品分别实现零售额57.7亿元、16.2亿元、52.7亿元和8.3亿元，比上年分别下降5.7%、上升0.3%、下降7.9%和7.3%。零售、批发、住宿、餐饮行业分别实现零售额113.9亿元、5.5亿元、6.9亿元和8.6亿元，比上年分别下降5.4%、下降17.7%、上升0.5%和下降9.8%。至年底，全区有商品集贸市场51个，全年成交额32.4亿元，比上年下降13.8%。对15家主要商业企业抽样统计，春节实现营业额9973万元，比上年增长39%；国庆实现营业额10868万元，比上年增长12%。

【政策规划制定】 2022年，制定《崇明区促进商业发展财政专项支持资金的实施细则》。指导推进特色商业街区和重点商圈商业广场建设，优化我区商业内涵、规模和能级，打造商旅文体融合发展的崇明消费新高地。组织召开崇明区促进商业发展政策宣传和线上操作实务培训会议，在全区范围线上线下展示非凡十年崇明商业工作成效。在商务部流通发展司组织召开的全国县域商业体系建设工作推进会上，崇明区报送的《构建“生态+”功能布局提升三岛商业服务能级》代表上海市进行书面经验交流。

【生活物资保供】2022年，建立“区、镇、村”生活物资保障专班，完善生活物资保障方案。千方百计筹集货源，统筹协调实施崇明区三轮、近2亿元的民生“大礼包”物资发放，缓解部分群众的紧张心理。响应市政府“不仅要供得上、还要供得好”的要求，依托岛内农产品资源优势，牵头搭建崇明区“美味崇明 单位直采”保供平台，累计销售1.89亿元左右。加强保供信息收集整理，完善日报制度确保上情下达和下情上达。

【复商复市】 2022年，制定《崇明区零售和餐饮行业防疫消杀补贴的操作办法》《崇明区商业综合体非国有房屋业主或经营管理主体租金补贴的操作办法》。指导各乡镇商超、集贸市场“有限开放”和“全面开放”，崇明区在全市范围内率先实现线下开放大型商业综合体、恢复集贸市场对外营业和恢复餐饮店堂食。通过建立区级部门复市联审机制，至6月底，全区集贸市场和商场超市全部有序可控地恢复经营；至7月底，全区餐饮企业恢复经营70%左右。为保障复市防疫成效，区经委牵头区农业农村委、区供销社和有限开放集贸市场的有关乡镇，共同搭建供需对接平台，帮助乡镇集贸市场对接岛内货源，确保本区集贸市场复市后货源安全，同时梳理每日地产农产品上市销售情况。

【商业服务管理】 2022年，全区新增早餐网点20家、提升改造存量早餐门店44家。其中，50家早餐网点（16家新增、34家提升改造）通过验收被评为区级早餐示范点，3家新增早餐门店获评市级早餐示范点，超额完成区政府新增12家、创建示范点12家的实事项目建设任务，基本实现我区早餐工程建设“三年任务二年完成”的规划目标。同时，对2021年36家区级示范点进行复验，摘牌1家，并将专项财政以奖代补资金86万元落实到各乡镇及相关早餐门店。回收废弃电子产品11059件。创建绿色餐厅5家，累计达到172家。

【集贸市场整治】2022年，制定《崇明区集贸市场绩效管理考核实施办法（2022版）》。推进港西、建设、绿华镇3家生态市集建设任务，联合验收新海镇、新河镇、东平镇4家生态市集，至年底崇明区生态市集建设规模有14家。开展2022年集贸市场双月督查和2021年集贸市场绩效考核，制定新一轮我区集贸市场绩效管理考核办法，评选32家绩效考核获奖市集。天峰菜场申报为市级示范性智慧菜场，1952老玖坊申报为崇明区“平安市场”，天峰菜场、万禾农业申报为“崇明区2022年塑料污染治理先进集体”。

【社区商业品质提升】 2022年，打造“15分钟社区生活圈”，城桥镇成为本市首批“一刻钟便民生活圈”示范社区建设试点单位。组织召开“品牌赋能、链接美好”品牌连锁商业经营企业招商云推介活动。现场15个全国连锁品牌企业与崇明相关企业、乡镇签订入驻意向，涉及食品餐饮、零售、教育、家装、汽车等丰富多样的商业业态，共同开启崇明商业发展新篇章。经统计，崇明区2022年共引进品牌连锁经营企业门店56家，改善村居社区消费环境。

【节日活动策划】2022年，开展“上海礼物”“崇明好物”品牌评定，20个品牌入选“崇明好物”，12个品牌入选“上海礼物”，占2022年度全市新增“上海礼物”的16%。组织召开“上海礼物”崇明入选品牌商品企业圆桌座谈会议，搭建沟通平台深化品牌建设工作。召开崇明区“疫去嗨购 点燃崇明”促消费活动暨第三届“五五购物节”启动仪式。会上发布30个促消费重点活动内容，发布20个“崇明好物”品牌商品名单，评选20个“保供应 促消费”贡献奖。举办2022崇明乡村夜生活节启动仪式，首次发布崇明区10大夜生活地标、10大夜生活造梦师和10大夜生活乡村会客厅名单。“崇明十大乡村会客厅”在外滩花旗大屏展现。 （叶思诗）

港台商及外商投资

【概况】 2022年，新设立外资企业186家，比上年减少34.5%。外商投资企业累计投资总额2.1亿美元，比上年减少64.8%；累计注册资本总额2.1亿美元，比上年减少62%；累计合同外资总额1.3亿美元，比上年减少71.1%；累计实到外资总额1.8亿美元，比上年增加15.7%。年内注销企业数46家，转出企业数39家。

【投资来源地】 2022年，在崇明区投资的地区和国家共有27个，以中国香港、台湾地区及美国等国家的投资者居多，共有136个项目，占新设项目总数的73.1%。（叶思诗）

2022 年崇明区中国香港、台湾和外商投资主要来源地情况表

表 10

国家和地区	项目数（个）	投资总额（亿美元）	合同金额（亿美元）
中国香港	62	1.1	0.7
中国台湾	51	0.4	0.1
美国	23	0.1	0.06

（区经委）

对外贸易

【概况】 2022 年，崇明区累计进出口总额 145.1 亿元，比上年增长 7.5%。其中，累计出口额 42.0 亿元，比上年减少 17.1%；累计进口额 103.1 亿元，比上年增长 22.2%。年内全区有 890 家外贸企业开展对外贸易活动，其中 22 家外贸企业进出口总额超 1 亿元。全区经济整体向好，企业国际竞争力不断增强，订单增多。

【对外服务贸易】 2022 年，加强服务贸易合同审核。年内共计审核服务外包合同 46 个，累计 1222.99 万美元；审核技术进出口合同 28 个，累计 5.07 亿美元。注册和变更 15 个。组织 18 家次企业申报 2022 年市场多元化专项资金，获得资金扶持 217.9 万元。组织鹏欣、远码等 6 家企业申报 2022 年度外经贸发展专项资金，获得资金扶持 152.7 万余元。组织乐刚公司成功申报 2022 年度服务贸易示范项目。指导 6 家企业申报 2022 年度中小企业国际市场开拓资金项目，获得资金扶持 9.4 万余元。

【对外贸易主体】 2022 年，按外贸出口企业性质分，民营企业出口额 24.0 亿元，比上年下降 18.0%，占出口总额的 57.1%；外商投资企业出口额 15.2 亿元，比上年上升 8.7%，占出口总额的 36.2%。全年有 7 家企业出口额达亿元以上。其中，上海华润大东船务工程有限公司（外资）出口额 5.9 亿元，比上年下降 8.6%，占出口总额的 14.3%，居全区首位；上海中远海运重工有限公司出口额 3.6 亿元，比上年增长 27.0%，占出口总额的 8.8%，居全区第二。按外贸进口企业性质分，外商投资企业进口额 57.8 亿元，比上年上涨 32.2%，占进口总额的 56.1%；民营企业进口额 37.7 亿元，比上年下降 16.3%，占进口总额的 36.6%。全年有 10 家企业进口额达亿元以上。其中，上海埃尔西国际贸易有限公司进口额 51.9 亿元，占进口总额的 53.8%，居全区首位；上海拓海国际贸易有限公司进口额 3.9 亿元，比上年减少 28.5%，占进口总额的 4.0%，居全区第二位。

【进口商品结构】 2022 年，在崇明区进口商品中，矿产品进口额 57.3 亿元，比上年增长 20.81%，占进口总额的 59.45%；机电、音像设备及其零部件进口额 10.2 亿元，比上年增长 4.81%，占进口总额的 10.55%；塑料及其制品、橡胶及其制品进口额 8.3 亿元，比上年增长 36.59%，占进口总额的 8.60%；活动物和动物产品进口额 3.4 亿元，比上年增长 561.5%，占进口总额的 3.52%；化学工业及其相关工业产品进口额 2.9 亿元，比上年减少 5.67%，占进口总额的 3.02%。

2022 年崇明区进口商品主要输入地情况表

表 11

国别（地区）	进口额（万元）	占出口总额（%）
总值	96498	100.00
俄罗斯	52782	54.70
欧盟	8868	9.19
东盟	7991	8.28

（区经委）

【参与进博会】 2022 年，通过微信公众号、宣传册、政策培训会等多种途径，积极宣传第五届进博会，动员企业广泛参与。在专业观众预登记之后，配合进口博览局完成专业观众单位信息的初审工作，经市级部门专业审核，最终审核通过专业观众 2529 人，涉及 478 家单位（其中企业 344 家，共计 1183 人）。积极促进采购交易。举行采购商集中签约仪式，上海盒成食品有限公司、上海冠甲电子有限公司 2 家企业签订意向采购总额 3000 万美元，比上年实现近 60% 增长。该次进博会期间，上海飘香酿造股份有限公司的产品同时进入上海馆和上海交易团之家参展。 （叶思诗）

粮油购销

【概况】 2022年，崇明区粮食主渠道企业共收购粳谷8.9万吨。制定本区粮食收购办法，落实价补分离政策，切实保护农民利益。落实秋粮收购措施，制定2022年度区级储备粮轮换方案，完成2022年度储备粮的全部轮出和2023年度储备粮轮入工作。粮食储备中心库完成结构封顶，粮库的智能化项目完成硬件采购和部分软件开发工作，中心库整体项目进度达到80%，预计2023年下半年投入使用。形成6个粮食产后服务中心建设工作方案，开展粮食产后服务中心空间布局规划工作。完成粮食流通纳统企业统计制度专项检查。

【物资保供】 2022年，为全面提升应急物资保障能力，区经委提前谋划、主动作为，按照“跨前储备、及时发放、有序回收”的工作原则，科学储备各类物资，调度供应高效快捷。根据区委、区政府要求，会同卫健委、民政局、应急局等部门研究物资储备清单，梳理列出住宿、饮食、电力等基本保障方面5大类共16种急需物资采购清单，启动应急物资采购绿色渠道，采用24小时、三班倒的采购工作模式，按照2000人次的应急处置标准，3月初紧急完成2.9万件总金额495万元的物资采购。

【粮食安全】 2022年，开展粮食购销事宜，确保全年粮食市场平稳有序。协调主渠道企业及时足额轮换2.5万吨区级储备粮。协调相关单位做好2022年度粮食安全责任制考核工作。完成粮食安全全生命周期管理20项重点工作。开展粮食收购、库存、政策性成品粮卫生安全检查，共抽查42份样品送上海国家粮油监测中心检测，合格率100%。

【粮油发放与宣传】 2022年，严格执行粮油补贴政策，加强对各乡镇副补发放业务的指导，全年发放3500多名城镇居民副食品价格补贴约32万元。全年向粮油帮困对象供应大米食油近1070万元。加强节日期间粮油市场供应管理，定期上报崇明区粮油市场供应情况。通过下农村、进学校、进社区开展节粮宣传周活动，发放爱粮、节粮知识宣传册300多本。 （叶思诗）

供销商业

【概况】 2022年区供销社以坚持为农服务为根本宗旨，坚持稳中求进总基调，发挥抗疫先锋作用，推动乡村振兴战略，增强系统内实体经济活力，提升社有资产发展质量，不断深化供销社综合改革。全年实现营业收入39169.70万元，比上年增长11.30%；实现利润总额3387.40万元，比上年减少21.20%（如加上2022年度减免租金3367.40万元，实际比上年增长18.80%）；净资产111781.40万元，比上年增长2.80%；净资产收益率1.98%，比上年减少1.84%（如加上2022年度减免租金3367.40万元，实际比上年增加0.88%）；全年引进注册企业540家，实现招商税收5.37亿元。 （张　磊）

【资产经营管理】 2022年，完成涉及新村乡原西收花站、绿华镇绿港村鱼塘、新河新民乡等5个地块的63.62亩土地复耕平整、土地减量化工作，完成向化镇阜康村、堡镇小漾村、港沿镇惠中村等5处资产改造，共涉及改造房屋面积4848.75平方米、土地13648.56平方米，提升社有资产利用率和保值增值。开展八一路商铺租金调研工作，及时帮助承租户调整业态。推进“崇明老白酒展示馆”建设，传承发扬传统文化。 （张　磊）

【农资商品经营服务】 2022年，所属供销农资公司销售化肥31007吨、农药463吨、农膜44吨，实现销售额10138万元，比上年增长20.35%。用好“田间课堂”，开设农技讲座，传授农技知识150余人次。根据《新农药管理实施条例》，联合区农业执法部门对连锁门店进行清理整顿，由年初的57家减少至52家，其中45家具有农药经营资格、7家只经营化肥和农膜产品。（陆海雁）

【提振经济发展】 2022年，交运崇明销售服务公司、崇明华联超市有限公司通过参加“五五购物节”活动，助力崇明消费节活动开展，逐步恢复市场经济。第一医药崇明公司稳抓窗口零售业务，提升服务质量，加大分销和网络销售力度，实现年度销售收入1.6亿元，比上年增长17%。华联超市持续推进门店改造升级，突出生鲜销售，抓好节日营销活动，全年实现销售6.5亿元，同比增长24.1%。 （陆海雁）

【崇明供销合作商业志（1986—2016）出版】 2022年，历时3年多，《崇明供销合作商业志（1986—2016）》出版印刷。该志分为20章、104节，包括机构建制、商业服务业企业、基层供销合作社、集体商业企业、商办工业企业、生活资料经营、生产资料经营、医药业、食品副食品、农副产品和废旧物资收购、饮食业和服务业、资产资本经营、基础设施建设和房地产、为农服务、产权制度改革和经营机制转换、企业管理、组织人事劳动工资、人物和人才、党建和精神文明建设、荣誉奖项称号等。 （陆海雁）

【助力贫困地区】 根据《上海市人民政府办公厅关于本市深入开展消费扶贫助力打赢脱贫攻坚战的实施意见》工作要求和区委区政府关于云南省临沧市扶贫协作工作的部署，区供销社具体负责临沧市特色农产品在崇明市场拓展销售、采购和分发工作。10月中下旬，与全区300多家企事业机关单位签订“云品大

礼包”采购合同，共计33770份、金额995.30万元。（张　磊）

【上海崇明粮油管理有限公司成立】根据崇明区府办《崇明区粮食企业深化改革工作方案》的通知精神，11月4日成立上海崇明粮油管理有限公司，注册地址崇明城桥镇三沙洪路89号3幢889室，注册资金3000万元，国有独资企业，负责全区粮食政策性收购和兜底收购，深化崇明区粮食企业体制机制改革。配合完成涉粮问题专项巡察整改工作。（张　磊）

崇明年鉴

ChongMing NianJian

2023

旅游业

综 述

2022年，崇明区创新发展生态新文旅，打造特色旅游品牌，推动崇明旅游高质量发展，不断满足人民群众对美好生活的文化旅游需求。全年旅游接待1240.61万人次，实现旅游收入32.72亿元。2022年，组织开展上海市民文化节崇明区活动、“3·28”云上文化服务日、“乐嗨上海过大年”活动等，开展“蝶变新时代 花朝新生活”上海花朝节、2022上海崇明乡村文化旅游节既首届美食狂欢季等活动策划。高效开展行业动态宣传，依托线上、线下资源做好文化旅游全媒体宣传，推荐两条线路入选“全国乡村旅游精品线路”。 （蒋海轶）

2022年崇明区A级景区（点）情况表

表12

等级	名称
国家AAAA级旅游景区	东平国家森林公园
	西沙明珠湖景区
	前卫生态村
	三民文化村
	东滩湿地公园
	长兴郊野公园
	高家庄生态园
国家AAA级旅游景区	瑞华果园
	瀛东村
	紫海鹭缘
	仙桥村
	海岛艺术田园景区
	玉海棠景区
	光明田原景区
	稻1968景区
	喜时尚工业旅游景区
	上药中医药文化园
	西岸氧吧景区
	荷花博览园
	绿港风情景区
	虹桥花乡景区
	上海崇明学宫景区
	上海寿安寺·金鳌山景区
	上海东禾九谷开心农场旅游区
	香朵开心农场景区

（区文化和旅游局）

2022年崇明区中高端宾馆酒店情况表

表13

序号	宾馆名称	档次	地址
1	金茂凯悦酒店	高档	陈家镇揽海路799弄
2	由由喜来登酒店	高档	陈家镇揽海路2888号
3	由由世御别墅酒店	高档	陈家镇迎海路1555弄
4	东平草堂	高档	崇明区建设镇秀水路1号
5	怡沁园度假村	中高档	北沿公路2089号
6	开元名庭·长兴岛度假酒店	中高档	长兴镇潘园公路2389弄7号楼
7	瀛垦酒店管理有限公司	中高档	陈家镇瀛东村54号
8	云朵墅·酒店管理有限公司	中高档	陈家镇揽海路169弄180号
9	东禾九谷悦泊乡酒店	中高档	竖新镇新征村529号
10	宝岛森林（衡山）酒店	中高档	建设镇北沿公路2288号正南方向100米
11	光明花博酒店	中高档	东平镇东风公路799号

续表 13

序号	宾馆名称	档次	地址
12	花博迎宾馆	中高档	港西镇港东公路 66 号
13	华珍阁古瀛酒店	中高档	崇明区竖新镇前卫村 580 号
14	瀛通大酒店	中档	城桥镇北门路 190 号
15	（天鹅）星程酒店	中档	城桥镇南门路 178 号
16	上海市锦绣宾馆	中档	城桥镇新崇南路 68 号
17	玫瑰庄园酒店	中档	竖新镇前卫村 838 号
18	嘉和苑度假村	中档	东平秀林路 188 号
19	明珠湖生态服务中心	中档	三星镇三华公路 333 号
20	上海新崇大酒店	中高档	城桥镇鼓浪屿路 777 号
21	桃源水乡大酒店	中高档	绿华镇绿港村堡镇 1068 号
22	森林漫心度假酒店	中档	建设镇秀水路 99 号
23	上海西岭酒店有限公司	中档	崇明区绿华镇三华公路 777 号
24	上海崇明智选假日酒店	中档	城桥镇新崇南路 38 号
25	东滩悦	中档	陈家镇安通路 1428 号
26	维也纳酒店	中档	城桥镇绿海路 406 号
27	万信 R 酒店	中档	城桥镇万达广场（翠竹路 2377 号）
28	亚通绿海酒店	中档	城桥镇绿海路 780 弄 2—3 号
29	湉缀酒店	中档	港西镇北双村
30	维也纳酒店（上海崇明长兴岛店）	中档	上海市崇明区长兴镇凤滨路 59 号
31	全季酒店崇明行政中心店	中档	崇明区城桥镇翠竹路 1588 弄 2 号
32	全季上海崇明长兴岛酒店	中档	上海市崇明区长兴镇仁建路 299 弄 2 号 218-230 室、301-330 室、401-430 室、501-522 室
33	海上花岛生态度假酒店	中档	上海市崇明区竖新镇前卫村 805 号
34	同建花乡堂度假酒店	中档	崇明区建设镇建设公路 3588 号
35	桔子水晶上海崇明南门酒店	中档	城桥镇东门路 509 号

（区文化和旅游局）

2022 年崇明区星级精品民宿情况表

表 14

序号	民宿名称	地址	星级
1	璞居	中兴镇永南村 424 号	五星
2	圣居鲜（1 号庄园）	中兴镇永南村 1001 号	五星
3	久居	中兴镇红星村红北 596 号	五星
4	城边森舍	中兴镇红星村 1105 号	五星
5	拾花农家乐	新河镇新民村 888 号	五星
6	陌上舍农家乐	新河镇新民村 605 号	五星
7	里园	新河镇新隆村新华 262 号	五星
8	今朝令时	向化镇向贸路 197 号	五星
9	耘舍	向化镇齐南村 726 号	五星
10	知谷 1984	向化镇春光村二堡 826 号	五星
11	云舍居	竖新镇跃进村新南 830 号	五星
12	金油桥	竖新镇油桥村南新 562 号	五星
13	那些年	竖新镇永兴村 930 号	五星
14	东禾九谷	竖新镇新征村 503.504.506.507 号	五星
15	颐一	竖新镇仙桥村 866 号	五星
16	如砚民宿	竖新镇团城公路 1768 号	五星
17	东方 G20 花岛宿集	庙镇永乐村 415 号	五星
18	香朵开心农场	庙镇小星公路 1500 号	五星
19	西岸氧吧林舍	庙镇庙南村 1438 号	五星
20	黑森林	庙镇保东村保西 1123 号	五星
21	乡舍	绿华镇绿港村建闸 515 号 2 室	五星
22	水云乡	绿华镇绿港村建同 116 号	五星
23	楠舍	绿华镇绿港村建民 412 号	五星

续表 14

序号	民宿名称	地址	星级
24	圭野	绿华镇华星村城北一队 123 号	五星
25	倾城阁	建设镇激东村 535 号	五星
26	花雨花畔	建设镇激东村 1203 号	五星
27	鸿格别院	建设镇三星村 707 号	五星
28	旧乡	建设镇建设村 754 号	五星
29	也山	建设镇虹桥村斜桥 6 队	五星
30	御宿东院	建设镇虹桥村斜桥 505-507 号	五星
31	乡村的温度	建设镇虹桥村斜桥 405 号	五星
32	杉水	建设镇富安村官尖 1511 号	五星
33	德馨园农家乐	港沿镇齐力村 357 号	五星
34	五养	港沿镇港沿村建联 498 号	五星
35	溪园农家乐	港西镇新港村 598 号	五星
36	谣歌	港西镇协西村协南 820 号	五星
37	静界	港西镇协北村 1009 号	五星
38	九园 · 草堂	港西镇北双村湾北 1456 号	五星
39	逅院	陈家镇裕西村 725.726.727 号	五星
40	桃花源墅	堡镇桃源村堡闸 406.407 号	五星
41	瀛杏湾	堡镇四激村 1030 号	五星
42	松慢	建设镇激东村 519 号	五星
43	村上	港西镇北双村 401 号	五星
44	花阁	新河镇天新村 131 号、132 号	五星
45	花屋	新河镇天新村 136 号	五星
46	花涧小宿	新河镇天新村 303 号	五星
47	素语	港西镇排衙村 1717 号	五星
48	原味舒院	横沙乡兴隆村 680 号	五星
49	久居源	中兴镇红星村红北 524 号	五星
50	海岛左邻	中兴镇北兴村 835 号	五星
51	葳蕤	长兴镇潘石村 604 号	五星
52	长宇	长兴镇潘石村 607 号	五星
53	久居逸	中兴镇红星村红北 591 号	五星
54	古月	中兴镇中兴村兴东 420 号	五星
55	汤之道	中兴镇永南村 850 号	四星
56	原野	中兴镇永南村 1005 号	四星
57	滨客人家	中兴镇胜利村 504 号	四星
58	依江春舍	中兴镇红星村红北 1313 号	四星
59	陋居	中兴镇富圩村 105 号	四星
60	北栖心舍	中兴镇北兴村兴西 1116 号	四星
61	海岛水堂	中兴镇北兴村 832 号	四星
62	逅与	中兴镇北兴村 517 号	四星
63	禾庄农家饭店	长兴镇长征村 17 号	四星
64	致云舒宾馆	长兴镇长征村 164 号	四星
65	昊逸居客栈	长兴镇建新村 150-1 号	四星
66	水桥边	向化镇万龙村 398 号	四星
67	槿院	向化镇齐南村 1529 号	四星
68	奥普	向化镇齐南村 1223 号	四星
69	海月空舍	向化镇南江村 339 号	四星
70	晟盛农家乐	向化镇六激村 904 号	四星

续表 14

序号	民宿名称	地址	星级
71	御墅农家乐	向化镇六滧村 902 号	四星
72	乡宅	向化镇花仓村 1032 号	四星
73	三顾茅庐	向化镇春光村阜南 1133 号	四星
74	南来北往	向化镇北港村 414 号	四星
75	弘园	竖新镇油桥村 1136 号	四星
76	花石里	竖新镇仙桥村 944 号	四星
77	玖居轩	竖新镇仙桥村 809 号	四星
78	在田居	竖新镇仙桥村 328 号	四星
79	憧憬艺墅	竖新镇仙桥村 1018 号	四星
80	恬园居	竖新镇明强村 638 号	四星
81	美飞家苑	竖新镇光明中路 1032 号	四星
82	村上椿宿	竖新镇大东村 885 号	四星
83	昊天小筑	竖新镇大东村 1001 号	四星
84	花续	庙镇永乐村 102 号	四星
85	如懿小院	庙镇南星村丁棚 1510 号	四星
86	悦漫花居	庙镇庙南村 296 号	四星
87	桔园	绿华镇绿港村建民 709 号	四星
88	二甲传胪	绿华镇绿港村堡镇 701 号	四星
89	御见	建设镇运南村运北 635 号	四星
90	陆间堂	建设镇运南村运北 1210 号	四星
91	十二花园	建设镇滧东村红梅 1223 号	四星
92	碧悠庭	建设镇三星村牛路 904 号	四星
93	香遇	建设镇蟠南村引河 836 号	四星
94	秦拾月	建设镇蟠南村蟠中 1012 号	四星
95	雅婧可居	建设镇蟠南村 517 号	四星
96	袁家小筑	建设镇界东村海洪 714 号	四星
97	凡花郁墅	建设镇界东村 727 号	四星
98	界东	建设镇界东村 1101 号	四星
99	若小院	建设镇建设村 527 号	四星
100	又见	建设镇虹桥村斜桥 1611 号	四星
101	月半	建设镇虹桥村斜桥 1362 号	四星
102	应天	建设镇虹桥村斜桥 1095 号	四星
103	林墅	建设镇虹桥村 241 号	四星
104	一棵香樟树	建设镇虹桥村 223 号	四星
105	鎏园易居	建设镇虹桥村 1611 号	四星
106	归园居	建设镇虹桥村 1419 号	四星
107	抱月楼农家乐	建设镇浜西村浜北 1551 号	四星
108	逸凡静舍	建设镇浜西村 582 号	四星
109	栖兮	建设镇白钥旭升 1204 号	四星
110	怡居黄公馆	建设镇白钥村旭升 648 号	四星
111	左邻右舍	建设镇白钥村旭升 528 号	四星
112	柒舍	横沙乡增产村 609 号	四星
113	玖七	横沙乡永发村 1138 号	四星
114	涵舍	横沙乡新永村 1334 号	四星
115	乐丰	横沙乡丰乐村 816 号	四星
116	言语轩	横沙乡东海村 236 号	四星
117	乡野日和	港沿镇同心村漾北 223 号	四星

续表 14

序号	民宿名称	地址	星级
118	花开满园	港沿镇同心村漾北 122 号	四星
119	漾舍	港沿镇同心村漾北 114 号	四星
120	陌林香馆	港沿镇齐力村 912 号	四星
121	茅氏山庄	港沿镇齐成村齐村 650 号 1 室	四星
122	合盛居	港沿镇建华村 1151 号	四星
123	楠泰苑	港沿镇惠军村惠闸 607 号	四星
124	晨玺	港沿镇惠军村 1225 号	四星
125	临星宿	港沿镇富强村富东 1138 号	四星
126	稻香人家	港西镇协西村协南 850 号	四星
127	悠居	港西镇团结村港东 1314 号 1 室	四星
128	狮王阁	港西镇团结村 1915 号	四星
129	静雅和风	港西镇团结村 1001 号	四星
130	健平	港西镇双津村 2038 号	四星
131	香榭丽舍	港西镇静南村 418.419 号	四星
132	禾田遇民宿	港西镇港庙路 999	四星
133	若比邻	港西镇北双村湾北 601 号	四星
134	里予舍	城桥镇长兴村 724 号	四星
135	水云居	城桥镇长兴村 702 号	四星
136	岛居人家	城桥镇元六新海 293	四星
137	半农	陈家镇展宏村 1229 号	四星
138	半鑫农家乐（半农别院）	陈家镇展宏村 1228 号	四星
139	花溪涧	陈家镇裕丰村裕南 623 号 1 室	四星
140	月丞	陈家镇鸿田村 323.326 号	四星
141	九间坊	陈家镇晨光村 810 号	四星
142	悦迎居	陈家镇陈西村 319 号	四星
143	陌上村舍（蓉合里）	陈家镇陈西村 1343 号	四星
144	小佩农庄	陈家镇朝阳村 508.509 号	四星
145	崇明人家	陈家镇八滧村新协 1002 号 2 室	四星
146	元桃	堡镇桃源村 101 号	四星
147	竹香岛	堡镇花园村 948 号	四星
148	铭乾	堡镇财贸村石桥 523 号	四星
149	不烦草堂	堡镇财贸村 715 号	四星
150	知之	陈家镇八滧村 251 号	四星
151	锄禾三号	向化镇春光村二堡 623 号	四星
152	瑞缘花厢	建设镇虹桥村 1607 号	四星
153	林涧且宿	新河镇新梅村 215-2 室	四星
154	井亭小居	新河镇井亭村 351 号	四星
155	瑾园	港沿镇同滧村洪滧 201 号	四星
156	栩筑小院	港沿镇同心村 1067 号	四星
157	俞墅	横沙乡新联村 1017 号	四星
158	画里画外	建设镇运南村运北 114 号	四星
159	庭院深深	竖新镇时桥村 141 号	四星
160	巴篱	建设镇蟠南村蟠中路 929 号	四星
161	瀛洲里	建设镇滧东村 533 号	四星
162	拾间	竖新镇油桥村	四星
163	悠云	陈家镇陈西村 357 号	四星
164	有莳	向化镇齐南村阜西 641 号	四星

续表 14

序号	民宿名称	地址	星级
165	栖养小憩	向化镇齐南村阜西 448 号	四星
166	苗雨居	向化镇齐南村 1232 号	四星
167	悦舍	向化镇卫星村 517 号	四星
168	初心邂逅	中兴镇红星村 309 号	四星
169	时光里	长兴镇光荣村 109 号	四星
170	沈家源	长兴镇潘石四路 329-1 号	四星
171	花之谷	绿华镇绿湖村大新 322 号	四星
172	瑞厢草堂	建设镇虹桥村 1606 号	四星
173	隐颐七舍	陈家镇德云村 729 号	四星
174	昙隐	中兴镇汲浜村 1613 号	四星
175	如月菊	中兴镇中兴村兴东 210 号	三星
176	慧居（三树居）	中兴镇永南村 1007 号	三星
177	黄家小苑	中兴镇澉中村澉南 216 号	三星
178	糕乐高	中兴镇胜利村 695 号	三星
179	季娘屋里厢	中兴镇汲浜村 828 号	三星
180	回乡偶书	中兴镇富圩村 706 号	三星
181	北柒	中兴镇北兴村 833 号	三星
182	范姐	中兴镇爱国红镇 1395 号	三星
183	月伴湾饭店	长兴镇大兴村 290 号	三星
184	郁家小院	新河镇新梅村 206 号	三星
185	昊天阁	新河镇强民村义化 1117 号	三星
186	迎樱旅馆	新村乡新国村 727 号	三星
187	花名居	向化镇向化村向北 419 号	三星
188	明悦庭	向化镇卫星村 619 号	三星
189	朴宿人家	向化镇齐南村 351 号	三星
190	艺文	向化镇齐南村 1019 号	三星
191	近水	向化镇米新村堤北 122 号	三星
192	归园田居	向化镇花仓村丕林 501 号	三星
193	茜茜悠	向化镇阜康村 705 号	三星
194	绣锦	向化镇阜康村 1234 号	三星
195	璐璐雅园	向化镇春光村阜南 466 号	三星
196	心怡居	向化镇春光村阜南 435 号	三星
197	春心	向化镇春光村 512 号	三星
198	田园美居	竖新镇育才村直河 609 号	三星
199	一丁香舍	竖新镇永兴村 948 号	三星
200	慕邻	竖新镇新征村 929 号	三星
201	鸽子	竖新镇响哃村响南 434-1 号	三星
202	爱都多餐馆	竖新镇前卫村 579 号	三星
203	乐乐饭店	竖新镇前卫村 571 号	三星
204	奇荣农家旅馆	竖新镇前卫村 562 号	三星
205	密建忠	竖新镇前卫村 561 号	三星
206	乐宾旅馆	竖新镇前卫村 556 号	三星
207	卫超	竖新镇前卫村 555 号	三星
208	琼倩华	竖新镇前卫村 554 号	三星
209	大铁树农家菜馆	竖新镇前卫村 553 号	三星
210	区沈合平	竖新镇前卫村 548 号	三星
211	丽恰	竖新镇前卫村 547 号	三星

续表 14

序号	民宿名称	地址	星级
212	九轩	竖新镇前卫村 547-2 号	三星
213	黄林范农家乐	竖新镇前卫村 546 号	三星
214	云倩旅馆	竖新镇前卫村 546-1 号	三星
215	陈建美旅馆	竖新镇前卫村 545 号	三星
216	斌宾旅馆	竖新镇前卫村 544 号	三星
217	诚心酒店	竖新镇前卫村 543 号	三星
218	老宋饭店	竖新镇前卫村 537 号	三星
219	鸿雅农家旅馆	竖新镇前卫村 536 号	三星
220	叶陈旅馆	竖新镇前卫村 535-1 号	三星
221	建凯萍旅馆	竖新镇前卫村 534 号	三星
222	前卫农产品专业合作社	竖新镇前卫村 533 号	三星
223	锦洪农家旅馆	竖新镇前卫村 532 号	三星
224	仕芬旅馆	竖新镇前卫村 531 号	三星
225	施振昌农家乐	竖新镇前卫村 530 号	三星
226	怿旸旅馆	竖新镇前卫村 528 号	三星
227	俞建	竖新镇前卫村 524 号	三星
228	俊飞旅馆	竖新镇前卫村 523 号	三星
229	李秀菊农家旅馆	竖新镇前卫村 522 号	三星
230	云生酒家	竖新镇前卫村 519 号	三星
231	乐惠灵农家乐饭店	竖新镇前卫村 506 号	三星
232	蔚洲	竖新镇前卫村 505 号	三星
233	诚锦	竖新镇前卫村 505-2 号	三星
234	庭鹤酒家	竖新镇前卫村 505-1 号	三星
235	好民居农家乐饭店	竖新镇前卫村 502 号	三星
236	瀛欣饭店	竖新镇前卫村 419 号	三星
237	张峰	竖新镇前卫村 417 号	三星
238	张雪明	竖新镇前卫村 412 号	三星
239	淑芳旅馆	竖新镇前卫村 411 号	三星
240	佳乐酒家	竖新镇前卫村 203 号	三星
241	西窗梧桐	竖新镇大东村 1023 号	三星
242	君君小苑	竖新镇春风村 426 号	三星
243	上海利明酒店	竖新镇春风村 176 号	三星
244	花筑湖畔	竖新镇堡西村八字 219 号	三星
245	汉鑫	三星镇永安村 925 号	三星
246	水影星三光	三星镇西新村西光 626 号	三星
247	橘丰苑	三星镇海中村 637 号、637 号 1 室	三星
248	达麦	庙镇万北村江南 715 号	三星
249	繁花似锦	庙镇民华村 1409 号	三星
250	芋香佳院	庙镇米洪村爱华 201 号	三星
251	奇缘居	庙镇合中村 137 号	三星
252	昊易	庙镇保安村 168 号	三星
253	把酒持螯	绿华镇绿港村 702 号	三星
254	漠漠水田	绿华镇华星村城北 1010 号	三星
255	鑫院民宿	绿华镇华星村城北 1005 号	三星
256	宋园	建设镇运南村运北 401 号	三星
257	悠然小筑	建设镇运南村运北 132 号	三星

续表 14

序号	民宿名称	地址	星级
258	千百渡	建设镇运南村运北 1006 号	三星
259	新玖香	建设镇运南村 625 号	三星
260	星悦阁	建设镇潋东村 912 号	三星
261	盈锐	建设镇蟠南村 1403 号	三星
262	彼舍	建设镇蟠南村 125 号	三星
263	赵阿姨	建设镇界东村 708 号	三星
264	故事	建设镇虹桥村斜桥 905 号	三星
265	沐兮	建设镇虹桥村斜桥 615 号	三星
266	归心花苑	建设镇虹桥村斜桥 527 号	三星
267	悠然阁	建设镇虹桥村斜桥 2225 号 2 室	三星
268	凯哥原舍	建设镇虹桥村斜桥 1788 号	三星
269	凤娟	建设镇虹桥村斜桥 1603 号	三星
270	栖息屋	建设镇虹桥村斜桥 1031 号	三星
271	小陆	建设镇虹桥村斜桥 1028 号	三星
272	拾里庭院	建设镇虹桥村 908/921 号	三星
273	东舍	建设镇虹桥村 722 号	三星
274	锦上添花	建设镇虹桥村 709 号	三星
275	云溪水榭	建设镇虹桥村 502 号	三星
276	合美小宅	建设镇虹桥村 364 号	三星
277	森林其境	建设镇虹桥村 327，337 号	三星
278	瀛胜小院	建设镇虹桥村 314 号	三星
279	米禾	建设镇虹桥村 260 号	三星
280	亦家	建设镇虹桥村 245 号	三星
281	青青里	建设镇虹桥村 226 号	三星
282	田米米	建设镇虹桥村 2235 号	三星
283	念舍禅	建设镇虹桥村 1117 号	三星
284	一览芳华	建设镇富安村官尖 216 号	三星
285	朋乐居	建设镇富安村官尖 101 号	三星
286	江林曼居	建设镇大同村 532 号	三星
287	蓝家威 / 澜居	建设镇浜西村浜北 1343 号	三星
288	大宅沟	建设镇白钥村旭升 1437 号	三星
289	民朴	建设镇白钥村 843 号	三星
290	乡隐	建设镇白钥村 621 号	三星
291	觅设	建设镇白钥村 206 号	三星
292	一方阁	横沙乡增产村 866 号	三星
293	锦上花	横沙乡新北村 320 号	三星
294	尚友别苑	横沙乡民建村 327 号	三星
295	忆林	横沙乡公平村 721 号	三星
296	九祺	横沙乡丰乐村 712 号	三星
297	大陈小苑	横沙乡东兴村 301 号乙	三星
298	叁壹壹施家	港沿镇园艺村 311 号	三星
299	一辰农家乐	港沿镇同心村 152 号	三星
300	素野悠居	港沿镇齐力村齐心 552 号	三星
301	乡间偶寓	港沿镇齐成 725 号	三星
302	乔院	港沿镇鲁屿村 533 号	三星
303	月桂小屋	港沿镇鲁玙村 524 号	三星
304	御昌	港沿镇鲁玙村 271 号	三星

续表 14

序号	民宿名称	地址	星级
305	施宅御尚	港沿镇鲁玙村 214 号	三星
306	杨家涵舍	港沿镇鲁玙村 1129 号	三星
307	静馨小院	港沿镇鲁东村 640 号	三星
308	远方的家	港沿镇骏马村新马 902 号	三星
309	清江月	港沿镇骏马村新马 1102 号	三星
310	凡村小筑	港沿镇合兴村协力 225 号	三星
311	沈家湾农家乐	港沿镇港沿村建业 931 号	三星
312	怡人小居	港沿镇港沿村建联 1133 号	三星
313	岛主家农家乐	港沿镇富军村富前 266 号	三星
314	一未小院	港沿镇富国村齐乐 845 号	三星
315	歆予一宅	港西镇团结村 1015 号	三星
316	亚正	港西镇双津村颂平 1203 号	三星
317	凡宿	港西镇双津村 1603 号	三星
318	食汇阁	港西镇富民村界西 401 号	三星
319	雅心	港西镇富民村洪运 618 号	三星
320	座上客	城桥镇长兴村兴家 421 号	三星
321	和塘悦舍	城桥镇长兴村田桥 405 号	三星
322	城会享	城桥镇长兴村田桥 201 号	三星
323	有间小院	城桥镇长兴村 692 号	三星
324	渔荷园	城桥镇湾南村友谊 670 号	三星
325	沈家宅	城桥镇侯南村 812 号	三星
326	花田半岛	陈家镇展宏村 1218 号	三星
327	千之岛	陈家镇裕西村 511 号 1 室	三星
328	天香阁	陈家镇裕西村 1211 号	三星
329	小竹别屋	陈家镇裕西村 113 号	三星
330	融院	陈家镇裕西村 101.104.194 号	三星
331	乡禾居	陈家镇裕丰村裕南 926 号	三星
332	绿朵	陈家镇花漂村 1425.1426 号	三星
333	小云朵	陈家镇花漂村 1416 号	三星
334	鸿阁一号	陈家镇鸿田村 931 号	三星
335	栖栈	陈家镇德云村德云中路 1412 号	三星
336	栖芯野墅	陈家镇德云村 108 号	三星
337	初末私墅	陈家镇德云村 102 号 1 室号	三星
338	亮亮绿	陈家镇陈西村 226 号	三星
339	花开人家	堡镇五滧村登瀛 407 号	三星
340	隽公馆	堡镇五滧村 254 号	三星
341	董得来	堡镇桃源村江边 1041 号	三星
342	稻香居	堡镇四滧村滧村 1615 号	三星
343	禾居	堡镇南海村 660 号	三星
344	杏海	堡镇南海村 534 号	三星
345	拾欢	堡镇南海村 1828 号	三星
346	椿苑	堡镇米行村瀛洲 123 号	三星
347	童恋	堡镇堡北村工农 323 号	三星
348	村田宿	新河镇群英村（东风）646 号	三星
349	富民里	竖新镇富民路 39 号	三星
350	钱树	港沿镇惠军村 158 号	三星
351	缘居	港沿镇齐力村 1225 号	三星

续表 14

序号	民宿名称	地址	星级
352	哈哈小舍	港西镇富民村 706 号	三星
353	田园	港西镇北闸村兴北 901 号	三星
354	云杉莊	横沙乡兴隆村 434 号	三星
355	丰彩	横沙乡丰乐村 905 号	三星
356	成里沪外	建设镇虹桥村斜桥 2231 号	三星
357	富安居	建设镇富安村 225 号	三星
358	神恋居	建设镇蟠南村 315 号	三星
359	芥蓝	建设镇滧东村 532 号	三星
360	新燕田园	建设镇滧东村红梅 102 号	三星
361	大灶头	建设镇虹桥村 1118 号	三星
362	嘟来来	建设镇虹桥村斜桥 2240、2209 号	三星
363	龙予逅院	竖新镇响哃村响南 708 号	三星
364	蟠龙小镇	建设镇蟠南村蟠中 809 号	三星
365	杨家大院	陈家镇朝阳村全民 902 号	三星
366	锄禾宜居	陈家镇裕丰村裕南 921 号	三星
367	南水湾	向化镇齐南村 1043 号	三星
368	悦禾	向化镇米新村乐兴 1017 号	三星
369	小巷深处	向化镇向化村 1214 号	三星
370	风情	向化镇六滧村 804 号	三星
371	渔桃之	堡镇堡渔村 400 号	三星
372	栖息舍	堡镇四滧村滧村 925 号	三星
373	芦苑	堡镇人民村槐荫 358 号	三星
374	逸香居	堡镇桃源村堡闸 1043 号	三星
375	缘宿阁	中兴镇中兴村 706 号	三星
376	外婆港	中兴镇永隆村 307 号	三星
377	东泽	中兴镇富圩村 406 号	三星
378	宇静	长兴镇潘石村 584 号	三星
379	涧设	建设镇白钥村 207 号	三星

（区文化和旅游局）

旅游行业管理

【概况】 2022 年，区文化和旅游局召开“乡村民宿一件事”办证试点工作对接会、疫情防控等各类专题会议。组织调研崇明区酒店民宿服务质量提升工作，专题研究《崇明区促进乡村民宿高质量发展实施意见》。多次开展疫情防控和安全生产专项检查、文旅行业联合大检查等，维护文旅市场秩序。（冯　阳）

【旅游厕所管理】 2022 年，深入贯彻落实习近平总书记关于厕所革命的重要指示精神，巩固和深化两个三年行动计划实施成果，提升厕所智慧化服务与管理水平。全年新增 1 类旅游厕所 1 座，2 类旅游厕所 22 座。家庄生态园沙船厕所获评“最佳生态环保奖”，长兴岛服务区智慧公厕获评“最佳抗疫防护奖”。

（冯　阳）

【旅游发展与恢复】 2022 年，根据区委区政府“五新”产业发展部署，重点制定“生态新文旅”发展规划设计，完善有关工作内容；制定出台《关于提前拨付剩余部分文旅项目扶持奖励资金的操作办法》《关于落实援崇医务人员优待政策的操作办法》及《崇明区文旅行业防疫和消杀支出专项补贴政策的操作办法》；做好市级旅游扶持资金、文创发展资金项目申报工作。（沈士博）

【旅游投诉处理】 2022 年，接待柜面和电话旅游咨询 106346 人次，发放免费资料 10054 份。受理市 12345 投诉咨询 169 件，收到满意评价 120 次；受理区 12345 投诉咨询 244 件，结案满意度 90%。（冯　阳）

【旅游标准化建设】 2022 年，完成旅行社星级评定复核工作，9 家 AAA 级旅行社参加区评定办复核。香朵开心农场景区新评定为国家 AAA 级旅游景区，东平国家森林公园等 4 家 A 级旅游景区通过景区复核工作。新增星级精品民宿 70 家，其中五星级 13 家、四星级 25 家、三星级 32 家评定。潘石公园、铭乾芳香中心 2 家第三批上海市民“家门口好去处”完成专家评审。（沈士博）

【旅游产品开发】2022年，江南造船工业旅游入选国家工业旅游示范基地；振华重工、上药中医药文化园和东禾九谷稻米文化园入选上海工业旅游精品路线；竖新镇、横沙乡获评国家乡村旅游重点镇，建设镇虹桥村等获评市级乡村旅游重点村。持续打造崇明土布娃娃IP形象，设计推出崇明土布娃娃文具套装，满足不同年龄层次需求。加快培育文旅特色产品。启动文旅宣传物料开发，推出崇明文旅文创套装；联合开展“上海礼物”“好物崇明，花韵瀛洲”文旅商品评选，稳步推进长兴岛郊野公园文旅商品旗舰店建设。

（沈士博）

【旅游宣传推介】 2022年，推进宣传物料开发。设计制作《悠哉崇明》《海上花宿》宣传册，涵盖生态、美食、住宿、花卉等崇明核心资源；设计制作文旅主题晴雨伞，配发到文旅点位，方便市民游客按需借用；联合区妇联设计推出《崇明亲子游学图鉴》，打造崇明特色亲子研学路线产品。联合打造上海礼物。与区经委联合开展“上海礼物”崇明品牌优选产品评选工作，打造崇明好物品牌，其中11个文旅商品入选上海礼物。做好文旅新媒体宣传。崇明旅游、文化崇明公众号累计推送信息近1000篇，总阅读量近111万次。崇明旅游视频号开设运营以来策划发布视频8个，浏览量逾2.8万次。开展各类宣传活动。开展行业动态宣传，线上依托崇明旅游、文化崇明微信公众号，开展行业动态宣传；线下通过文化长廊、LED屏等广泛开展主题宣传推广，设计推出《五XIN民宿》等4期内容；媒体资源方面，对接东方卫视、动感101等，宣传报道崇明文旅相关新闻逾100篇。推出“喜欢上海崇明的理由”文旅宣推活动，通过推文、短视频、在线直播等方式，向广大市民游客全面推荐崇明精品文旅项目和服务体验。崇明旅游视频号正式上线运营，联合“乐游上海”视频号开展“喜欢上海崇明的理由”直播互动，观看人数累计达49万人。 （施松欢）

【文明旅游】2022年，崇明区文旅公共服务中心设本部1个，旅游咨询点4个（陈家镇咨询点、横沙旅游咨询点、前卫村旅游咨询点、一米单车旅游咨询点），区文化旅游公共服务中心持续推动文旅融合发展，不断强化文旅宣传力度，积极打造崇明文旅品牌宣传阵地，主要围绕以下特色工作开展。全年接待游客咨询479952件，其中柜面459639件。电话13825通，发放宣传册18379份。及时更新崇明导览图，及时上报上海市旅游热线库和触摸屏活动信息，切实提高广大游客对文明旅游的认识度和知晓度。以资料发放、网络推送等方式宣传文明旅游，参与社区便民设摊，为民服务零距离。开展文明交通志愿者，环境保护、垃圾分类志愿者活动，宣传旅游线路景点介绍、出游常识等资料，宣传旅游法规、政策，普及文明旅游、安全旅游、防控疫情等知识，积极引导社区居民自觉践行文明旅游公约，增强游客文明出游的自觉性和主动性，及时发布灾害性天气预警，潮汛、消防安全提示信息，提醒市民游客注意出行安全。与结对单位开展区域党建活动；组织“抗击疫情，党员先行”爱心捐款活动、“帮助他人阳光自己”慈善募捐活动、无偿献血等。参与抗击疫情志愿者服务。策划2022一江一河微游旅游知识竞赛题，参加各种知识讲座，组织业务知识竞赛，通过理论学习，全面提升文明旅游服务意识，加强服务水平，打造服务品牌，走进黄浦、徐汇等示范性单位进行学习交流，为扎实做好创建全国文明城区的复评工作打下良好基础。包括日、周、月、季、黄金周报表，为上级有关部门决策提供有力依据；深化文化市场“三级联动”，加强文化市场事中、事后巡查管理。 （范红艳）

【乡村民宿高质量发展】 7月1日，副区长张秩通召开专题会议，研究崇明区促进乡村民宿高质量发展实施意见。会上，区文化和旅游局对征求意见稿制定情况进行汇报。各部门分管负责人结合部门职能进行交流讨论，并提出有关修改意见。张秩通指出，崇明民宿产业是培育崇明新经济增长点的重要一环。花博会的成功举办为崇明民宿跨越式大发展带来前所未有的机遇，也为崇明住宿行业注入新鲜血液。关于进一步促进崇明乡村民宿良性健康发展，加快推动生态新文旅建设。区政府办公室、区发展改革委、区公安分局、区财政局、区规划资源局、区生态环境局、区建设管理委、区农业农村委、区水务局、区文化和旅游局、区卫生健康委、区市场监管局、区绿化市容局、区城管执法局、区政务服务办，区消防救援支队等部门分管负责人参加会议。

（粟佳馨）

【人大常委会调研人民服务质量工作】11月2日，区人大常委会集体调研崇明区酒店民宿服务质量提升情况。区人大常委会主任薛红，副主任范洪耀、王菁、张建英、龚思聪，区一级巡视员邢建良参加调研。调研中，区人大常委会组成人员听取区文化和旅游局关于崇明区酒店民宿服务质量提升情况的汇报，区市场监管局作补充汇报。交流环节中，与会人员还围绕健全规章制度体系、提升管理服务水平等方面，提出意见建议。会议指出，区文旅部门要切实发挥统筹协调作用，各相关单位要积极配合支持工作，形成强大合力，推动乡村酒店民宿发展；要不断完善基础配套设施，解决酒店民宿及周边娱乐、交通等功能设施不足问题；要加大人才培养力度，制定人才引进政策，吸引人才参与乡村酒店民宿建设；要加强与职业院校合作，加大民宿从业人员系统培训，提高职业技能，提升崇明乡村酒店民宿从业人员整体专业素质和服务水平。10月12日下午，区人大常委会主任薛红带队赴竖新、中兴、向化等乡镇开展民宿服务质量提升工作调研。 （粟佳馨）

【办证试点工作对接会】 11月，区文化和旅游局召开“乡村民宿一件事”办证试点工作对接会。会上，区政务服务办现场演示“乡村民宿一件事”办证流程，并对网上申办民宿的申报、填写、提交等细节进行全面讲解，同时对大家提出的问题予以解答。会议强调，崇明民宿要坚持控增量、优存量、提质量的发展方向，不断提高硬件设施和服务软实力。下阶段，“乡村民宿一件事”政务受理工作要以问题为导向，进一步完善办证流程，力争尽快上线。区公安分局、区规划资源局、区建设管理委、区水务局、区文化和旅游局、区卫生健康委、区市场监管局、区政务服务办、建设镇等相关部门参加会议。（栗佳馨）

旅游节庆活动

【概况】 2022年，区文化和旅游局策划开展各项旅游节庆活动，组织举办上海花朝节、2022上海崇明乡村文化旅游节等文旅节庆活动。

【上海花朝节】 3月14日至5月8日，2022年上海花朝节将在东平国家森林公园（主会场）举办，为期56天，“创意花朝”长三角市民花园大赛为花朝节主会场重要活动之一。活动以“蝶变新时代 花朝新生活”为主题，包括开幕式、主会场活动、分会场活动、市级活动、区花卉企业活动、宣传推广活动和闭幕式等八大活动板块。

【2022上海崇明乡村文化旅游节】 2022年乡村文化旅游节以“飨受崇明不一样的人间烟火”为主题，由“生态休闲游”、“美食狂欢季”、“美宿深体验”和“文化巡展演”四大主题系列，23项活动组成。本届乡村文化旅游节的筹备策划深入贯彻《国务院办公厅关于进一步释放消费潜力促进消费持续恢复的意见》《上海市加快经济恢复和重振行动方案》等文件精神，通过游园、采摘、观星、赏花、骑游、探秘、露营、休闲、展览、讲座等多种形式，积极促进旅游消费，不断提振行业信心，充分展示崇明的乡村之美、生态之美、人文之美。（王 莹）

2022年上海崇明乡村文化旅游节活动项目情况表

表15

序号	版块	活动	主要内容	时间	地点	责任单位
1	生态休闲游	横沙乡丰收节	开展群众庆丰收联欢、农业农村发展成就展示等活动；鼓励农民自发开展体现农耕农趣农味的节日活动；开展丰收节农旅招商活动，加强产销对接，发展农旅经济，促进农民增收	9月下旬	横沙乡	横沙乡人民政府
2		2022上海红花节	以红花（红叶）为主，采用“1+1+3”模式，即1场开幕式、1场红花展、3大主题活动(科普探秘颂红花、乐游荟萃赏红花、舌尖意动品红花)	9—11月	东平国家森林公园	生态旅游集团 建设镇人民政府
3		十月花园节	花卉集采中心购物活动	10月1—31日	东方G20花岛宿集	上海花卉发展有限公司 庙镇人民政府
4		新河第二届稻田艺术节	一场时尚与稻田相融合的稻田秀，包括文艺表演、崇明风物集、特色文化产品等	10月23日	新河镇新民村	上海宁昕林开心农场 新河镇人民政府
5		建设镇藏红花采摘节	举办藏红花体验采摘及现场制作体验活动	11—12月	上海市药材有限公司 西红花种植基地	上海华宇西红花种植专业合作社 建设镇人民政府
6	美食狂欢季	城桥镇“酒香馔美—非遗城桥体验日”暨第三届文化体育节开幕式	艺术节开幕启动仪式，参观老白酒文化展馆、酒窖等，酿酒体验、品酒，“酒香馔美—文旅城桥”酿酒比赛等	9月中下旬	老玖坊	城桥镇人民政府

续表 15

序号	版块	活动	主要内容	时间	地点	责任单位
7		2022 明珠湖鱼鲜节	主要活动包括浑水摸鱼、钓蟹、有机鱼垂钓体验、明珠湖鱼鲜宴、观大雁放飞、参观鱼文化展示等	9 月下旬至 10 月	西沙明珠湖景区	西沙明珠湖景区 绿华镇人民政府
8		港沿镇啤酒节	精酿啤酒品尝、技术交流活动	9—10 月	上海洪效农业科技有限公司	上海洪效农业科技有限公司 港沿镇人民政府
9	美食狂欢季	美食赛事活动	线上开展“民间厨神”评选	10 月	线上	区文化和旅游局
10		中兴镇老鸭美食节	组织游客前往养鸭基地，品尝老鸭特色养生宴，体验乡村养生游。活动期间，老鸭农庄将推出鸭子认养、果蔬采摘、美食品鉴等活动	10 月 20 日至 11 月	老鸭农庄	中兴镇人民政府
11		第四届上海新村稻米文化节——丰收节	举办稻香生态市集、稻田认领、文艺演出、亲子厨艺大赛等活动	10 月至 11 月上旬	上海新村稻米文化中心	新村乡人民政府
12		上海崇明“橘黄蟹肥”文化旅游节	举办清水蟹开捕仪式、品蟹活动等	11—12 月	宝岛蟹庄	绿华镇人民政府
13	美宿深体验	“驿行港西·深呼吸”骑行露营活动	串联港西镇特色点位，完善配套设施，组织露营、骑行活动，推动全域旅游	9—12 月	港西镇	港西镇人民政府
14		堡镇音乐露营节	露营与现场音乐演奏	10 月	堡镇花园村	堡镇人民政府
15		崇明山歌节	将崇明非遗项目山歌与特色民宿相结合，在全新演绎崇明山歌的同时，推广崇明精品民宿，带给游客全新体验	10 月	陈家镇瀛东村	陈家镇人民政府
16		2022 秋季森林音乐烧烤露营节	森林烧烤、乐队演奏、房车营地、帐篷露营、户外篝火等体验活动	10 月 2—4 日，15 日、22 日	东平国家森林公园	东平国家森林公园 建设镇人民政府
17		“郊野惊奇之夜”万圣节露营大会	南瓜灯、惊悚稻草人，不给糖就捣蛋！郊野万圣节年年新花样，万圣夜郊野露营，一起化装晚会，越夜越开心	11 月 1 日	长兴岛郊野公园	上海前卫旅游发展有限公司 长兴镇人民政府
18	文化巡展演	“江南三民、崇明印象”非遗节	文创设计大赛、“崇明印象”文创产品展销、指尖上的非遗——江南非遗展演、舌尖上的非遗——非遗食品展销、非遗手工互动体验、云上非遗——非遗网络直播	9 月 8 日至 10 月 31 日	江南三民文化村	上海万穗文化传播有限公司 港西镇人民政府
19	文化巡展演	第二十九届前卫金秋生态文化旅游节	对旅游资源和文化、艺术、体育等资源进行有效整合，使游客和社会公众在赏景和参与的过程中释放纵情、分享乐趣，实现资源、产业、知名度的效应叠加	9 月 28 日至 10 月 7 日	前卫村	海上花岛集团有限公司 竖新镇人民政府

续表 15

序号	版块	活动	主要内容	时间	地点	责任单位
20		“毗邻花开·逐梦田原”——2022年新海镇第四届“光明田原杯”定向运动赛暨新海镇2022年文化艺术节	基于崇明毗邻党建工作平台，举办形式多样的定向运动赛	10月	新海镇社区文化活动中心	新海镇人民政府
21		国庆黄金周天天演	围绕喜迎二十大，创作贴近生活、积极向上、群众喜闻乐见的文艺作品，推选标准化文艺团队进行演出	10月1—7日	风瀛洲剧场、各乡镇	区文化和旅游局
22		崇明灶文化艺术节	举办灶文化活动，传承灶花艺术	10月下旬	向化镇灶花堂	向化镇人民政府

（区文化和旅游局）

上海崇明生态旅游集团有限公司

【概况】 2022年，上海崇明生态旅游集团有限公司注册资本5亿元，由区国资委独资设立。辖12个子公司，分别是上海崇明旅游投资发展有限公司、上海瀛景建设管理有限公司、上海东平森林公园有限公司、上海东泰旅行社有限公司、上海锦绣宾馆有限公司、上海锦宾物业管理有限公司、上海明珠湖公园管理有限公司、上海明珠湖度假村有限公司、上海崇明西沙国家湿地公园管理有限公司、上海瀛垦酒店管理有限公司、上海花博迎宾大酒店有限公司、上海崇明森林旅游园区企业服务中心。其中，两大景区均为国家AAAA级旅游景区、上海市旅游标准化示范景区、上海市农业旅游示范区、上海市科普教育基地。西沙明珠湖景区为全国首批生态旅游示范区，明珠湖公园为上海市五星级体育旅游休闲基地，西沙国家湿地公园是上海首家国家级湿地公园，东平国家森林公园是全市为数不多的国家级森林公园。2022年实现总营收2.73亿元，比2021年下降7.01%，接待游客76.4万人次，同2019年相比总营收增长0.88%，接待量增长9.71%，总体安全平稳有序。

【暑期旅游产业】 2022年，面对国内旅游蓄势回暖和暑期旅游旺季叠加的机遇，实现旅游经济复苏，接待人数增长。暑期集团实现总营收2650.92万元。其中，东平国家森林公园接待游客单日最高4300人次，日平均客流量1385人次，与2017年、2018年、2019年同期日均客流相比增长91.3%。

【主题夏令营活动】 8月，集团完成首次为期3期的主题夏令营活动，48名9—15岁少儿参与活动，是对夏令营市场的一次成功探索，取得了社会效益、经济效益双丰收。

【“亮证扫码”免费入园】 为方便65周岁及以上老年游客游览景区，游客可通过在随申办App中选择添加“上海敬老卡”，使用“亮证”扫码功能入园。自9月1日推行“亮证扫码”免费入园活动以后，市内游客14000余人次实现“亮证游览”，实现“电子证照”向社会化应用领域延伸。

【2022浦江创新论坛】 9月17日，主题为“低碳与绿色生态可持续发展专题论坛”的2022浦江创新论坛开幕式在花博迎宾馆举行。此次专题论坛由浦江论坛及上海交通大学联合举办，市、区领导及专家学者600余人通过“线下+线上”的方式共同参会。花博迎宾馆积极配合，主动谋划，为论坛的进行提供居住和会务支持，完成为期2天的论坛接待工作。

【2022年上海红花节】 9月28日至11月20日，在崇明东平国家森林公园举办“2022年上海红花节”。本届红花节以“花香森林——幸福生活每一天”为主题，推出花卉景观布展、科普探秘颂红花、乐游荟萃赏红花、舌尖意动品红花等主题活动，是崇明继花博会、花朝节之后又一次主题花卉节庆活动。

【西沙明珠湖基础设施提升项目】 2022年，西沙明珠湖基础设施提升项目一期项建书已审批，项目建设方案完成评审。下一步，集团将抓紧完成工程项目可行性研究报告，启动项目招标相关程序，办理园林绿化开工备案手续，年底前开工建设。

【多彩（水）森林提升改造项目方案】 2022年，森林公园水森林项目方案经过多轮修编，确定建设内容。根据水森林的建设特点和培育特性，项目拟分两期实施。项目方案向区政府汇报，在春节前完成项目建议书、工可报告、初步设计审批，林地更新手续办理。

【创建国家 AAAAA 级旅游景区】 2022 年，集团积极推进国家 AAAAA 级旅游景区创建，全面总结创建工作的经验做法，对标对表创建任务再提升，进一步完善景区服务功能，对景区旅游标识系统、景区二次消费项目、旅游安全、旅游环境卫生、景区综合管理等问题进行优化提升。按照“谁主管、谁负责，补短板，不丢分”的原则，扎实开展环境优化、氛围营造、宣传推广等各项工作，扩大宣传影响的广度、深度和频度。

（陆雯婕）

崇明年鉴

ChongMing NianJian

2023

交通运输业

综　述

2022年，全区内河港口经营户、水路运输（辅助）企业、水运个体户共计83户，其中内河港口普通货物经营户59户、危险品经营户4户、水上运输企业11户、水路运输辅助企业9户。全区内河通航里程360余公里，其中等级航道167公里。2022年，崇明三岛正在经营的轮渡航线共9条，其中申崇航线8条、长横对江渡航线1条。正常情况下每天进出航班170个，其中申崇之间航班81个、长横之间航班89个。投入三岛营运的船舶共29艘，客位8307个、标准车位310个，轿车车位130个。崇明三岛水上交通共接送旅客274.69万人次，车辆89.21万辆次，日均接送旅客0.9万余人次，渡运车辆约0.29万辆次。全区注册道路运输企业共计2282户（从事危险品运输企业12户），注册营运车辆31967辆。到年底，全区机动车维修备案企业83户，其中一类维修企业1户、二类维修企业44户、三类维修企业38户。全区拥有经营性备案停车场28家、营运车辆综合性能检测站1家、省际客运站1个。全区公交线路共68条，其中崇明本岛49条、长兴岛7条、横沙岛3条、市通郊线路9条（含区间线）。崇明巴士日均公交班次3262班，其中市通郊线路日均548班、崇明三岛区域内日均2714班。公交线路总里程1716.34公里，较2021年增加18.41公里（新辟1721路及部分线路延伸）。岛内设置南门汽车站、南门水陆换乘中心、堡镇汽车站、陈家镇临时枢纽站、长兴岛汽车站、横沙岛汽车站6个进出岛换乘点，陈家镇、长江、跃进、新海4个区域内汽车站和多个公交首末站。营运公交车辆为648辆，拥有出租汽车228辆。2022年，崇明三岛陆上交通接送旅客1479.24万人次，其中区域内公交线路接送旅客899.03万人次，市通郊线路472.1万人次（见附表），出租车运送旅客107.99万人次。陆上交通日均接送旅客4.05万余人次，其中市通郊线路1.29万余人次。（冯　丽）

2022年申崇市通郊线路流量情况表

表16

线路名称	班次（班）	人数（人）
申崇一线	32835	708372
申崇二线	38873	981309
申崇二线区间线	0	0
申崇三线	30243	518492
申崇三线区间线	25700	386109
申崇四线	41339	829042
申崇四线区间线	0	0
申崇五线	22500	276666
申崇六线	23984	499645
申崇六线B线	19682	342549
申崇七线	7903	178816
合计	243059	4721000

（区交通委）

2022年崇明区港口车客流量情况表

表17

航线名称	客流量（人次）	车流量（辆次）
淞新线	6397	
淞横线	28107	
淞马线	8261	
南宝线	511485	
堡宝线	53171	
南石（高速）线	4142	
南石线	416530	197174
新石线	329907	151851
长横线	1388963	543077
合计	2746963	892102

（区交通委）

交通建设与管理

【概况】 2022年，按照《交通运输部办公厅关于开展城乡交通运输一体化发展水平自评估工作的通知》的要求，结合崇明区实际，开展全区城乡交通运输一体化自评估工作，主要包括基础设施、客运服务、货运物流服务等一体化发展水平指标，以及发展环境指标。第三方评估单位对崇明区城乡交通运输一体化进行客观的评价，自评估综合得分99.1分，等级为AAAAA级。

（闫富威）

【轨交崇明线、沪渝蓉高铁】 8月25日，沪渝蓉高铁上海至南京至合肥段初步设计获得国铁集团、上海市人民政府、江苏省人民政府、安徽省人民政府联合批复。12月23日，“南隧北桥”中的“南隧”崇太长江隧道实质性开工。6月，《上海市城市轨道交通第三期建设规划(2018—2023年)调整》获得国家发改委批复。9月，轨交崇明线一期工程工可调整完成批复。11月，轨交崇明线111标完成“申崇号”盾构机刀盘吊装下井。12月，108标完成“申通号”过江盾构始发。（张梦茵）

【重点交通工程建设】 2022年，崇明生态岛环岛防汛提标二期工程推进堤顶道路及附属工程施工，6月30日完成涵闸通水和度汛断面封闭。环岛防汛提标一期（闸外桥）工程推进新建港闸外桥、三沙洪闸外桥桥梁桩基施工。环岛景观道一期生态修复工程正在推进前期工作。崇明岛公共货运码头工程完成建设。推进农民集中居住港西3#地块周边交通配套项目施工，10月8日，启动陈海公路(港东公路/鼓浪屿路—三双公路)新建慢行道工程；12月16日，完成鼓浪屿路(南横引河桥—陈海公路)整治工程。（张梦茵）

【道路养护】 2022年，崇明管养区级公路总里程为555.98公里，管养公路桥梁312座，乡村公路总里程为2364.73公里，乡村道路桥梁总数为1256座，全年共完成14个养护维修工程，总维修里程达34公里；完成日常养护经费1.73亿，完成路面修复183571平方米；共完成“四类设施”整治992万元，共完成复划标线159082平方米；完成555.98公里区道的路况检测以及2364.73公里农村公路平整度指标的检测工作。崇明管养市政道路总里程为91.123公里，桥梁38座，全年完成财政投入市政道路日常养护经费2463万元，完成车行道整治59154平方米，人行道整治共41527平方米，完成5条市级精品示范路（乔松路、翠竹路、东滩大道、崇明大道、绿海路）和1个精品区域（城桥新城地区）创建。全年共完成“四类设施”养护维修费用1281万元，完成复划标线119480平方米。实施“四好农村路”提档升级改造项目13个共30.95公里，投入资金1.37亿元，公路安防工程149处共55.88公里，均已完工。示范创建方面，2022年共申报创建“四好农村路”示范镇3个（庙镇、陈家镇、东平镇）示范路14条（汲浜公路南段、崇明天新路、合中南路、合中西路、合中引水河路、合中北路、合中中路、合中东路、民东支路、横沙增新路、向阳路、东瀛路、堡江公路、合五公路），完成创建和验收工作。同时积极参与省市级评优评选活动，东滩大道参选全国“十大最美农村路”，港沿镇大港公路获评上海市“十大最美农村路”。（张梦茵）

【优化公交线网】 2022年，优化堡胜专线、城桥5路、长兴4路等公交线路，新辟1721路，堡胜专线延伸至前卫村、南隆专线恢复至长岛绿地停车场、东滩2路全程至团结沙，增加申崇线、横长线等线路运能班次投放，进一步填补公交空白、优化线网布局。结合客流数据的变化，根据两会代表、委员和市民建议，以及崇明大道建设等实际现状和热点区域，进一步优化公交线路。推进公交站点的规范化建设和电子站牌建设，崇明区公交站点规范化建设工程（二期）安装完成400套电子站牌。（闫富威）

【静态交通管理】 2022年，编制发布《崇明区公共停车设施建设规划》。推进停车治理先行项目和公共泊位建设，完成1个停车治理先行项目（川心街老街）和206个公共泊位设置。不断优化路侧停车泊位设置，利用道路资源对路侧停车位进行补划和优化，采取分时段停车措施（7:30至17:00限免1小时），设置限停1小时指示牌，服务于桥镇菜场购物短时停车及周边居民夜间停车需求。拓展智慧化停车服务功能。推进错峰共享电子签约，绿地一期、二期地下车库开通错峰共享线上签约的功能；拓展医院停车预约功能，在第十人民医院崇明分院继续开展停车预约服务并上线；完善统一支付功能接入，积极引导经营备案公共停车场开展信息化改造，完成接入“上海停车”统一支付的25个，提交支付接入检测申请的3个；开展路侧智慧停车试点，积极推进路侧智慧停车试点项目建设，在朝阳门路、富民街先行先试，首批将覆盖路侧停车泊位36个。（闫富威）

【行业安全生产工作】 2022年，按照“党政同责、一岗双责、齐抓共管、失职追责”和“三管三必须”的要求，委党组书记、主任与3个委属基层单位签订安全生产和消防工作责任书、综合治理（平安建设）责任书、安全生产承诺书，进一步强化安全监管职责。年内印发各类工作方案，落实重点时期安全生产工作，督促各单位细化全年安全生产工作计划，明确重点事项及责任人员，扎实推动年度安全工作有序进行。依托委安委会工作季度会议等，及时传达中央、市、区有关安全生产重要指示精神，分析研判安全形势，推进安全工作落实。及时完成2022年委防汛防台应急预案等一系列行业专项应急预案修编调整工作，强化应急处置能力。按时开展“安全生产月”“119 消防宣传月”“防灾减灾日”等宣传教育活动，累计发放宣传纸质材料 393 份、宣传品 122 份，悬挂横幅 107 条，播放电子屏 22 块。

（闫富威）

【行政审批管理】 2022 年，办理道路货运企业行政许可 471 户，注销道路运输经营企业 88 户，核发货运车辆道路运输证 8148 本，注销货运车辆道路运输证 3609 本。换发正式（临时）岸线证 42 户，正式（临时）港口经营许可证 47 户；核发水上水下作业许可证 6 份，船员适任证 81 本（三类船长证书 64 份，三类轮机长 10 份，三类驾驶员 5 份，内河普通船员证 2 份）。共新辟、调整公交线路42条，审核延续公交线路14条。审批市政交通工程施工许可 1 起。挖掘城市道路许可 13 起，临时占用城市道路许可 2 起，挖掘公路及公路用地许可 2 起，跨越、穿越公路修建桥梁、渡槽或者架设、埋设管道、电缆等设施，及在公路用地范围内架设、埋设管线、电缆等设施，或者利用公路桥梁、公路隧道、涵洞铺设电缆等设施许可 13 起，在公路增设或改造平面交叉道口审批 6 起，更新采伐护路林审批 10 起。

（岳秋凝）

【行政执法检查】 2022 年，检查公交场站 792 户次、公交车 2629 辆次，查处违章案件 5 件。检查出租汽车 1174 辆次，查处违章案 20 件。检查长途客运场站 70 座次、86 辆次，查处违章案件 27 件。检查普通货道路运输企业 44 家次，车辆 217 辆次，查处违章案 60 件。检查危险品道路运输企业 189 户次，车辆 21 辆次，查处违章案件 13 件。开展超限超载整治 25 次，查获超限运输车辆 8 辆，移交交警处理。检查驾培企业 108 户次、车辆 9 辆次，查处违章案件 8 件。检查停车场企业 68 户次，查处违章案件 16 件。开展非法客运共开展专项整治 55 次，出动执法人员 684 人次，车辆 219 车次，公安交警配合出动 108 人次，共查获非法客运车辆 41 辆（网约车 32 辆）。

（岳秋凝）

客运轮船

【概况】 2022 年，上海市客运轮船有限公司（以下简称上海客轮公司）运营 9 条申崇客运航线（包括高速船航线 6 条、车客渡航线 2 条、长横对江渡航线 1 条），2 条危化品运输航线，投运各型船舶 27 艘。全年工作围绕疫情防控、保供保畅、安全生产、服务提升等为中心稳步开展。全年投入航次 5.19 万次，完成客运量 274.70 万人次，完成车运量约 89.21 万车次，完成危险品车辆运输任务 728 船，完成海葬任务 42 航次。

【应急保障运输】 3 月 28 日 5 时起，根据市、区疫情防控工作部署，所有水上客运航线暂停运营。按照市、区两级政府工作要求，上海客轮公司先后于 5 月 18 日、6 月 10 日成立复工复产工作专班与疫情应急处置工作专班，制定完善复工复产工作方案和应急处置预案，提前开展员工安全意识培训、操作技能培训、防疫操作培训、应急演练、设施设备检查维护保养、船舶试航、南门通道水深测量等工作，及时完成一线关键性岗位员工电子复工证的申领工作。6 月 1 日，按照“全网恢复、动态调整”要求，及时恢复全部水上客运航线营运，保障全市复工复产后旅客出行需求。疫情防控期间，生态交通集团勇担包保责任，全力保障城市运行任务。上海客轮公司长横对江渡完成应急保障运输 1335 船次；完成石洞口—新河、石洞口—长兴岛危化品运输 110 船次，累计危化品货物运输量 8990 吨。

【服务民生】 2022 年，上海客轮公司以社会需求为导向，与属地主管协管单位联防联动，落实节假日车客流高峰时段的客运保障职责。完成春运航班 8632 班，运输旅客 43.85 万人次，运输车辆 12.64 万辆次。端午航班 484 次，运输旅客 2.16 万人次，车辆 8607 辆次。中秋航班 1092 次，运输旅客 7.43 万人次，车辆 2.04 万辆次。国庆航班 2313 次，运输旅客 17.64 万人次，车辆 4.49 万辆次。

【投运“新生态”新能源车客渡船】 8 月 5 日，上海客轮公司与船舶承建方中国船舶集团公司第“七一一”研究所签订“新生态”轮新船交接合同。12 月 15 日，生态交通集团与崇明横沙乡政府共同举办“横沙乡帮困送温暖暨新生态轮体验”活动，“新生态”轮正式投入生产运行。作为世界首艘采用超级电容、双全回转推进器的车客渡船，“新生态”轮属于钢制内河船，总长 65 米、型宽 14.5 米、型深 4.3 米、吃水 2.5 米、载重量 210 吨；配备船员 20 人；核定载客 165 人，可装载小车 30 辆或大车 14 辆。该船采用高能量密度超级电容作为主动力，分为左右 2 个电容舱，具有纯电、零排放、充电快、安全性高、寿命长、营运成本低的特点。与传统以柴油机为主推进动力的常规车客渡船相比较，“新生态”轮运行 1 年，预计可节省燃料成本 87 万元左右，每年可减少 730 吨的二氧化碳排放。

【“喜迎二十大 奋进新征程”举办崇明三岛水上客运回顾展】 9 月 28 日至 10 月 20 日，上海客轮公司在南门、宝杨候船室举办。展览以历史沿革、客轮启航、峥嵘岁月、奋进振兴、大展宏图、转型发展为篇章，收集历史照片 40 张，通过文字、沙画及展板形式展现百余年崇明水上交通发展变迁。

【开展船舶航行安全专项整治】 10 月中旬起，上海客轮公司集中开展船舶航行安全专项整治行动，采用各级海务专职人员跟船监督、视频监控录像回看、AIS船舶动态实时监控等手段，重点关注船舶安全航速、穿越航道、协调避让、值班值守等问题，滚动排查整治各类航行安全风险、隐患，落实“三个确保”工作目标。至年底，专项整治行动已在重点船舶实现多层级全覆盖。

（张嘉煜）

巴士公交

【概况】 上海崇明巴士公共交通有限公司，位于上海市崇明区城桥镇八一路167号，由上海崇明生态交通集团有限公司控股70%，上海久事公共交通集团有限公司持股30%组建成立，主要从事崇明三岛及上海市通郊地面公共交通客运服务。公司下设七部一室，4个营运分公司，汽修公司（外修公司）、租赁公司、上海明山机动车驾驶员培训有限公司和长途客运站。拥有699辆车辆，其中新能源公交车648辆（占比100%）、团体客车22辆（新能源车2辆）、校车29辆。生产用车13辆。公司经营客运线路67条，其中“村村通”及最后1公里线路15条，市通郊线路8条，e乘巴士5条［e乘1号线：南门水陆换乘中心至北区汽车站；e乘松江大学城线：南门水陆换乘中心至松江大学城；e乘工程技术学校1号线：工程技术学校（长兴校区）至五洲大道地铁站；e乘汶水路贤达线：上外贤达学院至共和新路汶水路站；e乘五洲大道贤达线：上外贤达学院至五洲大道地铁站］，线路总长度1717公里。辐射的区域有崇明、长兴、横沙三岛及五洲大道、共和新路汶水路、长江南路、五角场等。崇明巴士大力发展绿色交通，持续优化线网布局，完成各项应急转运保障任务。

【绿色公交建设】 2022年，根据崇明世界级生态岛建设的总体要求和崇明绿色交通发展的总体布局，崇明巴士公司新购置43辆纯电动公交车，投放于南堡支线、南海线、申崇三线、申崇六线、申崇一线和长南线。本批新能源公交车采用全新的外观设计，充分展现崇明世界级生态岛的“江南韵味、海岛特色”。

【智慧公交建设】 11月上旬，崇明巴士公司对所属195辆申崇线营运车辆加装前向双目高级辅助驾驶（主动安全）系统。该系统可对驾驶员驾驶行为状态的特异性进行实时监测，通过GPS和4G视频功能全方位监控车辆超速、赖站、越线、驾驶员是否有违规行为等情况，能有效预防、减少及遏制交通事故的发生，切实提高安全行车水平。

【堡镇汽车站启用】 2022年，根据崇明区世界级生态岛建设规划，为满足2020年崇明区全面发展新能源电动公交车的实际需求，经上海市发展和改革委员会立项批复，于堡镇地区建设堡镇汽车新站。该站于2019年9月30日开工建设，至2021年9月27日竣工，于2021年10月28日移交上海崇明巴士公共交通有限公司，2022年1月1日正式投入营运。堡镇汽车站隶属于崇明巴士二分公司，地处于堡镇南路62号，总建筑面积约3.3万平方米，是崇明岛大型的枢纽中心及立体式新能源车停车场。它的建成有效解决堡镇地区乘客候车大厅及公交停车场车辆充电的问题。堡镇汽车新站共营运线路16条，岛内线路14条、岛外线路2条。日均乘客1.1万人，日均投放公里1.8万公里。停车楼设有新能源公交停车位180个，新能源公交车充电车位175个。堡镇汽车新站是崇明区唯一一个新能源出租车充电示范站，在空闲时段可以提供40个停车位供新能源出租车充电。地下车库有186个小车停车位，其中6个残疾人停车位、19个新能源汽车充电车位，非机动车位299辆。站内还配有洗车区域，采用全自动智能洗车机，洗车用水为雨水回收系统内水源，更加环保节能。

【网约定制公交】 8月19日起，崇明巴士公司恢复“e乘巴士1号线”营运。营运时间为每周一、五、六、日以及节假日；发车时间为南门水陆换乘中心5时、8时，北区汽车站16时30分、19时，满足南门地区市民一站式直达市区的早出行需求。

【公交线网优化】 9月15日起，堡胜专线首班车起终点站从原“花博会P1停车场”变更为“前卫村”。新增双向停靠站点崇明机场站、东平商店站、林风公路北沿公路招呼站、东纺厂站、风伟新村招呼站、强力站、推广站、东风小桥招呼站、东风新村站、三民文化村站、良果站、前卫村站；取消原终点站“花博会P1停车场”。

【品牌线路形象展示】 9月20—26日，崇明巴士公司在所属南门汽车站、堡镇汽车站开展公交品牌线路展示活动。展示的公交线路有南新专线、堡陈专线、南红专线、南堡专线、堡陈北线、南东专线6条线路。通过设立宣传展板、“便民服务评议台”等方式了解市民乘客的出行需求和精神文明需求，着力推进品牌线路建设，全面提升公交线路整体服务水平。

（张嘉煜）

房地产业

综　述

2022年，崇明区围绕世界级生态岛建设目标和发展需求，推进房地产市场管理，落实各项住房保障制度，深化住宅小区综合治理，推进旧住房更新改造，提升依法行政能力。全年累计完成二手房合同签约1307件、住房限购查询9212件；完成房地产投资额90亿元；完成6个项目8批次新建商品住宅上市销售，上市面积26.9万平方米，计2425套；完成11个新建住宅项目交付审批，涉及住宅面积85.27万平方米；新增廉租住房保障家庭56户、公共租赁住房配租家庭250户；新增对外供应公共租赁住房房源148套；完成保障性租赁住房纳管认定1006套、人才公寓认定80套；启动11754.2平方米不成套职工住宅及小梁薄板房屋改造；完成新一轮19.66万平方米“美丽家园”改造方案设计；启动实施34.7万平方米城桥镇明珠花苑综合整治工程和2416.06平方米直管公房、41361.21平方米系统公房及系统售后公房改造；完成既有多层住宅加装电梯30台；为9个小区增设电动自行车集中充电设施；完成5601个城房自建房点位排查；在随申办“崇明旗舰店”上线“生态e居”功能模块，在“我要查”栏目上线住宅小区物业管理信息。（陶佳丽）

房地产市场管理

【概况】 2022年，区住房保障房屋管理局继续坚持“房住不炒”总体基调，全力推进房地产稳促投资、稳增长工作，稳妥组织商品住房上市销售，持续整治开发企业和中介机构违规问题，有序推进新建住宅验收交付，积极探索开展中小套型比例调整，试点推进全装修商品住房标杆项目创建，有效维护房地产市场秩序，促进新建住宅品质提升。

【房地产投资】 2022年，区住房保障房屋管理局坚决落实市稳投资专班工作要求，会同区发展改革委、区规划资源局、区建设管理委、区统计局等部门明确年度房地产开发投资计划目标，加强项目纳统、数据汇总、分析等工作，同时，重点聚焦投资额大于5亿元的商品住宅项目，开展商品住宅项目建设投资调研，加强协调指导，有效促进项目建设。全年累计完成房地产投资额90亿元，较2021年下降12%。

【新建商品住宅上市销售】 2022年，区住房保障房屋管理局在坚持“房住不炒”定位不松懈基础上，积极推出新建商品住宅上市销售，结合疫情防控要求，指导企业开展无接触式“线上认购”“线上选房”活动。全年累计完成6个项目8批次新建商品住宅上市销售，上市面积26.9万平方米，计2425套，较2021年减少23.4%，混合均价为33024元/平方米；新建商品住房累计成交面积29.8万平方米，比上年减少11.2%。

【开发企业和中介机构管理】 2022年，区住房保障房屋管理局进一步细化销售环节工作要求与流程，建立项目上市销售前监管银行和销售负责人约谈机制。进一步加强销售现场巡查检查，持续规范销售行为，着力防范养老涉诈问题。进一步加大对开发企业资质发放与中介机构备案的审核、管理，全年累计办理开发企业资质30个，办理中介机构备案49家，住房租赁记载6家。

【房地产交易窗口服务】 2022年，区住房保障房屋管理局持续夯实基础工作，推行“线上”“线下”双渠道为民服务，打造便捷高效窗口服务。全年完成二手房合同签约1307件、合同变更4件及合同撤销39件；完成住房限购查询10009件、“房屋买卖一件事”170件、住房租赁服务151件；完成房屋面积实测38件，共计175.83万平方米；完成土地修测面积132.9万平方米、房屋灭失报告6件、商品房工程进度鉴证8件、补楼盘69件；开展“在线帮办”664次；推进工程建设项目“多测合一”，房屋权属调查工作全面实现“一次委托，统一测绘，成果共享”。

【新建住宅交付】 2022年，区住房保障房屋管理局坚决执行“一项目一方案”，强化事前统筹谋划，严把交付使用审批关，防范化解交付风险矛盾，确保项目平稳有序交付。全年完成11个新建住宅项目交付审批，涉及住宅面积85.27万平方米，其中商品房项目6个、征收安置住房项目5个。

9月20日，区住房保障房屋管理局开展“政府开放日”活动（区住房保障房屋管理局　供图）

【新建住宅品质提升】2022年，区住房保障房屋管理局通过区域发展规划、特定地块周边房地产市场需求分析以及销售现状，积极探索开展中小套型比例调整，满足崇明房地产市场对大户型的实际改善型需求缺口，年内完成陈家镇实验生态社区35号地块及城桥镇CMC10101单元05A-05A地块中小套型比例调整工作。同时，针对房地产市场需求差异化、全装修商品住房满意度偏低等现象，开展“城中村”改造项目第一幅商品住房地块全装修标杆项目创建和“我爱我家”住房需求调研活动，进一步提升住房销售满意度，促进住宅建设与市场需求的适配度。 （陶佳丽）

2022年崇明区房地产市场情况表

表18（1）

新建商品住房预（销）售许可	项目数	面积（万平方米）	套数（套）
预售	6	26.85	2425
销售	0	0	0

表18（2）

商品住房交易	指标分类		单位	数量
	一、成交套数			
	普通住宅		套	723
	非普通住宅		套	2063
	配套商品房		套	2462
	存量房		套	3421
	二、成交面积			
	普通住宅		平方米	55654
	非普通住宅		平方米	242650
	配套商品房		平方米	241001
	存量房		平方米	274112
	三、成交均价			
	普通住宅		元/平方米	28196
	非普通住宅		元/平方米	32334
	配套商品房		元/平方米	2999
	存量房		元/平方米	13414
房地产开发企业	二级资质	2022年度	个	30
		历年累计	个	45
	三级资质	2022年度	个	0
		历年累计	个	15
	暂定资质	2022年度	个	8
		历年累计	个	123
房地产经纪机构	2022年度备案	个	49	
	历年累计	个	824	

注：1. 本表统计数据为房地产交易中心签约成交情况

2. 存量房指二手房交易签约情况，包括普通住宅、非普通住宅、配套商品房、别墅等

3. 房地产开发企业二、三级资质2022年度数据含复评企业数量

（区住房保障房屋管理局 供图）

住房保障

【概况】2022年，区住房保障房屋管理局始终坚持人民至上，有序推进各类保障房受理、供给工作，持续优化保障性住房供应的规模结构，不断加强保障性住房品质把控，积极提升保障性住房资源配置效率，切实维护群众基本居住权益，有效提升群众居住品质，真正实现住有所居、住有安居、住有宜居。

【保障性住房受理、供给】2022年，区住房保障房屋管理局继续坚持公平、公正、公开的原则，有序推进各类保障性住房受理、审核、供给工作。全年新增廉租住房保障家庭56户，退出37户，发放廉租租金

补贴470万元；新增公共租赁住房配租家庭250户，完成复核164户，退出107户；完成第九批次（沪籍）及第四批次（非沪籍）共有产权保障房销售定价及选房签约工作，选定房源33套；完成共有产权保障房满5年上市转让工作，5户家庭购买政府产权，回笼资金154.49万元。

【保障性租赁住房管理】 2022年，区住房保障房屋管理局加快推进保障性租赁住房发展，牵头成立区保障性租赁住房工作领导小组，强化保障性租赁住房规划、建设、管理、服务一体化推进的组织保障。开展房源及企业意愿摸底，引导鼓励有意向的企业在高需求地区通过集中新建、依规转化、腾退房源循环使用、闲置房源回购利用等方式筹措房源并纳入保障性租赁住房范畴，确保保障性租赁住房可持续供应。根据社会面需求，灵活转换房源性质，提高房源配置效率。全年完成1006套保障性租赁住房纳管认定工作；新增对外供应公共租赁住房房源148套；完成3个项目200套保障性住房用途调整。

【保障性住房品质把控】 2022年，区住房保障房屋管理局聚焦事前、事中、事后各环节，对商品住房项目配建的保障性住房建设实施全过程监督管理。强化配建保障性住房设计图纸对比审核，进一步细化并明确保障房建设、装修、维保等过程中的要求、标准、规则，形成具体的指导意见，提高违约成本。对逾期交付、未按照要求施工的，提高违约金的支付标准，进一步约束开发商按要求施工，按时保质保量完成交付，着力保障住房品质。

【征收安置房管理】 2022年，区住房保障房屋管理局进一步加强统筹研判，推动征收安置房建设和安置保质提速。聚焦滞后项目，逐一分析滞后原因，督促指导企业制定“一项目一方案”，加快落实后续补救措施，确保项目顺利交付。针对需协调事项，协同相关职能部门看现场、对线路、摆问题、出对策，整合各方专业意见、及时上报专题协调。全年交付验收5个项目、住宅面积36.84万平方米。

【服务人才安居】 2022年，区住房保障房屋管理局深入挖掘资源，强化人才安居支持力度。拓宽房源筹措渠道，全年完成市场化租赁住房认定人才公寓80套。强化引进人才安居政策保障，联合区委组织部、人力资源保障局制定并印发《崇明区高层次人才公寓管理办法》。吸引重点单位在崇发展，制定《关于崇明区重点单位整体租赁区筹公共租赁住房的审核配租制度》。优化申请及入住渠道，积极推行“一网通办”“随申办”等线上办理平台，开放即签即住灵活入住方式。

（陶佳丽）

住宅小区综合治理

【概况】 2022年，区住房保障房屋管理局坚持党建引领，综合施策，协同配合，以群众的需求和问题为导向，以补齐住宅小区民生短板为突破口，以建立健全常态化小区管理长效机制为重点，创新体制、完善机制，进一步规范小区管理，推进居民自治全覆盖，全面提升住宅小区综合治理效能。

【住宅小区综合治理】 2022年，区住房保障房屋管理局。完成8个小区新增电动自行车充电设施实事项目任务。完成20个老旧小区电动自行车集中充电场所加装消防设施任务。完成1000台住宅电梯加装远程安全监测模块。推动符合条件的63个业委会100%成立党的工作小组、8个符合条件的业委会成立党支部、38个符合条件的小区实行居委会、业委会“交叉任职”。对43个高层住宅小区全部完成消防安全企业自查工作。

【住宅小区安全运行】 2022年，区住房保障房屋管理局多措并举指导乡镇加强住宅小区安全管理工作，促进小区安全运行。落实小区“五查”制度，加强安全巡查，及时发现处置各类安全隐患。开展消防安全隐患排查，推进建筑物外墙及附属构建附着物高坠隐患整治，做好防汛防台各项工作，根据部署进行地下空间专项检查。

【城镇自建房排查整治】 2022年，

7月21日，陈家镇东滩智慧名苑小区开展防汛防台演练（区住房保障房屋管理局 供图）

区住房保障房屋管理局坚持上下联动、多措并举，牵头成立区级城房工作专班，强化统筹协调推进城镇自建房排查整治工作。全年共完成排查城房自建房点位排查 5601 个，其中经营性自建房 503 处，其他自建房 5098 处。初步判定存在安全隐患的房屋共 180 处，其中经营性自建房 21 处，其他自建房 159 处。在完成经营性自建房排查基础上，聚焦由存量厂房改建成的产业园区、酒店民宿、培训机构、养老机构等改扩建房屋全区初步排摸城房两改房 20 处。

【明珠花苑综合整治工程】 2022 年，明珠花苑综合整治项目被列入区政府重点项目。12 月 8 日，项目正式开工建设。明珠花苑综合整治工程总建筑面积约 34.74 万平方米，总投资约 1.76 亿元，主要建设内容为屋面渗水修缮，新增平屋面，外立面渗水修缮，室内公共部位修缮，楼道扶手栏杆除锈，路面修缮，雨水管道及检查井、雨水口，改造明沟及其他相关工程。（陶佳丽）

旧住房更新改造

【概况】 2022 年，区住房保障房屋管理局在加快推进“两旧一村”改造的基础上，坚持科学规划、把握重点、统筹推进，有序推进实施“美丽家园”建设、旧住房修缮、既有多层住宅加装电梯、新建电动自行车集中充电设施等为民惠民工程，切实改善既有住房居住条件，提高居民生活品质。

【“城中村”改造】 2022 年，区住房保障房屋管理局有序推进利民村（西）“城中村”改造，加快推进集体土地上房屋居民签约工作，整体签约率达 96%。完成国有土地房屋征收定界及 05A-05A 地块土地出让工作，征收补偿方案经区政府批准及市房管局备案后，12 月 30 日完成公示。积极推进该项目配套安置住房建设。牵头开展全区“城中村”地块排摸工作，梳理上报 51 个地块信息，总占地面积逾 1.14 万亩，总集体建设用地面积逾 0.48 亩，产权户数 1.28 万户，户籍人口 3.2 万人。

【不成套职工住宅及小梁薄板房屋改造】 2022 年，区住房保障房屋管理局启动 4400 平方米不成套职工住宅和小梁薄板房屋改造工作，牵头开展房屋情况摸底调查，委托第三方设计院对辖区不成套职工住宅及小梁薄板房屋进行逐套踏勘，按照建筑本体结构、不成套率、建筑外立面以及建筑内公共部分等现状，评估单幢房屋分值，结合区域总体规划及建筑周边环境，初步判断包括拆除重建、零星征收、抽户等改造方式，拟定片区改造方案。

【既有多层住宅加装电梯】 2022 年，区住房保障房屋管理局继续坚持“人民城市人民建、人民城市为人民”理念，充分发挥属地管理和居民区党组织领导核心作用，加强工作指导，常态推进既有多层住宅加装电梯工作，全年完成居民意见征询工作 53 个门洞，完成加装电梯 30 台。

【住宅小区电动自行车集中充电设施建设】 2022 年，区住房保障房屋管理局通过制定《崇明区 2022 年度住宅小区电动自行车充电设施建设实事项目工作方案》、指导乡镇结合美丽家园建设或单独改造等方式，稳步推进住宅小区电动自行车集中充电设施建设。全年完成 9 个小区增设工作，完成率 113%。

【各类旧住房修缮】 2022 年，区住房保障房屋管理局坚持直管公房、售后公房周期维修和日常管养，按需实施售后公房、直管公房修缮工作，年内启动城桥镇、堡镇等地区 2416.06 平方米直管公房改造及新海镇、横沙乡 41361.21 平方米系统公房及系统售后公房改造。（陶佳丽）

邮政通信

综　述

2022年，中国邮政集团有限公司上海市崇明区分公司服务面积约1304.91平方公里，服务人口约78.7万人。全年完成业务收入1.36亿元，用户综合满意度得分为99.51分。中国电信上海公司崇明局深入学习贯彻党的二十大精神，结合公司"十四五"规划，深化培训认证及人才队伍建设，促进全口径员工快速成长；组织开展各类技能认证，参与260余人次，认证参与率比上年增长400%以上；推进卓越工程师队伍建设，121人获得天翼云从业者认证，68人次参加相关技能认证；打造"瀛洲翼学大讲堂"学习品牌，邀请区域内专家开设专题讲座9期。中国移动通信集团上海有限公司崇明分公司服务个人用户超47万人，政企客户超过3000家，家庭宽带用户超8万户，年营收规模约2.9亿元。中国联合网络通信有限公司上海市崇明区分公司服务手机用户数约10万户，家庭用户数约1万户。

中国邮政集团有限公司上海市崇明区分公司

【概况】 中国邮政集团有限公司上海市崇明区分公司（以下简称崇明区分公司），内设综合办公室、财务部、人力资源部、党建工作部、市场营销部、金融业务部、服务质量部（普遍服务部）、寄递事业部市场部、寄递事业部运营管理部。下辖9个支局（营业部）、31个邮政所、1个揽投部。投递线路146条，其中普邮邮路92条、专投邮路54条。线路单程总长度10623公里。其中，机动车投递线路48条，单程长3849公里；摩托车投递线路6条，单程长571公里；电瓶车投递线路92条，单程长6203公里。设信箱（筒）262个、ATM机4台、CRS机28台、ITM机34台。年末在册员工445人，其中中共党员53人、共青团员22人、女员工175人、少数民族1人；专业技术人员：中级10人、初级19人；工技人员：技师2人、高级工41人、中级工197人、初级工149人；学历：研究生1人、本科195人、大专155人、中专29人、高中24人、初中及以下41人。服务面积约1304.91平方公里，服务人口约78.7万人。全年完成业务收入1.36亿元，其中代理金融业务收入7745万元、寄递业务收入1908万元、邮务类业务收入4027万元。用户综合满意度得分为99.51分。

【三级物流体系建设】 2022年，崇明区分公司以育才村邮政综合便民服务站点为样板，在全区范围内复制推广，累计设立50家综合便民服务站，并同步开办代收代投自提服务，提高站点服务功能，建强农村寄递物流体系。

【"崇邮夜训"教育培训活动】 3月1日起，崇明区分公司以腾讯会议、集中培训、行动学习、岗位辅导等相结合的方式，围绕集团公司及市分公司战略宣贯、专业前沿技术、业务发展趋势、典型经验做法等内容开展"崇邮夜训"专项教育培训活动，着力强化员工的思想淬炼、实践锻炼、专业训练和能力重塑，全年共组织开展42期。

【保通保畅工作】 疫情防控期间，做好党报党刊投递和机要通信服务，积极落实保通保畅工作。崇明区分公司全力保障乡镇民生物资配送，为城桥镇居民配送民生套餐2.5万余份、爱心礼包400余吨，为全区多个乡镇配送物资近2000份；主动承接企业员工慰问品投送，为移动、农商行、浦发银行、农行、中远海运集团等多家单位配送员工慰问品850余份；服务保障电商大客户寄递需求，为湛润、程上等多家电商大客户收寄特快邮件近3万件。

【打造邮政区域级农产品基地】 8月，崇明区分公司在深入挖掘本土优质农产品的基础上，引进"西红花""翠冠梨""香酥芋"三个特色农产品进入邮政销售渠道，推动农产品出村进城。同时加强与农村合作社的邮农合作，依托邮政渠道、金融、寄递的整体优势资源，将建英果蔬专业合作社打造为邮政区域级农产品基地，帮助销售1.5公斤装崇明香酥芋35000箱，销售额100.8万元。（杨佳萍）

2022年中国邮政集团有限公司上海市崇明区分公司局所情况表

表19

机构名称	地址	邮政编码	营业时间
中国邮政集团有限公司上海市崇明区南门邮政支局	城桥镇八一路365号	202150	8:00—17:00
中国邮政集团有限公司上海市崇明区桥镇邮政所	城桥镇中津桥路11-5号	202150	8:00—12:00，12:30—16:30
中国邮政集团有限公司上海市崇明区玉环路邮政所	城桥镇玉环路585号	202150	8:00—11:30，12:30—16:00；周日休息

续表 19

机构名称	地址	邮政编码	营业时间
中国邮政集团有限公司上海市崇明区侯家镇邮政支局	城桥镇长侯路 65 号	202155	8:00—11:30，12:30—16:00
中国邮政集团有限公司上海市崇明区南盘滧邮政支局	港西镇三双公路 1581 弄 11 号	202154	8:00—11:30，12:30—16:00
中国邮政集团有限公司上海市崇明区城北邮政所	港西镇团结村 892 号	202154	8:00—11:30，12:30—16:00；周末休息
中国邮政集团有限公司上海市崇明区长征邮政支局	新海镇长征公路 3359 弄 172 号	202174	8:00—11:30，12:30—16:00；周末休息
中国邮政集团有限公司上海市崇明区新海邮政支局	新海镇兴谷路 45 号	202172	8:00—11:30，12:30—16:00
中国邮政集团有限公司上海市崇明区前进邮政所	新海镇北沿公路 1328 弄 37 号	202179	8:00—11:30，12:30—16:00；周末休息
中国邮政集团有限公司上海市崇明区红星邮政支局	新海镇星村公路 255 号	202173	8:00—11:30，12:30—16:00；周末休息
中国邮政集团有限公司上海市崇明区跃进邮政支局	新海镇跃进公路 556 号	202171	8:00—11:30，12:30—16:00；周末休息
中国邮政集团有限公司上海市崇明区庙镇邮政支局	庙镇宏海公路 1888 号	202153	8:00—11:30，12:30—16:00
中国邮政集团有限公司上海市崇明区合作邮政所	庙镇小星公路 1208 号	202153	8:00—11:30，12:30—16:00；周日休息
中国邮政集团有限公司上海市崇明区江口邮政所	三星镇宏海公路 255 号	202165	8:00—11:30，12:30—16:00；周日休息
中国邮政集团有限公司上海市崇明区海桥邮政所	三星镇海桥公路 1 弄 30 号	202152	8:00—11:30，12:30—16:00；周日休息
中国邮政集团有限公司上海市崇明区草棚邮政支局	三星镇宏海公路 4191 号	202152	8:00—16:00
中国邮政集团有限公司上海市崇明区新建邮政所	绿华镇新建路 659 号	202151	8:00—11:30，12:30—16:00；周日休息
中国邮政集团有限公司上海市崇明区建设邮政所	建设镇建设公路 1914 号	202155	8:00—11:30，12:30—16:00；周日休息
中国邮政集团有限公司上海市崇明区大同邮政所	建设镇蟠龙公路 1099 弄 14 号	202155	8:00—11:30，12:30—16:00；周末休息
中国邮政集团有限公司上海市崇明区堡镇邮政支局	堡镇镇工农路 238 号	202157	8:00—16:30
中国邮政集团有限公司上海市崇明区五滧邮政所	堡镇合五公路 1205 号	202159	8:00—11:30，12:30—16:00；周末休息
中国邮政集团有限公司上海市崇明区向化邮政支局	向化镇向化大街 181 号	202161	8:00—11:30，12:30—16:00
中国邮政集团有限公司上海市崇明区汲浜邮政支局	中兴镇汲浜公路 319 号	202163	8:00—11:30，12:30—16:00；周日休息
中国邮政集团有限公司上海市崇明区港沿邮政支局	港沿镇港沿中路 526 号	202158	8:00—11:30，12:30—16:00
中国邮政集团有限公司上海市崇明区合兴邮政所	港沿镇合兴村 869 号	202180	8:00—11:30，12:30—16:00；周末休息
中国邮政集团有限公司上海市崇明区响椿路邮政支局	竖新镇响椿路 76 号	202179	8:00—11:30，12:30—16:00
中国邮政集团有限公司上海市崇明区竖新邮政所	竖新镇团城公路 1958 号	202164	8:00—11:30，12:30—16:00；周日休息

续表 19

机构名称	地址	邮政编码	营业时间
中国邮政集团有限公司上海市崇明区陈家镇邮政支局	陈家镇陈彷公路 28 号	202162	8:00—11:30，12:30—16:00
中国邮政集团有限公司上海市崇明区裕安邮政所	陈家镇裕安路 19 号	202162	8:00—11:30，12:30—16:00
中国邮政集团有限公司上海市崇明区前哨邮政支局	陈家镇前哨公路 42 弄 44 号	202183	8:00—11:30，12:30—16:00
中国邮政集团有限公司上海市崇明区新村邮政所	新村乡新中村新跃 289 号	202172	8:00—11:30，12:30—16:00；周日休息
中国邮政集团有限公司上海市崇明区长江邮政支局	东平镇北沿公路 1647 弄 889 支弄 4 号	202178	8:00—11:30，12:30—16:00
中国邮政集团有限公司上海市崇明区东风邮政支局	东平镇林风公路 1255 号	202177	8:00—11:30，12:30—16:00；周日休息
中国邮政集团有限公司上海市崇明区新河邮政支局	新河镇新中路 615 号	202156	8:00—11:30，12:30—16:00
中国邮政集团有限公司上海市崇明区新民邮政所	新河镇新晨路 38 号	202156	8:00—11:30，12:30—16:00；周日休息
中国邮政集团有限公司上海市崇明区横沙邮政支局	横沙乡新环路 14 号	201914	8:00—11:30，12:30—16:00
中国邮政集团有限公司上海市崇明区长兴邮政支局	长兴镇凤西支路 2 号	201913	8:00—11:30，12:30—16:00
中国邮政集团有限公司上海市崇明区仁建路邮政所	长兴镇仁建路 299 弄 2 号 123-126 室	201913	8:30—11:30，12:00—15:30；周末休息
中国邮政集团有限公司上海市崇明区前卫邮政所	长兴镇潘园公路 1 号	201913	8:00—11:30，12:00—15:30
中国邮政集团有限公司上海市崇明区潘石邮政所	长兴镇潘石村 158-5 号	201913	8:30—11:30，12:00—15:30，周末休息

（中国邮政崇明分公司）

中国电信上海分公司崇明局

【概况】 2022 年，中国电信上海公司崇明局（以下简称崇明电信局）深入学习贯彻党的二十大精神，结合公司“十四五”规划，深化培训认证及人才队伍建设，促进全口径员工快速成长；组织开展各类技能认证，参与 260 余人次，认证参与率比上年增长 400% 以上；推进卓越工程师队伍建设，121 人获得天翼云从业者认证，68 人次参加相关技能认证；打造“瀛洲翼学大讲堂”学习品牌，邀请区域内专家开设专题讲座 9 期。以实事项目提升员工幸福感，组织安康杯活动，开展古猗园摄影交流、初夏线上插花、崇明局安康杯乒乓赛等多个主题活动，结合“情系员工 保安康，送清凉”活动为各部门工会配备安康百宝箱；推进建设美丽支局，为 14 个支局完善新建、改造小食堂、小浴室、员工休息室等场所，美化办公环境，提升舒适感；打造“悦读微吧”“心理健康驿站”，结合“翼家人员工天地”和厂务公开栏，个性化设计制作支局宣传栏，提升企业文化氛围；开展支局“创星级食堂，护员工安康”评选活动，下沉创建经费，打造一支局一特色小食堂；推进学习型组织建设，开展崇明局“喜迎二十大 阅读越幸福”全员读书系列活动，为基层创建“悦读微吧”，以“职工书屋好书流动”的形式下沉书籍 420 余本；设立劳模智能书柜，与区局智慧家庭体验馆相融合，学习劳模精神、劳动精神、工匠精神。

【社会服务】 2022 年，崇明电信局收集优秀服务事迹、挖掘服务精神，营造“以客户为中心”的服务氛围，累计宣传 17 人次，发文 10 篇，解决用户问题 3 件、优化推动公司解决 8 件、2 次获得慧眼奖，16 件案例被评为“双十分”优秀案例。打造“幸福课堂”崇明品牌：科技助老微讲堂升级为线上“幸福课堂”，拍摄制作幸福课堂视频 20 期，投放至公司客服、网厅公众号直播、邱莉娜工作室公众号、崇明电信局公众号、企微，以及横沙乡新永村 IPTV 翼社区、美丽港西乡镇公众号等平台。营业厅服务功能扩展助推服务能力提升：与区红十字会沟通开展面向一线人员急救知识认证培

警民联动机成功阻止一起有预谋的涉诈案件（崇明电信局 供图）

训，50名营业员、装维人员和安全管理员参加急救知识培训认证获得红十字会救护员证。疫情防控期间，长兴支局、汪荣荣工作室的事迹报道被国防邮电报专题报道。

【反诈能力提升】 2022年，崇明电信局持续提升反诈能力，修订营业厅反诈应急预案，落实警民联动，制定2022年防通信诈骗方面4个目标和4项举措，提高营业厅处置应急情况的能力。落实全量专营渠道门店营业员涉诈提醒的“一看”“二讲”“三圈划”要求，对营业厅圈划工作进行稽核检查，对于不规范的门店要求整改。从6月开始与区反诈中心实现信息互通，第一时间了解营业厅异常开卡情况。10月中旬，营业厅发现外地人员有组织地到厅申请业务的可疑情况，通过警民联动机制及时与公安反诈中心取得联系，最终阻止一起有预谋的涉诈案件的发生。 （沈天宇）

2022年中国电信上海公司崇明地区营业网点情况表

表20

名称	地址	营业时间	联系方式
中国电信上海城桥镇八一路营业厅	城桥镇八一路398号	8:30—20:30	59616666
中国电信上海南门路营业厅	城桥镇南门路128号裙楼一楼	8:00—18:00	59622600
中国电信上海南门玉环路营业厅	城桥镇玉环路583号	8:00—17:00	69489113
中国电信上海新河新中路营业厅	新河镇新中路615号	7:30—17:00	59681747
中国电信上海竖新响椿路营业厅	竖新镇响椿路76-2号	7:30—17:00	59490116
中国电信上海竖河团城公路营业厅	竖新镇团城公路2029号	7:30—17:00	59480398
中国电信上海堡镇工农路营业厅	堡镇工农路241号	7:30—17:30	59418006
中国电信上海裕安路营业厅	陈家镇裕安路47号	7:30—17:00	33801170
中国电信上海陈镇陈彷公路营业厅	陈家镇陈彷公路18号	7:30—17:00	59430054
中国电信上海向化向贸路营业厅	向化镇向贸路32弄8号	7:30—17:00	59444514
中国电信上海建设镇中路营业厅	建设镇镇南路15号	7:30—17:00	39628054
中国电信上海庙镇万安桥路营业厅	庙镇万安桥路2号	7:30—17:00	59363514
中国电信上海草棚宏海公路营业厅	三星镇宏海公路4207号	7:30—17:00	59602600
中国电信上海港沿港沿中路营业厅	港沿镇港中路526号	7:30—17:00	39420001
中国电信上海盘效三双公路营业厅	港西镇三双公路1581弄3号	7:30—17:00	59671514
中国电信上海横沙民东路营业厅	横沙乡民东路1612号	周一至周五 8:00—11:30，12:30—16:30	66720012
中国电信上海中兴镇营业厅	中兴镇陈彷公路2820号	周一至周五 7:30—11:30，12:30—17:00	69444325
中国电信上海长江大街营业厅	东平镇长江农场东冉路889弄2号	周一至周五 7:30—12:00，13:00—17:00	59668414
中国电信上海新海兴谷路营业厅	新海镇兴谷路39号	周一至周六 7:30—12:00，13:00—17:00	59658700
中国电信上海江口宏海公路营业厅	新海镇宏海公路180号	周一至周日 7:30—11:30，12:30—17:00	69362994

（中国电信崇明局）

中国移动通信集团上海有限公司崇明分公司

【概况】 中国移动通信集团上海有限公司崇明分公司（以下简称崇明移动）于1999年成立，坐落于城桥镇东引路718号，现有员工143人，内设综合部、建设客响部、市场部、政企部、本岛区域运营部、长兴区域运营部，下设12个营业厅，基本覆盖各个乡镇，可以有效、方便、快捷地服务岛上居民。根据中国移动创世界一流“力量大厦”战略实施要求，崇明移动大力推进CHBN“四轮”全向发力、融合发展。在个人市场，全面推广5G统一资费、5G终端与套餐；在家庭市场，为家庭用户提供共享流量、家庭增值应用、家庭宽带等服务；在政企市场，为政企用户提供移动云、IDC、ICT、专线、5G行业应用等各类产品与服务。截至2022年底，建设5G基站达一千余个，实现崇明区域5G全覆盖。服务个人用户超47万，政企客户超过3000家，家庭宽带用户超8万户，年营收规模约2.9亿元。

【营业网点建设】 2022年，为更好地服务崇明地区的客户，崇明移动统筹规划部署营业网点的建设，截至2022年底，崇明地区中国移动营业厅达12家，营业服务点1家。

2022年中国移动通信集团上海有限公司崇明地区营业网点情况表

表21

名称	地址	营业时间	联系方式
南门营业厅	城桥镇八一路390号	8:30—18:30	13817710080
城桥镇营业厅	城桥镇中津桥路55号	8:00—17:00	13816010081
堡镇营业厅	堡镇中路410号	8:00—17:00	13817810080
长兴岛营业厅	长兴镇凤卫路325号	8:00—17:00	13817910080
三星镇营业厅	三星镇宏海公路4172号	8:00—17:00	13918610080
向化营业厅	向化镇陈彷公路4600号	8:00—17:00	13917510080
新开河营业厅	新河镇新开河路528号	8:00—17:00	13917210080
庙镇营业厅	庙镇大街55号	8:00—17:00	13917310089
竖河营业厅	竖新镇竖新南路280弄1-113号	8:00—17:00	13917910087
中兴镇营业厅	中兴镇陈彷公路3120号	8:00—17:00	13918710081
陈彷公路营业厅	陈家镇陈彷公路1弄53号	8:00—17:00	13918410080
裕安营业厅	陈家镇北陈公路1437号底层	8:00—17:00	13918010087
横沙服务点	崇明区横沙乡新北村69号	周二、周四、周六 9:00—11:00，12:00—16:00	13817910080

（中国移动崇明分公司）

【年度重大事件及重点工作】2022年，崇明移动围绕市民需求导向，推动实施数字医院、数字养老、数字教育、数字文旅、数字社区等服务场景，共同打造智能便捷的数字化公共服务体系；结合政务服务“一网通办”、城市运行“一网统管”建设需求，推进公共服务、应急管理、市场监管、生态治理等重点应用场景建设，共同书写崇明发展新篇章。研究制定“数智乡村振兴计划”2022年工作要点和任务清单，举行乡村振兴先锋行动启动仪式，推进农村家宽千兆网络覆盖，打造数智乡村示范村，深度参与区5G乡村智慧垃圾分类项目、向化镇“速调快处”信息化民声服务项目、区政生态农旅云签约等多个乡村振兴重大项目。其中，向化镇“速调快处”信息化民声服务项目评选为公司乡村振兴优秀案例，并得到新华社等本市主流媒体宣传报道。崇明移动加强内外融合协同，对外以客户为中心，为客户提供及时、贴心的咨询和服务，完善业务服务体系；对内以一线为中心，深化网格触点全渠道协同，解决客户关切问题，切实提升客户服务水平。通过“人员大培训、资格大认证、技能大竞赛”等活动，着力弥补员工知识空白、经验盲区、能力短板，提升队伍的整体服务能力。优化网格业务发展模式，推动网格化运营提质增效，持续为大众提供高质量服务。

【网络通信保障】 2022年崇明移动积极对接市、区两级重大办，主动请缨承接市级重大项目，扎实做好网络通信保障。出动家宽装维1767人次，完成故障维护与支撑2118次，远程指导客户排除解决故障400余起。为20余家村委、街镇开拓信息化宣传渠道，发布3万余条防疫通知；积极投身防疫志愿服务，崇明移动多人主动参与到社区防疫工作，服务总时长超300小时，多名党员被选为所在社区临时党支部书记或委员。

【志愿服务】 2022年，崇明移动以“5G进校园”“数智移动 转型有我”“城市数字化转型”志愿先锋行动等主题活动为载体，提供驻点服务、5G知识科普、防疫保障等志愿服务。崇明移动共青团总支部开展暑期实践活动，携手工商银行共青团总支部为大新中学学生开展防电信诈骗信息安全教育课。崇明移动团总支联合新河镇团委、上海崇明石榴籽公益发展中心，特邀中国移动通信集团上海有限公司专家，为新河镇地区的青少年带来暑期青少年科技及安全教育公益课程。崇明移动联合陈家镇政府与向化镇花仓村村委开展“践行数字为老，助力银发触网”——智能手机应用专题学习培训讲座，为村民科普核酸码、健康码、手机支付等常用软件的使用方式，同时现场志愿者们对老年人智能机使用情况进行全面调研，了解老年人智能机使用需求及困难，从实际出发，通过进一步研究分析，制定更适合老年人的智能机使用方案，切实解决实际问题。秉持“客户为根 服务为本”的理念，依托“心级服务”“包师傅”等品牌力量，践行使命担当。 （尤慧敏）

中国联合网络通信有限公司上海市崇明区分公司

【概况】 2022年，中国联合网络通信有限公司上海市崇明区分公司（以下简称分公司）致力于崇明区信息化建设，密切跟进政府“两张网”建设要求，不断提升自身通信服务水平，为崇明智慧生态岛建设和经济发展做出应有的贡献。分公司成立于2004年5月12日，位于城桥镇朝阳门路11号总工会大厦9层。分公司有工作人员100余人，内设营服3个中心、产业经济事业部、政务服务事业部、营销部、政企经营部、网络保障部、办公室等9个部门，下辖中国联通庙镇营业厅、八一路营业厅、万达广场营业厅、建设镇营业厅、港西镇营业厅、新开河路营业厅、竖新镇营业厅、堡镇营业厅、港沿公路营业厅、崇明向化镇营业厅、裕安营业厅、陈家镇营业厅、凤滨路营业厅、圆沙营业厅、横沙营业厅，总计15家自有营业厅。分公司主要业务经营范围包括5G移网通信业务、千兆固网通信业务、B2I互联网业务、政企创新业务以及其他电信业务。

【5G建设】 2022年，结合市公司5G网络规划总体要求，坚持共建共享，紧跟行业节奏，打造覆盖相当、体验领先、能力领先、效能领先的5/4G一体化精品网。加快室分目标网建设，地上地下、室内外全覆盖，深度覆盖相当，重点区域发挥3.5G大带宽优势，打造网络差异化竞争优势，联通公司在崇明区域内5G基站共793个。

【加快农村双千兆覆盖 助力乡村振兴】2022年，坚持农业农村优先发展，坚持城乡融合发展，强化科技创新和制度创新，坚决守牢确保粮食安全、防止规模性返贫等底线，扎实推进乡村发展、乡村建设、乡村治理等重点工作。助力崇明乡村振兴发展，继续推进农村等偏远地区网络深度覆盖，促进农村网络高质量发展，加速双千兆网络布局，23年完成崇明全域农村双千兆覆盖。

【创新发展】 2022年，分公司坚持助力数字崇明建设整体布局规划落地的总体要求，大力开展创新业务发展，积极参与数字中国建设等创新项目，分公司依托混改优势，全面突破传统业务瓶颈，从传统意义的“管道运营商”转型为科技创新型公司，通过“四院八室”为核心的科技创新力提升，强化对工作人员创新技术自研能力和对合作单位集约能力提升，完成项目交付。网络深度深耕细作，驱动数字化升级。在民生领域，深入参与到惠民行动助力开展智慧车棚升级；在船舶领域打造世界级标杆案例，千兆虚拟专网助力江南造船5G全连接工厂应用落地。

【通信保障】 2022年，分公司积极参与崇明区各类通信保障。“2023年全国两会”、2023上海长江半程马拉松赛、2023中国全民健身走（跑）大赛暨中国企业家崇明岛挑战赛、积极准备党的二十大会议、十一国庆节等重要会议期间通信安全生产的保障工作。根据经信委要求，完成重点场景（商圈，交通枢纽，景区，3+1中心和居民区的190个子场景）网络测试，联通整体排名前列领先友商，平均下载速率838.46，平均上传速率90.67。在防汛防台通信保障方面，6月以来，全国全面进入主汛期，上海市接连遭遇多场暴雨，防汛抗洪形势严峻，崇明全岛进入紧急戒备，分公司为保障岛上网络通信，全员参与防汛防台值班，组织维护队伍进行保障，提前做好各类应急预案，确保防汛期间崇明三岛网络运行正常。 （滕乔其）

2022年中国联合网络通信有限公司上海市崇明区分公司营业网点情况表

表22

营业厅名称	地址	属性	营业时间
圆沙营业厅	长兴岛圆沙镇仁建路800弄11号104室	自营营业厅	8:30—18:30

续表 22

营业厅名称	地址	属性	营业时间
长兴岛营业厅	长兴镇凤滨路 129-2-3	自营营业厅	8:30—18:30
陈家镇营业厅	陈家镇宏道中路 1 号（陈彷公路 129 号）	自营营业厅	8:00—17:00
裕安营业厅	陈家镇北陈公路 1441 号	自营营业厅	8:00—17:00
庙镇营业厅	庙镇宏海公路 1947-1 号	自营营业厅	8:00—17:00
八一路营业厅	城桥镇八一路 519 号	自营营业厅	8:30—18:30
崇明万达广场营业厅	城桥镇翠竹路 2377 号 1030 号商铺（崇明万达广场）	自营营业厅	10:00—20:30
堡镇营业厅	堡镇堡镇中路 397-399 号	自营营业厅	8:30—17:30
新开河路营业厅	新河镇新开河路 626 号	自营营业厅	8:00—17:00
港西镇营业厅	港西镇盘西村 1770 号	自营营业厅	8:00—17:00
横沙营业厅	横沙乡新北村 446 号	自营营业厅	8:30—17:30
建设镇营业厅	建设镇建设公路 1756 号	自营营业厅	8:00—17:00
港沿公路营业厅	上海市崇明区港沿镇港沿公路 1209 号	自营营业厅	8:00—17:00
竖新镇营业厅	上海市崇明区竖新镇团城公路 1950 号	自营营业厅	8:00—17:00
崇明向化镇营业厅	上海市崇明区向化镇陈彷公路 4604 号	自营营业厅	8:00—17:00

（中国联通崇明分公司）

崇明年鉴
ChongMing NianJian
2023

金融业

综 述

2022年，崇明区履行地方金融监管职责，稳定金融秩序，处置各类金融风险。做好小额贷款和融资性担保行业监管，强化对银行、保险、证券机构的日常管理、属地风险防控。强化金融风险防范宣传教育，保证地区经济克服困难继续健康发展。至年底，全区有银行分支机构14家。其中，13家银行总计实现各项存款年末余额1507.83亿元，比上年增长13.5%；各项贷款年末余额790.77亿元，比上年减少5.7%；城乡居民储蓄年末余额995.90亿元，比上年增长18.6%。中国人寿保险股份有限公司上海市崇明支公司全年共实现总保费收入2068.11万元。中国人民财产保险股份有限公司上海市崇明支公司实现保费收入1.5066亿元。太平洋安信农业保险股份有限公司实现保费19648.77万元。

2021—2022崇明区银行业务情况表

表23

分 类	2021年（万元）	2022年（万元）	2022年为2021年比例（%）
各项存款年末余额	13284435	15078367	113.5
农业银行	3660156	4047300	110.6
农村商业银行	4187062	4978898	118.9
建设银行	972809	1024527	105.3
工商银行	1044994	1201749	115.0
农业发展银行	18904	33769	178.6
浦东发展银行	1285271	1514921	117.9
中国银行	64299	67850	105.5
沪农商村镇银行	269926	282009	104.5
邮政储蓄银行	1165693	1217780	104.5
上海银行	246333	263674	107.0
交通银行	84341	99540	118.0
光大银行	128579	173937	135.3
宁波银行	156068	172413	110.5

（区统计局）

中国农业银行股份有限公司上海崇明支行

【概况】 中国农业银行股份有限公司上海崇明支行（以下简称支行）位于城桥镇人民路38号，本部设综合管理部（纪委办公室）、信贷管理部（内控合规部）、财会运营部、公司金融部、个人金融部、国际金融部、信用卡和互联网金融部7个部门和个贷中心1个团队。全行共有25个营业网点，其中核心网点3个（营业部、曲阳、翠竹路），骨干网点14个，轻型网点8个。从网点分布看，崇明本岛设有22个网点，岛外3个，分别为长兴岛1个、横沙岛1个、市区曲阳1个。在职员工494人。

【业务经营】 至12月末，人民币各项存款日均余额381.85亿元，比年初增加36.76亿元，存量市场份额占比65.82%，增量市场份额占比91.66%，均列四大行第一。人民币同业存款日均余额46.51亿元，比年初增加11亿元，存量市场份额占比99.91%，增量市场份额占比99.81%，稳居四大行第一。外币各项存款日均余额1.53亿美元，比年初增加1.09亿美元，存量市场份额占比83.49%，增量市场份额占比99.8%，均列四大行第一。人民币各项贷款余额336.17亿元，比年初增加6.37亿元，存量市场份额占比71.68%，增量市场份额占比20.39%，均列四大行第一。全年实现营业收入9.3亿元，中间业务收入9565.54万元，拨备后利润6.89亿元，综合绩效考核列上海分行前茅。

【案防风控】 2022年，支行层层签订防范案件责任书明确责任，加强科技案防，深入推进“三线一网格”管理模式应用。深入开展“合规教育年”活动，扎实推进各类风险排查治理工作，全年无重大案件和风险事件。牢固树立全行统一的安全观。扎实开展“安全生产月活动”，认真组织安保、消防培训和演练，全年无案件和责任性事故；加强网络安全和数据安全管理，生产系统运行平稳，完成“网安2022行动任务”；加强意识形态，制订2022年度意识形态工作计划，认真落实声誉风险排查工作，做好声誉风险前段防控；严格落实保密工作责任制，有效提高保密制度的执行力。

【社会责任担当】 2022年，支行积极深入社区、乡镇，为市民百姓普及金融知识，开展个人信息保护法实施一周年宣讲活动、防范非法集资宣传教育活动等，进一步增强金融消费者的风险识别能力、自我保护意识和责任承担意识，构建和谐金融环境。做好“两会”“进博会”期间的窗口服务，持续开展防电信诈骗宣传活动。全年共堵截电信诈骗5起，挽回群众经济损失15.68万元。 （施赟卓）

2022年中国农业银行崇明区支行营业网点情况表

表24

网点名称	网点地址	邮政编码	网点电话
中国农业银行股份有限公司上海曲阳支行	曲阳路2号	200093	20732347
中国农业银行股份有限公司上海崇明支行	崇明区城桥镇人民路32.38号	202150	20732250
中国农业银行股份有限公司崇明翠竹路支行	崇明区城桥镇翠竹路1501号	202150	20732351
中国农业银行股份有限公司崇明城桥支行	崇明区城桥镇中津桥路48号	202150	20732280
中国农业银行股份有限公司崇明鳌山支行	崇明区城桥镇长侯路71号	202155	20732288
中国农业银行股份有限公司崇明人民路支行	崇明区城桥镇人民路58号	202150	20732258
中国农业银行股份有限公司崇明长兴支行	崇明区长兴镇凤滨路31号	201913	20732332
中国农业银行股份有限公司崇明横沙支行	崇明区横沙乡丰乐路2611号	201914	20732341
中国农业银行股份有限公司崇明堡镇支行	崇明区堡镇镇堡镇中路93号	202157	20732265
中国农业银行股份有限公司崇明三星支行	崇明区三星镇星月路137号	202152	20732269
中国农业银行股份有限公司崇明庙镇支行	崇明区新海镇宏海公路1880号	202153	20732273
中国农业银行股份有限公司崇明港西支行	崇明区港西镇三双公路1581弄13号	202154	20732285
中国农业银行股份有限公司崇明新河支行	崇明区新河镇新中路669号	202156	20732295
中国农业银行股份有限公司崇明新民支行	崇明区新河镇新晨路28号	202156	20732299
中国农业银行股份有限公司崇明建设支行	崇明区建设镇镇中路268号	202155	20732291
中国农业银行股份有限公司崇明竖新支行	崇明区竖新镇团城公路1998号（临）	202164	20732302
中国农业银行股份有限公司崇明大新支行	崇明区竖新镇响椿路100号	202179	20732306
中国农业银行股份有限公司崇明港沿支行	崇明区港沿镇港沿公路1109号	202158	20732309
中国农业银行股份有限公司崇明向化支行	崇明区向化镇向化大街171号	202161	20732313
中国农业银行股份有限公司崇明汲浜支行	崇明区中兴镇广福路29号	202163	20732317
中国农业银行股份有限公司崇明陈家镇支行	崇明区陈家镇弘道中路2号	202162	20732321
中国农业银行股份有限公司崇明裕安支行	崇明区陈家镇北陈公路1462号	202162	20732324
中国农业银行股份有限公司崇明新海支行	崇明区新海镇兴谷路28号	202172	20732328
中国农业银行股份有限公司崇明长江支行	崇明区东平镇北沿公路1647弄889支弄10号	202178	20732332
中国农业银行股份有限公司崇明合作支行	崇明区庙镇小星公路1230号	202153	20732277

（农业银行崇明支行）

上海农村商业银行崇明支行

【概况】 2022年，上海农村商业银行崇明支行（以下简称支行）围绕总行战略目标崇明区建设世界级生态岛的发展战略规划，以“稳中求进”的工作基调积极推进农业产业链，聚焦普惠实体经济，持续数字化转型，扎实推进支行经营管理工作。支行位于崇明区北门路188号，下设1个营业部、13个中心支行、4个辖带支行、13个分理处，共计31个营业网点。

【业务发展】 2022年，支行存款余额503.34亿元（包含结构性存款），比年初增加84.63亿元；贷款余额151.76亿元；中间业务收入达到10353万元。支行在公司金融方面继续深入调整优化，增加“做小做散”，细化对公普惠小微贷款；开展百园万企劳动竞赛、重点领域对公首贷户营销；大力推进“四百工程”业务，与临港长兴科技园开展专项合作；积极挖掘地区特色，积极推进农业产业链；在零售业务方面，储蓄存款量质齐升，实现储蓄存款增量突破50亿元，储蓄总体规模突破300亿元；深化数字化赋能，提高营销精准对度；优化考核，加大资源投入，增加零售发展动力。

【风控管理】 2022年，信贷管理工作保持连续性，提前介入客户大额授信、复杂授信等业务的贷前调查，在注重实质风险的前提下，加快贷款投放落地；做好CMIS二期系统上线工作，加强信贷系统信息数据管理，定期召开大额授信风险例会，开展常规检查、专项检查，做好贷款催收工作，进一步加强贷后管理工作；主动退出潜在高风险贷款3186.3万元，清收表内不良贷款1780.24万元；进一步夯实合规案防基础工作，积极组织开展警示教育培训以及全员合规内控安防知识竞赛；压实案防排查工作，落实员工行为集中排查及中层干部家访全覆盖，班子成员分头列席基层单位案防例会，强化网点案防“十必做”工作，巩固“内控合规管理建设年”成果，防患于未然，将合规工作落到实处，让合规内控观念警钟长鸣。

【社会责任】 2022年，广泛参与各项活动，彰显社会责任。主动担当作为，崇明支行向长兴、横沙地区企事业单位捐赠6万元防疫物资；积极推进“码上行动，同心抗疫”战疫直通车活动，为32户企业发放贷款共17759万元，开通绿色通道，为20家保供企业及时发放贷款5147万元，对企业、个人提供优惠政策，办理无还本续贷184户10.61亿元、延期还本付息累计186户10.24亿元；上海农商银行城桥支行成为崇明地区第一批金融机构“白名单”上首家恢复营业的机构，支行成立“火种部队”坚守岗位，部室网点通力合作保证各项业务的正常开展，切实助力百姓美好生活，复工率、业务量均为当时全行之最，抗疫事迹得到行外平台多次刊载；为加强城乡党组织结对共建深度，支持乡村振兴工作，继续与竖新镇大东村、新村乡新国村保持良好的结对共建关系，崇明支行分别向大东村和新村乡捐赠资金10万元，提高基层党建水平，共促脱贫攻坚；对接崇明区团委，提供“小小金融家”爱心暑托班课程，向不同年龄段的孩子传授财商方面的知识；通过“‘3·15’消费者权益保护”、守住“钱袋子”及金融知识行万里等多样化的社区宣传活动，进一步践行我行“普惠金融助力百姓美好生活”的使命，扩大农商行的品牌影响力。（陈慧颖）

中国建设银行股份有限公司上海崇明支行

【概况】 2022年，中国建设银行股份有限公司上海崇明支行（以下简称支行）实现一般性存款余额102.5亿元，各项贷款余额41.65亿元，不良贷款率5.57%，全年实现中间业务收入3714万元，全年实现利润1.66亿元。支行位于崇明区城桥镇八一路387号，在崇明本岛设立5家路支行，在长兴岛设立长兴支行，共计6个营业网点，拥有员工134人。

【业务发展】 2022年，支行聚焦生态岛建设，全力促进涉农贷款增长。支行与区内涉农品牌企业建立长期稳定合作关系，通过积极跟进，准确把握企业发展需求，加大资金投入，提升服务覆盖面。2022年，涉农贷款新增6953万元，民营企业贷款新增9.8亿元，战略性新兴产业贷款新增4600万元，科技信贷新增4000万元。另外，审批通过并完成投放大中型贷款3户，合计金额4208万元。

【科技惠民】 2022年，支行结合区域特色，深化金融科技惠民工程。利民出行方面，在崇明三岛轮渡实现聚合扫码支付全覆盖的基础上，2022年，崇明客轮公司的票务系统与支行支付系统进行对接，开展“一元坐轮渡”的优惠活动，吸引更多的人前来崇明旅游观光。便民生活方面，支行通过金融科技悦生活服务平台，解决崇房物业下属23个小区的物业费收缴问题，为3158户居民物业费缴交带来无接触支付便利，为崇明区47家中小学1.79万名学生的少儿基金缴费提供线上解决方案。

【风险合规】 2022年，支行提升风险管控，做到速度和能力相适应，规模与质量相统一，效益和安全相协调。夯实管理基础，加强全面风险管理过程化管理工作。对照分行全面风险管理考核内容，逐项逐条贯彻落实，提高制度执行力。加强制度学习，深化合规经营理念，创建“不能违规、不敢违规、不愿违规”的文化氛围。认真梳理业务流程风险点，加强反洗钱管理，提高清单监测系统和加强客户身份识别等操作能力。持续推动服务收费规范化，建立网点服务环境督导检查机制，有效落实网点疫情防控措施，通过跨网点一人多岗、弹性排班等方式，切实解决排队等候时间长问题，始终坚持把客户服务放在首位。（曹敏敏）

2022年中国建设银行上海崇明支行营业网点情况表

表25

网点名称	网点地址	邮编	网点电话
中国建设银行上海崇明支行营业部	崇明区城桥镇八一路387号	202150	59622714

续表 25

网点名称	网点地址	邮编	网点电话
中国建设银行上海崇明新城支行	崇明区城桥镇翠竹路 1588 弄 2 号 110 室	202150	59620397
中国建设银行上海新河支行	崇明区新河镇新开河路 558 号	202156	59681652
中国建设银行上海通富路支行	崇明区堡镇通富路 66 号	202157	39410105
中国建设银行上海陈家镇支行	崇明区陈家镇裕盛路 3 弄 5-8 号	202162	39638071
中国建设银行上海长兴支行	崇明区长兴镇凤滨路 71 号	201913	66859035

（建设银行崇明支行）

中国工商银行上海市崇明支行

中国工商银行上海市崇明支行（工商崇明支行　供图）

【概况】 2022 年，中国工商银行上海市崇明支行（以下简称支行）实现利润 29510 万元，实现中间业务收入 7666 万元，各项人民币存款余额为 120.18 亿元，各项人民币贷款余额 92.84 亿元。支行位于崇明区城桥镇南门路 158 号，下设营业网点 7 个，分别为支行营业厅、八一路支行、崇明新城支行、新河支行、堡镇中路支行、陈家镇支行和长兴支行。2022 年，崇明支行在分行党委的领导下，积极落实总行“48 字”工作思路，运用“三比三看三提高”工作方法，动员全行干部员工坚定信念、比学赶超、开拓进取，把支行各项工作推上一个新台阶。

【业务发展】 2022 年，支行累计为 204 户企业的 5.6 亿元存量融资业务办理线上批量展期，为 9 户保供企业办理金额超 3800 余万元无还本续贷，完成 6100 人次代发客户“无差错”发薪，合计发薪金额为 1.08 亿元。支行切实以“只争朝夕、时不我待”的紧迫感和“时时放心不下”的责任感，严格落实分行信贷业务发展工作部署。截至 12 月末，银监口径普惠贷款余额 20.73 亿元，较年初增加 3.83 亿元，完成全年指标任务 178.7%，系统排名第三；剔除政府隐债因素，公司贷款净增 8.4 亿元；个人住房贷款累放 584 笔，金额合计 6.64 亿元。

【工商银行上海市分行“兴农通”普惠金融服务点揭牌仪式】 9 月 29 日举办。区委常委、副区长黄晓霞，工商银行上海市分行党委委员、副行长王睿等领导及嘉宾出席活动。

（沈　军）

2022 年中国工商银行上海崇明支行营业网点情况表

表 26

网点名称	网点地址	网点电话
崇明支行营业厅	崇明区城桥镇南门路 158 号	69695588
八一路支行	崇明区城桥镇八一路 192 号	69693357
新城支行	崇明区城桥镇翠竹路 1688 弄 2 号	39368002
堡镇中路支行	崇明区堡镇镇堡镇中路 77 号	59427550
新河支行	崇明区新河镇新中路 788 号	59680644
陈家镇支行	崇明区陈家镇瀛陈公路 4999 弄 1 号	59430150
长兴支行	崇明区长兴镇凤滨路 67 号	56851971

（工商银行崇明支行）

中国农业发展银行上海市崇明区支行

【概况】 2022年，中国农业发展银行上海市崇明区支行（以下简称支行）结合“开门红”、稳经济大盘及“三个一百”客户营销行动。至年末，各项存款余额为33768.96万元，各项贷款余额103205.92万元；不良贷款率为0；实现各项收入合计3587.98万元。支行位于城桥镇东门路125号，下设客户部、综合部两个职能部门，共有员工15人。

【优化服务】 2022年，支行做好收购资金供应和管理工作。贯彻稳企业保就业的决策部署，推进银企对接。支持中央、地方储备粮油增储、轮换，加大服务地方储备力度，保证粮食收购信贷资金合理需求，确保国家粮食安全不出现问题，2022年度累计发放储备粮油贷款7035.79万元和粮油收购贷款8953万元。重视客户群建设，加大对企业的行业、产业特点、经营状况的调查力度，挖掘、培育优质客户群，做好客户和项目的储备。提升营销能力，掌握崇明区的资源禀赋，了解崇明生态岛的规划、重点项目和企业等情况，开展营销工作，及时为企业提供金融服务方案；积极营销小微企业贷款、农地贷款、城乡一体化贷款、长江大保护、现代种业发展贷款、农业科技贷款、农业现代化贷款等业务品种，与政府部门联系，排摸优质企业，为有资金需求的企业提供融资服务。加大存款营销力度，通过“以情促存”“以贷引存”和“以管增存”等措施促进存款增长。并在确保现有存款客户的前提下积极发展新客户，进一步挖掘存款源；完善存款奖惩考核办法，充分调动职工的积极性，促使存款快速发展。

【风险管控】 2022年，支行夯实基础管理优势行建设，将基础管理、履职发展和风险防控抓实抓严。信贷方面，按照谨慎原则，做好评级、授信、集团客户认定管理等工作；加强放款监督，严把贷前条件落实、贷款投放和资金支付关口，认真落实信贷审批书的办贷管贷条件，定期对各类项目和融资租赁类贷款开展贷后检查，对经常性往来企业进行征询意见活动，支行行风评议满意度达100%。财会方面，加强财会队伍建设，做好员工的思想教育尤其新进员工，做好“传帮带”，建立“阶梯队形”，提高财会人员的事业心、责任心，提高队伍的可持续性；进一步规范账户管理工作，落实账户相关监管要求；强化财务精准管理及风险意识。加强费用预算管理、固定资产管理、非集中采购等日常管理工作。（黄　丹）

浦东发展银行股份有限公司崇明支行

【概况】 2022年，浦发银行崇明支行（以下称支行）实现本外币存款余额151.5亿元。其中，本外币对公存款余额62.3亿元、本外币个人存款余额89.1亿元；全行本外币贷款余额66.5亿元，其中本外币对公贷款余额50.9亿元、本外币个人贷款余额15.6亿元。全行实现中间业务净收入5000万元、考核利润8321万元。无重大风险事项发生。支行位于崇明区城桥镇翠竹路1588弄1号，下设营业网点5个，分别为支行营业部、长兴支行、北门路支行、唐镇支行和堡镇支行，在册正式员工80人。围绕总行“坚守长期、夯实基础、整体推进、数字赋能”的全年经营主线，坚定上海分行工作路径，坚持党建引领高质量发展，紧密结合崇明发展特点，促进支行业务规模稳步提升。

【服务工作】 2022年，支行在“浦汇瀛洲”特色党建品牌引领下，深度融合匠心服务（惠）、人才培养（慧）、绿色发展（荟），形成“浦惠瀛洲”服务金字招牌，不断强化金融政治性和人民性。始终坚持优质文明服务标准化、规范化、精细化，积极参加“中国银行业文明规范服务百佳示范单位”创建工作。坚持细节管理，做“暖人心”的银行，通过不断优化服务环境，升级硬件设备、加强服务管理，提升整体服务水平。结合区域特色，做“懂客户”的银行，积极打造适老和无障碍网点，不断深化无障碍服务理念，严格落实无障碍服务保障机制，让服务工作“有爱无碍”，成为上海银行业新国标下无障碍环境建设第一批示范网点。践行社会责任，做“守护你”的银行，始终积极践行中央普惠金融政策，以惠民惠企为首要任务，切实履行社会责任，组建业务能力强、专业知识丰富的宣讲团队，进社区、进企业、进农村、进学校，普及金融知识宣传。依托崇明世界级生态岛碳中和示范区的建设，坚持“低碳创造服务，服务成就价值”的绿色金融发展之路。在传统信贷规模稳步发展的基础上，通过服务创新、产品创新，不断提升绿色金融专业服务能力。

【风险内控】 2022年，支行坚守“合规创造效益”的经营理念，持续保证整体业务合法合规严格防范金融风险。贯彻案防监管要求，明确案防责任，坚定稳中求进，通过员工动态排查、案例警示教育、专题合规培训、谈心谈话、告家属书、业务专项自查抽查等各种举措，不断夯实风险基础，抓实抓细风控预防。（张　睿）

2022年上海浦东发展银行股份有限公司崇明支行营业网点情况表

表27

网点名称	网点地址	邮政编码
上海浦东发展银行崇明支行	崇明区城桥镇翠竹路1588弄1号	202150
上海浦东发展银行北门路支行	崇明区城桥镇北门路228号	202150
上海浦东发展银行长兴支行	崇明区长兴镇凤滨路38弄2号	201913
上海浦东发展银行堡镇支行	崇明区堡镇中路365.367号	202157
上海浦东发展银行唐镇支行	浦东新区唐镇唐安路780号	201210

（浦发银行崇明支行）

中国银行上海市崇明支行

【概况】 2022年，中国银行上海市崇明支行（以下简称支行）秉承“融通世界 造福社会”的企业精神，牢记服务实体初心使命，坚守金融为民责任担当。支行成立于2006年8月，现址位于崇明区城桥镇南门路166号，原为中国银行上海市黄浦支行辖属网点，于2022年8月调整为中国银行上海市分行直管经营性支行，持续提升崇明区域服务能级，助力崇明世界级生态岛建设发展。

【经营情况】 2022年，崇明支行坚持以党建引领业务发展，积极参与区内重大项目建设，深度融入区域经济发展大局，先后参与油车湾城中村改造项目、港西镇渔光互补新能源项目、长兴海洋科技港项目，并推动区内重大“保交楼”民生工程泰禾大城小院项目银团融资牵头落地，同时为区内多家涉农、小微企业发放贷款近亿元。

【客户服务】 2022年，支行坚持金融工作的政治性人民性专业性，坚定立足金融服务实体经济本源，秉承“以客户为中心”的服务理念，推进金融服务模式转型创新。打破固定柜口才是服务渠道的狭隘思维，切实引导客户用好线上渠道、自助机具、智能柜台、移动智柜、便携智柜、高低柜口，关注对客户全过程的服务，不断丰富服务内涵、优化客户体验、提升服务质效，持续推动金融服务向实体经济和乡村振兴倾斜，用实际行动践行金融服务乡村振兴的使命担当。　（陈　玲）

上海崇明沪农商村镇银行

【概况】 2022年，上海崇明沪农商村镇银行（以下简称支行）主动适应经济和金融发展新形势，切实践行普惠金融、乡村振兴和精准扶贫战略，努力构建科学合理的业务发展、内部管理和人才培育体系，积极推进可持续健康发展，紧紧围绕主发起行上海农村商业银行“普惠金融助力百姓美好生活”的使命，以“扎根区域、服务三农、服务小微”为经营宗旨。持续深耕本地，打造“小微”“三农”“社区”金融服务三头并进的特色化经营品牌。

【经营情况】 2022年，支行实现拨备前利润4551.72万元（含各级政府补贴0.21万元），利润总额4261.5万元。资本回报率为32.54%，成本收入比为46.76%，存贷比为71.65%，不良贷款率为0.86%，贷款损失准备充足率为853.91%，资本充足率为27.38%，核心资本充足率为26.26%。各项存款余额为28.20亿元。其中，对公存款余额14.01亿元，储蓄存款余额14.19亿元。各项存款日均26.54亿元，在全区金融机构中，上海崇明沪农商村镇银行存款市场份额为1.87%，比年初降低0.16个百分点。各项贷款余额20.21亿元，其中农户贷款余额1.68亿元、普惠小微企业贷款余额14.67亿元。2022年，发放支农再贷款0.21亿元、支小再贷款0.87亿元，户均贷款147.05万元。

【业务发展】 2022年，支行不断完善柜面服务工作：增设大堂经理岗，辅助客户进行业务办理；节假日对外营业，满足客户业务办理需求；对特殊困难客户提供上门服务，给顾客优质、便捷的服务。同时组织员工开展礼仪培训。采取现场检查和抽调录像相结合的方式，定期开展自查，及时整改。紧跟科技金融发展步伐，在主发起行上海农村商业银行的支持下，上海崇明沪农商村镇银行上线微信预约开户功能，实现开户业务办理简单化、便捷化、及时化。同时上线移动pad外拓展业及开户平台，新增手机银行提款、还款、查询功能，创新移动金融服务渠道，优化移动终端产品。为加速延伸经营触角，扩大服务半径，不断拓展业务发展空间，实现金融服务覆盖面的逐步扩大和金融服务功能的提升。在对设立长兴支行的可行性和必要性及市场前景进行专题评估论证的基础上，上海崇明沪农商村镇银行就支行筹建相关事项向上海银保监局进行汇报。在履行相应审议程序后，按照“合理布局、科学发展、实事求是、注重效益”的原则，完成网点选点、装修设计及采购招标工作。

【风险管理】 2022年，支行在首风官牵头和指导下，有序开展贷款审查审批、全面风险排查及不良贷款清收压降等工作。2022年，组织开展操作风险、业务连续性、信贷业务管理等信贷业务培训，疫情影响专项定期检查、抵质押物出入库专项检查等信贷业务检查。经过常态化的培训和检查，信贷人员业务素质得到一定提升，信贷资产结构逐步优化。优化贷款“三查”工作。根据新的微贷业务管理办法，重新梳理贷前贷中贷后管理工作要求，要求客户经理贷前做到入户调查、眼见为实，主动深入小微企业，并用图片、视频等方式采集企业日常生产经营动态，以此代替部分传统纸质材料，以更好地掌握企业实际经营状态、把控实质信贷风险为切入点，为小微企业授信提供便利。同时，设置专人专岗全面开展贷后检查工作，加强贷后管理，确保信用风险早识别、早预警、早发现、早处置。加快不良贷款清收。针对目前不良贷款处置效率，调整外聘律师事务所及律师，加快执行过程中处置效率。对不良贷款中抵押物处置完毕，无其他财产线索的不良资产委托第三方风险代理。

【合规管理】 2022年，支行结合经营特色、业务种类和风险状况，确定信贷类业务、柜台和会计结算业务、员工异常行为以及印章管理作为2022年度案件风险排查的工作重点，积极落实内控管理及各项检查工作，提升全行合规内控管理水平。通过定期召开例会，加强行内合规教育；建立全行性整改台账，确保对各项检查问题有效落实；由行领导带队，对行内新投放100万元以上的信用贷款上门走访，并由合规部牵头对首贷户开展电话回访，加强道德风险管控。

【社会责任】 2022年，通过加强与城桥地区村居委联系，开展金融知识下乡宣传活动。分别与马桥村党群服务中心、万安村党群服务中心合作，举办金融知识和电信防诈讲座。上海崇明沪农商村镇银行前往崇明区庙镇万安村开展中秋走访慰问活动，鼓励村里的困难户要保持乐观、坚强的心态，坚定克服困难的决心，在党和政府的关心和帮助下，早日走出困境；前往城桥镇马桥村开展重阳节敬老慰问活动，为老人们送上重阳节慰问品，并致以诚挚的节日问候，表达关爱之情；与主发起行上海农村商业银行向庙镇万安村开展联合捐赠项目，捐赠资金5万元，促进乡村振兴及帮扶困难和弱势群体，为崇明区建设、为农村党建工作出力。11月11日，上海崇明沪农商村镇银行作为崇明区唯一的受邀银行参与建设镇第九届文化艺术节暨首届乡村民宿节，厅堂营销团队成员在民宿节的农夫市集上摆摊并向广大市民和参展商户宣传上海崇明沪农商村镇银行的金融产品和反假宣传折页。（沈　琦）

2022年上海崇明沪农商村镇银行营业网点情况表

表28

网点名称	网点地址	邮政编码	网点电话
上海崇明沪农商村镇银行（总行）	城桥镇东门路366号	202150	69696600

（上海崇明沪农商村镇银行）

中国邮政储蓄银行股份有限公司上海崇明区支行

【概况】中国邮政储蓄银行股份有限公司（以下简称支行）自营网点2022年，实现营业收入1.55亿元，比上年增幅10.86%；自营各类存款余额121.78亿元，新增5.21亿元；各类贷款余额38.30亿元，新增6.25亿元，不良贷款率0.23%，全年无案件发生。支行于2008年8月正式挂牌成立，是在改革邮政储蓄管理机制的基础上组建的商业银行，位于城桥镇翠竹路1588弄3号。截至2022年底，下设营业网点41家，其中自营网点7家、代理网点34家。

【公司金融】 2022年，对接上海航道局，准入启东吕四港PPP项目，2022年度合计放款12000万元。盐城水环境治理全年合计绿色信贷放款3450万元，完成年度绿色信贷指标。作为联合牵头行参与仲利中行银团贷款，支行份额6亿元，一季度提款共计4.2亿元，完成仲利2021年中行银团的全部提款工作。

【零售金融】 2022年新增一年期及以下价值存款29815万元，较2021年增长17490万元；全年房贷放款1.77亿元；保险销量2641万元，其中期交1572万元，占比59%；发展数字人民币共发展32208户；与崇明区建设镇富民村村委达成合作，在富民村挂牌成立崇明区支行第一个信用村，全面助力乡村振兴工作，为后续拓展线上信用贷款，形成集群获客奠定基础。

【风险管控】 2022年，支行认真落实监管机构及总分行工作要求，坚守“依法合规”和“履职尽责”两条底线，以处置长期逾期不良、大额不良及重难点不良资产为抓手，坚持不懈打好不良处置攻坚战。落实年度金融知识教育宣传工作。参与“‘3·15’消费者权益保护教育宣传周”“普及金融知识万里行”“普及金融知识、守住‘钱袋子’”等活动，建立常态化教育宣传机制。完成上海分行关于2022年度创建“平安邮储”实施工作。（黄佳璐）

2022年中国邮政储蓄银行股份有限上海崇明区支行营业网点情况表

表29

网点名称	网点地址	邮政编码	网点类型	网点电话
上海崇明区支行营业部	崇明区城桥镇翠竹路1588弄3号106-108室	202155	自营	59610252
上海崇明区玉环路营业所	崇明区城桥镇玉环路585号	202150	代理	59628075
上海崇明区八一路支行	崇明区城桥镇八一路369号	202150	自营	59613435
上海崇明区桥镇营业所	崇明区城桥镇中津桥路11-5号	202150	代理	59613102
上海崇明区侯家镇营业所	崇明区城桥镇长侯路65号	202155	代理	59691508
上海崇明区草棚支行	崇明区三星镇宏海公路4191号	202152	自营	59601508
上海崇明区海桥营业所	崇明区三星镇海桥公路1弄30号	202152	代理	59300516
上海崇明区新河支行	崇明区新河镇新开河路718号	202156	自营	59687640
上海崇明区五滧营业所	崇明区堡镇合五公路1205号	202159	代理	59452186
上海崇明区堡镇营业所	崇明区堡镇镇工农路238号	202157	代理	59418400
上海崇明区堡镇中路支行	崇明区堡镇堡镇中路83-87号	202157	自营	59418397
上海崇明区东风营业所	崇明区东平镇林风公路1255号	202177	代理	59641009
上海崇明区港沿营业所	崇明区港沿镇港沿中路526号	202158	代理	59461581
上海崇明区合兴营业所	崇明区港沿镇合兴村869号	202180	代理	59456508
上海崇明区庙镇营业所	崇明区庙镇宏海公路1888号	202153	代理	59361509
上海崇明区江口营业所	崇明区庙镇宏海公路255号	202165	代理	69361148
上海崇明区合作营业所	崇明区庙镇小星公路1208号	202153	代理	59382509
上海崇明区横沙营业所	崇明区横沙乡新环路14号	201914	代理	56890480
上海崇明区汲浜营业所	崇明区中兴镇汲浜公路319号	202163	代理	69444004
上海崇明区大同营业所	崇明区建设镇蟠龙公路1099弄14号	202155	代理	59392508
上海崇明区建设营业所	崇明区建设镇建设公路1761号	202155	代理	59331509
上海崇明区南盘滧营业所	崇明区港西镇三双公路1581弄11号	202154	代理	59671580
上海崇明区凤凰街支行	崇明区长兴镇凤凰街100号	201913	自营	66850001
上海崇明区元沙营业所	崇明区长兴镇丁丰村289-3号	201913	代理	56850930
上海崇明区潘石营业所	崇明区长兴镇潘石村158-5号	201913	代理	56850355
上海崇明区前卫营业所	崇明区长兴镇潘园公路1号	201913	代理	33800454
上海崇明区竖新营业所	崇明区竖新镇团城公路1958号	202164	代理	59480402
上海崇明区响椿路营业所	崇明区竖新镇响椿路76号	202179	代理	59491842
上海崇明区向化营业所	崇明区向化镇向化大街181号	202161	代理	59442003
上海崇明区新村营业所	崇明区新村乡新跃村289号	202172	代理	59650860
上海崇明区新建营业所	崇明区绿华镇新建路659号	202151	代理	59351581
上海崇明区新民营业所	崇明区新河镇新晨路38号	202156	代理	59371068
上海崇明区陈家镇支行	崇明区陈家镇瀛陈公路4999弄	202162	自营	69432314
上海崇明区前哨营业所	崇明区陈家镇前哨公路42弄44号	202183	代理	59471583
上海崇明区前进营业所	崇明区陈家镇北沿公路1328弄37号	202179	代理	59631496
上海崇明区裕安营业所	崇明区陈家镇裕安路19号	202162	代理	59404916
上海崇明区跃进营业所	崇明区新海镇跃进公路556号	202171	代理	59321508
上海崇明区新海营业所	崇明区新海农场兴谷路45号	202172	代理	59655596
上海崇明区长征营业所	崇明区新海镇长征公路3359弄172号	202174	代理	59311195
上海崇明区新海营业所	崇明区新海农场兴谷路45号	202172	代理	59655596
上海崇明区红星营业所	崇明区新海镇星村公路255号	202173	代理	59341509

续表 29

网点名称	网点地址	邮政编码	网点类型	网点电话
上海崇明区长江营业所	崇明区东平镇北沿公路 1647 弄 889 支弄 4 号	202178	代理	59666008
上海崇明区支行营业部	崇明区城桥镇翠竹路 1588 弄 3 号 106-108 室	202155	自营	59610252

（邮储银行崇明支行）

上海银行崇明支行

【**概况**】 上海银行崇明支行（以下简称支行）是上海银行股份有限公司在崇明区的一个分支机构，是一家综合经营本、外币金融业务的金融机构，于 2009 年 12 月成立筹备工作组，2010 年 6 月，正式成立上海银行崇明支行。支行自创建以来，一直致力于服务崇明区域经济建设、生产、贸易的持续、快速发展。2022 年，支行拥有在编职工 43 人。支行设综合部、公司业务一部、公司业务二部、零售业务部、营运派驻团队 5 个业务管理部门，下辖路支行、营业网点 3 个，分别位于崇明城桥镇、陈家镇、长兴镇三大经济发展重镇，网点服务设施先进。电子汇划系统、通存通兑网络、ATM、BTM、BTM 自动柜员机、POS 机等软硬件设施，将支行业务延伸到国内外各处，能随时为客户提供方便、快捷、周到、安全的服务。市场覆盖广泛，服务功能齐全，支行办理存取款、支付结算、信贷、信用卡、电话银行、网上银行、手机银行、微信银行等各项业务，以及委托贷款、代收费、代理保险、银证转账、基金托管等多种中介业务。内部管理规范，服务质量上乘。以“以客户为中心”“全行上下为客户服务”为经营理念，按照星级网点的创建要求规范经营、灵活服务。支行从 2010 年以来，多次被评为上海市及崇明区安全保卫先进单位、崇明区文明单位。

【**资产规模增长**】 2022 年，支行通过深耕岛内业务，加强与区国资国企合作，维护和拓展政府类存款，加强与岛内经济园区合作，积极开展房屋维修基金的营销；结合政府隐性债务置换的业务契机，大力提升资产业务；围绕生态岛建设，加大崇明特色客户群体的挖掘，做大农业特色业务等。至 2022 年末，支行全口径本外币存款余额 26.36 亿元，贷款余额 25.32 亿元。支行发展规划的战略方针，坚持经济效益与支持崇明经济发展并举，巩固和发展支柱业务，推进投行和特色业务，推进业务结构的战略性调整，增强综合竞争能力。

【**基础管理工作**】 2022 年，上海银行崇明支行致力于提升基础管理层次。加强各项业务工作的检查监督和培训，规范操作，明确责任，控风险、夯基础，加大考核力度，使支行各项管理工作走上制度化、标准化轨道。树立风险防控也是生产力的经营思想，通过学习交流和检查提高，不断提升员工风险意识和防范能力。通过检查有效提高全行员工对安全保卫工作的重视程度，增强忧患意识和紧迫感，克服麻痹和侥幸心理，常抓教育、抓管理，警钟长鸣，有效保证安全保卫工作的质量，确保支行的一方平安。

【**精神文明建设**】 2022 年，支行深化凝聚力建设，加强和改进思想政治工作，增强时代感、针对性、实效性，加强领导班子建设与党风廉政建设，努力构建和谐的企业文化。充分利用党务公开专栏，从党组织决议、决定及执行情况，党的思想建设情况，干部任选和管理情况，党的组织管理情况，党风廉政建设情况，领导班子建设情况，联系和服务党员群众情况，以及其他应公开项目 8 个方面具体公开党务，受到全体员工的好评，增强全行的凝聚力。支行组织全行员工进行素质拓展减压亲子活动、合理化建议献言献策、文体俱乐部运动会，组织开展以“阅分享、阅快乐”为主题的荐书·读书·评书活动，组织团员青年开展深入社区进行志愿服务活动等等。通过各项活动，以党建带工建，以党建带团建，将全行员工紧紧联系在一起，坚定理想信念，陶冶情操，丰富业余文化生活，带动员工围绕支行中心工作，立足岗位做贡献，充分调动全行员工参与支行建设的积极性，形成员工与支行共同成长、共建和谐的良好局面。

（赵晓怡）

2022 年上海银行崇明支行网点情况表

表 30

网点名称	网点地址	网点电话
支行营业室	崇明区城桥镇东门路 465-485 号	69631306
陈家镇支行	崇明区陈家镇陈彷公路 1 弄 22 号	59430255
长兴支行	崇明区长兴镇凤滨路 191 号	66850696

（上海银行崇明支行）

交通银行股份有限公司上海崇明支行

【概况】 交通银行股份有限公司上海崇明支行（以下简称支行）于2012年8月正式挂牌成立，位于城桥镇新崇南路28号1–2层，下设支行营业部，至2022年末在编职工22人。支行秉承“拼搏进取、责任立业、创新超越”的企业精神，以打造更高水平、更高质量“上海主场”的发展理念指导各项经营发展。

【经营情况】 2022年，支行各项人民币存款余额为9.95亿元，其中人民币对公存款余额为1.92亿元，人民币储蓄存款余额为8.03亿元。人民币贷款余额为8.08亿元。全年实现经营利润909万元。2022年，支行全面围绕乡村振兴主基调，发放涉农贷款9649万元，共计11户，办理分行系统内首单整村授信业务3000万元。支行克服疫情困难，以抓保供，保六稳为核心，为3户保供企业提供2800万元贷款。

【服务工作】 2022年，支行坚持以人民为中心，以全面压降监管投诉为重点提升投诉管理水平，以规范双录为核心贯彻合规销售要求。依托“交享·悦”消保品牌，重点聚焦“一老一少”和新市民，创新金融教育宣传，推进科技向善，提升适老化服务，员工培训注重实效，持续改善客户体验，推动交通银行品牌影响力。

【金融保障】 3月底，支行党群一心，党员用“我先上”“跟我上”的实际行动，坚守岗位不断档，线上居家办公不停歇，线下开设绿色通道完成代发工资发放，到社区充当志愿者，用温情守“沪”。（陆纪燕）

中国光大银行股份有限公司上海崇明支行

【概况】 中国光大银行股份有限公司上海崇明支行（以下简称支行）2022年，实现各项存款17.39亿元，其中对公存款15.09亿元，储蓄存款时点余额2.3亿元；支行贷款余额5.73亿元，其中对公贷款3.85亿元，个人贷款时点余额1.88亿元。全年无重大风险事项发生。支行下设公司业务部、零售部、营业部，在编员工16人。支行成立于2009年11月，2018年11月由长兴岛迁址至崇明区城桥镇东门路605–609号。

【基础管理】 2022年，支行开展经营管理自查自纠工作，强化内部管理，落实从严治行，对检查中发现的财务、信贷等方面的问题，逐项进行纠正，落实整改，确保工作合法合规。严格执行安全保卫工作，实现经营安全无事故的目标；支行始终把服务品质的提升作为树立品牌形象、提升核心竞争力的重要工作，通过厅堂服务、外拓等活动为广大客户提供更加细致、体贴的金融服务，获得客户的普遍满意；风险防范方面：支行注重金融风险防范，把合规管理、合规经营、合规操作落到工作实处，使内控意识和内控文化渗透到每一位员工思想深处，增强执行制度的能力和自觉性。（杨箐箐）

申万宏源证券有限公司上海崇明营业部

【概况】 申万宏源证券有限公司是由新中国第一家股份制证券公司——申银万国证券股份有限公司与国内资本市场第一家上市证券公司——宏源证券股份有限公司（以下简称营业部），于2015年1月16日合并组建而成。申万宏源证券有限公司注册资本535亿元，拥有员工近10000名，是国家主权财富基金——中国投资有限责任公司的直管企业。公司营业网点遍布全国，实现32个省、市、自治区全覆盖，共设有41家证券分公司和5家期货分公司、308家证券营业部和21个期货营业网点，在香港设有子公司，并设有伦敦、东京、新加坡、首尔等海外分支机构。

【分支机构】 崇明区川心街营业部成立于1993年，位于崇明区城桥镇川心街1号（近北门路）。营业部主要从事国内A股、B股、特别转让市场、债券市场的证券及相关衍生品的买卖代理业务，开放式基金的代理销售以及申购赎回业务，商品期货及股指期货中间介绍业务，回购市场的回购业务，融资融券业务，企业新三板挂牌的承揽等企业融资业务，个股期权业务，股票质押及约定式回购业务。秉承“诚信、专业、领先”的服务理念，致力于为崇明地区广大投资者提供全面优质的证券投资服务。年末，崇明营业部共有员工17人。

【企业金融服务】 2022年，营业部坚持“投资＋投行”策略，为企业客户和政府客户提供投资银行业务与本金投资业务，包括股权融资、债权融资、新三板、财务顾问、股权投资、债券投资、其他投资等覆盖企业全生命周期的综合金融服务。

【个人金融服务】 2022年，营业部坚持“线上＋线下”策略，为个人和非专业投资者客户提供多样化的金融产品，包括证券经纪、期货经纪、融资融券、股票质押式融资、金融产品销售等全方位的财富管理服务。坚持“研究＋交易”策略，聚焦专业机构投资者客户，提供包括主经纪商业务、研究业务、自营业务等平台式的机构一站式服务。

【投资管理】 2022年，营业部坚持“公募＋私募”策略，聚焦个人和机构投资者客户，提供资产管理、公募基金管理、私募基金管理等行业领先规模的全产品线服务。崇明营业部始终坚持以客户为导向，为客户提供全面、周到、专业的投资理财服务。营业部通过社区、银行、企业等各种渠道及时向投资者提示市场风险，切实保护投资者权益。同时，加强对服务质量的监督，在营业大厅张贴客户投诉电话，随时接受客户监督，并对客户的意见、建议做到第一时间反馈和处理。

（崔　杰）

上海证券有限责任公司堡镇营业部

【概况】 上海证券有限责任公司崇明区堡镇中路证券营业部（以下简称营业部）成立于1994年，位于上海市崇明区堡镇中路378号，是崇明区中、东部地区一家大型证券营业部，附近有浦发银行、农行、农商行等多家金融银行机构，交通便利。营业部总面积1635平方米，营业大厅宽敞明亮。经营范围：证券经纪，证券投资咨询，证券投资基金代销，融资融券业务，与证券交易、证券投资活动有关的财务顾问业务，代销金融产品，证券资产管理（限承揽），证券（不含股票、上市公司发行的公司债券）承销（限承揽）。营业部采用先进的集中交易系统，确保客户交易的快捷、安全和畅通。2022年，营业部在职员工11人，其中1名员工具有投资顾问资格；经纪人2人，获得证券从业人员资格证书。

【特色服务】 2022年，营业部开展“堡星荟”第二期高端投资者年终策略会，参加上海证券财富节的各项活动；营业部坚持做长期的事，做正确的事的价值理念为客户提供优质的服务。营业部为客户提供快捷的网上开户方式，客户可足不出户完成开户；营业部使用无纸化的电子业务办理模式，为客户提供更加方便、快捷、准确的业务查询及办理服务；客户可通过电话委托、手机委托、网上交易等方式，查询行情及进行交易。（陈东升）

中国人寿保险股份有限公司上海市崇明支公司

【概况】 中国人寿保险股份有限公司上海市崇明支公司（以下简称支公司）深入践行“服务＋销售”的融合发展理念，以客户为中心，打造“简捷、品质、温暖”的客户服务品牌，为广大客户提供“好服务”“优服务”，致力于为社会大众提供优质的保险产品和服务。同时顺应新时代客户需求的变化和监管的要求，坚持稳中求进的总基调，牢牢把握高质量发展根本要求，积极履行社会责任，为客户提供更好服务，为社会贡献更多力量。支公司下设个险、团险、银保渠道。全年共实现总保费收入2068.11万元。其中，个险首年保费收入538.6万元，十年期及以上保费收入263.83万元，短险保费收入为274.35万元；团险短期保费1241.86万元；银保渠道期交保费13.3万元。

【合规经营】 2022年，支公司树立“风险即生命，合规创价值”理念，把合规融入经营管理的全过程。持续防范非法集资、扫黑除恶等各类市场乱象问题，开展专项整治风险排查，“知法于心，合规于行”普法教育暨法治宣传月活动，打击治理电信网络诈骗犯罪“全民反诈在行动”集中宣传月，“3·15”消费者权益保护教育宣传活动。切实发挥风险防控的主体责任，层层把关，扎实完成各项工作，保持警钟长鸣，治本抓源，常抓不懈，把严监管、强监管作为发展寿险公司社会责任。

【服务社会】 2022年，支公司发挥保险专业优势，服务国家重大战略。将商业保险专业运作与社区社会管理专业服务紧密结合，通过发挥政策性医疗保障和商业性保险运作两者优势，全面落实居民医疗大病保险惠民政策项目，为崇明区城乡居民提供优质服务，不断提升岗位工作效率和公共服务水平。年内崇明地区13个居保大病受理点为群众提供大病保险理赔服务，共理赔1.1053万人次，理赔金额2556.023万元。

（胡　欢）

2022年中国人寿保险上海市崇明支公司营业网点情况表

表31

机构名称	地址	邮政编码
中国人寿保险股份有限公司上海市崇明南门营业厅	崇明区城桥镇人民路48号	202150

（中国人寿保险崇明支公司）

中国人民财产保险股份有限公司上海市崇明支公司

【概况】 中国人民财产保险股份有限公司上海市崇明支公司（以下简称支公司），是人保财险在崇明地区的区级分支机构，下设5个营业网点，本部位处城桥镇人民路48号。成立以来，崇明支公司一直以“做人民满意的保险公司”为愿景，努力践行“人民保险，服务人民”的庄严使命，致力于为崇明社会经济发展和城市治理提供全面、可靠的风险保障，让崇明的老百姓在生态岛的建设中，享受更多的生态扶持。2022年，公司实现保费收入 1.5066 亿元，其中车险保费收入 9275.62 万元、非车险保费收入 5790.56 万元。

【发挥商业保险功能】2022 年，支公司积极深化 18 个乡镇农网建设，推进农村家庭财产保险、农村小额意外险（农村两险）区域特色农村保险，持续做好蔬菜价格指数保险、柑橘收益保险、螃蟹养殖高温收入补偿保险等地方特色保险。2022 年，绿叶菜气象指数保险入选市级以奖代补创新型农险项目，真正发挥保险支农、惠农、强农、富农的主渠道作用。公司连续多年统保全区所有医疗机构医疗责任保险及附加险，推动残疾人意外伤害保险、校园运动意外伤害保险，并连续多年承保全市唯一一单精神病人伤人政府救助保险等，充分体现保险的经济保障和“减震器”及“稳定器”功能。

【服务经济社会发展】2022 年，支公司紧跟地区需求，创新保险产品，定制保险服务，积极探索食品安全责任险、电梯责任险、安全生产责任保险、工程质量潜在缺陷保险等新型险种，用经济手段，提升高危企业在安全生产过程中抵御风险的能力，维护社会安定。深化警保联动合作，助力崇明交警支队推动一盔一带平安出行，面向全区在各乡镇电动车上牌点推广电动自行车第三者责任险。2022 年，为崇明生态交通集团世界首艘超级电容纯电动新能源船提供保险保障。

【升级保险服务】2022 年，支公司崇明支公司践行“保险 + 服务”理念，提升线上线下增值服务。在突发事件和自然灾害面前，第一时间开通理赔服务绿色通道，抢险救助，将保险赔款送到客户手中，切实发挥救助作用。主动向崇明交警支队、长兴镇社区卫生服务中心、上海福海船舶服务有限公司、上海硕通机械科技有限公司等单位及 12 家村委会的一线防疫工作者捐赠物资。全年累计各类已决赔款超 6800 万元。

（姜一帆）

2022 年中国人民财产保险上海市崇明支公司营业网点情况表

表 32

营业网点名称	营业网点地址	联系电话
中国人民财产保险上海市崇明支公司南门营业部	城桥镇人民路 48 号	69610011
中国人民财产保险上海市崇明支公司堡镇营业部	堡镇中路 388 号	59421133
中国人民财产保险上海市崇明支公司长兴营业部	长兴镇凤南路 50 号	56851241
中国人民财产保险上海市崇明支公司横沙营业部	横沙乡民惠路 103 弄 101 号	56890779
中国人民财产保险上海市崇明支公司市区联络点	杨浦区长阳路 581 号二号楼二楼	13761579026

（中国人民财产保险崇明支公司）

太平洋安信农业保险股份有限公司上海崇明支公司

【概况】 太平洋安信农险上海崇明支公司（以下简称支公司）位于城桥镇东门路 566 号。2022 年，支公司围绕崇明区实施乡村振兴战略目标任务，聚焦“产业”“生态”“富民”三个中心，优化三农保险服务和风险保障体系，推进区域都市现代农业保险高质量发展，助力生态岛建设。2022 年，支公司保费 19648.77 万元，其中种植险 12041.89 万元、养殖险 4278.27 万元、涉农险 761.56 万元、商业险 2567.05 万元。

【服务“三农”】 2022 年，支公司持续将保险服务领域延伸至“三农”领域，积极实施“生态 + 保险”配套服务。聚焦城乡治理和社区管理，开展乡镇综合保险和社区公共管理责任保险，并向重点园区、政府公共服务部门延伸；持续开展农产品质量（食用）安全保险、务农人员意外险和农村集体聚餐保险；创新开展农村综合帮扶保险；继续开展农产品地理标志维权保险，保障“崇明大米”“崇明水仙”等区域公共品牌。崇明农业保险保障金额达 93.88 亿元，保障覆盖农、林、牧、渔等主要农业产业。水稻、能繁母猪、生猪、奶牛、公益林、农机、群众渔船等保障全覆盖。蔬菜、水果、大棚设施、淡水养殖保险持续扩面。通过市区两级蔬菜价格保险，促进蔬菜稳产保供。在实施优质稻米综合收入保险基础上创新开展“穗优”行动，保障水稻种植户收入。开展生猪价格保险，保障生猪养殖户市场风险。持续为崇明地方特色农产品提供风险保障。积极应对“梅花”台风、冻害等自然灾害，通过快速高效查勘理赔，帮助受灾农户恢复生产，2022 年度理赔金额达 14545.88 万元。

【服务社会】 2022 年，支公司实施农业“安疫保”和乡镇“防疫保”项目，助力抗击疫情。出台“绿叶菜价格保险双倍赔付”举措，为绿叶菜稳产保供保驾护航，全年理赔金额达 323.54 万元。第一时间向相关农业主体捐赠物资，助力春耕生产；向崇明区抗疫一线的工作者、志愿者赠送慰问物资。开展民生保障、社会治理和公共安全等方面产品服务创新，将保险机制纳入区域多层次公共服务体系中。通过开展农村建房险、建工险、社区综合险、食安险、残疾人综合险、生态惠民保险、农村低保低收入人群保险、体育赛事和设施保险、安责险、工程质量保险、城乡社会治理综合保险、妇女安康保险、沪惠保等，化解社会矛盾，确保城乡安全，强化应急管理，保障民生幸福，维护社会稳定；同时与农业保险互为补充，以险养险，提高崇明农业保险的抗风险能力。2022 年，为崇明上沙片 8 个乡镇残疾人（13229 人）提供保险保障，当年度理赔 2051 人次、理赔金额 248.01 万元（已决）。生态惠民保险 2022 年度理赔 2987 人次、理赔金额 694.13 万元（已决）。冠名支持崇明区第四届元宵健康跑、2022 年上海市民国庆健康跑、崇明区第五届冬季长跑比赛暨 2022 年崇明职工冬季长跑比赛、第五届上海（崇明）休闲体育大会等赛事活动。制作食安封签，免费向全区食品餐饮外卖单位发放，保障市民食品安全。

（张嘉慧）

崇明年鉴

ChongMing NianJian

2023

经济综合管理

综 述

2022年，全区收入5486282.60万元，全区支出总量5115762.65万元。财税两局合计完成区一般公共预算收入121.88亿元，比上年下降16.55%，减收24.17亿元。区审计局共完成审计项目30个，涉及财政审计、经济责任审计、固定资产投资审计、专项审计等方面，查出主要问题金额20.54亿元。通过审计为国家增收节支0.42亿元，审计后挽回（避免）损失0.27亿元。区统计局全年完成统计分析18篇，及时有效反映全区经济发展态势。围绕“防疫情、稳经济、保安全”，结合统计工作实际，对145家企业生产经营、数据上报及基层基础情况进行调研，开展精准统计服务和指导，帮助企业提升统计业务能力和水平。区国资委健全区管企业用工机制，完善企业法人治理结构，修订资产租赁管理实施细则，规范区管企业负责人薪酬管理。崇明区纳入监管范围的国有（城镇集体）企业167户。2022年度根据批准的经济行为开展3项资产评估核准备案工作，涉及评估资产860.91万元；共办理企业捐赠备案15项，涉及捐赠金额49.34万元。区应急局统筹发展和安全，防风险、除隐患、遏事故生产安全依法监管安全的能力提升，全年事故起数和死亡人数呈现下降趋势，全年区工矿商贸领域发生生产安全死亡事故7起、亡7人；非生产安全亡人事故8起。火灾总数663起，未发生火灾亡人事故；未发生较大以上生产安全事故与重大自然灾害。崇明海关全年共受理进口申报84批，出口申报214批；征收税款828.33万元，增值税1385.14万元，合计2213.47万元。办理减免税备案10批，减免关税15.63万元、增值税2.03万元。

发展改革

【概况】 2022年，区政府共安排实事项目8项33个单项、重点工程6项20个单项。至年底，实事项目全部完成；重点工程完成4个单项，占总数的20%，按计划推进13个单项，占总数的65%，受项目方案调整、征地耗时长等影响滞后于节点目标3个单项，占总数的15%，正在加快推进。 （赵昊坤）

【节能降碳考核】 2022年，崇明区较好落实各项节能降耗措施，年度双碳和节能工作得分100.4分（权重为90%），节能目标进度未得分（权重为10%，全市16个区均未得分），单位增加值能耗增长8%，能源消费总量125.35万吨标准煤，增幅为12.3%。年度评价综合得分为90.36分，高于全市平均分。 （周子君）

【实事项目和重点工程建设】 2022年，区政府共安排实事项目8项33个单项、重点工程6项20个单项。至年底，实事项目全部完成；重点工程完成4个单项，占总数的20%，按计划推进13个单项，占总数的65%，受项目方案调整、征地耗时长等影响滞后于节点目标3个单项，占总数的15%，在加快推进中。 （赵昊坤）

【崇明世界级生态岛建设第五轮三年行动计划】 7月18日，第五轮三年行动计划经市政府常务会议审议通过。作为贯彻落实《发展纲要》最有力的行动抓手，第五轮三年行动计划充分体现《发展纲要》的规划引领作用，根据项目的前瞻性、科学性和可达性筛选19项专项工作和42项重点项目，总投资约467亿元，其中专项工作主要围绕严守生态保护空间、厚筑生态资源本底、探索生态产品价值实现和完善支撑保障体系四个方面。重点项目聚焦《发展纲要》四大行动领域，一是推动生态能级高标准跃升，重点推进城镇污水处理厂扩容、主要城镇污水管网修复等生态环境保护治理项目和北湖地区生态修复工程；二是实现绿色低碳高起点突破，重点推进港西渔光互补光伏发电项目和湿垃圾处置中心项目；三是促进生态产业高水平发展，重点实施崇明农业种业创新区、上实东颐疗养院、乡村旅游精品项目、陈家镇自行车小镇等产业类项目；四是共享幸福美好高品质生活，重点推进骨干河道整治、沪渝蓉高铁和轨交崇明线及其周边配套等重点项目，总投资约467亿元。 （黄玉姗）

财 政

【概况】 2022年，区财政局贯彻落实“疫情要防住、经济要稳住、发展要安全”的总体要求，强化资金统筹，加快财政支出，全力以赴做好“六稳”“六保”工作，为打赢大上海保卫战、助力市场主体纾困发展、保障和改善民生、防范化解风险、提升财政改革管理效能、促进世界级生态岛建设扎实推进提供有力的财力保障。

【年度财政收支情况】 2022年，收入方面，全区收入总量5486282.60万元，完成调整后预算的107.73%。其中，区级地方一般公共预算收入1218788万元，完成调整后预算的99.75%，比2021年（下同）减少241700万元，下降16.55%；上级补助收入2575732.20万元；地方政府一般债券转贷收入1502000万元；动用预算稳定调节基金1188万元；调入资金615万元；上年结转收入187959.40万元。支出方面，全区支出总量5115762.65万元，完成调整后预算的100.46%。其中，区本级一般公共预算支出总计3735824.49万元，完成调整后预算的98.54%。主要包括区本级一般公共预算支出1832908.32万元，完成调整后预算的 88.13%；上解支出 231914.25 万元；安排预算稳定调节基金 188743.92 万元；地方政府一般债券还本支出 1482258 万元。乡镇级一般公共预算支出总计 1379938.16 万元，完成调整后预算的 106.04%，增长 7.60%。主要包括乡镇级一般公共预算支出 1334436.66 万元；安排预算稳定调节基金 45501.50 万元。

【保持经济运行稳定合理】 2022 年，区财政局会同相关部门做好收入分析和动态监测，密切跟踪收入预算执行情况，组织收入及时、足额入库。聚焦更大力度的统筹，进一步加强三本预算统筹衔接，逐步加强各类财政资金和单位资金统筹管理和优化配置。进一步清理盘活存量资金统筹安排用于新冠病毒感染救治、公交运营补助等方面。落实新的组合式税费支持政策，切实减轻企业负担，着力稳企业保就业。强化市区联动，加大政策性融资担保力度，加强政府采购支持中小企业的力度，加大提高中小企业在政府采购中的份额。聚焦稳市场主体、保就业、保民生等重点领域，落实国家、上海市、崇明区经济恢复和重振政策在商贸业、文化旅游、制造业等行业的操作细则，助力企业发展。继续管好用好财政直达资金，确保资金快速分配下达、精准高效使用，充分发挥直达机制直接惠企利民、释放内需潜力和推动有效投资的政策效应。合理加快债券转贷资金使用进度，发挥债券资金稳增长、稳投资等积极作用。根据《崇明区关于促进生态新兴企业高质量发展的补充意见》，联动推进招商工作规范管理，支持加大安商稳商工作力度，着力打造优质高效的营商环境。

【推进重大战略实施】 2022 年，区财政局围绕《关于推动崇明区实体经济绿色高质量发展的工作方案》，落细落实制造业、文化旅游等产业政策，支持加快构建生态产业体系。支持引导重大农业项目向现代农业产业发展片区集聚发展，支持推广产学研用合作模式、开展种源等关键核心技术攻关，促进农业科技成功转化应用。支持加快建成运营临港长兴科技园一期等项目，推动产业园区逐步向科技研发、智能制造等方向转型升级。支持创新发展生态文旅，提升全域旅游示范区能级，支持西沙明珠湖国家 AAAAA 级旅游景区创建、星级民宿创评等，推动多元化旅游业态蓬勃发展。深入实施乡村振兴战略，安排区级资金 6100 万元用于加大农村综合帮扶力度，安排 1.4 亿元用于垃圾的收集、运输和终端处置，安排专项资金用于河道治理和养护管理以及农村生活污水处理；聚力构建大交通格局，支持推进轨道交通崇明线一期工程和北沿江高铁项目建设。支持实施世界级生态岛建设第五轮三年行动计划，安排 5.5 亿元用于固废处置中心市政配套工程、污水处理厂提标改扩建工程等，全力推动崇明基础设施、美丽乡村、旅游服务等升级发展。围绕强化企业创新主体地位，实施更加精准的扶持政策，支持培育更多具有行业精准优势的企业，增强区域经济持续发展的内生动力。发挥政府资金投入对创新创业的引导撬动作用，助推具有创新科技和市场前景的初创期、成长期科技企业快速发展。

【兜民生防风险】 2022 年，区财政局逐步提高养老保障水平，重点支持做好城乡居民最低生活补助、特困人员补助、医疗救助、残疾人两项补贴等民生保障，同时继续实施生态养老补贴和生态惠民保险，不断完善社会保障制度。在守牢“三保”底线的基础上，重点支持教育、医疗、养老、社保等普惠性、基础性、兜底性民生建设，提升基本公共服务质量。支持落实新一轮促进就业扶持政策，保障重点群体就业。按照世界级生态岛人才发展政策，着眼重点产业、重点地区和重点领域，支持人才引进、培养和服务工作。持续巩固“全域无隐性债务”试点工作成果，进一步强化债务管理。同时，加强对金融风险的监测预警，完善部门联动线索排查处置机制；从严审核投资类企业的引入，加强源头管理；进一步规范崇明区融资租赁机构等经营管理，强化事中事后监管。

【推进财政治理现代化】 2022 年，区财政局把艰苦奋斗、勤俭节约作为预算收支安排的基本原则，党政机关坚持过紧日子，勤俭办一切事业。进一步加大一般性支出压减力度，除保障政府正常运转外，大力压减行政开支。根据《关于进一步规范区级部门预算动态调整管理的办法》，强化预算约束，增强预算的严肃性，从严控制预算追加，加强对部门预算约束力的绩效考核，提高财政资金使用效益。研究制定进一步加强崇明区财政监督工作方案，持续强化会计监督，同时对政府采购、政府购买服务等制度执行情况进行督查，进一步强化财经纪律约束，切实保障财政资金使用安全规范。继续深入实施预算指标核算管理，依托预算管理一体化系统建设完善，对预算指标全生命周期过程记录，实现预算指标管理全流程“顺向可控，逆向可溯”，全面完整反映收支预算。压实部门预算绩效管理主体责任，指导开展绩效目标编制、绩效跟踪、绩效评价等相关工作，继续实施区级预算项目前评审制度，协同推进政府投资项目、信息化项目预算评审，从源头上节约财政资金。完善预算安排与预算执行、绩效评价、审计结果相挂钩的机制，努力实现预算和绩效管理深度融合。

（顾怡雯）

税　务

【概况】 2022 年，崇明区税务局（以下简称区税务局）统筹推进疫情防控和经济社会发展要求，围绕年度重点工作部署，组织税费收入，做好税费服务，推进征管改革任务，建强干部队伍，为推进税收现代化建设、助力崇明经济恢复和重振贡献崇税力量。全年共获集体和个人荣誉表彰23项，获评国家级“节约型机关”。区税务局设12个内设机构、21个派出机构。截至2022年12月31日，区税务局共有税务干部469人。其中，领导班子成员7人，科级领导干部87人，一般干部375人。区税务局党员230人，占全局干部职工总人数的49%，35周岁以下干部239人，占全局干部职工总人数的50.96%。

【税收收入完成情况】 2022年，区税务局共组织完成税收收入381.51亿元，比上年下降16.84%，减收77.27亿元。其中，中央级收入完成200.41亿元，比上年下降14.75%，减收34.68亿元；地方级收入完成181.10亿元，比上年下降19.04%，减收42.59亿元。地方级收入中，市级收入完成64.07亿元，比上年下降22.52%，减收18.62亿元；区级收入完成117.03亿元，比上年下降17%，减收23.97亿元。财税两局合计完成区一般公共预算收入121.88亿元，比上年下降16.55%，减收24.17亿元。增收因素：征管因素，跨周期调节专项缓税增收24.41亿元，动用免抵调税款17.5亿元，审计补税入库15.54亿元，审计自查补税税款于2022年入库15.54亿元。全年合计增收57.45亿元，拉动税收增幅12.52个百分点。减收因素：经济因素，1—12月，增值税开票销售额累计比上年下降18.39%。政策因素，新的组合式税费支持政策比上年影响税收33.91亿元。2022年，新增减税降费及退税缓税缓费42.1亿元。征管因素，由于国家审计要求进一步深化征管改革措施比上年减收70.05元，专项缓税减收16.37亿元，户管持续减少。截至12月底，崇明区正常企业户数为20.29万户，较年初减少3.91万户。其他因素，一次性因素减收14.39亿元。综上合计减收134.72亿元，影响税收增幅29.36个百分点。

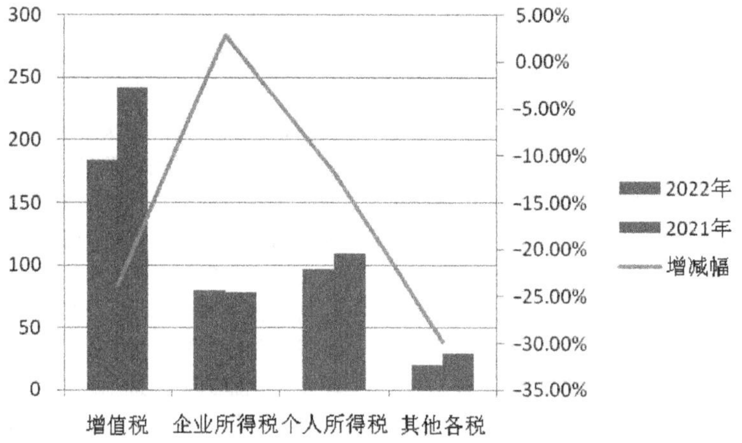

图8 2022年崇明区税收收入分税种完成情况图

（区税务局　供）

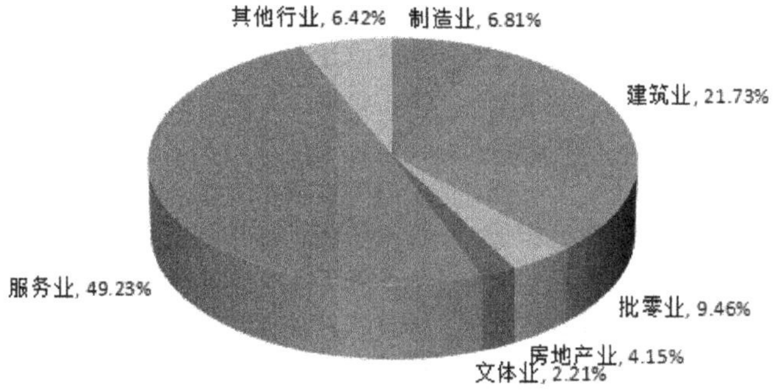

图9 2022年崇明区税收收入分行业占比情况图

（区税务局　供）

【组合式税费支持政策】 2022年，围绕“快、准、稳、好”工作要求，推进新的组合式税费支持政策落地，主动对接区政府推进落实新的组合式税费支持政策工作领导小组，持续优化多部门协同政策落实工作机制，形成工作合力。区税务局层面成立退税减税政策落实工作领导小组及办公室、专项工作组，落实“五个必汇报”，10个专项工作组精准对接110项工作任务，建立周例会、周简讯、月简报制度，协同指导督促各科所对标对表、有力有序落实政策。2022年，累计召开退税减税办周例会36次，编发7期退税减税政策落实工作专刊。全年落实新增减税降费及退税缓税缓费累计42.1亿元，其中增值税留抵退税26.8亿元，惠及户数是前三年总和的18.79倍。

【税收征管改革】 2022年，推行税收征管数字化升级和智能化改造，降低征纳成本，区税务局持续完善“1+1+5”制度机制运行，按照企业授信类别及授信调整额度等维度制定分级分类审核标准，完成9个场景1077个用例的系统测试和验证工作，整理编写区税务局统一身份管理平台岗责配置操作手册，推进发票电子化改革（金税四期）试点工作顺利进行。面向试点纳税人开展全电票技术与应用可视答疑直播4

次，编发发票电子化改革（金税四期）试点工作周报10期。截至2022年12月31日，“数字化电子发票”试点纳税人11.8万户，开票户数8.8万户，开具份数39.8万份，开票金额超627.9万元，试点纳税人开票率75.2%。

【税收风险管理】 2022年，坚决扛牢专项审计整改主体责任，有力推进审计署南京特派办下发专项审计整改任务，补缴税款合计15.9亿元。聚焦五大类资本交易风险项目，深挖2.1万条有效信息，共计发现风险企业166户，合计查补税款3.1亿元。统筹推进总、市、区税务局三级风险管理项目，查补税款4.5亿元。年度走逃失联153户，比上年下降71.7%，虚开趋势得到有效遏制。

【优化税收营商环境】 2022年，推出“强内功、优服务、勇担当”助力崇明经济恢复和重振三个方面18条具体举措，为崇明经济恢复和重振注入“税动力”。开展“税收现代化服务中国式现代化”大讨论活动，召集25个乡镇、经济园区开展“‘益企’促发展”优化税收营商环境座谈会，了解税费政策落实情况、办税缴费痛点难点。建立常态化汇报走访制度，累计走访499户次。利用“兴税小明”特色服务品牌、“找茬式”体验活动等，主动对接各乡镇、经济园区、市场主体，累计组织5场次专题座谈会，30场次“预约式”“组团式”“点菜式”专项辅导，覆盖参训人数2.9万人次。持续推广“非接触式”办税缴费，不断完善“先收后办、邮寄办、厅外代办”等便民措施，2022年度崇明辖区纳税人缴费人通过电子税务局、自助办税终端“非接触式”办理业务356万余笔，“一网通办”网办办件率98.71%，全程网办办件比率98.07%，当场办结办件比率97.26%，总办件量位列全区第一，占全区办件量的51.34%，为持续提升“一网通办”服务效能贡献税务力量。

【规范税种管理】 2022年，完善企业所得税管理，定期扫描企业所得税申报数据，有效落实中小微企业设备器具税前扣除等企业所得税优惠政策；分批次、网格化完成10.9万户纳税人的企业所得税汇算清缴工作，围绕2个大类共9个税收优惠事项和高风险事项开展后续管理工作。规范个人所得税管理，按照“四分”方案引导落实28.4万自然人纳税人完成2021年度个人所得税综合所得汇算清缴的补退税工作，累计退税1.88亿元、补税2.33亿元；完成6.5万人次2021年度个人所得税经营所得汇算工作，申报率达99.98%；加强股权投资企业监管，实现定向清理、动态清零；加强个人独资、合伙企业个人所得税征收方式的规范管理工作，核定征收企业比上年减少58%。推进出口退税便利服务，出口退税受理环节平均时长压缩至0.25个工作日，退税审核环节平均时长压缩至0.31个工作日，退税总流程时长压缩至1.59个工作日。有序推进社保费“统模式”工作，持续强化与区民政、人社、医保等部门的沟通联系机制。崇明辖区处于活动状态的企事业单位社保账户约4.9万户，2022年度企事业单位完成社保费申报缴费57.7万户次。

【打造特色品牌矩阵】 2022年，持续健全“纵合横通强党建”工作机制，发挥“小贼底民俗文化展览馆”等特色党建文化阵地辐射效应，着力推进“一支部一品牌”建设，以区税务局“兴税小明”服务品牌为基础，持续开展“崇e所”“青禾”“税小橘”等品牌创建活动，形成区税务局特色品牌矩阵，不断深化党支部示范点创建。同时，在落实组合式税费支持政策、数字化电子发票试点等重点工作中，充分发挥党支部战斗堡垒和党员先锋模范作用。落实“双报到、双报告”制度，党员干部下沉社区支援地方疫情防控，全年累计参与志愿服务979人次，服务时长4448小时。

【纪律作风建设】 2022年，开展“找茬式”体验活动，邀请区人大代表、政协委员、政风行风监督员、工商联人士、民营企业代表等组成8人税务测评师团队，深入一线，全流程体验留抵退税、出口退税和发票电子化等税收事项。深化税地协作机制，主动向区纪委监委沟通联系，汇报工作7次，邀请政风行风监督员对税收工作开展监督1次。创新推出“蓝黄红”三色廉政风险预警处置办法，组织党风廉政教育月和家庭助廉系列活动，召开家属代表助廉座谈会，寄送廉洁家书483封，走访20户党员、干部家庭。推动全面从严治党向基层延伸，调整选配党支部纪检委员14人，纪检监督员20人。 （段梦园）

审 计

【概况】 2022年，区审计局完成审计项目30个，涉及财政审计、经济责任审计、固定资产投资审计、专项审计等方面，查出主要问题金额20.54亿元。其中，违规金额0.02亿元，管理不规范金额20.52亿元；审计发现非金额计量问题69个；移送纪检监察机关处理事项2件。通过审计为国家增收节支0.42亿元，审计后挽回（避免）损失0.27亿元。出具审计报告38份，上报审计专报1篇，被批示、采用12次。提交各类审计信息简报82篇，被采用54篇。向社会公告审计结果14篇。

【财政审计】 2022年，进一步加大审计信息化技术应用，深化审计监督全覆盖，对区财政局组织2021年度本级预算和其他财政收支情况实施审计。关注预算管理、绩效管理、资产管理和财政监管等方面存在的问题，促进有关部门制定1项管理制度。立足促进提升预算管理水平，对区残联、区人力资源和社会保障局、区行政服务中心等6个部门2021年度预算和其他财政收支情况实施审计。关注政策措施落实、预算管理、内部管理等方面存在的问题，促进有关部门制定4项管理制度。

【经济责任审计】 2022年，完成领导干部任期经济责任审计项目7个，涉及领导干部（人员）8人。其中，委局4个4人，区直属单位3个4人；任中审计5人，离任审计3人。关注部门职责履行、重大经济决策、内部监督管理和集体资产管理等方面存在的问题，进一步促进领导干部履职尽责、担当作为。

【固定资产投资审计】 2022年，修订《上海市崇明区政府投资项目审计监督办法》，进一步推动投资审计"三个转变"。聚焦崇明区重点工程和实事项目，对农电旧表箱改造工程、北沿公路水系路网调整工程、城桥新城初级中学（暂名）项目等15个固定资产投资项目实施审计，关注建设项目程序管理、资金管理、财务监理制度执行等方面存在的问题。

【专项审计】 2022年，聚焦做好"六稳"工作、落实"六保"任务领域，开展崇明区困难群众救助补助资金及相关政策落实情况专项审计项目1个，关注应保尽保、应助尽助、应享尽享政策目标实现等方面存在的问题。

【审计整改】 2022年，对2021年度区本级预算执行和其他财政收支审计查出问题整改情况进行跟踪检查。经检查，针对本级预算执行审计、部门预算执行审计和专项审计，出具审计决定1项，已执行到位；提出审计建议47条，全部落实整改，并制定制度规范5项。针对政府投资建设项目审计，出具审计决定30项，全部执行到位；提出审计建议23条，全部整改落实，并制定制度规范2项。截至2022年11月底，推动被审计单位整改问题金额9.42亿元。对历年实施的3个部门预算执行审计和5个经济责任审计项目查出问题整改情况进行"回头看"专项检查，推动被审计单位整改问题金额1亿元，制定完善管理制度7项。

【内部审计】 2022年，制定《上海市崇明区内部审计工作指导意见》，组织开展崇明区内审工作专项检查，加大内部审计工作指导监督力度。2022年，完成审计项目767个，审计发现问题358个，发现问题金额0.95亿元。 （孙文渊）

统　计

【概况】 2022年，区统计局坚持以数据质量为主线，统筹推进疫情防控和统计业务工作，充分发挥统计部门"数库""智库"作用，为政府和社会各界提供统计信息咨询服务。崇明区统计工作质量在全市统计工作质量考核中获得"优秀"等次。

【统计服务】 2022年，区统计局全力做好疫情防控常态化背景下统计调查工作，围绕稳住全区经济大盘和努力实现经济社会发展目标任务，加强动态监测，强化预警预判。全年完成统计分析18篇，及时有效反映全区经济发展态势。围绕"防疫情、稳经济、保安全"，结合统计工作实际，对145家企业生产经营、数据上报及基层基础情况进行调研，开展精准统计服务和指导，帮助企业提升统计业务能力和水平。充分发挥统计职能作用，"两会"期间，发布《崇明区国民经济和社会发展情况》，编撰发行《崇明统计手册》、《崇明统计年鉴》和《崇明统计月报》。

【统计业务培训】 2022年，区统计局分7场组织召开全区统计法治宣传及统计业务培训班，实现全区400多家"四上"单位负责人和统计人员学习中央相关规定、文件和统计法律法规培训全覆盖。全年各专业共开展统计培训15场次，参会人员1100余人次。

【统计法治工作】 2022年，根据国家统计局统一部署，区统计局组织全区18个乡镇、9个区属国有企业和6个部门共33家单位开展统计造假不收手不收敛问题专项纠治和一套表调查单位入库退库专项检查工作，围绕"权力干预""数据寻租""执法不严""入退库"四项必查内容对2017年以来的情况开展单位自查和区级抽查，均未发现问题。严格开展统计执法监督检查，全年统计执法检查单位180家，发放责令改正通知书94份，行政处罚企业3家，保持防范和惩治统计造假、弄虚作假的高压态势。积极开展普法宣传，向各级党政部门发放《防范和惩治统计造假、弄虚作假重要文件汇编资料》1100余本，向基层统计人员和企业发放统计宣传资料1000多份，利用国家宪法日、统计法颁布纪念日、中国统计开放日等重要时间节点，集中组织开展丰富多彩的群众性统计法治宣传活动。

【普查工作】 2022年，区统计局完成第七次全国人口普查资料整理归档、编撰印发等收尾工作。有序筹备第五次全国经济普查，组建区五经普筹备领导小组及办公室，明确组成人员及各工作组职责。按照市五经普筹备领导小组工作要求，先后报送普查人员管理和培训系统业务需求意见建议、五经普重点问题研究建议，以及预算情况排摸表等，并完成2023年度五经普预算编制等工作。 （黄慧慧）

国有资产监管

【概况】 至2022年底，崇明区纳入监管范围的国有（城镇集体）企业167户。其中，国有企业135户，国有资本权益总额为291.60亿元，比上年增长2.7%；国有企业营业收入39.36亿元，比上年下降2.77%；净利润亏损2.33亿元，比上年下降1.3%；国有资本收益上缴941万元；国有资本增值保值率99.13%。城镇集体企业32户，集体资本权益总额为8.47亿元，比上年增长0.8%。2022年，根据批准的经济行为开展3项资产评估核准备案工作，涉及评估资产860.91万元；共办理企业捐赠备案15项，涉及捐赠金额49.34万元。崇明区国资委健全区管企业用工机制，完善企业法人治理结构，修订资产租赁管理实施细则，规范区管企业负责人薪酬管理，继续加强国有企业党的建设。

【国资监管制度建设】 2022年，区国资委党委站在全局角度谋划建立"1+6"监管制度。会同区委组织部联合制定《关于进一步加强区管国有企业党的建设的实施意见》。同时会同区纪委监委、区委组织部、区委编办、区人力资源和社会保障局等单位，对于区管企业领导人员管理、区管企业领导人员兼职、区管企业中层干部选拔任用、区管企业内设机构设置及员工编制、区管企业员工招聘、区管企业优秀青年干部人才培养等方面出台6项配套制度，进一步明确相关工作要求和流程，为国资国企改革发展提供政策保障。

【涉粮国企深化改革】 2022年，区国资委会同相关职能部门、企业多次开展调研，拟定《崇明区粮食企业深化改革工作方案》，基本思路为组建新的国有独资粮食管理公司，由区供销社托管，并经区委、区政府审议通过。11月，粮食管理公司组建工作完成。

【持续推进区管企业结构优化】 2022年，根据《崇明区区管企业结构优化深化方案》，区国资委坚持以改革促发展，优化区管企业管理层级和股权结构。2022年，完成生态城建集团下属9家子公司和现代农业园区开发公司下属1家子公司的股权结构调整，有效减少管理层级、简化管理流程、理顺管理关系，不断增强集团管控能力。

【健全区管企业用工机制】 2022年，为严把区管企业用工"入口关"，加强内设部门设置和员工招聘管理，提高企业招聘公开度和透明度，区国资委结合崇明实际，拟定《崇明区区管企业内设机构设置和员工编制管理办法》《崇明区区管企业员工招聘管理办法（试行）》，经区政府常务会议审议通过后由区国资委印发。同时，分层分类统筹开展2022年度区管企业招聘工作，切实改善国企干部人才结构。

【完善法人治理结构】 2022年，根据公司法及崇明区区管企业实际，区国资委指导亚通公司做好董事会、监事会换届工作，同时举荐能力强、素养高的人员担任企业外部董事、独立董事。根据人事任免有关规定，对区管企业相关人员提议职务任免，主要涉及集团公司领导班子成员和监事会主席、专职监事等。加强董、监事队伍建设，组织区管企业、委托监管企业董事、监事参加市国资委举办的国有企业董事、监事线上专题培训。

【规范区管企业负责人薪酬管理】 2022年，区国资委贯彻全面从严治党的要求，根据《关于深化县属企业负责人薪酬制度改革的实施意见》精神，结合实际制定《关于本区区管企业负责人因违纪违法涉及薪酬扣减的有关操作口径（试行）》，明确具体薪酬扣减标准，进一步完善崇明区区管企业负责人经营业绩考核和薪酬管理。

【修订资产租赁管理实施细则】 根据有关规定，区国资委在2020年出台的《关于加强崇明区区管国有（城镇集体）企业资产租赁管理的实施细则（试行）》于2022年6月到期。结合崇明区国资监管工作实际，区国资委对实施细则开展修订，经区政府常务会议审议通过后，于7月印发实施，为进一步加强崇明区区管国有（城镇集体）企业资产租赁管理提供制度保障。

【国资国企培训班】 10月20—21日，区国资委在瀛东会议中心，举办2022年区管企业优秀青年干部人才培训班。10月26—28日，区国资委在区会议中心，举办2022年崇明区国资委党委系统党员培训班。11月1—3日，区委组织部、区国资委和区委党校在区委党校，联合举办2022年区管企业党支部书记培训班。11月16—18日，区国资委在区会议中心，举办2022年崇明区区管企业领导人员专题培训班。

（郁　萌）

市场监督管理

【概况】 2022年，区市场监管局登记新设市场主体24845户，比上年下降54.73%；全区市场主体存量总数287843户，比上年下降11.63%。受理食品生产许可证发证35户，比上年下降22.22%。受理食品经营许可证发证3883户，比上年下降24.78%。受理酒类商品经营许可证零售发证2108户，比上年下降9.53%；受理酒类商品经营许可证批发发证139户，比上年上升39%。受理药品经营许可证发证19户，比上年下降51.28%。受理医疗器械三类许可证发证413户，比上年下降33.06%；备案403户，比上年下降32.95%。受理化妆品生产许可发证2户。办结特种设备安装改造维修施工告知165户，特种设备使用登记2161台，压力管道使用登记25681.5米，特种设备作业人员资格认定6457名，对社会公用计量标准发证审批16件。

【营商环境优化】 2022年，区市场监管局宣贯《市场主体登记管理条例》，释放"市场准入更便捷、经营困难可歇业、市场退出更顺畅”等政策利好。落实《促进个体工商户发展条例》，实现个体工商户直接变更经营者，推动个体经济焕发新活力。推进实施食品经营许可（仅销售预包装食品）改备案，进一步减证便民。在全市率先参与企业变更全程电子化登记试点，参与外资企业设立“全程网办”登记改革，推动企业全程电子化登记从设立登记向变更、注销全环节延伸，从内资向外资全类型拓展。完成21890户企业设立全程电子化登记，全程网办比率96%，居全市各区前列。响应企业诉求，依托“随申办”App开发“远程身份核验”功能模块特色服务。优化特种设备使用登记和特种设备作业人员资格认定审批事项流程，减少企业办事成本。拓展企业咨询热线功能，将有帮办需求的企业引导至相应招商主体延伸服务，不断提升服务精准度和群众满意度。

【食品安全监管】 2022年，区市场监管局发布年度崇明区食品安全重点工作安排，以区政府名义与区食药安委各成员单位、乡镇政府、公司（园区）签订2022年食品安全监管目标任务书，实施食品安全目标绩效考核管理。以区食药安办名义举办2022年食品安全宣传周主题日活动422场，结合重要时间节点开展线上线下食品安全宣传培训活动7000余场，营造食品安全共治氛围。在全市率先推进完成“两个责任”各项任务。以“守底线、查隐患、保安全”为主线，推进“四个品种”食用农产品专项整治、“食监利剑”专项交叉执法行动，以及“两会”期间食品安全专项监管和日常巡查。围绕食品安全保障工作，制定出台崇明区防疫需要“特定供餐”临时备案的实施意见，启用花博园花栖堂特定供餐点，年内共计保障590万人次就餐安全；率先在全市实施对进口冷链食品中转查验库企业的整体闭环管控，指导帮扶进口冷链食品企业获得补助149.55万元；完成对69万份政府保供物资和4100箱临沧定向捐赠物资的查验工作。针对崇明区中小学校食堂首次采取食材集中配送模式延伸全过程、全链条的监管。在全市率先并超额25%完成崇明区50户“互联网+明厨亮灶”项目。完成13户高风险食品生产企业物料平衡、生产管理质量规范、危害分析和关键控制点评价工作和32户食品生产企业智能化追溯系统建设工作。配合市局完成对上海市食品生产加工小作坊规范性文件的制定、修订工作。探索实施“监检并行”模式，推进食品产业高质量发展。加强食品安全专业化监管队伍建设，组建科室、所队及区食药检所经验丰富的业务能手为主的导师团，入选市局首批“食品生产许可审查细则培训师资团”。年内共计开展食品生产经营单位检查5万余户次，食品生产环节抽检413批次均合格；食品经营环节抽检2964件，合格2881件，合格率97.20%。

【酒类市场监管】 2022年，区市场监管局将酒类食品安全监管作为食品经营单位日常巡查的重要组成部分，开展日常巡查、重大节日酒类市场专项执法检查、“双随机”抽查。年内共计检查各类酒类经营企业3500余户，抽检酒类食品100批次，合格率100%。对2022年新发酒类商品零售许可证的1489户酒类经营单位开展证后监管和指导。结合“六进”宣传、“3·15”消费者权益保护日和“食品安全宣传周”等活动进行酒类食品安全宣传引导，发放宣传品2000余份。

【药品、医疗器械、化妆品安全监管】 2022年，区市场监管局以药品安全专项整治行动为主线，深入推进药品经营和使用专项检查、医疗器械风险隐患排查、进博化妆品专项检查、药械化专项交叉执法检查，配合做好禁毒相关工作。完成辖区708户医疗器械经营企业年度自查报告。推出化妆品经营使用单位风险分级监管2.0版本。采取“药监+网监”模式，提升化妆品“线上净网线下清源”专项行动成效。开展2022年全国安全用药月、医疗器械安全宣传周、化妆品安全宣传周活动，举办88场次，发放宣传材料8670份。检查相关单位6000多户次，药品抽检296件，294件合格，合格率99.32%；医疗器械抽检19件，18件合格，合格率94.73%；化妆品抽检4件均合格。年内完成药品不良反应上报1315例、医疗器械不良事件上报218例、化妆品不良反应上报39例。

【特种设备安全监管】 2022年，区市场监管局完成崇明区燃气安全排查整治、冬季锅炉及迎峰度夏电站锅炉专项检查、压力管道普查治理、极端天气下特种设备风险排查、涉危企业特种设备安全管理评价、党的二十大期间特种设备安全大检查和专项督查等。完成超期设备检验2323台（套），按规定减免检验检测费用112.02万元。年内完成2170台住宅电梯物联网建设，覆盖率86.39%，位居全市第一。在上海市区局层面成立首个电梯安全监管实训基地。年内累计纳入特种设备双重预防系统1465户，排查特种设备65万余台次，排查数量在全市领先。年内检查特种设备使用单位1896户次，发现并整改安全隐患1018起。

【产品质量安全监管】 2022年，区市场监管局开展燃气器具、电动自行车、成品油、消防产品质量专项检查。推进塑料污染治理和专项执法、儿童和学生用品守护行动、“护农”行动和农资打假。抽检崇明区有机产品及水样、土样66批次均合格。抽检重点产（商）品125批次，23批次不合格，不合格检出率18.4%。开展产品质量安全“排险除患、助企纾困”专项行动，整改问题56个，帮扶15户次。开展“世界认可日”宣传活动。推进小微企业质量管理体系认证提升行动，组织2期线上培训，动员44户小微企业参与认证，累计16户获证。

【市场综合监管】 2022年，区市场监管局制定《局行政处罚案件线索管理办法（试行）》《局行政执法全过程记录实施办法(试行)》,编撰《市场监督管理违法行为案由分类指南（试行）》，完善《执法办案工作通用操作指南（试行）》，试行“一案双审”制。开展2022民生领域案件查办“铁拳”行动，年内共计检查相关单位22650户次,立案查处456件，行刑衔接4件。开展全区长江禁渔联合督查和交叉检查，建立各市场销售海刀鱼索证索票排查情况动态台账，助推水产品全流程溯源体系建设，获评“2021年度长江禁渔监管执法先进集体、先进个人”。做好人力资源整顿专项工作,获评“2022年全国清理整顿人力资源市场秩序专项行动取得突出成绩单位”。上线使用无证无照经营管理系统，以数字化赋能市场监管。推进粮食市场秩序专项整治，指导统一制作安装粮食收购价格公示牌，对17户粮食收购企业、18户乡镇粮油收购站落实全覆盖检查和自查工作。推进电动自行车经营性“拼、加、改”装专项整治，共计检查425户次，立案查处18件。开展集中整治商品过度包装、“天价”月饼和蟹卡蟹券等问题专项行动，落实专人网络巡查。根据《崇明区加快经济恢复和重振实施方案》制定市场监管领域4个配套操作办法，推出《支持市场主体复工复产若干举措》，牵头制定“六小行业”复工复业指引。《常态化疫情防控背景下农产品“直播带货”法治保障研究》，获2022年度全面依法治市调研课题优秀成果二等奖。承办的7户单位未按规定进行电梯维护保养系列案获评市局第四届“十佳案例”。区市场监管局在市局2021年度第二批行政执法检查中综合得分在全市各区局排名第一。区市场监管局获评“2016—2020年度全国普法工作先进单位”。

【商品交易市场监管】 2022年，区市场监管局开展对刷单炒信、培训机构等方面不正当竞争行为的专项整治行动，立案查处23件。开展涉企违规收费整治、民生商品保供稳价工作。开展“守安全、稳价格”专项行动，发布“关于规范‘社区团购’价格行为的提醒告诫函”，推进保供单位计量专项执法检查，其中查处一起哄抬物价典型案例被中国新闻网、光明网等媒体转载，一度成为微博热搜第一名，阅读量达到3亿次。完成总局广告监管“两个平台”线索查看和处置63件，完成广告企业类型甄别10807户，开展严禁借党的二十大进行商业营销炒作、涉税中介涉税服务宣传监管专项行动，落实申报上海市广告业恢复发展支持资金有关工作。完成网络经济户口数据维护1400余户，实施对崇明区部分重点乡镇网络餐饮服务提供者定向监测。持续落实活禽交易休市制度，主动对接区委政法委、区经委等部门起草2022年度平安市场创建方案,做大做强“平安市场”这张名片。

【计量监管】 2022年，区市场监管局开展“保两节”计量、农资计量、粮食收购计量器具、液化气充装计量等专项行动，助力提稳“菜篮子”、托稳“米袋子”和守稳“火炉子”。以大中型单位在用安全防护用计量器具（压力表及可燃气体报警器）为重点，全面排摸检查安全计量领域监管底数。指导完成13户重点用能单位年度能源计量审查工作。开展过度包装专项检查。完成竖新镇诚信计量示范镇创建工作，完成30户加油站、连锁超市（小商户）诚信计量优秀单位评选工作。开展“‘5·20’世界计量日”主题宣传。形成《践行绿水青山就是金山银山新理念，引领全民生态文明节水低碳新风尚》项目获评2021年度上海市计量创新优秀案例。

【市场主体信用监管】 2022年，区市场监管局推动市场主体年报工作提质增效，为547户重点企业提供公示信息质量服务。2021年度企业年报公示率96.83%，比上年提升0.02个百分点，排名全市各区第三。制定《崇明区市场监管领域部门联合抽查事项清单（2022版）》及抽查计划，新增成员单位1个、抽查事项22项、抽查任务5个，年内全区完成跨部门联合抽查33次、检查550户次，区市场监管局完成双随机抽查47批次，涉及11443户市场主体。年内共将8582户企业列入经营异常名录、854户企业列入严重违法失信名单；完成法定代表人任职资格限制843户，相关社会代表人选资格联审信用核查328户；办

2022年中秋节区市场监管局开展月饼专项检查（区市场监管局 供图）

理股权冻结（解冻）615户，实施（解除）企业监管323户；完成企业信用修复2154户，其中804户网上办理，办理期限缩减约1/3。

【消费者权益保护】 2022年，区市场监管局形成各平台投诉举报处置统一流程，受理各类投诉、举报、咨询15730件，实现先行联系率100%、解决率100%，对属实件回访率100%。区市场监管局获评2021年度"12345"市民服务热线承办绩效考核优秀单位。开展ODR企业的发展和培育，创新企业联络点与人民调解联动机制，成立"海上花岛"集团消费维权联络点暨消费纠纷调解室，持续打响消费维权进学校联络点特色品牌。开展老龄消费者权益保护专项行动，制作的《保健食品消费提示》视频获总局第一届消费权益保护微课最佳视频。冲刺2022年"满意消费长三角"创建收官，创成五星级联络点4户、四星级联络点8户。深化"美丽乡村放心消费体系"和景区消费维权联络点建设，开展区级消费投诉信息公示试点，推进异地异店退换货承诺和放心消费创建赔偿先付，完成1000户创建申报单位、500户线下无理由退货承诺单位等年度目标任务。3月15日，联合区消保委在"上海崇明"上开通消费维权线上主题宣传与投诉举报咨询受理，其间推出崇明广播电台维权案例讲解、《崇明报》专题报道、消费维权直播课堂、消费知识网络竞赛、抖音小视频征集等活动65场。办理《上海某宾馆有限公司未按规定标明真实名称和标记案》案件入选市局"3·15"消费侵权典型案例。

【知识产权保护】 2022年，区市场监管局指导推进上海市知识产权运营服务集聚区崇明园建设。推动区级综合性知识产权公共服务机构建设，出台崇明区知识产权公共服务事项清单（第一版）。召开商标质押助力餐饮、文旅等重点行业纾困"知惠行"工作会议。与区工商联联合举办"保护知识产权，激发民企活力"工作沙龙。推进《崇明区知识产权资助办法》的实施，完成资助42.91万元。召开崇明区知识产权联席会议暨打击侵权假冒工作会议。走访"拼多多"电商平台，构建线上线下立体保护网络。开展北京2022年冬奥会和冬残奥会奥林匹克标志知识产权保护专项行动、知识产权代理行业"蓝天"专项行动、2022年地理标志保护专项行动。"崇明岛"商标保护工作取得阶段性成果。申报2022年国家地理标志产品保护示范区获批。推进地理标志知识产权试点园区建设。召开地理标志规范使用指导会。指导崇明绿联会申报《"崇明大米"地理标志运用促进工程》并获批。14户企业获准使用"崇明大米"专用标志。"崇明大米"等5件商标入选上海市重点商标保护名录。开展"'4·26'知识产权宣传周"活动和"双真"承诺活动。鼓励2户企业将65项实用新型专利作为第一批专利资源。指导2户企业成为国家知识产权优势企业，1户企业获批上海市专利试点企业。指导上海江南长兴造船有限公司荣获上海知识产权创新奖（专利三等奖）。崇明区2022年专利授权数2994件。其中，发明专利327件，比上年增长39.74%；商标有效注册量（总数）106124件，比上年增加20.59%。

【质量提升行动】 2022年，区市场监管局牵头制定《2022年崇明区质量发展工作要点》。制定发布《崇明区政府质量奖管理办法》，研究起草《崇明区促进质量发展扶持与奖励办法》，启动第三届区政府质量奖评选工作。探索党建引领质量提升工作新模式，推动市局、区局、长兴所围绕质量工作签订党支部共建协议。发布《2021年度崇明区质量状况白皮书》，开展崇明生态人居质量满意度测评，巩固区域质量状况分析机制。推荐2户企业项目分别获评2022年度上海市重点产品质量攻关成果二、三等奖，区市场监管局连续五年获"上海市重点产品质量攻关优秀组织奖"。推荐3户企业项目分别获评2022年度上海市企业质量管理领域数字化转型"十佳案例"、首席质量官创新实践案例以及全国"质量月"苏浙皖赣沪质量品牌故事演讲大赛优胜奖。开展"质量月"主题宣传164场，推进"质量进党校""万千百"质量公益培训工程、首席质量官任职资格培训班活动及《家用汽车产品修理更换退货责任规定》质量新规宣传。

【标准化工作】 2022年，区市场监管局成立由23个成员单位组成的崇明区标准化工作小组，起草崇明区标准化工作要点，建立工作协调机制。指导推荐2个国家级农业农村领域标准化试点项目、3个市级标准化试点项目获批立项。推动国家红掌花栽培标准化示范区完成三年创建工作。指导5个市级标准化试点项目通过考核验收。指导制（修）定崇明蟹种、崇明香酥芋等3项团体标准。推荐1户企业质量标准获评上海市标准创新贡献奖标准项目奖三等奖、2022年"上海标准"。推荐由崇明绿联会制定发布的《崇明大米》团体标准获评2022年度上海市团体标准典型案例。开展2022年世界标准日宣传活动。全区共有标准化试点92个，其中国家级17个、市级75个。涉及农业农村的67个，基本形成农业为主，涵盖旅游服务、节能环保等领域的标准化试点格局。

（邓华龙）

海关和检验检疫

【概况】 崇明海关隶属于上海海关，业务管辖区域为上海市崇明区（含崇明、长兴、横沙三岛），主要承担辖区内通关监管、税收监管、保税监管、卫生检疫、动植物检验检疫、商品检验、食品化妆品检验、企业管理、稽查核查等海关监管职责。2022年，崇明海关共受理进口申报84批，出口申报214批；征收税款

828.33万元，增值税1385.14万元，合计2213.47万元。办理减免税备案10批，减免关税15.63万元、增值税2.03万元。

【助企纾困】 2022年，崇明海关助企纾困，指导企业用好政策红利。推广原产地证书自助打印，持续做好企业培训和政策辅导，引导更多企业掌握RCEP关税减让安排和原产地规则。优化注册登记、备案注销、稽核查流程。推进“互联网+稽核查”模式，引导企业在线提交资料，同时减少实际下厂核查及稽查频次，尽可能减轻企业负担。优化属地企业查检工作。推广“无陪同查验”“在线稽核查”等海关便利化措施，进一步提升崇明口岸通关效能，减少企业通关时间。崇明口岸进口整体通关时间23.50小时，优于上海海关同期（63.06小时），出口整体通关时间2.36小时。

【进口鲜活帝王蟹快速通关】 2022年，崇明海关利用鲜活水产品快速通关机制，采取提前报关、7×24小时预约通关、随到随检、快速验放的模式，进行通关处置，开展码头检疫查验，实现最快速的通关验放，保障鲜活水产品顺利通关，提高鲜活水产品存活率，及时供应上海市场。至年底，崇明海关通关放行进口鲜活帝王蟹共5船次、重435.63吨。崇明海关协同口岸各方，通过不断优化通关效率，为进口企业通关创造良好的营商环境。

【崇明特色农产品出口帮扶】 2022年，崇明海关帮扶地方农产品生产企业规范生产作业流程，提高现代农业管理水平，助推崇明大闸蟹、有机绿色蔬菜等崇明特色农产品走出国门。保障崇明蟹苗销往台湾苗栗县，至11月，保障47批次共计385.41万只优质蟹苗从上海海洋大学供台蟹种基地运到苗栗县；到上海华宇西红花种植专业合作社、菇林源菌业、依本酿酒厂等企业开展调研工作，了解企业进出口意向并提供政策支持，助推崇明优质农产品走出国门。

【属地业务】 2022年，崇明海关实施进出口查检185批，出具各类检验检疫证书744份。查检发现异常4批，均依法责令相关企业进行整改。实施口岸巡查52次。完成加工贸易手册备案133本，核销157份，加工贸易进出口总值8.94亿元，加工贸易内销征税13.36万元。完成企业注册318家，变更102家，注销97家。进口食品化妆品收货人备案11家。办结稽查作业4起，主动披露14起，办理快办案件2起。核查作业共计29起。其中，风险类核查作业6起、管理类核查作业23起，共查发26起。

【干部队伍建设】 2022年，崇明海关加强准军事化纪律部队建设，深化内务规范强化月活动，开展内务督察暨纪律作风检查6次，不断强化关员纪律意识和规矩意识。深入开展“海关重点项目和财物管理以权谋私”专项整治工作，全面排查风险和问题。共发现问题风险6项，提出措施建议6条；组织7人进行个人违规事项申报并撰写专项整治个人剖析材料，开展逐一谈话18人次，坚决有力正风肃纪。统筹开展政治教育、纪法教育、警示教育，把党纪法规纳入党委中心组、支部主题党日和关区集中学习，征集“清风国门”廉洁文化创意作品4篇并在关区展播，引导党员干部从思想上固本培元，增强拒腐防变能力。

【密切与地方政府的协调联系】 8月22日，上海海关与崇明区政府签订合作备忘录，共同建立更紧密的长效合作机制，确定崇明海关与崇明区经济委员会为对口联系部门，从支持崇明区进一步优化营商环境、推进重点产业提质发展、加强企业信用培育和政策指导服务等方面入手，共同促进崇明区外贸保稳提质，助力世界级生态岛建设高质量发展。同期，崇明海关撰写2022年上半年崇明区外贸形势分析及崇明海关稳外贸外资主要工作情况报告，为区领导准确把握崇明区外贸业务形势变化提供决策参考。 （袁召东）

崇明年鉴

ChongMing NianJian

2023

城乡建设与管理

综 述

2022年，崇明区以世界级生态岛建设为目标，聚焦重点领域和重点工作，发挥规范引领作用。区规划资源局重点推进规划编制、引导农民相对集中居住，推进城乡一体化。开展市级乡村振兴示范村村庄设计、空间管控与布局优化工作，持续优化国土空间开放格局。加强国土空间用途管制，做好土地减量化、土地资源储备、土地资源供应工作，保障土地供应。加强执法监管，开展违法用地综合整治、督察整治、农村乱占耕地建房等专项整治工作。区建管委全年办理项目报建74个，施工许可证55张、竣工备案59个，开展消防设计项目审查36个、受理消防验收项目57个、消防备案项目41个、受理行政审批资质类640家（次）。区绿化市容局推进绿化市容建设，积极创建国家森林城市，在区绿化市容局在第五届进博会、创城、创卫等多项重大活动保障期间，完成全区市容环境保障工作。全年完成新建绿地面积22.43公顷，立体绿化完成17300平方米。区城管执法局加强源头管控和治理，保持新增违建零增长。提升城市精细化管理水平，实现城管执法创新升级，强化长三角城管执法协作。加强城市管理监察工作，开展生态环境专项整治行动，街面环境专项执法整治、住宅小区综合整治行动、生活垃圾分类专项执法整治等行动。崇明电网和长兴电网共拥有5座220千伏变电站，11座110千伏变电站，30座35千伏变电站。崇明岛最高负荷58万千瓦，全年售电量20.26亿千瓦时；长兴电网最高负荷26.83万千瓦，全年售电量10.77亿千瓦时。全区管道气输送管线923.45公里；全区液化气用量18642.5吨，管道天然气用量3938.04万立方米，全区燃气总用户31.4万户。

（《崇明年鉴》编辑部）

城乡规划

【概况】 2022年，崇明区围绕世界级生态岛建设总体目标，全面落实市委、市政府城乡规划工作部署和城乡发展一体化要求，不断强化规划引领作用，切实提高土地节约集约利用水平，推进全区规划资源管理高质量发展。

【镇级国土空间总体规划及详细层次规划】 2022年，崇明区推进城桥、堡镇、西沙、东滩4个片区（包括14个建制镇乡和区内镇外等地区）镇总规的审查和报批工作；组织编制上海交大国际农生学院，市残疾人体育训练基地，陈家镇国际商务区南片街坊等项目的控制性详细规划调整工作；有序开展花博园后续利用，G40–崇明大道立交，崇明区养老设施布局，城桥镇、堡镇初雨调蓄池，港西镇渔光互补发电项目等多个项目的专项规划编制工作；联合开展崇明现代农业园区，乡镇生态清洁小流域，横沙污水处理设施，横沙稻米加工中心，三星镇、向化镇白山羊屠宰点，新村正大养鸡场等多个项目的乡村郊野单元村庄规划新编或调整工作。

【市级乡村振兴示范村村庄设计】 2022年，崇明区组织完成第四批共5个市级乡村振兴示范村村庄设计编制工作，并获区政府批复，指导乡镇开展建设工作。配合区农业农村委开展第五批4个市级示范村申报创建工作，及时组织乡镇开展示范村村庄设计，组织专家评审和市、区部门意见征询，开展郊野单元村庄规划调整成果公众意见征询以及技术审查。

【空间管控与布局优化工作】 2022年，崇明区根据全市“三区三线”划定工作部署，开展耕地和永农保护空间调优工作。全区划定66.33万亩耕地和永久基本农田保护空间，包括报部永久基本农田54万亩、报部永久基本农田储备地块1.08万亩、市管永久基本农田储备地块11.25万亩。划定生态保护红线515.8平方公里（行政区范围内），划定城镇开发边界线140.6平方公里。10月，上海“三区三线”划定成果通过自然资源部审查后正式启用。合理引导田、林、水空间布局，进一步优化“十四五”田、林、水空间布局思路，科学规划生态空间，守牢生态保护红线。

【国土空间用途管制】 2022年，崇明区严格按照国土空间用途管制要求，在确保守住耕地和永久基本农田保护底线的前提下，科学合理利用崇明区耕地资源，推进土地工作精细化管理，做好实施细则划分的12类国土空间用途管制行为的审批、备案等工作，完成用途管制许可备案89个，组织开展郊野单元村庄规划局部调整25项。

【土地减量化工作】 2022年，崇明区完成开发边界外建设用地减量化立项面积157.84公顷，完成验收面积92.71公顷。

【土地资源储备】 2022年，崇明区编报完成2022年土地储备计划及三年滚动计划，并报送市规划资源局审批。做好历年结转项目的土地收储，完成陈家镇交大项目、长兴镇2个项目的土地收储；有序推进2022年储备计划项目的土地收储，完成城桥镇利民村（西）“城中村改造项目”、新城25号地块2个项目。

【土地资源供应】 2022年，崇明区完成土地出让11幅，出让面积60.54公顷，土地出让金15.06亿元。耕地占补平衡指标费收入61.2亿元。

【违法用地综合整治】 2022年，崇明区根据自然资源部下发《关于开展2022年卫片执法工作的通知》工作，推进部下发2021年度补充卫片涉及崇明区疑似问题图斑647宗、

6050.1 亩。对部下发 2022 年月度卫片 200 宗、4744.78 亩进行核实确认。

【督察整治】 2022 年，崇明区按照《2021 年国家自然资源督察意见书》中相关意见推动完成涉及违法违规占用耕地绿化造林问题 4 宗以及河道整治类项目违法违规占用耕地问题 18 宗。

【农村乱占耕地建房专项整治工作】 2022 年，崇明区完成产业类项目整治 1324 宗、4416.34 亩，公共管理服务类项目整治 390 宗、806.20 亩，处置整改“回潮”现象 47 宗。

【农民相对集中居住工作】 2022 年，崇明区完成签约 2020 户，包括“三高两区”896 户、其余面上 1124 户；安置类型分为实物置换 1227 户、货币化置换 793 户。 （于博文）

2022 年崇明区新增地名情况表

表 33

序号	项目名称	项目类别	所属乡镇	四至范围
1	盛世新苑	居住区	城桥镇	东至 02A—08A 绿化带，南至高岛路，西至规划三路，北至规划一路南侧绿化带
2	盛世华苑	居住区	城桥镇	东至规划三路，南至高岛路，西至东引路，北至规划二路
3	裕慈路	道路	陈家镇	西起安瑞南路（规划名），东至安歌路
4	安瑞南路	道路	陈家镇	南起裕慈路（规划名），北至裕鸿路
5	江曲路	道路	陈家镇	南起揽海路，北至迎海路
6	兴岛路	道路	长兴镇	南起长兴江南大道，北至规划潘圆公路

（区规划资源局）

城乡改造和建设施工

【概况】 2022 年，区建设管理委坚持“生态立岛、安全为先、管理为重”的方针，聚焦服务保障大局、提升效能优化营商环境、推动绿色建筑发展、加大重大项目跟踪督查、抓好疫情防控和安全生产等重点，稳步推进各项重点工作。区建管委全年办理项目报建 74 个，施工许可证 55 张、竣工备案 59 个，开展消防设计项目审查 36 个、受理消防验收项目 57 个、消防备案项目 41 个、受理行政审批资质类 640 家次。

【建筑业市场和现场管理】 2022 年，崇明区在监在建项目 98 个，总工作量 194.49 亿元（建筑类项目 61 个，总工作量 187.21 亿元；其他类项目 37 个，总工作量 7.28 亿元）；新增报监项目 62 个，竣工项目 59 个。开具安全隐患整改单 125 份，局部暂缓施工指令书 8 份，停工通知单 7 份；对 4 个工地、3 名企业负责人、4 名项目经理、10 名安全员、3 名总监进行记分处理；开具质量隐患整改单 90 份，局部暂缓施工指令书 26 份，停工单 2 份；开具市场行为整改单 42 份，局部暂缓施工指令书 4 份；对 109 个项目经理进行记 248 分处理。立案查处各类违法违规案件 43 起，结案 40 起。全年对 47 家施工企业开展企业资质动态核查，经核查其中有 34 家施工企业资质不达标，对其发出整改指令；经整改，22 家施工企业完成整改，2 家施工企业在规定期限内整改未达标，撤销其施工企业资质，剩余 10 家施工企业正在整改中。全年完成（设计、施工、监理、勘察）公开招标的项目 84 个标段；抽取各类项目评标专家 103 次；对 51 个项目进行报价甄别，甄别比例达到 100%；对事中事后监管中发现异常的 4 个项目进行排查；完成 5 个项目评标评估工作。探索工程建设项目审批集成化服务新模式，逐步实现“前台一窗收发、后台联合会审”的管理机制。试点“全面桩基先行”“水电气网联合报装一件事”等便民事项，实现从“企业跑腿”向“数据跑路”的转变。全年区行政服务中心日常考核中区建设管理委窗口 320 件（次）事项全部达到五星好评，做到服务“零投诉”。根据《崇明区预拌商品混凝土企业考核评价实施细则（试行）》，考核评价全区 19 家预拌商品混凝土企业，考核评定企业优秀率为 78%。同时，对全区 19 家预拌商品混凝土企业、2 家预拌商品砂浆企业、13 家新型墙材生产企业开展动态监管，半年一次委托第三方检测机构对其备案产品和原材料进行质量抽检，抽取墙体材料 25 组，抽样覆盖率 100%；抽取混凝土和砂浆企业原材料 129 组，发现存在问题产品或材料 7 组，跟踪处理发现的问题和产品材料。对存在问题企业开具整改通知单 9 份，责令限期整改。2022 年，崇明区墙体材料生产总量 10818 万标准砖，销售 8332.8 万标准砖，新墙材生产率 100%；商品砂浆生产 3.24 万吨，散装率 100%。

【城市基础设施运营管理】 2022 年，区建设管理委根据市架空线入地和合杆整治指挥部工作计划，完成老北沿公路（建设公路—东平河）、南门路（东门路—三沙洪路）通信类架空线入地整治工作，总长度7.1公里。根据市住建委道路照明设施运行维护工作要求，完成崇明区管道路照明设施运行维护工作，道路照明设施每月亮灯率99.78%，设施完好率99.88%，报修修复率为100%。受理市民投诉328起，比上年下降116起，处置回复率100%。

【重大项目督查】 2022年，崇明区重大工程项目39项。计划完成投资89.42亿元，完成投资60.8亿元。正常推进项目29项，滞后项目10项。其中，完工项目4项、开工项目20项、前期准备项目15项。全年组织、参加专题协调74会次，涉及上实集团协同创新项目、农民集中居住项目、崇明线一期项目等，对崇明花博园区用房共现场督查、检查10次。同时，为推动项目建设，区建设管理委分管领导组建3人建设协调专班，项目均竣工并交付使用。

【绿色生态城区建设】 2022年，崇明区新建民用建筑全部按照绿色建筑标准进行设计建造，在土地出让环节全面执行上述标准，对9个拟出让地块提出绿色建筑具体星级要求。在施工许可环节落实绿建项目6个，建筑面积13.08万平方米，二星级以上占比为100%。符合条件的新建民用、工业建筑100%落实装配式建筑，在7个地块土地出让意见征询中明确落实装配式建筑要求。在施工许可环节落实装配式项目2个，建筑面积约10.23万平方米。推动绿色生态城区发展，按照“1+3”发展模式（全岛推广、城桥镇、东平镇、陈家镇3个试点区域先行），在东平小镇获得绿色生态城区二星试点后，启动《崇明区城桥镇东区单元绿色生态专业规划》《崇明区陈家镇绿色生态专业规划》编制工作，完成《崇明区绿色生态城区规划纲要》编制。4月，《崇明区陈家镇绿色生态专业规划》形成初稿。9月，《崇明区城桥镇东区单元绿色生态专业规划》报区政府常务会议审议通过。有序推进海绵城市建设，在土地出让阶段有10个项目将海绵城市建设指标要求（年径流总量控制率、年径流污染控制率等）纳入土地出让条件。对11个项目在规划方案征询时要形成海绵建设专篇，进一步明确海绵城市建设控制指标的落地。在市政道路交通工程初步设计审批时，明确要求落实海绵城市建设理念和措施要求。完成6个海绵城市示范项目建设，其中虹桥村乡野田园综合体水生态修复项目将美丽乡村创建、河湖水系恢复、海绵城市建设相结合，获得全市河道水系类海绵示范工程第六名。（龚 欢）

绿化园林

【概况】 2022年，区绿化市容局新建绿地面积22.43公顷，包括公园绿地10.06公顷，其中长兴岛潘圆公路南侧绿地（前卫河—仁建路）完成1.5公顷，长兴产业园区湿地公园完成1公顷，陈家镇CMSA地块公园绿地完成1公顷。立体绿化完成17300平方米，包括瑞华果园棚架绿化（紫藤）12500平方米、公安局崇明分局屋顶绿化2700平方米、东平森林公园棚架绿化（紫藤）2100平方米。新增横河公园为城市公园，新建口袋公园10座，新建生态绿道30.331公里。单位附属绿地开放3处，崇明区行政中心附属绿地4公顷、新华医院崇明分院黄家花园0.4公顷、东平镇党群服务中心附属绿地700平方米。

【行道树及附属设施整治】 2022年，区绿化市容局以人民路、南门路、八一路等骨干道路为重点，围绕盖板破损、不平整、黄土裸露、树木生长空间狭小等现象，对城区主要道路行道树的附属设施进行升级改造。通过整理一批不平整的盖板，修补一批局部破损的盖板，更换一批老旧、与周边环境不协调的盖板，逐步实现行道树盖板“平整、完好、美观”的目标，全年完成1670处行道树盖板升级改造。

【公园绿地内绿化景观】 2022年，全区绿地调整面积合计11584平方米。1—10月，共布置草花2894平方米，花境调整1230平方米；9月底对陈海公路港东路口和G40收费口的2个主题花雕进行红绿草和一年生草花更换，更换面积3426平方米。

【行道树日常养护】 2022年，区绿化市容局及时补植因干旱和台风“梅花”影响死亡的行道树133株；6月中旬完成悬铃木行道树夏季剥芽专项工作，对市级示范道路病虫害防治（两虫两病）加强日常化防治。年内，公共绿地及行道树无大面积病虫害发生，景观面貌良好。

【公园精细化管理】 2022年，区绿化市容局优化调整瀛洲公园、新城公园、堡镇市民公园以及长兴市民公园等公园内花坛花境共计2070平方米。完善园区设施设备，对园区内老旧、破损设备及时维修更新，确保游客游园安全舒适。包括翻新改造堡镇市民公园内篮球场地、在南门广场新增衣帽钩座椅和不锈钢外围围栏、在新城公园北侧广场无障碍通道增加不锈钢扶手等。全年全区6座城市公园共接待游客39.3万人次，比上年增加24.95万人次。

【古树保护】 2022年，区绿化市容局对标《上海市绿化市容局区县重点工作绩效考核古树名木和古树后续资源保护项目考核评分标准》文件要求，开展古树常规养护措施约405株次，包含修剪防腐、除草、铺设松鳞、土壤改良、设施维护、安装认养标牌等。巡查古树679株次（一级古树87株次、二级古树243株次、三级古树349株次），古树区级督查117株次，同时做好督促做好整改工作。对全区116株古树和后续资源开展实地踏勘核实、测量、定位、拍照等工作，完成崇明区古树及后续资源普查报告，为后续开展古树工作奠定基础。

【创建国家森林城市】2022年，根据《国家森林城市管理办法》和《国家森林城市测评体系》的要求，由区绿化市容局牵头，对接各部门、各乡镇，通过现场调查、卫片判读、资料收集，对每一项指标逐一进行评估。在现状调查评估的基础上，制定《崇明区创建国家森林城市工作方案》，工作方案包括创建国家森林城市的背景和意义、现状分析、创建目标、创建程序、工作措施、责任落实等六方面。成立崇明区国家森林城市建设工作领导小组。工作方案和领导小组经区政府第14次常务会议审议通过。以区政府名义向市绿化市容局提交建设备案申请、基本现状和《国家森林城市评价指标》对照表等申报材料。市绿化市容局对材料进行初审，并向国家林业和草原局报送申报材料。

【义务植树活动】3月9日，区绿化市容局联合庙镇人民政府，在庙镇白港三队白港村公益林建设项目地举办。参加活动的市民通过扫码可获得由全国绿化委员会办公室和中国绿化基金会联合颁发的全民义务植树尽责证书。崇明法院、崇明民革、崇明民盟、崇明庙镇供销社等单位和市民90余人参加活动。（施 奇）

市容管理

【概况】2022年，区绿化市容局在第五届进博会、创城、创卫等多项重大活动保障期间，完成全区市容环境保障工作。全面做好垃圾收运处，严格落实重点场所环境消杀专项行动。深入开展生活垃圾分类减量工作，生活垃圾“三增一减”（干垃圾减少，有害垃圾、可回收物、湿垃圾、增加）实效显著。加强建筑垃圾运输企业和处置场所的监管，防止“抛、撒、滴、漏”污染路面和乱倒、乱堆、乱填埋现象，对涉及其他部门职责的事项，及时移送相关信息，推动全链条打击、罚后整改和信用惩戒，建筑垃圾运输投诉率比上年下降50个百分点。推进环卫资源化项目建设，加快区级建筑垃圾分拣中转站建设。推进美丽街区建设，推进完成2022年新海、绿华、庙镇、东平、堡镇、向化等6个美丽街区建设项目建设进度。完成20块违法户外广告、56块违法屋顶招牌、80块违法电子走字屏整治任务。新建、改造195处公共空间休憩座椅。

【保障重大活动市容环境】2022年，区绿化市容局印发《关于做好迎接党的二十大、第五届进博会等重大活动市容环境保障的通知》，坚持整治与提升相结合，突出重点地区，集中开展城市环境“脏乱差”问题整治，持续改善人居环境，实现重点区域无违建、环卫保洁无死角、店招店牌无破损、户外广告无违设、道路沿线无三乱、建筑立面无污损、河道水岸无垃圾的整治目标。

【美丽街区建设】2022年，区绿化市容局按照“全要素、一体化、做减法”的标准，完成新海、绿华、庙镇、东平、堡镇、向化6个美丽街区建设项目，会同区发改、房管、农业等部门，依托“美丽街区”“美丽家园”“美丽乡村”“美丽河湖”“美丽道路”等五美项目建设，统筹推进全区公共空间休憩座椅优化提升，委托设计单位在八一路、北门路建设36处休憩座椅、1处廊架、1处环形花坛座椅，打造示范引领作用，新建、改造195处公共空间休憩座椅。

【环境卫生质量监督】2022年，区绿化市容局开展“365天天净”“中小道路专项整治”“三迎接大冲洗”等20次环境卫生专项整治活动，15次环卫运输车辆专项检查行动。开展8次针对全区道路市容和垃圾收集点的专项检查，督促各乡镇和作业公司落实整改，建立长效管理机制，使崇明区质监管理效应得到较好的发挥。全年崇明区市容环境质监部门出动检查人员470人次，检查车辆180台次，对18个乡镇的道路、公共厕所、垃圾房、居住区、沿街商铺、车辆清洗场站、河道水域等作业保洁情况进行检查。抽查样本20477个，发现问题1783件，其中市级抽查案件781件、区级巡查案件1002件，全部整改完毕，整改率100%。

【户外设施管理】2022年，区绿化市容局印发《关于开展2022年本区违法户外广告、招牌设施专项整治的通知》，指导乡镇开展户外广告设施整治工作，完成20块违法户外广告、56块违法屋顶招牌、80块违法电子走字屏整治任务。加大户外广告、招牌巡查检查，紧密结合防汛防台、安全生产检查以及批后监管、日常巡查监管工作，实现户外广告、招牌设施规范有序设置。（陆楚杰）

城市管理

【概况】2022年，区城管执法局围绕市、区两级重点工作，全力以赴防控疫情，聚焦城市管理难题顽症，推动执法模式创新，进一步提升城乡精细化治理水平，改善市容环境面貌和人居环境水平。

【生态环境专项整治行动】2022年，区城管执法局重点对G40向化镇、陈家镇、长兴镇道口等区域加强执法检查，依法从严查处渣土偷乱倒、轮胎带泥、泄露散落等违法违规行为，督促建筑工地、运输单位落实工地文明施工、规范处置措施。全年检查车辆4129辆，巡查工地5502次，立案查处建筑垃圾、堆场扬尘、文明施工案件558起。

【违法建筑治理】2022年，区城管执法局严厉打击新增违法建设行为，依托上海市无证建筑信息管理系统，全年比对和上传新增违法建筑105处，2759.26平方米，及时拆除率100%。保持违建治理高压态势，聚焦重点类型点位清库。年初，全区核定剩余重点类型违建点位199个，面积35.4万平方米。年内处置完成112个点位，面积25.6万平方米，完成率72.3%（崇明区库内重点类型违建总完成98.8%，全市郊区组排名第3）。推进违法建筑分类处置，确保存量违建逐年减少。全区拆除存量违法建筑6535处，面积74.8万平方米。其中，库内拆除点位4720处，面积41.2万平方米；库外拆除点位1815处，面积33.6万平方米。推动"零"违建创建工作，提升精准化治理水平。将"零"违建村居、无违建示范乡镇创建与乡村振兴工作紧密结合，高质量打造"零"违建村居、示范乡镇。创建市级"零"违建村居29个，长兴、新村、三星、新河、横沙5个乡镇被上海市城市精细化管理服务办公室表彰命名为"无违建示范乡镇"。

【街面环境专项执法整治】 2022年，区城管执法局全面推行沿街商户分级分类监管，按照"红、黄、绿"进行三级风险管控，围绕门责秩序、生活垃圾、广告店招、五乱治理4大类20项违法行为，加强执法检查，及时发现及时处置。查处无序设摊1177起、跨门经营90起、占道堆物112起、"五乱"59起。加大户外设置整治排除安全隐患，查处违规设置户外广告、设施案件107起；对市局督办的30块违法户外广告设施、22块违法户外招牌设施、87块违法户外走字屏设施督办清单开展整治行动，全部完成整治任务。

【住宅小区综合整治行动】 2022年，区城管执法局着力查处违法搭建、生活垃圾不按规定分类、破坏房屋承重结构、破坏房屋外貌、占绿毁绿、乱张贴乱涂写乱散发等小区突出环境问题。全年立案查处238起，其中破坏房屋外貌（含破墙开店）6起、损坏房屋承重结构3起，擅自改变物业使用性质1起，拆除存量违建21169.97平方米、在建违建3081.19平方米，房屋注记110套。收到线上平台上报4件，均办结。

【生活垃圾分类专项执法整治】 2022年，区城管执法局聚焦"投放、收集、运输、处置"四个环节，重点查处住宅小区、沿街商户、餐饮企业、收运单位等十类重点对象的混合投放、混合驳运、违规处置等十类违法行为。全年共检查单位8661家，个人5100余人次，开展法律宣传9524次，教育劝阻相对人4473人次，督促整改2127次，立案查处382起。

【长三角城管执法协作】 2022年，区城管执法局根据《上海、江苏、浙江加强毗邻区域城管执法领域联合执法工作的实施意见》，定期对崇明、南通两地毗邻区沿线环境开展联合市容环境整治行动，指导属地中队定期开展毗邻区执法检查，及时处置建筑垃圾跨省擅自倾倒、无序设摊、露天焚烧等案件。全年开展长三角地区联合执法1次，查处非法运输和处置建筑垃圾、流动设摊11起。（宋彧）

城市公共安全

【概况】 2022年，区应急局统筹发展和安全，部门合力、社会共治的"大安全"格局和氛围形成，防风险、除隐患、遏事故生产安全依法监管安全的能力提升。全年事故起数和死亡人数呈现下降趋势，未发生重大以上生产安全事故，城乡安全运行总体形势平稳，持续向好，为推进崇明世界级生态岛建设，加快建设具有世界影响力的社会主义现代化国家大都市创造良好的安全环境。2022年，区工矿商贸领域发生生产安全死亡事故7起、亡7人；非生产安全亡人事故8起。其中，猝死7起，个人行为造成意外亡人事故1起，亡8人；火灾总数663起，未发生火灾亡人事故；未发生较大以上生产安全事故与重大自然灾害。一年来，区应急局围绕安全生产专项整治三年行动"收官战"，狠抓市安委会对崇明区安全生产和消防巡查迎查及反馈问题的整改落实，配合做好市、区两级人大安全生产综合执法检查，抓好安全生产各项工作。修订完善应急值班值守相关工作制度，严格落实24小时值班值守工作。加强重大活动、重点时段、汛期的值班值守。做好指挥调度会议系统和市应急指挥救援系统的常态化维护。

【应急管理顶层设计】 2022年，定期召开全区安全生产、防灾减灾和消防工作会议，区安全生产委员会全体（扩大）会议和区安全生产专业委员会工作会议，明确年度工作思路和重点任务，部署安全防范重点工作。制定《2022年度崇明区安全生产工作意见》，起草《崇明区关于进一步强化安全生产责任落实坚决防范遏制重特大事故的81条具体措施》，推动国务院安委会安全生产"十五条硬措施"及市安委会安全生产"78条具体措施"落地见效，推动各乡镇、区安委会成员单位、有关区直属单位有效落实安全生产责任。

【专项检查督查与整治】 2022年，根据区政府职能部门及乡镇换届选举，及时调整、充实区安全生产委员会成员单位的领导。结合党的二十大召开，第五届进博会的举办，中秋以及国庆等重点时段，区安委办牵头组织7个专业委员会分2组对危险化学品、燃气、自建房、民宿和农家乐等7类重点行业领域，20余处点位开展"迎接二十大，全力保安全"综合检查。累计发现和消除安全隐患142项，提出整改意见和建议20余条。先后开展危险化学品、燃气等1300余次检查，累计检查各类重点企业、重点区域、重点部位50余处。自2022年8月起，联合区国资委开展"责任主体谈主体责任"安全生产"六个一"系列活动，进一步推动区属企业全面落实安全生产主体责任。

【安全生产专项整治三年行动】2022年，根据工作要求，下发总结自评工作方案，明确自评内容与要求。督促各单位严格按照重点工作任务书时间节点要求完成各项任务。梳理亮点做法，动态更新“一进展两清单”，推动形成一批制度性成果并逐步推广，提升三年行动工作实效。活动开展以来，共制定26项区级安全生产领域制度措施，重点行业领域生产经营单位累计排查一般隐患45963项，完成整改45907项，整改率99.88%。区级部门共成立督导检查组2213个，开展督导检查29392次，督查检查单位38625家次，督促解决问题17608项，行政处罚3751次，责令停产整顿219家次，关闭取缔76家次，罚款金额共2222.86万元。

【综合监管能力】 2022年，监管全区危险化学品企业共58家。其中，3家生产企业、9家带储存企业，46家加油站；涉及重大危险源6家。从严把好准入关口。办理行政许可项目46件，其中建设项目审查4件、经营许可审查40件、烟花爆竹经营（零售）许可证1件、第三类非药品类易制毒备案1件。组织开展危险化学品行政许可指导督查专项行动，敦促企业按时保质完成整改要求，对全区2019年以来危险化学品行政许可项目开展“回头看”，严格开展非药品类易制毒化学品经营企业年报工作，年报率100%。推进集中整治专项行动。推进危险化学品使用企业登录报送填报工作，实现所有重大危险源企业双重预防机制数字化建设全覆盖，确保2022年底危险化学品专项隐患整改率达到100%。开展专项督导检查，共排查出安全隐患39条，全部整改完毕。推进危险化学品安全生产风险监测预警系统建设。在将7家重大危险源企业纳入崇明区危险化学品安全生产风险监测一期预警系统的基础上，新增17家危险化学品生产、经营和制药企业。24家危险化学品企业视频、泛感知数据接入系统，并落实24小时专人值守，实现危险化学品全过程闭环管理。排查钢铁、铝加工、粉尘涉爆企业底数，全区钢铁（高温熔炉）企业3家、铝加工企业1家、粉尘企业17家，严格开展专项检查抽查，共检查企业23家次，发现问题隐患25条，全部整改完毕。制定《崇明区关于开展工贸行业自建房安全专项整治工作》的行动方案，对辖区内工贸行业生产经营单位改变房屋用途和使用性质、涉及公共安全的情形进行排摸，走访排摸企业793家，通过排摸检查发现1家单位存在改变房屋用途和使用性质的情况，要求其限期整改。认真分析研判企业实现全面复工复产后的安全生产风险，开展工贸行业安全生产专项整治“百日清零行动”。

【综合执法工作】 2022年，共开展执法检查448家次，发现和整改事故隐患1178条，发出整改通知书91份。电话调度、视频检查单位158家次，实地检查指导企业复工复产情况30家次。行政处罚立案25起，处罚金额共计48万元。及时更新维护应急管理部行政执法直报系统，完成数据汇聚增量部分数据录入，提升执法信息上报效率；完成行政执法统计直报系统信息录入工作、数据汇聚增量部分数据录入工作。严肃查处生产安全事故，2022年，共发生亡人事故15起，其中7起为生产安全责任事故，8起为意外猝死事故。完成5起生产安全责任事故调查工作。全年累计开展调查笔录76份、收集各类材料200余份，制作各类执法文书38份；对8家单位、11名个人做出行政处罚，涉及金额约252万元。开展生产安全事故单位“回头看”专项督查，对近三年发生过亡人事故的19家生产经营单位开展“回头看”督查，依据事故报告建议，主要检查风险管控落实和隐患排查整改情况等，全面遏制类似事故再次发生。组织生产安全事故警示约谈会，要求事故单位全面开展安全生产大整顿，遏制事故多发势头。2022年，共约谈警示乡镇和企业18家次。

【宣传教育】 2022年，牵头组织开展“安全生产月”活动，增强全民安全意识，提升公众安全素质，发挥社会面安全文化正向引导作用。编制《2021年度崇明区生产安全事故警示教育片》《案例汇编》，积极发挥警示教育作用。开展安全生产培训“走过场”专项整治工作，开展全覆盖专项执法检查及交叉互查工作，进一步提升全区安全培训质量，切实提升从业人员安全素养和技能水平。一年来，完成乡镇、园区、企业受邀开展生产安全授课10次。高度重视防灾减灾宣传工作，将“5·12”防灾减灾日宣传周、“7·28”地震宣传日和“10·13”国际减灾日等主题宣传活动进行深化融合，现场发放宣传资料2000余份，参与防灾减灾知识问答超过500余人。组织学生通过“抖音”发布30余条防灾减灾科普演讲视频，视频累计播放量7万余次。经多方共同努力，建设镇富安村等3个社区创建为2021年全国综合减灾示范社区，中兴镇中兴村等9个社区创建为2022年上海市安全发展和综合减灾示范社区。

【应急预案体系】 2022年，开展委办局、乡镇、区直属单位应急预案编制工作的排查摸底，上报各类预案271个，其中乡镇196个、区直属单位39个、委办局区级专项预案36个。经梳理，近期区级拟修编预案50个，并制定相应修编工作计划。举办区级专项应急预案修编工作推进暨业务培训，邀请8人次市级专家进行专题辅导培训，进一步增强预案修编的针对性、实用性和可操作性。指导各乡镇应急办细化完善工作机制，牵头抓总落实各项应急管理备勤工作，与乡镇建立应急管理负责人工作联系机制，指导完成乡镇年度应急演练统计、应急力量建设情况摸底、重点时段应急队伍值班值守备勤情况等工作，举办乡镇应急管理人员培训班，进一步提升基层干部应对突发事件组织、协调、处置能力。

【森林火灾防控】 2022年，根据市森林防灭火指挥部要求，及时调整区森林防灭火指挥部成员单位名单，明确相关机构设置，完善相关工作职能。牵头开展森林火灾隐患排查整治和查处违规用火行为专项行动，全年共组织开展检查22次，其中专项督查8次，共出动检查人员560人次，排摸各类隐患56项，即时整改48项、限时整改8项。开展森林防灭火宣传全过程组织区绿化市容局、区消防救援支队等相关部门进行联合检查，组织森林草原防灭火业务培训工作并开展年度演训，确保森林火灾“打早、打小、打了”。

【崇明区灾害防治布局】 2022年，根据年度工作安排和市级工作要求，区应急局起草《2022年上海市崇明区自然灾害防治责任规定》，明确防灾减灾救灾工作职责分工，组织成员单位和有关部门对本季度自然灾害综合风险形势进行会商研判，并编写研判报告。发挥应急管理部门的综合优势和各相关部门的专业优势，进一步提升崇明区“防大灾、救大险、治大害”的能力。（朱　帅）

【防汛防台减震工作】 2022年，崇明区启动防汛防台Ⅱ级应急响应1次、Ⅲ级响应4次、Ⅳ级响应14次。有效应对“7·26”“9·12”等雷暴雨天气袭击和抵御第5号台风“桑达”、第11号台风“轩岚诺”和1950年以来正面登陆上海的最强台风第12号台风“梅花”，全区城乡运行总体安全平稳有序，无房屋倒塌、人员伤亡情况。5月27日，上海市政府召开2022年防汛工作（视频）会议，崇明区委常委、副区长黄晓霞，副区长胡柳强、张秩通等参加会议。区委副书记、区长缪京强调，要坚持人民至上，生命至上，立足“防大汛、抢大险、救大灾”，下好防汛备汛“先手棋”，筑牢防汛安全“防护网”，全力保障人民群众生命财产安全。6月17日，区防汛办组织开展基层干部线上业务培训，主要包含防汛形势及重点任务解读、河南郑州“7·20”特大暴雨灾害剖析、防汛灾报系统操作演示、人员转移安置及返程具体要求等。6月23日、7月26日，分别开展防汛应急排水专项演练和防台应急处置专项演练。区级防汛物资储备基地在汛前完成物资轮换、新增工作，畅通与武警、海防营、空军等部队的应急联络渠道，建立防汛应急抢险工作保障机制。区防汛办多次联合区纪委监委、区应急局、区水务局等成立督查组，对全区18个乡镇防汛“六有”（有组织机构、有工作制度、有防汛预案、有物资储备、有抢险队伍、有避灾场所）情况以及环岛防汛提标二期工程、万达广场地下空间等重点区域开展专项督查18次，发出防汛工作提示单34份，整改通知单7份。每月滚动排查梳理防汛隐患风险点，梳理出7个区级防汛风险点，完成整改销项5个，其余3个均制定整改计划，全力跟踪推进整改。市防汛办采用第三方巡查方式发现崇明区隐患点39处，均完成整改销项闭环。9月3日，市防汛指挥部召开全市防御第11号台风“轩岚诺”视频会议，区防汛指挥部常务副总指挥、副区长张秩通参会。会上，副区长张秩通对崇明区防御台风“轩岚诺”工作进行部署。会后，副区长张秩通带队到万达广场地下空间、江山新村易积水点、城桥镇安置房建设工地开展专项防汛检查。9月13日，市防汛指挥部召开视频会议，动员部署第12号台风“梅花”防御准备工作。区防汛指挥部常务副总指挥、副区长张秩通，以及区防汛指挥部相关成员单位分管负责人参加视频会议，各乡镇设分会场。会前，副区长张秩通带队检查防汛工作，先后察看老滧港南闸在建工地、金融街金悦府在建工地、陈家镇老街区易积水点。9月14日，区委书记缪京到城桥镇相关排水设施和转移安置点检查防汛防台工作。

（缪　迪）

电　力

【概况】 2022年，崇明电网拥有3座220千伏变电站，9座110千伏变电站，23座35千伏变电站。220千伏高压输变电线路184.0881公里，110千伏高压输变电线路337.3418公里，35千伏高压输变电线路632.69公里，10千伏输变电线路3930.0公里，公用配变7244台。崇明岛最高负荷58万千瓦；完成售电量20.26亿千瓦时；线损率5.44%；农网综合供电电压合格率99.996%；农网供电可靠率99.9646%。长兴电网主要电源为浦东洲海站2路220千伏电源线和崇明陈家镇站2路220千伏电源线。管辖区域内有220千伏变电站2座，110千伏变电站2座，35千伏变电站7座。110千伏线路40.7公里，35千伏线路374.7公里，10千伏线路699.6公里。长兴电网最高负荷26.83万千瓦。全年售电量10.77亿千瓦时。供电可靠率99.9947%，电压合格率99.995%，线损率2.66%。（沈　立　顾嘉华）

【通过迎峰度夏期间历史级别考验】 2022年，迎峰度夏，崇明电网和长兴电网面临“3个历史级别”严峻考验：历史罕见持续高温（35天），历史最高电网负荷（峰值达58万千瓦），73年来登陆上海最强台风“梅花”（直穿崇明本岛）。其间，崇明电网累计完成397台杆配变改造，设备整体运行稳定，无重过载引起的变压器烧损事件，全力扛住负荷八创历史新高考验。在应对台风“轩岚诺”过程中，未发生因树线矛盾引起的线路跳闸情况。在最强台风“梅花”直穿本岛情况下，线路跳闸比上年“烟花”台风压降47%。崇明供电公司获“国网上海市电力公司2022年迎峰度夏先进单位”称号。长兴电网固化“立体巡检＋集中监控”运维模式，及时掌控设备健康状况，迎峰度夏期间发布重载主变预警15台次，发现并消除变电站各类主辅设备缺陷5项，预警处置效率跳跃式提升，扛住最久高温49天的极端考验。73年来登陆上海最强台风“梅花”来袭，长横两岛最高风力达13级，风前加强重要设备特巡，累计开展红外测温、超声波检测3560余次，及时处置设备过热、配变超载等危急缺陷16起，推进树线矛盾治理，累计修剪超高树枝2.5万余棵。（沈　立　顾嘉华）

【长兴电网提质升级】 2022年，长兴电网主动对接政府和用户，聚焦横沙东滩开发、地铁小镇建设、沪东二期选线等重点工作，全力支撑长横两岛规划发展。加大配电网项目储备力度，总投资比上年增长277%，更好支撑地区经济发展。高标准优化配网网架结构，梳理分析长横地区配电网网架，重点针对长横电源通道单一、个别主变重载等薄弱环节，编制优化配网方案，通过建应急电源点等措施，确保过渡期地区电网可靠运行。高质量推进重点工程建设，实现临港、申通地铁南盾、北盾等13项工程竣工送电，完成临港长兴科技园电力配套建设，为长兴岛海洋科技、工业互联网、信息安全产业发展做出电力支撑。持续推进110千伏凤瑞站、仁建站等5项工程建设。（沈　立）

【上海崇明中双港——东风35千伏线路工程竣工】 12月20日，上海崇明中双港——东风35千伏线路工程竣工。该工程于2022年9月2日开工，从220千伏中双港变电站至35千伏东风变电站，基本利用原35千伏双东526线走廊改造为35千伏同杆双回路架空线，改造拆除原有23基老杆塔，新建23基钢管杆塔；另从东风站至启隆站基本利用原35千伏风启380线走廊改造为35千伏同杆双回路架空线，改造拆除原有8基老杆塔，新建8基（其中3基为临电）钢管杆塔。新建排管2*3孔490米（其中非开挖152米），电缆沟8座。双东526.风启380线建设至今已30多年，在迎峰度夏期间35千伏东风站等变电站严重超载运行，改造后解决双东526线的高负载率问题、220千伏中双港站3号主变重载状况。（顾嘉华）

燃　气

【概况】 2022年，崇明区燃气供应气源有管道纯液化气、管道天然气、瓶装液化石油气3种，有燃气经营企业4家，燃气场站52个，分布于各个乡镇，其中气化站3个、液化气储配站3个、瓶装气供应站45个、液化气便民服务点1个。全区管道气输送管线923.45公里；液化气用量18642.5吨，管道天然气用量3938.04万立方米，燃气总用户31.4万户，其中管道气用户9.2万户、瓶装液化气用户22.2万户。

【燃气配套建设】 2022年，崇明区实行瓶装液化气全配送。继续实施堡镇地区老旧小区燃气改造。推进长兴高中压调压站工程建设推进。

【燃气行业监管】 2022年，崇明区加强全区52个供应站、储配站、气化站的检查和监管；强化燃气居民用户日常安检，开展场站、管线、高压管道、防汛、占压等各类安全检查140余次，管道气居民用户安检率100%，管道占压为“零”，瓶装气用户安检率完成年度计划的100%；处理燃气事故6起，无人死亡，1人中度烧伤、2人轻度烧伤。（龚　欢）

水务

综 述

2022年，崇明区各项水务工作和工程有序推进，设施建设、行业管理成效显著。区水务局做好水务保障工作，全程服务指导监督污水排放工作。河道水环境面貌不断改善，依法行政建设逐渐加强，联合执法工作取得新进展。开展安全检查守牢安全底线，应对咸潮保障上海正常供水。9月打通崇明现状市区管河道最后一处阻水点位，10月崇明南沿三闸改造工程完工验收，12月堡镇、新河污水处理厂扩建工程开工。骨干河道7个断点打通，7个水系调整项目全面完成，生态清洁小流域项目开工实施。开展福寿螺整治、藻类整治、"一枝黄花"等水环境提升专项整治行动，开展福寿螺专项督查18次，排摸清理涉藻问题河道884条，"一枝黄花"清理7000亩，互花米草1500亩。（缪 迪）

海塘闸涵工程

【概况】 2022年，崇明区开展"5·12"防灾减灾和"6·8"海洋日宣传活动，在微信平台推出海洋知识有奖问答。完成崇明区第一次自然灾害普查（水旱灾害和海洋灾害）工作及崇明三岛生态保护、海岛开发利用、海岛人居环境、特殊用途海岛保护和海岛管理等方面数据统计工作，协助市局完成疑点疑区核查、海洋日常巡查管理、海洋经济统计上报和崇明三岛入海排涝泄洪口水质监测、海洋基础数据收集、海洋动管系统维护工作，探索海洋经济一体化发展。全年处置海塘违章91起、拆除存量违章建筑面积957平方米、收回鱼塘47.2公顷。

【崇明区2022年度水利工程标准化管理工作】 8月，区水务局制定完成《崇明区水务局水利工程标准化管理工作方案》；11月，完成崇西水闸、崇明景观道一期海塘段、长兴北沿段、横沙共青圩等的2022年度水利工程标准化管理区级创建工作。

【老滧港南闸、八滧港南闸、堡镇港南闸完工】 10月，老滧港南闸、八滧港南闸、堡镇港南闸全面完工。拆除并新建挡潮闸与节制闸3座、新建桥梁2座，提高区域防洪除涝能力、水资源调度能力，改善区域水环境。（缪 迪）

滩涂开发利用与保护

【概况】 2022年，针对市河长办《致河长的一封信》指出的16处滩涂问题整改，崇明区完成11处1187亩问题整改，完成率90%，并按照2处清退和3处规范的要求分类持续推进剩余5处134亩滩涂问题整改。全年拆除滩涂硬化场地10公顷、整改滩涂覆绿面1.3公顷、新设铁丝围网80米，安装及修复海塘限高路障3组，处理滩涂放牧4起，行政处罚1起。

【航环公司清退拆除】 根据市河长办《致河长的一封信》要求，2021年崇明区海塘管理所通过向区人民法院提起诉讼，与航环公司达成调解。2022年3月初，航环公司完成清退并移交区征收中心。5月20日，环境公司拆除工作正式启动实施。年底，完成全部清拆任务并销项。（缪 迪）

生态水系整治

【概况】 2022年，崇明区清理"一枝黄花"7000亩、互花米草1500亩，有效遏制福寿螺扩散蔓延态势，取缔"三无"船只136艘，清退垦植46亩，清理违建1021平方米。完成生态清洁小流域试点项目（水系调整）及2个市级示范点项目建设。推进生态清洁小流域项目研究、储备，陈家滨江休闲运动社区、陈家镇国际实验生态社区、庙镇镇东村、庙镇保东村、绿华镇绿湖村绿港村、竖新镇油桥村6个项目取得初步设计批复；陈家镇乡村公园，城桥镇长兴、山阳、聚训村2个项目取得工可批复。

【界河（北横引河—界河北闸）河道整治工程开工】 10月8日，崇明区界河（环岛运河北河—界河北闸）整治工程正式开工。土方工程306047.89立方米，新建护岸5147.14米、护砌230平方米，新建绿化39339.27平方米，拆坝（涵）建桥2座，修复防汛通道5007平方米。整治项目可发挥河道防汛除涝、灌溉和水资源调度的功能，改善河道流态，防止岸坡继续坍塌，达到水土保持和改良土壤及航运等综合功能，同时配合崇明生态岛建设的总体规划，满足崇明地区社会经济综合发展要求。

【四滧港河道整治工程开工】 11月1日，崇明区四滧港河道综合治理工程开工。整治疏浚河道总长13.77公里；新建护岸27296米、桥梁1座，新建绿化109415.50平方米。整治工程可提升区域防汛除涝能力，改善河道水环境以及河道景观功能，发挥河道综合效益。（缪 迪）

供水 排水 污水处理

【概况】 2022年，崇明区经历7次咸潮入侵，其中最长一次咸潮为9月20日至10月18日，共计28天，是崇明区历年来经历时间最长的一次咸潮。区水务局全坚持短、中、长期措施相结合，以"供水保障不间断、安全健康不影响"为目标，全力抗咸保供。对593公里区管排水管道及附属设施，每月按照定额计划进行疏通养护。全年疏通管道

962.61 公里，清捞窨井 65790 座，处理通沟污泥 17152.3 吨，运至垃圾填埋场填埋污泥 667.23 吨。

【供水处理】 2022 年，区水务局制定《2022 年秋—2023 年春长江口咸潮期间崇明区保供水应急处置预案》。加强内河水源管理，在暴雨期间精准开闸排水，在确保防汛安全的前提下将内河水位保持在 2.9 米左右的高水位，尽可能增加内河水资源。积极抢水补库，加强长江氯化物浓度监测，提前制定抢水预案，抓住抢水窗口期，通过泵闸联动将东风西沙水库水位提升到 4.84 米以上高水位运行，有效提高库容，以满足崇明区 40 天以上的供水需求。水库从长江抢水 36 次，累计抢水量 2134 万吨；其间水库水位最高达到 5.65 的设计最高水位。启用应急水源地，4 座水厂从南横引河、庙港累计取水 894 万吨。推进水库补水增能工作，完成东风西沙水库应急补水增能工程、庙港应急取水工程、深井应急取水维护改造，同时抓紧研究东风西沙水库泵房增能工程方案、水库增容工程方案和从长江（海太汽渡）取水方案。

【排水、污水处理】 2022 年，推进雨污混接改造，改善水环境。5 月，城桥镇 2#3# 污水主干管、秀山路和西引路污水管正式投运。6 月，区农村生活污水处理整改通过整改工作市级复核，8 月，整改工作通过中央复核。9 月，绿港村污水纳管工程完成通水验收；10 月，陈家镇污水处理厂二期完成完工验收；11 月，完成 9 个雨污混接点改造，城桥镇污水管网完善工程完成 1.57 公里的管网修复任务。12 月，10 个撤制乡镇污水管网完善工程基本完工并投入使用，庙镇江口纳管工程完工通水。为进一步完善监管机制，强化设施运维监管，确保设施正常稳定运行，继续开展现场检查及水质监测工作，开展现场检查 1699 点次，发现问题 434 个，整改率 100%；开展设施出水水质监测 5196 点次，达标率 96%。（缪　迪）

水务综合管理

【概况】 2022 年，崇明区开展 13 项水务重大工程建设。全年完成生态清洁小流域试点项目（水系调整）及两个市级示范点项目建设。推进生态清洁小流域项目研究、储备，其中 6 个项目取得初步设计批复；2 个项目取得工可批复。定期开展安全检查，全面强化行业监管。强化日常水行政执法巡查频次，扩大水事监控领域，切实对各类水事的及时监控。

【河长制工作】 2022 年，崇明区制定《崇明区市区管河道长效管理养护工作考核实施方案（试行）》《崇明区市区管河道长效管理养护“三清零一创建”工作方案》，确保日常管理养护抓实抓细。进一步完善优化《崇明区镇（乡）村级河道长效管理养护工作的实施方案》，为下阶段镇（乡）村级河道管理养护明确政策路径与具体操作方法。全年累计水土保持项目 17 个（报告表项目 9 个、报告书项目 8 个），受理水土保持核验报备 16 件。全年开展 34 个项目的跟踪检查，累计发现 103 个问题；开展 32 个项目的水保验后核查，对发现问题及时督促相关单位进行整改。

【水利设施管理】 2022 年，区水务局按照“南引北排、西水东调、局部小循环”的原则有计划调度水资源。做好水闸机电设备、自动化设备的维修保养工作。协调推进水闸改建等重点项目建设。推进奚家港（北段）、三沙洪（北段）、仓房港（北段）、太平竖河和小漾港疏浚、骨干河道打通断点工作，完成全年 7 个断点和 22 公里治理考核任务。强化制度建设，修订完善农田排涝设施管理办法和实施细则，印发《崇明区农田排涝设施管理养护工作实施意见》，明确责任、细化流程，督促各单位扎实做好农田排涝设施的管理养护工作，进一步提升崇明区农田排涝设施管理养护水平。水文工作方面完成 5 个基本站的水文资料的收集和整编工作，并得到优秀等级；为市、区两级防汛决策、河湖水生态治理、拒咸保供等工作提供及时、精准、可靠、全面的水文数据支撑。

【安全监管】 2022 年，区水务局组织开展“促发展、保安全”大走访、大排查安全专项检查、疫情防控检查、复工复产备案检查、安全月大检查、质量月大检查等专项监督检查（含日常检查）118 次，云监督检查 8 次，发现安全质量问题 393 条，开具监督记录 52 份，整改单 23 份，警示约谈 5 次。

【水务海洋执法】 2022 年，区水务局探索建立水行政执法协同机制，组织开展汛前执法检查、采砂联合执法、禁捕联合执法、农村生活污水处理设施联合抽查等专项执法行动。开展执法案卷评查工作，切实提高水行政处罚决定文书制作质量。至 12 月底，执法支队累计开展执法巡查 157 次，出动执法人员 345 人次，其中供排水执法巡查 59 次、河道水利执法巡查 57 次、长江采砂执法巡查 41 次。至 12 月，支队依法查处各类水事违法案件 4 件。其中，办结案件 1 件，罚款 4 万元，3 件办理中的案件已作出行政处罚决定 2 件，罚款人民币 6.8 万元，当事人已缴纳罚款，余下 1 件在办理过程中。制定下发《上海市崇明区 2022 年防汛保安专项执法行动实施方案》，严厉打击妨碍河道行洪等违法行为。支队与崇明海事联合开展长江采砂常态化联合执法巡查，积极参与苏沪联合执法行动。参与长江采砂联合执法 5 次，出动执法人员 15 人次。

【行政服务】 2022 年，区水务局办理行政许可审批事项 292 件，其中水利类55件、供排水类181件、海塘类33件、水保类23件，水保自主验收39件，办结率100%，无逾期、无举报、无投诉等情况。2月初，以“上海市水务海洋政务服务平台”为依托，全面推进全程网办；配合区政务办，围绕“民宿一件事”打造全流程、全周期、全闭环构建审批、服务、监管协同机制；推进“免申即享”，强化惠企政策。

【规划编制】 5月，《崇明区污水处理系统及污泥处理处置专业规划（2020—2035）》《崇明区供水专业规划（2020—2035年）》《崇明区城镇雨水排水规划（2021—2035）》通过区政府常务会议审议，取得区政府批复。

【2022年安全质量工作培训】 6月22日，区水务局组织开展培训。

（缪　迪）

科技与水文化建设

【概况】 2022年，崇明区以“蓝秀带”品牌为载体，建立“共青团+青年突击队+环保社会组织”的志愿队伍体系，多点联动，开展各类河道环境整治、百人大净滩、“一枝黄花”清理、植树等活动百余次。结合世界水日、节水宣传周等节日，充分利用互联网、融媒体等新型方式开展有影响力的节水宣传专题活动，继续推进节约用水宣传，做强“节水小达人”等品牌。在建成287个“河长制工作站”基础上，打造30个特色村（居）河长制工作站，并在崇明水务海洋微信公众号上进行系列展播；利用节庆，开展“百站联动喜迎‘七一’”特色主题宣传活动，微信平台推出“党旗下的‘护河人’”专栏。在结合崇明乡村振兴战略的基础上，编纂水利水务志。

【《崇明水利水务志》编纂工作】 2022年，《崇明水利水务志》编纂工作持续推进。8月，在结合崇明乡村振兴战略的基础上，以崇明特色水文化体系为依据，充分结合“乡土型”水文化、“特色型”水文化、“宜居型”水文化，完成水利水务志初稿。随后，区地方志办公室到区水务局调研、指导水利水务志编纂工作。

【“节水小达人”品牌建设】 2022年，区水务局持续开展“节水小达人”品牌建设，通过开展“我身边的节水故事”绘画、短视频、征文创意作品征集，广泛面向单位职工、社区居民、中小学生等群体进行创意作品征集，围绕节水减排、珍惜水资源、保护水环境、雨水收集、节水文化、节水新技术、节水愿景等内容进行创作，激发社会各界人士节水爱水意识和责任心。（缪　迪）

科技·信息化

综　述

2022年，崇明区实施创新驱动战略，推进崇明区城市数字化转型，各项科技、科普、数字化事业加快发展。市科委与崇明区人民政府签订关于开展全面合作推进碳中和研究与产业化的框架协议，上海碳中和技术创新联盟落户崇明，可持续发展科技创新行动计划稳步推进，高新技术企业认定数量创历年新高；崇明区政府与重点数字经济企业签署战略合作协议，全力保障疫情防控应急通信，完成新一代信息基础设施专项规划编制；区科学技术协会第二次代表大会、第八届上海国际自然保护周“名人讲坛”圆桌会议召开，崇明科技节、全国科普日、科技艺术展巡演、公民科学素养知识竞赛等活动相继开展，公民科学素质不断提升。　　（梅　杰）

2022年崇明区科技事业发展情况表

表34

类　别	单位	2021年	2022年	2022年为2021年比例（%）
一、机构、人数				
1. 科　委	人	15	16	106.7
2. 科　协	人	8	8	100.0
3. 事业单位	人	33	34	103.0
二、科协基层组织				
1. 区级学（协）会	个	22	20	90.9
会员人数	人	11307	12960	114.6
2. 乡（镇）科普协会	个	18	18	100.0
三、高新技术企业情况				
1. 机构数	个	588	833	141.7
2. 从业人员	人	45484	53716	118.1
3. 营业总收入	万元	7330380	7231054	98.6
4. 利润总额	万元	651444	236319	36.3
5. 税金总额	万元	144650	172714	119.4
6. 研发费用	万元	372912	447095	119.9
四、科技投入产出				
1. 专利授权数	件	4405	3985	90.5
2. 技术交易合同项目	件	549	695	126.6
3. 技术交易合同金额	万元	151900	279100	183.7
4. 科普经费支出	万元	600.28	573.09	95.5

（区统计局）

科技管理

【概况】 2022年，区科委推进崇明世界级生态岛碳中和示范区建设，吸引上海碳中和技术创新联盟落户上海长兴企业集团有限公司，区级可持续发展科技创新行动计划实施，发布《崇明区2021年度“可持续发展科技创新行动计划”招标指南》，通过申报受理、专家评审、现场查看实施条件等程序，确立110个课题。开展高新技术企业认定审核工作，受理高新技术企业认定申请413家，认定高新技术企业321家。承办创新创业大赛，共72家企业获得上海市创新资金项目立项，获得市级创新资金支持775万元，组织开展张江国家自主创新示范区专项资金重点项目申报，受理项目申请72项，立项45项，获市、区两级专项资金支持2303.3万元。

【科技企业复工复产保障工作】 2022年，区科委编制“园区复工复产流程及工作指引”，支持长兴园区、工业园区科技企业开展“点式复工”，助力科技企业复工复产。根据《崇明区加快经济恢复和重振实施方案》，制定“科技创新基地房租减免”操作办法，联合张江崇明园内的海洋装备园区、智慧岛园区等科技企业孵化器单位，为入驻企业实施房租减免 229.85 万元。

【高新技术企业认定】 2022 年，受理 6 个批次 413 家企业认定申请，较上年增长 30%。经区级、市级评审以及科技部审核，认定高新技术企业 321 家，较上年增长 46%，创历年新高。近 3 年累计认定高新技术企业 833 家。

【创新创业大赛】 2022 年，崇明区有 246 家企业报名参加“2022 年创业在上海国际创新创业大赛”，经大赛评审，共 72 家企业获得上海市创新资金项目立项，较上年增长 26%，获得市级创新资金支持 775 万元。其中，上海方位角数据科技有限公司获推荐参加全国创新创业大赛，并获得优胜。

【实施惠企政策免申即享】 2022 年，区科委梳理《推进崇明世界级生态岛建设科技创新实施办法》，推出“上海市科技型中小企业技术创新资金区级配套资金”“上海市科技小巨人（含培育）企业区级配套资金”“崇明区高新技术企业首次认定奖励”“上海张江国家自主创新示范区专项发展资金（崇明园）区级配套资金”“科技创新券配套资助”等 5 个事项免申即享。通过数据共享、大数据分析、人工智能辅助，精准匹配符合条件的企业，实现政策精准找人，企业全程无需主动提出申请，无需填写申请表、提交申请材料，即可享受政策和服务，全年落实项目资金 2572 万元。

【开展“科疫贷”金融服务】 2022 年，区科委为解决科技企业资金困难，助力企业复工复产，主动对接中国银行、农业银行等，针对企业不同发展阶段，推出多款“免抵押、免担保费、低利率”金融产品，协助 48 家科技企业落实贷款资金 3.42 亿元。

【市科委与区政府签署合作框架协议】 6 月 15 日，为深入贯彻落实中共十九届六中全会精神和习近平总书记考察上海时的重要讲话精神，落实国家碳达峰、碳中和战略部署，助力崇明世界级生态岛“碳中和示范区”建设，上海市科学技术委员会与上海市崇明区人民政府共同签署“关于开展全面合作推进碳中和研究与产业化的框架协议”，协议将聚焦碳中和技术和产业，在提升创新策源能力、促进技术研发和成果转化、提升教育培训和科普服务能力等方面开展合作。

【上海碳中和技术创新联盟成立】 6 月 15 日，由上海市科学技术委员会批准组建的上海碳中和技术创新联盟落户上海长兴企业集团，相关签约活动通过线上形式分别在市科委和区会议中心两地举行。上海碳中和技术创新联盟是由市科委批准组建的，依托相关企业、科研机构、高等院校，以碳中和领域技术创新需求为导向，以形成产业核心竞争力为目标，建立联合开发、优势互补、资源共享的技术创新合作机制，推进核心技术突破，促进技术集成创新并向现实生产力转化。8 月 13 日上海碳中和技术创新联盟第一届理事会在上海中山西路 1525 号技贸大厦召开。会议选举市政协副主席、中国工程院院士黄震担任理事长，副理事长由中国工程院院士、中国科学院上海硅酸盐研究所研究员董绍明、上海长三角创新研究院党委书记谭瑞琮、上海长兴企业集团党委书记、董事长张忠等 7 人担任。市科委副主任谢文澜、崇明区副区长徐慧泉等参加会议。

【可持续发展科技创新行动计划立项】 8 月 8 日，为进一步发挥科技在崇明世界级生态岛建设中的支撑与引领作用，根据《崇明区科技项目管理实施办法》及《崇明区科研计划项目（课题）专项经费管理办法》，2022 年度崇明区可持续发展科技创新行动计划通过发布指南、申报受理、专家评审、现场查看实施条件等程序，对上海番景生物科技有限公司申报的“崇明番红花病害的生物防治技术研究”等 110 个项目予以立项。

【上海张江高新区崇明园科学技术协会第二次代表大会】 12 月 8 日，在 上海张江高新区崇明园科学技术协会组织召开。大会听取并审议上海张江高新区崇明园科学技术协会第一届委员会工作报告，审议通过《上海张江高新区崇明园科学技术协会章程》，选举产生园区科协第二届委员会。园区科协将根据章程要求，

8 月 13 日，上海碳中和技术创新联盟第一届理事会在上海中山西路 1525 号技贸大厦召开（区科委 供图）

搭建好学术交流、政策宣传、项目合作、为科技人员服务的平台，充分发挥广大科技工作者的作用，增强科技组织的凝聚力，努力建设学习型、创新型、开放型的园区科协组织。40余名代表参加现场及腾讯会议。（梅　杰）

信息化管理

【概况】 2022年，区科委全力保障通信网络平稳运行，为市民在线教学、居家办公及经济社会运行提供优质的网络服务；保障全区移动电信联通营业厅全面复工复市；召开崇明区城市数字化转型工作推进会议，明确年度崇明区数字化转型重点任务；协调崇明区政府与重点数字经济企业签署战略合作协议，共同推进5G深度覆盖和宽带网络提速，以及崇明区经济、生活、治理领域数字化转型；会同崇明联通、江南造船厂打造“千兆虚拟专网助力江南造船5G全连接工厂应用项目”，该案例入选第四届2022世界5G大十大5G案例。完成新一代信息基础设施专项规划编制。5月，区科委会同区财政局发布2022年信息化项目预安排计划。

【完成新一代信息基础设施专项规划编制】 2022年，为加快推进崇明区新一代信息基础设施科学部署，完善数字城市底座建设，支撑城市数字化转型，促进崇明区经济社会高质量发展，区科委会同在崇通信运营机构、铁塔公司、上海邮电设计院等单位在广泛征询各单位意见建议基础上，重点聚焦崇明生态岛建设需求，以5G公用移动通信基站、物联网等通信网络基础设施规划为主线，以云计算、数据中心等算力基础设施规划为重点，完成崇明区区新一代信息基础设施专项规划(含5G专项规划）编制，并通过专家验收。助力崇明区“十四五”期间信息基础设施融合建设、资源共享，赋能绿色新科技等产业发展。

【区城市数字化转型推进工作会议】 3月10日召开。与会部门现场观看崇明区城市数字化转型工作宣传片，区经委、区科委、区城运中心就关于做好崇明区经济、生活、治理领域城市数字化转型工作作交流发言。区委书记李政，区委副书记、区长缪京分别作工作要求和部署。

【应急通信保障工作】 4月，区科委制定应急通信保障预案，协调移动、电信、联通三大运营商及铁塔公司开展基站信号优化、应急通信车部署、花博园区等互联网专线开通、提供有线宽带出口等基础通信保障工作，完成3个区域挖断光缆的抢修工作,落实“满格上海”行动计划，做好全区网络优化保障工作，确保通信网络安全平稳运行。

【企业复工复产保障工作】 5月，制定“崇明区通信行业复工复市疫情防控指引”，一点位一方案，成熟一家恢复一家。5月17日“世界电信日”，三大运营商三家网点复市；5月31日，全区49家移动电信联通营业厅、合作厅全面复工复市；发布“软件和信息服务业复工复产流程、工作指引”，支持软件和信息服务业“点式复工”;承接市经信委“数字化赋能系统”落地，宣传推广公益免费软件产品和数字化解决方案，解决相关企业协同办公、在线签约、设备运维、数字工厂等多方面需求。严格落实“将中小微企业宽带和专线平均资费再降10%”政策，为全区1193家中小微企业减免宽带费用121.79万元。

【年度信息化项目绩效评估工作】 7月，区科委启动2022年度信息化项目绩效评估工作。选取“崇明区行政服务中心‘一网通办’线下服务综合管理系统”“崇明区大数据平台二期”等项目作为绩效评估对象，通过分析其建设情况、资源利用率、功能达标程度、存在问题等情况，衡量其经济效益和社会效益，确定绩效评估等级，促进电子政务建设和管理的标准化。

【工业互联网企业网络安全分类分级管理】 7月，区科委开展崇明区工业互联网企业网络安全分类分级管理工作，协助企业加强部内协同，打造长效协同工作机制，有效促进地方和行业分类分级管理工作落地，持续为工业互联网安全保障体系建设贡献力量，助力制造业数字化转型和高质量发展。

【崇明区政府与重点数字经济企业签署战略合作协议】 8月22日，崇明区政府与上海联通、上海电信、上海移动、上海铁塔、上海仪电签署关于共同推进崇明城市数字化转型战略合作协议。区委书记，市长兴岛管委会党组书记、常务副主任缪京，市经信委主任吴金城，区委副书记、区长李峻，市发展改革委二级巡视员金瑜参加签约仪式。协议以“优势互补、自愿平等、开放公平、互利共赢”为原则，加速崇明区建设高水平5G“双千兆”网络，推进5G深度覆盖和宽带网络提速；协同构建通用计算、AI计算相融合的高性能计算能力，助力城市创新能级的提升，推进崇明经济、生活、治理领域数字化转型。

【5G+智能制造领域数字化应用】 8月，区科委会同崇明联通、江南造船厂打造“千兆虚拟专网助力江南造船5G全连接工厂应用项目”。推进5G+智能制造领域数字化转型，通过利用5G、工业互联网等新型技术结合船舶生产工艺制造,做到“人、机、料、法、环”生产要素的全连接，实现制造车间生产透明可视，提高生产效率及生产管理水平。该案例入选第四届2022世界十大5G案例。

【企业数据管理能力成熟度评估模型（DCMM）贯标评估培训会】 9月29日由区科委组织召开。市经信委推进处、区科委、各乡镇（园区）经济部门负责人和相关专家参会。会上，区科委介绍要素市场化配置以及数商生态体系，分析数据资源持有权、数据加工使用权和数据产品经营权等分置的产权运行机制，呼吁企业积极参与到上海数据要素市场建设中，通过 DCMM 贯标评估提高企业的数据管理能力，在数据新领域中发现新机会，进入数字经济新赛道。（梅　杰）

科普工作

【概况】 2022 年，区科委加强科协组织建设，召开区科协第二次代表大会，选举产生崇明区科协第二届委员会；完成“基于湿地特色的科普体系构建与示范”“科技志愿助力湿地生物多样性保护科普教育活动项目”，打造适应新时代湿地科学知识教育传播体系；组织开展 2022 年崇明科技节、全国科普日崇明区活动等重大科技活动，组织各乡镇、学会、科普基地开展系列科普活动 240 余场；承办第八届上海国际自然保护周“名人讲坛”圆桌会议；开展“弘扬科学家精神 争创科技工作者先锋”征文活动，宣传优秀科技工作者先进事迹；举行公民科学素养知识竞赛，全区 18 个乡镇代表队参加比赛，近 90 人参与现场活动；命名区级基础性科普基地 4 家，新建 3 个镇级科普设施、5 家科普之家，新建科普微客厅 18 家。

【基层科普设施建设】 2022 年，崇明区新增绿华镇“‘印坊’非遗文化科普苑”、新河镇“富盛广场健康科普休闲站”、横沙乡“农村智能生活园”3 个镇级科普设施，新建“港西镇团结村乡村科普汇”“城桥镇金日社区科普小屋”“港沿镇合东村和合家园”“中兴镇七滧村蒲公英科普活动室”“向化镇齐南小喇叭科普学堂”5 家科普之家。新建科普微客厅 18 家。

【2022 年崇明区科技艺术展演】 3 月 10 日在风瀛洲剧场举行。活动以“科技创新 助力‘双碳’”为主题，以艺术的形式表现科技的内涵，共 19 个节目参加展演。新海镇科协情景剧《别看我只是一只羊》、东平镇科协情景剧《借我一双慧眼》获一等奖，城桥镇科协服饰走秀《绿色呼唤》、横沙乡科协音乐剧《横沙 21 号》、崇明科技馆科普剧《深夜 EMO？不能全怪你！》、新河镇科协小品《“金森银森”都不怕》获二等奖，堡镇科协沪剧表演唱《勇向环保共飞翔》、中兴镇科协表演唱《科技兴农哈哈笑》、港西镇科协小品《爱车之缘》、建设镇科协小品《小气鬼和大浪费》、三星镇科协音乐快板《谁不说咱崇明好》、港沿镇科协小品《“碳”大妈的低碳生活》获三等奖。

【2022 年度崇明区科普项目】 6 月 23 日，经区科协组织专家评审，区科委党组扩大会议审议，将“第 13 届上海市崇明区中学生生态知识竞赛”等 14 项列入 2022 年度崇明区科普项目计划，其中科普活动项目 6 项、科普设施项目 8 项。

【“弘扬科学家精神 争创科技工作者先锋”征文及短视频征集展示活动】 5—7 月举行。活动收到征文 69 篇，短视频 27 个。评选出优秀征文一等奖 2 篇、二等奖 5 篇、三等奖 8 篇、优胜奖 10 篇；优秀短视频一等奖 2 个、二等奖 5 个、三等奖 8 个。医学会、港西镇科协等 20 家单位获优秀组织奖。在崇明科普微信公众号上展示推送优秀作品 40 个，宣传科技创新创业、科学知识普及、科技志愿服务、弘扬科学家精神等优秀科技工作者先进事迹，并制作《科技科普志愿者抗疫志愿服务纪实短视频》。

【崇明科技节】 8 月 20—26 日举行。主题为“走进科技 你我同行”。科技节期间，举办“珍爱湿地·筑牢城市生态屏障”主题科普临展、开展中小学生湿地生物多样性研学活动，开展“走进科技 你我同行”科普宣传进社区等区级活动。全区共组织科普早市、主题报告等活动 130 余场，线上线下参与群众 8 万余人次，发放各类宣传资料 5 万余份。

【完成“基于湿地特色的科普体系构建与示范”特色项目】 8 月 30 日，由上海市科委指导、崇明区科委（科协）主办、崇明区青少年科普促进会承担的“基于湿地特色的科普体系构建与示范”项目结项（项目执行期 2020 年 9 月至 2022 年 8 月）。该项目列为上海市区域特色科普工作，完成设计标准化的、兼具科学性趣味性的湿地科学科普展示牌“一花一世界——崇明湿地植物精细结构展”“湿地之岛——崇明”“崇明主要湿地”3 套；构建开放共享的崇明区湿地科普线上数据库“湿地崇明”，收录湿地基础概况、湿地植物、湿地大型底栖动物、两栖类及

3 月 10 日，2022 年崇明区科技艺术展演在风瀛洲剧场举行（区科委 供图）

爬行类、昆虫、鱼类、鸟类、哺乳动物等物种图文数据内容，打造集科学知识、多维学习、智能检索等功能为一体的数据库共享平台；设计编印寓教于游的《崇明岛自然观察手册》10000册；摄制单个时长12分钟的湿地科普微电影《湿地家族》；设计开发湿地科学课程6套，并进行线上线下投放。数据库、微电影、科普课程等线上播放量以及手册、展板浏览量超200万人次。同时，以崇明生态科技馆、崇明东滩湿地、裕安中科普馆为基地，建设注重系统体验的湿地科学创新实践培训站，培养一批专业湿地科普人员以及湿地科普志愿者，提升市民科学素养。

【科普基地创建】 9月16日，命名玉海棠崇明苦草科普基地、崇明数字家庭体验馆、东禾九谷稻米文化园、中华鲟梦园4家单位为区级基础性科普基地。

【2022年崇明区公民科学素养知识竞赛】 9月19日在区青少年活动中心举行。全区18个乡镇代表队参加比赛，各乡镇科协秘书长、参赛选手以及后援团共90余人参与现场活动。三星镇科协代表队获一等奖，新海镇科协、向化镇科协和陈家镇科协3支代表队获二等奖，堡镇科协、庙镇科协、东平镇科协和绿华镇科协4支代表队获三等奖。

【崇明区全国科普日启动仪式】 9月20日在崇明区文化馆风瀛洲剧场举行。主题为以"喜迎二十大 科普向未来"。市科协党组成员、二级巡视员刘伟，市科委二级巡视员胡睦，区委副书记杨元飞等领导和嘉宾出席活动，区级学会理事长、乡镇科协主席、区级科普基地代表等参加活动。启动仪式上，市、区领导分别为崇明区科普基地授牌，为科技艺术展演、公民科学素养知识竞赛颁奖，并共同启动2022年崇明区全国科普日。仪式后举行科普微电影《湿地家族》线下首映、崇明区科技艺术首场巡演，活动网络直播线上点击量达5万余人次。

【上海市崇明区科学技术协会第二次代表大会】 9月22日在区会议中心召开。市科协副主席陈馨，区委副书记杨元飞，区委常委、副区长黄晓霞，区人大常委会副主任王菁，区政协副主席张荣等出席大会。区级学会、乡镇科协、科普基地和有关单位184名代表出席会议。市科协有关部门、区各人民团体、区科协一届常委作为特邀嘉宾出席会议。大会听取并审议施志琴主席代表崇明区科协第一届委员会所作的《凝聚创新智慧 贡献科技力量——为谱写崇明世界级生态岛建设新篇章而团结奋斗》工作报告，审议通过《上海市崇明区科学技术协会实施〈中国科学技术协会章程〉细则》，选举产生崇明区科协第二届委员会。

【科技志愿助力湿地生物多样性保护科普教育活动项目结项】 9月30日，由上海科技发展基金会资助、崇明区科协主办、崇明区科技教育志愿服务分队实施的科技志愿助力湿地生物多样性保护科普教育活动项目结项。项目自2021年10月1日开始实施，将科技志愿服务与湿地生物科普相结合，将科普教育资源送至学校、乡镇、村居，打通科普"最后一公里"。设计开发一套湿地生物多样性科普教育资源，包括6堂湿地生物多样性空中课堂课程、2000本《湿地科普读本》科普读物、29集湿地科普系列短视频；开展以"湿地保护"为主题布展巡展、"湿地，我们的家园"湿地知识竞赛，编制湿地志愿者培训方案，组织科技教育志愿服务分队队员开展湿地生物多样性培训、研讨。该项目获2022年度长三角优秀科技志愿服务项目。

【第八届上海国际自然保护周"名人讲坛"圆桌会议】 10月30日召开。市科委副主任陆敏、上海科普教育发展基金会副理事长王智勇、市科协二级巡视员刘伟等上海国际自然保护周组委会领导，特邀专家中国工程院院士、上海科普教育发展基金会理事长丁文江，以及副区长徐慧泉等出席会议。会议以"绿色低碳发展，人与自然和谐——新自然 新技术 新业态"为主题，邀请20余名业内具有高知名度和影响力的专家，围绕"城市中再造和维护自然生态系统""清洁能源技术助力绿色低碳发展""产业发展加快世界级生态岛美丽蝶变"等议题展开讨论，为实现碳达峰碳中和目标提供崇明样本、上海经验、中国方案。 （梅　杰）

教育

综 述

2022年，崇明区共有中小学、幼儿园、职业学校、特教学校和其他事业单位110家（教育部门主办的104家）。其中，高中8所（含1所公办完中、1所民办完中），初中24所（含5所公办九年一贯制学校、1所民办九年一贯制学校、1所工读学校）、小学23所（含1所特教学校）、幼儿园37所（含2所民办幼儿园）、中职校3所（含1所区卫健委、1所江南集团主办），成人学校6所，开大崇明分校等直属事业单位9个。在校学生45037人，其中高中生4828人、初中生10915人、小学生14808人、在园幼儿8474人、中专职校生5783人（工技校2715人）、特殊教育学生229人。全区教育部门主管在编教职工6692人，其中专任教师4778人。在编教师中具有一级教师及以上职称4397人，其中正高级21人、副高级995人。

（赵小瑾）

教育管理

【概况】 2022年，区教育局全面加强各级各类学校党的建设，推进建立中小学校党组织领导的校长负责制，落实中小学校“党组织领导、校长负责、多方参与、全员育人”的治理格局，确保党组织履行好把方向、管大局、作决策、抓班子、带队伍、保落实的领导职责，确保社会主义办学方向。深入学习宣传贯彻党的二十大精神，推动习近平新时代中国特色社会主义思想“进教材、进课堂、进头脑”，切实解决学校发展中的现实问题，推动学校改革发展。以党建共同体为纽带，以基层党建规范化为抓手，以党建品牌创建为着力点，推动基层党建科学化、精细化、优质化。深化以教育工作党委主办、各党建共同体承办主题活动的“1+6”的党建引领体系，打造“阵地联用、活动联办、发展联手”的区域党建三联模式。做优“火炬”行动，创优党建示范点，围绕上海中小学校党组织“攀登”计划，培育创建“示范学校”“特色学校”，充分发挥示范和引领作用。落实全面从严治党要求，营造风清气正的教育生态。建设高素质专业化干部队伍，完善领导干部培养、选任和考核评价机制。

【教育综合改革】 2022年，为推进实施《上海市全面深化教育领域综合改革国家示范区方案（2021—2025年）》和《上海市基础教育综合改革国家示范区建设方案(2021—2025年)》，根据市委教育工作领导小组统一部署，结合区域实际，区教育局组织编制崇明区《教育综合改革示范项目实施方案（2022—2025年）》。方案包括“三全育人”高标准实践等9个项目，每个项目都由改革目标、任务措施和工作保障三部分组成。7月21日，区委教育工作领导小组召开专题会议审议通过方案。7月22日，方案报市委教育工作领导小组办公室备案。

【教师队伍建设】 2022年，区教育局全面加强师德师风建设，健全教师荣誉体系，制定“四有”好教师评选办法。开展全区思政课教师现状调研，完成《区域中小学思政课程一体化建设的实践探索》，参加教育部精品课评比。完善师德师风考核评价指标体系，严肃处理三起师德失范行为。全面提升教师专业素养，提升校长治理能力，开展暑期校园长、书记集中培训，组织新任校级干部培训。创新师资培养机制，落实2022年委托上师大培养计划，选派4名优秀教师赴外省市挂职研修；启动2022年新教师见习期规范化培训工作，遴选7名学员参加市级基本功比赛；制定区级骨干教师认定标准，对653名区级骨干教师进行考核；9名教师参加正高评审。落实区级学科研训一体化实施方案，召开全区师训工作会议；启动“华师大课程领导能力提升高级研修班”教研员培训项目；开展市中小学中青年教师教学比赛区级初评工作。深化教师人事管理制度改革。制定《崇明区教育系统组织借用人员管理办法（试行）》。制定义务教育阶段教师交流轮岗办法，以绩效做杠杆，以多种形式促进教师交流轮岗。召开深化教师评价改革推进会议，优化校园长、书记薪酬体系，进一步完善《崇明区教育系统绩效工资分配改革指导意见》，优化局10%绩效工资统筹分配办法。制定《崇明区深化教师人事制度管理改革实施意见》，激发教师队伍活力动力。

【重大工程项目建设】 2022年，崇明区新建上海市实验学校东滩高级中学项目，完成各单体工程的结构封顶；新建城桥生态社区九年一贯制学校项目，获发改委项目建议书批复，完成工可编制申报和施工图审计等前期工作；上海交大国际农业与生态学院建设项目，完成腾地动迁，开展节地评价报告论证并上报市规划资源局，完成土地出让；新建长兴完全中学项目，配合长兴管委会做好项目控规编制、方案设计等前期工作，与有关学校达成合作办学协议。上外贤达学院7号楼图书馆室外总体施工完成，东区室内装饰施工完成；10.11号教学楼，13.15号实验实训中心主题结构施工完成；9号教学楼主体结构施工完成80%。

【线上教育】 2022年，区教育局利用国家云平台、上海空中课堂等线上资源，探索实践“主播式”“任务驱动式”等资源重组的线上教学新模式，组织教研员网上巡课2500余节。推出优秀骨干教师“崇师在线课堂面对面”等志愿辅导，受众学生6万余人次。对1761名在防控一线的医护人员、公安干警子女和长兴地区33名独居在家儿童实施“导师暖心行动”，提供优质教学内容和服务，保障学生安心居家学习需求。

【教育督导体制机制改革】 2022年，区教育局进一步加强督学队伍建设，提高能力水平；开展“双减”、疫情防控、学校关心关爱工作等主题督导，开展学校三年发展规划指导评估，制定《崇明区义务教育阶段学校发展性督导评价指标（试行稿）》和《崇明区普通高中发展性督导评价指标（试行稿）》；做好迎接学前教育普及普惠国家督导认定组的实地核查工作，推进“义务教育优质均衡发展区”年度监测工作。

（赵小瑾）

基础教育

【概况】 2022年，崇明区持续开展托幼一体化建设，新增向化幼儿园普惠性托育点，完成普惠性托育点乡镇覆盖率89%、公办园开设托班比例85%的目标。上海市实验学校东滩高级中学和上海市实验小学长兴分校首批学生正式开学。全面实施高中新课程新教材，参与上海市特色高中、“双新”示范校项目校创建。

【提升教育质量】 2022年，区教育局提高学前教育普及普惠水平，持续开展托幼一体化建设。全区16个乡镇的34所幼儿园开设45个托班，提供900个托额，其中公办园所提供840个托额。积极推进优质园创建工作，完成相关幼儿园设施设备改造，开展教师培训、课程设计优化等内涵建设项目。提升保育员队伍能力水平，制定《崇明区保育员队伍建设实施意见》。推进紧密型学区和集团化建设，项目化推进《义务教育紧密型学区和集团建设项目实施方案》，实施“2+X”攻关项目研究。完善学区、集团办学章程，实施课程教学和教研成果共研共享。深化高中育人方式变革，完善以选课走班为特点的教学管理体系。实施中学生创新素养培育项目，提升学生综合素养发展指导实效；高质量完成高中综合素质评价信息采集工作。2022年，高考成绩创近三年新高。

【“双减”工作】 2022年，区教育局持续强化学校教育主阵地，深化“主动·有效”课堂建设，优化“教—研—训”一体化模式；制定《崇明区中小学学业质量评价指导意见》，汲取“空中课堂”等优质资源，建设校本作业体系。打造高品质课后服务，按需开设早晚延伸服务，提供作业辅导、体验性综合性活动、学校自主开发项目等内容。推进区域初三数学、英语个性化作业试点项目，加强辅导答疑针对性和学生重点帮扶力度。加强校外培训机构监管力度，严格落实预收费监管工作，开展复课前疫情防控专项督查等。

【教育信息化】 2022年，区教育局启动数字化转型试点项目，制定《崇明区2022学年基础教育数字化转型项目应用推进工作方案》，确定基础教育教学数字化转型市级、区级试点学校，推进试点学校常态化实践应用，反馈信息环境、资源应用、数字教学系统与三个助手应用情况；设计数字基座整体架构，完成专家作前置性评审工作。培育信息化应用标杆校。完成崇明中学智慧课堂项目二期工程；完成江帆幼儿园、东门小学、实验中学区级信息化应用标杆校一期工程；开展市、区两级信息化标杆校基于信息技术的智慧校园、智慧课堂、智慧学习探索，形成学校信息化推进典型案例，树立信息技术应用的标杆和样板学校。

（赵小瑾）

成人、职业、特殊教育

【概况】 2022年，崇明区职业教育围绕崇明世界级生态岛建设需求，聚力推进优质中职学校培育项目建设，组建新时代智能制造、生态农旅服务专业群，形成“教学名师+能工巧匠”引领的“专兼结合、双师素质”优秀教师团队。现有区拔尖人才、市人师工作室导师1人，区专业带头人4人，区学科教学标兵6人，区教学能手20人，中级及以上专任教师比例72%。全区初步建成以开放大学为龙头的“终身教育集团”，加强社区教育在百姓数字赋能、乡村振兴、劳动教育等方面的辐射和引领。新增创建村（居）委学习点5个，养教结合学习点3个，社会学习点3个，市级老年人一星级团队102个，智慧学习助学团队16个。

（赵小瑾）

【职业教育】 2022年，区教育局围绕行业需求，优化专业结构，专业群建设提升培育质量。增材制造专业教师参加2022年金砖国家职业技能大赛“工业设计技术”赛，获上海市区域选拔赛三等奖，园林专业课程组“仙桥村住宅小区公共绿地设计”获2022年市级教师教学能力比赛特等奖。对接专业教学标准，修订人才培养方案，以赛促学成效显著，参加第八届中国国际“互联网+”大学生创新创业大赛，获银奖1个、铜奖5个、优胜奖2个；“便携式PLC模拟实训装置”项目入围第三届上海市中职学生创新创业大赛种子赛道“科技创新”组决赛。推进校企协同育人，出台《引企入校管理办法》《企中校工学结合运行管理办法》等制度，将具体工作落实到各环节，形成有辐射价值的运行机制，毕业生邱仙发事迹被“学习强国”收录并广为流传。培养新型产业工人，依托崇明区职教集团和竖职职业培训中心积极开展社会培训，2022年组织培训、竞赛活动14次，培训7886人次，累计30584学时。“五融合”特色发展推进对口援疆，成果获2022年上海市职业教育优秀教学成果一等奖。（赵小瑾）

【成人教育】 2022年，区教育局优化整合资源，推进社区教育，加快建成以开放大学为龙头的区“终身教育集团”。拓展市民终身学习人文行走项目，新增1条区级人文行走学习线路，录制人文行走学习线路特色课程并向全市推广。拓展社区教育服务内容，以劳动教育为契机，服务青少年校外教育，培育“双师型”农村工匠，推进光明花博邨劳动实践基地及潘石村劳动实践基地建设等。课程建设优质化，剪纸、茶艺、创玩棋等课程入选全国社区教育“能者为师”系列特色课程。庙镇成校成为“上海市民终身学习监测研究基地”；教育局、社区学院等单位共4篇文章入选《上海学习型社会建设》白皮书。深化老年大学内涵建设，完成东滩老年大学“倍增计划”项目，编撰“老年人数字化技能运用学习手册”，推进全区老年数字教育进社区行动，开展实施培训461次，线上、线下参与培训市民14895人次。提升社区教育能级，开展社区（老年）学校优质校评比，城桥、新河2所成人学校被评为市优质校；举办诗歌节、书法绘画比赛，参加上海市民终身学习数字阅读活动和上海市民健康大学堂项目。重视线上教学活动，18个社区（老年）和2个老年大学65名老师提供128门校级在线课程，覆盖学员及市民平均每月14000余人次。汇总报送学习型城区监测指标，组织开展成教系统“学习型组织申报与评选活动”，完成《学习型乡村建设中创新乡风文明建设的实验》等2个市级实验项目的验收评估工作，获评市级优秀实验项目。（赵小瑾）

【特殊教育】 2022年，区教育局进一步健全特教体系，加强学前特教班建设及随班就读服务与指导，推动初中阶段特教班建设方案落地；开展随班就读融合教育专题培训，区特教指导中心组织开展集中培训，组织对各校实施巡回指导；组织教师参加市级课程培训、区特教相关培训及教研，选派教师参加华师大特教师资培训与认定；规范特教班课程设置，实施个别化教育计划，提高特教班教育康复质量。（赵小瑾）

【上海开放大学崇明分校】 上海开放大学崇明分校是一所由崇明区政府批准成立的成人高等学校。学校位于崇明区城桥镇东门路557号，占地面积12050平方米，拥有20余间多媒体教室、4间计算机专用教室、1间录播室，350余台学生用计算机，并拥有国家开放大学、上海开放大学、崇明分校三级网络教育平台，学习条件便利，学习资源丰富。2022年，学校坚持“立德树人”根本任务，围绕上海建设学习型社会的总目标，结合崇明区域发展特点，发挥开放大学“灵活、开放、便捷”的办学特点，开展适配区域建设人才培养需要以及学习者多样化、个性化学习需求的成人高等学历继续教育和非学历培训。在专业拓展和培训项目开发上，继续保持与开大总校院系的合作，不断扩大和深化合作领域，确保“家政服务与管理”等新兴专业的优质发展。与区总工会、区妇联、区残联、区司法局等委办局和农行等大型企业协作，开设多个培训项目。寻求教育行政部门和区其他有关部门的支持，与华东理工大学签订合作协议，共同开展MPA研究生教育，筑巢引凤，为培养高质量管理人才提供教育支持服务。2022年，学校获评“上海市阳光中心优秀共建单位”、区级“文明单位”、开大系统“非学历培训工作先进集体”“教学管理工作先进集体”“学分银行工作先进集体”等；在总校组织的办学水平综合评估和服务学习型城区创建及终身教育体系构建考评中均获“良好”等次。（顾永兵）

9月8日，崇明区绿叶教育发展基金会揭牌仪式（区教育局　供图）

教育与交流活动

【概况】 2022年，区教育局继续扩大“名校＋新校”合作办学模式。与上海实验小学合作创办上海实验小学长兴分校，与上海实验学校合作创办上海实验学校东滩高级中学。

【崇明区绿叶教育发展基金会揭牌】 9月8日在区会议中心举行。区委书记缪京出席仪式，并为基金会揭牌，为捐资企业（企业家）颁发捐赠证书和纪念牌。崇明区绿叶教育发展基金会成立后，将在奖励教育系统优秀教育工作者和学生，资助家庭困难师生，以及资助有利于教育事业发展的活动与项目等方面发挥重要作用，为崇明教育事业发展注入新活力。

【崇明中学和华师大二附中签署合作协议】 10月30日在崇明中学举行。市教委副主任杨振峰、崇明区副区长施蕾出席签约仪式并讲话，区教育工作党委副书记、教育局局长龚耀飞致欢迎辞，华师大二附中校长周彬与崇明中学校长李玉刚签署合作项目协议书。签约仪式由区教育局二级调研员黄乃华主持。根据战略合作协议，双方将建立紧密型交流合作关系，在班级实验、学生交流、师资培训、课程建设等方面进行深入对接。

【崇明区中小学“大思政课”教学研讨暨党的二十大精神宣讲会】 11月24日在区教育学院举行。活动由上海市教育委员会德育处、华东师范大学马克思主义学院、上海市教师教育学院指导，中共上海市崇明区教育工作委员会、崇明区教育局、崇明区教育学院主办，主题为“学思践悟新思想，铸魂育人新征程”。大会以线上线下融合的方式进行。

（赵小瑾）

文化

综述

2022年，崇明区文化和旅游局加强区图书馆、区文化馆、区博物馆、崇明美术馆运行管理，优化文化阵地服务。区文化馆围绕抗疫主题，创作录制诗歌《撑起战役半边天》、曲艺说唱《齐心抗疫》等作品，8个原创作品参加市"新人新作"比赛。区图书馆举办"虎气升腾大地春——2022春联作品展""水印木刻展""崇明区优秀学生素描艺术作品展"等5场展览，1.4万人次观展。区博物馆举办第七届崇明孔子文化节·纪念孔子诞辰2573周年暨"祭孔大典"系列活动。崇明美术馆结合群众需求，举办各类展览展示10场，1万余人次参观。2022年，评定崇明絮花板技艺等8个项目为第七批区级非遗代表性项目，评定区级保护单位8个、传承人11人，出版《崇明俗成语》。（蒋海轶）

文化艺术

【概况】 2022年，崇明区进一步完善市、区、乡镇、村居配送体系，由区文艺资源配送中心统一协调文艺资源配送工作。全年承接市级各类活动40场，其中文艺演出24场、展览展示4场、艺术导赏2场、特色活动8场，受众3500人次。开展区级配送文艺演出220场，受众27350人次；开展文艺辅导100场，受众6650人次；艺术导赏50场，受众3650人次；展览展示100场次，受众16650人次。创作录制诗歌、曲艺说唱等作品，制作并推送"艺术课堂"线上教学视频，举办摄影作品系列展、非遗日"云共享"视频等。做好市实事工程"市民夜校"项目，完成中国舞、茶艺、瑜伽、古筝、吉他、爵士舞等课程各12节课。不断提升文艺创作质量。整理汇总全年优秀原创作品，出版《崇明文艺》。曲艺《晚娘》、音乐《水云陌上苦草香》、戏剧《墙》等8个原创作品参加市"新人新作"比赛。其中，舞蹈《玉兰花开》获金奖。（赵晨）

【2022上海市民文化节崇明区系列活动】 2022年，崇明区组织参加上海市民文化节崇明区活动、"3·28"云上文化服务日、"乐嗨上海过大年"活动等。参加"歌唱吧 美好新时代"第八届上海合唱节展演、新征程·新奇迹——上海市红色故事大赛、长三角市民舞蹈大赛、青少年传统文化大赛、市民手工艺大赛、市民征文大赛、长三角公共文化空间大赛等市级赛事，并获得优异成绩。围绕市民文化节"人民城市 人人出彩"的主题，区各文化场馆、社区文化活动中心结合各自的品牌项目和区域特色，通过直播、录制、抖音视频等方式开展推出非遗教学课程、书法教学及作品展示、健身舞蹈基础教学、原创歌舞小品等短视频，"舞蹈""演员如何创造角色"等"艺术课堂"线上教学视频、"我们一定瀛"抗疫摄影展作品系列展示、非遗日"云共享"视频等。（王莹）

【公共文化资源配送】 2022年，崇明区开展线上文化服务，并依靠"上海崇明""文化崇明""崇明旅游""上海市崇明区文化馆""上海崇明摄影家协会"及各乡镇的官方微信等传播方式，更好地丰富群众的精神生活。开展农村数字电影1780场，受众55612人次。创作录制诗歌《撑起战役半边天》、曲艺说唱《齐心抗疫》等作品，制作并推送"舞蹈""演员如何创造角色"等"艺术课堂"线上教学视频、"我们一定瀛"抗疫摄影作品系列展、非遗日"云共享"视频等，让民众居家参与艺术辅导。做好市实施工程"市民夜校"项目，打造区文化馆、区党群服务中心2处"市民艺术夜校"服务点，完成中国舞、茶艺、瑜伽、古筝、吉他、爵士舞等课程各12节课。（赵晨）

【直录播活动】 2022年，崇明区组织开展"瀛洲古韵"新年音乐会（直播）和"塑浦东引领区形象 讲崇明生态发展故事"主题摄影展（录播）直录播活动。其中，"瀛洲古韵"新年音乐会以现场直播的形式进行，音乐会主要演奏国家级名录"瀛洲古调派琵琶""崇明山歌"和市级名录"江南丝竹"中的7个经典节目，扩大崇明非遗的对外影响力，让更多的人了解和认识崇明非遗。完成录制"广场舞成品舞教学""中国古典舞身韵地面训练八元素""如天书的乐谱：减字谱""不识谱怎么玩转音乐之简谱乐理"等8个"学才艺"视频，入选全市文艺教学视频教材。（赵晨）

【2022年长三角及全国部分省市最美公共文化空间创新大赛】 2022年，崇明区发动并指导全区文旅单位参加2022年长三角及全国部分省市最美公共文化空间大赛，引导全区各乡镇打造更多高品质的文化新空间。全区有15家单位报名参赛，其中长兴岛郊野公园游客中心、林芝书屋等获评"美丽乡村文化空间"。（赵晨）

【展览展示活动】 2022年，崇明美术馆，举办各类展览展示10场，1万余人次参观。通过系列展览，向社会大众传达艺术标准和价值取向，让市民的心灵得到净化，让艺术的魅力融入生活。（姚欣艳）

2022年崇明美术馆举办展览情况表

表35

序号	展览名称	起止时间	主（协）办单位	地点
1	虎虎生威——崇明区书画艺术家迎春展	2月1日至3月31日	（主办）上海市崇明区文化和旅游局 （承办）上海市崇明美术家协会 （协办）崇明美术馆	八一广场
2	镌刻百年——全国版画名家木版画作品展	3月2日至6月30日	（主办）崇明美术馆	二楼
3	花·花世界——上海四人油画艺术作品邀请展	3月8日至4月7日	（主办）上海市崇明区文化和旅游局 （承办）上海臻全文化传媒有限公司 （协办）上海市崇明美术家协会、崇明美术馆	一楼
4	刀木年华——全国版画名家作品展	7月1—31日	（主办）上海市崇明区文化和旅游局 （承办）崇明美术馆	一楼
5	瀛洲珍藏——崇明美术馆馆藏作品展	9月1日至10月9日	（主办）崇明美术馆	一楼 二楼
6	高风逸韵——梅兰竹菊特展	10月10日至11月10日	（主办）上海市崇明区文化和旅游局 （承办）崇明美术馆、唐超良书法工作室	一楼
7	家·源——上海市崇明美术家协会绘画写生作品成果展	10月22日至1月9日	（主办）上海市崇明区文化和旅游局 （承办）上海市崇明美术家协会、上海崇明爱度美术工作室 （协办）崇明美术馆、崇明画院	二楼
8	喜迎党的二十大·翰墨丹青颂党恩——崇明区政协书画院画师书画作品展	11月9日至2023年2月10日	（主办）崇明区政协 （承办）崇明区政协文化文史和学习委员会、崇明区文化和旅游局	一楼
9	海上新经典——中国书画作品展	11月17—25日	（主办）上海市对外文化交流协会、上海市崇明区文化和旅游局 （承办）崇明美术馆	二楼
10	波斯之魅——伊朗细密画艺术展	12月13日至2023年1月2日	（主办）中共上海市崇明区委宣传部、上海市崇明区文化和旅游局、上海艺术品博物馆 （承办）崇明美术馆	一楼

（区文化和旅游局）

文物保护

【概况】 2022年，崇明区文物保护工作坚持“保护为主、抢救第一、合理利用、加强管理”的文物保护方针，加大文物保护宣传力度，提高全社会文物保护意识和知晓度，不断加强文物保护工作的日常管理。做好第六批国家级非物质文化遗产代表性传承人申报工作，王臻（瀛洲古调派琵琶）、黄晓（崇明山歌）经市级公示，筹备上报国家文旅部。崇明絜花板技艺、崇明瓜子黄杨传统栽培技艺等8个项目评为区级非遗项目。

【保护传承非物质文化遗产】 2022年，崇明区组织做好2022年文化和自然遗产日“云共享”活动，结合崇明非遗实际和防疫形势，崇明非遗保护中心开展录制线上音乐会、土布香囊线上视频教学、扁担戏反诈视频等视频宣传展示活动，并通过区文化馆微信公众号进行推送。9月29日至10月31日，组织开展崇明山歌剧巡演活动50场次，受众5000余人次。组织非遗衍生品益智图拼板、盘扣手工制品、土布手工制品、絜花板制品等参加“海派生活”非遗衍生品征集活动。组织土布手工制品参加“非遗新体验”首届国潮文创设计大赛，其中上海农本酿酒有限公司的农本清酒获全市二等奖。整理崇明俗语，召集专家学者开展讨论，出版印刷《崇明俗成语》，筹备出版《瀛洲古调派琵琶》。

（赵　晨）

崇明区非物质文化遗产项目名录

表36

序号	名称	级别	类型	公布批次和年份
1	牡丹亭（江南丝竹）	国家级	传统音乐	第一批2007年
2	瀛洲古调派琵琶艺术	国家级	传统音乐	第一批2007年
3	崇明山歌	国家级	传统音乐	第五批2021年
4	崇明吹打乐	市级	传统音乐	第三批2011年

续表 36

序号	名称	级别	类型	公布批次和年份
5	调狮子	市级	传统舞蹈	第三批 2011 年
6	扁担戏	市级	传统戏剧	第一批 2007 年
7	杨瑟严的故事	市级	民间文学	第三批 2011 年
8	崇明俗语	市级	民间文学	第五批 2015 年
9	鸟哨	市级	传统体育、游艺与杂技	第三批 2011 年
10	益智图	市级	传统体育、游艺与杂技	第三批 2011 年
11	灶花	市级	传统美术	第一批 2007 年
12	崇明老白酒传统酿造技法	市级	传统技艺	第二批 2009 年
13	酱菜制作技艺（崇明甜包瓜制作技艺）	市级	传统技艺	第五批 2015 年
14	酱菜制作技艺（草头盐齑制作技艺）	市级	传统技艺	第五批 2015 年
15	土布纺织技艺	市级	传统技艺	第五批 2015 年
16	上海米糕制作技艺	市级	传统技艺	第五批 2015 年
17	崇明水仙栽培技艺	市级	传统技艺	第六批 2019 年
18	崇明酒曲制作技艺	市级	传统技艺	第六批 2019 年
19	天气谚语及其应用	市级	民俗	第一批 2007 年
20	崇明洋钎	区级	曲艺	2015 年
21	崇明羊肉传统烹饪技艺	区级	传统技艺	2017 年
22	崇明竹编技艺	区级	传统技艺	2017 年
23	崇明槼花板技艺	区级	传统美术	第七批 2021 年
24	崇明瓜子黄杨树传统栽培技艺	区级	传统技艺	第七批 2021 年
25	崇明沙船制造技艺	区级	传统技艺	第七批 2021 年
26	线带编织	区级	传统技艺	第七批 2021 年
27	崇明鱼圆烹饪技艺	区级	传统技艺	第七批 2021 年
28	崇明酒板传统酿造技艺	区级	传统技艺	第七批 2021 年
29	崇明圆子传统制作技艺	区级	传统技艺	第七批 2021 年
30	盘扣制作	区级	传统技艺	第七批 2021 年
31	崇明苦草药材食材技艺	区级	传统技艺	第七批 2021 年

（区文化和旅游局）

图书与文博

【概况】 2022 年，区图书馆采编新书 15513 册，订阅报刊 1219 种，编印《崇明信息摘编》12 期、《崇图书苑》4 期，发放借书证 453 张，流通约 6.2 万人次，流通书刊近 22.7 万册次，为全区 257 家农家书屋订阅报刊 3 种，为 8 家单位送书 6000 余册，举办公益讲座、展览、征文、才艺比赛等各类读书活动 94 场次，参与读者 2.5 万人次。

【展览展示活动】 2022 年，区图书馆举办“虎气升腾大地春——2022 春联作品展”“张民个人油画展”“水印木刻展”“七彩的梦少儿艺术作品展”“崇明区优秀学生素描艺术作品展”5 场展览，1.4 万人次观展。

（郭霞玲）

2022 年崇明区图书馆展览情况表

表 37

序号	展览名称	起讫时间	参观人次
1	虎气升腾大地春——2022 春联作品展	1 月 26 日至 2 月 28 日	3000
2	张民个人油画展	3 月 1—31 日	1500
3	水印木刻展	8 月 29 日至 9 月 26 日	4000
4	七彩的梦少儿艺术作品展	9 月 30 日至 10 月 24 日	2500
5	崇明区优秀学生素描艺术作品展	11 月 1—30 日	3000

（区文化和旅游局）

【“送书下乡”活动】 2022年，区图书馆继续拓展新型阅读空间，开展送书下乡活动，新设流动服务点4个。至年底，区图书馆在全区建立56个图书流动服务点。为三民文化村、民宿、老年活动室、雷达站等图书流动服务点赠送或调换书刊，全年调换或赠送书刊6600册。

【青少年暑期读书系列活动】 5—9月举办，区图书馆主办，主题为“2022上海童话节”。40581名青少年读者参与活动。活动期间，少儿借阅处接待读者近6000人次，书刊借还5万余册次；续订点点漫画书库、贝贝国学、乐儿数据库、新东方等多个数据库；联合崇明区妇联，开展“亲子共读 书香瀛洲”微视频征集大赛；开展6场绘本故事活动直播课、2场科学小实验活动、2场阅读竞赛活动。

【第七届崇明孔子文化节·纪念孔子诞辰2573周年暨“祭孔大典”】 9月25日，区博物馆与上海炎黄文化研究会孔子文化专业委员会联合举办。各界领导嘉宾、在沪孔子后裔约200人参与。10月中旬，区博物馆推出江浙沪名家祭孔书法展览，展出《论语》经典语录书法作品30余件，更好地传承发展中国优秀传统文化，凸显崇明学宫在弘扬儒家文化及其社会主义核心价值观中的作用。（冯锡单）

融媒体

【概况】 2022年，崇明区融媒体中心发挥传统媒体和新媒体的各自优势，整合区内资源，发挥融媒记者和基层通讯员队伍作用，加强意识形态宣传阵地建设，推进融媒体中心采编机制改革，做好对内、对外宣传，讲好崇明故事，提升崇明对外影响力，助力崇明世界级生态岛建设。

【党的二十大宣传工作】 为迎接党的二十大的召开，全面回顾党的十八大以来崇明世界级生态岛建设在经济、社会、民生、生态发展等领域取得的历史性成就，策划一组以“奋进新征程 建功新时代·喜迎二十大”为主题的系列报道，讲述崇明过去十年间的发展故事，描绘未来美好生活。8月起，“奋进新征程 建功新时代·喜迎二十大”栏目正式在上海崇明“两微一端”开栏，同时，“非凡十年”“我们这十年”“我的乡村我的家”“崇明十八境”“声音档案”“红色老物件”“乡镇访谈”“数读十年”“新闻事件榜”“评论”“百姓说变化”等子栏目也陆续上线。在上海崇明“两微一端”上，“非凡十年”系列发布33条次，“我们这十年”系列发布27条次，“红色老物件”发布6条次，“崇明十八境”系列发布42条次，“声音档案”系列发布54条次，“奋进新征程，建设新崇明·迎党的二十大”系列访谈发布15条次，“我的乡村我的家”系列发布27条次。另发布崇明十年新闻大事记及二十大相关评论。

【区两会宣传工作】 区两会期间，融媒体中心创新报道方式，拓展形式和渠道，上海崇明“两微一端”以图文、H5、海报、长图等多种展现形式，关注两会进程，传递两会声音。通过长图形式，回顾崇明过去五年发展盛况，展望未来五年美好蓝图。开设“聚焦2022崇明两会”专题、专栏、话题，让市民在“两微一端”上方便地了解到两会信息。制作“两会群聊”H5，让市民“亲身”参与“两会”，畅聊对两会和美好生活的期许。在上海崇明App上开设“两会朋友圈”，邀请关心崇明建设发展的广大网友进圈群聊，得到网友们积极响应。

【新春预热推文】 春节假期，围绕年味、假期影院排片、春节崇明游线路推荐、节日市场供应、食品安全保障等主题，推出一系列新春预热推文。节日期间，微信端每天推出新春送好礼天天送活动，通过H5抽奖，送上崇明媒体人的诚挚祝福。策划推出“虎年新期待”栏目，以长江大保护、文旅、农业、新科技、康养、交通、教育7个方面为主题，展望崇明新一年的美好未来。

【“奋进新征程 建设新崇明”系列乡镇访谈节目】 2月16日，由中共崇明区委宣传部、崇明区融媒体中心、崇明区政务服务办公室共同推出的“奋进新征程 建设新崇明”系列乡镇访谈节目在上海崇明“两微一端”开栏。节目通过直播的形式，邀请崇明18个乡镇负责人和部分区两会代表委员走进直播间，与主持人一起倾听民生民意，共话地方未来发展。全年推出12期。

【“学习强国”学习平台崇明融媒号上线】 8月7日，“学习强国”学习平台崇明融媒号上线。“崇明融媒号”共设置3个栏目，分别为“崇明资讯”“花漾崇明”“视听崇明”。采用图文、视频、音频等多种形式，展现崇明世界级生态岛在经济社会、生态保护、产业发展、民生事业、基层治理、人文历史等领域，实现高质量发展的生动实践和典型经验，进一步讲好崇明故事、传播崇明声音、展示崇明形象。（丁沈凯）

文化市场管理

【概况】 2022年，区文化和旅游局执法大队开展各类检查396次，出动执法人员3170人次，检查各类场所2893家次。全年办理案件14件，其中立案12件、当场处罚1件、轻微免罚1件，作出普通程序行政处罚8件，罚没款额总计36200元，涉及控烟、出版、网络出版、在线旅游等领域。处置举报投诉47个，处理满意率100%。

【市场监管】 2022年，区文化和旅游局执法大队突出重点领域，切实加强市场监管，先后开展“印刷复制发行执法监管”“点播影院市场规范整治”“元旦春节、寒假、北京冬奥会期间本市文化市场保障”“网络游戏专项整治”“暑期文化和旅游市场集中执法”“游泳场所夏季开放专项执法工作”“净化艺术品市场环境专项整治”“庆‘国庆’喜迎‘党的二十大’文化市场执法保障”等20多个专项整治行动。以贯彻新修订的未成年人保护法为抓手，开展“开学期间校园周边文化市场整治”“青少年版权保护”专项行动和暑期出版物市场集中执法检查，对各无证出版物销售摊点实行定点清除，检查图书报刊经营单位148家次，各类印刷企业145家次，查处出版物案件2起，印刷企业1起，为未成年人健康成长营造良好的社会文化环境。持续开展辖区在册网络文化经营单位执法检查行动，重点检查网络游戏、网络直播、网络视听、网络出版市场、网络平台是否存在违禁、色情、暴力、邪教、赌博等信息和网络产品；完成市第十二次党代会期间网络安全保障工作任务，开展“网络游戏专项整治”“打击网络侵权盗版‘剑网2022’专项行动”等活动，查办网络案件2起，有效营造良好网络文化市场环境。注重旅游市场监管，强化对旅馆业特别是大中型旅馆业经营场所的检查，突出五一、国庆等重要时段对旅游景区特别是A级景区的检查，及时开展“未经许可经营旅行社业务、‘不合理低价游’专项整治”“旅馆业落实《控烟条例》和《上海市生活垃圾管理条例》专项检查”。全年出动执法检查158次，检查旅游、旅馆、文物、体育、卫星等场所865家次，进一步提升旅游服务质量。

【“扫黄打非”工作】 2022年，区文化和旅游局执法大队落实市“扫黄打非”暨文化市场管理办公室工作任务，坚持专项治理与联合治理、集中行动相结合，坚持日常检查、网下清查与网上净化相结合，推进“扫黄打非”各项措施落地见效。适时召开全年“扫黄打非”工作会议，印发《2022年崇明区“扫黄打非”工作方案》《自查通知》，贯彻落实上级有关精神，部署崇明区“扫黄打非”工作，点对点压实责任，有效形成分工负责、相互支持、密切配合的工作格局。协同重点成员单位共同组织开展“扫黄打非”各类专项行动，有效净化出版物和网络文化市场。指导中兴镇创建第六批全国“扫黄打非”进基层示范点，并获全市第五名；中兴镇广福寺、中兴镇旅游协会“扫黄打非”进基层横向站点是全市最早一批设立在宗教场所和旅游行业的站点。依托“区镇联通联勤联动机制”，积极开展基层“扫黄打非”工作人员业务能力培训，全年开展乡镇人员培训工作2次。注重经验总结上报和简报下发，编发简报9期，上报信息37篇。指导中兴镇拍摄“扫黄打非”宣传视频，营造健康向上的社会文化环境。

【法治宣传】 2022年，区文化和旅游局执法大队履行“谁执法谁普法”工作职责，把准宣传对象，丰富宣传载体，加强法治建设，进一步强化普法主体责任，提升普法工作的针对性、时效性、新颖性。深入开展法治宣传“六进”，针对不同受众，做好宣传教育引领工作。进机关，深入推进大队业务法治培训工作，全年开展法制培训11次，持续提高队员业务能力和服务群众的本领；进学校，依托“绿书签”进校园活动，讲解预防青少年违法犯罪和保护知识产权相关知识，教授学生如何甄别非法出版物和有害信息；进企业，宣传合法经营理念，促进提升业主守法意识，全年开展普法宣传3次；进基层，普及“扫黄打非”法律知识，到堡镇、建设、长兴开展讲座4次，进一步提升基层“扫黄打非”发现问题的能力。结合“‘3·18’全国文化市场法制宣传日”，录制文化执法宣传片，发挥微信公众平台宣传阵地作用，开设有奖问答专栏，提升市民群众对文化市场法律法规的知晓度。采取海报、展架、现场讲解等形式，加深群众对“扫黄打非”相关法律法规的认知与理解。扩大宣传影响，指导各乡镇“扫黄打非”办积极开展早市宣传、“田间小喇叭”、专题讲座等活动，强化法治宣传的效果。采取以案促学方式，多领域办理行政执法案件，依法依规开展法制审核，不断提高队员实战能力。落实全年法制培训计划，制发《大队岗位练兵技能竞赛活动方案》，开展岗位练兵技能竞赛活动，组织到市参赛队员集中训练2次、模拟考试4轮。采取走出去请进来、线上线下相结合方式全面开展培训，先后组织全体队员政策法规考试3次，进行模拟办案1次，邀请市专家专题讲解网络执法1次，开展网上培训3次。通过持续提升队员业务能力，大力培养全科型执法人才，有效助推大队依法行政能力整体提升。在市第三届文化市场综合执法岗位练兵技能竞赛中获第一名，并代表上海市参加全国复赛。

【全国文明城区创建宣传】 2022年，区文化和旅游局执法大队定期开展预防未成年人网络成迷宣传教育，加强互联网上网服务营业场所管理，杜绝接纳未成年人的违规经营行为，取缔“黑网吧”；常态化开展校园周边环境整治专项检查，加强对网吧、歌舞娱乐、书店等场所的检查，严查网吧、KTV接纳未成年人上网消费的行为，重点打击盗版教辅教材、口袋书、非法音像制品等影响青少年健康成长的有害出版物。

崇明年鉴

ChongMing NianJian

2023

医疗卫生

综 述

2022年，全区有各级各类医疗机构344家。其中，三级乙等综合医院1家，二级综合性医院3家，二级专科医院3家，社区卫生服务中心(含分中心)35家、服务站3家，村卫生室216家，医疗急救中心1家、专业卫生机构6家，内设医务室24家、护理站、医院等15家，诊所35家，中小学保健室2家。全区医疗机构核定床位3446张，其中医院2383张、基层医疗卫生机构1063张。全区卫生健康系统实有职工4494人。卫生技术人员中，医师1540人、护士1552人、医技710人。250名新乡村医师取得执业助理医师。全区急救出车19199车次，累计里程数1068754公里。全区公民无偿献血15859份，临床用血量15163份。

(钱志华)

医疗服务和管理

【概况】 2022年，区卫生健康委组织专业人员全覆盖开展医疗、护理质量督查和医疗机构执业监督，存在问题及时通报反馈，并督促整改。规范药品购销。开展护理技能竞赛，促进护理质量持续提升。完成继续教育、重点学科、名医工作室等科教研工作立项和监管。为各类考试、体育比赛等集聚性活动、疫苗接种提供医疗保障。

【医疗服务管理】 2022年，区卫生健康委有序推进医疗护理质控督查工作，出动检查人员70人次，对存在问题以《质控简讯》的形式公示反馈，并督促整改。组织各专业人员，对辖区内各级各类医疗机构开展医疗质量年终考核，主要包括“医疗核心制度、合理检查、合理治疗、合理用药、医院感染控制、护理质量、病历质量”等内容，对各医疗机构存在问题提出整改意见，并督促整改。组织人员利用节前和非工作时间，对各医疗机构开展医疗质量安全飞行检查，重点检查病史书写环节质量、药房管理、抢救室急救设备及药品配备是否处于备用状态以及人员在岗在位等情况，对存在问题，与医院进行反馈，并督促整改。

【护理工作】 2022年，区卫生健康委加强基础护理，持续深化优质护理，构建全面全程、优质高效的护理服务体系。为进一步夯实全区护理队伍的能力建设，精准落实新冠疫情防控常态化管理，不断满足群众差异化的护理服务需求，组织开展2022年崇明区“提升专业能力、落实精准防控”护理知识竞赛和“深化优质护理，服务海岛居民”优质护理项目评选活动。

【药品管理】 2022年，全区各医疗机构实际采购药品金额12.1092亿元，其中药品网上采购金额12.1092亿元，药品网上采购率为100%。按照市卫生健康委的要求，各社区卫生服务中心及其村卫生室实施基本药物制度，并实施药品零差率销售。根据国家统一部署，继续推进国家带量采购工作和区域医联体药品集团议价采购工作。

【医教科研】 2022年，崇明区医学会继续采用线上学习为主、线上线下相结合的继续教育方式，在上海市继续医学教育网上线“崇明专用”课件5期，学习流量达8000多人次；其他线上线下培训10余次，2000余人次参加。完成第三轮区重点学科名医工作室终期评审，开展第四轮区重点学科名医工作室遴选。

【医疗机构执业监督】 2022年，区卫生健康委完成医疗机构卫生行政许可387项次，其中机构387项次，包括执业登记3户、中医诊所备案1户、中医诊所备案注销1户、医疗技术临床应用备案1户、停业2户、变更30户、换证20户、注销10户、校验319户；母婴保健技术服务执业许可证变更2户，母婴保健人员变更27人；放射诊疗许可证新证5户，校验31户，变更7户，注销1户；人员221项次，包括医师注册56人、医师变更145人、注销2人、乡村医生变更1人、西学中备案3人、护士首次注册8人、重新注册6人。对各级各类医疗机构进行监督检查1193户次，实施行政处罚医疗机构34起、医务人员1起，不良积分管理对医疗机构记72分、涉及医疗机构34户次，对医师记51分、涉及医师9人次。开展无证行医点位巡查与排摸63户次，其中与公安局、市场监督管理局等部门开展联合执法10次，取缔13户，受理立案4件，作出行政处罚3件，没收药品8箱、医疗器械95件，没收4000元，罚款30万元，行刑衔接1件。受理无证行医举报8起，办结8起，其中查实3起。开展打非专题宣传活动2次，设置易拉宝16块，横幅2条，发放宣传资料1300余份、宣传品500余份。

【“双随机、一公开”监督检查】 2022年，区卫生健康委双随机任务数646户(国抽187户、区抽459户)，监督完成646户（公共场所352户、职业卫生96户、传染病72户、医疗卫生54户、生活饮用水19户、学校卫生23户、放射卫生13户、妇幼保健11户、餐饮具集中消毒3户、消毒产品2户、采供血机构1户)，任务完成615户，单位关闭31户，双随机工作总完成率95.36%。在提高双随机完成率的同时，加大查处率，完成国抽案件数30件，比上年上升50%；区抽案件数51件，比上年上升160%。

【监督执法】 2022年，区卫生健康委监督检查8436户次，完成3项专项抽检项目，抽检样品数775件，合格率为83.61%。

【行政处罚】 2022年，区卫生健康委实施卫生行政处罚案件189件，其中警告124件、罚款168件、没收违法所得2件、听证案件3件、强制执行2件。卫生行政处罚罚款金额总计51.91万元，没收违法所得0.4万元。

【行政许可】 2022年，区卫生健康委完成各类卫生许可项目1433件，其中公共卫生许可636件、医疗执业许可675件、备案或其他122项。公共卫生许可项目包括公共场所卫生许可582件，集中式供水单位卫生许可2户，放射诊疗许可52件；医疗执业许可包括医疗机构许可406件，医疗机构人员许可269件；备案包括二次供水清洗消毒单位备案5户，麻醉药品、第一类精神药品购用印签卡变更6件。食品企业标准备案1件，病原微生物实验室备案58件，义诊52家。

（钱志华 黄 薇 王雪蕾）

人口、家庭和老龄工作

【概况】 2022年，崇明区完成再生育审批3件，生育前申请再生育审批2件、补办再生育手续1件，与往年比有大幅减少，独生子女父母光荣证办理691件（领证273件、补证308件、换证69件、注销41件）比上年减少12.4%。完成各级各类评先评优计生审核811人。完成审核并发放农村奖扶对象116683人，发放资金2.41亿元，较上年新增5.2%；审核并发放计生特扶对象4606人，发放资金4422.4万元；审核并发放计划生育家庭年老退休时一次性奖励对象5793人，发放资金2917万元；独生子女伤残死亡一次性补助对象1013人，发放资金330.5万元（根据新条例规定，补发16周岁以上独生子女伤残一次性补助856人，发放总额256.8万元）；审核并发放计生手术并发症补助对象158人，发放专项补贴34万元。审核计划生育免费技术服务对象293人次，结报费用38.7万元。为639对计划备孕夫妇开展免费孕前优生健康检查，2022年度与两家体检定点医疗机构共结报费用44.9万元。经过区、镇两级部门的共同努力，崇明区农村部分计划生育家庭奖励扶助制度、计划生育家庭特别扶助制度和年老退休时一次性计划生育奖励制度的落实率100%。

【生育全程优质服务】 2022年，崇明区大力加强对育龄期妇女的生育全程优质服务，着重围绕婚前、新婚、待孕、孕产期等不同阶段，通过线上线下相结合、传统媒体与新媒体相结合、日常宣传与主题宣传相结合的方式，开展有针对性的生育指导、优生优育、科学育儿、生殖保健、心理健康等五大板块的宣传指导服务。根据上级要求，选定一家机关单位、一家事业单位、一家国有企业、一家民营企业作为独生子女父母护理假的试点单位，共同构建生育友好型社区。

【健康家庭建设】 2022年，崇明区借助"互联网+健康教育"平台，委托上海市人口和家庭计划指导服务中心面向基层推送8场网上直播讲座，8735人次参与观看，为广大社区家庭提供优质的健康"云知识"。内容主要涉及生育指导、优生优育、青春期健康、健康保健等知识，网络教学收视更灵活，深受基层干部和育龄妇女的欢迎。线下，各乡镇聘请当地社区卫生服务中心妇幼医生为育龄期妇女开设优生优育指导讲座，聘请区精神卫生中心的医生为计生特殊群体开设心理健康讲座等，得到基层群众的积极响应。

【性别失衡综合治理】 2022年，区卫生健康委联合区公安局、区市场监管局等相关委局定期召开区联席会议。区卫生健康委根据上海市相关工作要求，组织开展打击"两非"、代孕和非法应用人类辅助生殖技术的专项行动。

【计生特殊家庭关怀扶助】 2022年，崇明区继续实施计生特殊家庭"三个全覆盖"，开展计生特殊家庭"一键通"援助服务、辅助就医服务、住院护工补贴、年度健康体检服务和心理健康服务等关怀帮扶活动。3月，区卫生健康委研究并制定《崇明区组织开展计生特殊家庭"暖心行动"方案说明》，通过"一个导向+两个方向+三个融入"的工作方法，实现对崇明区计生特殊家庭走访慰问、志愿结对、健康援助、精神关怀、法律咨询等工作的全覆盖。全区每个乡镇均按要求建立失独家庭联席会议制度并启动演练，提高沟通效率，增强计生特殊群体的满意度和获得感。各乡镇完成计生特殊家庭村居委电子台账规范化、标准化建设任务。

【母婴设施设置】 2022年，崇明区公共场所和用人单位共设置母婴设施点68个，包括新建成的新华医院长兴分院、长兴岛郊野公园等母婴设施2个。按照市卫生健康委有关母婴设施建设标准化、规范化要求，崇明区通过优化配置和升级改造。

【计生协工作】 2022年，区计生协联合各乡镇计生协在元旦春节、中秋国庆、母亲节等重大节日组织开展计划生育困难家庭、计生特殊家庭慰问活动，累计慰问1830户，慰问品总价值61.2万元。为全区1622名失独父母购买住院护工保险，累计投保金额63万元，为符合条件的143名失独父母办理理赔申请，获得理赔金30.9万元。支付门诊大病慰问金4户，发放金额1.2万元。为全区2106名计生特殊家庭联系人办理意外人身伤害保险，累计支付投保金额9.7万元。

【老年人健康服务】 2022年，崇明区开展2022年度医养结合机构服务质量提升行动，12年家医养结合机构参加国家医养结合能力提升培训项目，14人完成医养结合能力提升培训。至年底，辖区居民电子健康档案建档人数548660人，电子健康档案建档率为86.32%，达到年度目标不低于75%的要求。辖区内65岁以上老人接受健康管理135441人，老年人健康管理率为72.12%。

【三孩政策宣传】 1月中旬，组织开展全面三孩政策专题培训，对中央和上海市政策作解读。11月，对新修订的《上海市计划生育奖励与补助若干规定》作政策解读，随后各乡镇均组织开展二级培训。此外，下发统一印制的三孩政策学习读本和宣传小折页，分发至各委办局、各乡镇和公司园区。各乡镇利用"世界人口日"，通过街头横幅、展板折页、小区宣传栏、道口显示屏、政府微信公众平台等加大对社会面的政策宣传，组织开展三孩政策线上线下知识竞赛，让计生政策家喻户晓。组织乡镇参加市卫生健康委组织的"好孕来——生育促进暨家庭健康宣传服务直通车"网络知识竞赛，取得较好成绩。12月中旬，崇明区根据上级有关文件精神，组织各乡镇开展三孩生育政策宣传文艺展演活动，借助村居、乡镇、区级三级宣传平台，利用农村田头小喇叭加大对全社会的宣传，大力倡导新型婚育文化，积极应对人口老龄化和少子化，把全社会的思想和行动集中统一到中央的决策部署上来，积极营造支持家庭生育养育、促进人口长期均衡发展的良好氛围。

【敬老工作】 9月26日，区卫生健康委向区府办、区委办提交敬老活动方案。9月29日，转发《全国老龄工作委员会关于开展2022年全国"敬老月"活动的通知》(全国老龄委发〔2022〕3号)通知各相关成员单位、各乡镇、各卫生医疗机构积极开展弘扬中华民族孝老爱亲传统美德，营造养老孝老敬老社会氛围的活动。区四套班子领导和区老龄办主任分别率队，走访慰问崇明区部分困难老人、高龄老人。年内，3家医疗机构创建上海市第三批老年友善医疗机构，2家社区被评为全国老年友好型示范性社区，7家社区被评为2022年上海市老年友好型社区。

【人口课题调研】 11月，委托上海社会科学院组织开展"上海市三孩生育政策实施情况评估专题调研查"，从育龄妇女及配偶信息、家庭状况和生殖健康等方面进行调查统计和研究分析，为崇明区"十四五"规划实施和完善崇明区人口和家庭发展指标体系提供依据。(李　卓　戴娣娣)

基层卫生

【概况】 2022年，崇明区基层卫生工作继续围绕深化社区卫生服务综合改革的目标，推动社区卫生服务能力提升，做优卫生健康服务，使居民获得更加便利、更加有效的社区卫生健康服务。

【社区卫生服务能力提升工作】 2022年，崇明区开展"互联网+诊疗"建设工作，18家社区卫生服务中心互联网医院平台建设，实现远距离诊断、治疗和咨询服务，居民可通过崇明E健康公众号进行网上家庭医生签约、健康咨询、配药续方等。推进社区专病专科服务能力建设，建立完善专病专科联盟，通过线上或线下方式开展学术、带教、培训、义诊等活动。竖新和新河社区卫生中心达到MMC质控标准揭牌；康复联盟支持9家社区卫生服务中心建设康复科，慢阻肺联盟、乳腺联盟工作开展。

【家庭医生签约】 2022年，崇明区稳步拓展签约服务覆盖率，结合长护险评估等工作，继续加强失能老人签约覆盖。依托企事业内设医疗机构、学校医务室等，推进养老机构住养老人、在职职工与在校学生人群的签约覆盖。至年底，全区共签约321266人，签约率50.59%，重点人群签约率87.94%，长护险评估2—6级的失能老人实现应签尽签。试点健康评估，建立健康档案质量管理控制系统，以家庭医生团队为单位，从签约居民入手，完善电子健康档案系统，结合慢病风险评估，开展签约居民健康管理。目前签约居民建档率99.5%，老年人健康管理率72.1%，高血压患者规范管理率92.56%、糖尿病患者规范管理率87.6%，管理人群血压、血糖控制率不断提升。(黄　薇)

预防保健

【概况】 2022年，崇明区预防保健工作根据崇明区卫生健康发展"十四五"规划、崇明区妇女儿童发展"十四五"规划、"健康崇明行动"等工作要求，围绕落实新冠病毒感染疫情防控各项工作要求，围绕国家、市基本和重大公共卫生服务项目分级分类地组织实施，围绕第四轮全国艾滋病综合防治示范区的创建和国家慢病综合防控示范区创建成果的巩固，紧密协调合作，强化能力建设和法治化、规范化、制度化管理，积极落实疾病预防控制、精神卫生、妇幼保健等各项工作任务。

【妇幼保健工作】 2022年，崇明区继续强化产科质控，对辖区内3家助产医疗机构进行产科质量考核以及飞行检查。2022年，发生危重孕产妇抢救1例，无孕产妇死亡病例；早孕建册率全人口86.14%，沪籍人口88.14%；孕产妇系统管理率全人口85%，沪籍人口87.19%；产后访视率为98.93%；全年发放叶酸507人次；完成妇女病普查29055人次，上报恶性肿瘤30例；0~6岁儿童保健管理率98.37%，0~3岁系统管理率92.07%；婴儿死亡率2.39‰，5岁以下儿童死亡率3.58‰；0~6岁眼保健管理率99.89%，4~6岁屈光率99.33%；继续开展儿童早期发展基地建设工作。

【精神卫生工作】 2022年，崇明区在18家社区卫生服务中心开展精神障碍患者个案管理工作，个案管理329人，在册患者6.26%；为1104名无业贫困精神障碍患者免费送医送药；为社区严重精神障碍患者及基层精神卫生工作者开展专业技术指导721人次。严重精神障碍患者管理治疗指标完成情况：报告患病率8.217‰，检出患者规范管理率99.73%，免费服药规范管理率99.43%，检出患者肇事肇祸率0‰，在册患者服药率96.31%，面访率98.15%。扎实推进崇明区长效针剂项目，实际治疗211名患者。整合社会资源，积极探索“专业支撑、社会协同”的合作模式，开展崇明特色的社区康复服务，帮助患者学习技能，增强自信和自我认同，促进患者回归社会。打造“崇·心”心理健康服务品牌。根据崇明留守儿童、空巢老年人比较多的情况，针对性地开展“崇·心”系列——关爱“未来之星”“留守儿童”“关爱银龄”等项目，为广大市民提供专业、健康、便捷的心理健康服务，至年底，覆盖人次数为126.2万。参与市心理援助热线“962525”接听，全年接听电话2231例，有效帮助来电者疏导心理困惑。 （廖兴付 周海峰）

卫生防疫

【概况】 2022年，崇明区疾病预防工作根据“健康上海2030”规划部署，围绕国家、市基本和重大公共卫生服务项目分级分类的组织实施，围绕第四轮全国艾滋病综合防治示范区的创建和国家慢病综合防控示范区创建成果的巩固，紧密协调合作，强化能力建设和法治化、规范化、制度化管理，落实各项工作任务。

【传染病防治】 2022年，崇明区常住人口无报告甲类传染病，报告乙类传染病10种1106例，报告病种前五位为新冠、梅毒、肺结核、淋病和急性肝炎，报告病种与上年相比，新增病种为百日咳，减少病种为伤寒与副伤寒，发病率与上年相比大幅上升。报告崇明区人员乙类传染病9种704例，发病率143.38/100000，报告病种与去年相比，新增病种为百日咳，减少病种为伤寒与副伤寒；报告外来人员乙类传染病6种402例，发病率337.82/100000，报告病种与上年相比，增加病种为艾滋病，减少病种为猩红热和急肝；报告丙类传染病发病率58.26/100000，病种按发病数由高往低分别为流行性感冒、其他感染性腹泻、手足口病和流行性腮腺炎。全年传染病发病处于较低水平。

【结核病防治】 2022年，崇明区新登记上海市户籍活动性肺结核病例109例，与上年同期125例相比下降12.8%。新登记外来流动人口活动性肺结核病例21例，与上年同期20例相比上升5.0%。上海市户籍活动性肺结核发病率16.0/100000，流动人口活动性肺结核发病率13.7/100000。登记管理学生肺结核3例。对辖区内10所高中、中等职业、寄宿制初中学校和结核病高流行地区集体到沪学生开展结核病筛查工作，涉及70个班级，2574名学生，筛查结果未发现活动性肺结核。

【肝炎防治】 2022年，崇明区报告病毒性肝炎病例177例，发病率26.30/100000，发病率与上年相比下降30.53%。其中，外来流动人员3例。报告急性病毒性肝炎病例14例，病例散发。崇明区病毒性肝炎健康促进示范社区试点单位14家，1100例肝炎患者纳入签约管理。

【性病、艾滋病、麻风病防治】2022年，崇明区共检测HIV样本30942份，检测结果HIV阳性28例，检出率为0.90‰。其中，2例为既往老病人。对26例新发现的艾滋病病毒感染者和病人开展流调，开展HIV/AIDS随访干预工作，干预约930人次。全区目前在管317例HIV/AIDS病人，开展CD4检测随访290例，检测随访率达到91.48%。对随访管理病人均开展结核病的症状筛查工作，筛查率100%，未发现结核病合并感染者。对全区62个麻风病患者及相应密切接触者开展全覆盖随访工作。

【免疫预防】2022年，崇明区辖区免疫接种率分别为：卡介苗99.31%、灰苗99.41%、百白破疫苗99.89%、麻腮风疫苗98.86%、乙肝疫苗99.81%、流脑疫苗99.82%、乙脑疫苗99.60%、甲肝疫苗99.63%、水痘疫苗99.65%、白破疫苗99.72%。3月、9月，外来儿童补充免疫活动灰苗接种率97.9%、99.2%，麻苗接种率98 %、96.6%。

【学校卫生监测】 2022年，崇明区完成15所学校2894名学生的学生常见病监测工作。完成73所学校学生伤害监测，发生伤害事故12人次，伤害发生率0.35%。全区幼儿园建档监测4847人，建档率为93.84%，裸眼视力不良率28.57%；儿童青少年建档监测28074人，建档率95.43%，裸眼视力不良率63.87%；龋齿普查普治干预学校覆盖率63.92%，检查人数13853人，预防干预人数7006人；幼儿园涂氟6542人，开展窝沟封闭11所小学，窝沟封闭率13.61%；在19所学校开展免费龋齿充填项目，8~9岁儿童恒牙充填率9.94%。对部分残障儿童、社区老年人、中青年职业人群进行口腔健康状况调查，完成孕产妇口腔检查并纳入项目259人，1~1.5岁对照组儿童纳入206名。

【慢性病综合防控示范区】2022年，崇明区持续巩固国家慢性病综合防控示范区成果，召开相关单位联络员专题会议，完成示范区动态年报工作，开展第六次全国慢性病预防控制能力调查，参加“万步有约”职业人群健走激励大奖赛，获全国优秀健走示范区、省内优秀健走示范区等称号。明确责任医生，充分调动家庭团队医生的积极性；整合辖区医疗卫生资源，对于患者在崇明区各医疗机构的化验检查实现平台推送，支撑“医防融合”慢性病综合防控内涵提升。围绕“全程化、精细化”要求，在社区“标准测量室”建立的同时，陈家镇社区为慢性病支持中心建设开启试点。

【慢性病防治】 2022年，崇明区辖区户籍人口期望寿命83.30岁（男性80.82岁、女性85.86岁），户籍居民死亡7724人（男性死亡4236人、女性死亡3488人），死亡率为11.51‰（男性死亡率为12.86‰，女性死亡率为10.21‰）。户籍居民全人群前十位主要死因依次是循环系统疾病、肿瘤、损伤中毒、内分泌营养代谢疾病、呼吸系统疾病、消化系统疾病、神经系统疾病、传染病及寄生虫病、肌肉骨骼病和泌尿系统疾病。全年按计划规范管理高血压患者总数为134809人，规范管理率为92.56%。按计划规范管理糖尿病患者总数40542人，规范管理率87.63%；糖化血红蛋白检测人数3550人，检测率9.99%。18家社区落实首诊测压制度，其中高血压易患规范管理率为96.45%。全区糖尿病高危人群登记共118446人，筛查率为5.01%。2022年，共收到崇明区医疗机构报告肿瘤病人3333例，其他区医疗机构诊断报告崇明区肿瘤病人2285例，可用卡数为3747张;随访肿瘤病23289人次。2022年，崇明区纳入中国居民心脑血管病发病全国监测点，全区4家综合医院为主要报告单位；18家社区卫生服务中心同时开展常规急性心脑血管事件网络报病，2022年监测报告显示：脑血管发病率1489.97/10万，急性心肌梗死发病率为83.04/10万、死亡率为14.83/10万。2022年，全区共报告住院伤害病例4240人次。有序开展心血管病高危人群早期筛查与综合干预项目，全年完成初筛539人（完成率107.8%）；高危检出190人，检出率35.25%；短随140人（完成率112%），长随完成2819人（完成率131.54%）；累计完成高危调查4799人、短期随访3758人、长期随访4546人。

【上海市社区居民大肠癌筛查】 2022年，崇明区完成初筛登记14043人，初筛阳性2954人，开展肠镜检查946人，发现癌前期病变数215人，确诊大肠癌8例；新三年DNA甲基化检测，完成517例，51例检测出高风险。

【食品安全风险监测】 2022年，崇明区对谷类及其制品、乳与乳制品、动物油脂及其制品类别食品样品进行元素、真菌毒素、多环芳烃等的监测，计划完成37件样品的采集，781项次的检测，实际完成率100%。监测项目包括大肠埃希氏菌计数、单增李斯特菌、金黄色葡萄球菌、沙门氏菌、副溶血性弧菌、致泻大肠埃希氏菌、菌落总数、大肠菌群、霉菌、嗜渗酵母计数、蜡样芽孢杆菌、弯曲菌。计划完成180件样品的采集，678项次的检测，实际完成率100%。样品检测结果均上报“全民健康保障信息化工程食品安全风险评估业务应用平台”，对于存在风险的样品形成“崇明区食品安全风险监测问题样品信息报告”报送市疾控及区卫健委。

【饮用水卫生监测】 2022年，崇明区辖区内5家水厂全部纳入全国饮用水水质卫生监测信息网络，全区共设置水质监测点61个，满足每个水厂至少有1个二次供水或末梢水监测点及每个乡镇至少3个监测点的要求。全年完成所有水源水、出厂水、二次供水、末梢水共61个监测点及50所学校直饮水的监测，监测完成率100%，各项监测指标总体合格率为99.6%，及时将监测结果录入“全国饮用水水质卫生监测信息系统”。

【空气污染对人群健康影响监测】 2022年，崇明区选择中兴镇作为上海市农村地区监测点，开展空气污染（雾霾）人群健康影响监测工作。汲浜小学和向化小学为监测点学校，按要求完成各类调查。收集2家监测点医院（十院崇明分院、中兴镇社区卫生服务中心）门诊和住院资料及急救中心接诊资料。PM2.5采样及质量浓度监测完成84件样品。

【人群碘营养状况监测】 2022年，崇明区对5个乡镇200名8~10岁儿童，150名孕妇开展食盐样品盐碘含量定量检测以及尿碘含量测定。

【放射卫生监测】 2022年，崇明区完成3家医疗机构12个工作场所136个点位的防护监测，完成44家单位240名放射人员个人剂量监测，对所有监测单位按时出具正式检测报告。

【职业卫生防治】 2022年，崇明区开展重点职业病危害因素监测，通过排摸国家16个重点行业中，崇明区有家具制造业、非金属矿物制品业、金属制品业、通用设备制造、铁路、船舶、航空航天和其他运输设备制造业等重点行业的企业。2022年，开展监测的12家企业开展矽尘、电焊烟尘、锰及其化合物，甲苯、二甲苯和乙苯监测。现场监测完成率100%，企业申报率为100%。开展重点职业病监测工作。接到各类职业病报告3例。对历年尘肺病例85例（存活及失访）开展随访工作，其中存活现患病例85例，无死亡病例，无失访病例。

（廖兴付）

爱国卫生

【概况】 2022年，区爱卫办落实《上海市崇明区人民政府关于印发健康崇明行动方案（2019—2030年）的通知》（沪崇府发〔2020〕7号）和《上海市崇明区人民政府关于印发〈崇明区关于深入推进爱国卫生运动的实施方案〉的通知》（沪崇府发〔2021〕

125号)，全面加强爱国卫生运动，大力推进健康崇明行动。

【国家卫生区镇巩固】 2022年，区爱卫办认真贯彻《国家卫生城镇评审管理办法》(2021年版)，做好新旧评审办法和标准的衔接，稳步推进国家卫生区镇复审工作。2022年，全区有17个乡镇开展国家卫生镇复审工作，组建区级暗访工作组，定期对乡镇开展暗访检查，督促落实整改，17个乡镇通过市级暗访检查，市民卫生状况满意度为93.2%。

【健康促进工作】 2022年，区爱卫办印发《推进实施健康崇明行动2022年工作计划》，扎实推进各项工作任务。向全区37万户居民家庭发放健康大礼包。三星镇新安村和长兴镇创建村获“上海市健康村”称号。持续开展市级健康促进场所建设。完善深化1046个健康自我管理小组建设，其中A级自管小组48个。组织开展健康教育周宣传活动。开展健康科普进社区活动，共开展5场线下讲座和44场线上讲座。居民健康素养水平逐年稳步提升，2022年为32.43%。

【爱国卫生运动】 2022年，区爱卫办组织发动各乡镇、各部门大力开展冬春季爱国卫生运动、夏秋季爱国卫生运动、爱国卫生月活动，积极开展“迎二十大、迎国庆、迎进博”百日爱国卫生大行动，助力新冠疫情防控，不断提升全社会预防为主、群防群控的意识。加强病媒生物防制工作，组织开展病媒生物应急处置培训。开展螺情监测和调查工作，覆盖18个乡镇41个村，均未发现钉螺。

【控烟工作】 2022年，崇明区处罚场所31户次，罚金6.7万元；处罚个人3人，罚金300元。积极开展世界无烟日活动。开展控烟培训班活动。在机关集中办公场所和医疗卫生机构开展控烟暗访巡查工作。持续巩固无烟党政机关、无烟医院、无烟学校等无烟单位建设成果。指导岳阳医院崇明分院等4家单位积极开展市级示范性室外吸烟点建设工作。（季凤英）

9月8日，崇明区卫生健康委员会召开崇明区综合医改媒体采访活动（区卫健委供图）

中医药发展

【概述】 2022年，区卫健委推进区第三人民医院向中西医结合医院转型工作，完成“一区一品牌”重点基地建设及2家上海市中医药特色示范卫生服务站的建设。区级综合性医院及18家社区卫生服务中心推进“中药安心达”数字化场景的运用，一家综合性医院及一家社区卫生服务中心完成智慧中医建设。

【深化中医药服务内涵】 2022年，区卫健委完成区域内2家中医药特色示范卫生服务站点建设（长兴渔港佳苑服务站、东平东风服务站）。深入推进中医医疗联合体建设，依托岳阳医院的中医优势，建设区域内中医专科专病联合门诊，以中医药服务提供及能力建设为核心内容，中医药特色示范社区服务中心建设为抓手，推进中医药融入社区健康服务一体化发展，提高中医医生在家庭医生团队服务中的参与率。

【提升基层中医药服务能力】 2022年，区卫健委加强基层中医药人才培养与学科建设，通过区域内中医优质资源下沉、医联体内中医医师双聘、重点学科建设、基层中医医师理论知识培训、乡村医师中医适宜技术培训等方式切实提高基层中医药服务能力。

【弘扬中医药文化】 2022年，区卫健委开展中医药文化弘扬工程，推进中医进校园、中医百草园和中医药文化角建设；推进《上海市中医药条例》贯彻落实、《中华人民共和国中医药法》实施五周年宣传工作，通过中医知识科普讲座、服务百姓健康义诊周等活动，加强中医药法律法规宣传和中医药文化的弘扬，全年累计举办讲座10次，发放宣传资料3541份，受益4000余人，支持推动中医药事业健康发展的良好社会氛围。

【加强中医药服务监管】 2022年，区卫健委根据《上海市中药饮片服务质量提升工程实施意见》要求，对上海万仕诚国药制品有限公司代煎代配服务进行质量监管，完成2次质监、2次质检工作。（陆爱萍）

医药卫生体制改革

【概况】 2022年6月2日，国务院办公厅发布《关于对2021年落实有关重大政策措施真抓实干成效明显地方予以督查激励的通报》，崇明区被评为“深化医药卫生体制改革成效明显的地方”。9月8日，20多家中级媒体对崇明区医改成效进行集中宣传。

【**药品集中议价采购**】 2021年启动的第一批和第二批药品集采，2022年分别节约1847万元和820万元采购资金。8月19日，“新华—崇明”区域医联体第三批（2022年第一批）药品集中议价采购中选结果公布。此次药品集中议价采购共有全身抗感染药物、心血管系统药物、消化道和代谢药物三大类别11个药品确认中选结果，中选药品药价平均降幅为46.95%，最大降幅达66.72%，平均降幅较前两批次又有明显提升。

【**医用耗材集中议价采购**】 2022年，区卫健委在前期试点基础上，全面落实以医联体为单位的耗材集中采购，优化供应链服务，降低医院人力成本、采购成本和患者负担，切断医疗行业灰色利益链，实现可收费耗材全市价格最低，不可收费耗材比往年均有不同程度降幅，让百姓就医享受更多实惠。全年医联体共节约耗材采购费用1277万元。

【**专科专病联盟活动**】 2022年，崇明区各专病专科联盟通过线上或线下方式开展学术、带教、培训、义诊等活动。1月13日，慢阻肺联盟举办全岛学术会议。9月7日，竖新和新河社区卫生中心达到MMC质控标准揭牌。12月25日，乳腺联盟举办第一届乳腺疾病诊治康复论坛；康复联盟支持4家社区卫生服务中心建设康复科，并指导5家社区卫生服务中心筹建康复科。

（钱志华）

医疗保障

【**概况**】 2022年，区医疗保障局始终坚持以人民健康为中心，聚焦全市医保重点工作领域，加大创新探索实践，推行医保支付方式和医联体药品集采机制改革，优化医保便民服务，落实医保待遇，强化医保基金监督管理，积极开展医疗救助，推进“长护险”试点工作，各项工作取得良好成效。6月，国务院办公厅发文命名崇明区为“2021年深化医药卫生体制改革成效明显的地方”，并给予激励。

【**落实医保待遇**】 2022年，区医疗保障局扎实做好居保登记缴费，依托乡镇网格化管理机制，逐户登记确认，引导居民自愿参保，确保“一户不少”。继续实施高龄老人、低保低收入人群、重残人员资助参保，并建立重点医疗救助对象资助参保主动筛查发现机制，提升困难人员参保率。全区参加城乡居民医保26.2万人，参保比例为99.5%；按照“减环节、减时间、减材料、减跑动”的要求，持续推进医保高频公共服务事项“一网通办”业务流程再造，提升服务能级，依申请公共服务事项均实现全程网办，行政权力事项办理时限平均压减96.18%；通过建设医疗救助“一网通办”平台，探索推进“免申即享”，实现医疗救助从“线下窗口办”向“线上一次办”“申请办”向“免申办”两次全面飞跃，惠及全区近6万困难群众；加强医保信息安全管理。快速实施并完成214家村卫生室医保结算网络的安全改造，提升全区医保网络安全管理水平；通过“崇明医保”微信公众号、“医保小贴士”崇明报专栏，广泛宣传医保政策法规，实现政策宣传“零时差”。向全区医疗救助对象、长护险服务对象、护理员、医保医师等重点人群发放相关宣传折页，提高政策的知晓度，做到政策宣传“零距离”。通过张贴宣传海报，举办村居大讲堂，以及客轮、候船室视频宣传等多种形式，加大宣传力度，确保政策宣传“全覆盖”。

【**医保改革**】 2022年，区医疗保障局继续实施“新华—崇明”医联体城乡居保按人头付费试点，通过改革医保支付方式，引导家庭医生提高健康管理水平，推动医疗机构落实分级诊疗制度，规范医疗服务行为，更好地服务崇明参保人员在岛内就医；继续开展城镇职工医保住院费用按大数据病组（DIP）分值付费试点，增强医疗机构和医务人员成本控制意识，不断提高医保基金使用效率；制订2022年度崇明区定点医疗机构职工医保总额预算管理方案，2022年市医保局下达崇明区职工医保预算指标96069.47万元，其中医联体专项额度指标2544.99万元；指导医联体继续开展药品集中带量采购试点。8月，“新华—崇明”区域医联体第三批（2022年第一批）药品集中议价采购中选结果公布。全身抗感染药物、心血管系统药物、消化道和代谢药物三大类别11个药品确认中选结果，中选药品药价平均降幅为46.95%，最大降幅达66.72%，平均降幅较前两批次又有提升。药品集采零投诉、零信访。医联体药品集采机制的建立，规范药品采购行为，提升临床用药水平，减轻群众看病负担，为全市加快构建多方联动的药品集中采购格局贡献“崇明模式”，被国家医保局作为典型经验在《国家医保工作动态》上进行介绍推广。

【**医保基金使用管理**】 2022年，区医疗保障局落实医保基金预警监测机制，定期分析定点医疗机构医保运行数据，及时进行预警和指导。落实医保周例会制度，解读医保政策，分析突出问题，指导医疗机构合理控费。在全区各医保定点零售药店部署推广“人脸识别”技术，实时监管医保结算行为。建设定点医药机构药品进销存和护理机构康复类项目2个信息化监管系统，提高医保监管效能；区医疗保障局开展“打击欺诈骗保”专项整治行动。年内，会同区卫生健康、公安、市场监管部门建立打击欺诈骗保专项治理工作联席会议制度，加强欺诈骗保案件的部门联动和行刑衔接，开展联合检查9家次。与区纪委监委制定《关于移送问题线索管理办法》，坚决查处医疗机构内外勾结欺诈骗保行为。与公安司法部门密切配合查处茅某平借用、冒用他人医保卡配药贩药的骗保案件，涉案资金53万元，在司法部门依法判决的同时，对案件涉及出借医保卡的9名参保人员和12名医保医师分别依法依规予以处理。纪检监察部门对医疗机构相关负责人给予行政处分。组织强化日常监督检查。1—10月，开展各类现场检查81家次，退回违规费用116.48万元，行政处罚12家次，罚款20.97万元，开展各类违规人员约谈29人次。开展“两个异常”审核。加强“两个异常”审核力度，完成14名“两个异常”人员审核，退回违规费用0.34万元。委托第三方开展二级综合性医院出院病历抽查6000份。组织开展定点医药机构自查自纠，医药机构主动退回违规费用10.75万元。开展长护险居家服务签到与结算数据比对。根据所医保下发疑点数据结合签到信息，开展居家机构现场检查20家次。对存在问题的3名护理员进行约谈，并落实处理。

【医疗救助】 2022年，崇明区有医疗救助对象58160人。1—9月，享受医疗救助1062157人次，医疗救助资金87377579.3元。年内，区医疗保障局加强医疗救助经办管理，开展乡镇医疗救助资金第三方审计，切实保障困难群众的医疗保障权益和救助资金的规范使用。推行医疗救助“免申即享”，实现医疗救助从“人找政策”到“政策找人”的转变,确保困难群众医疗救助待遇“应享尽享”。自8月启动以来，崇明区实施4批次医疗救助“免申即享”，共救助88937人次、发放救助资金2866.63万元。开展医疗救助专项治理，按照“保险在先，救助在后”原则，积极开展城乡居民大病保险、职工互助保障报销数据与医疗救助数据的比对工作，对多救助的资金予以及时追回，防止重复报销、超费用报销，确保医疗救助资金规范使用。先后开展2次医疗救助与城乡居民大病保险、职工互助保障报销数据的比对工作，追回多救助金额244102.84元，涉及277人；补发少救助金额8134.9元,涉及14人。

【“长护险”试点工作】 2022年，崇明区共有长护险定点社区居家服务机构20家、定点住养机构40家、定点评估机构2家。全区共有长护险服务人员2606人，其中居家服务人员2067人、住养机构服务人员539人，长护险惠及社区居家老人13783人、住养老人2111人。年内，区医疗保障局严格老年照护统一需求评估管理，严把长护险服务“入口关”，加强评估全过程管理，推行集中评估、评估全程影像资料采集、集体评审等管理制度，确保评估结果公平公正。至12月底，崇明区老年失能率为5.79%。加强长护险定点服务机构管理。在全市率先开展长护险定点居家服务机构星级评定。研究制定《崇明区长护险定点社区居家护理服务机构星级制管理办法》，从基础能力、人员管理、服务管理、结算管理、特色加分等方面，对长护险社区居家护理服务机构进行综合评价，将星级评定结果作为对服务机构进行分类指导的依据，提升服务机构的管理能力和服务水平。同时，依托长护险智能监管区级“一网统管”信息平台，优化签到距离管理，开通服务语音上传功能，提升智能化监管水平。委托第三方机构开展日常检查，实现信息化监管和现场检查双管齐下，提升监管效能。不断改进长护险社区居家服务，在全市率先为长护险服务对象中14583名高血压老人开展血压、脉搏等生命体征监测。同时，依托长护险智能监管平台，实时收集服务对象生命体征监测数据，经过系统分析，定期将血压控制异常的老人信息推送至区卫生健康部门，推动实现慢性病社区闭环管理。

（魏广超）

体育

综述

2022年，区体育局围绕《崇明体育发展"十四五"规划》《全民健身实施计划（2021—2025）》《体育健身设施补短板计划（2021—2025）》，践行"人民城市人民建，人民城市为人民"的重要理念，为实现"全民健身整体水平保持全市前列，竞技体育取得新突破，体育产业快速发展"的目标努力奋斗，不断深化改革、增加供给、优化服务、全民建设与竞技体育工作水平稳中有升，体育产业发展迅猛。（闻 琰）

2022年崇明区体育事业基本情况表

表38

指标	单位	2021年	2022年	2022年为2021年比例
等级运动员				
其中：二级运动员	人	9	33	366.7%
其中：女等级运动员	人	3	13	433.3%
区少体校学生数	人	118	119	100.8%
区少体校输送人才	人	20	20	100.0%
其中：市少体校	人	12	8	66.7%
区少体校教练员	人	7	16	228.6%
举办区级各类竞赛数	次	5	1	20.0%
参加区级各项竞赛运动员	人	1000	200	20.0%
乡镇局系统竞赛数	次	618	602	97.4%
乡镇局系统参赛人数	人	185423	175000	94.4%
参加国家级比赛数	次	1	7	700.0%
参加市级比赛数	次	32	24	75.0%
参加国家级比赛获金牌数	枚	5	2	40.0%
参加市级比赛获金牌数	枚	136	60	44.1%
参加市级比赛获银牌数	枚	92	36	39.1%
参加市级比赛获铜牌数	枚	85	43	50.6%

（区体育局）

2022崇明区主要体育馆情况表

表39

场馆名称	项目	地址
崇明区人民体育场	田径场、网球、篮球、乒乓球	城桥镇北门路98号
崇明区体育馆	羽毛球	城桥镇北门路88号
崇明区青少年游泳馆	游泳	团城公路7398
堡镇社区市民健身中心	游泳、健身房、羽毛球、乒乓球、篮球、台球、网球（室外）、足球（室外）、瑜伽、动感单车等	堡镇南路269号

（区体育局）

群众体育

【概况】 2022年，崇明区贯彻落实全民健身国家战略，人均全民健身日常工作经费、公共体育场地面积、各类体育社会组织数量、群众性体育赛事活动等居全市前列，经常参加体育健身的人口比例、市民体质健康合格率等处于全市平均水平。

【公共体育设施供给】 2022年，崇明区完成新建（改建）市民益智健身苑点120个，新建市民健身步道15公里，新建（改建）市民多功能运动场10片，新建长者运动健康之家5个，新建市民健身驿站8个。推进横沙市民健身中心建设。全区人均体育场地面积达到7.87平方米，位居全市第一（市人均体育场地面积为2.51平方米）。

【体育赛事活动】 2022年，区体育局承办上海市国际龙狮网络大师赛、第三届东滩骑行节等全国比赛2项，上海红土网球赛等市级赛事6项，举办第五届上海（崇明）休闲体育大会等区级赛事35项，指导乡镇委局开展全民健身活动600余场次，组队参加2022上海城市业余联赛等市级活动40余次。

【科学健身服务】 2022年，区体育局组织开展健身气功、广场舞、太极拳培训66次，累计培训1300人次。加强全民健身与全民健康融合，智慧健康驿站实现乡镇全覆盖，全区18个乡镇驿站、10个乡镇测试站共采集12087个体质监测样本，运动干预344人，常规测试达标率为98.68%。

（闻 球）

青少年体育

【概况】 2022年，崇明区稳步推进后备人才培养，取得人才输送与竞赛成绩双丰收。8月22日，区政府与上海市体育局签订第二轮框架合作协议（2022—2025），为崇明体育融合发展打开通道。34名教练员完成国家级和市级通识培训，完成2022年（第一批）普通高等学校运动训练、武术与民族体育专业及高校高水平运动队招生报名考生运动员技术等级称号复核5人，向市级运动队输送竞技体育人才22人。

【参加上海市第十七届运动会】 2022年11月，上海市第十七届运动会开幕。崇明区代表团337名运动员参加22个项目。崇明区代表团在市运会共获得71.25枚金牌、36.75枚银牌、42.5枚铜牌的成绩（带金带牌），超过上届53枚金牌、36.75枚银牌、33.5枚铜牌，获评“团体奖牌榜”排名为第十二名（上届第十四名）、“团体总分榜”第十四名（上届第十五名）、“重点项目团体奖牌奖”第九名（上届为第十一名）、“重点项目团体总分榜”第十二名（上届第十三名），并获得“体育道德风尚奖”、团体奖牌奖、重点项目团体奖牌奖“最快进步奖”以及“优秀组队奖”三等奖。水上项目成为崇明运动员的主要夺金点，获得该项目66枚金牌中的36枚，单项总分和单项奖牌数位列全市第一；自行车项目获得7枚金牌，创造历史最好成绩。

（闻 球）

8月23—30日，2022年“兴业银行杯”上海城市业余联赛篮球（五人制）上海市篮球冠军联赛（崇明赛区）暨崇明第六十一届“烈士杯”篮球比赛在崇明区体育馆举行（区体育局 供图）

体育赛事和体育产业

【概况】 2022年，区体育局按照“金字塔形”赛事体系，重点抓好“顶天立地”的金字塔塔尖的国际赛事和“铺天盖地”的可辐射长三角的群众性赛事，以持续扩大崇明体育的国际影响力和满足人民群众体育健身需求。谋划体育产业发展，印发《关于促进崇明体育产业发展的扶持奖励办法》，完善“两镇一带十基地”规划布局，加快建立崇明体育产业发展的服务体系。推进东滩自行车小镇、西沙康养旅居小镇建设。启动东滩自行车小镇七彩绿道运营相关工作，配套项目前期工作。推进活力新康养融合发展，引导“武医养”活动项目向西沙康养旅居小镇集聚。

【2022年“兴业银行杯”上海城市业余联赛篮球（五人制）上海市篮球冠军联赛（崇明赛区）暨崇明第六十一届“烈士杯”篮球比赛】 8月23—30日在崇明区体育馆举办，由上海市体育局、上海市体育总会主办，上海市社会体育管理中心（上海市体育竞赛管理中心）、上海市崇明区体育局、上海市篮球协会承办。横沙乡获得赛事总冠军。

【第五届上海（崇明）休闲体育大会】 9月4日在上海市崇明区明珠湖公园举行，由上海市体育总会、上海市崇明区人民政府主办，上海市社会体育管理中心（上海市体育竞赛管理中心）、上海市崇明区体育局承办。主题为“休闲运动，健康生活”，口号为“休闲运动到崇明”。比赛在原有区级品牌的基础上持续升级，对接上海城市业余联赛，结合常态化疫情防控要求，突破线上线下时空隔阂，通过“生态＋体育”的路径，

9月4日，第五届上海（崇明）休闲体育大会在上海市崇明区明珠湖公园举行（区体育局 供图）

设置“田、林、水、路”四大版块的10大重点赛事活动，在9—12月期间，分别举办“运动崇明”线上赛、“special青少年足球趣味赛”“田院斗地主比赛”“明珠湖浆板趣味赛”“中国长江龙舟赛”“活力康养大赛”“军事体育运动邀请赛”“环崇明自行车公路精英赛”“欢乐骑跑赛”等赛事活动。赛事累计参赛9558人次，观看直播近350万人次。

【2022年“兴业银行杯”上海城市业余联赛华东地区第66届钓鱼比赛】 11月26日，2022年“兴业银行杯”上海城市业余联赛华东地区第66届钓鱼比赛暨“健康杯”上海市老年人钓鱼比赛在上海沁雅亲子休闲中心举办，由上海城市业余联赛组委会、华东地区城市钓鱼协作区赛事组委会、上海市崇明区体育局、上海市老年人体育协会主办。叶德容、徐立生、束长专获得赛事个人前三名。

【第三届东滩骑行节】 12月10日在上海市崇明区陈家镇举办，由中国自行车运动协会、上海市崇明区人民政府、上海市体育总会主办，上海市社会体育管理中心（上海市体育竞赛管理中心）、上海市崇明区体育局、上海市崇明区陈家镇人民政府、上海东滩建设集团有限公司、上海行动云体育管理有限公司承办。活动由“千店万人”骑行东滩线上赛现场总决赛、环崇明岛自行车公路精英赛、“骑行东滩”体育旅游精品线路骑行赛、东滩自行车小镇论坛、自行车嘉年华六大部分组成。

（闻　琰）

民生保障

综述

2022年，崇明区围绕“民生为本 人才优先”的工作主线，积极促进就业，持续提升人才引进工作效能，理顺劳动关系，优化公共服务和民生保障。推进基层治理体系和治理能力现代化建设，深化救助措施，全力做好社会福利，推进社会服务提质升效。以科技信息为依托，以问题为导向，以机制为抓手，努力实现信息采集更加智能、人口管理基础更加扎实、政务服务更加便捷三方面提升。(《崇明年鉴》编辑部)

人力资源和社会保障

【概况】 2022年，区人社局制定崇明区新一轮促进就业扶持政策，优化就业服务。配合区人才办，制定出台新一轮人才政策实施细则、操作指引以及2022年人才目录，设立崇明区博士后创新实践基地，探索留创园建设，强化人才引进和服务。制定崇明区乡镇职员等级晋升工作实施方案，出台《关于深化本区事业单位绩效考核工作的指导意见》，加强事业单位人员管理和服务。深化全民参保计划，修订出台《被征地人员就业和社会保障实施办法》，不断优化社会保障服务。抓实预防处置劳资矛盾纠纷“三项机制”建设，开展根治拖欠农民工工资工作。夯实劳动关系基层基础，建立区级劳动人事争议联合调解中心，深化区级劳动保障维权服务大厅建设，妥善化解劳资矛盾，确保崇明区劳动关系和谐稳定。

【促进就业】 2022年，区人社局制定崇明区新一轮促进就业扶持政策，审核发放各项区级就业扶持资金3548.21万元。贯彻落实市级援企稳岗政策，制定崇明区企业职工线上培训实施办法、稳就业补贴实施细则，审核通过企业3427家次，涉及10.07万人次，补贴金额2510.15万元。推进重点群体就业帮扶，开展“稳就业、保用工”专项行动，全力做好稳就业保居民就业。持续推进“人人乐业”、离校未就业高校毕业生服务攻坚行动等专项活动。针对就业困难人员、失业人员等重点群体，开展各类招聘活动90场次，805家次单位提供岗位3070个。完成区内新增就业9216人。积极开展职业技能培训，制定职业技能补贴培训督导工作实施细则，开展职业技能“山寨”证书治理行动，建设区职业培训信息系统。开展崇明区2022年职业技能竞赛，选定餐厅服务员、电工等6个正式比赛项目，以及212个岗位练兵、技能比武项目。组织30名选手参加第二届全国技能大赛上海市选拔赛。获市首席技师资助项目1个。深化创业带动就业，开展创业指导服务月和青年创业创新“云训练”活动，举办第五届中国创翼创业创新大赛上海赛区崇明海选赛，崇明区遴选的“光柔科技项目”获市赛青年创意专项赛一等奖。联合金山区人社局开展“星民宿+新农业”创业主题交流活动。聚焦民宿产业发展，开展创业带动就业专项调研。审批市、区级创业补贴资金申请362家次，发放资金963.27万元。统筹推进东西部劳务协作工作。打造“山海一家亲”劳务协作品牌，深化“实习+就业”校企合作模式，开发技能培训网络课程，完成转移来沪就业农村劳动力1263人。完成就业困难人员实现就业5309人，帮助480名长期失业青年实现就业创业，完成补贴性职业技能培训83973人次，企业新型学徒制培训454人，本市离校未就业毕业生实现就业比例92.24%，城乡登记失业人数控制在市下达的指标以内，城镇新增就业21753人，失业人员实现再就业人数7625人，高级工以上培训76人。

【人才人事】 2022年，区人社局受理居住证积分材料10832份（26444人），办理居转户、直接落户等业务1682份（3015人）。审批特殊人才32人，招募录用“三支一扶”61人、专储人才34人。开展2022年“燕归巢 凤来栖”人才服务进校园等线上招聘活动9场，收到简历5.9万份，达成初步意向1.29万人次；468名崇明籍大学生参加暑期回乡实习活动。崇明区推荐的2家人力资源服务企业获得“伯乐”奖励计划，推进留学生创业园前期工作。深化专技人才服务工作，在人才服务中心增挂高层次人才服务中心牌子，由市人社局批准设立崇明区博士后创新实践基地，上海泓济环保科技股份有限公司建立博士后科研工作站，崇明区博士后科研工作实现从无到有突破。组织开展2022年度区工程系列建筑专业中级职称评审，评审通过201人，通过率80%。配合区人才办，制定出台新一轮人才政策实施细则、相关操作指引以及2022年人才目录，受理、审核、拨付本年度人才专项资金材料1711份，2934.1万元。做好人事管理工作，完成2022年事业单位人员招录174人，卫生、教育系统招录399人。规范教育、卫生和融媒体等专项招聘工作。制定崇明区乡镇职员等级晋升工作实施方案，首批276名管理人员晋升职员等级。出台《关于深化本区事业单位绩效考核工作的指导意见》，事业单位年度考核和绩效工资实行挂钩。制定《区级机关和区直属事业单位事务性辅助岗位非在编人员使用管理办法》，开展首次事务性辅助人员统一公开招聘，完成招聘10人。组织开展事业单位新录用人员岗前培训及人事干部业务培训，196人参加。做好2021年事业单位人员考核奖励工作，崇明区参加考核人数1.51万人，记功258人、嘉奖2705人。完成事业人员薪级工资、岗位津贴自然晋升审批17000余人次。完成社区工作者薪酬水平调整工作，调整后年人均薪酬实际水平不低于13.02万元/年。

【劳动关系】 2022年，区人社局推

进保障农民工工资支付工作，配合市对崇明区开展两轮实地督察，现场检查建设项目15个。开展集中整治拖欠农民工工资问题专项行动，实施欠薪线索日调度、周报告制度，创新设立农民工欠薪绿色通道，排查用人单位1200户次，涉及职工3.29万人次，其中农民工1.15万人次。依法查处劳动保障违法行为，继续提升“双随机、一公开”监管效能，开展非法职业中介、住宿餐饮等双随机执法行动，检查企业29家。受理举报投诉案件1258件，依法作出行政处理18件、行政处罚2件，列入失信联合惩戒名单6家，通过监察补发工资3060.61万元，追缴社会保险费142.70万元。抓实预防处置劳资矛盾纠纷“三项机制”建设。实施拖欠农民工工资案件分类流转机制，流转线索328件，解决285件。完善劳动关系矛盾案前调解机制，有143件案件经乡镇案前调解，解决104件。持续深化海洋装备行业“三级联动”工作机制，流转海洋装备企业案件152件，解决110件。“全国根治欠薪线索反映平台”线索案件按时接收率、按期办结率100%，解决率93.61%，解决率居全市第一。夯实劳动关系基层基础，建立区级劳动人事争议联合调解中心，深化区级劳动保障维权服务大厅建设。规范乡镇劳动关系协调中心办案经费补贴、培训等制度。指导堡镇仲裁巡回庭建设。8名乡镇调解员获评第一批上海市金牌劳动关系协调员。崇明区仲裁机构和各专业调解组织共办理结案2871件，年度劳动人事争议仲裁结案率98.83%，综合调解率75.89%。加强和谐劳动关系创建培育，实施千户企业培育行动，13家企业完成区级评审。长兴海洋装备基地开发有限公司被评为“全国和谐劳动关系创建示范企业”。

【公共服务】 2022年，区人社局开展社保基金管理提升年专项行动，对城乡居保、失保、工伤保险基金和就业资金使用开展自查、互查和整改。分层分类开展基金安全警示教育月活动，召开崇明区人社系统警示教育大会，组织专题学习。核查城乡居保资金疑点数据1494条，涉及资金6.46万元。开展就业培训资金事前稽核212家次，对培训机构开展督导217次。完善劳鉴委员会议事规则、促进就业资金监督管理办法等规章制度，强化机构防范，规范审核经办，并通过市局专项检查。推进依法行政和法宣工作，全面梳理本部门权责清单，明确权力事项65项。完成全国人社系统法治建设示范单位申报。制定局事中事后监管检查方案，确定监管事项11项，建立监管“一单两库”，结对联系272次，联合指导9次。开展“人社政策您点单”活动11场次。收到人民来信108件，受理“12345”市民热线工单705件，先行联系率、按期办结率100%。推进政务服务工作，新增“一网通办”区自管公服项目7个，人才租房补贴等6项政策接入区级企业服务发展平台；开展领导帮办和窗口帮办26次，开展“数字人社”专项调研。完成其他工时审批、经营性人力资源许可、劳务派遣许可等行政审批1627份。

【社会保障】 4—6月，区人社局全力保障疫情期间相关民生待遇不断档，按时完成全区15.9万人城乡居保养老金发放，并受市人社局委托，帮助普陀、长宁等4区核定失业保险金和农民失业补助金352人，成功发放全市失业人员补贴1774.47万元。积极推进全民参保计划，崇明区城乡居保参保人数20.96万人，养老人数16.14万人，完成无账户人员纳入社会保障189人。调整崇明区城乡居保基础养老金至每人每月1300元，年底，全区城乡居民养老金平均领取水平每人每月1521.6元（含生态养老补贴70元）。完善征地人员保障政策，修订出台《被征地人员就业和社会保障实施办法》及3个配套文件，办理征地项目24个，落实被征地人员社会保障294人，发放征地养老人员生活费1080.1万元。落实征地养老人员生活费调整工作，调整后征地养老人员月平均生活费2442元。建立崇明区征地预缴资金定期检查机制，制定崇明区重大项目被征地人员社会保障预缴资金工作流程。依法开展工伤认定和劳动能力鉴定工作，受理工伤认定申请2565件，作出认定结论2494件。受理劳动能力鉴定申请2092件，组织鉴定23场次，作出初次鉴定结论1887件。开展新就业形态就业人员职业伤害保障试点，受理职业伤害确认申请5件，作出

5月16日至8月25日，人社云上服务暨百日千万网络招聘活动举行（区人力资源和社会保障局 供图）

职业伤害确认5件。对简易案件进行流程优化，实施积案分类处理。调整社统销人员待遇标准，2022年每人每月增加117元（含2022年城乡居保基础养老金增资100元）。做好退休老干部服务工作，举办2022年线上迎春联欢会，开展重阳节敬老日、线上朗诵等活动。疫情期间，推送八段锦、瑜伽等居家运动项目视频，举办线上心理学讲座13次。

【2022年“春风行动”】 1月21日至3月31日，区人社局开展2022年春风行动。通过送岗到家、“点对点”输送等方式帮助来沪务工者求职就业。组织招聘会23场，250余家企业提供岗位960余个，达成初步就业意向190人。80余名临沧务工人员在崇明实现就业。

【“3·5”学雷锋主题活动】 3月5日，区人社局举办。主题为“遇见乡村的美好”。活动邀请“九七民宿”创始人进行经验交流分享，与会创业专家对崇明民宿行业的现状及发展进行介绍，并为创业者们提出中肯建议。

【2022年民营企业招聘月活动】 4月27日至5月27日，区人社局组织开展。开展线上招聘会7场，线上座谈会2场。提供就业岗位105个、拟招聘704人次。

【2022年“燕归巢 凤来栖”人才服务进校园专项行动】 4月28日至6月30日，区人社局主办。活动面向复旦大学等56所高校开展校园网络招聘活动，共有290家单位参加，提供岗位2636个，拟招聘1.42万人，达成初步就业意向2155人。

【百日千万网络招聘专项行动】 5月16日至8月25日，区人社局主办。共举办线上招聘会31场，309家用人单位提供就业岗位1075个，拟招聘4036人。

【“助企复工复产 人社云上服务”专项行动】 5月20日至6月20日，区人社局主办。开展“云交流”座谈会5场，对72家企业提出的152条问题进行“云答疑”和“云宣讲”。持续开展“云监测”，掌握重点监测企业263家，排摸在建工程项目89个，点对点指导海装企业23次，涉及农民工1.75万人。开通9部人社“云服务”专线咨询电话，接待咨询5000余人次。

【第五届“中国创翼”创业创新大赛上海崇明赛区比赛】 6月28日，区人社局举办第五届“中国创翼”创业创新大赛上海崇明赛区海选赛项目路演（线上）评审会，评选出优秀创业项目30个。11月23日，举办崇明赛区颁奖暨项目资源对接活动，各乡镇、获奖创业团队代表等80余人参加。

【新就业形态从业人员职业伤害保障试点工作启动】 7月1日起，区人社局启动新就业形态从业人员职业伤害保障试点工作。初期以7家平台企业作为试点范围。崇明区共收到职业伤害确认案件申报5起，全部结案。

【“稳就业 保用工”专项行动】 7—9月，区人社局开展“稳就业 保用工”专项行动。通过开展人社青年下村入企、全区未就业劳动力和灵活就业人员等专项调研，进一步摸清全区劳动力就业情况，针对高校毕业生、失业青年等重点群体，实施精准帮扶。

【2022年崇明籍大学生暑期回乡实习活动】 7月18日至8月19日，区人力资源和社会保障局联合区委组织部、团区委联合举办，468名崇明籍大学生参加。

【清理整顿人力资源市场秩序专项执法行动】 7月20—25日，区人社局联合区市场监管局开展。活动将“黑中介”“劳务中介”乱象等作为整治重点，对10家单位进行突击检查，未发现相关违法行为。

【“仲裁开放日”暨“政府开放日”活动】 8月23日，区人社局组织开展“仲裁开放日”暨“政府开放日”活动。市民代表线上旁听案件审理过程。仲裁员与市民代表还进行“云上”座谈交流。各乡镇劳动关系协调员、企业代表等100余人参加。

【就业援助“暖心活动”】 8—10月，区人社局开展就业援助“暖心活动”，主题为“援助暖民心 就业解民忧”。活动集中为就业困难人员送岗位、送服务，认定援助对象944人，走访慰问18人，帮助援助对象实现就业831人。

【“人社政策您点单”活动】 8—11月，区人社局主办。活动为建设镇、新村乡、陈家镇等8个乡镇、160余家企业、330余名群众开展11场人社政策专题宣讲。

【工伤保险集中宣传日活动】 9月21日，区人社局、区社保中心、应急管理局联合举办。活动围绕社会保险法、工伤保险政策、安全生产等方面开展宣讲，并针对群众关心的问题答疑解惑，发放宣传资料600余份，300余名职工参与。

【“星民宿+新农业”主题交流活动】 9月28日，区人社局主办。活动邀请金山区人社局到崇明，在促进高品质乡村民宿与现代新农业融合、进一步加强两区民宿与农业合作等方面做深入探讨，并实地参观竖新镇仙桥村、中兴镇红星村，考察崇明民宿产业发展现状。

【“喜迎二十大 人社这十年”主题展】 9—12月，区人社局主办。活动就就业创业、人才人事、社会保障、劳动关系、公共服务以及党建引领等六个方面，全面总结十年来崇明人社事业的发展历程、工作亮点、重要成绩等。

【劳务协作活动】 11月7—11日，区人社局赴云南临沧开展劳务协作对接活动。46家企业“送岗下乡”，

12月20日，2022年崇明区职业技能大赛展示型决赛举行（区人力资源和社会保障局 供图）

提供3700余个岗位，并举办女性创业培训讲座，签订深化东西部劳务协作框架协议。

【上海市崇明区社会保障服务中心成立】 11月25日，根据区委编办批复，区人社局下属上海市崇明区劳动能力鉴定中心和上海市崇明区农村社会养老保险事业管理中心进行机构整合，成立上海市崇明区社会保障服务中心。

【2022年崇明区职业技能大赛】 11—12月，区人社局主办，主题为“技燃于此 生态之岛”。大赛设车工（数控车床）、餐厅服务员、电工等6个正式比赛项目，约150人报名参加。212个岗位练兵、技能比武项目7500余人报名参加。12月20日，举办车工（数控车床）中级、车工（普通车床）高级、电工高级、钳工高级、餐厅服务员高级等5个项目的展示型决赛，22名选手获奖。

【进一步贯彻落实《保障农民工工资支付条例》工作会议】 12月6日召开，区委副书记、区长李峻出席。区根治拖欠农民工工资工作领导小组组长、副区长宋学梅主持。领导小组成员单位主要负责人参加。

（刘 丹）

社区治理

【概况】 2022年，区民政局围绕基层治理体系和治理能力现代化建设要求，推动社区共建共治共享，对部分区域加强社会管理，持续优化家门口服务站点布局，进一步推动村居减负增能，引导社会组织组织参与社区治理。

【社区建设】 2022年，区民政局落实“五美共建”工作要求，深入推进“五美社区”建设，成功创建全国农村社区治理实验区，举办第五届“五美社区节”。聚焦区级单位所属土地、国企业垦区、部队垦区和滩涂湿地等部分区域管理难点问题，制定实施《关于进一步加强本区部分区域社会管理的实施意见》，划清管理边界，明晰管理主体，消除管理盲点。加强以社区党群服务中心（站、点）为主体的城乡社区综合服务设施建设，优化卫生、养老、文化、体育等家门口服务站点布局，推动实现资源一体化整合、服务一站式享有。推进参与式社区规划“示范社区”申报创建，组织实施社区“新基建”“微更新”。

【村居治理】 2022年，区民政局规范村居委会工作台账、协助事务、出具证明事项，设置2个村居减负监测点，启用村居电子台账2.0版，更新下发21本电子台账。开展“社区云”2.0信息初始化工作，指导村居常态化展“四百”（走百家门、知百家情、解百家忧、暖百家心）活动，完成“走访接待”记录14.5万条，“问题处置”记录4164条，居民“上云率”持续提升。推进“阳光村居务工程”，全年公开信息17.3万条。指导推进村级议事协商创新机制试点工作，探索村规民约、居民公约、住户守则“一事一约”，竖新镇仙桥村获评为全国先进基层群众性自治组织。

【基层队伍建设】 2022年，区民政局建立年轻化、专业化、职业化社区工作者队伍，组织两轮40名社区工作者招聘，全区有社区工作者1195人，竖新镇油桥村党总支书记、主任施红柳获评“上海最美城乡社区工作者”。组织“村居大讲堂”“新时代基层干部主题培训行动”，全年培训基层干部2700人次。制定落实《崇明区社区防控专岗设置和人员招聘工作方案》，全区89个居委会配置社区防控专岗人员，社区疫情防控工作力量进一步配齐配强。

【社会组织建设管理】 2022年，区民政局规范社会组织登记注册管理，全区社会组织615家，备案群众活动团队902家，备案社区活动小组502家。严格落实党建“三同步”，推动社会组织党的组织和党的工作全覆盖。制定《上海市崇明区高质量发展社区社会组织专项行动实施方案》，明确4类重点发展领域社区社会组织及4个板块12项主要任务，木棉花开手工社、沐昕社区公益服务中心获评“上海市十大最具活力社区社会组织”。持续推广政府购买社会组织服务，全区 18 个乡镇共购买社会组织服务项目 90 项，总金额 2.6 亿元。开展社会组织年检工作，社会团体年检率 99%，民办非企业年检率 94.4%。开展“我为企业减负担”活动，持续推进“僵尸型”社会组织整治，联合区教育局开展学科类非营利性校外培训机构检查，举办“公益进社区 爱满瀛洲岛”为主题的公益伙伴月活动。（施云丹）

社会救助

【概况】 2022 年，区民政局贯彻落实“兜住兜牢民生底线”要求，深化救助措施，组织元旦春节帮困送温暖活动，创新粮油帮困发放形式，持续实施“生态惠民保险”，纾解民生急难，组织抗疫援助专项行动，发放临时价格补贴。全年救助 38.4 万人次 2.3 亿元，为困难群众兜住底、织密网。

【社会救助】 2022 年，区民政局开展元旦春节帮困送温暖活动，投入救助资金 4865.8 万元，受益群众 9.9 万余人次。对低保、重残等部分困难人员发放粮油帮困电子卡 12580 张，充值虚拟金额 1118.5 万元。疫情期间，切实兜住兜稳困难群众基本生活，发放菜价临时补贴 1.8 万人次 178.2 万元；发放临时价格补贴 11.2 万人次 978.8 万元；发放一次性生活补贴 1.5 万人次 1555.1 万元；发放临时救助资金 42 人 5.6 万元。至 12 月底，全区城乡低保对象 8192 人，重残无业人员 7062 人，特困供养人员 1178 人，全年累计救助各类困难对象 38.4 万人次，发放救助金 2.3 亿元。持续实施“生态惠民保险”，加大保障力度，2022 年共理赔 2208 人次 493.1 万元。落实社会救助专项审计发现问题整改，制定实施《关于在社会救助领域全面推广“政策找人”的工作方案》和《关于重残无业人员残疾人“两项补贴”免申即享工作方案》，做到“应保尽保、应退尽退”。

【救助管理】 2022 年，区民政局加强严寒季节、雨雪低温天气和重要节点救助管理，开展“寒冬送温暖”专项救助行动，做好进博会期间辖区流浪乞讨及精神病人救助管理工作。全年救助各类生活无着流浪乞讨人员 40 人。

【慈善事业】 2022 年，区民政局发动“我们‘疫’起行动,同心守‘沪’家园”抗疫援助专项行动，推进慈善公益项目，全年接收各类捐款 1972.7 万元，接收和发放物资 8 批 175.5 万元，资助困难学生 359 人次 109.3 万元，开展 10 个公益项目 402.5 万元。拓展社会化网点，促进福利彩票销售，销售福利彩票 4229 万元，筹集福彩公益金 271.5 万元。

（施云丹）

社会福利

【概况】 2022 年，区民政局全力推动民生实事项目落地落实，新建一批综合为老服务中心、助餐服务场所、示范睦邻点和未成年人保护工作站、康复辅具租赁服务点等服务设施，进一步关心关爱特殊群体，制定实施针对独居老人、留守儿童、困境儿童、精神障碍残疾人等社区特殊困难群体的系列措施，更好满足人民群众多层次多样化需求。

【养老服务】 2022 年，区民政局新增 2 家综合为老服务中心（分中心）、新增 10 家老年助餐服务场所、改建 50 张认知障碍照护床位，实施居家环境适老化改造 120 户，新建 26 家市级示范睦邻点，新增 2 家乡村长者照护之家，3 家老年人日间照护中心。发放老年综合津贴 81.7 万人次 3.4 亿元，养老服务补贴 13.2 万人次 5901.9 万元，长护险服务费用个人自负部分补贴 8.1 万人次 526.3 万元，为全区 2.1 万名 85 岁以上老人赠送总价值 42.5 万元的“银发无忧”保险，为 86 名周百岁老人发放慰问金、慰问品 10.1 万元，为 413 名百岁老人发放助医补贴 20.7 万元。制定落实《崇明区独居老人关爱工程实施方案》，进一步保障独居老人基本养老服务需求。推进社区“养老顾问”试点工作，全区顾问点 368 个，社区养老顾问员 807 人，全年接待 15841 人次咨询。开展“老伙伴”计划项目，2300 名低龄志愿者为 11500 名高龄老人提供志愿服务 55.8 万次。指导建设镇、新河镇、长兴镇等 3 个乡镇推进老年认知障碍友好社区建设试点。为 751 户经济困难的高龄独居老年人家庭安装“一键通”电话机，全年提供主动关爱服务 5.5 万人次。制定《崇明区养老服务三年行动计划（2022—2024 年）》，明确 8 个提升计划、18 项主要任务，强化养老服务政策支撑。推动养老服务人才队伍建设，为 11 家居家养老服务社 239 名养老护理员开展上岗证培训考核工作，开展养老顾问信息系统线上培训工作 800 余人次。完成崇明区养老服务平台升级改造，推进金民工程全国养老服务信息系统信息更新。聚焦消防安全、食品安全、服务安全、自然灾害防范、燃气使用安全、疫情常态化防控等重点领域，深入排查整治养老机构安全风险隐患，年度累计检查 30 家次养老机构。至年底，全区有 60 岁及以上老人 27.21 万人，占户籍人口总数的 40.66%，其中百岁老人 204 人。（施云丹）

2022年崇明区部分百岁老人一览表

表40

编号	乡镇	姓名	性别	出生年月	地址
1	新村乡	宫宗道	男	1920年6月29日	新村乡新浜村
2		张秀林	女	1920年7月29日	庙镇合作公路
3		张雅芳	女	1922年2月13日	新村乡新浜村
4	三星镇	周菊贤	女	1919年4月19日	三星镇东安村界河
5		蒋湫华	女	1919年9月26日	三星镇南桥村徐泉
6		朱青连	女	1921年2月27日	三星镇海中村
7		施其郎	男	1921年5月27日	三星镇永安村
8		施兰英	女	1921年12月6日	三星镇平安村安南
9		施兰珍	女	1921年12月20日	三星镇永安村北平
10		黄根美	女	1922年3月26日	三星镇平安村
11		郁士贵	男	1922年3月22日	三星镇海中村
12		顾婉明	女	1922年5月10日	三星镇东安村界河
13		袁品芬	女	1922年12月18日	三星镇三协村养正
14	庙镇	朱秀英	女	1917年2月28日	庙镇江镇村
15		沈灿梅	女	1918年9月12日	庙镇宏达村江华
16		朱玉兰	女	1919年1月26日	庙镇小竖村
17		陈赛玉	女	1919年2月20日	庙镇窑桥村
18		陆秀明	女	1920年4月22日	庙镇永乐村
19		徐学珍	女	1920年12月30日	庙镇庙中村镇北
20		范瑞兰	女	1921年3月7日	庙镇镇东村
21		姚品芳	女	1921年3月25日	庙镇镇东村
22		俞秀英	女	1921年3月22日	庙镇通济村
23		蒋养增	男	1921年6月11日	庙镇米洪村
24		杜俊才	男	1921年7月8日	庙镇江镇村济民
25		朱士成	男	1921年9月13日	庙镇保东村保西
26		黄学珍	女	1921年11月10日	庙镇合中村新保
27		施守德	女	1922年3月11日	庙镇米洪村
28		倪一郎	女	1922年5月21日	庙镇爱民村高桥
29		沈明芳	女	1922年5月31日	庙镇南星村丁棚
30		张兰英	女	1922年6月13日	庙镇通济村
31		马桂先	女	1922年8月21日	庙镇鸽龙村庆华
32		徐鼎文	女	1922年9月17日	庙镇宏达村
33		吴小芳	女	1922年12月5日	庙镇庙西村
34	港西镇	施德娴	女	1920年11月8日	港西镇静南小区
35		陆灿根	女	1921年2月7日	港西镇北双村湾北
36		郭汉芬	女	1921年3月31日	城桥镇怡祥居

续表 40

编号	乡镇	姓名	性别	出生年月	地址
37	港西镇	盛水芳	女	1921 年 10 月 23 日	港西镇协西村协南
38		蔡思源	男	1922 年 2 月 18 日	港西镇协西村协南
39		姜凤仙	女	1922 年 3 月 19 日	港西镇团结村港东
40		吴国兴	男	1922 年 10 月 7 日	港西镇盘西村
41		陶启兰	女	1922 年 12 月 14 日	港西镇盘西村长生
42	建设镇	顾美兰	女	1918 年 4 月 13 日	建设镇界东村海洪
43		朱秀芬	女	1920 年 2 月 7 日	建设镇激东村
44		黄灿祥	男	1921 年 1 月 18 日	建设镇浜东村
45		龚银仙	女	1921 年 1 月 9 日	宝山区吴淞街道海滨二邨弄
46		陈兰英	女	1921 年 4 月 14 日	建设镇白钥村旭升
47		万翠凤	女	1921 年 8 月 6 日	建设镇浜西村浜北
48		徐秀英	女	1921 年 8 月 21 日	建设镇激东村
49		钱品珍	女	1921 年 11 月 26 日	建设镇运南村运北
50		吴雅芳	女	1921 年 12 月 21 日	闵行区莘朱路弄
51		唐毓琴	女	1922 年 3 月 4 日	建设镇富安村
52		何美兰	女	1922 年 10 月 8 日	建设镇浜东村浜南
53	城桥镇	徐丽珍	女	1917 年 12 月 24 日	城桥镇学宫新村
54		施守清	男	1918 年 12 月 20 日	城桥镇山阳村
55		林淡如	女	1919 年 7 月 29 日	城桥镇学宫路
56		郭佐娟	女	1919 年 12 月 1 日	城桥镇北门二村
57		沙和仙	女	1920 年 8 月 8 日	城桥镇元六村新海
58		黄婉英	女	1920 年 12 月 18 日	城桥镇西门南村
59		黄中元	男	1921 年 2 月 14 日	城桥镇吴家弄
60		陈淑贞	女	1921 年 3 月 4 日	城桥镇鳌山村横河
61		张叶青	女	1921 年 7 月 30 日	城桥镇利民村
62		陆义郎	男	1921 年 7 月 5 日	城桥镇马桥村斜港
63		施水芝	女	1921 年 11 月 12 日	城桥镇中街山路弄
64		施介英	女	1921 年 12 月 24 日	城桥镇元六村
65		王兴汉	男	1921 年 12 月 7 日	城桥镇西小港弄
66		吴锡郎	女	1922 年 1 月 5 日	城桥镇鳌山路弄
67		闻金发	女	1922 年 2 月 4 日	城桥镇长兴村田桥
68		严森	男	1922 年 3 月 4 日	城桥镇太平街
69		倪亚芳	女	1922 年 12 月 3 日	城桥镇长兴村兴家
70	新河镇	黄仙郎	女	1916 年 12 月 23 日	新河镇强民村东义
71		黄玉桂	女	1918 年 6 月 25 日	新河镇三烈村津口
72		黄瑞香	女	1918 年 10 月 2 日	新河镇新梅村利群
73		黄品珍	女	1920 年 1 月 9 日	新河镇兴教村
74		钱银芬	女	1921 年 1 月 20 日	新河镇金桥村

续表 40

编号	乡镇	姓名	性别	出生年月	地址
75	新河镇	陈妙先	女	1921 年 1 月 23 日	新河镇兴教村镇南
76		袁末清	女	1921 年 4 月 8 日	新河镇天新村新艺
77		包秀呤	女	1921 年 9 月 14 日	新河镇新开河路
78		蒋元龙	男	1922 年 2 月 13 日	新河镇永丰村前进
79		陆凤仙	女	1922 年 4 月 6 日	新河镇天新村新艺
80		张秀英	女	1922 年 5 月 2 日	新河镇井亭村
81		苏广祥	男	1922 年 10 月 28 日	新河镇新东居委民主街
82		陈志祥	男	1922 年 10 月 28 日	新河镇永丰村前进
83		曹美珍	女	1922 年 10 月 8 日	新河镇民生村
84		王桃珍	女	1922 年 11 月 2 日	新河镇兴教村镇南
85	竖新镇	黄巧贤	女	1917 年 11 月 16 日	竖新镇竖南村复兴
86		杨翠金	女	1918 年 11 月 8 日	竖新镇堡西村八字
87		秦翠仙	女	1920 年 4 月 6 日	竖新镇堡西村
88		崔株才	男	1920 年 5 月 6 日	竖新镇育才村直河村
89		徐惠珍	女	1920 年 10 月 7 日	竖新镇跃进村新南
90		施婉兰	女	1921 年 2 月 17 日	竖新镇油桥村南新
91		周惠郎	女	1921 年 4 月 29 日	竖新镇竖河村
92		陈玉英	女	1921 年 8 月 30 日	竖新镇竖西村新进
93		梅和靖	男	1921 年 12 月 27 日	竖新镇时桥村
94		杨婉其	女	1922 年 1 月 12 日	竖新镇东新村新江
95		沈青郎	女	1922 年 1 月 28 日	竖新镇响哃村
96		奚彩郎	女	1922 年 4 月 20 日	竖新镇前卫村
97		梅才珠	女	1922 年 5 月 4 日	竖新镇春风村
98		丁月琴	女	1922 年 6 月 11 日	竖新镇油桥村
99		倪兰芬	女	1922 年 10 月 22 日	竖新镇永兴村
100	堡镇	王万华	男	1917 年 11 月 13 日	城桥镇西门南村
101		龚希韩	男	1919 年 4 月 21 日	堡镇向阳新村
102		邱志贤	男	1919 年 5 月 19 日	堡镇财贸村石桥
103		董度郎	男	1919 年 6 月 4 日	堡镇桃源村
104		龚锦秀	女	1920 年 4 月 3 日	堡镇堡粮路
105		宋余其	女	1920 年 5 月 26 日	堡镇人民村槐荫
106		席季铭	男	1920 年 7 月 29 日	堡镇电业新村
107		周孝思	男	1920 年 9 月 12 日	堡镇向阳新村
108		吴银先	女	1920 年 12 月 31 日	堡镇堡北村工农
109		杨秀娟	女	1921 年 1 月 13 日	堡镇解放街
110		董振鹏	男	1921 年 7 月 6 日	堡镇龙岗路
111		杨翠仙	女	1921 年 7 月 1 日	堡镇花园村
112		蒋云芳	女	1921 年 12 月 30 日	堡镇彷徨村

续表 40

编号	乡镇	姓名	性别	出生年月	地址
113	堡镇	倪山郎	男	1922 年 1 月 13 日	堡镇花园村漾西
114		施龙芝	女	1922 年 3 月 21 日	堡镇永和村
115		沈惠兰	女	1922 年 5 月 27 日	堡镇营房村凯风
116		张真郎	女	1922 年 6 月 10 日	堡镇南海村
117		沈卓云	女	1922 年 11 月 7 日	堡镇米行村
118		陆瑞芳	女	1922 年 12 月 13 日	堡镇光明街
119	港沿镇	袁学清	女	1921 年 3 月 4 日	港沿镇齐力村
120		陈士达	男	1919 年 5 月 4 日	港沿镇建华村
121		陈品贞	女	1919 年 10 月 16 日	港沿镇合东村
122		丁秀娟	女	1919 年 10 月 8 日	港沿镇富强村
123		陆雅琴	女	1921 年 2 月 21 日	港沿镇鲁东村
124		沈赛郎	女	1921 年 3 月 4 日	港沿镇鲁东村
125		顾金郎	女	1921 年 8 月 15 日	港沿镇港沿村建业
126		沈素珍	女	1921 年 11 月 20 日	港沿镇港沿村建联
127		黄凤英	女	1922 年 1 月 13 日	港沿镇港沿村建联
128		袭下郎	男	1922 年 3 月 8 日	港沿镇齐力村齐心
129		黄静郎	女	1922 年 5 月 30 日	港沿镇鲁玙村
130		龚保根	女	1922 年 6 月 15 日	港沿镇齐力村
131		季品郎	女	1922 年 11 月 9 日	港沿镇富国村齐乐
132	陈家镇	张偶珍	女	1917 年 1 月 1 日	陈家镇八滧村
133		周和清	女	1918 年 10 月 16 日	陈家镇陈南村
134		李正安	男	1920 年 11 月 4 日	陈家镇花漂村
135		钱芬郎	女	1921 年 5 月 21 日	陈家镇裕展路弄
136		陈秀郎	女	1921 年 6 月 13 日	陈家镇裕安村
137		高亚珍	女	1921 年 6 月 20 日	陈家镇裕安村
138		赵良清	女	1922 年 2 月 12 日	陈家镇花漂村
139		倪尚郎	男	1922 年 6 月 3 日	陈家镇安寓路弄
140		陆秀林	女	1922 年 7 月 26 日	陈家镇协隆村滨江
141		施金芶	女	1922 年 9 月 13 日	陈家镇裕国路弄
142		徐爱清	女	1922 年 10 月 10 日	陈家镇安润路弄
143	向化镇	郁成惠	女	1919 年 5 月 1 日	向化镇卫星村永春
144		陈未珍	女	1919 年 8 月 3 日	向化镇米新村
145		茅见郎	男	1920 年 1 月 25 日	向化镇春光村阜南
146		施小翠	女	1921 年 1 月 11 日	向化镇向化村向北
147		陈中郎	女	1921 年 8 月 6 日	向化镇向化村万龙
148		秦木奢	男	1922 年 4 月 11 日	向化镇向化村万龙
149		黄菊	女	1922 年 9 月 7 日	向化镇阜康村新圩

续表 40

编号	乡镇	姓名	性别	出生年月	地址
150	中兴镇	倪丕章	女	1920 年 2 月 29 日	中兴镇永隆村
151		陆祥砉	女	1921 年 1 月 29 日	中兴镇中兴村兴东
152		沙仙郎	女	1922 年 5 月 11 日	中兴镇七滧村滧西
153		朱翠英	女	1922 年 10 月 20 日	中兴镇富圩村永北
154	长兴镇	施小芬	女	1919 年 10 月 8 日	长兴镇长征村
155		董灿珠	女	1920 年 4 月 25 日	长兴镇金滂路
156		吴友芳	女	1920 年 8 月 22 日	长兴镇长兴家园
157		陆兰芬	女	1921 年 2 月 20 日	长兴镇长明村
158		吴金凤	女	1921 年 2 月 24 日	长兴镇丰福路
159		陆柱尊	男	1921 年 12 月 8 日	长兴镇凤凰二苑楼
160		赵桂芳	女	1922 年 4 月 19 日	长兴镇光荣村组
161		吴金妹	女	1922 年 11 月 22 日	长兴镇石沙村
162		陈锡郎	男	1922 年 12 月 6 日	长兴镇创建村
163	横沙乡	朱允兰	女	1919 年 12 月 15 日	横沙乡新北村
164		陆湫梅	女	1920 年 2 月 13 日	横沙乡民建村
165		黄兰英	女	1920 年 7 月 2 日	横沙乡民星村
166		吴兰英	女	1921 年 5 月 17 日	横沙乡新永村
167		徐美贤	女	1922 年 2 月 14 日	横沙乡新北村
168		黄雪宝	男	1922 年 11 月 19 日	横沙乡民星村
169		郁彩英	女	1922 年 12 月 31 日	横沙乡公平村
170	新海镇	茅孝林	女	1921 年 1 月 24 日	新海农场

（区民政局）

【儿童福利】 2022 年，区民政局强化儿童信息动态摸底排查，建立农村留守儿童信息台账，全区有农村留守儿童 531 人、困境儿童 65 人、社会散居孤儿 4 人。落实各项儿童福利及救助政策，发放社会散居孤儿、困境儿童生活费 817 人次 122.9 万元，向 541 名农村留守儿童赠送 2000 余份防疫物资、学习用品、生活用品。开展“爱伴童行”项目，对困境儿童基本生活保障对象量身定制“一人一方案”关爱帮扶计划。聚焦全区休学在家、送教上门和社会闲散三类未成年人，制作关爱保护手册，完善一人一档、一人一册、一人一方案。建立未成年人监护缺失强制报告制度和校外安全保护事件应急处置机制，确保第一时间发现、报告、介入处置。推进完成 18 家未保工作站点建设，在全市率先实现乡镇全覆盖。

【残疾人福利】 2022 年，区民政局落实残疾人“两项补贴”，全年发放困难残疾人生活补贴 20.6 万人次 7332.6 万元，重度残疾人护理补贴 12.3 万人次 2370.2 万元。开展康复辅具租赁服务点试点工作，签订辅具租赁合同 1751 份，补贴金额 162.8 万元。推进精神障碍社区康复试点，开展个案访谈 34 人次、小组活动 214 人次。对残疾人集中就业企业审核发放残疾职工社会保险费补贴 1864.9 万元，至年底，全区残疾人集中就业企业 97 家，安置残疾人职工 1922 人。（施云丹）

社会服务

【概况】 2022 年，区民政局实施婚姻登记“全市通办”，婚姻登记合格率始终保持 100%。加强殡葬管理服务，提升殡葬服务水平。推进社区事务受理中心建设，社区受理满意度进一步提升，基本社会服务体系功能齐全、高效务实。

【婚姻管理服务】 2022 年，区民政局规范开展婚姻收养登记服务，在全市率先恢复婚姻登记办理业务。全年办理结婚登记 2643 对，补领结婚登记证 909 份；离婚申请 1483 对，离婚登记 1057 对，补领离婚登记证 152 份；解除收养 1 例。加强婚姻家庭辅导，以“白玉兰开心家园”为载体开展婚姻当事人心理疏导服务和调解服务工作。

【殡葬管理服务】 2022 年，区民政局加强农村公益性殡葬设施建设与管理，全区有公益性埋葬地 37 个、公益性骨灰堂 20 个。推进节地生态葬式建设，满足群众基本殡葬需求，发放基本殡葬服务补贴541人次39.7万元，节地生态安葬补贴556人次5.6万元。

【社区事务受理中心建设】 2022年，区民政局深化社区事务受理服务中心标准化建设评估，全区现有受理中心18家、受理服务站11家。对外受理个人事项190项，其中189项实现“全市通办”,186项纳入“一网通办”，2022年总办件量为33.1万件。推进24小时一网通办自助服务区建设，大力推进延伸服务，创新试点值班长制度，深化帮办制度，全区各乡镇开展“窗口帮办”2563件，开展村居帮办765件。建立“好差评”“一网通办”“两个免于提交”数据月通报制度，全年共受理“一网通办”业务2700余件，24小时接单响应及时率97.7%，全区整体评价率98%，“两免”比例98.3%。拓展“一件事”服务，实行一次告知、一表申请、一口受理、一网办理、统一发证，全年受理各类“一件事”服务2100余件。 （施云丹）

人口管理

【概况】 2022年，区人口办立足疫情常态化防控工作要求、围绕党的二十大安保工作主线，坚持久久为功打基础、坚持内涵发展强内功、坚持科技应用提效能，努力实现信息采集更加智能、人口管理基础更加扎实、政务服务更加便捷三方面提升。2022年，区人口办加强与区委政法委、区委发改委、区城运中心、大数据中心的联系，加强对各乡镇的指导，组织开展实有人口管理队伍调研，依托区城运中心“一网统管”的平台，加强协管员队伍建设，拓宽采集力量、规范采集的流程、完善对乡镇的考核，落实各乡镇实有人口管理的主体责任。加强业务指导、制定工作规范、强化日常监管和管援管建，督促一线综合民警切实承担起实有人口管理的首要职责，夯实实有人口管理的基础。

2022年崇明区老年人情况表

表41

年龄分段		60~69岁	70~79岁	80~89岁	90~99岁	100岁及以上	合计
人数		131610	94182	39025	7077	204	272098
其中	男	64809	44253	16587	2242	52	127943
	女	66801	49929	22438	4835	152	144155

（区人口办）

【人口信息采集】 2022年，人口办通过“强化数据分析、优化数据引领、完善战时机制”，按照“不漏一户、不落一人”的工作要求，结合崇明实际，强化数据分析、优化数据引领、完善战时机制，提升实有人口的登记率、准确率；紧盯人口实有登记率，通过“智综”“智搜”等系统先期进行梳理分析，并对存在数据信息有缺项、“标准地址、常规地址”不一等情况的数据信息，及时下发进行核查；紧盯实有人口登记准确率，通过数据综合分析、“一标三实”轻应用定向推送、协管队员和民警逐一电话、微信等“非接触”核实的方式，对应销未销、应登未登和居住地信息未落地人员开展清零，提升实有人口的登记率、准确率，据统计实人口的登记率、准确率始终保持在98%以上。

【优化政务服务水平】 2022年，区人口办适应长三角户口办理一体化、户籍事项跨省通办、全市户籍事项网上通办和全国部分户籍事项网上通办的要求，落实窗口硬件配置，开展通办相关工作的试点，全面户籍档案数字化的扫描工作；强化无户口人员排查工作，组织各派出所开展收养类无户口人员的全方位排查，指导派出所开展信息收集材料积累，推进实施《上海市实有人口服务和管理若干规定》，积极引导和推动实有单位、实有人口的自主申报。 （石婷婷）

崇明年鉴

ChongMing NianJian

2023

重点开发单位选介

综　述

2022年，崇明区重点开发地区有城桥镇、陈家镇、长兴岛3个地区。城桥镇区域内东部地区，为崇明区政府所在地，位于崇明岛中部南沿，是崇明的政治、经济、文化和交通中心。其开发建设工作由上海崇明城镇投资建设有限公司具体运行。年内，上海崇明城镇投资建设有限公司以丰富和完善城桥核心区功能布局为重点，推进基础配套、教育配套和商业配套规划建设，化解历史遗留问题，提升提城市发展能级。陈家镇地区，即上海长江大桥连接崇明岛处，位于崇明岛东端，东部毗邻东滩湿地保护区。其开发建设工作由上海东滩建设集团有限公司运行。陈家镇是上海重要建设城镇之一，地理位置独特，生态环境优越，全年90%以上日空气质量可达或超优良等级，太平洋国际海底光缆有4条在其登陆，建设智能电网和长兴海洋装备基地的制造业及高科技产业等为数据产业和信息产业的推广应用提供广阔的市场空间，智慧数据产业即驻此地。年内，上海东滩建设集团有限公司树立"全生态、高品质、国际化"发展理念，对照建设世界级生态岛的标准，推进生态陈家镇产城融合发展，各项工作取得新进展。长兴岛位于崇明岛的南侧，吴淞口外长江南水道，东邻横沙岛。长兴岛南连上海长江隧道，北接上海长江大桥，是联系崇明三岛和苏中、苏北的"桥头堡"。配合国家战略，其开发建设工作由上海市长兴岛开发建设管理委员会办公室具体落实。年内，上海市崇明生态城建集团公司主要落实堡镇21号地块安置房项目、堡镇25号地块配套幼儿园新建项目、陈家镇郊野公园乡村单元道路工程、城桥新城九年一贯制学校新建工程项目、沪渝蓉高铁（崇明段）项目腾地工作等。

（《崇明年鉴》编辑部）

上海崇明生态城镇投资建设有限公司

【概况】 上海崇明生态城镇投资建设有限公司（原上海崇明新城建设发展有限公司，以下简称生态城投公司）成立于2003年10月，下属上海崇明生态城镇房地产开发有限公司和上海崇明生态城镇资产管理有限公司，参股百联集团上海崇明新城商业发展有限公司。2022年，生态城投公司加快基础项目建设，围绕完善区域交通路网和绿化景观，完成淡云路一期、威远路、桂山岛路、三都路、规划六路等道路以及涛声河景观规划设计工作。

【9-1号地块安置房项目】 11月，完成生态企业集团所属城桥镇9-1号地块安置房项目（崇德佳苑）新建住宅交付使用许可证办理，并于12月1日启动回搬，至12月底完成回搬工作。9-1号地块安置房项目东至宝岛路西侧绿带，南至青柏路，西至新九路，北至南引河路，于2019年5月1日启动建设，2022年5月16日竣工验收。由区交通委委托上海崇明生态城镇房地产开发有限公司负责开发建设，工期607日历天，总建筑面积139511.92平方米（地上建筑面积101669.35平方米、地下建筑面积37842.57平方米），共建有36栋6层住宅、1个大型地下停车库及其他配套用房，总投资约147671.23万元。交付后为建设公路拓宽、生态大道建设、北沿公路拓宽、环岛一期等地块动迁居民提供优质住宅，总户数984套。

【10号地块安置房项目】 12月，完成10号地块安置房项目（崇州佳苑）项目建设工作，做好居民回搬准备。崇州佳苑动迁安置房项目东至崇州路，南至乔松路，西至鼓浪屿路，北至瀛洲路，总用地面积94172.30平方米，总建筑面积163327.21平方米，容积率1.2，建筑密度28%，绿化率35.1%，共有37栋住宅，住宅总户数1188户，设有1321个停车位。项目于2019年4月28日开工，于2022年7月完成办理新建住宅交付许可证。

【9-2号地块安置房项目】 12月底，完成生态企业集团所属城桥镇9-2号地块安置房项目（明礼佳苑）房屋和配套建设。9-2号地块安置房项目东至新九路，南至青柏路，西至绿海路延伸段，北至南引河路，规划用地面积58799平方米，住宅建筑面积71197.08平方米。（茅雨秋）

上海崇明生态城建集团有限公司

【概况】 为贯彻落实世界级生态岛建设的发展战略，根据区委、区政府以及国资委统一部署，2020年11月起，在对上海崇明房屋建设管理有限公司、上海崇明建设投资发展有限公司、上海崇明土地发展有限公司三家原区属企业优化整合的基础上，整体接收上海崇明规划设计有限公司、上海崇明工程质量检测有限公司、上海市崇明区自来水公司以及上海第三十五棉纺织厂四家原局管企业，全新组建上海崇明生态城建集团有限公司（以下简称生态城建集团）。完成整合重组后的生态城建集团公司总部共设10部门1分公司，实际运作的下属子公司16家，其中二级公司13家；三级公司3家。员工1400余人，另有三十五厂托管人员1800余人。生态城建集团公司主要负责崇明区社会基础设施的投资、建设、经营、管理，土地整理及房地产开发、经营、管理（保障房、人才公寓及商品房），公用事业运行保障及规划建筑设计等工作。公司资产包括土地、房产、码头、停车场、护理院等，总值逾200亿元。2021年底，生态城建集团完成国资国企改革，生产经营全面步入正轨。2022年，生态城建集团实现堡镇21

号地块安置房项目竣工、堡镇25号地块配套幼儿园新建项目竣工验收、陈家镇郊野公园乡村单元道路工程开工、城桥新城九年一贯制学校新建工程项目取得立项批复、沪渝蓉高铁（崇明段）项目腾地工作启动。

【沪渝蓉高铁（崇明段）项目腾地工作启动】 根据区委、区政府要求，受申铁公司委托，生态城建集团成为沪渝蓉高铁（崇明段）腾地单位，负责高铁项目征地补偿、房屋动迁、被征地农业人员社会保障和林地搬迁相关工作。2022年，沪渝蓉高铁（崇明段）完成项目征地红线、环境影响线线型的放样工作以及动迁范围内动迁数量和情况的前期调查。为加快高铁项目开工建设，根据市规资局要求，崇明段内有6个点以先行用地的方式进行使用提前开工，面积7.6072公顷。项目涉及整治河道27条，市水务局审议通过填堵河道论证方案，选取铁路沿线规划河道新开河面进行水面积占补平衡。沪渝蓉高铁（崇明段）位于崇明岛西侧，南起庙镇万安村，向北穿越城桥镇、港西镇、建设镇、东平镇，北至新河镇垦区，项目涉及6个乡镇，全长约25.5公里，项目线路部分红线宽度18米，环境影响线为设计铁路（铁路设计宽度为5米）两侧外轨中心线外30米，总共宽度为65米（包含18米红线范围）。车站位于城桥镇湾南村。

【陈家镇郊野公园乡村单元道路工程开工】 6月16日，陈家镇郊野公园乡村单元经一路、经二路、纬一路一期新建工程开工。经一路350.3米，东至陈家镇郊野公园乡村单元01–01地块，南至纬一路，西至现状耕地，北至裕鸿路。经二路333.52米，东至陈家镇郊野公园乡村单元01–02地块，南至纬一路，西至陈家镇郊野公园乡村单元01–01地块，北至裕鸿路。纬一路329.14米，东至经二路，南现状耕地，西至经一路，北至陈家镇郊野公园乡村单元01–01地块。三条道路均为16米红线宽度，道路等级为城市支路，采用双向布置形式，项目估算总投资约14336.16万元。

【堡镇25号地块配套幼儿园新建项目竣工验收】 9月26日，堡镇25号地块配套幼儿园完成竣工验收。该项目位于堡镇东部地区，东至规划堡辉路，南至规划工农东路，西至规划综合运动场地，北至规划住宅组团用地，2021年7月5日正式开工。工程建设总用地面积7999.5平方米，建筑总面积8582.42平方米（其中地下一层2698.75平方米），由南、北两幢三层建筑和西侧连廊及地下一层车库组成。按照规划，学校设置规模为15个班级，有6个专用活动室、1个多功能厅。项目估算总投资约9666.91万元。

【城桥新城九年一贯制学校新建工程项目取得立项批复】 10月10日，城桥新城九年一贯制学校新建工程项目于取得立项批复。该项目位于城桥镇CMC1–0105单位03街坊，东至规划六路，南至规划金浪路，西至规划公共绿地，北至规划定澜路，是按54班规模设置的九年一贯制学校，其中小学30班、初中24班。学校总用地面积54330平方米；总建筑面积约33741.43平方米（含地下停车库4382.2平方米），主要包括教学综合楼、艺术中心、体育中心、报告厅等教育教学用房。项目估算总投资约37881.18万元。

【堡镇21号地块安置房项目竣工】 12月1日，堡镇21号地块安置房项目竣工。该项目位于堡镇东北部，基地北至向堡公路绿化带，南至达山东路，东至堡辉路绿化带，西至长岛河，基地整体呈平行四边形，地块西北角外侧为公交车充电站。整个地块南侧为市政道路，西侧为河道绿化带，北侧、东侧为市政绿化带。该项目由30幢6层住宅、1幢2层配套公建房、1幢垃圾房组成，总建筑面积125095.87平方米。其中，地上94696.80平方米、地下30399.07平方米。项目估算总投资约33484万元。 *（顾辰姚）*

上海东滩建设集团有限公司

【概况】 上海东滩建设集团有限公司（以下简称东滩建设集团）成立于2011年4月。主要从事东滩和陈家镇地区土地收储及开发、动拆迁、城市基建、投融资、招商引资等业务，集团内设行政工作部、党群工作部、计划财务部、合规管理部、规划前期部、工程管理部、应急管理部、企业发展部、资产管理部9个部门。2022年，东滩建设集团按照轨交站点“一站一城”建设方向，深化陈家镇站和裕安站控规编制前期研究工作，站点四至范围及用地规模形成初步方案；东滩站完成控制性详细规划审批。建好重点工程项目，如期建设完成陈家镇安置房23期项目，完成上海市实验学校东滩高级中学项目各单体的主体工程建设。开展拆迁腾地，全年共完成拆迁5户，并完成教育基地02–07号地块（交大项目）、智慧岛60–08号地块（声通项目）、实验社区13–09号地块（文化用地）、柳兰路二期、金鹏路、雨燕路、滨江规划支三路、滨江规划五路、安秀路、新四路的清障工作，为年度经营性土地出让打下基础。

【上海市实验学校东滩高级中学项目开工仪式】 1月4日举行。上海市实验学校东滩高级中学项目位于崇明区陈家镇国际生态社区，建设内容包括教学综合楼、理科楼、文科楼、文体中心等。建成后，将切实解决人民群众极为关注的“上学难、上好学”问题，满足人民群众接受优质教育的期望，打造与世界级生态岛建设相匹配的一流教育。

【薛红调研莎蔓莉莎项目】 9月6日，崇明区委常委、区人大常委会主任薛红一行开展“防疫情 稳经济

1月4日，上海市实验学校东滩高级中学项目举行开工仪式（上海东滩建设集团有限公司 供图）

保安全”大走访大排查工作，实地走访调研东滩建设集团智慧岛园区莎蔓莉莎高端医美项目，并听取解项目负责人关于常态化疫情防控、安全生产、项目最新进展和业务内容等情况介绍。随后的座谈会上，薛红与项目主体瑞德青春健康管理有限公司负责人进行交流，并询问企业遇到的问题困难，听取企业建议。东滩建设集团党委书记张永恒，东滩建设集团党委委员、副总经理黄达峰陪同调研。

【李峻到东滩建设集团调研】 10月14日，区委副书记、区长李峻一行到东滩建设集团调研。一行实地查看交大农学院、山峰教育、国药集团、莎蔓莉莎、中信养老等地块项目推进情况。随后的座谈会上，李峻听取集团关于重点工作推进情况、党建工作和存在问题等方面的情况汇报。东滩建设集团董事长张永恒、东滩建设集团总经理茅近标等陪同调研。

【上海陈家镇建设发展有限公司第十九次股东会暨四届一次董事会、监事会】 12月1日在东滩建设集团三楼会议室召开。会议审议并通过《关于公司董事会、监事会换届选举的议案》《关于选举董事长、副董事长的议案》《关于选举监事长的议案》《关于聘任公司总经理的议案》《关于聘任公司副总经理、财务部经理的议案》《公司2021年工作报告暨2022年工作计划》《公司2021年财务决算报告》和《公司2022年财务预算报告》。会上，审议并通过第十九次股东会决议、第四届董事会第一次会议决议及第四届监事会第一次会议决议。 （贾宁宁）

上海市长兴岛开发建设管理委员会办公室

【概况】 2022年，上海市长兴岛开发建设管理委员会落实“疫情要防住、经济要稳住、发展要安全”的要求，推进以“两区”联动建设为重点的开发建设各项工作。推动驻岛央企于4月底前全部实现复工复产，指导横沙渔港发挥5万吨冷库及渔业产业链资源优势。推动重点产业项目加快集聚。聚焦服务服从国家战略，融入海洋强国战略大局，围绕“两区”联动建设，履行服务央企重要职责，服务重大项目建设，推动重点产业项目进一步集聚。服务重大项目加快建设。持续用力服务央企发展，完成中船长兴二期第二阶段地块及中船708.726所土地出让工作，协调推进中船长兴二期涉军土地置换工作。完成振华重工长兴基地建设项目方案批复。推进重点产业招引。采取走出去与引进来相关结合，先后参加2022年上海全球投资促进大会等活动，组织总投资额超过13.2亿元的三个重大产业项目集中签约开工仪式。开展“云招商”等系列主题活动，洽谈项目32个，签约项目6个，计划投资额约13亿元，4个实体项目开工建设。推进“两区”联动建设。组织23个单位63个重点区域建设项目集中签约并抓好推进。服务长兴产业园区发展，服务长兴海洋实验室、长兴海洋装备协同创新园产业转化中心等项目建设加快推进。参与联合举办上海市2022年“世界海洋日暨全国海洋宣传日”主场活动。聚力持续推进产城深度融合发展。坚持以人民为中心，推动生产、生态、生活深度融合，不断完善城市功能，提升产城融合发展水平。大力推进重点区域开发。完成地铁小镇城市设计，积极推进长兴镇国土空间总体规划（2021—2035）审批工作。深化拓展完善城市功能。贯彻落实长兴岛“双定双限房”建设供应方案，完成第一批已售148套“双定双限房”过户交房工作。圆沙社区租赁住房提前实现主体结构封顶，完成上海实验小学长兴分校移交并配合做好招生工作。横沙渔港整治维护项目建设扎实推进。持续深化配套项目建设。服务轨交崇明线项目建设，推动长兴岛站本体率先开工。持续优化区域路网布局，完成28条已完工道路的交警验收和移交等工作。推动长兴岛绿色高质量发展。坚持绿色低碳发展，践行“绿水青山就是金山银山”理念，提升生态环境能级，整合全岛旅游资源，助推独具特色景观旅游岛建设。围绕推进“长兴低碳岛”建设，协调推动江南长兴造船船坞改造工程获市政府技改专项资金支持。协调推进长兴岛电厂10万吨级CCUS创新示范项目开工建设，上海长兴碳中和创新产业园正式揭牌。推进桔园小镇绿色生态城区申报工作。推进配套水系提升优化，聚焦长兴岛河道断点问题，形成“一断点一方案”。服务长江十年禁渔，市重大工程长兴岛公务基地码头水域工程通过交工验收并投入使用。完成G40收费站点出入口等重要节点和潘园公路等重要路段景观提升工作。深化长兴岛工业大旅游联动机制，推动长横全域旅游资源整合，首次以线上直播方式举行第三届长兴岛工业生态旅游节暨长兴岛郊野公园旅游文化艺术节开幕活动，累计观看超50万人次。将“四海”文化融入郊野公园，举办上海城市业余联赛长兴岛郊野公园铁人三项嘉年华等赛事活动。

【李政一行到中国船舶集团有限公司总部座谈交流】 2月8日，市长兴岛开发建设管委会党组书记、常务副主任李政带队到中国船舶集团有限公司总部，与中船集团党组书记、董事长雷凡培等集团公司领导座谈交流，就深化政企合作、共推高质量发展进行会谈。

【龚正调研长江禁捕及长兴岛开发建设工作】 2月10日，市委副书记、市长龚正调研长江禁捕及长兴岛开发建设工作，实地调研长兴岛公务基地和长兴岛郊野公园。

【长兴岛大型制造企业开启复工复产压力测试】 4月23日，组织开展长兴岛大型制造企业江南造船复工复产压力测试，为全面恢复生产积极准备。

【驻岛央企沪东中华获中国造船史最大单笔LNG船建造订单】 4月28日，中国海油中长期FOB资源配套LNG运输项目（二期）签约仪式，在中国北京、天津、深圳、上海和日本东京以视频连线方式举行。通过“云签约”，驻长兴岛央企沪东中华和中国船舶工业贸易有限公司作为联合卖方，与买方代表日本邮船株式会社（NYK），共同签署6艘17.4万立方米大型液化天然气（LNG）运输船建造合同。签约的6艘LNG船总金额达84亿余元人民币，再次刷新沪东中华今年年初创造的75亿元人民币LNG船一次性合同金额最大订单纪录，是第三笔大型LNG船大单。

【驻岛央企江南造船首艘超大型运输船交付】 5月16日，江南造船建造的全球最大舱容超大型乙烷运输船（VLEC）“PACIFIC INEOS GRENADIER”在长兴岛交付。市长兴岛开发建设管委会党组书记、常务副主任、崇明区委书记李政，江南造船董事长、党委书记林鸥等出席交付仪式。

【全球最大、中国首款首制首艘江海联运型LNG船在长兴岛命名交付】 5月26日，驻岛央企沪东中华联合中船贸易建造的8万立方米液化天然气（LNG）运输船“传奇太阳”号在长兴岛命名交付。市长兴岛开发建设管委会党组书记、常务副主任、崇明区委书记李政，沪东中华、申能集团领导等出席。

【世界最大中国首艘24000TEU超大型集装箱船完成试航】 5月31日，中国首艘24000TEU超大型集装箱船完成试航。这艘由沪东中华造船（集团）有限公司自主设计、建造的全球最大装箱量集装箱船历时8天，完成既定试验目标，设计可靠性得到充分检验，以优异的海试成绩安全返回长兴造船基地，试航任务完成。

【市长兴岛开发建设管委会部署疫情防控和经济社会发展工作】 6月1日，市长兴岛开发建设管委会召开视频会议，传达市委、市政府统筹疫情防控和经济社会发展工作会议精神，部署管委会统筹疫情防控和经济社会发展工作。市长兴岛开发建设管委会党组书记、常务副主任李政出席并讲话。市长兴岛开发建设管委会党组副书记、执行副主任吴召忠主持并通报疫情防控有关工作情况，市长兴岛开发建设管委会党组成员、专职副主任韩金华、蔡潇飞、徐建卯出席会议，市长兴岛开发建设管委会、长兴岛开发公司、前卫公司全体员工参加。

【上海市2022年“世界海洋日暨全国海洋宣传日”主场活动】 6月8日在线上举行。这是第十四个“世界海洋日”和第十五个“全国海洋宣传日”。活动由上海市海洋局、上海市长兴岛开发建设管理委员会、崇明区人民政府共同举办。主题为“共建和美海岛，发展蓝色经济”。自然资源部东海局副局长唐文胜，市水务局（市海洋局）局长、党组书记史家明，市长兴岛开发建设管委会党组副书记、执行副主任吴召忠，崇明区委副书记、区长缪京，市长兴岛开发建设管委会专职副主任徐建卯、崇明区副区长张秩通等出席。

【市长兴岛开发建设管委会与振华重工举行工作对接会】 6月10日在长兴岛举行，市长兴岛开发建设管委会党组副书记、执行副主任吴召忠主持会议。会议围绕服务推动振华重工在长兴岛进一步发展等事宜，同振华重工党委书记、董事长、总裁刘成云进行座谈交流。市长兴岛开发建设管委会专职副主任徐建卯、振华重工总经济师李瑞祥，市长兴岛开发建设管委会、振华重工相关部门负责人参加。

【市长兴岛开发建设管委会举行2022年重大项目集中开工】 6月16日，市长兴岛开发建设管委会在长兴岛举行2022年度重大项目、重点工程集中开工仪式。在主会场、分会场同步开工的项目涉及船舶配套、实体空间、维修服务三大领域，总投资额超过13.2亿元。

【中国第五代大型液化天然气船在长兴岛开工建造】 8月5日，由中国船舶集团旗下沪东中华承建的“中国海油中长期FOB资源配套液化天然气（LNG）运输船项目”首制船在长兴造船基地点火开工。这是中国船舶的“高光时刻”，标志着由中国自主研发设计、代表当今世界大型LNG运输船领域最高技术水平的中国第五代“长恒系列”17.4万立方米 LNG 运输船由设计蓝图“驶向”实船建造。

【中船长兴二期工程（第四阶段）地块暨中船 726 研究所地块出让合同签约仪式】 8 月 15 日，市长兴岛开发建设管委会举行中船长兴二期工程（第四阶段）地块暨中船 726 研究所地块出让合同签约仪式。市长兴岛开发建设管委会专职副主任韩金华、中船 726 研究所副所长张建平等见证签约。市长兴岛开发建设管委会、中船 726 研究所有关部门同志参加。会上，中船 726 研究所与市长兴岛开发建设管委会规划土地处签订土地出让合同。

【党建共建签约暨长兴岛全域环境集中整治行动日启动仪式】 8 月 16 日，市长兴岛开发建设管理委员会直属机关党委与长兴镇党委在长兴镇社区文化活动中心影剧院举行。市长兴岛开发建设管委会党组成员、专职副主任、直属机关党委书记蔡潇飞出席并讲话。管委会党组成员、专职副主任韩金华、徐建卯出席并参加相关活动。长兴镇党委书记倪卫东介绍长兴岛全域环境集中整治行动有关情况。市长兴岛开发建设管委会机关全体人员、长兴岛开发公司、前卫公司负责人，长兴镇领导班子成员、机关全体人员参加大会。

【2022 年“磐石行动”网络安全攻防演练】 8 月 18 日在上海市长兴岛启动，活动由上海市通信管理局联合市委网信办、市经济信息化委、市公安局、市长兴岛开发建设管委会共同主办。工业和信息化部网络安全管理局副局长张光明以视频方式致辞，市通信管理局局长陈皆重，市长兴岛开发建设管委会党组副书记、执行副主任吴召忠，市委网信办总工程师杨海军，市经信委副主任张英，市公安局网安总队总队长季增令出席会议并致辞。市通信管理局副局长王天广主持启动仪式。

【市长兴岛开发建设管委会 2022 年“政府开放日”活动】 8 月 26 日，市长兴岛开发建设管委会以“新时代开启新征程、高质量助推新发展”为主题，开展“政府开放日”系列活动，全方位、多角度地展示长兴岛开发建设成果，并邀请驻岛央企员工和岛内居民代表 10 余人参加相关活动。

【中国首制江海直达型 LNG 加注运输船在长兴岛建造】 8 月 29 日，驻岛央企沪东中华为安徽长江液化天然气有限责任公司量身定制的一艘江海直达型 14000 立方米液化天然气（LNG）加注运输船建造合同生效，全球首款、中国首制的新船型从设计蓝图全面转入实船建造。

【市长兴岛开发建设管委会与沪东中华地块出让合同签约仪式】 9 月 28 日举行，市长兴岛开发建设管委会专职副主任韩金华与沪东中华集团总经理陈军签订土地出让合同。市长兴岛开发建设管委会、沪东中华有关部门人员参加并就高水平推进长兴岛开发建设进行探讨。

【市长兴岛开发建设管委会与崇明区人民政府工作交流会】 10 月 8 日在崇明区会议中心举行，崇明区委副书记、区长李峻主持会议并讲话，市长兴岛开发建设管委会党组副书记、执行副主任吴召忠出席并讲话，市长兴岛开发建设管委会、崇明区人民政府领导班子成员及相关部门负责人，长兴镇、长兴企业集团等负责人参加。

【世界舱容最大的 C 型双耳 LNG 液罐在江南造船交付】 10 月 12 日，驻岛央企江南造船为荷兰船东 Anthony Veder 公司设计、建造的 30000 立方米 LNG 运输船“Coral Nordic”号在上海签字交付。“Coral Nordic”号总长 176.8 米，型宽 28.8 米，型深 19 米，入级 DNV 船级社，配备双燃料主机、双燃料发电机和双燃料热油锅炉，满足最新排放要求及冰区 1A 要求，采用全船低温防寒设计，可在北欧运行。

【吴召忠带队到上海交大走访调研】 10 月 19 日，市长兴岛开发建设管委会党组副书记、执行副主任吴召忠带队到上海交大走访调研。上海交通大学党委常委、副校长奚立峰陪同并与其座谈交流，市长兴岛开发建设管委会专职副主任徐建卯出席，市长兴岛开发建设管委会、上海交大相关单位及部门负责人参加活动。

【长兴岛国家海洋经济发展示范区参加 2022 海博会】 11 月 24—26 日，2022 中国海洋经济博览会在深圳开展。长兴岛海洋经济发展示范区以“海洋梦、世界船、智能造”为主题参加博览会。展品体现长兴岛高端海洋装备产业集群、海洋重大科技创新载体、高附加值船海产业链体系等诸多发展成果。

【陈吉宁到长兴岛振华重工长兴生产基地调研】 12 月 24 日，市委书记陈吉宁走访振华重工集团长兴生产基地，实地察看作业现场，听取企业改革发展和生产经营情况介绍，询问企业负责人下一步发展计划和研发、环保投入，有何困难需要解决，感谢企业长期以来为上海发展作出的贡献。陈吉宁强调，振华重工是“上海制造”的一张闪亮名片，相关区和部门要持续营造良好生态、做好服务对接，支持企业心无旁骛抓生产、谋发展，在全球市场提能力、拿订单、扩产能、增份额。希望企业加大自主创新力度，加快绿色低碳转型，大力推进绿色低碳技术示范和应用推广，不断提升高端化、智能化水平，为崇明世界级生态岛建设贡献更大力量。（*夏启春*）

乡镇

综　述

2022年，崇明区有18个乡镇，其中16个镇、2个乡，分别是新村乡、横沙乡、绿华镇、三星镇、庙镇、港西镇、城桥镇、建设镇、新河镇、竖新镇、堡镇、港沿镇、向化镇、中兴镇、陈家镇、长兴镇、东平镇、新海镇，区政府所在地是城桥镇。行政区域面积最大的乡镇为东平镇，为119.70平方公里；行政区域面积最小的是新村乡，为24.89平方公里。年内，各乡镇人口最多的是城桥镇，有88399人；人口数最少的是绿华镇，有常住人口8357人。全年公共财政收入排名前三位的乡镇是横沙乡、长兴镇、城桥镇，分别是22.55亿元、20.35亿元、8.82亿元。全年农业总产值排名前三位的乡镇是港沿镇、庙镇、新村乡，分别是69982万元、51663万元、46766万元。全年工业总产值排名前三位的乡镇是长兴镇、建设镇、陈家镇，分别是372678万元、198391万元、175166万元。全年固定资产投资额完成情况排在前三位的乡镇是长兴镇、城桥镇、陈家镇，分别是297500万元、188958万元、164675万元。全年完成招商引资注册户数排名前三位的乡镇是横沙乡、长兴镇、向化镇，分别为2032户、2029户、1237户；招商引资税收额排名前三位的乡镇是长兴镇、横沙乡、庙镇，资金额分别是402315万元、394581万元、164274万元。外贸出口拨交额排名前三位的乡镇是建设镇、长兴镇、新村乡，分别是77859万元、42954万元、34704万元。

（《崇明年鉴》编辑部）

长兴镇

【概况】 长兴岛属于长江口沙洲，是上海所属三岛近岸岛屿之一，位于吴淞口外长江南支水道，东邻横沙岛，西望宝钢；北伴崇明岛，南眺浦东。上海长江隧道是连接浦东新区与长兴岛的过江通道，位于长江水道之下，上海长江大桥是连接长兴岛与崇明岛的跨海大桥，位于长江入海口之上，隧桥共同组成上海崇明越江通道。长兴岛呈带状，东西长34公里，南北宽2—5公里，全岛面积160.6平方公里，可耕地1215公顷（不含前卫实业公司）。辖22个行政村、220个村民小组，12个居委会，364个居民小组。常住人口121194人，其中户籍人口41638人，外来人口79556人。年人口出生率3.75‰，人口自然增长率-6.17‰。2022年，全镇完成总税收41.45亿元，比上年减少31.9%；完成地税20.02亿元，比上年减少31.7%；镇级财政收入20.35亿元，比上年下降9.54%；全年新增就业551人，扶持自主创业17家；农村居民家庭人均可支配收入36835元，比上年增长5.4%。岛内的长兴岛郊野公园是国家AAAA级旅游景点，2022年接待游客94万人次。长兴岛每年举办不同主题的特色旅游节，2022年举办“同心礼赞二十大 阔步迈向新征程”为主题的长兴镇第五届文化旅游节。年内，长兴镇获评“节约型机关”、2022年上海市“特色新侨驿站”、献血工作考核优秀集体、无烟党政机关等。长兴镇政府位于长兴岛凤滨路77号。

2022年长兴镇基本情况表

表42

项目	数据	项目	数据
区域面积（平方公里）	160.6	百岁老人人口数（人）	32798
水域面积（平方公里）	67	年末常住户数（户）	50982
年末耕地面积（公顷）	1215	年末户籍人口（人）	41638
城镇建成区面积（公顷）	657	外来常住人口（人）	79556
城镇建成区绿地面积（公顷）	33	人口密度（人/平方公里）	754
行政区划	34	年内出生人口（人）	156
行政村（个）	22	年内死亡人口（人）	413
社区（个）	12	人口自然增长率（‰）	-6.17
年末总人口数（人）	121194	社区事务受理中心	1
男性（人）	20371	服务事项（项）	226
女性（人）	21267	办件量（件）	111830
农村人口（人）	8840	城镇登记失业人数（人）	601
非农人口（人）	32798	新增就业岗位数（个）	1339
60岁以上人口数（人）	15318	新增就业人数（人）	551

续表 42

项 目	数 据	项 目	数 据
居民人均可支配收入（元）	36835	文化机构	26
居民人均生活消费支出（元）	—	社区文化活动中心（家）	2
园林绿地面积（平方米）	150000	陈列馆、展示馆、纪念馆、博物馆（家）	0
公园（座）	7	影剧院（家）	1
新增市科技“小巨人”企业（含培育）（家）	0	基层文化活动场所（处）	23
新增市高新技术企业（家）	0	全国重点文物保护单位（家）	0
专利申请量（件）	452	市级文物保护单位（家）	0
专利授权量（件）	156	区级文物保护单位（家）	0
技术合同认定登记（个）	—	国家级非物质文化遗产（项）	0
技术贸易额（万元）	—	市级非物质文化遗产（项）	0
成人学校（所）	1	区级非物质文化遗产（项）	0
在校学生（人）	358	医疗卫生机构（家）	33
教师（人）	14（7人为兼职）	区级医院（家）	1
高中（所）	0	社区卫生服务中心（家）	1
在校学生（人）	0	村卫生室（家）	13
教师（人）	0	医疗卫生机构床位（张）	417
初中（所）	2	医疗卫生技术人员（人）	233
在校学生（人）	1436	执业（助理）医师（人）	139
教师（人）	173	养老机构（家）	3
小学（所）	4	工作人员（人）	114
在校学生（人）	2621	床位数（张）	492
教师（人）	326	寄养老人（人）	279
幼儿园（所）	4	区级体育场馆（家）	0
在园幼儿（人）	1811	宗教场所（处）	4
教师（人）	199		

（长兴镇）

2022年长兴镇国民经济主要指标情况表

表 43

项 目	完成数	比上年增长（%）
公共财政收入（万元）	203542	−9.54
公共财政支出（万元）	193974	−13.79
外贸进出口额（万元）	—	—
出口额（万元）	—	—
外商直接投资实际到位金额（万元）	—	—
年末私营企业注册数（个）	4356	−63.9
规模以上工业总产值（万元）	3209574	−0.6
社会消费品零售额（万元）	—	—

（长兴镇）

【政府实事项目】 2022年，完成镇政府实事项目8个。完成镇西区(先丰村区域)3、4号地块251户居民户房屋协议置换签约、腾房和拆房，1.2号地块前期评估、面积征询等工作。完成“三阳机构”主体建筑修缮，通过安质监站验收。完成潘圆公路(G40–丰福路)、凤凰公路(南段)景观夜间“亮化”工程。完成路口警示系统安装。深入推进早餐工程建设，新增5家，改造提升6家。新增就业550人，扶持创业17家。完成智慧电梯物联网和电动自行车电梯监控建设。配合做好上海市实验小学长兴分校启用。

【生态环境】 2022年，长兴镇落实低碳环保举措，持续推进垃圾分类，促进生活垃圾分类提质增效。全力推进“两网融合”站点运行，全年可回收物6700吨。滨江苑社区创建上海市2021年度市级绿色社区创建示范单位。恒河新苑社区创建2021年度上海市节水型小区。及时做好市级生态环境保护督察“回头看”相关问题整改工作。常态化开展固废、危废及环保违法违规建设项目清理整治。完善林长制工作体系，完成580亩廊道林建设。处置各类违法用地问题213宗，完成土地整理复垦3.75公顷。改善水环境质量，人居环境治理，全力推进潘石村等水系调整项目，按时间节点完成橘林小镇底泥重金属超标生物消纳处理项目。深化河长制工作，累计巡河1205次，镇村两级河长巡河率100%。积极开展“相约星期四”爱水护河活动。2个市考断面、69个镇控断面水质年均值稳定达标。全面排摸入河排污(水)口风险点，完成8个部级问题点位整改销项。有序开展驻岛单位雨污混排排摸巡查整改。持续实施长江禁捕宣传督查、河道及野生动物保护“清网行动”。开展环境专项治理，全面推进江南大道沿线环境优化，完成3万平方米绿化带清理，建成1万平方米非机动车停车场地。全面完成江南大道新兴支路等临时疏导点改造。完成“喜迎二十大 美化新长兴”主题环境整治专项行动，建立每月15日环境整治长效机制。做好全国文明城区复评、国家卫生镇复审等迎评迎检工作。全年超额完成节能减排指标，产值能耗比比上年下降5.98%。

【经济发展】 2022年，长兴镇经济社会总体呈现持续恢复、稳步向好的发展态势，经济运行逐步企稳。优化调整招商政策，持续深入企业开展调研，协调解决企业发展难题，积极协调驻岛大企业、相关配套企业和落地项目。落实区财税体制改革政策，制定《长兴镇关于促进生态新兴企业高质量发展的实施细则(试行)》《长兴镇关于促进生态新兴企业高质量发展专项资金管理办法》，促进招商引资规范化，推进岛内协税工作。商业发展提质升级，完成“上海礼物”崇明品牌及壹街区商业街、御岛购物中心“上海国际美食街区”项目申报，减免相关经营主体租金245.5万元，营造良好营商环境。完成5个四星级、30个三星级诚信经营户挂牌工作，商户自主管理意识有效提升。规范地理标志授权使用经营户6家，有效推进质量强镇建设。

【绿色农业】 2022年，长兴镇探索推进现代农业，完成长明村120亩经济果林基础设施改造和光荣村517亩高标准农田基础设施建设。完成蔬菜规模化生产基地2家共850亩签约工作。发放水稻稻种7010.84公斤，补贴绿肥资金26.81万元、绿色农药471.04万元。完成3家企业绿色认证产品申报。柑橘产量1.75万吨，销售价格创历史新高。

【生态旅游】 2022年，长兴镇旅游发展态势良好，潘石村、石沙村乡村振兴示范村带动效应进一步凸显，长兴四季果园初具规模，乡村游经济效益逐步呈现。宝莲开心农场、郊野公园田园综合体项目有序推进。研究民宿准入及退出机制，探索低碳环保民宿建设，推进星级民宿创建，举办第五届文化旅游节。

【城乡建设】 2022年，长兴镇提质升级乡村振兴，长征村创建市级美丽乡村，石沙村获评市美丽乡村示范村。启动光荣村区级乡村振兴示范村建设，完成同心村8个村民小组撤制资产前期处置。推进“路长制”工作，设立公示牌103处。完成安全隐患路段安全防护装置安装和解放桥路等农村公路维修养护。长征路创建“崇明幸福路”。推进2021年度16户农民集中居住宅基地退出的减量化工作。实施重大项目，第二敬老院新建工程竣工验收并通过白玉兰奖评审。社区文化活动分中心、三阳机构等项目主体建设基本完成。启动社区文化活动分中心辅楼新建工程控规调整方案编制。完成长橘路(凤凰公路—凤蓉路)雨污水管网改造、长兴家园人车分流改造等民生实事项目。区行政服务中心东部分中心、长兴镇市民健身中心项目筹备工作配合推进。稳步推进动迁安置，完成先丰村3.4号地块251户居民户房屋协议置换签约、腾房和拆房，1.2号地块前期评估、面积征询等工作有序推进。地铁小镇非居21户完成签约及房屋拆除，确保轨交崇明线一期工程站点和盾构井项目如期施工。全面完成中船二期项目所有农村居民户签约工作。配合做好中海运二期动迁安置房基地主体建设，38号地块安置房项目建设协调推进。

【公共服务】 2022年，长兴镇持续优化公共服务，上海市实验小学长兴分校、上海新华医院长兴分院标准化发热门诊投入使用。全面开展未成年人课外实践及村居假日学校活动，累计参与学生4000余人次。新增早餐网点5家、提升改造6家。线上线下持续深化特色文体活动，举办“我们的节日”元宵节、“云”端午等系列活动。新建步道1310米，新建健身点1个，更新7个。成立圆沙动迁安置社区4个业委会，镇红十字会、科协、残联换届完成。全面开展为老服务，推进“认知障碍友好社区建设”试点工作，凤辰乐苑居委会创建全国示范性老年友好型社区、新建社区长者运动健康之家1个。新建渔港佳苑“老年健康之家”、团结村健康步道，石沙村、创建村等4个健身点，更新前卫社区、凤凰佳苑社区等8个健身点。积极开展敬老助老活动，完成65岁以上老年人体检7643人。购买银发无忧保险10268份，投保金额20.51万元。全年为老送餐累计14.51万份。爱心兜底保障措施有力，积极开展“红十字博爱送温暖”“爱心助学”活动，做好监护缺失未成年人结对帮困、烈属、重点优抚对象节日走访慰问。完成2243名持证残疾人年度调查，累计发放各类补贴390万元。完成退役军人及优抚对象优待证发放工作，发放各类救助金。积极深化东西部协作，协作帮扶资金227万元。稳步推进民族宗教、档案、工会、共青团、妇女儿童等工作。

【长兴区域化党建联席会议】 1月17日，长兴区域化党建联席会议2022年第一次会议在振华重工（集团）长兴分公司召开。区委书记、市长兴岛管委会党组书记、常务副主任李政出席会议，并作重要讲话，指出要紧紧围绕“长兴奋起”发展目标，以区域化党建为引领，紧紧凝聚各方资源、智慧和力量，踔厉奋发、笃行不怠，携手加快长兴新一轮高质量发展，以优异成绩迎接党的二十大和市第十二次党代会的胜利召开。会议通过调整后的长兴区域党建联席会议成员名单。5月23日，长兴区域化党建联席会议2022年第二次会议召开。区委书记、市长兴岛管委会党组书记、常务副主任李政在会上指出，要深入贯彻落实习近平总书记系列重要讲话精神，按照“疫情要防住、经济要稳住、发展要安全”要求，聚焦“加强党建引领，联合抗击疫情，加快复工复产”主题，更好发挥长兴区域化党建平台作用，积极凝聚各方智慧力量，进一步巩固扩大长兴疫情防控成果，加快恢复正常生产生活秩序，为打赢大上海保卫战作出更大贡献。区长缪京主持会议。区委副书记李峻出席。区委常委、市长兴岛管委会党组副书记、执行副主任吴召忠报告长兴岛抗击新冠疫情工作。会上，江南造船、沪东中华、振华重工、中远海运、长兴企业集团、长兴镇清水苑社区作发言。会议审议通过关于选派长兴企业党员担任村居“第二书记”的工作方案。长兴镇党委宣布并任命第一批村居“第二书记”。

【长兴镇人民政府与上海农科院作物所合作签约会】 11月12日举行。与会者现场观摩农科院作物所三个水稻新品种机收情况，聆听作物所关于3个新品种特性介绍，试种基地介绍试种过程和机收要点。与会者对3个品种的大米作现场品鉴。农科院作物所所长曹黎明就粮油新品种作详细介绍。长兴镇政府与上海市农科院作物所就“优质粮油作物新品种示范推广”签订合作协议，长兴镇将充分借助市农科院的技术优势，在果树、粮油、蔬菜方面实现多元化发展，最终实现长兴农业的规模化、科技化、品牌化目标。上海市农科院作物所所长曹黎明，上海市农科院科技兴农办副主任张建明，上海市柑橘研究所所长、上海前卫柑橘有限公司经理蒋飞，长兴镇党委副书记、镇长郭春菊，副镇长蔡钱江以及区、镇、部分村负责人参加签约会。

【第五届文化旅游节】 11月17日举行。主题为“同心礼赞二十大 阔步迈向新征程”。由长兴镇党委、政府主办，镇新时代文明实践分中心、社区党群服务中心和潘石村村民委员会共同承办。开幕式围绕主题，分“初心、奋斗、逐梦”三大篇章展开，以文艺演出和徒步为主线，提供多元化的活动形式，感受长兴翻天覆地的变化，共同助力乡村振兴。长兴镇人大主席顾方亮、区文化和旅游局副局长俞家龙等出席活动，村、机关、企事业单位、驻岛单位负责人，区域化单位、大企业职工代表、行业杰出代表以及群众代表参加活动。（龚德俊 汤珏婷）

横沙乡

【概况】 横沙岛位于崇明区东南部长江口，四周环水，东眺东海，西邻长兴岛，南与上海浦东遥相呼应，北与崇明岛隔江相望。全岛南北长12公里，东西宽8公里，平均海拔2.8米。全乡区域面积51.74平方公里，耕地面积2763公顷。至2022年底，全乡有居民14520户，户籍人口33265人，外来人口1398人，自然增长率-9.23‰。下辖24个行政村、248个村民小组，1个居委会。全年实现地方税12亿元，比上年减少55.37%。乡级财政收入22.3亿元，比上年减少17%；支出21.56亿元，比上年减少18.8%；农村住户人均可支配收入37638元，比上年增加6.7%。全年新增就业岗位345个，新增就业700人。横沙乡获评2022年度全国乡村旅游重点镇（乡）。横沙乡人民政府地址为崇明区新环路75号。

2022年横沙乡基本情况表

表44

项目	数据	项目	数据
区域面积（平方公里）	51.74	教师（人）	5
水域面积（平方公里）	5.372	高中（所）	1
年末耕地面积（公顷）	1206.6	在校学生（人）	99
城镇建成区面积（公顷）	0.88	教师（人）	30
城镇建成区绿地面积（公顷）	134.9	初中（所）	1
行政区划		在校学生（人）	281
行政村（个）	24	教师（人）	40
社区（个）	1	小学（所）	1
年末总人口数（人）	34663	在校学生（人）	236
男性（人）	16209	教师（人）	50
女性（人）	17056	幼儿园（所）	1
农村人口（人）	21954	在园幼儿（人）	185
非农人口（人）	11311	教师（人）	23
60岁以上人口数（人）	13495	文化机构	
百岁老人人口数（人）	13	社区文化活动中心（家）	1
年末常住户数（户）	14520	陈列馆、展示馆、纪念馆、博物馆（家）	3
年末户籍人口（人）	33265	影剧院（家）	1
外来常住人口（人）	1398	文广站（家）	1
人口密度（人/平方公里）	642.9	基层文化活动场所（处）	27
年内出生人口（人）	76	全国重点文物保护单位（家）	0
年内死亡人口（人）	384	市级文物保护单位（家）	0
人口自然增长率（‰）	−9.23	区级文物保护单位（家）	0
社区事务受理中心		国家级非物质文化遗产（项）	0
服务事项（项）	190	市级非物质文化遗产（项）	0
办件量（件）	12000	区级非物质文化遗产（项）	0
城镇登记失业人数（人）	391	医疗卫生机构（家）	1
新增就业岗位数（个）	345	区级医院（家）	0
新增就业人数（人）	700	社区卫生服务中心（家）	1
居民人均可支配收入（元）	37638	村卫生室（家）	11
居民人均生活消费支出（元）	—	医疗卫生机构床位（张）	15
公园（座）	2	医疗卫生技术人员（人）	69
新增市科技“小巨人”企业（含培育）（家）	0	执业（助理）医师（人）	29
新增市高新技术企业（家）	0	养老机构（家）	1
专利申请量（件）	0	工作人员（人）	21
专利授权量（件）	0	床位数（张）	110
技术合同认定登记（个）	0	寄养老人（人）	40
技术贸易额（万元）	0	区级体育场馆（家）	1
成人学校（所）	1	宗教场所（处）	3
在校学生（人）	140		

（横沙乡）

2022年横沙乡国民经济主要指标情况表

表45

项目	完成数	比上年增长（%）
固定资产投资完成额（万元）	10187	13.7
公共财政收入（万元）	总收入：386245 区级：11.64	−29.35 −32.85
公共财政支出（万元）	215560	−18.77
外贸进出口额（万元）	—	—
出口额（万元）	—	—
外商直接投资实际到位金额（万元）	—	—
年末私营企业注册数（个）	33427	−14.3
规模以上工业总产值（万元）	—	—
社会消费品零售额（万元）	—	—
地方财政收入（万元）	225529	−13.75

（横沙乡）

【政府实事项目】 2022年，完成政府实事项目7个。完成对创建河(红星河——文兴河）总长5.065公里的河道整治。主要工程内容包括河道疏浚、新建护岸、新建绿化等。实现中小幼三所学校学生“营养奶”“健康蛋”“关爱点心”正常供应。民生长者食堂内部改扩建。增配120救护车人员。推进电动自行车“戴帽工程”行动。形成单向收费方案和申崇七线联票初步方案。完成本乡主要道路口安装智能警示灯和斑马线预警器。

【生态环境整治】 2022年，横沙乡全力提升生态品质，人居环境风貌持续改善，制定《横沙乡进一步完善河长制工作制度的实施意见》《横沙乡人民政府关于进一步打通断头河的实施意见》；完成河长公示牌信息更新及公示牌信息上传；落实周暗访、月通报制度，累计发现并整改突出河湖问题25个，开展保障水系生态环境专项整治行动，全年清理地笼2757只、断木等阻水障碍物104个；清理福寿螺2万余只；62条段（65.6公里）乡、村级河道完成提升性养护；打通断头河，新建方涵413处，进一步提升河道通畅度、优化岛域水质、提高防汛除涝能力。推进村庄清洁行动常态化，按月开展村庄清洁日行动，发动村民参与5428人次，清除村域各类垃圾1542.3吨，清理乱搭建2213平方米，清理宅前屋后堆物3129处，清理乱张贴、废弃标语等254处，拆除废弃的窝棚、看护棚、简易围栏等临时搭建物2510平方米，整修拆除危旧房屋、残垣断壁1087平方米，清理“一枝黄花”7.1万平方米，整治违规占河392处7186米。

【乡村振兴】 2022年，横沙乡完成美丽街区一期建设，提升建筑形态和街区家居风貌；完成创建河整治工程，进一步疏通美化横沙水系南北主动脉；完成危险品码头油品卸油设备提升工程；完成红星河连接桥12座;完成“门面”改造3处,“立面”优化2处；完成新窑路段农村公路提档升级；完成创建河西侧临水路段整治;提升乡村“绿面”152.5万平方米；完成5.5公里乡村道路提标改造；完成6个村核心区架空线入地工程；完成4家中大型民宿的污水集中处理设施；永胜村获评2022年度“上海市美丽乡村示范村”；完成民生村、民永村2020年区级乡村振兴示范村验收；完成富民村、江海村、永发村、永胜村、新永村2021年区级乡村振兴示范村工程建设；推进东兴村2022年区级乡村振兴示范村建设前期策划。横沙组团式乡村振兴示范片区的格局基本形成。

【产业融合发展】 2022年，横沙乡推动绿色发展，经济结构调整持续优化，制订《横沙乡促进现代新农业加快发展政策意见》，健全现代绿色农业产业体系的四梁八柱；提标农资封控中心，建设农产品质量安全监管站，实现产业全管控和产品全追溯；落实资源保护完成经济果林补种和更新改造5627亩；培育南菁系列产业园，打造“南菁蟹园”“南菁枇杷园”等农旅融合新样板；入股上海横沙东滩农业开发有限公司，成立上海原味横沙农业发展有限公司，为现代新农业发展奠定基础；依托电商平台扩展销售渠道，全年销售横沙优品680万元。推进“一环三乡九园十八景”（“一环”：打造一条近观十里江滩、百里防护林带的最美环岛旅游线；“三乡”：融入永发八仙居、民永湖区民宿集群等特色业态，打造研学之乡、团建之乡、康养之乡；"九园"：结合垂钓园、风筝园、望江驿站、自行车越野公园、卡丁车运动公园、老油库营地＋水上公园、开元南园等生态新文旅产业特色的探索，建设营地型主题园区；"十八景"：重塑岛内独具横沙文化记忆的历史景观点。）建设，深耕岛域景观及人文特色，获评文化和旅游部全国乡村旅游重点镇（乡）称号；引导农户参与"横沙竞美"民宿评星，促进民宿集群发展，获评四星级民宿5家，三星级民宿6家；打造"一张船票品横沙"特色旅游项目；开展首届"稻田露营节"活动；整合民宿及景区景点介绍平台，开发活动预订、地图指引等新功能；上线旅游短视频作品81条，累计播放量超1000万；创新"云招商"模式，通过网络对接、视频洽谈，提升沟通效率；积极开展实地走访＋云回访的"五F"（访市场、访企业、访重点、访业绩、防风险）优商稳商行动，了解企业正常诉求、发展需求，进一步优化营商环境；帮助解决注册企业"急难愁盼"问题256项，切实增加开发区与企业之间的黏性，提升优质企业再开发能力，拓宽招商新渠道；完善风控保全工作制度，科学规划、分工合作、落实风险保全措施，帮助企业纾困解难，全年完成招商引资38亿元；加强和规范集体资产监督管理，防范集体资产流失，规范签订租赁合同13份，并上传至"三资"平台；推进企业清理整合2家；落实资产巡查制度，保障集体资产权益。

横沙乡俯瞰图（横沙乡 供图）

【民生保障】 2022年，横沙乡推进中小幼三所学校"营养奶""健康蛋""关爱点心"供应全覆盖；建立横沙乡未成年人保护工作站，制定《横沙乡未成年人保护工作机制》；居家养老和"长护险"全年累计服务对象1118人；开展数字化惠老服务，针对横沙籍认知障碍人群赠送防走失健康手环；完善"中心厨房＋村居送餐"的运营模式，全年累计送餐服务19.6万人次；完成敬老院二期项目建设；新建"空中应急救援平台"，签订水路服民生保障协议，增配救护车辆，不断提升岛内医疗救护能力；组建"三保队伍"，开通便民服务热线；开展高层次医疗机构上岛义诊2次；建立公共交通联票机制；对接"一网通办"，全年窗口受理事务10976件，接待办事群众17601人次；完成新增就业302人，帮扶引领自主创业5人、帮助长期失业青年实现成功就业创业19人、城镇新增就业1077人；完成乡级退役军人服务站及25个村居退役军人服务站建设；为老退伍军人发放各类补助；为残疾人申请住院保险、身故保险、发放补贴资金、慰问资金共计177.25万元；走访慰问重点优抚对象，发放优待金及节日补助；针对低保、低收入、重残无业等对象，发放各类救助、帮困帮扶资金1706万元，受益22733人次；发放岛外就业补贴36.45万元、长横对江渡补贴4.7万元。

【基层治理】 2022年，横沙乡深化群众性文明系列创建活动，营造社会文明良好风尚。推进"2021—2023年度第七届全国文明村镇、全国文明单位"创建，新永村、公平村、横沙乡资产经营有限公司创建市级文明村（单位）；完善"创城"常态长效机制，积极推动文明城市创建任务落实落地；开展"我们的节日"系列活动，结合春节、元宵、重阳、七夕等传统节日，组织开展各类群众文艺会演等活动29场次；注重社区教育，培育核心价值，开展各类讲座50场，参加2053人次；以网格化平台为基础，城市运行综合指挥平台累计完成道路交通、公共设施、矛盾纠纷等2.5万余件案件上报及处置，不断提升基层社会治理现代化水平；推动网格管理常态化，全年督办案件129起；全年累计接待受理群众来信来访41件，比上年下降34.92%，办结率为100%；全年报警数下降23%，交通事故、刑事案件数分别下降13%和32%；夯实12345热线服务效能，接单总数826件，结案率100%；实施"一网通办""好差评"制度，不断提升服务效率；开展垃圾分类督导12次；建立"农户申请、村级审查、部门审核、乡镇审批"的农民建房审批管理新模式，首创跨部门联审联办工作机制，对规划点内保留村保护村的农户原宅翻建不超原有用地范围的实行乡镇审批，完成审批15户；开展自建房安全整治"百日攻坚"行动，全乡累计排查851栋；完成违法土地卫片整治101宗，设立设施农用地公示牌215块；创建上海市乡村治理积分制示范基地；群众安全满意度连续两年全区第一；制定《横沙乡"三禁一防"专项行动工作方案》，全面开展禁毒、禁赌、禁燃、防诈专项行动；常态化推进扫黑除恶工作，为村居和驻岛单位开展反有组织犯罪法专题培训38

次，持续推进“无毒村居”创建；推进安全生产专项整治三年行动；成立横沙乡消防委，设立消防安全管理办公室；安装道钉17.5公里，新设黄闪灯17个，反光柱300根，增设临水临河护栏6500多米，营造安全畅通有序的道路交通环境；实施“戴帽工程”，全乡发放安全头盔1.6万顶，安全文明出行理念深入人心；创设“南菁心港”工作机制，构建“1+4+25”(“1”是1个工作总站，“4”是4个分片区，“25”是25个工作点）新型网格化社会矛盾纠纷调处化解体系。

【市绿化和市容管理局到横沙乡调研】 8月11日，市绿化和市容管理局副局长唐家富一行到横沙乡调研绿化市容工作。唐家富一行先后视察YM菌超高温好氧发酵系统（横沙基地）、横沙东滩现代农业产业园、海岛艺术田园等点位，分别听取YM菌处理工艺、东滩产业规划、生态环境治理相关工作汇报。

【首届“稻田露营节”】 10月2—3日在永丰艺术田园举行。上海横沙岛旅游开发有限公司主办。活动结合乡村旅游文化的发展方向，依托海岛原味生态的乡村特色，丰富海岛旅游项目，打造横沙岛“露营+”生态旅游业态。活动现场通过对游客进行问卷调查，并将在活动结束后对调查数据进行总结分析，从而更加精准地实现目标用户群定位，为横沙岛旅游市场的下一步活动策划与项目开发提供科学依据支撑，持续推动“三乡”打造高品质旅游景区，加快推进旅游产业发展新格局，提升旅游配套服务能级，打造横沙文旅品牌。

【横沙乡入选第二批全国乡村旅游重点镇（乡）】 文化和旅游部、国家发展改革委联合开展全国乡村旅游重点村镇遴选推荐工作，确定拟入选的第四批全国乡村旅游重点村名单和第二批全国乡村旅游重点镇（乡）名单。文化和旅游部公示，上海市崇明区横沙乡入选第二批全国乡村旅游重点镇（乡）名单。

（陆庆佳）

新村乡

【概况】 新村乡地处崇明岛西北角，是稻米之乡、稻米文化小镇，南以环岛北横引河为界与新海镇毗邻，北与江苏省南通市海门区隔江相望，东接江苏省在崇明岛飞地海永镇，西连庙镇良种场，东西长13公里，南北宽2.3公里，区域总面积34.67平方公里，呈临江带状。1968年由江口、合作等8个人民公社围垦移民而成，1973年正式成立新村人民公社，1984年建立新村乡人民政府。耕地总面积约2022.47公顷（其中水稻种植面积1628.53公顷）。现有6个行政村，114个村民小组。至2022年底，户籍人口10393人，外来常住人员1199人。完成招商引税11.19亿元，比上年下降5.93%；实现一般公共预算收入4.25亿元，比上年增长44.56%。农村居民人均可支配收入37133元，比上年增长9.48%。2022年新村乡创建上海市乡村治理积分制示范基地、无烟党政机关。新村乡人民政府地址为上海市崇明区新村乡星村公路2105号。

2022年新村乡基本情况表

表46

项目	数据	项目	数据
区域面积（平方公里）	34.67	60岁以上人口数（人）	3985
水域面积（平方公里）	1.9459	百岁老人人口数（人）	3
年末耕地面积（公顷）	2022.47	年末常住户数（户）	4434
城镇建成区面积（公顷）	57	年末户籍人口（人）	10393
城镇建成区绿地面积（公顷）	2.83	外来常住人口（人）	1199
行政区划	6	人口密度（人/平方公里）	334.35
行政村（个）	6	年内出生人口（人）	29
社区（个）	0	年内死亡人口（人）	138
年末总人口数（人）	11592	人口自然增长率（‰）	−15.51
男性（人）	5105	社区事务受理中心	
女性（人）	5288	服务事项（项）	192
农村人口（人）	7663	办件量（件）	3657
非农人口（人）	2730	城镇登记失业人数（人）	25

续表 46

项 目	数 据	项 目	数 据
新增就业岗位数（个）	90	文化机构	8
新增就业人数（人）	385	社区文化活动中心（家）	1
居民人均可支配收入（元）	36827	陈列馆、展示馆、纪念馆、博物馆（家）	0
居民人均生活消费支出（元）	—	影剧院（家）	0
公园（座）	1	文广站（家）	0
新增市科技“小巨人”企业（含培育）（家）	0	基层文化活动场所（处）	7
新增市高新技术企业（家）	2	全国重点文物保护单位（家）	0
专利申请量（件）	8	市级文物保护单位（家）	0
专利授权量（件）	—	区级文物保护单位（家）	0
技术合同认定登记（个）	—	国家级非物质文化遗产（项）	0
技术贸易额（万元）	—	市级非物质文化遗产（项）	0
成人学校（所）	1	区级非物质文化遗产（项）	0
在校学生（人）	50	医疗卫生机构（家）	6
教师（人）	2	区级医院（家）	0
高中（所）	0	社区卫生服务中心（家）	1
在校学生（人）	0	村卫生室（家）	5
教师（人）	0	医疗卫生机构床位（张）	21
初中（所）	0	医疗卫生技术人员（人）	26
在校学生（人）	0	执业（助理）医师（人）	6
教师（人）	0	养老机构（家）	2
小学（所）	1	工作人员（人）	20
在校学生（人）	62	床位数（张）	109
教师（人）	19	寄养老人（人）	28
幼儿园（所）	1	区级体育场馆（家）	0
在园幼儿（人）	36	宗教场所（处）	1
教师（人）	7		

（新村乡）

2022 年新村乡国民经济主要指标情况表

表 47

项 目	完成数	比上年增长（%）
固定资产投资完成额（万元）	—	—
公共财政收入（万元）	42500	44.56
公共财政支出（万元）	42500	44.56
外贸进出口额（万元）	—	—
出口额（万元）	—	—
外商直接投资实际到位金额（万元）	—	—
年末私营企业注册数（个）	—	—
规模以上工业总产值（万元）	44831.2	—
社会消费品零售额（万元）	—	—

（新村乡）

【政府实事项目】 2022年，完成对乡政府实事项目7个。开展职业培训10人次；新增就业385人；帮助13名长期失业青年实现就业创业。新建1个长者运动健康之家。开展文化配送下乡工程，配送群众文艺演出40场，群众文艺辅导12场，群众文艺导赏10场。新增1家未成年人保护工作站；为不少于1300名退休和生活困难妇女提供免费妇科病和乳腺病检查；为115名残疾人提供免费健康体检服务；为2名困难视力残疾人提供智能助盲辅具；为501名社区居民提供大肠癌筛查。完成25户集中居住签约工作，其中货币化置换15户，实物置换10户。完成3967.63平方米农村道路维修工程（项目资金89.8849万元），完成1735米临水临河路段护栏安装（项目资金69.7745万元）。推进500千伏崇明输变电工程民房搬迁工作，对新洲村环评走廊内17户农户开展地上物评估，完成地上物、集中居住双签约8户（签约率为47%）。开展220千伏架空线规划走廊区域民房搬迁工作，对新洲村17户农户开展地上物评估，完成地上物、集中居住双签约12户。

【人居环境】 2022年，新村乡以明确标准体系为切入点，组织召开专题工作会，进一步统一思想、凝聚共识，明确"以点带面、全域打造、局部凸显、叠荡起伏"的环境优化建设思路，划定以"省界、镇界交界处""乡级主干道、中心区域"为主，"村内重要点位"为辅的区域图，分级制定提标增效行动方案，开展专项整治，治堵点、整重点、攻难点，推进全乡面貌提档升级。以全国文明镇、全国乡村治理示范镇创建等工作为契机，形成上下联动、齐抓共管、各方参与的工作合力，全力打造与稻米文化小镇相匹配的人居环境。完成无证数据库内存量点位销项2462.45平方米，拆除库外违法建筑1062平方米，清理违法用地上违法建筑100平方米。完成2个口袋公园项目立项，总面积10000平方米，排摸造林潜力地块70亩。开展"户外广告店招店牌"专项整治，对违规的2处户外设施进行拆除，并清除乱涂写广告10余处。以强化督查整治为关键点，成立由规环办、农办牵头，综合执法队、市容所、城建中心、农技中心、水务所等部门共同参与的督查队伍，开展定期检查。至12月底，联合督查10余次，发现处置宅前屋后乱堆放、河道垃圾未清理等问题70余处，排摸梳理不规范养殖50余处、村内农宅周边破损道路约7600平方米，形成问题清单，及时反馈各村，并协同相关部门配合指导村委落实网格化整改，形成问题发现—集中整治—定期复审闭环管理制度，防止乱象回潮反弹。结合每月"环境清洁日"专项行动，清理宅前屋后堆物3441处，清理乱张贴391处，清除各类垃圾1778吨，确保问题逐一销项，落实责任到位，强化整治实效。新增垃圾分类智能探头12个，实现垃圾分类精准溯源。以推进长效自治为落脚点，建立乡级日常巡查、月度督查、年度考核等机制，组织乡人大代表参与督查、参加座谈，发挥人大监督和建言献策作用，选派乡机关事业等141名干部担任"第二组长"，深入群众，引导规范村民整理宅前屋后，共同制定不规范畜禽养殖和家庭农场管理标准；依托乡村治理积分制，结合定期考核，划定ABC三级标准，落实评星定级、道德模范、最美庭院等各项评选，发挥正向激励功能，激发群众内生动力，实现从"要我干"到"我要干"的深刻转变，在全民参与乡村治理中推动人居环境从"一处美"走向"处处美"，从"一时美"迈向"时时美"。

【生态产业】 2022年，新村乡围绕现代畜禽养殖产业片区建设目标，主动服务保障正大300万羽蛋鸡项目建设，配合区级职能部门督促整改提升，努力确保项目健康有序发展。依托绿色田园产业片区和特色小镇创建新平台，聚焦"现代新农业、生态新文旅"两大生态产业体系，做强以文化为旗帜的"稻米+"发展战略。优化"一袋米、一口锅、一枚蛋、一头鹿"产业发展布局，整合乡域旅游资源，对标研学教育基地和研学旅行目的地功能，推进新村稻米文化公司实体化运作，完善稻米文化中心、冠华工业旅游景区功能，拓展北滩麋鹿苑科普内涵，创建循环农业示范镇，建成"上海冠华·守正创新馆"。

【稻米产业】 2022年，新村乡围绕稻米文化小镇建设目标，聚焦稻米品质提升，用足用好市农科院在新村设立稻米产业研究院和专家工作站的科技优势，推进优质稻米生产加工标准化试点项目及优质米清洁高效生产技术集成示范项目，创建上海市生态循环农业示范镇。深化细化年度合作清单，以发展智慧农业为方向，改进农业生产工艺，进行水稻品种差异化生产。在优质水稻生产核心区示范推广养草灭草技术，实施"田在花中、花在田中"的农业防治项目，全域化实施优质稻种、绿色农药、新型肥料统供，落实减药减肥措施。推广植保无人机等"机器换人"技术；全面推行新型缓释肥项目和侧深施肥技术，推广水稻同步侧深施肥18068.38亩，发放缓释肥、BB肥810吨。扶持上海聚霞合作社等经营主体，做大做强"稻1968""新村麋鹿米"等大米品牌。

【基层治理】 2022年，新村乡深入推进"双创"工作。组织开展创建全国文明镇、全国乡村治理示范镇"三百日"攻坚专项行动，全力推进新一轮全国文明镇创建，同步推进全国乡村治理示范镇创建，打造上海市乡村治理积分制示范基地，引导群众发挥主体作用，形成新时代共建共治共享的乡村治理格局。申报上海市文明镇、3家市级文明单位、4家市级文明村复审，新申报2家市级文明村、1家市级文明单位和2家区级文明单位，1人获崇明区最美崇明人提名奖。新国村创建上海市美丽乡村示范村。完善“两张网”建设。深化政务服务工作，有效落实“一网通办”领导帮办制度，完成24小时政务自助服务区建设，加大“新村旗舰店”“两个免于提交”宣传推广力度，服务窗口群众满意度持续提升，综合窗口和专项窗口全年无差评。优化“一网统管”平台，以新洲村为试点，探索设计垃圾分类等智能应用场景，全年共处置市政市容、社会管理、突发事件等各类案件11156起，社会治理精细化程度进一步增强。依托党建“叶脉工程”，发挥22个党建微网格自治功能，以乡村治理积分制构建共建共治共享的“稻香人家”积分治理体系，引导群众积极参与乡村治理，发挥群众主体作用。落实乡村治理积分“四示”制度，即坚持乡村治理积分标准在组务公开栏明示、农户积分结果定期公示、宅前屋后自治效果对比展示、积分领先家庭予以榜示，通过积分结果“亮化”主动接受群众监督、确保公平公正公开，提升村民参与乡村治理积分活动的积极性。依托乡村治理“积分银行”制度，实现积分实时兑换、永不清零，形成各村日常实物兑换、乡级等级“代金券”、公共服务资源“优惠餐”、各类评优评先“优先权”等分层分类的多重积分兑换奖励机制，落实“稻香人家示范户”荣誉牌等奖励。2022年新村乡获评上海市乡村治理积分制示范基地。扎实推进平安建设。深入推进安全生产工作，健全安全生产责任体系，紧盯重点领域加强隐患排查整改，强化各项安全生产防范措施，积极应对“梅花”台风，守住安全生产底线。推进市级平安示范社区创建，巩固扫黑除恶专项斗争成果，平安建设常态长效工作机制逐步形成。推进“三禁一防”专项行动和突出矛盾化解，巩固扫黑除恶专项斗争成果，保障社会稳定，累计接待来访群众144批次、207人次。全力推进“智慧公安”建设，立体化、信息化社会治安防控体系逐步健全。开展基层公共法律服务体系建设，实现法律顾问服务基层全覆盖。指导新中村创建第九批“全国民主法治示范村”。

【民生保障】 2022年，新村乡坚持规划先行，全面统筹农用地、建设用地和乡村生态保护修护，促进耕地保护和土地节约集约利用。完成“三区三线”划定，推进违法用地整治。高起点规划、高标准设计，完成受理中心24小时政务自助服务区建设，积极推进社区文化设施提升项目，一批公共基础设施得到改善，群众体验感逐步提升。制定出台《新村乡2022—2023年促进就业扶持办法》，加大就业政策宣传力度，开展未就业高校毕业生“十个一”服务攻坚行动、就业援助“暖心活动”等，举办线上人才招聘会4场，推出280个岗位，新增就业82人，完成率109.3%。建立新村乡互助帮困基金，为年度医疗费支出较大的困难群体进行兜底保障，累计发放救助金6.1万元。关心关爱老年群体，每季度为全乡2133名70周岁以上老人赠送新村大米。规范敬老院、长者照护之家、助餐点等运营机制，保障老年人“老有所依、老有所养”。关心退役老兵生产生活，为退役军人及其家属采集基础信息并办理优待证，通过“八一”慰问、“关爱功臣”项目等，提升退役军人获得感和荣誉感。全年为141名重残无业人员发放定期定量救济金179.44万元，为60名城乡低保人员发放最低生活保障金37.79万元，为32名特困供养人员发放救助金52.37万元。深入开展国家卫生区创建工作，结合爱国卫生月等活动，组织开展疫情防控、公筷公勺、健康生活、三减三健等知识宣传66场次；以提高公民科学文化素质为目标，先后组织开展科技节主题宣传、全国科普日网络知识竞赛、食品药品科普、疫苗接种科普讲座、食品安全进校园等活动，举办农村办酒从业人员专项培训，坚决守牢食品药品安全底线。国防动员、人民防空、双拥优抚等工作进一步加强，妇女儿童事业稳步发展，积极创建市级优秀型儿童友好社区，民族、宗教工作持续巩固深化。大力开展爱国卫生运动，不断巩固国家卫生镇创建成果。持续扩大公共文化服务供给，全年完成送戏下乡、文艺惠民演出30余场。

【上海市首个麋鹿野放栖息地初步建成】 2月25日，崇明新村乡麋鹿极小种群恢复与野放项目引入的1公3母4头麋鹿在做健康检查、佩戴追踪项圈后，被放归至崇明新村乡栖息地，上海市首个麋鹿野放栖息地初步建成。栖息地占地313.2亩，位于新村乡新卫村副业场。

【市社会科学界联合会到新村乡调研】 8月4日，上海市社会科学界

2月25日，上海市首个麋鹿野放栖息地在新村乡初步建成（新村乡 供图）

联合会党组成员、副巡视员陈麟辉率乡村治理积分制评估专家组到新村乡开展市级乡村治理积分制示范基地创建成效评估。专家组实地走访新卫村新红湾和新中村新悦坊，并听取新村乡积分制工作开展情况和成效的汇报，对新村乡积分制工作表示肯定。通过专家实地评估，新村乡被评为上海市乡村治理积分制示范基地。（朱爱莹 刘佳瑶）

绿华镇

【概况】 绿华镇位于崇明区西部，崇明岛的西南端，地理坐标为北纬31° 43'，东经121° 15'。绿华镇东边与北边东段与三星镇为界，北边西段与新海镇跃进农场为界，南边和西边与长江大堤为界，和江苏太仓、常熟、海门隔海相望。绿华镇东西长15公里，南北长7~8公里，地面高3~4.7米（以吴淞0米为标准），总面积37.45平方公里，耕地面积1044.01公顷。绿华镇镇区在新建公路4号桥以南，三华公路以北。绿华镇是20世纪70年代初经围垦滩涂移而成，原名为新建副业场，是上海重要的副食品生产基地。1980年11月为适应改革开放和加快经济发展，改名为崇明县绿华农工商联合公司。1984年4月建立崇明县绿华乡。1995年3月撤乡建镇，建立崇明县绿华镇。2016年10月崇明县撤县建区，崇明县绿华镇改名为崇明区绿华镇。2022年，绿华镇辖区共有7个村、1个居民委员会。绿华镇境内有新建和崇西两座水闸。崇西水闸是崇明岛上最大的内河三孔水闸，三孔每门12米，总宽36米。崇西水闸也是崇明岛全境唯一的一座进水水闸。绿华镇是旅游景区重点区域。岛上最大的天然人工湖明珠湖面积20余公顷，是国家AAAA级旅游景区。西沙湿地公园，是典型的长江河口滩涂湿地，也是上海市唯一具有自然潮汐现象和成片滩涂、林地的自然湿地，是国家AAAA级旅游景区。荷花博览园，是上海市国内外名贵荷花展示品种、生产育种规模最大，集育花、观花、赏花、品花与茗花为一体，具有荷文化的国家AAA级旅游景区。绿港风情景区获评全国旅游共建村、国家AAA级旅游景区。绿华镇是全国乡村旅游重点镇、西沙明珠湖旅居康养特色小镇。年内，绿化镇获评2020—2022年度“国家卫生镇”称号。绿华镇人民政府获上海市人大常委会2022年度人大代表“家站点”市级示范平台、上海市农业农村委“生态循环农业示范镇”称号。绿华镇人民政府地址为崇明区绿华镇绿华路518号。

2022年绿华镇基本情况表

表48

项目	数据	项目	数据
区域面积（平方公里）	37.45	外来常住人口（人）	945
水域面积（平方公里）	1.75926	人口密度（人/平方公里）	176.3
年末耕地面积（公顷）	1044.01	年内出生人口（人）	19
城镇建成区面积（公顷）	59	年内死亡人口（人）	84
城镇建成区绿地面积（公顷）	11.56	人口自然增长率（‰）	−7.74
行政区划		社区事务受理中心	
行政村（个）	7	服务事项（项）	192
社区（个）	1	办件量（件）	15120
年末总人口数（人）	6603	城镇登记失业人数（人）	180
男性（人）	4129	新增就业岗位数（个）	390
女性（人）	4228	新增就业人数（人）	348
农村人口（人）	5859	居民人均可支配收入（元）	39042
非农人口（人）	2498	居民人均生活消费支出（元）	—
60岁以上人口数（人）	3529	公园（座）	2
百岁老人人口数（人）	1	新增市科技“小巨人”企业（含培育）（家）	—
年末常住户数（户）	3863	新增市高新技术企业（家）	—
年末户籍人口（人）	8357	专利申请量（件）	—

续表 48

项 目	数 据	项 目	数 据
专利授权量（件）	—	文广站（家）	0
技术合同认定登记（个）	—	基层文化活动场所（处）	9
技术贸易额（万元）	—	全国重点文物保护单位（家）	0
成人学校（所）	1	市级文物保护单位（家）	0
在校学生（人）	131	区级文物保护单位（家）	0
教师（人）	3	国家级非物质文化遗产（项）	0
高中（所）	0	市级非物质文化遗产（项）	0
在校学生（人）	0	区级非物质文化遗产（项）	0
教师（人）	0	医疗卫生机构（家）	8
初中（所）	0	区级医院（家）	0
在校学生（人）	0	社区卫生服务中心（家）	1
教师（人）	0	村卫生室（家）	7
小学（所）	1	医疗卫生机构床位（张）	12
在校学生（人）	31	医疗卫生技术人员（人）	26
教师（人）	20	执业（助理）医师（人）	14
幼儿园（所）	1	养老机构（家）	2
在园幼儿（人）	32	工作人员（人）	16
教师（人）	9	床位数（张）	135
文化机构		寄养老人（人）	27
社区文化活动中心（家）	1	区级体育场馆（家）	0
陈列馆、展示馆、纪念馆、博物馆（家）	2	宗教场所（处）	0
影剧院（家）	0		

（绿华镇）

2022 年绿华镇国民经济主要指标情况表

表 49

项 目	完成数	比上年增长（%）
固定资产投资完成额（万元）	4576	−95
公共财政收入（万元）	28625.96	0
公共财政支出（万元）	28625.96	0
外贸进出口额（万元）	0	—
出口额（万元）	0	—
外商直接投资实际到位金额（万元）	0	-
年末私营企业注册数（个）	685	−40.38
规模以上工业总产值（万元）	8841	14.7
社会消费品零售额（万元）	—	—

（绿华镇）

【政府实事项目】 2022年，完成镇政府实事项目7个。新增就业岗位数390个，新增就业人数348人；帮助长期失业青年就业11人，帮扶引领创业5家；举办2次线上1次线下招聘会，提供173个应聘岗位，招聘460余人。城乡居民养老保险新增无账户人员参保3人，参保覆盖率达99.9%；全年共计发放困难对象救助金232.5万元；发放乡村幼教、代课教师、三校生、乡村兽医等相关人员养老生活补贴计56人8万余元；完成2个农村养老服务示范睦邻点建设。处理政府服务便民热线案件61件。开展食品药品安全培训活动，共培训单位125户次，141人次。开展文化配送下乡工程，配送区文艺演出进村居9场。完成65岁以上老年人健康体检工作共2040人；为老年人提供流感等疫苗接种共80剂次；完成90位残疾人健康体检工作；开展残疾人辅助器具适配工作，配发轮椅、手杖、矫形鞋等生活辅具累计121件；累计发放两项补贴、医疗救助等合计107万余元。2022年完成集中居住5户实物置换与13户货币化置换的申请审核、公示签约工作。

【生态农业】 2022年，绿华镇将绿色认证列为重点工作，建立镇、村、经营主体三位一体工作机制，有效分工、共同推进绿化镇农产品绿色认证及信息直报工作。落实申报茂希、清澄、崇西等7家绿色认证主体，认证大米面积7365.79亩、水稻面积3167.51亩、经济果林9259.55亩，并对新认证的绿色认证主体进行培训，强化对用药、田间档案记录规范填写以及网上农事操作的指导。完成稻谷、林果、大米认证企业及大米加工设施的区级检查，年度全镇的绿色食品认证率98.82%、产量认证率96.4%。绿华镇是柑橘之乡，主打品种“宫川”蜜橘。2022年，全镇改良新植优质柑橘3500亩。选择优质橘苗进行集中采购后向各村橘农免费发放，共计发放橘苗7.6万棵。适时引入金沙橘、象山青、红美人、甘平等多个品种，并鼓励散户将橘园统一流转到村里，再由合作社进行规模化承包种植，将老树统一更换新苗。对有技术需求的果农开展点对点、面对面技术指导，并主动跟踪全镇果苗生长情况，按需面授疏花疏果、果实套袋、整枝和及时防治病虫等养护措施，确保果树增产和果农增收。同时，在柑橘的营销推广上，绿华镇探索“党建引领+市场销路创新”，组织党员业务骨干和各村种植能手、土专家分批前往外地果品市场进行考察，探索微信推广、抖音直播等新媒体平台销售柑橘、翠冠梨等绿华特产，与盒马鲜生、东方CJ等平台达成合作。绿华镇党委政府于2018年通过招商引资，与华电集团上海分公司签订协议,投资建设“渔光旅”项目，项目每年节约标煤约1.4万吨，减排二氧化碳约3.9万吨，相当于每年在崇明岛植树约3000棵,实现“水面光伏发电+水下螃蟹养殖+低碳科普旅游”相融合。

【生态旅游】 2022年，绿华镇利用闲置宅基地“腾笼换鸟”建立“绿港湾·蟹宿”特色民宿集聚区，并成立“蟹宿”接待中心，创新性地打造由镇、村及第三方运营公司协作助农的经营模式。由第三方运营公司包揽整个集聚群内全幢房屋及附房、田间活动房的装修和配套设施，农户每年就能获取固定租金3万~8万元。通过统一服务、统一运营、统一管理，确保农户在零负担、零成本下，稳定收益，同时，推进绿华翠冠梨、香酥芋、金沙橘、铁皮石斛等特色农副产品销售。年内，绿华西来农庄度假有限公司获“全国休闲农业与乡村旅游星级企业（园区）”五星称号；荷花博览园获“全国休闲农业与乡村旅游星级企业（园区）”四星称号。

【乡村振兴】 2022年，绿华镇绿港村抓住西沙明珠湖景区创建国家AAAAA级旅游景区这个契机，在前期市级投入2亿余元资金的基础上，成立“绿港风情景区管理委员会”,串联起绿华综合旅游服务中心、荷花博览园、西来农庄、绿港湾蟹宿为一体的吃、住、游平台，推进旅游产业发展，驱动一、二、三产业融合发展。绿港风情管委会深挖“垦、水、印、荷”四大本土文化内涵，积极盘活存量资产，整合各类优质资源，促进邹市明拳击训练基地、乡村艺术中心、西沙美仓、印坊·透明工坊等项目落地，推进文创促进文旅项目实践。绿港村墙体彩绘项目，成为一项重要的文化成果。2022年，绿港村村居墙体绘画有1000余平方米，提升绿港村核心区域的整体风貌，展示绿港村丰富的文化和地方特色。绿港风情景区管委会聚焦资源型、建设型、基础型、注册型人才库平台建设，以人才建设促进乡村振兴。绿华镇华星村投入资金2000余万元，完成“白改黑”路面2100米，7800平方米；整治环境外墙粉刷18万平方米；墙面彩绘15户，1500平方米；种植花草15600平方米，沟系保塌1560米；建亲水平台2个、“小三园”26户；屋面太阳能发电16户。华星村立足“橘黄蟹肥，零碳华星”的主基调，以农为本，围绕乡村振兴政策、整合光伏产业，形成别具一格“渔光旅”，打造一二产结合、带动三产综合性发展的新模式。通过带动村民共同参与，全力打造崇明光伏第一村、碳中和第一村。通过实施道路“白改黑”，做好镇、村级河道整治和提升性养护工作，种植符合整建制风格的各类绿化植物，河道绿化，提升村容村貌，实现赋能增值。依托上海宝岛水产养殖专业合作社，在600亩崇明清水蟹生态养殖的基础上，结合“渔光旅”项目,进一步扩大至3000亩养殖水面，加强“江海21”蟹种保护，创新低碳养殖模式，利用螃蟹喜阴的特性，打造“水上光伏、水下养殖”的特色模式。利用闲置宅基地“腾笼换鸟”以圭野藏红花主题民宿为核心区，将连片民房集中打造成集住宿、餐饮、休闲、旅游为一体的特色康养民宿，形成具有食疗、药疗、水疗SPA等康养特色，进一步盘活乡村闲置资源，辐射周边康养民宿共同发展。村民通过闲置房屋出租，担当民宿管家，实现角色转换，增加经济收入，推进乡村旅游发展新业态，激发旅居康养新活力。

【民生保障】 2022年，绿华镇落实城乡低保低收入制度，严格把好填表申请、调查核实、审核批准、每季度复审等各项有关救助手续，全年新增20人，变更6人，核退44人。每月足额定时发放困难对象救助金，全年发放232.5万元，加大低保低收入群体分类施救力度，提高难以自食其力者的保障水平。推进社区救助顾问制，继续完善帮扶支持、社会融入、能力提升、心理疏导、资源对接等救助综合服务主动发现机制。提升农村养老服务设施，完成2个示范睦邻点建设。满足老年人学习运用智能手机、智能帮办代办服务，完成年度82人次长者智能技术运用提升。做好为老助餐送餐工作，2022年累计送餐2.6万余人次。开展各类关爱老年人项目，推进助老公益活动，做好85周岁、95周岁老年人助行援助项目，开展高温送清凉活动、敬老月活动、重阳节和春节慰问。落实推进养老保障，2022"银发无忧"老年人意外伤害保险投保工作，投保502人，买主附险共计648份。做好长护险和居家养老服务，常态化开展老年照护统一需求集中评估工作，全镇长护险工作人员28人，服务老人191人。居家养老服务工作人员19人，服务老人106人。抓好助残服务社、"三阳机构"内部建设和日常管理，实施"量体裁衣"式分类施策，着力推进我镇残疾人精准帮困工作，共帮扶41人，金额2.54万元。完成90名残疾人健康体检工作。开展残疾人辅助器具适配工作，配发轮椅、手杖、矫形鞋等生活辅具累计121件。做好残疾人救助工作，2022年发放两项补贴、医疗救助等107万余元。开展各类文化宣传活动，组织主题活动5次，其他活动、培训、讲座课程20余次，参与500余人次。对115名重度残疾人开展上门动态核查工作，建立正面及负面清单，对450名残疾人开展年度动态更新工作。完成镇残联换届及8个村居残疾人协会换届工作。做好民族宗教事务管理，开展民族宗教法治宣传活动，加强宗教场所的安全防范和文明创建，建立常态化的管理机制。加强留守儿童和困境儿童关爱，在儿童节、中华慈善日为留守儿童、困境儿童发放儿童慰问品等。做好未成年人保护工作，积极为贫困学生办理助学帮困，发放各类助学金16万元。

【民生服务】 2022年，绿华镇推进社区事项办理工作。至年底，服务事项覆盖社保、医保、民政、残联、卫健、住建、公安、档案、总工会、经信委、税务等11条线，涉及192个事项，其中"全市通办"事项191个，"一网通办"事项190个。受理中心实行365天全年无休、全市通办，执行全市统一的上下班作息时间。全年办件15120件，城乡登记失业人员180人，新增就业岗位数390个，新增就业人数348人，帮助长期失业青年就业11人，帮扶引领创业5家，城乡居民养老保险新增无账户人员参保3人，参保覆盖率99.9%，城乡居民医疗保险参保率99.9%。2022年，线下业务"好差评"评价率98.8%，好评率100%，落实两个免于提交率99.7%。促进就业帮扶创业，2次线上1次线下招聘会辖区内共多家企业积极参与，同时吸引周边乡镇20余家企业参与，提供173个应聘岗位，招聘460余人。开展就业服务宣传、春风行动等就业服务工作，大力弘扬"大众创业 万众创新"的工作理念，不断完善绿化镇创业带动就业工作模式。

【崇西集贸市场改造】 2022年，绿华镇人民政府按照区级"生态集市建设"要求，结合镇实际情况，对崇西集贸市场实施改造，项目总投资资金约108万元。崇西集贸市场于1999年镇政府投资96万元改造建立，总占地面积4400平方米。主菜场钢架结构，圆顶彩钢瓦，占地1500平方米，经多次改造设置26间经营门面房，有160个摊位。12月中旬，改造后的集贸市场于当年正式投入运营。改造后，集贸市场实现"颜值""功能"双提升。现在市场内总摊位共有152个，拥有26间经营门面房，市场内出租固定摊位70个、经营性门面房21间。

【华渔村水环境提升工程】 2022年，绿华镇对2条河道，华渔1号河与城东岸转河开展实施水环境提升工程，主要建设内容为建设植被过滤带6000多平方米、生态浮床100平方米及一体化设备1套，底泥生境营造处理3000余立方米，岸坡加固630米，硬质护岸局部生态改造1270米及水生态修复等，投入资金697.88万元。华渔村水环境提升改造工程获评"崇明区海绵城市示范工程"。

【基层治理】 2022年，绿华镇根据全区统一部署和技术要求，对镇域农村房屋完成全面排查，上报2731户，统计检查总图斑数量为7568个，其中完好或基本完好7449个，一般损坏118个，需专业人员鉴定1个。通过全面地自查和整改，基本完成农房数据的核查整改工作。完成自然资源部比对出的问题卫星图片共37宗（含1处新海行政区域内）的审核，并对有问题的图斑进行整改，全部整改完成。同时，完成上海市规划和自然资源局提出的47宗卫星图片的审核，对宅基地附属设施、"非农化"违法、"非粮化"违规等问题图斑进行分类、处置、整改，全部整改完成。新一轮违法用地综合整治（2021—2023年）25宗，根据整治方案，完成整治22宗，剩余3宗根据方案列为2023年整治任务。设施农业用地备案严格按照"591号"文件指示，制定设施农用地备案流程和操作细则。完成4个项目方案

绿港风情景区瞰貌（绿华镇 供图）

的评审，6个项目建设方案在制定当中。政府服务便民热线全年处理61件，人居环境25件，其中8个违法，剩余2个未处置；网格化案件26件，其中8个违法，全部处置；12345投诉案件10件，全部回复。

【绿港风情园景区管理委员会成立】 3月，绿港风情园景区管理委员会成立。景区管委会下设办公室，涵盖旅游发展部、环境维护部、宣传推广部等7个专项部门。绿港风情景区地处崇明岛西南端，东与明珠湖接壤，西至崇西水闸，北邻南横运河，南临西沙湿地，明珠湖大道和生态景观大道在此交汇，总面积近60公顷。依托区级美丽乡村示范村和乡村振兴示范村建设，景区初步建成具有一定规模与丰度、配套设施供能齐全、别具风韵的“花果绿港”。绿港风情景区生态环境优良，记录到的鸟类有26种，最为常见的有大白鹭、绿头鸭、震旦雅雀等。绿港风情景区是开放式景区，景区内有崇明农耕文化馆、蟹文化馆、河口沙洲水文化馆等科普文化类场馆，还有大型酒店1家、多家农庄、民宿及网红打卡地，是集康养度假、运动休闲、农事体验、艺术欣赏于一体的特色乡村旅游景区。

【绿华镇与山东商会签订战略框架合作协议】 6月15日，2022年崇明区生态农旅产业招商云推介会暨“绿华蟹港·山东商会”依游两地云签约活动举办。绿华镇与山东商会签订战略框架合作协议。“绿华蟹港·山东商会”依游两地云签约主要以线上形式推介绿华的投资环境、生态优势、产业特色、新兴企业等方面为内容签订框架合作协议，并将通过实地考察、项目接洽和注册企业的形式实现合作共赢、共同发展。

【静安区彭浦镇一行到绿华镇开展百镇千村结对帮扶】 11月11日，静安区彭浦镇党委书记辛毅、党委副书记（党群）黄永前、党委委员（组织）谢家欣、党委委员（宣传）夏麟等到来绿华镇开展百镇千村结对帮扶。镇党委书记杨丽华、党委副书记（党建）顾惠民、党委委员（组织）吴慧琳等陪同。一行人先后参观考察“渔光旅”项目和邹市明拳击训练基地，实地了解结对帮扶以来绿华镇乡村振兴工作推进情况。

【2022“橘黄蟹肥”上海崇明第二届绿华金秋吃蟹季】 11月12日在国家AAA级旅游景区绿港风清景区开幕。活动由区文化和旅游局、区市场监管局、区政府新闻办、绿华镇人民政府主办，宝岛蟹业、西来农庄、绿港湾·蟹宿、桔香园承办，并得到区总工会、团区委、区妇联、上海市河蟹行业协会等单位的支持。拳王邹市明与蟹王黄春联手为绿华蟹港推介蟹宴，镇党委副书记、镇长黄超，崇明团区委书记朱敏煜，崇明区妇联主席沈晰，喜马拉雅创作学院院长杨燊，镇人大主席顾佩为“小甲弟餐厅”——宝岛蟹庄、明珠湖生态服务中心、西来农庄、绿港湾·蟹宿、桔香园等5家餐饮单位授牌。

【2022“兴业银行杯”上海城市业余大赛】 11月13日，2022“兴业银行杯”上海城市业余大赛第五届上海（崇明）休闲体育大会暨“上海蟹港”欢乐骑跑赛开赛。由上海市体育总会、上海市崇明区人民政府主办，上海市社会体育管理中心（上海市体育竞赛管理中心）、上海市崇明区体育局、上海市崇明区绿华镇人民政府承办。比赛为2.5公里跑步和4公里骑行，不计名次。

【“金枫酒业·和酒”活力康养大赛】 11月16日，第五届上海（崇明）休闲体育大会首届“金枫酒业·和酒”活力康养大赛在崇明区西来农庄举办。比赛为集体项目比赛，比赛项目为太极拳，来自市区12支队伍的60多名太极拳爱好者参与，比赛不计名次。 （范国其 陆邦昌）

三星镇

【概况】 三星镇位于崇明岛西部，毗邻明珠湖旅游区，总面积68.17平方公里，耕地面积3351.01公顷。现有户籍人口38679人，外来人口1041人。下辖21个行政村、1个居委会、516个居民小组。三星镇是海棠之乡。年内，实现农村居民人均可支配收入37487元，比上年增长10%；实现财政收入4.5亿元，比上年增长25%，完成调整后预算收入的100%，支出4.5亿元，财政收支平衡。三星镇人民政府位于宏海公路4291号。

2022年三星镇基本情况表

表50

项目	数据	项目	数据
区域面积（平方公里）	68.17	技术贸易额（万元）	—
水域面积（平方公里）	3.2	成人学校（所）	1
年末耕地面积（公顷）	3351.01	在校学生（人）	145
城镇建成区面积（公顷）	20	教师（人）	5
城镇建成区绿地面积（公顷）	2	高中（所）	0
行政区划		在校学生（人）	0
行政村（个）	21	教师（人）	0
社区（个）	1	初中（所）	1
年末总人口数（人）	22883	在校学生（人）	139
男性（人）	19286	教师（人）	42
女性（人）	19393	小学（所）	1
农村人口（人）	26328	在校学生（人）	161
非农人口（人）	12351	教师（人）	37
60岁以上人口数（人）	16627	幼儿园（所）	1
百岁老人人口数（人）	20	在园幼儿（人）	104
年末常住户数（户）	13010	教师（人）	25
年末户籍人口（人）	38679	文化机构	
外来常住人口（人）	1041	社区文化活动中心（家）	1
人口密度（人/平方公里）	335.7	陈列馆、展示馆、纪念馆、博物馆（家）	—
年内出生人口（人）	90	影剧院（家）	—
年内死亡人口（人）	527	文广站（家）	1
人口自然增长率（‰）	−11.30	基层文化活动场所（处）	22
社区事务受理中心	1	全国重点文物保护单位（家）	—
服务事项（项）	223	市级文物保护单位（家）	—
办件量（件）	11445	区级文物保护单位（家）	1
城镇登记失业人数（人）	677	国家级非物质文化遗产（项）	—
新增就业岗位数（个）	79	市级非物质文化遗产（项）	—
新增就业人数（人）	1298	区级非物质文化遗产（项）	1
居民人均可支配收入（元）	36799	医疗卫生机构（家）	22
居民人均生活消费支出（元）	—	区级医院（家）	—
公园（座）		社区卫生服务中心（家）	1
新增市科技“小巨人”企业（含培育）（家）	—	村卫生室（家）	21
新增市高新技术企业（家）	—	医疗卫生机构床位（张）	45
专利申请量（件）	—	医疗卫生技术人员（人）	91
专利授权量（件）	—	执业（助理）医师（人）	38
技术合同认定登记（个）	—	养老机构（家）	3（含二个长者照护之家）

续表 50

项目	数据	项目	数据
工作人员（人）	45	区级体育场馆（家）	—
床位数（张）	238	宗教场所（处）	2
寄养老人（人）	155		

（三星镇）

2022 年三星镇国民经济主要指标情况表

表 51

项目	完成数	比上年增长（%）
固定资产投资完成额（万元）	4	−100
公共财政收入（万元）	45000	25
公共财政支出（万元）	45000	25
外贸进出口额（万元）	—	—
出口额（万元）	—	—
外商直接投资实际到位金额（万元）	—	—
年末私营企业注册数（个）	—	—
规模以上工业总产值（万元）	3737	−52.8
社会消费品零售额（万元）	11657	−30.3

（三星镇）

【政府实事项目】 2022 年，完成镇政府实事项目 7 个。开展“清网行动”集中整治 2 次，清理地笼、网络子 38 只，三无船只 2 只、网簖 5 只。开展农村人居环境整治。发动村民群众 11430 人次，驻村企业 23 次，清除村域各类垃圾 1060 吨、乱搭乱建 683 平方米、宅前屋后堆物 445 处、乱张贴 23 处，拆除五棚 1600 平方米，清理“一枝黄花”9194 平方米。推进就业创业工作。完成区内新增就业 185 人，城镇新增就业 1298 人，帮扶创业 12 家（其中大学生 7 家），帮助 20 名长期失业青年实现就业创业。新建 1 个老年助餐点建设 1 个未成年人保护站。推进农民集中居住工作，完成 2022 年度 125 户集中居住审核和签约工作。推动 500 千伏高压线搬迁，完成高压线环评走廊地上物评估签约与集中居住双签 150 户，26 个高压线塔基公益林搬迁全部完成，腾地完成 24 个。开展线上和线下送文化进村居 67 场次，承接市、区级文艺资源配送 34 场次，举办线上、线下培训、讲座 8 场次，播放自办节目海棠之声 40 余期。

【生态环境】 2022 年，三星镇实施净水清水活水行动。加强镇村级河道日常养护，完成村级河道全覆盖水质检测，实施第二批镇村级河道提升性养护项目，完成新安中心河、海安南横河河道整治工程，水环境持续改善。8 月 22 日出版的《解放日报》，刊登题为《崇明区三星镇全面推动“党建 + 河长制”深融合》的专栏文章。对 1288 条镇村级河道建立“一河一档”。开展福寿螺专项防治。完成海桥镇区管网完善工程。开展长江十年禁渔工作。不断提升林长制工作效能。构建林长制工作责任体系，建立健全林长制工作制度。补植树木 2600 棵，抚育公益林 1000 亩，抓好病虫害防治工作。开展森林资源管护和野生动物保护，落实森林防火巡查制度，规范开展消防演练，2022 年代表崇明区参加市林业森林防火技能竞赛，获上海林业总站和上海市公共绿地建设事务中心联合举办的上海市森林防火技能竞赛“应急队伍集合”项目区组第一名、“高压水泵”项目区组第一名、区组团体优胜奖及上海市森林防火知识竞赛区组第三名。持续深化垃圾分类减量工作。开展 6 轮培训，帮助各级垃圾分类工作者熟练掌握工作要点，提高业务能力。加大垃圾分类宣传培训力度，组织开展“走千家入百户”宣传指导 2 轮，每月开展垃圾分类“@ 生态 +”志愿者小队志愿者活动。居民生活垃圾分类知晓率 100%，参与率 100%，分类率达到 95% 以上。日湿垃圾收集量约 7 吨，干垃圾收集量约 11 吨。年累计收集可回收物 1700 余吨。

【乡村振兴】 2022 年，三星镇实施育德村区级乡村振兴示范村建设项目，投入资金 1194 万元，以人居环境整治为基础，产业发展为核心，与西沙—明珠湖景区形成功能性补充，推进区域“一、三产”融合发展。启动平安村区级乡村振兴示范村建设项目，投入资金约 700 万元，融合平安村海棠湖、平安羊场、苦草种植等，打造“艺术乡村 · 产业共生”新平安。完成新安村乡村振兴配套项目——稻田驿站的建设。

海棠苑（三星镇 供图）

新安村田园综合体农村综合改革标准化试点项目通过国家级验收。11月27日的《解放日报》头版，以《引入民资创新集体经济运营，上海这个昔日穷村变“年轻”了》为题，报道三星镇落实乡村振兴战略、乡村实现快速发展的案例。持续深化“五美共建”，加强美丽乡村建设，推进乡村整体风貌塑造。新安村入选农业农村部推介的2022年中国美丽休闲乡村，平安村创建上海市美丽乡村示范村。9月完成邻江村等7个村的村庄改造验收工作，至此全部21个行政村均完成村庄改造项目，乡村整体面貌更加生态宜居。继续推进协进村市级土地整治（二期）项目，一标段完成91%，二标段完成92%。全力发展现代新农业。严格落实粮食安全责任制，全镇37854.3亩水稻种植机械化播种率97%，创建高质高效示范方5778.02亩，绿色优质农产品认证率达92%。扩大海棠湖生态产业基地“江海21”大闸蟹养殖规模，上市2.5万千克，产值约350万元。深化壮大集体经济试点工作，动员5个村76户农户养殖白山羊322只。创新发展生态新文旅。玉海棠公司与春秋集团达成战略合作，推进上海玉海棠AAA级景区专业化运营。加快发展活力新康养。加大苦草产业种植、研发力度，规模种植和农户订单农业双管齐下，种植苦草2622亩，产量65.5万千克，亩均增收4000元。研发苦草美妆全套产品。苦草车间落户崇明工业园区，规划用地面积19.05亩，计划总投资37447万元。在2022“中国最美村镇”评选活动中，上海玉海棠生态农业科技有限公司获“乡村振兴标杆企业”，新安村获“产业兴旺成就奖”。

【社会事业】 2022年，三星镇推进国家卫生镇复审迎评准备工作，完成六轮区级暗访问题整改。开展各类爱国卫生运动，委托专业病媒公司开展环境消杀，提升全镇环境卫生整体水平。开展新安村市级健康村创建申报工作。完成镇科协换届工作。玉海棠崇明苦草科普基地被授予崇明区科普基地，三星镇科协获2022年崇明区公民科学素养知识竞赛一等奖。落实未成年人工作。开展优秀教师评比和慰问活动。发放250名乡村幼教、代课教师、三校生、乡村兽医等相关人员养老生活补贴37万元。完成无偿献血703次。积极开展各类红十字会救助，按月发放208名失智老人尿布片，向130名重点困难群众发放生活慰问物资。做好计划生育相关工作，发放各类补贴2253.58万元。开展退役军人优待证申请办理工作，完成率99%。完成兵役登记，登记率100%。

【公共服务】 2022年，三星镇完成崇明三星第二敬老院建设项目主体建设，新增床位285张，预计2023年投入使用。新安村被国家卫生健康委、全国老龄办命名为2022年全国示范性老年友好型社区。开展“老伙伴”活动，发动200名低龄老年志愿者为1000名高龄老人提供志愿服务。开展平安村、新安村、育德村参与式“示范社区”创建。完成镇残联换届工作，做好残疾人服务中心、阳光之家改造的前期准备工作，对2300余名残疾人开展基本服务状况和需求调查，完成对400余名重残无业对象的动态核查。发放高龄独居老人物资700余份。开展重阳节慰问，为90周岁以上老人发放慰问品548份，慰问困难老人和百岁老人49人次。做好各类困难群体的帮扶工作，发放帮扶救助资金3019.27万元。开展双拥结对慰问，新增结对共建单位1个，退役军人新增就业33人。做好拥军优属工作，为优抚对象发放生活补助金；医疗补助金137人次，发放金额18.10万元，帮扶援助困难退役军人。规范村居退役军人服务站建设。新增11名无账户人员参加城乡居保。文化体育生活不断丰富。举办2022中国崇明岛·“三星杯”诗歌散文邀请赛，收到参赛作品2000多篇，评出获奖作品39篇。举办海棠文化节、首届崇明苦草采茶节等系列活动。大力倡导全民健身运动，举办镇、村两级全民健身运动会、体育赛事，持续推进公共体育健身设施建设。以市民文化节为主线，积极参与市、区级文化活动，在“新征程·新奇迹”2022年上海市红色故事大赛中获得网络人气奖、决赛入围奖。

【基层治理】 2022年，三星镇推进农民集中居住工作，完成2020年121户集中居住货币化置换资金拨付。启动220千伏高压线搬迁工作，137户农户选择集中居住进行房屋搬迁。清理日常垃圾500余吨、清除垃圾150余吨，铲除黑色小广告200多张，更换下水道窨井套80只，清运南北镇区5个公厕污物40吨，修复草棚镇区多处破损路面。持续推进路长制，加强农村公路管养维护，全面排查临水、临河安全隐患路段道路，完成市级督导3个路段的整改工作。

【上海市建设用地和土地整理事务中心到三星镇调研】 2月24日，上海市建设用地和土地整理事务中心党总支书记夏杰、副主任陆衍等到三星镇开展市级土地整治项目“促发展、保安全”大走访、大排查工作。一行人先后到新安村查看三星镇土地整治项目（一期）建设成效，到三星镇土地整治项目（二期）协进村召开项目专题会议。会后，一行人到部分项目基地，实地查看项目推进情况以及安全生产情况。

【首届崇明苦草采茶节】 9月26日在上海玉海棠景区举行。崇明区教育局局长龚耀飞，三星镇党委书记张建国，三星镇党委副书记、镇长陆华以及玉海棠文化旅游发展有限公司董事长吴红，玉海棠生态农业科技有限公司董事长施大钟等出席启动仪式。上海玉海棠生态农业科技有限公司与三星中学、海洪小学、三星幼儿园签订校外生态教育实践基地合作协议。龚耀飞分别与三星中学、海洪小学、三星幼儿园负责人为上海市崇明区三星中学校外生态教育实践基地、上海市崇明区海洪小学校外生态教育实践基地、上海市崇明区三星幼儿园校外生态教育实践基地揭牌。

【上海市绿化市容局副处长陈辉一行到三星镇考核崇明区林长制工作】 11月3日，上海市绿化市容局林业处副处长陈辉一行到三星镇对崇明区2022年林长制工作进行实地考核。区绿化市容局林业科相关负责人，以及三星镇、东平镇、城桥镇林长办负责人参加考核。考核组一行先后参观乡村振兴展示馆、稻田驿站、海棠左岸，感受乡村振兴发展情况。考核组对崇明区林长制工作取得的成效给予肯定，并表示崇明区林长制工作对于全市推进林长制意义重大，责任和机遇并存，要继续推深做实林长制工作，实现“林长制”促进“林长治”。

【2022“崇明Me道 崇明味道”农产品推介会暨首届崇明清水蟹开捕节】 11月18日在三星镇稻田驿站举办。活动由崇明区农业农村委员会、崇明区市场监督管理局、崇明区经济委员会、崇明区文化和旅游局、崇明区三星镇人民政府共同主办，崇明区总工会、崇明区妇女联合会、共青团崇明区委员会、崇明生态旅游集团有限公司支持，优农三兄弟（上海）农业发展有限公司、崇明区融媒体中心、第一财经协办。活动评选出“蟹王”“蟹后”，来自上海崇明河蟹发展集团有限公司崇东基地、上海崇明河蟹发展集团有限公司海棠湖基地的清水蟹分别摘得“蟹王”“蟹后”桂冠。活动通过宣传视频、现场推介、直播等形式，发布“优农三兄弟”区域公共品牌商标和“崇明米道”特色农产品销售平台，拓宽市民购买崇明优质农产品的渠道。此外，区农业农村委与第一财经签约。“优农三兄弟”与东方购物签约，共同开拓营销新模式。崇明蔬菜、白山羊、河蟹、大米龙头企业分别与叮咚、盒马、清美、联华签约。

【2022乡村振兴产业发展论坛暨中国最美村镇颁奖典礼】 12月18日在上海崇明三星镇举行。来自江苏、浙江、河南、辽宁等10余个省市的乡村振兴榜样奖、乡村振兴带头人、乡村振兴成就奖、乡村振兴特别奖以及乡村振兴标杆企业、乡村振兴标杆村镇、乡村振兴标杆媒体等获奖单位和个人，通过线上、线下相结合的形式参与。会上评出最美村镇10周年特别奖乡村振兴标杆企业10家、乡村振兴标杆媒体10家、乡村振兴标杆村镇12个、乡村振兴2022中国最美村镇获奖名单乡村振兴榜样奖5个、乡村振兴带头人奖9个、产业兴旺奖成就奖7个、生态宜居奖成就奖8个、乡风文明奖成就奖6个、治理有效奖成就奖7个、最美康养小镇 / 基地6个、最美乡村创意设计1个。上海玉海棠生态农业科技有限公司获最美村镇10周年特别奖乡村振兴标杆企业，上海市崇明区三星镇新安村获产业兴旺奖成就奖。

【上海玉海棠科技园区与上海春秋集团开展合作签约仪式】 12月31日在三星镇新安村田园综合体举行。签约仪式上，玉海棠公司董事长施大钟与春秋集团董事长助理兼目的地板块总经理邓静签订玉海棠科技园区与春秋集团战略合作协议、玉海棠科技园区与春秋集团文旅项目咨询协议，三星镇党委书记张建国为“春秋崇明玉海棠基地”揭牌。崇明区人民政府副区长张秩通、上海春秋国际旅行社（集团）有限公司董事长王正华上海玉海棠生态农业科技有限公司董事长施大钟以及其他企业代表约30人参加。

（张泽玮）

庙 镇

【概况】 庙镇位于崇明岛西部，主体部分镇域：东以元六港、上小竖河为界，相邻城桥、港西镇；西至庙港、望仓港为界，与三星镇隔河相望；南濒长江南支；北靠北沿公路，与新海镇长征、红星社区接壤。另有白港村，位于三星镇人民政府驻地西南2公里处，东邻三星镇，南濒长江南支，西和北靠绿华镇；在新海镇跃进社区以北、新村乡西端，永隆沙南边及北临长江北支，与新海镇长征社区、新村乡毗邻尚有2片副业基地。庙镇是崇明“桥、庙、堡、浜”四大古镇之一，已有1300余年历史，起于明代的“七家村”，为崇明最早的自然村落之一。庙镇因庙得名，明朝时尚无庙镇名，时称天皇庙镇，清初后逐渐简称为庙镇。现庙镇2000年12月由原合作、江口、庙镇3个乡镇合并而成，下辖28个行政村、3个居民区、1个副业场。镇域面积95.51平方公里，耕地面积4540.56公顷。2022年，全镇常住户数20755户，总人口数46156人，户籍人口55349人，外来常住人口3108人，人口出生率2.49‰，死亡率14.95‰，自然增长率-12.46‰。全镇实现社会增加值12.1亿元，是上年12.65亿元的95.65%；财政收入97166万元，比上年增长8.38%，其中镇财政收入76300万元，比上年增长14.56%；招商引资16亿元，占上年20.84亿元的76.78%；居民人均可支配收入35460元，比上年31304元增长13.28%。全年新增就业岗位160个、新增就业1826人，扶持自主创业13家。2022年9月，市委授予庙镇经济发展办公室“人民满意的公务员集体”称号。庙镇人民政府驻地宏海公路1829号。

2022年庙镇基本情况表

表52

项目	数据	项目	数据
区域面积（平方公里）	95.51	公园（座）	3
水域面积（平方公里）	5.9540	新增市科技“小巨人”企业（含培育）（家）	0
年末耕地面积（公顷）	4540.56	新增市高新技术企业（家）	0
城镇建成区面积（公顷）	340	专利申请量（件）	0
城镇建成区绿地面积（公顷）	12	专利授权量（件）	0
行政区划		技术合同认定登记（个）	0
行政村（个）	28	技术贸易额（万元）	0
社区（个）	3	成人学校（所）	1
年末总人口数（人）	46156	在校学生（人）	364
男性（人）	27223	教师（人）	10
女性（人）	28126	高中（所）	0
农村人口（人）	48807	在校学生（人）	0
非农人口（人）	6542	教师（人）	0
60岁以上人口数（人）	24414	初中（所）	3
百岁老人人口数（人）	17	在校学生（人）	251
年末常住户数（户）	20755	教师（人）	79
年末户籍人口（人）	55349	小学（所）	3
外来常住人口（人）	3108	在校学生（人）	258
人口密度（人/平方公里）	483	教师（人）	72
年内出生人口（人）	115	幼儿园（所）	3
年内死亡人口（人）	690	在园幼儿（人）	175
人口自然增长率（‰）	-12.46	教师（人）	38
社区事务受理中心		文化机构	
服务事项（项）	203	社区文化活动中心（家）	1
办件量（件）	71290	陈列馆、展示馆、纪念馆、博物馆（家）	4
城镇登记失业人数（人）	763	影剧院（家）	0
新增就业岗位数（个）	160	基层文化活动场所（所）	33
新增就业人数（人）	1826	全国重点文物保护单位（家）	0
居民人均可支配收入（元）	35460	市级文物保护单位（家）	0
居民人均生活消费支出（元）	—	区级文物保护单位（家）	5

续表 52

项 目	数 据	项 目	数 据
国家级非物质文化遗产（项）	0	医疗卫生技术人员（人）	378
市级非物质文化遗产（项）	0	执业（助理）医师（人）	94
区级非物质文化遗产（项）	0	养老机构（家）	5
医疗卫生机构（家）	2	工作人员（人）	135
区级医院（家）	1	床位数（张）	782
社区卫生服务中心（家）	1	寄养老人（人）	370
村卫生室（家）	28	区级体育场馆（家）	0
医疗卫生机构床位（张）	300	宗教场所（处）	3

（庙镇）

2022 年庙镇国民经济主要指标情况表

表 53

项 目	完成数	比上年增长（%）
固定资产投资完成额（万元）	10971	−57
公共财政收入（万元）	97166	8.38
公共财政支出（万元）	97166	8.38
外贸进出口额（万元）	—	—
出口额（万元）	—	—
外商直接投资实际到位金额（万元）	—	—
年末私营企业注册数（个）	1148	22.78
规模以上工业总产值（万元）	22400	−40.7
社会消费品零售总额（万元）	—	—

（庙镇）

【政府实事项目】 2022 年，完成镇政府实事项目 9 个。合作副业场转河整治提升水利项目如期竣工（项目预算资金 988.86 万元）。镇东村生态清洁小流域项目（项目资金 3983.59 万元，工程包括桥梁、涵洞、护岸、疏浚、绿化等）11 月中旬开工。推进猛将庙、西三江口镇区污水管网完善工程，新建污水管 2635 米、拖拉管 58 米、检查井 223 座、化粪池 104 座和规模为每小时 70 立方米的污水处理站 1 座（项目资金 860.39 万元）。完成庙镇、西三江口镇区污水处理厂归并工程，新建一体化泵站 2 座、污水管道 13 公里，实现排放污水沿宏海公路、南横引河、岱山路纳入城桥污水处理厂（项目资金 9039.19 万元）。庙镇镇区雨污分流改造工程竣工（项目资金 623.94 万元）。完成公安庙镇派出所新址建筑加层装修项目，占地 5000 平方米，原建筑面积 3650 平方米，加层新建后实际建筑面积 4400 平方米。完成公共机构光伏安装，装机容量 1300 千伏。完成镇域重要点位“天翼云眼”和铁塔高空瞭望“鹰眼”2 项“一网统管”应用场景建设。配合完成上海崇明 500 千伏输变电站工程线廊民房搬迁、塔基清障；协调推进无为寺改扩建二期项目建设和区第三人民医院新院落成开诊。年内，还创建上海市 AAAA 级青年中心 1 家。完成新增就业岗位 160 个，新增就业 1826 人，扶持 13 家创业，帮助长期失业青年就业 27 人，落实庙镇户籍领取失业金人员再就业 405 人。开展文化配送下乡工程，配送群众文艺演出 55 场，群众文艺辅导 75 课时，艺术导赏 5 场。落实社会救助政策，保障低保低收入群体基本生活，对全镇 1055 户、1794 人城镇低保和 4347 户、5566 人农村低保，累计发放救助金 456.83 万元；实施大病救助 32738 人次，发放救助金 1231.73 万元。

【生态环境】 2022 年，庙镇深化河长制工作。通过优化工作机制、强化宣传引导、加强日常巡河等三项举措，做实抓细河流看护、管护和保护。优化工作机制。建立四级河长制，确定 12 名镇级河长、131 名村级河长、1408 名河长志愿者，聘请 58 名河长助理，实行临河分段包干制，辖区内 1498 条（段）河流实现全覆盖监管，开展 110 条段劣Ⅴ类河道整治复核。引导村民共治。开展“坚持节水优先，建设幸福河湖”爱水护河宣传活动，定期举办河长制议事会、爱水护河知识培训、河道养护督查等活动，推广“五三一”（“五个一”建设一批河长制工作站、爱水护水宣传阵地、每月组织一次主题党日活动、编排一台护水文艺宣传节目、开展一系列宣传；“三个有”责任明确到户，每条河道有人管、家庭河长轮值，河道每天有人巡、推行星级管理，治理效果有人评；“一个化”建立智慧平台，河道治理信息化）治水模式，构建“万、千、百”（即建立万名民间河长志愿者、千个爱水护河宣传阵地、实现百个村居联动）宣传体系，提高群众对水环境治理工作的知晓率、参与率和满意率。全镇建立河长制工作站28个，爱水护河宣传点108个，水质检测点位109个；依托“万、千、百”宣传体系，引导19835户临河家庭签订责任承包书，占全镇常住户数的95.57%。强化监督检查。更新完善1036块河长制公示牌信息，补充标示水利部监督举报电话、中国水利微信公众号，发挥全民监督作用，促进河长履职尽责；依托“崇明河长制App”，实现对各级河长巡河工作信息化监督，保持河长巡河率100%、巡河达标率100%。细化优化村级河道考核办法，形成考核评估报告每月排名通报和巡查发现问题通报制度，有效落实河长制工作，处置市、区级、第三方巡查工单4322个，河长巡河问题85个。推进专项环境整治。开展“加拿大一枝黄花”“福寿螺”专项整治，组织2轮镇级自查，整改问题591个，清理“福寿螺”河道3条，“一枝黄花”83万平方米。加强水环境整治，推进水利项目及镇、村级河道养护提升项目，完成2020土方人居环境断头河整治。开展保东村、镇东村生态清洁小流域项目，项目总投资约9000万元。深化美丽乡村建设。坚持村（居）为主体，全覆盖建立农村人居环境责任区制度，常态化开展以“五清一改”为主要内容的村庄清洁行动和“零”违建村（居）创建工作。全年动土行为582起（彩钢搭建239起），其中处置187起，面积4481平方米；制止106起、自行拆除78起，强拆及帮拆3起；取缔新增非正规混凝土搅拌站1家、整治占用耕地违法堆放建筑垃圾点位4个；完成镇区3.2公里架空线梳理以及乡村标识标牌导览设置。建成生活垃圾全程分类体系，群众绿色生态意识不断增强，31个村（居）两网融合服务点平稳有序运行；优化垃圾厢房，镇域内垃圾厢房进行污水纳管或建造污水收纳池，保障周边环境及河道水源洁净；制定《庙镇危险废物安全专项整治三年行动方案》，落实企业危险废物分类收集、贮存和网上备案制度，制订危险废物管理计划，规范设置危险废物标志，完善危险废物管理台账；建成系统完善的固体废物、危险废物安全管理体系，第三方公司转站分类收运、处置、循环利用体系，年内处置和利用“两废”（农业生产过程中产生的农药包装物和废地膜、农用膜）10万立方米；贯彻“环长制”制度，推进环保违法违规企业环保督导工作，年内开展企业环保检查98人次，检查企业125家次，落实整改“两违”（违法占地和违法建设）企业12家。巩固国家卫生镇创建成果，提升市容环境品质。推进庙镇镇区“五线入地”（电力、电信、移动、联通、广电5个部门的架空电线、电缆统一纳入地下）工程，实施江口、合作非建制镇区及主干道路绿化提升工程；完成江口、合作镇区污水管网、庙镇污水处理厂归并工程；实施3个镇区8公里排水管道的清淤、清沙、清碎石及补修疏通；推进庙镇镇区、机关企事业单位、沿街商铺雨污分流改造；开展市容环境专项整治，发放门责管理告知书150余份，拆除存在隐患店牌5块，更换存有安全隐患的窨井盖32块。

【乡村振兴】 2022年，庙镇围绕拓展2020年永乐村第二批、2021年合中村第三批市级乡村振兴示范村建设成果，推进镇东村第四批市级和联益村区级乡村振兴示范村建设，聚焦农村公共基础设施建设、公共服务设施建设、生态环境建设、现代农业产业建设、新产业新业态建设等5大板块38项建设内容，打破四村“壁垒”，通过“六联”（组织联建、规划联合、产业联抓、资源联享、活动联办、治理联动）发展机制，打造庙镇崇明四大乡村振兴片区之一——花红片区。依托“花红永乐”镇级运营公司，完善公司运营机制，实现年销售特色农产品破100万元；启动东方国际永乐直采中心建设，助力国企民宿——东方G20花岛宿集餐饮发展，推进产业发展多元化。完成合中村“林距离·森呼吸”主题建设项目能级提升，建成崇明第一家集知识科普、休闲采摘、技术示范、产品营销于一体的翠冠梨体验园和200亩智慧林果经济示范区；实施原有合中冶炼厂集体产权房屋修缮改造，占地5000平方米、主体建筑1720平方米的香朵开心农场二期上新运营，年内承接各类参观活动2000人次。推进镇东村、联益村基础设施建设，完成镇东村3.4公里主干道路“白改黑”提升改造，新增太阳能路灯65座，新建公共厕所1座；实施“小三园”（美丽家园、绿色田园、幸福乐园）建设12000平方米、绿化景观提升32000平方米、院墙修缮800米、安居宜居乐居改造110户、宅基地退出19户，村域风貌大幅提升；依托所辖的上海市15大片林之一的种种片林和67%森林覆盖率的资源禀赋，紧抓2021年中国第十届花卉博览会“后花博”发展契机，以花卉产业为主导，以森林资源为支撑，政企联动，打造“东方花岛·醉美镇东”，助推“原生态休闲·产业化康养”的农旅融合发展；联合东方国际集团，360平方米“庙镇直采中心”启用，将“虹桥品汇”从城市搬到乡村，让村民群众和游客享受优惠价“进博会好物”；完成30户连片花墙花卉培育项目，建成家庭式花圃1000平方米，每户村民每年增收近万元；依托江口经济产业园区，搭建3000平方米企业服务平台，一站式服务实体企业和文旅活动落地庙镇；通过河边网红餐饮馆进驻、野火摄影学院开课、逆郁金香花展举办等一系列“新、特、优”品牌打造，带动周边文旅产业发展。实施香朵开心农场点状供地项目建设，推进联益村崇明区现代农业基地兰桂骐二期工程、种种片林“东方花卉”主题园等农旅产业项目，推动高质量农业生产和高品质休闲体验融合发展，打造乡村振兴“花红片区”；依托镇域内开心农场、无为寺、岳阳医院、种种片林等优势资源，深化中医药康养体验游、精品民宿旅居游等主题农旅产品，设计规划旅游线路，不断提升乡村旅游品质。年内，新申办民宿2家，申报创建平安民宿11家，获批星级民宿7家。配合推进重大项目建设，协调完成沪渝蓉高铁项目盾构始发井开工前期准备工作以及上海崇明500千伏变电站主体工程、线廊区域民房搬迁工作。

【农业发展】 2022年，庙镇抓好粮食等重要农产品生产，落实农业生产各项举措，对镇域范围内108座灌溉泵站进行抢修维护，对14个村损坏严重的渠道进行修理；适时完成33610.55亩水稻落谷播种。推进绿色农业发展，春季在田绿肥种植面积10788.92亩，冬季深耕22572.81亩；水稻全覆盖推广缓释肥等新型肥料，完成保安村全村、万北村567亩、联益村150亩水稻机穴播同步测深施肥技术示范推广项目；水稻秸秆还田23100.42亩，秸秆离田7816.06亩，收集秸秆4689.62吨，实现粮、油作物秸秆综合利用率99.28%；整建制推进蔬菜绿色防控，推广病虫害绿色防控技术2488亩；加强废弃物处置，农膜回收数量920公斤，回收率98.8%，农药包装废弃物回收率保持100%。加强长江水生生物保护和水域生态修复，常态化做好长江10年禁渔工作。全面落实各项支农惠农政策，发放水稻种植相关补贴937.42万元；发放2021年秋粮售粮卡143户，实际销售76户，涉及面积18412.82亩；发放清水蟹养殖补贴6.64万元、白山羊种羊补贴24.66万元、水稻种植型家庭农场补贴54.2万元。做好农业农民帮扶工作，完成碧赢农业科技（上海）有限公司龙头企业、上海瀛庙果蔬专业合作社等5家市级合作社、上海建昱粮食专业合作社等9家区级合作社申报和49家家庭农场备案工作，新申请3家家庭农场；办理农民合作社、涉农企业贷款贴息219万元；利用上海崇明联扶兴农实业有限公司的“造血”净收益为全镇2925户低保、低收入户购买政策性保险，惠及人数达4354人。做好土地常态化流转管控，分类推出农村承包地流转信息，推动农业项目落地。跟进和平村瀛庙果蔬专业合作社退出经营后700多亩土地经营主体的引进；推出乡村振兴点状供地项目，启动兰桂骐现代农业二期育苗中心、永乐村888亩高标准粮田项目建设；推进爱民、庙西、庙南等村4073.3亩公益林抚育项目建设，完成416.3亩鱼塘平复后造林工作；实施万亩示范片创建工作。

【基层治理】 2022年，庙镇推进“两张网”建设。从“系统建设、人员培训、体制优化”三个层面，围绕“高效办成一件事”“高效处置一件事”，深化“一网通办”，以群众“能用、爱用、受用”，以企业专属网页和市民主页为发力点，聚焦办事全流程，强化跨部门、前后台整合精简环节和再造流程，完成系统自动信息填写、“随申办—庙镇旗舰店”运维能级提升。着眼基层社会治理体系和治理能力现代化建设要求，加强队伍能力建设，开展跨乡镇交流学习活动，周期性举办工作培训会，通过实操演示，多角度、全方位举行办事流程和操作方式的拓展培训。实施社区事务受理中心“好差评”制度，提高服务意识与服务水平，推动“一网能办”向“一网好办”转变。优化体制机制运作，深化“一网统管”。推进数据互联互通、共联共享，围绕城市动态、环境、交通、保障供应、基础设施5个维度，形成地图服务、气象服务、交通保障、应急处置等6大插件，直观反映城市运行宏观态势，为跨部门、跨系统联勤联动增效赋能；建立城运中心入驻综治、司法、水务、城管、市政、市场所等单位的综合指挥运行机制；完善“问题发现、派工派单、协同处置、监督管理”等流程机制；组建一支135人组成的动态联勤队伍，建立“7+24小时”全天候综合响应机制，打造庙镇“AI+两网”的工作品牌，推进“一屏观庙镇、一网管全镇”。细化镇村管理。开通完善网格化管理政务微信平台，完成镇城运中心“大脑”升级改造。加速镇村两级互联互通。叠加村（居）委干部、网格化力量参与实有人口信息采集工作，推进实施人口管理融入城市运行“一网统管”。提升“12345”市民服务热线诉求办理效能，规范热线工单办理流程，进一步做实限时办理。构建立体化治安防控网络，以美丽街区、美丽家园、美丽乡村建设为抓手，深化以“自然生态美、宜居环境美、绿色生产美、乡风文明美、生活幸福美”为重点的“五美社区”建设，提升镇区管理精细化水平。优化治理项目。推进市域社会治理现代化试点工作，庙镇“合中村微网格打通服务群众最后一公里”“永乐村五治模式助力乡村振兴”2个市域社会治理现代化培育项目，列为市级乡村治理清单制试点工作。强化平安建设。深化群防群治守护网建设，持续开展常态化扫黑除恶斗争，推动禁毒示范创建工作，申报创建25个“无毒村（居）”。紧抓食药安全。落实源头监管，严格进口冷链食品管理，常态化开展“食监利剑”专项行动、有毒有害及违禁食品专项整治、学生用餐安全专项检查、宗教领域食品安全专项检查、“守查保”疫情防控和食品安全集中排查整治专项行动、食品添加剂生产和使用专项整治等多项食品安全专项检查和整治。

落实农村家庭办酒属地管理责任，实现“三个全覆盖”（乡村厨师培训证、健康证“双挂牌”上岗全覆盖，乡村厨师培训考核全覆盖、办酒帮工培训全覆盖）。

【民生保障】 2022年，庙镇统筹推进科教文卫等公共事业发展，做好居民健康档案、慢性病管理等基本公共卫生服务项目，配合做好崇明区第三人民医院（岳阳医院崇明分院）新院运维工作。做好基础、义务、成人等各阶段教育工作，落实未成年人保护工作，关注未成年人健康成长。创建上海市AAAA级青年中心1家、崇明区五星级少先队（室）1家。开展爱国卫生运动，健康自我管理小组活动，控烟禁烟宣传，病媒防制等工作常态化开展。退役军人服务保障体系建设有序推进，实现镇、村两级服务站全覆盖，落实完成退役军人优待证的申领工作。切实保障妇女儿童、残疾人权益，加强双拥、民防、民族、宗教等工作市场。无为寺重建工程有序推进，一期大雄宝殿落成，二期藏经楼、弘法楼、僧寮、云水堂等工程结构封顶，三期商服建设项目启动，完成地块建筑方案设计。全面加强社会保障工作。落实全民参保计划，实施生态养老补贴制度、生态惠民保险，做好社会救助，兜牢民生保障底线，全镇领取养老金人数达17536人，月平均领取养老金1517.6元，全年累计发放养老金30810.78万元；做好劳动保障工作，新增就业岗位160个，新增就业1826人，扶持13家创业，帮助长期失业青年就业27人，落实庙镇户籍领取失业金人员再就业405人；进一步提升养老机构服务质量，丰富社区养老场所服务内容，探索提供居家养老服务，招录长护险服务员78人，服务对象660人；落实社会救助政策，保障低保低收入群体基本生活，对全镇1055户、1794人城镇低保和4347户、5566人农村低保，累计发放救助金456.83万元；实施大病救助32738人次，发放救助金1231.73万元；做好全镇160人农村特困人员服务保障工作，走访慰问老年人1500人次，落实配对为老服务600人次。完成镇、村级残联换届工作，落实好残疾人认定和服务保障工作。

【市级乡村治理清单制试点工作】 2022年，庙镇按照开展市域社会治理现代化培育项目建设要求，庙镇“合中村微网格打通服务群众最后一公里”列为市级乡村治理清单制试点培育项目，“三管齐下”开展“共建、共治、共享的乡村治理共同体”新模式探索实践，打通服务群众“最后一公里”。以基层服务型党组织建设为载体，建立村党总支书记全面负责、总支委员负责片区、党小组长负责联户的工作责任机制和“片组户民情联系、区域化统筹服务、联系服务长效制”的工作机制，以6个党群服务点的辐射半径，分成6个“网格”，形成全村“一张网”，村域变“网格”，村民变“网民”。村党总支书记为“全网”的总负责人，每个“网格”设有1名网格长，3名网格员。在“网格”中能处置的问题，由网格员和村民前端处置；难以处置的问题，由网格长联合网格内村民力量进行联动处置；网格长处置有困难的，由“全网”负责人统筹各类资源协同解决，实现“大事全网联动，小事一格解决”，形成“横到边、纵到底、全覆盖、无缝隙”的网格管理服务网络。以“三支队伍”为主体，融合村域社会力量，形成村庄共治“微网格”，做到“固定网格、固定人员、固定时间、固定责任”。每个网格配备“微管理、微服务、微志愿”3支队伍。由党小组长担任网格长，由村民小组长、妇女小组长、党员骨干等3—5人组成管理团队，协助村组织做好“微网格”队伍建设和管理服务；整合河道保洁、垃圾收集、林业养护等生态就业队伍，发掘水电工、泥水匠等组成微服务团队，开展生态环境维护、“物业性”修修补补等微服务；由热衷公益、乐于奉献的党员和群众骨干组成志愿团队，开展宣传引领、崇德尚善、邻里守望等微志愿活动。搭建“智慧治理”平台，实现村庄智慧管理、精准服务，在村委会安装2.5D超大LED屏幕，实时显示全村风貌及垃圾分类、环境卫生、为民服务等工作动态信息；为全村80周岁以上老人发放电话手环，用于实时定位、紧急求助、上报需求等；为党群服务中心配备平板电脑，接收服务需求，分派服务任务等；运用“智慧治理”系统，将市容环境、垃圾分类、河道治理、“两违”整治、为老志愿服务、老年助餐等常规工作纳入“智慧治理”系统管理。同时，与“微网格”电脑、巡查员手机等设备连通，各终端可及时上传信息，实现数据信息实时互联互通。快速精准响应，管理平台根据事项内容进行信息化分析研判、分流处置、督办反馈等处理，优化人力资源配置，形成“工单式”处理、“闭环式”管理，切实提升村庄管理的智能化、精准度和有效性。年内，清单制试点通过市、区组织的考核验收，形成可复制的合中现代化乡村治理共同体模式。

【野火实验室落户庙镇】 5月，位于庙镇镇东村（宏海公路515号）的野火实验室，开始试运营。7月，开设线下摄影教学课程。至年底，共开设10期课程，100余名全国各地的学员到“野火”开启他们的摄影新思路。“野火”是一个专注摄影垂直领域的品牌团队，拥有许熙正等时尚界资深的摄影师。在北京、大理、玉门等多地进行过摄影创作，产出过不少知名作品。

【香朵开心农场二期试运营】 7月8日，位于庙镇合中村的香朵开心农场二期正式进入试运营阶段，进一步扩大香朵开心农场的规模效应。香朵二期占地面积5000平方米，以餐饮和住宿为主。与一期英式建筑风格有所不同，二期采用的是新中式建筑风格，乡村风和现代感的结合，打造出简约雅致的休闲空间。

一期占地200亩，改造装修原有红房子3398.8平方米，签订民宿11栋，由台胞赖岳军融资创办，注册资金1500万元，2017年6月开业，是崇明首家对外营业的开心农场。在发展休闲农业和乡村旅游的背景下，作为都市农业旅游升级版，香朵开心农场打破“吃农家菜、住农家屋”的传统游乐模式，除提供特色食宿外，建成崇明第一家集知识科普、休闲采摘、技术示范、产品营销为一体的翠冠梨农业体验园、200亩智慧林果经济示范点，开设集乡村振兴展示馆、青年人才就业创业孵化基地、人才公寓、休闲为老服务等功能为一体的乡村振兴综合服务中心。一期和二期之间相隔800米，有专门的班车接送。

【临沧·庙镇东西部协作座谈会】 7月28—29日在庙镇举行，主题为“携手共建兴乡村·东西协作谱新篇”。云南临沧凤庆县、耿马县、镇康县、永德县4个县党政代表团到庙镇考察，对接东西部协作工作。凤庆县党政代表团到永乐村考察调研乡村振兴产业发展，了解崇明藏红花及高端花卉种植、沪产药材产业发展、博览园建设运营情况，召开“携手兴乡村”结对帮扶签约仪式暨座谈会。耿马县党政代表团实地察看联益村兰桂骐（中国）温室科研与应用中心温室大棚项目、永乐村崇明藏红花产业及民宿、合中村香朵开心农场。镇康县党政代表团到合中村香朵开心农场对“公建民营”乡村振兴发展模式和乡村民宿发展进行考察调研。永德县党政代表团在镇政府举行东西部协作工作座谈，对东西部乡村振兴工作进行深度交流，拓展共同发展思路。

位于庙镇合中村的香朵开心农场（庙镇　供图）

【无为寺大雄宝殿落成】 9月3日，历经三年建设的无为寺改扩建一期项目大雄宝殿落成。无为寺改扩建项目总规划用地面积15995.5平方米，分三期建设。其中，一期项目用地面积3629.28平方米，建筑总面积4632.29平方米，包括大雄宝殿597.92平方米、天王殿100.17平方米、钟楼81.92平方米、鼓楼81.92平方米、法务流通37.71平方米、售票处31.71平方米、偏殿340.80平方米、连廊110.86平方米、地下建筑面积3243.28平方米。2019年10月，大雄宝殿项目打桩开建，2020年7月结构封顶，2022年9月3日落成。整个一期项目预计2023年12月完成土建及内部装饰装修。二期项目用地面积5357.22平方米，建筑面积8259.28平方米，包括藏经阁2775.89平方米、僧寮1754.28平方米、弘法楼3324.31平方米、地下建筑面积404.80平方米，项目2021年12月开工，预计2023年12月完成土建及内部装饰装修。一期、二期项目土建部分投资5200万元，内部装饰装修投资4000万元，总投资金额9200万元。三期项目地块在控制性详细规划中描述，用地性质商业服务业用地，用地面积7009平方米，容积率不大于1.5，建筑面积控制在10500平方米以内，建筑高度不高于15米。

【移风易俗主题宣传月】 9月27日，由区委宣传部、区精神文明建设委员会办公室、区民政局、区农业农村委、区妇联、庙镇人民政府联合主办，庙镇新时代文明实践分中心、庙镇社区党群服务中心承办的“倡导文明新风·共建美丽乡村——2022年崇明区农村移风易俗主题宣传月启动仪式暨我们的节日·重阳文艺演出活动”在庙镇社区文化活动中心举行。活动中，“中国好人”代表仇铁军、上海市文明家庭代表陈金德、最美崇明人提名获得者林进高以及热心公益好乡贤胡鸣九等4位先进典范宣读移风易俗倡议书。庙镇社区党群服务中心（文体服务中心）举行讲文明、树新风、庆重阳的文艺演出。参加活动的相关部门和社区群众200余人在签名墙上寄语留言，倡导文明办事、节俭办事，营造乡风文明、家风良好、民风淳朴的社会氛围。区委宣传部、区民政局、区农业农村委、区妇联、庙镇人民政府等单位领导共同启动2022年崇明区农村移风易俗主题宣传月活动。

【市信投公司与合中村举行结对签约】 9月29日，共建结对聚合力，乡村振兴谱新篇——上海市信息投资股份有限公司党委与庙镇合中村党总支结对帮扶签约仪式在合中村村委举行。双方签订为期4年的结对帮扶协议，推动在党建联建、干部人才培育、城乡协同发展等方面的互惠共赢，借助信投公司平台，助推产业发展，给力实施乡村振兴战略。市信投公司党委书记倪建刚，党委副书记、纪检书记张海滨，镇党委书记陈建飞、副书记陈新等参加签约仪式。

【“关爱健康·共建和谐”同心义诊活动】 11月12日举行。由上海市知联会、复旦大学上海医学院和崇明区知联会共同举办。来自中山医院、华山医院、儿科医院、华东医院、公共临床中心等16家医院，涵盖中医科、心内科、皮肤科、呼吸内科、伤骨科、儿科、耳鼻喉科、眼科、老年病科、泌尿外科、神经内科、内分泌科、中西医结合科、放射科、胸外科、全科等16个科室的医疗专家团队，现场提供专业医疗健康指导。活动共接待就诊咨询市民200余人。

【国家红掌花栽培标准化示范区通过终期评估】 11月18日，上海瀛庙果蔬专业合作社历时三年的“国家红掌花栽培标准化示范区”创建项目，以100.28分通过国家标准化委员会专家组的项目终期评估，共形成67项标准，其中引用国家标准29项，行业标准17项，地方标准1项，企业自主标准20项。2020年1月，合作社向国家标准委员会申报“国家红掌花栽培标准化示范区”，2022年12月项目得到批准启动。2021年11月举行中期评审，通过专家组的考察，提出意见。一年内，经组织相关人员参与标准化相关培训，不断修改完善合作社自创标准体系，形成第三版标准体系。这次终期评估，采用线上＋线下模式进行。高志慧（安徽省市场监督管理局标准化处副处长）、许超仪（江苏省扬州仪征市副市长）、席兴军（中国标准化研究院农业食品所研究员）3位专家进行线上评估；范红伟（上海市农业技术推广服务中心研究员）、张维谊（上海市农产品质量安全中心研究员）、周勤（上海市市场监督管理局标准创新处副处长）、倪敏（上海市市场监督管理局标准创新处调研员）等参加线下评估。合作社负责人任小平对项目3年来的工作进行情况汇报，向各位专家展示红掌花标准化栽培短视频。随后，现场专家组实地参观合作社示范现场情况，线上3位专家考察相关项目材料，并与线下专家交流。最后，经合议给出终期结论，根据《国家农业标准化示范区管理办法(试行)》的要求，考核组认为合作社按期完成项目任务书确定的目标任务，高分通过终期评估验收。（代现洁）

港西镇

【概况】 港西镇位于崇明岛中部，下辖12个行政村，390个村民小组，全镇居民12267户，户籍人口27489人。毗邻国家AAAA级旅游景区东平国家森林公园，紧邻崇明中心城区以及规划的沪渝蓉高铁崇明站，镇内陈海公路和北沿公路横贯东西，港东公路和三双公路纵贯南北。港西镇区域总面积45.73平方公里，耕地面积1120.1公顷，东以老滧港为界，与建设镇为邻；西至上小竖河，与庙镇相伴；南至南横引河；北达原长征农场、东风农场。至2022年底，总人口数21778人。总财政收入51000万元，比上年增长21.84%。拥有国家AAAA级旅游景区高家庄园、江南三民文化村，区级文物保护单位航海家陈干青故居等旅游文化资源，另有国家级非物质文化遗产瀛洲丝竹。港西镇连续多年被评为上海市文明乡镇，是国家卫生镇和上海市环境优美乡镇、上海市平安示范社区。港西镇政府地址崇明区三双公路1573号。

2022年港西镇基本情况表

表54

项目	数据	项目	数据
区域面积（平方公里）	45.73	男性（人）	13373
水域面积（平方公里）	4.93	女性（人）	14116
年末耕地面积（公顷）	1120.1	农村人口（人）	18090
城镇建成区面积（公顷）	261.1	非农人口（人）	9399
城镇建成区绿地面积（公顷）	0.8	60岁以上人口数（人）	11930
行政区划	12	百岁老人人口数（人）	10
行政村（个）	12	年末常住户数（户）	12267
社区（个）	0	年末户籍人口（人）	27489
年末总人口数（人）	21778	外来常住人口（人）	2437

续表 54

项 目	数 据	项 目	数 据
人口密度（人 / 平方公里）	470	教师（人）	25
年内出生人口（人）	65	幼儿园（所）	2
年内死亡人口（人）	354	在园幼儿（人）	229
人口自然增长率（‰）	−13.2	教师（人）	40
社区事务受理中心	1	文化机构	17
服务事项（项）	196	社区文化活动中心（家）	1
办件量（件）	11000	陈列馆、展示馆、纪念馆、博物馆（家）	3
城镇登记失业人数（人）	576	影剧院（家）	0
新增就业岗位数（个）	35	文广站（家）	1
新增就业人数（人）	727	基层文化活动场所（处）	12
居民人均可支配收入（元）	34937	全国重点文物保护单位（家）	0
居民人均生活消费支出（元）	—	市级文物保护单位（家）	0
公园（座）	15（镇级 3+村级 12）	区级文物保护单位（家）	1
新增市科技“小巨人”企业（含培育）（家）	0	国家级非物质文化遗产（项）	1
新增市高新技术企业（家）	0	市级非物质文化遗产（项）	1
专利申请量（件）	0	区级非物质文化遗产（项）	1
专利授权量（件）	0	医疗卫生机构（家）	13
技术合同认定登记（个）	0	区级医院（家）	0
技术贸易额（万元）	0	社区卫生服务中心（家）	1
成人学校（所）	1	村卫生室（家）	12
在校学生（人）	0	医疗卫生机构床位（张）	46
教师（人）	4	医疗卫生技术人员（人）	70
高中（所）	1（卫生学校，为中职）	执业（助理）医师（人）	31
在校学生（人）	181	养老机构（家）	2
教师（人）	25	工作人员（人）	54
初中（所）	1	床位数（张）	236
在校学生（人）	101	寄养老人（人）	164
教师（人）	32	区级体育场馆（家）	0
小学（所）	1	宗教场所（处）	3
在校学生（人）	93		

（港西镇）

2022 年港西镇国民经济主要指标情况表

表 55

项 目	完成数	比上年增长（%）
固定资产投资完成额（万元）	0	−100
公共财政收入（万元）	51000	28.14
公共财政支出（万元）	51000	28.14
外贸进出口额（万元）	0	0
出口额（万元）	0	0

续表55

项　目	完成数	比上年增长（%）
外商直接投资实际到位金额（万元）	0	0
年末私营企业注册数（个）	3154	10.7
规模以上工业总产值（万元）	0	0
社会消费品零售总额（万元）	14821	10

（港西镇）

【政府实事项目】 2022年，完成镇政府实事项目11个。完成1120亩公益林抚育及100亩林地补植。完成第二批镇村级河道措施性养护，完成6条镇级河道、144条村级河道疏浚整理。完成2320米农田渠道维修。完成4家水产基地养殖尾水治理。完成10114平方米村级道路维修。完成港庙公路65盏太阳能路灯安装。完成草港公路沿线绿化遮挡点位整治。定期组织“线上+线下”就业信息发布会和招聘会，提供就业岗位230余个，向企业推荐就业90余人，帮助新增就业150人，自主创业7家。推进镇级综合为老服务中心打造，建设“一中心、多站点”智慧养老服务体系。完成1家早餐工程提升改造。完成商业街周边区域雨污分流。推进二星级生态市集建设。

【生态环境治理】 2022年，港西镇开展林水环境综合整治，完成1120亩公益林抚育及100亩林地补植，完成第二批镇村级河道措施性养护，完成6条镇级河道、144条村级河道疏浚整理。推进富民村西部区域水环境整治提升和协兴村、协北村生态清洁小流域建设。落实农村生活污水运维检查考核制度。完成4家水产基地养殖尾水治理，全镇27个断面水质均稳定达标。清理“一枝黄花”田地16000亩，整治福寿螺问题河道20条，清理福寿螺7000余只、卵块2000余处。做好市级环保督察“回头看”工作。

【人居环境】 2022年，港西镇全面开展环境整治“六个全域”攻坚提升行动，通过推进卫生全域清洁、生态全域修复、家园全域美化、群众全域发动、文明全域养成、督查全域覆盖6大类43项工作，加快补齐农村环境问题短板。持续推进“五棚”整治行动，拆除“五棚”点位23处，清理乱搭建526平方米。深入开展“村庄清洁周”专项行动，清洁美化庭院230余户，清除各类垃圾200余吨。推进垃圾分类收运处综合管理，严格落实“不分类、不收运”制度。在明南佳苑等2个住宅小区规范设置建筑垃圾和生产垃圾封闭式堆点。

【产业融合】 2022年，港西镇加强农业经营主体培育指导，推进1家高标准设施菜田基地、4家水稻绿色高质高效创建核心示范基地建设。开展农田管护，维修农田渠道2320米。公开征集农产品区域公用品牌名称和标识。探索数字赋能推动农业转型，建立港西鲜果联盟电商平台，提升港西农产品的知名度。完成港西镇旅游形象、精品线路设计和征集。制定农旅融合发展扶持办法。推动北双村、团结村A级景区创建，北双村荣获上海市乡村振兴先进集体。积极整合高家庄园、九园草堂等6个优质经营主体，布设驿站、驿亭等配套设施，串点成线形成各具特色的推荐线路，推进“驿行港西·深呼吸”活动，打造农旅新品牌。

【城乡建设】 2022年，港西镇推动城乡治理和谐稳定，严守生态保护红线，完成国土空间“三区三线”划定。持续巩固无违建村镇创建成果，完成全部年度部级卫片及市级卫片违法案件整治28宗，完成历史农村乱占耕地案件整治消项。创建“四好农村路”示范镇，推进12114平方米村级破损道路修复、1450米临水临河道路安全隐患排查整治，完成港庙公路路灯安装、草港公路沿线绿化遮挡点位整治等。保障农民集中居住项目建设，配合推进3号地块明南西路、鼓浪屿路、陈海公路慢行道等3条道路新建和改造，协调推进4号地块前期清障工作，完成3家企业评估、15户农户签约，开展912亩林地搬迁。推进双津村220千伏架空线路走廊内民房搬迁，

北双村（港西镇　供图）

完成地上物评估、集中居住双签约工作。加快提升群众居住环境和生活质量，完成商业街周边区域雨污分流，推进二星级生态市集建设。

【社会治理】 2022年，港西镇健全"联勤联动"工作机制，整合村委、城运工作站、警务工作室、食品药品安全工作站、城管工作站等社区工作站点，推动实现"多站合一"。加快数字赋能，运用无人机技术开展构建"人防＋技防""空中＋地面"工作模式。充分发挥人民调解员、村级法律顾问等工作力量，规范矛盾纠纷的调解处置，各类矛盾纠纷调处成功率为100%，"老潘调解工作室"获评市"十佳调解品牌"。做好安全生产、消防、食品药品、防汛防台等工作，全面推进农村房屋安全隐患自查整治，全镇安全形势总体稳定。巩固拓展"五美社区"建设，常态化做好阳光村务、社区云等工作。创新乡村治理模式，12个村乡村共享家治理项目取得阶段性成效。1家社会组织开展市级AAA级申报。明南佳苑创建市级绿色社区。

【民生保障】 2022年，港西镇加大就业创业服务与指导，做好青年大学生、就业困难人员等重点群体就业帮扶，定期组织"线上＋线下"就业信息发布会和招聘会，提供就业岗位230余个，主动向企业推荐就业人数90余人，帮助新增就业150人，自主创业7家。完成北双村智慧健康小屋项目建设。开展教育培训指导和未成年人关心关爱工作，北双村和双津村获评区级五星级假日学校。加大城乡低保、重残无业、特困供养、医疗救助、教育救助等困难群体救助力度，受理复审各类社会救助业务6000余人次，发放救助金580.5万元。盘活养老阵地资源，推进"一中心、多站点"智慧养老服务体系建设，打造镇级综合为老服务中心。深化双拥优抚，指导北双村、富民村开展示范性退役军人服务站建设，完成退役军人优待证申领。完成早餐工程提升改造1家。

【农民集中居住3号地块建设、4号地块动拆迁工作】 2022年，港西镇加快推进农民集中居住项目，配合做好前期清障、服务保障、设施配套等各项工作，确保项目推进。配合推进3号地块明南西路、鼓浪屿路、陈海公路慢行道等3条道路新建和改造，协调推进4号地块前期清障工作，完成3家企业评估、16户农户签约，完成静南村、团结村、双津村3个村共计969穴墓地搬迁，开展912亩林地搬迁。

【港庙公路路灯安装工程】 2022年，港西镇推进主要道路路灯设施建设，在港庙公路（港西段）安装太阳能路灯65盏，实现港庙公路（港西段）全线亮化，进一步消除夜间行车交通隐患。

【村级道路维修工程】 2022年，港西镇推进村级道路维修工程，对各村村级道路破损情况进行细致排摸和现场核实，在双津村、盘西村、富民村、协西村、协兴村、排衙村、北闸村、新港村、协北村9个村实施农村道路维修，面积共计10114平方米，进一步保障村民出行安全，提升村级道路设施水平。

【2022年上海市宣传系统助力深化拓展新时代文明实践中心建设首场活动】 1月26日，在崇明区港西镇新时代文明实践分中心举行。主题为"文明与文化同行·新时代文明实践志愿行"。市委宣传部基层工作处，SMG集团党群工作部，崇明区委宣传部、区文明办，港西镇等有关领导出席活动。活动中，市委宣传部基层工作处与崇明区委宣传部，SMG集团党群工作部与港西镇团结村分别签署结对共建协议，标志着市宣传系统与崇明区在文明共建、文化共享等方面，拉开深度合作序幕。SMG集团与港西镇文化志愿者们开展魔术、独角戏、歌舞等文艺演出。与会人员与港西镇团结村村民们体验包饺子、剪窗花、写春联等民俗文化，并到港西镇北双村、团结村调研新时代文明实践工作及乡村振兴示范村建设。

【港西镇环境整治"六个全域"攻坚提升行动】 6月5日举行。行动围绕卫生全域清洁、环境全域消杀、生态全域修复、家园全域美化、群众全域发动、督查全域覆盖等内容，加快补齐农村环境问题短板，推动农村人居环境持续改善。

【2022年崇明·港西鲜果联盟启动发布会】 6月29日在上海崇研蔬菜专业合作社港西基地举办。鲜果联盟拥有绿色认证合作基地18家，形成以翠冠梨、阳光玫瑰葡萄为主导产品的产销联盟，联盟中翠冠梨种植面积2000余亩、葡萄1500余亩。

【港西镇128兆瓦渔光互补光伏发电项目开工】 8月26日，港西镇128兆瓦渔光互补光伏发电项目正式开工。崇明区委区政府、中广核集团领导出席开工仪式，区有关职能部门、港西镇相关负责人参加仪式。港西镇128兆瓦渔光互补光伏发电项目由中国广核集团有限公司投资建设，总投资6.05亿元，项目位于港西镇新港村，占地面积约1631亩，是保护生态环境、提供绿色能源、优化产业结构的实质探索和重要依托。项目聚焦碳达峰、碳中和目标，通过对土地的高效复合利用，实现电力生产、渔业养殖的双重收益，着力打造集生态化、智能化、规范化于一体的现代绿色渔业示范区和渔光互补生态养殖科教基地。项目建成后将成为上海市最大的集中式光伏项目，年均发电量约1.4亿千瓦时，每年可节约标准煤约4.34万吨，减排二氧化碳约10.83万吨，将大幅提高崇明区清洁能源比例，对构建绿色低碳生产生活理念、打造美丽乡村、建设世界级生态岛具有重要意义。

【崇明区首个"数字公话亭"正式建成启用】 11月初，崇明首个拥有一键叫车、助老一键通、三分钟免费国内通话、守望相助等七大民生服务功能的“数字公话亭”，在港西镇南盘溆商业街正式建成启用。

【“情系云滇·大爱温情——帮困助学 敬老扶残”暖心行动】 11月14日举行。由港西镇联合共青团云县委、县乡村振兴局联合举办。活动中，港西镇为河中小学捐赠学习用品、课外读物等爱心物资，并为20名困境儿童以及困难老年人捐赠爱心基金2万元。港西镇团委与共青团云县委共同为“云边书屋”揭牌。

【云南省临沧市镇康县党政代表团一行到港西镇开展东西部协作对接交流工作】 11月15日，云南省临沧市镇康县委副书记、县长段寿华率县党政代表团一行到港西镇开展东西部协作对接交流工作。港西镇党委副书记、镇长顾晔华，镇部分班子成员陪同。

【港西镇“云聚港西，同心共赢”2022年招商推介会】 11月18日举办。崇明区副区长张秩通出席会议并致辞。会上，崇明区电商示范村、港西镇医疗器械产业园正式揭牌，“驿行港西”“智慧养老”“数智小镇”等多个重大招商项目正式签约。信息技术、生物医药、智慧健康和文旅融合等领域的200余家企业通过“线上+线下”方式参加会议。

【“YI行港西 为爱出发”崇明区港西镇第二届乐游嘉年华】 11月25日，“YI行港西 为爱出发”崇明区港西镇第二届乐游嘉年华暨上海市进才中学国际部牵手崇明区培林学校公益之行活动在港西镇假日岛农庄开幕。活动中，崇明区港西镇与崇明区教育局就“YI行港西第二课堂”项目合作进行签约，上海市进才中学国际部与上海市崇明区培林学校就“YI行港西校校合作”项目进行签约。

【崇明区首个“桑梓小站”揭牌】 11月25日，崇明区首个“桑梓小站”揭牌仪式在港西镇举行。市委统战部常务副部长、上海海外联谊会执行副会长、市侨办主任黄红，区委常委、统战部部长龚伟，交通大学党委常委、统战部部长张卫刚，市华侨基金会理事长裘菲立，港西镇党委书记王卫中，上海家扶家果蔬专业合作社创始人、董事长余进等出席揭牌仪式。揭牌仪式上，区委统战部与交大党委统战部签订战略框架合作协议，在加强统战人士培养、充分发挥统战作用助力崇明世界级生态岛建设等方面加强合作。“桑梓助农”是上海市华侨事业发展基金会发起的品牌项目，旨在乡村振兴背景下，助力乡村共同富裕。“桑梓小站”是桑梓助农品牌公益项目组成部分，为农民在农产品生产经营和农民手艺技艺创业方面搭建发展平台，通过“侨智助农团”为农户提供全面技术指导，推动实现农户增收，助力崇明乡村振兴。

（王　丹）

城桥镇

【概况】 城桥镇位于崇明岛中部偏西南沿，南临长江，东与新河镇相望，西与庙镇为邻，北与港西镇、建设镇接壤，是崇明区委、区政府所在地，是区政治、经济、文化、交通和金融中心。城桥镇由原城桥镇、城桥乡、侯家镇3个乡镇合并而成，其中，1993年城桥镇与城桥乡合并为城桥镇，2000年侯家镇并入城桥镇。城桥镇区域面积5752公顷；至2022年底有常住人口12万人，其中户籍人口8.8万人、外来人口2.5万人。全镇区域内有商铺3400余家，市场11个，中小幼学校19所，医疗卫生机构13所。城桥镇由14个行政村、34个社区居委会（含居委筹备组）。2022年城桥镇公共财政收入实现8.82亿元；社会消费品零售总额实现16.12亿元；农村居民人均可支配收入实现40237元，比上年增长7.9%。近年来，城桥镇先后获评“国家卫生镇”“全国民族团结进步示范街镇”“上海市文明镇”“市未成年人思想道德建设先进单位”“上海市征兵工作先进单位”“崇明区创建第六届全国文明城区工作杰出贡献单位”等称号。城桥镇政府地址为城内星火路2号城桥。

2022年城桥镇基本情况表

表56

项目	数据	项目	数据
区域面积（平方公里）	57.52	社区、筹委会（个）	31
水域面积（平方公里）	3.54	年末总人口数（人）	119514
年末耕地面积（公顷）	300	男性（人）	—
城镇建成区面积（公顷）	1809	女性（人）	—
城镇建成区绿地面积（公顷）	179	农村人口（人）	14346
行政区划		非农人口（人）	74111
行政村（个）	14	60岁以上人口数（人）	—

续表 56

项 目	数 据	项 目	数 据
百岁老人人口数（人）	—	小学（所）	5
年末常住户数（户）	55931	在校学生（人）	5509
年末户籍人口（人）	88399	教师	—
外来常住人口（人）	24576	幼儿园（所）	—
人口密度（人 / 平方公里）	2077.78	在校学生（人）	—
年内出生人口（人）	—	教师（人）	—
年内死亡人口（人）	—	文化机构	
人口自然增长率（‰）	—	社区文化活动中心（家）	3
社区事务受理中心		陈列馆、展示馆、纪念馆、博物馆（家）	—
服务事项（项）	190	影剧院（家）	2
办件量（件）	—	文广站（家）	1
城镇登记失业人数	891	基层文化活动场所（处）	45
新增就业岗位数（个）	630	全国重点文物保护单位（家）	—
新增就业人数（人）	1461	市级文物保护单位（家）	—
居民人均可支配收入	—	区级文物保护单位（家）	—
居民人均生活消费支出	—	国家级非物质文化遗产（项）	—
公园（座）	3	市级非物质文化遗产（项）	2
新增市科技“小巨人”企业（含培育）（家）	—	区级非物质文化遗产（项）	2
新增市高新技术企业（家）	—	医疗卫生机构（家）	45
专利申请量（件）	—	区级医院（家）	—
专利授权量（件）	—	社区卫生服务中心（家）	—
技术合同认定登记（个）	—	村卫生室（家）	—
技术贸易额（万元）	—	医疗卫生机构床位（张）	1401
成人学校（所）	—	医疗卫生技术人员（人）	—
在校学生（人）	—	执业（助理）医师（人）	710
教师（人）	—	养老机构（家）	3
高中（所）	—	工作人员（人）	59
在校学生（人）	—	床位数（张）	415
教师（人）	—	寄养老人（人）	151
初中（所）	—	区级体育场馆（家）	2
在校学生（人）	—	宗教场所（处）	5
教师（人）	—		

（城桥镇）

2022 年城桥镇国民经济主要指标情况表

表 57

项 目	完成数	比上年增长比例（%）
固定资产投资完成额（万元）	188958	—
公共财政收入（万元）	88166	—
公共财政支出（万元）	88166	—

续表57

项 目	完成数	比上年增长比例（%）
外贸进出口额（万元）	—	—
出口额（万元）	—	—
外商直接投资实际到位金额（万元）	—	—
年末私营企业注册数（个）	—	—
规模以上工业总产值（万元）	162990	7.8
社会消费品零售额（万元）	161210	7.1

（城桥镇）

【政府实事项目】 2022年，完成镇实施项目10个。完成428亩高标准菜田建设，完成5354亩粮食高产高效示范方创建。引进企业900家左右，实现税收收入9亿元；为属地实体企业申请各类扶持资金1260多万元，推动大成仪表公司实施清洁生产改造，助力32家企业获评红榜企业，完成15家早餐工程建设，优选3个品牌申报“上海礼物”。入围市首批“15分钟便民生活圈”示范创建单位。完成430余条镇村级河道全面纳入市场化养护，29条市政道路雨污分流改造有序推进，1个国考断面、37个镇控断面水质均值实现稳定达标。清除“一枝黄花”200亩，清理福寿螺953公斤，整治违法用地136宗、530.77亩；生活垃圾资源化利用率42%，全年拆除违法建筑157处、4.28亩。为老旧小区加装电梯10台，完成597台智慧电梯物联网建设，新增15个电动自行车智能充电站；组织实施第二批47户住房解困，完成农民相对集中居住签约56户，清空地块2个，完成拔点20户，回搬崇德佳苑376户。新增就业2461人、区内新增就业728人、扶持自主创业37人，调解劳动人事争议案件301件。举办各类文体活动180场次，受益群众2.5万余人，创建市级健康场所24家，新建健身苑点2处，更新健身苑点7处。城运中心共受理案件2.03万起，其中受理“12345”市民服务热线工单4508起，自助服务终端办件量1.87万件，帮助群众帮办事项3237件。完成8个小区业委会换届、1个小区业委会新建，启动3个小区业委会组建。累计开展安全检查500余次，发现整改隐患2600余个，完成3349个点位农村自建房排查，消除临水安全隐患路段6.41公里。

【生态环境建设】 2022年，城桥镇落实河湖长制，抓好河湖治理，全镇430余条镇村级河道全面纳入市场化养护，29条市政道路雨污分流改造有序推进，生态清洁小流域治理项目获市水务局工可批复，侯家镇地区污水管网完善、镇村级河道提升性养护、垦区水系调整等一批项目完工，全镇1个国考断面、37个镇控断面水质均值稳定达标。加强大气污染防治，做好秸秆禁烧、扬尘管控。推进土壤污染防治，整治非正规固废堆点22个、2.78万平方米。对照生态环境警示片及市生态环境保护督察有关要求，规范镇域50个长江入河排污口设置和管理，整改环保督察反馈问题10个，生态环境领域短板弱项得到有效弥补。全面推行林长制，建立落实林长制组织、督导、考核、宣传等制度体系，重构林地管护长效机制，新增公益林134亩，实施公益林抚育250亩。打好长江禁渔“持久战”，常态化保持禁捕水域“四清四无”。强化外来入侵物种防控工作，有效遏制“一枝黄花”、福寿螺扩散蔓延态势，全年清除“一枝黄花”200亩，清理福寿螺953公斤。完成国土空间“三区三线”划定，持续开展违法用地及农村乱占耕地建房问题整治，整治违法用地136宗、530.77亩，守好耕地保护红线。加快推进城西、人民路、西门路和亚通二期东侧2.4万平方米口袋公园建设，打造高品质绿色公共空间。发动村民8600余人次参与人居环境整治，清理各类垃圾约1.2万吨。进一步规范生活垃圾分类投放行为，努力消除居住区集聚性小包垃圾现象，生活垃圾资源化利用率42%。保持拆违止违高压态势，全年拆除违法建筑157处、4.28亩，金日社区等4个村居创建“零违建村居”。

【现代农业发展】 2022年，城桥镇完成5354亩粮食高产高效示范方创建，启动1300亩垦区高标准粮田建设，全年粮食总产量稳中有增。坚持农业绿色发展，全镇水稻绿色认证率100%，蔬菜绿色认证率97.5%，农产品绿色认证率94.3%，水稻机械化种植率95.6%，市区送检农产品合格率100%。推进华腾标准化生态养猪场项目，完成428亩高标准菜田建设。助力崇上生态市集打造线上线下直销平台、聚训甜芦粟销售推出电商直播带货、农本合作社建成老白酒展示馆，有效拓展农产品销售新渠道。支持民宿产业发展，5家民宿获评区级精品民宿，“里予舍”获评市四星级精品民宿。累计规范流转农地16760亩，土地流转率94.66%。农村集体资产管理得到进一步加强。

【城乡建设】 2022年，城桥镇编制完成旧区改造三年行动计划，推进区级重大项目建设，利民村（西）

城中村改造完成首幅地块出让，城中村改造安置房完成主体结构建设，明珠花苑综合整治项目进场施工。组织申报新一轮“美丽家园”建设，深化曹家河地块、西嘉年花苑北侧地块城中村改造方案研究。推进实施崇安路居民区微更新、不成套职工住宅及小梁薄板房屋改造，完成西门北村隐患阳台加固工程，为老旧小区加装电梯10台，完成597台智慧电梯物联网建设，新增15个电动自行车智能充电站，组织实施第二批47户住房解困。完成崇明生态大道（城桥段）慢行道新建工程、兴家南路白改黑、大东路（北段）大中修、7个村农村道路亮化工程，创建2条区级“四好农村路”，获评2条区级“最美农村路”。完成农民相对集中居住签约56户。加大动迁拔点力度，清空地块2个，完成拔点20户，回搬崇德佳苑376户。

【民生保障】 2022年，城桥镇推进稳岗就业，做好高校毕业生、就业困难人员和失业人员等重点群体就业帮扶，完成城镇新增就业2461人、区内新增就业728人、扶持自主创业37人。全年调解劳动人事争议案件301件，创建市级金牌劳动人事争议调解组织。积极应对人口老龄化，不断完善居家社区机构相协调、医养康养相结合的养老服务体系，推进第五敬老院新建工程，完成10个村居睦邻点新建，实施适老化改造35户，长护险惠及老人2056名。严格落实社会救助政策，保障困难群体基本生活，全年共发放城乡低保、医疗救助、困难残疾人生活补助等各类保障资金2047.71万元。为退役军人办理优待证。

【社会事业】 2022年，城桥镇推进科普工作，完成科协换届。扎实做好0—3岁婴幼儿、学前教育、基础教育等各项教育事业，加强未成年人思想道德建设，不断促进未成年人的全面成长。大力发展文体事业，全年举办各类文体活动180场次，受益群众2.5万余人。新建健身苑点2处，更新健身苑点7处。成功创建上海市全民运动健身模范街镇。加强基层武装规范化建设，获评“上海市征兵工作先进单位”称号。大力开展爱国卫生运动，创建市级健康场所24家。创建市级无烟机关。完成“博爱村居”创建全覆盖。兴桥、天峰菜场获评市“五星级”标准化菜场，天峰菜场获评“市示范性智慧菜场”。编撰完成城桥镇志（2001—2016年）。做好东西部协作、档案等工作。

【基层治理】 2022年，城桥镇持续深化“一网统管”建设，城运中心受理案件2.03万起，其中受理“12345”市民服务热线工单4508起，占全区受理总量的11%。继续推进智慧环卫、长兴村数字乡村建设，基本实现智慧电梯、智能充电等场景应用，通过科技赋能推动问题及时发现、高效解决。持续推进政务服务“一网通办”，有效落实惠企利民政策“免申即享”，全年自助服务终端办件量1.87万件，帮助群众帮办事项3237件，“随申办”城桥旗舰店便民服务更加完善。推进全国文明城区建设常态长效，聚焦重点区域、重点问题精准施策查补短板，全年共开展督查30余次，发现并解决问题2000余个。在东江等社区开展新基建“试点示范社区”建设。加强小区业委会建设，全年完成8个小区业委会换届、1个小区业委会新建，启动3个小区业委会组建。工青妇等群团组织在基层治理中的作用进一步发挥。

【城桥镇第五敬老院开工】 3月10日，城桥镇第五敬老院新建工程举行开工仪式。城桥镇第五敬老院项目位于利民路东侧近岱山路，总建筑面积13071.9平方米，总投资约1.12亿元，拟设床位256张。城桥镇第五敬老院是一个集生活照料、卫生保健、康复娱乐等功能于一体的养老机构。诊疗室、化验室、心电图室、临终关怀室等卫生保健用房的配备，将为老人提供医疗服务，实现“医养结合”。城桥镇第五敬老院的建设是落实崇明区和城桥镇养老事业发展规划，提升城桥镇养老服务能力，满足多层次、多元化养老服务需求，实现养老服务均等化的民生实事项目。

【城桥万达商圈党建联盟成立】 8月18日，崇明城桥万达商圈党建联盟成立暨“线上嗨购”电商消费节启动仪式在崇明城桥万达广场举行。

3月10日，城桥镇第五敬老院新建工程举行开工仪式（城桥镇 供图）

活动通过“上海崇明”视频号等平台进行线上直播。市委组织部、市商务委有关领导，区委常委、组织部部长陆志斌等出席活动。副区长徐慧泉发表视频致辞。启动仪式上，城桥镇党委书记董玲娟介绍崇明城桥万达商圈党建联盟。董玲娟表示，城桥镇党委将以崇明城桥万达商圈党建联盟成立为契机，始终坚持党建引领，聚力搭建共建共享的平台、服务群众的平台、社会治理的平台，为区域发展注入更多动力、更强活力。区委组织部副部长、区社会工作党委书记孙现印，城桥镇党委副书记、镇长施俊共同为抗疫保供中表现优秀的新业态新就业群体代表颁发证书，并发放爱心礼包。

【第五届“五美社区节”闭幕式】 11月25日在城桥镇举办。市民政局副局长曾群，区委副书记杨元飞，副区长宋学梅，华东政法大学社会发展学院党委书记、副院长童潇以及市民政局基政处、社会建设处负责同志，区委办公室、区政府办公室、区委组织部、区文明办、区民政局、区农业农村委相关领导，18个乡镇相关领导出席活动。闭幕式上城桥镇与新村乡进行会旗交接。（尹春阳）

建设镇

【概况】 建设镇位于崇明岛中部，东与新河镇相毗连，南与城桥镇相连，西与港西镇相接，北与东平镇、东平国家森林公园相邻。全镇域总面积43.9平方公里，行政区域面积42.4平方公里，下辖13个行政村和大同垦区，有村民委员会13个，村民小组384个。全镇户籍居民14091户，户籍人口30932人。建设镇是崇明传统古镇（浜镇）、区位门户小镇、民宿旅游小镇、花卉创意镇、低碳小镇、森林康养小镇、最具红色辨识度美誉度“博爱小镇”。至2022年底，全镇实现地方财政收入37000万元，比上年下降12%；全镇工业企业57家，规模以上6家，工业总产值20.29亿元，比上年增长2.8%；农村居民人均可支配收入35451元，比上年增长4.1%；招商税收7.41亿元（入库7.41亿元），比上年下降12.25%。建设镇获评上海市乡村治理积分制示范基地、2020—2021年度节约型机关、第三批市级特色创业型社区、上海市儿童友好社区示范点和第三批市级特色创业型社区。建设镇界东村获评2021年度上海市美丽乡村示范村。建设镇人民政府地址为崇明区建星路108号。

2022年建设镇基本情况表

表58

项目	数据	项目	数据
区域面积（平方公里）	43.90	外来常住人口（人）	2157
水域面积（平方公里）	3.2210	人口密度（人/平方公里）	754
年末耕地面积（公顷）	1303.48	年内出生人口（人）	76
城镇建成区面积（公顷）	279.97	年内死亡人口（人）	377
城镇建成区绿地面积（公顷）	3.50	人口自然增长率（‰）	−9.706
行政区划		社区事务受理中心	
行政村（个）	13	服务事项（项）	325
社区（个）	—	办件量（件）	8130
年末总人口数（人）	33089	城镇登记失业人数（人）	473
男性（人）	14837	新增就业岗位数（个）	960
女性（人）	16095	新增就业人数（人）	1396
农村人口（人）	25182	居民人均可支配收入（元）	35451
非农人口（人）	5750	居民人均生活消费支出（元）	—
60岁以上人口数（人）	14139	公园（座）	6
百岁老人人口数（人）	14	新增市科技“小巨人”企业（含培育）（家）	2
年末常住户数（户）	21613	新增市高新技术企业（家）	0
年末户籍人口（人）	30932	专利申请量（件）	105

续表 58

项目	数据	项目	数据
专利授权量（件）	0	文广站（家）	0
技术合同认定登记（个）	0	基层文化活动场所（处）	15
技术贸易额（万元）	0	全国重点文物保护单位（家）	0
成人学校（所）	1	市级文物保护单位（家）	0
在校学生（人）	509	区级文物保护单位（家）	1
教师（人）	14	国家级非物质文化遗产（项）	0
高中（所）	0	市级非物质文化遗产（项）	1
在校学生（人）	0	区级非物质文化遗产（项）	0
教师（人）	0	医疗卫生机构（家）	13
初中（所）	2	区级医院（家）	0
在校学生（人）	281	社区卫生服务中心（家）	1
教师（人）	98	村卫生室（家）	12
小学（所）	2	医疗卫生机构床位（张）	33
在校学生（人）	208	医疗卫生技术人员（人）	74
教师（人）	56	执业（助理）医师（人）	41
幼儿园（所）	2	养老机构（家）	3
在园幼儿（人）	118	工作人员（人）	78
教师（人）	50	床位数（张）	807
文化机构		寄养老人（人）	284
社区文化活动中心（家）	1	区级体育场馆（家）	0
陈列馆、展示馆、纪念馆、博物馆（家）	2	宗教场所（处）	1
影剧院（家）	0		

（建设镇）

2022 年建设镇国民经济主要指标情况表

表 59

项目	完成数	比上年增长（%）
固定资产投资完成额（万元）	122	-8.5
公共财政收入（万元）	37000	23.3
公共财政支出（万元）	37000	23.3
外贸进出口额（万元）	159409	6.2
出口额（万元）	141775	7.5
外商直接投资实际到位金额（万元）	0	0
年末私营企业注册数（个）	4930	0.6
规模以上工业总产值（万元）	198391	3.6
社会消费品零售额（万元）	—	—

（建设镇）

【政府实事项目】 2022年，完成镇政府实事项目11个。完成富安村市级乡村振兴示范村、潋东区级乡村示范村、界东、虹桥等6个村革命老区项目建设。推进富安村、白钥村低碳社区创建，通过市级专家组评审。与中海信托签订低碳合作框架协议，与亚通公司、龙源电力等企业开展合作，实施居民太阳能项目改造，制定低碳社区创建行动方案。开发运营“住建设·买崇明”一站式线上服务小程序。推进菇林源生态菌菇基地上海市都市现代农业项目建设。启动生态牧场养殖户退养，引进数字渔业产业园特种水产养殖项目。完成240条段河道消黑除劣任务，疏浚河道306.31公里，打通断头河106处，整治河道12条27.89公里。实施乡村道路专管，对65条镇管道路强化“脏、乱、差”治理。完成花博主干道沿线706户、24.5万平方米房屋风貌升级，完成268户6900平方米农宅“小三园”改造、75幅1800平方米花卉景观墙绘制、100余家店招店牌更新、7.7公里架空线入地工程，完成建设镇生态市集改造工程。社区事务受理服务中心标准化改造。推进认知障碍友好社区创建，完成两家敬老院79张照护床位改造。新建、改建7处健身点。

【生态环境整治】 2022年，建设镇环长办全面复核两轮中央环保督察和市级环保督察信访交办件点位，加强日常巡查整治，并开展“环境整治月”专项行动。镇、村两级河长发现并整改143个问题，完成第二批、启动第三批镇村级河道提升性养护项目，编制全镇域生态清洁小流域初步方案，启动白钥村西部水环境提升项目，整治清除非法捕鱼网具1000余只、清除垦殖约5800平方米。镇林长办全区率先挂牌，发现并整改308个问题，实施907亩林地病虫害防治，对5000余棵受损树进行扶植加固和清理，全镇森林覆盖率达到31.45%。开展外来入侵物种专项整治行动。累计整治“一枝黄花”7万平方米左右，灭杀福寿螺3200余只、卵块4200余处。建设镇为巩固拓展全国文明城区和国家卫生城镇创建成果，进一步巩固“五棚”整治成效，清理乱搭乱建1236平方米、空间杂物和堆物287处，整修拆除残垣断壁633平方米，完成75个乱占耕地建房违法用地图斑的整治销，同时，开展村庄清洁专项行动、蟠龙公路和北沿公路景观风貌提升项目和农家乐餐饮污水纳管问题专项检查等项目。建设镇持续推进生活垃圾分类减量，生活垃圾回收利用率达到85%，通过上海市垃圾分类示范街镇复评工作；对接“双碳”战略，启动全市首个农村地区低碳示范创建项目并与中海信托股份有限公司签订“中海巽飞——乡村振兴近零碳社区建设服务信托”协议；推进绿色低碳交通设施，安装新能源充电桩79个，全镇新能源汽车占比12%；实施屋顶分布式光伏开发试点项目，完成第一期富安村村委会以及部分村民屋顶光伏安装。

【生态产业】 2022年，建设镇坚持以“组团式发展”壮大民宿产业规模和质量，制定首个民宿行业标准《建设镇民宿行业运营服务标准》。整合优势资源，开发运营“住建设·买崇明”小程序，为游客提供一站式线上服务，打造生态新文旅品牌。全年全镇旅游接待约28万人次、总收入约2120万元。发挥康养产业招商平台作用，举办第十一届国际康复医学和工程大会，围绕“一老”和“一小”两类群体的康复需求，利用科技医疗+3D技术，致力打造活力新康养产业。发展智慧农业，推进菇林源生态菌菇基地上海市都市现代农业项目，种花地合作社试点推行“机器换人”，启动生态牧场养殖户退养，引进数字渔业产业园特种水产养殖项目，农业“智造”成色不断提升。推进华润大东智能化和低碳项目改造，推动工业制造智能化和绿色转型，公司获“市级企业技术中心”称号。支持30家企业通过区级红榜企业申报，上海大通仪表厂获评“专精特新”企业。

【乡村振兴】 2022年，建设镇推进农民集中居住工作，2022年度进城集中居住实物置换41户，货币化退出宅基地66户。按照“一次规划，分期实施”原则，全面系统排摸全镇域土地资源，形成指标体系，启动全域土地综合整治设计并编制实施方案。整合水、林、田、宅、路等各类资源，融合生态低碳理念，兼顾产业发展需求，实现全域空间要素持续优化，打造世界级生态岛发展先行区。完成花博乡村振兴示范区建设，实施亲水栈道及透水步道、骑行驿站、民宿店招标识等基础设施建设，线路序化、民宅风貌提升等环境优化，打造“小三园”、红色文化展示点等功能布局。形成“一环串六珠、两轴展风貌、三区绘五彩、四季见花乡”的特色乡村风情片区。完成富安市级乡村振兴示范村、潋东区级乡村振兴示范村项目建设。富安村以长侯路、虹富路两条道路为核心轴，持续实施环境提升，引入社会资本，将大司田、瑞茵、菇林源等社会资本产业项目与乡村振兴项目融合，造就生态、生活、生产“三生融合”的乡村振兴新景象。潋东村聚焦外婆家、红梅北路2个核心片区，加强片区内基础设施配套和综合环境打造，夯实潋东村民宿产业集群发展基础。

【基层治理】 2022年，建设镇利用“袁伯伯”故事创艺室、“瀛家快乐百户联盟”等平台和自治组织弘扬正能量，营造全民参与治理创新的氛围。试点推行“第二网格长”工作机制，形成村党组织牵头治理、“第二网格长”协同带领、村民群众共同参与的社区治理新局面。实施村级财务年度第三方审计，促进和壮大农村集体经济健康有序发展。工会、共青团、妇联等群团组织在基层治理中的作用进一步发挥。持续强化“一网统管”，聚焦数治平台建设，推进“智慧水务”“智慧环卫”“智慧养老”数据平台建设，村级城运工作站调试修复运行，受理“12345”市民热线投诉案件1189件。社会保持和谐稳定，完成党的二十大和市第十二次党代会安保任务。全镇接有效报警数1432起，比上年下降20.97%，常态化推进扫黑除恶斗争。扎实推进市级平安示范社区、禁毒示范社区创建，富安村创建全国综合减灾示范社区。建立健全“大调解”工作机制，受理群众来信、来访等共82件，办结率100%。深入开展“防疫情、稳经济、保安全”大走访、大排查，收集各类问题238个，完成调研课题数10个，形成制度性成果1项。

【产业融合发展】 2022年，建设镇现代农业稳步提升，建成高标准农田示范区19374亩，水稻种植机械化率达97.87%。注重改良土壤，对10961.14亩水稻地采取种植绿肥或冬翻进行改良。绿色食品认证和带动面积4098.08亩。做强农产品品牌。打响藏红花“上海好礼”沪字号品牌。精品黄桃、牛奶西瓜、无花果、有机蔬菜等“建设优品”赢得赞誉。推进菇林源生态菌菇基地上海都市现代农业项目建设。洽谈引进明珠晨曦上海崇明数字渔业产业园及渔光互补项目，探索实践现代循环农业生产模式。制定《建设镇关于促进生态新兴企业高质量发展的实施细则》，开展“线上线下”招商，做深做实企业服务。全镇规模以上工业总产值19.76亿元，比上年增加6.8%。30家企业获评崇明区红榜企业，上海大通仪表获“专精特新”企业，华润大东获“市级企业技术中心”称号。举办第十一届国际康复医学与工程大会暨建设镇康复产业招商会。落实国家、市、区各项助企纾困政策，累计减税降费495万元。实施“集群化、标准化、品牌化”民宿发展战略。制定形成《建设镇民宿接待服务标准》初稿，落实区《关于促进崇明乡村民宿高质量发展的实施意见》，高质量推进民宿集群村建设，持续优化“顾伯伯民宿组团”，做强做大“富民河畔”民宿群落、“松慢”自然研学民宿开张运营。引入社会资本打造富安村大司田主题民宿部落，吸纳民宅46户。苏尼羊驼生态休闲牧场项目签约落地。举办首届乡村民宿节活动，启动“住建设·买崇明”线上平台。全镇备案民宿262家，市级星级民宿15家、区星级民宿67家。全年旅游接待逾28万人次、总收入2120万元。

【民生保障】 2022年，建设镇全面启动全域土地综合整治规划和实施方案编制，统筹农用地、建设用地和乡村生态保护修护，促进耕地保护和土地节约集约利用。完成“三区三线”划定，持续推进违法用地整治。高起点规划、高标准设计，完成生态市集、社区事务受理中心等公共基础设施建设，积极推进邮政网点项目前期工作，一批公共基础设施得到改善，群众体验感逐步提升。坚持就业优先战略，创建市级创业型示范社区。持续推进重疾救助保障惠民举措，定时全额为低保、低收入、特困供养等困难人群、退役军人、优抚对象、残疾人等特定对象发放补贴救助金。完成社区事务受理服务中心标准化改造，创建市级创业型示范社区。创新开展“一网通办”领导干部帮办、村委会代办服务，全年完成综合受理8074件、一网通办115件、好差评8097件。发放各类民生补助19536.6万元。规范长护险评估流程，核准人数1167人。构建和谐劳动关系，调解处理劳动争议案件36件，追回薪资40多万元。开展与云南临沧市27个乡、村携手兴乡村行动。高质高效推进认知症友好社区创建，改造完成建设镇两家敬老院认知症照护床位79张。注重教育事业优先发展，持续加大教育投入，建设小学获“上海市绿色学校”称号。加强未成年人保护和思想道德建设，暑期假日学校获区级优秀组织奖。扎实推进科普工作，开展科普宣传及科普系列创建活动，富安村市级科普示范项目“社区书院”通过验收。持续扩大公共文化服务供给，全年完成送戏下乡、文艺惠民演出43场。公共体育设施不断完善，新建、改建健身点7处，群众体育和全民健身热潮涌动。

【“圆梦建垦”爱心帮扶公益活动】 3月4日在建设镇建垦村开展，活动形式主要是组织志愿者为村中的困难群众提供上门便民服务，为其打扫院落，并送去党和政府的关怀及慰问。“圆梦建垦”作为村级文明实践“爱心基金”公益项目，致力于推动乡村文明实践工作聚合力、暖人心、可持续，通过党员干部带头捐、乡贤企业爱心捐、村民群众互助捐等形式，广泛发动号召插村干部、辖区企业、党员、村民群众捐款，对辖区内的困难党员、困难群众、困难学生、大病村民等弱势群体及特殊人群进行爱心帮扶。

【云南省临沧市永德县党政代表团到建设镇调研考察】 7月29日，云南省永德县委书记宋正垠，县委常委、县委办公室主任武正和等永德县党政代表团一行到建设镇开展互访对接工作。代表团一行实地考察建星蔬菜基地、华宇西红花基地、巢吧民宿、顾伯伯乡村民宿，了解生态农业、农产品标准化生产、民宿经营模式方面的创新做法。

【建设镇富安村与中海信托股份有限公司签约】 8月5日，建设镇富安村与中海信托股份有限公司的乡村振兴近零碳社区建设服务信托项目正式举行签约仪式。中海信托股份有限公司党委委员副总裁卓新桥、碳中和金融服务中心总经理于宇、副总经理李彧，建设镇党委书记陈群、党委副书记、镇长凌青等出席签约仪式。

【建设镇与内蒙古苏尼羊驼牧业科技有限公司签约】 8月12日，建设镇与内蒙古苏尼羊驼牧业科技有限公司就虹桥村苏尼羊驼牧场项目举行

11月11日，第九届文化艺术节暨首届乡村民宿节——"乡伴·虹桥"党建联合体"住建设·买崇明"启动仪式在建设镇举行（建设镇 供图）

正式签约仪式。内蒙古苏尼羊驼牧业科技有限公司总经理迟海涛、内蒙古苏尼羊驼牧业科技有限公司沪蒙合作项目总顾问黄小平、建设镇党委书记陈群、党委副书记、镇长凌青等出席签约仪式。

【《建设镇志（2001—2016）》首发暨方志驿站揭牌仪式】 10月10日，建设镇联合区地方志办公室举行《建设镇志（2001—2016）》首发暨方志驿站揭牌仪式。区档案局长、方志办主任朱鑫德，各乡镇志书编纂分管领导及党政办负责人，建设镇党政班子成员、调研员、镇志编纂办公室成员、机关事业、村、企业、学校、民宿协会和乡贤代表等60余人参加会议。

【第九届文化艺术节暨首届崇明乡村民宿节——"乡伴·虹桥"党建联合体"住建设·买崇明"启动仪式】 11月11日在建设镇举行。区委组织部副部长陈汇辉、区委组织部副部长孙现印等区领导与建设镇领导班子成员出席活动。部分民宿党建联合体成员单位、优秀文艺团队代表、部分星级党员民宿代表和市、区相关媒体等参加。活动现场启动"住建设·买崇明"小程序，发布"乡伴·虹桥"民宿党建联合体宣传片，成立"乡伴·虹桥"民宿党建联合体。

【云南省临沧市镇康县党政代表团到建设镇调研考察】 11月15日，云南省临沧市镇康县委副书记、县委党校校长李云学率县党政代表团一行到建设镇开展东西部协作对接交流工作。代表团一行实地考察华宇西红花种植基地、顾伯伯民宿集群，详细了解建设镇在农产品标准化生产、民宿经营模式等方面的创新做法。

【奉贤区人大参访团到建设镇调研乡村振兴及民宿旅游发展工作】 11月30日，奉贤区人大常委会副主任马建根率奉贤区人大参访团一行到建设镇调研乡村振兴及民宿旅游发展工作。参访团一行先后实地调研也山民宿（二期）、"顾伯伯民宿组团"，详细了解两家民宿在景观设计、空间布局、经营模式、辐射带动周边发展等方面的亮点与创新。

（钮思雯）

新河镇

【概况】 新河镇位于崇明岛中南部，总面积57.25平方公里，耕地面积3500公顷。全镇常住人口43363人，户籍人口45083人，下辖17个行政村、6个居委会。2022年，实现财政收入4.1亿元，比上年增长41.4%；实现城乡居民家庭人均可支配收入36324元，比上年增长6.5%。全年实现农业总产值26684万元，比上年下降23%；实现工业总产值94083万元，比上年增长0.26%，其中规模以上工业总产值72243万元。年内获2022年度上海市平安示范社区称号。新河镇人民政府具体地址位于新河镇新开河路666号。

2022年新河镇基本情况表

表60

项目	数据	项目	数据
区域面积（平方公里）	61.96	行政村（个）	17
水域面积（平方公里）	3.99	社区（个）	6
年末耕地面积（公顷）	3124	年末总人口数（人）	43363
城镇建成区面积（公顷）	188	男性（人）	22004
城桥建成区绿地面积（公顷）	4	女性（人）	23079
行政区划		农村人口（人）	31282

续表 60

项目	数据	项目	数据
非农人口（人）	13801	教师（人）	76
60 岁以上人口数（人）	20308	小学（所）	1
百岁老人人口数（人）		在校学生（人）	544
年末常住户数（户）	22220	教师（人）	87
年末户籍人口（人）	45083	幼儿园（所）	1
外来常住人口（人）	4245	在园幼儿（人）	304
人口密度（人/平方公里）	700	教师（人）	45
年内出生人口（人）	90	文化机构	
年内死亡人口（人）	563	社区文化活动中心（家）	2
人口自然增长率（‰）	10.9	陈列馆、展示馆、纪念馆、博物馆（家）	1
社区事务受理中心		影剧院（家）	0
服务事项（项）	202	文广站（家）	1
办件量（件）	30279	基层文化活动场所（处）	23
城镇登记失业人数（人）	280	全国重点文物保护单位（家）	0
新增就业岗位数（个）	400	市级文物保护单位（家）	0
新增就业人数（人）	377	区级文物保护单位（家）	0
居民人均可支配收入（元）	36324	国家级非物质文化遗产（项）	2
居民人均生活消费支出（元）		市级非物质文化遗产（项）	1
公园（座）		区级非物质文化遗产（项）	0
新增市科技“小巨人”企业（含培育）（家）	0	医疗卫生机构（家）	25
新增市高新技术企业（家）	0	区级医院（家）	1
专利申请量（件）	55	社区卫生服务中心（家）	2
专利授权量（件）	3	村卫生室（家）	14
技术合同认定登记（个）	0	医疗卫生机构床位（张）	348
技术贸易额（万元）	0	医疗卫生技术人员（人）	241
成人学校（所）	1	执业（助理）医师（人）	117
在校学生（人）	300—350	养老机构（家）	4
教师（人）	10	工作人员（人）	76
高中（所）	0	床位数（张）	621
在校学生（人）	0	寄养老人（人）	320
教师（人）	0	区级体育场馆（家）	
初中（所）	1	宗教场所（处）	1
在校学生（人）	288		

（新河镇）

2022 年新河镇国民经济主要指标情况表

表 61

项目	完成数	比上年增长（%）
固定资产投资完成额（万元）	0	—
公共财政收入（万元）	41000	40.8

续表 61

项 目	完成数	比上年增长（%）
公共财政支出（万元）	41000	40.8
外贸进出口额（万元）	—	—
出口额（万元）	—	—
外商直接投资实际到位金额（万元）	—	—
年末私营企业注册数（个）	667	-59.2
规模以上工业总产值（万元）	72243	8.3
社会消费品零售额（万元）	43515	4.9

（新河镇）

【政府实事项目】 2022 年，完成镇政府实事项目 3 个。完成综合为民服务中心主体结构建设，涉及富盛生活广场一楼部分区域、三楼及四楼，共 8025 平方米，包括社区党群服务中心、社区事务受理服务中心、为老服务中心、社区市民健身中心、儿童中心、青年中心等。完成井亭村市级乡村振兴示范村建设。完成新民镇区雨污管网改造工程。

【水环境治理】 2022 年，新河镇推进“长江十年禁渔”宣传执法，开展福寿螺、禁捕清网专项整治，清理非法捕鱼器具 1500 余件、取缔“三无”船只 9 艘。严格执行河长制，落实“周暗访、月通报、季督查、年考核”机制，推进镇、村、户、企四位一体农污设施运维管理“新河”模式，促进设施设备运行平稳，出水水质稳定达标。开展农家乐、餐饮企业排污专项检查，完成镇、村级河道提升性养护项目施工，国考、市考断面水质达标率均保持 100%。

【面源污染防治】 2022 年，新河镇推进化学肥料、化学农药减量化，创建水稻绿色高质高效万亩片 1 个、千亩方 2 个。落实环长制，完成 51 个长江（新河段）入河排污口整治和水质检测、企业年度危废管理备案，开展工业企业环保违法违规建设项目清理整治和大气污染防治，完成中央、市级环保督察“回头看”整改。完善生活垃圾全程分类体系，推进“两网融合”可回收物定时定点有偿回收，加大农林废弃物、建筑装潢垃圾临时堆放点巡查整治。

红叶石楠苑生态廊道（新河镇 供图）

【绿色生活生产方式推广】 2022 年，新河镇开展“最美庭院”示范区巩固行动、示范户引领行动和社区公共庭院提升行动。整治存量违法用地 64 宗，整改部、市级卫片下发图斑 228 宗，处理快速调查图斑 30 宗，拆除违法建筑 6.1 万平方米，完成低效建设用地减量化 32.58 公顷。与 7 家规上企业签订节能降耗目标责任书，督促指导建立能源统计制度，完成永太（400 千伏）、华岛液压（300 千伏）屋顶光伏并网发电项目安装。

【绿色农业】 2022 年，新河镇培育新型农业经营主体，获评国家级生态农场 1 家、国家级农民合作社示范社 1 家、“大国农匠” 1 人，申请备案区级家庭农场 26 家，完成高素质农民培训及新型职业农民认定 16 人，新增绿色认证经营主体 1 家 57.93 公顷。开展新河芋艿、清水蟹、罗氏沼虾等特色种源研发技术攻关，培育“一粒米”“一只蟹”“一头羊”等在全区、全市有较高知名度的新河“十个一”优质地产农产品。强化农田水利设施管理养护，完成 2021 年 288.4 公顷北湖高标准农田建设项目施工。

【旅游产业】 2022 年，新河镇推动乡村民宿高品质发展，新增市级五星级民宿 1 家。主动承接城乡体育项目，支持足球及其周边产业发展，推进足球特色小镇创建。发挥上海民间文化艺术之乡带动作用，促进非遗民乐文化保护、传承和发扬。

【农村资产资源利用】 2022年，新河镇完成镇、村、组三级集体经济组织清产核资，配合区级部门开展集体经营性资产检查监督。调整镇集体资产监督管理委员会成员，完成镇经联社换届，实现租金收入966.34万元。加强农村集体资产、资金、资源经营管理，开展井亭、新民、天新、新建农村集体经济组织崇明白山羊订单式养殖试点项目。完成土地流转新签、续签220.6公顷，流转率达94.43%。

【社会事业】 2022年，新河镇举办青少年足球邀请赛、"喜迎二十大 共绘新崇明""新河杯"社区书法绘画作品征集活动、"珍爱视力 健康成长"健康快车进校园活动。开展"强国有少年，喜迎二十大"青少年讲故事、朗诵、民乐比赛，参加长三角江南丝竹"云展演"，推进非遗文化传承保护、公共文化体育资源配送等工作。获崇明区未成年人暑期工作优秀组织奖、优秀活动场馆。开展困境儿童帮困送温暖活动、"新时代好少年"评选活动、2022学年新河镇奖励基金颁奖活动。完成镇残联、村居残疾人协会换届。发放退役军人及其他优抚对象优待证。提升区级早餐示范网点2家。

【民生保障】 2022年，新河镇完成区内新增就业403人、城镇新增就业1130人、自主创业20家。监督提升2家公办敬老院第三方托管质效，开展老年认知障碍友好社区建设试点，创建示范型睦邻点8家。

【示范村建设】2022年，新河镇创建2021年度井亭村市级乡村振兴示范村、2021年度天新村市级美丽乡村示范村、2022年度新梅村市级美丽乡村示范村，推进2022年度天新村、新建村区级乡村振兴示范村建设。

【公共基础设施建设】 2022年，新河镇完成宅基地退出实物和货币化置换签约104户，推进农民平移集中居住独栋区一期配套设施建设。完成新河老镇区雨污水管网完善工程竣工验收、新河镇区雨污水管网完善工程阶段性通水验收及沿街商铺、饭店、机关事业单位等雨污混接改造，推进第二轮新河镇小区雨污水分流改造。推进新河镇党群服务中心建设。配合推进崇明岛公共货运码头、环岛二期工程建设，配合推进18–02地块安置房回搬和老镇区防汛排涝一期工程，完成崇明生态大道（新河段）水系路网调整工程施工建设。修复农村公路破损路面5598平方米。完善无信控路口交通设施111处，完成北群路、卫南路等路段临水护栏和红白反光柱安装。

【基层治理】 2022年，新河镇探索创新乡村治理体系，培育建设井亭村"2022年全国乡村治理示范村"。推广使用"社区云"，深化落实"首问负责制"、全岗通、"阳光村居务"，提升村居干部、村居务监督委员会履职能力，指导6个居委创建"五美社区"。完善社会工作服务体系，设立镇综合社会工作服务站。深入开展平安系列创建活动，创建平安示范小区10个、平安小区13个、平安示范单位13个、平安单位5个，推进井亭村市域社会治理"百花工程"。推进"禁毒、禁赌、禁燃、防诈"专项行动，18个村居创建"无毒村居"。提升执法人员依法行政能力水平。工会、共青团、妇联等群众团体和社会组织广泛参与社区治理。

【2022年青少年足球邀请赛】 10月6日，新河镇青少年足球邀请赛在富盛足球场开赛西门小学、东门小学、裕安小学、竞存小学等足球特色学校60余名青少年参加比赛。西门小学足球队获二年级组、三年级组冠军。

【参与承办2022年上海市乐动乡村线上健步走活动启动仪式】 8月2日在新河镇井亭村举行。活动由市农业农村委、市体育局主办，市农民体育协会、区体育局、区农业农村委、新河镇人民政府承办。主题为"喜迎二十大 携手看振兴"。

【2022年国际志愿者日义诊活动】 12月10日在新河镇天新村村委会和新河镇成人学校举行。活动由新河镇党委主办，同济大学附属同济医院社工部、上海青年家园民间组织服务中心、上海崇明石榴籽公益发展中心承办，新河镇天新村党总支部、新河镇成人中等文化技术学校、中国工商银行上海市崇明支行新河支行党支部协办。同济医院眼科、心内科等14个科室专家，现场为200余名群众进行健康咨询和疾病诊疗。 （余 琪）

竖新镇

【概况】竖新镇位于崇明中部。区域面积6325平方公里。2000年12月，由大新和竖河两镇合并组建。东连堡镇和港沿镇，西接新河镇，北临东平镇，南濒长江，距离区政府27公里，到达长江隧桥25公里。全镇区域面积63.25平方公里，耕地面积2.65万亩。至2022年底，全镇有居民17449户，户籍人口39478人，外来人口3881人。下辖21个行政村和2个居委会，有432个村民小组和18个居民小组。2022年，全年完成增加值12.6亿元，比上年下降3.6%。招商引税10.6亿元，比上年下降14%。财政可支配收入实现4.6亿元，比上年增长2.22%。农村人均可支配收入3.78万元，比上年增长6.2%。年内，竖新镇获评上海市诚信计量示范社（街）区、全国乡村旅游重点镇（乡）和节约型机关。竖新镇跃进村2022年度上海市美丽乡村示范村。竖新镇人民政府地址为崇明区响椿公路58号。

2022 年竖新镇基本情况表

表 62

项　目	数　据	项　目	数　据
区域面积（平方公里）	63.25	社区学校（所）	
水域面积（平方公里）	6.11	在校学生（人）	480
年末耕地面积（公顷）	1766.83	教师（人）	30
城镇建成区面积（公顷）	50.31	高中（所）	0
城镇建成区绿地面积（公顷）	0.6	在校学生（人）	0
行政区划		教师（人）	0
行政村（个）	21	初中（所）	1
社区（个）	2	在校学生（人）	157
年末总人口数（人）	30236	教师（人）	70
男性（人）	19333	小学（所）	2
女性（人）	20145	在校学生（人）	274
农村人口（人）	27355	教师（人）	84
非农人口（人）	12123	幼儿园（所）	2
60 岁以上人口数（人）	17488	在园幼儿（人）	191
百岁老人人口数（人）	12	教师（人）	32
年末常住户数（户）	17449	文化机构	
年末户籍人口（人）	39478	社区文化活动中心（家）	1
外来常住人口（人）	3881	陈列馆、展示馆、纪念馆、博物馆（家）	4
人口密度（人 / 平方公里）	484.9	影剧院（家）	0
年内出生人口（人）	108	文广站（家）	1
年内死亡人口（人）	463	基层文化活动场所（家）	23
人口自然增长率（‰）	−0.84	全国重点文物保护单位（家）	0
社区事务受理中心		市级文物保护单位（家）	0
服务事项（项）	188	区级文物保护单位（家）	0
办件量（件）	12087	国家级非物质文化遗产（项）	0
城镇登记失业人数（人）	688	市级非物质文化遗产（项）	0
新增就业岗位数（个）	—	区级非物质文化遗产（项）	3
新增就业人数（人）	1556	医疗卫生机构（家）	
居民人均可支配收入（元）	37800	区级医院（家）	0
居民人均生活消费支出（元）	—	社区卫生服务中心（家）	2
公园（座）	3	村卫生室（家）	16
新增市科技“小巨人”企业（含培育）（家）	0	医疗卫生机构床位（张）	65
新增市高新技术企业（家）	5	医疗卫生技术人员（人）	90
专利申请量（件）	—	执业（助理）医师（人）	45
专利授权量（件）	28	养老机构（家）	3
技术合同认定登记（个）	—	工作人员（人）	86
技术贸易额（万元）	—	床位数（张）	571

续表 62

项 目	数 据	项 目	数 据
寄养老人（人）	258	宗教场所（处）	1
区级体育场馆（家）	0		

（竖新镇）

2022 年竖新镇国民经济主要指标情况表

表 63

项 目	完成数	比上年增长（%）
固定资产投资完成额（万元）	7027.52	−1.06
公共财政收入（万元）	46000	—
公共财政支出（万元）	46000	24.32
外贸进出口额（万元）	—	—
出口额（万元）	—	—
外商直接投资实际到位金额（万元）	0	0
年末私营企业注册数（个）	7197	12.8
规模以上工业总产值（万元）	28135	−18.67
社会消费品零售额（万元）	—	—

（竖新镇）

【政府实事项目】 2022 年，完成镇政府实事项目 8 个。完成村级非接管农村道路维修面积 25650.38 平方米。完成竖新镇残疾人综合服务中心加固提升工程。启动 3 处口袋公园建设，完成富民路美丽街区改造设计方案及响椿路背街小巷“白改黑”工程。完成标准化固废堆场建设 1 处，实现固体废弃物源头减量和资源利用。构建政府主导、社会力量运营的老年助餐服务体系，建设运营 3 个长者食堂，500 余名老年人可享受一站式配送服务。完成“三阳”机构加固工程，拓展“一网统管”应用场景。开展安全生产三年行动计划和社会面火灾防控，全覆盖检查工业企业，完成 3 家企业安全生产标准化创建，新建消防取水平台和微型消防站。

【生态环境建设】 2022 年，竖新镇大力推动美丽乡村建设，科学制定全域土地整治总体策划方案，入选全市首批 8 个试点街镇。巩固提升市“四好农村路”示范镇创建成果，完成油车桥路提升工程，开展临水临河道路整治，维修非接管村道 2.56 万平方米。完成大东、跃进、前卫等三个区级乡村振兴示范村建设，分别启动惠民市级、明强区级乡村振兴示范村建设。做好 2022 年度宅基地退出相关工作，完成实物安置签约 38 户、货币化退出 35 户。逐步完善基础设施建设，配合完成区环岛防汛提标二期工程、崇明大道新建绿道工程。全面完成南部镇区污水管网完善工程、嘉隆南路老旧供水管道改造项目。完成竖河生态市集室外维修和车棚改造，升级大新集贸市场临时疏导点。完成北部社区文化活动中心主体建设，实施镇域公共服务空间“亮白”工程。启动 3 处口袋公园建设，完成富民路美丽街区改造设计方案及响椿路背街小巷“白改黑”工程。

【生态环境治理】 2022 年，竖新镇补齐生态治理短板，开展农村人居环境优化工程，仙桥村入选上海市第一批现代环境治理体系示范名单。推动市生态环保督察“回头看”，完成涉环保问题整改。坚持打好“长江禁渔”持久战，开展专项执法及“三无”船只整治。推动农村生活污水提标改质项目。完成水产养殖尾水治理竣工验收，清退负面清单种植作物。开展外来入侵物种治理。拓展优化乡村生态空间，积极争取市、区有关政策，完成前卫村首批市级生态清洁小流域建设。实施镇村级河道养护提升工程，新建生态护岸，改造坡岸绿化。定期开展水质抽查监测，地表水环境考核断面水质达标率 100%。强化“三区三线”划定成果运用，扎实推进违法用地整治，整改违规图斑。完成市级标准化林业站创建，现状森林覆盖率达到“十四五”要求。深入推进绿色低碳发展，完善垃圾全程分类体系，新建镇级“两网融合”中转站，生活垃圾回收利用率稳步提升。不断提高农林废弃物资源化、减量化、再利用水平，全年处理量达 4000 余吨。完成标准化固废堆场建设 1 处，实现固体废弃物源头减量和资源利用。创建节约型机关。

【生态产业】 2022 年，竖新镇持续提高现代农业质效，推进高标准农田和设施菜田建设，开展示范村和粮食绿色高质高效示范点创建，实现全镇优质水稻品种全覆盖。加强农业技术指导服务，完成“三夏”“三秋”工作，实现1.65万亩水稻收割入库。支持企业完成东禾九谷育秧中心及稻米烘干仓储中心建设，推广无人机插秧技术，初步完成现代化稻米全产业链布局。协助企业完成绿叶菜核心基地生产能力提升项目。挖掘全域旅游内涵，优化整合“星级景区”“乡村酒店”等农旅要素，全年吸引游客44.39万人次，获评第二批全国乡村旅游重点镇。做强竖新镇“旅游+”名片，举办第十届丰收节等活动，承办民宿主题片区论坛，明强村县委机关旧址修缮工程获区级批复，东禾九谷稻米文化园入选上海工业旅游精品路线，均瀛小镇成为民宿配套新典范，福太太真丝连衣裙、早玉香粳有机大米、瀛洲益智图成为促进文旅消费新亮点。

【**民生服务**】2022年，竖新镇稳步提档升级养老服务品质。油桥村综合为老服务中心、大新敬老院分别通过市、区级验收，新增老年日间照料中心，完成居家环境适老化改造，创建市级老年人示范睦邻点。构建政府主导、社会力量运营的老年助餐服务体系，建设运营3个长者食堂，500余名老年人可享受一站式配送服务。制定特困集中供养人员资金使用办法，推动养老机构服务日益规范。不断强化社会保障托底，落实就业优先政策，发放稳岗惠企资金114.15万元，区内新增就业215人，超额完成区下达指标。加强农民工工资支付保障，做好协助追讨和调节劳动争议工作。兜牢弱势群体救助底线，累计发放各类社会救助资金1032.06万元。完成“三阳”机构加固工程。为全镇退役军人办理优待证。

【**社会管理**】 2022年，竖新镇进一步做实基层精细治理。提升基层组织自治能力，仙桥村获评“全国先进基层群众性自治组织”。加快形成“一网通办”全方位服务体系，普及“帮办”制度，丰富“随申办”竖新旗舰店服务功能。深化多部门联勤联动机制，成立24小时非警务案件处置队伍。受理“12345”工单1035件，市民满意率稳步上升。完成党的二十大等重要节点安全保障任务。开展安全生产三年行动计划和社会面火灾防控，全覆盖检查工业企业，完成3家企业安全生产标准化创建，新建消防取水平台和微型消防站。切实保障房屋安全，完成相关农村、城镇房屋排查工作。加强食品安全监管，新增规范早餐网点，落实餐饮单位食品安全“两个责任”包保工作。做好防汛防台工作。

【**徐汇区中心医院到椿南村开展结对帮扶及义诊活动**】2月14日，徐汇区中心医院纪委书记、党办主任和护理部主任等率医护专家团队16人到竖新镇椿南村开展健康义诊活动，主题为“义诊送温暖、健康闹元宵”。徐汇区中心医院呼吸内科、心内科、内分泌科、妇科、内镜护理、感染护理、康复护理、神经内科护理、糖尿病护理、心内科护理、外科护理、口腔护理、老年病护理、中医护理等14个科室的专家现场进行诊断。义诊活动共服务群众50余人次。

【**崇明区竖新镇2022年度丰收节**】8月28日，在东禾九谷开心农场开幕。开幕式上，镇党委书记王昊致欢迎辞。九三学社上海市委常委何大军致辞。市绿化和市容管理局副局长顾晓君和区人大常委会副主任张建英为东禾九谷现代化水稻育秧生产基地的正式启用揭牌。与会嘉宾共同开启崇明区竖新镇2022年度丰收节暨东禾九谷开心农场第十届丰收庆典。开幕式后，与会人员参

前竖公路（竖新镇 供图）

观最新款自动收割机展示的自动收割作业。

【农业农村部种业管理司全国种质资源调研组到竖新镇调研】 9月1日，中国工程院院士、第三次全国农作物种质资源普查与收集行动专家组组长刘旭带队到竖新镇调研。一行人实地调研竖新镇响哃村崇明山药种植合作社，详细了解崇明山药的品种特性、种植生产现状及种质资源保护工作等情况。

【竖河村与中化石油上海有限公司结对共建】 9月23日，竖河村党总支与中化石油上海有限公司第二党支部举行结对共建签约仪式，中化石油上海有限公司总经理朱军，人民网上海频道副总经理、大品牌中心主任马丽，竖新镇党委书记王昊出席。

【“乡村魅力 民宿演绎”新兴领域发展趋势·片区论坛】 10月28日在竖新镇仙桥村举行。区委常委、组织部部长陆志斌出席活动并致辞。市委组织部组织二处副处长朱文杰到会指导工作。论坛上，崇明区委组织部副部长、区社会工作党委书记孙现印介绍崇明区乡村民宿党建工作专门委员会成立的有关情况，举行崇明区乡村民宿产业党建工作专门委员会成立仪式，印发《崇明区关于成立乡村民宿党建工作专门委员会的实施方案》。与会人员还共同参观仙桥村均瀛乡村小镇、木棉花开土布创意工坊、颐一甄选民宿、春润水产专业合作社、仙桥市集、仙桥村党建长廊等点位。（黄煜辉）

堡镇

【概况】 堡镇隶属上海市崇明区，位于崇明岛中部南沿。距G40沪陕高速上海长江隧桥陈家镇入口处20公里，距崇启大桥向化入口处20公里。堡镇中心地理坐标北纬31° 34′，东经121° 34′。镇域东至渡港，与向化镇为邻；西至小竖河、张涨港，与竖新镇接壤；南濒长江口南泓道；北接港沿镇。镇域东西最大距离11.8公里，南北最大距离9.10公里。堡镇形成于明末清初，始称堡城镇。1920年前后，堡镇成为崇明的四大名镇（桥、庙、堡、浜）之一。新中国成立后，堡镇是崇明两个县属城镇之一，是崇明岛中东部的主要集镇。至2022年底，堡镇总人口数58163人。总财政收入43800万元，比上年增长6.8%。全镇行政总面积61.3平方公里，城市开发边界面积5.93平方公里。堡镇人民政府位于堡镇正大街122号，堡镇客运码头坐落在堡镇南路1号，每日运行客轮4班次。（石锦益）

2022年堡镇基本情况表

表64

项目	数据	项目	数据
区域面积（平方公里）	61.30	人口密度（人/平方公里）	—
水域面积（平方公里）	6.88	年内出生人口（人）	151
年末耕地面积（公顷）	1859	年内死亡人口（人）	668
城镇建成区面积（公顷）	593	人口自然增长率（‰）	—
城镇建成区绿地面积（公顷）	3.2197	社区事务受理中心	
行政区划		服务事项（项）	202
行政村（个）	18	办件量（件）	21431
社区（个）	9	城镇登记失业人数（人）	965
年末总人口数（人）	58163	新增就业岗位数（个）	—
男性（人）	28524	新增就业人数（人）	1745
女性（人）	29639	居民人均可支配收入（元）	—
农村人口（人）	25623	居民人均生活消费支出（元）	—
非农人口（人）	32540	公园（座）	1
60岁以上人口数（人）	24678	新增市科技“小巨人”企业(含培育)(家)	—
百岁老人人口数（人）	20	新增市高新技术企业（家）	—
年末常住户数（户）	27913	专利申请量（件）	—
年末户籍人口（人）	58163	专利授权量（件）	—
外来常住人口（人）	5660	技术合同认定登记（个）	—

续表 64

项 目	数 据	项 目	数 据
技术贸易额（万元）	—	基层文化活动场所（处）	27
成人学校（所）	1	全国重点文物保护单位（家）	0
在校学生（人）	300	市级文物保护单位（家）	0
教师（人）	15	区级文物保护单位（家）	22
高中（所）	3	国家级非物质文化遗产（项）	0
在校学生（人）	1389	市级非物质文化遗产（项）	0
教师（人）	279	区级非物质文化遗产（项）	0
初中（所）	2	医疗卫生机构（家）	2
在校学生（人）	1703	区级医院（家）	1
教师（人）	221	社区卫生服务中心（家）	1
小学（所）	2	村卫生室（家）	15
在校学生（人）	1430	医疗卫生机构床位（张）	70
教师（人）	209	医疗卫生技术人员（人）	112
幼儿园（所）	4	执业（助理）医师（人）	43
在园幼儿（人）	772	养老机构（家）	5
教师（人）	118	工作人员（人）	186
文化机构		床位数（张）	967
社区文化活动中心（家）	2	寄养老人（人）	699
陈列馆、展示馆、纪念馆、博物馆（家）	3	区级体育场馆（家）	1
影剧院（家）	1	宗教场所（处）	6
文广站（家）	1		

（堡镇）

2022 年堡镇国民经济主要指标情况表

表 65

项 目	完成数	比上年增长（%）
固定资产投资完成额（万元）	1300	−94.8
公共财政收入（万元）	43800	6.8
公共财政支出（万元）	43800	6.8
外贸进出口额（万元）	—	—
出口额（万元）	—	—
外商直接投资实际到位金额（万元）	—	—
年末私营企业注册数（个）	—	—
规模以上工业总产值（万元）	76752	−15.3
社会消费品零售额（万元）	20816	0.99

（堡镇）

【政府实事项目】 2022 年，完成镇政府实事项目 10 项。新增就业 434 人，其中帮助长期失业青年就业 51 人；推进农民集中居住工作，完成实物置换 49 户、货币化置换 52 户；完成 68 户高压线线下农户宅基地置换签约工作；新建花园村综合为老服务中心及助餐场所；米行村、社区市民健身中心长者运动健康之家、康复辅具社区租赁服务点对外开放；米行村、社区市民健身中心长者运动健康之家、康复辅具社区租赁服务点对外开放；社区市民健身中心全面对外开放，新建1.7公里健身步道，完成花园村篮球场标准化改造；新增早餐网点1家、提升4家；新增早餐网点1家、提升4家；完成五滧村、彷徨村、菜园村村庄改造和四滧村区级乡村振兴示范村项目建设。（石锦益）

【公益林建设】 2022年，堡镇验收完成公益林抚育项目1508.1亩，其中堡镇垦区869.8亩、四滧村638.3亩。计划下一阶段开展花园村、人民村森林抚育项目申报工作，申报面积约1100亩。人民村、四滧村申报上海市森林乡村。做好全镇12985.4亩公益林、廊道的日常养护工作，落实病虫害防治、"一枝黄花"整治、森林防火、野生动物保护、防汛防台等工作，确保养护质量。上半年完成2021年堡镇公益林建设项目计34亩。2022年，堡镇公益林建设项目完成土地流转，其中公益林签约面积98.82亩、廊道签约面积84.81亩，预计2023年12月底完成造林任务。（程永培）

【人民村民宿集群项目】 2022年，堡镇引进上海酣客酒店有限公司与人民村共同开发建设民宿集群品牌，计划通过盘活利用闲置宅基地和农房资源，打造一批品质精良、服务优质、独具特色的精品民宿。同时配合乡村振兴示范村建设，将闲置的村集体资产改造成集游客服务中心、民宿接待中心、临时停车区、亲子活动区等为一体的"人民客厅"，并进一步改善村域内人居环境、道路环境、生态环境，提高基础设施水平，推进人民院子产业集群发展。全年完成10户宅基地房屋流转合同签订。（谭心雨）

【上海惠康水产养殖专业合作社】2022年，上海惠康水产养殖专业合作社培育的"崇明1号"良种扣蟹在崇明区2022年清水蟹综合评比中获特等奖。上海惠康水产养殖专业合作社2010年注册，位于堡镇南海村1001号，主要致力于培育"崇明1号"良种扣蟹，现养殖面积400亩。基地关注养殖品质，成蟹取得有机食品认证证书。为提升扣蟹规格和产量，基地率先开展扣蟹池塘"小改大、浅改深"升级工程，引入半自动投饵船，减少人工成本。连续多年在"王宝和杯"全国河蟹大赛评比中获"金蟹奖""最佳口感奖""最佳种质奖"。（忻悦）

【铭乾芳香中心获评第三批上海市民"家门口的好去处"】 2022年，铭乾芳香中心获评第三批上海市民"家门口的好去处"。铭乾芳香中心位于堡镇团城公路777号的铭乾农庄，是一家以芳香之旅为主题的休闲农庄。农庄种有天竺葵、鼠尾草、薰衣草、薄荷、柠檬香茅等30余种芳香植物。此外，农庄配备320亩土地，主要种植"瀛禾"品牌蔬菜、富硒水稻、碳氢肥水稻"瀛禾季"品牌大米，同时和中科协合作开发富硒系列产品。（谭心雨）

【"新堡管家"社会治理服务体系】 2022年，堡镇坚持党委领导、政府负责、社会协同、公众参与、法治保障的理念，建设"新堡管家"社会治理服务体系，全面提升平安建设科学化、社会化、法治化、智能化水平，全力推进基层社会治理现代化。堡镇对平安建设资源进行梳理、整合、优化，同时加大治理创新投入，以构建平安建设长效机制、织密治安防控网络、健全矛盾预防化解体系为着力点，打造以"一中心、两支柱、三基石"为架构的"新堡管家"品牌及社会治理服务体系。随着"新堡管家"社会治理服务体系建设不断深入，社会治理成效开始显现，"新堡管家"成为堡镇社会治理新名片。（王东）

【堡镇花园村创新"四位一体"农村生活污水处理设施运维新模式】 2022年，堡镇花园村在全区率先开展"镇、村、户、企""四位一体"农村生活污水处理设施运维试点工作。全村有195个农污处理站点，以小队为单位形成网格片区，依靠党员和小队长力量进行站点巡查和农户宣传，发现问题及时上报村委并通知运维企业，村委报备堡镇农污运维管理小组，小组在半小时内响应、两小时内到场处理。"四位一体"农村生活污水处理设施运维模式不仅快速解决农污设备出现的各类问题，充分调动村民自治的积极性，为农污治理提供优秀案例。（谢倩怡）

【"法律外卖"】 2022年，堡镇以27个村居为基本网点，以"12348法律服务直通车"为脉络，组建"法律外卖"服务团队，积极开展"法律六进"活动，主动探寻村居、学校、企业需求等"法律订单"，将法治宣传、法律咨询、人民调解、法律援助、法律体检等打包列入"外卖餐单"，对口"配餐"，免费"送餐"，免费"供餐"，提供方便、快捷的"一站式"法律服务。全年开展法治宣传39场次，法律咨询488人次，调处平息各类矛盾纠纷399件，村居法律顾问送法乡下6次。（朱民亮）

【公法点位】 2022年，堡镇司法所统先后打造人民村"乐乡居"公法诊所、堡港村"百姓月谈"、永和村"法咏花韵"等公法点位。2022年新增桃源村"桃华蹊"、花园村"老班长"、四滧村"瀛杏湾"公法点位，人民村"乐乡居"公共法律服务工作点2.0版本。全年开展法治宣传39场次，法律咨询488人次，调处平息各类矛盾纠纷399件，村居法律顾问送法乡下6次。（朱民亮）

【民生保障】 2022年，堡镇根据低保家庭、特困供养人员的实际需求，对桃源村、人民村、花园村、四滧村、瀛南村、五滧村、彷徨村、财贸村、解放社区等9个村居，40户家庭，实施适老化改造项目，分别提供智能化卫生设施、扶手抓杆、地面防滑、防灾应急装置等老年安全防护产品。花园村新建为老服务中心，位于花

12月，堡镇四滧村获评上海市美丽乡村示范村（堡镇 供图）

园村漾西7队，房屋建筑面积700平方米，活动场地面积1500平方米，总投资约180万元。内含长者食堂和日间照料中心等区域。为老年群体提供娱乐休闲场所和便民服务。

（周 鹏）

【《堡镇志（2001—2016）》】 9月16日，《堡镇志（2001—2016）》完成出版并交付印刷。2017年12月，《堡镇志（2001—2016）》开始筹备，并成立《堡镇志》编纂委员会及其办公室，启动编纂工作。后经前期准备、组织发动、调查搜集和核实整理资料，分篇撰写初稿，志稿编辑和修改等过程。2021年3月形成《堡镇志》初稿。2022年4月15日，组织内评内审，形成《堡镇志》专家评审稿。2022年6月28日，将《堡镇志》专家评审稿送区地方志办公室，后多次完善修改。全书共编纂23篇，共110万字，248张照片。（石锦益）

【堡镇在全区首次推出“智慧远程帮办系统”】 10月，堡镇在全区首次推出“智慧远程帮办系统”。“智慧远程帮办系统”是社区事务办理新模式，将公安、民政、医保、人社、住建、经信委、税务等7个条线52项事项纳入“远程帮办”范围，通过语音指导、视频连线、屏幕共享等方式，将办事窗口从社区事务受理服务中心前移至村居，建立“村居委会接待、帮办系统呼叫、受理中心即办”的工作模式，实现在村居“家门口”对部分个人社区事务“一网通办”当场办结，节省老百姓来回跑、排队的时间“智慧远程帮办系统”试运行期间，共开展“远程帮办”40次，帮助45名群众解决问题。

（石锦益）

【堡镇四滧村获评上海市美丽乡村示范村】 12月，堡镇四滧村获评上海市美丽乡村示范村。四滧村位于堡镇东南角，东临四滧港，南面长江，西临小漾港，北临南横引河。村域面积4.35平方公里，本地农户数1636户，户籍人口3790人，党员173名。四滧村具有较深厚的历史文化底蕴，曾经的“滧村镇”是五滧地区最为繁荣的地方之一，最大程度保留老街印象，江南风貌显著。村域四面环水，间有四滧南河、四滧北河，水乡气息浓郁。交通区位优势突出，横有向堡公路、崇明生态大道以及规划建设的崇明滨江景观大道，纵有合五公路，均为崇明和堡镇的交通要道。（谢倩怡）

港沿镇

【概况】 港沿镇位于崇明岛中部偏东，距南门约30公里，东与向化镇相邻、南接堡镇、西靠竖新镇、北部与上海警备区富民农场和海军崇明农场相连。全镇行政区域面积74.92平方公里，可耕地面积2933.33公顷。1995年2月，撤港沿乡建港沿镇。2000年12月，崇明县行政区划调整撤并，原港沿镇与合兴乡合并成立新的港沿镇。2002年4月，港沿镇区划调整村居撤并换届。至年底，港沿镇下辖21个行政村，483个村民小组，1个居民委员会，12个居民小组。总户数23177余户，总人口51163人，其中农业人口36766人。上海市第二社会福利院、大公所天主教堂均在镇域之内。2022年，全镇实现地方财政收入4亿元；居民人均可支配收入达36304元，比上年增长5%。年内获上海市“田园奖”、上海市儿童友好社区示范点、上海市无烟党政机关等称号。港沿镇惠军村获评2022年度上海市崇明区乡村振兴示范村。港沿镇人民政府地址为崇明区港沿镇港沿公路1177号。

2022年港沿镇基本情况表

表66

项 目	数 据	项 目	数 据
区域面积（平方公里）	74.92	年末耕地面积（公顷）	2933.33
水域面积（平方公里）	4.408	城镇建成区面积（公顷）	0.66

续表 66

项 目	数 据	项 目	数 据
城镇建成区绿地面积（公顷）	0.01	在校学生（人）	0
行政区划		教师（人）	0
行政村（个）	21	初中（所）	1
社区（个）	1	在校学生（人）	157
年末总人口数（人）	51163	教师（人）	41
男性（人）	25032	小学（所）	2
女性（人）	26131	在校学生（人）	299
农村人口（人）	36766	教师（人）	46
非农人口（人）	14397	幼儿园（所）	2
60 岁以上人口数（人）	20637	在园幼儿（人）	241
百岁老人人口数（人）	16	教师（人）	39
年末常住户数（户）	22119	文化机构	
年末户籍人口（人）	50136	社区文化活动中心（家）	1
外来常住人口（人）	3845	陈列馆、展示馆、纪念馆、博物馆（家）	0
人口密度（人 / 平方公里）	682.9	影剧院（家）	0
年内出生人口（人）	143	文广站（家）	1
年内死亡人口（人）	564	基层文化活动场所（家）	21
人口自然增长率（‰）	−8.2	全国重点文物保护单位（家）	0
社区事务受理中心		市级文物保护单位（家）	0
服务事项（项）	192	区级文物保护单位（家）	1
办件量（件）	20664	国家级非物质文化遗产（项）	0
城镇登记失业人数（人）	1101	市级非物质文化遗产（项）	0
新增就业岗位数（个）	—	区级非物质文化遗产（项）	1
新增就业人数（人）	2098	医疗卫生机构（家）	22
居民人均可支配收入（元）	36304	区级医院（家）	0
居民人均生活消费支出（元）	—	社区卫生服务中心（家）	1
公园（座）	2	村卫生室（家）	21
新增市科技“小巨人”企业(含培育)(家)	0	医疗卫生机构床位（张）	40
新增市高新技术企业（家）	0	医疗卫生技术人员（人）	98
专利申请量（件）	—	执业（助理）医师（人）	13
专利授权量（件）	91	养老机构（家）	2
技术合同认定登记（个）	0	工作人员（人）	44
技术贸易额（万元）	0	床位数（张）	381
成人学校（所）	1	寄养老人（人）	96
在校学生（人）	160	区级体育场馆（家）	0
教师（人）	7	宗教场所（处）	2
高中（所）	0		

（港沿镇）

2022年港沿镇国民经济主要指标情况表

表67

项目	完成数	比上年增长(%)
固定资产投资完成额(万元)	15753	-48.7
公共财政收入(万元)	40000	3.36
公共财政支出(万元)	40000	3.36
外贸进出口额(万元)	1872.6	-22.3
出口额(万元)	1872.6	-22.3
外商直接投资实际到位金额(万元)	0	0
年末私营企业注册数(个)	7190	10.04
规模以上工业总产值(万元)	2661.8	-9.7
社会消费品零售额(万元)	29214	-9

(港沿镇)

【政府实事项目】 2022年，完成镇政府实事项目6个。完成4488.5亩水产养殖尾水生态治理项目；新建涵洞8座，打通河道8条段，疏浚河道439条段，186.4公里；新建生态护岸14公里。举办2轮线上招聘会和1场线下招聘会，完成非农就业301人、城镇新增就业1639人、自主创业11人。完成港沿镇5家中小学和幼儿园与11家产业特色基地签署“星火少年社区教育实践基地”共建共享协议。新建1个、更新4个市民益智健身苑点，新建1片市民多功能运动场。开展文化配送下乡工程，配送群众文艺演出8场，专业演出1场。开展健康宣教活动，免费测量血压2000人次，接受健康咨询2600人次；为10431名65岁以上老人提供免费健康体检服务；为24名困难视力残疾人提供智能助盲辅具；为1300名社区居民提供大肠癌筛查。

【生态建设】 2022年，港沿镇完善环长工作体系，抓好环保督察问题整改，加强行业监督管理，落实上海市生态环境保护督察“回头看”工作。做实“河长制”工作，完成塔竖河、战斗河生态河道治理项目完工验收，协助推进区级骨干河道四滧港整治项目。加强河道综合治理，持续推进镇、村级河道水环境提升。提升“民间河长”履职能力，开展“河长大巡河”专项活动。加强水岸联动，完成4488.5亩水产养殖尾水生态治理项目。开展河道“清网行动”“清四乱”和一枝黄花、福寿螺专项整治行动。开展断头河整治，新建涵洞8座，打通河道8条段，疏浚河道439条段，共186.4公里。新建生态护岸14公里，稳步推进全镇水环境“水清、岸绿、河畅”新面貌。全力推进农村生活污水项目，完善港沿、合兴镇区污水管网，规范开展污水处理设施运行管理。深化落实长江十年禁渔令。启动“林长制”工作，全面提升林容林貌，推进13126.4亩公益林地和1289.1亩生态廊道养护工作，35名镇村级林长和106名“民间林长”勇挑重担，全年巡林741次，处置各类问题168件，全镇森林面貌持续改善。

【生态发展空间】 2022年，港沿镇严控农地非农化和耕地非粮化。开展各类违法用地整治工作，完成47宗卫片整治，消除存量违法用地56处，清理复垦违法用地面积14819平方米。严厉打击新增违章建筑和违法用地，全年共劝阻、制止和处置各类新生违建48起，拆除新生违建面积3300余平方米，处置各类新生违法用地9件，清理复垦土地1546平方米，镇村环境面貌得到进一步提升。完成农房调查全覆盖工作。

【农村人居环境】 2022年，港沿镇完成合兴村市级乡村振兴示范村、鲁东村区级乡村振兴示范村建设，打造向阳河乡村风貌引领区和鲁东产业长廊。持续深化园艺村、鲁玙村等示范村建设成果。完成鲁东村市级美丽乡村示范村申报项目。全域推进人居环境优化提升，实施分级分类街面管控，建立健全双向监督机制。继续加强公共设施建设，做好农村公路设施养护管理，持续推进“四好农村路”创建，大港公路被评为“上海市最美农村路”。开展草港公路齐力村段、港沿公路、合五公路延伸段环境整治，提升道路环境卫生。开展“大清扫、大冲洗”专项活动，营造舒适、安全、有序的市容环境。

【农业发展】 2022年，港沿镇创建水稻绿色高质高效示范点4个。推广应用缓释肥和绿色防控技术。扎实做好“三夏”“三秋”工作，实施优质稻米品种管控政策，优质水稻品种覆盖率100%。2022年，完成23312.4亩水稻播栽。推进水稻机械化种植，机械化种植率91.9%。创建水稻绿色生产基地17240亩，完成22家主体、4368亩蔬菜生产基地绿色防控示范创建。完成6家合作社的绿色食品认证指导服务工作，绿色食品面积认证率达90%以上，产量认证率40%。加快农业经营主体培育，遴选46家经营主体参与应用绿色技术，遴选优质经营主体9家，新型职业农民35名参与市、区两级培训，鼓励主体参与市、区优秀农业经营主体及产品评优活动，持续推进农业品牌建设。

【现代绿色农业】 2022年，港沿镇推进港沿农业集聚区建设。推进"上海花港"千亩花卉产业园建设。初步完成港沿花卉交流中心项目建设。完成虹华菊花项目主体结构和设备安装。崇明区国家农业绿色发展长期固定观测试验站、崇明生态农业科创中心和生态农业联合实验室开展实体化运作。推进"适生性球根花卉规模化繁育技术研究与产业化开发"项目。加强黄杨产业发展指导，进一步提升黄杨品质。分层分类开展技术培训，建立专业人才梯队。拓展线上线下交易平台，开展系列宣传推介活动，提升黄杨产业文化品位。

【社会保障】 2022年，港沿镇落实新一轮促进就业扶持政策，开展就业援助"春风行动"，举办2轮线上招聘会和1场线下招聘会，完成非农就业301人、城镇新增就业1639人、自主创业11人。发放低保、重残无业、特困供养、残疾等各类困难对象生活和医疗救助资金4745.46万元，城乡居民养老保险、医疗保险做到应保尽保。落实为老实事项目，统筹为老服务资源，创建示范型老年友好型社区。落实生态养老补贴和生态惠民保险制度。对每个申请对象开展预评估，严把长护险申请受理关。开展助残月系列活动，落实康复救助政策，不断提升残疾人服务效能。落实各项优抚政策，发放各类优待抚恤金，办理优待证。

【社会事业】 2022年，港沿镇助推港沿镇5家中小学和幼儿园与11家产业特色基地签署"星火少年社区教育实践基地"共建共享协议。推进科普阵地增能提级，完成市级社区书院和合东村科普之家申创。做好食品药品安全工作，确保平稳可控。完善公共文化体育服务设施。巩固提升"国家卫生镇"成果，深入开展爱国卫生运动，加强病媒生物防制，加强公共场所的日常预防性消毒。组织开展"三救三献"活动，完成献血1113只。加强与群团组织沟通联系，人口家庭、民族宗教、红十字等事业健康发展。

【基层治理】 2022年，港沿镇探索实施"汇智理"项目，打造基层社会治理新模式。推进城乡运行"一网统管"，不断完善和提升城乡智能管理平台功能，抓好线上线下联动，完善巡查发现和联动快处机制，全年镇区建设18个喊话系统。加强村（居）委会规范化建设，持续推进"阳光村（居）务"工程，社区云治理平台和居社互动平台推广应用。22个公益基地累计完成志愿服务时长90222小时。推进合东村全国乡村治理示范村培育单位创建工作，积极推进园艺村全国乡村治理示范村培育单位申报工作。推进园艺、合兴、合东三个村"参与式社区规划'示范社区'"创建工作，完成沿中居委五美社区创建申报工作。

【"上海花港"花家党建联盟"赓续传承开新局 以花聚力谱新篇"专题研讨会】 1月19日在港沿镇举行。上海市农科院林果所副所长张永春，太平洋安信农业保险崇明支公司总经理张正飞，国家设施农业工程研究中心副主任丁小涛，区生态农业科创中心书记徐国瑞、主任陈磊，崇明花卉园艺协会代表芦艳等专家，以及花家党建联盟18家成员单位，港沿镇党政班子成员等32人参加会议。会议由港沿镇党委副书记、镇长张锋主持。研讨会是"上海花港"花家党建联盟在党日共学、难题共议、人才共育、活动共办、资源共享等"5G"方面开展的第一次具体深入合作，共同针对产业发展与乡村振兴等热点问题进行深入研讨，为花卉产业发展提供理论支持及实践经验，助力现代农业高质量发展，为全面实现乡村振兴注入新动力。

【双江自治县党政代表团到港沿镇开展互访对接工作】 7月28日，双江自治县委副书记、县委统战部部长、县委党校校长沈修顺，县乡村振兴局局长浦文平，县委办副主任李太文等双江自治县党政代表团一行到港沿镇开展互访对接工作。代表团一行实地考察位于港沿镇鲁玙村国家设施农业技术研究中心、港沿镇同滧村的上海洪滧农业科技发展有限公司、港沿镇园艺村，双方希望持续深化两地协作，高质量推进协同发展，因地制宜、学习经验、做出亮点，共谋发展助力乡村振兴，努力谱写共同富裕新篇章。

【市农业农村委主任冯志勇一行到港沿镇园艺村调研】 9月2日，市农业农村委主任冯志勇率一行到港沿镇园艺村调研乡村振兴工作。冯志勇一行实地查看园艺村黄杨馆及黄杨木雕手工坊。冯志勇指出，只有实现乡村产业振兴，才能更好推动农业全面升级、农村全面进步、农民全面发展。要走产业融合发展之路，使村庄"前景"变百姓"钱景"，更多更好惠及农村农民。

【上海市政协副主席金兴明一行到港沿镇视察调研】 9月6日，市政协副主席金兴明率领市政协委员一行围绕"'后花博'综合效应情况"主题，到港沿镇开展平时视察活动。金兴明一行详细了解花卉园项目的建设运营、花卉品种培育、推广应用以及未来发展方向等情况，指出智慧生态花卉园要依托自身优势，抓好科技赋能，力争打造具有国际一流水平的育苗工厂、科研基地和研发中心，坚持走生态引领示范助推乡村振兴新模式。

【港沿镇园艺村黄杨文化艺术节暨崇明区廉洁文化示范点揭牌仪式】 11月25日，举行“中国瓜子黄杨之乡——港沿镇园艺村黄杨文化艺术节”。上海植物园的6名盆景专家现场进行盆景造型展示，并进行造型技能培训。中共崇明区港沿镇委员会与中共上海植物园委员会签订党组织结对协议书。区纪委副书记、监委副主任龚著忠，港沿镇党委书记丁冬红为崇明区廉洁文化示范点揭牌。（孙　柳）

向化镇

【概况】 向化镇位于崇明岛东部，东与中兴镇接壤，西与堡镇、港沿镇相邻，南北两端皆临长江。向化镇区位优势明显，东近上海长江隧桥，北接崇启高速公路。全镇总面积为53.78平方公里，南北长13公里、东西宽4公里。户籍总人口30372人，其中农业人口20531人，耕地面积2527.7公顷，下辖11个村民委员会、301个村民小组和1个居民委员会、8个居民小组。2022年，全镇实现地方财政收入2.6亿元，与年初提出的目标持平；农村居民人均可支配收入达34145元，比上年增长6.1%。年内，向化镇林业站获评“全国标准化林业工作站”；向化镇水务所评为“上海市河长制工作先进集体”；向化镇平安办评为“平安上海建设先进集体”；齐南村获评“上海市消防安全工作先进集体”等。向化镇人民政府地址为崇明区向中路62号。（郑连花）

2022年向化镇基本情况表

表68

项目	数据	项目	数据
区域面积（平方公里）	53.78	城镇登记失业人数（人）	646
水域面积（平方公里）	4.1076	新增就业岗位数（个）	256
年末耕地面积（公顷）	2527.7	居民人均可支配收入（元）	34145
行政区划		居民人均生活消费支出（元）	—
行政村（个）	11	园林绿地面积（平方米）	12564300
社区（个）	1	人均公园绿地面积（平方米）	0
年末总人口数（人）	21880	绿化覆盖率（%）	25.9
男性（人）	10762	公园（座）	0
女性（人）	11118	新增市科技“小巨人”企业（含培育）（家）	0
60岁以上人口数（人）	11175	新增市高新技术企业（家）	0
百岁老人人口数（人）	8	专利申请量（件）	0
年末户籍人口（人）	30372	专利授权量（件）	0
外来常住人口（人）	2143	技术合同认定登记（个）	0
户籍户数（户）	14079	技术贸易额（万元）	0
人口分布		高等学府（所）	0
农村人口（人）	20531	在校学生（人）	0
非农人口（人）	9841	成人学校（所）	1
人口密度（人/平方公里）	407	在校学生（人）	162
年内出生人口（人）	70	高中（所）	0
年内死亡人口（人）	372	在校学生（人）	0
人口自然增长率（‰）	−9.85	初中（所）	1
社区事务受理中心	1	在校学生（人）	224
服务事项（项）	190	小学（所）	1
窗口量（个）	8	在校学生（人）	279
办件量（件）	8957	幼儿园（所）	1

续表 68

项 目	数 据	项 目	数 据
在园幼儿（人）	182	医疗卫生机构（家）	1
文化机构		区级医院（家）	0
社区文化活动中心（家）	1	社区卫生服务中心（家）	1
陈列馆、展示馆、纪念馆、博物馆（家）	2	村卫生室（家）	10
影剧院（家）	0	医院床位（张）	45
文广站（家）	1	医疗卫生技术人员（人）	68
基层文化活动场所（处）	1	执业（助理）医师（人）	27
全国重点文物保护单位（家）	0	养老机构（家）	1
市级文物保护单位（家）	0	工作人员（人）	32
区级文物保护单位（家）	5	床位数（张）	121
国家级非物质文化遗产（项）	1	寄养老人（人）	82
市级非物质文化遗产（项）	1	区级体育场馆（家）	0
区级非物质文化遗产（项）	1	宗教场所（处）	2

（向化镇）

2022 年向化镇国民经济主要指标情况表

表 69

项 目	完成数	比上年增长（%）
固定资产投资完成额（万元）	—	—
公共财政收入（万元）	44261.39	40.82
公共财政支出（万元）	44261.39	40.82
外贸进出口额	—	—
出口额	—	—
外商直接投资实际到位金额	—	—
年末私营企业注册数（个）	2476	-35
规模以上工业总产值（万元）	40350	-22.90
商品销售总额	—	—
社会消费品零售总额	—	—
年末银行存款余额（万元）	369716	13.08
年末银行贷款余额（万元）	46000	-23.08
年末居民储蓄存款余额（万元）	311816	11.78

（向化镇）

【政府实事项目】 2022 年，完成镇政府实事项目 7 个。完成 4687.7 亩水产养殖尾水生态治理项目；调整北港村、齐南村、阜康村、米新村及春光村 224 条段 91909 公里村级河道生态治理，疏浚土方 120885.8 立方米；新建涵洞 215 座，G 型护岸 4402 米，A1 型护岸 4080 米，C2 型护岸 15462 米，绿化种植 82660 米。举办线上招聘会 20 场，新增就业 256 人、自主创业 14 人。向化镇向民小区 333 号楼加装电梯完成物联网“智慧电梯”安装实施，可通过采集电梯运行状态、方向、时间以及开关门次数等信息，给电梯应急处置平台提供数据支撑。更新向化村永冠开发区前侧篮球场 1 个，新增卫星村和北港村 2 个健身苑点。打造“统”“快”“智”“便”速调快处机制，推出“向心码”民生办理贴和“向心民声室”工程。老年人助餐项目，在原有 3 个村居送餐的基础上扩展到 9 个村居，就餐人数 75 人，全年供餐 21766 客；完善镇、村二级退役军人服务站，提高服务保障能力，为申请对象办理优待证，并及时发放，举办首发仪式；开展关爱功臣活动，通过政府购买服务方式，依托社会组织为全镇重点优抚对象和农村籍老退伍军人精准服务。开展健康宣教活动，免费测量血压近2000人次，接受健康咨询2500人次；为6049名65岁以上老人提供免费健康体检服务，投入资金9.5万元；为1108名社区居民提供大肠癌筛查。（季浩）

【生态环境治理】 2022年，向化镇抓好长江大保护，清理取缔涉渔“三无”船舶8艘、非法捕捞渔具网具1635个，水域生态环境持续向好。推进“环长制”，开展生态环境保护督察“回头看”工作，完成市环保督察问题点位整改反馈。塑料污染治理、空气污染治理细化于日常。落实“河长制”，绘就水清岸绿美好景象。完成49条段镇村级河道措施性养护项目，北港村等5个村的水系调整项目完工验收。倡导全民治水理念，发挥民间河长和社会化监督作用，探索村级河道市场化养护模式，河道养护水平不断提升。镇河长办获评“上海市河长制工作先进集体”。全面实行“林长制”，推动林业资源科学利用和保护，完成公益林建设3.19公顷。至年底，园林绿地面积1256.43公顷，绿化覆盖率达到25.9%。完善垃圾全程分类管理体系，开展小包垃圾专项整治，“两网融合”（指生活垃圾分类收运体系和生活源再生资源回收体系的融合，通过融合，实现生活源再生资源与其他类别生活垃圾的统一分类交投、分类收运和资源循环利用。）高效运转，生活垃圾资源回收利用率56%。加快绿色能源开发利用，推进公共机构建筑物屋顶光伏建设项目。抓实秸秆禁烧，全面实施秸秆综合利用行动，秸秆综合利用率达97%。推广测土配方施肥技术，推广缓释肥26.6吨、有机肥238吨。（郑连花）

【生态特色农业】 2022年，向化镇北港村水仙花、阜康村西红花产业发展势头良好，花仓村都市现代农业发展项目加快推进。探索科学高效的农业种植模式，试点推广水稻、水仙轮种技术项目。亚瀛、海奈特和百农等3个合作社水稻绿色高质高效示范方创建和“百千农场”工程（派驻农业科技人员入驻千家规模农场、百家核心农场，推进新品种和先进适用技术的应用推广及示范）建设开展。完成享农合作社绿色都市农业项目。白山羊综合服务中心项目建设有序推进。完成农业合作社绿色食品认证1101公顷，面积认证率超92%。严格规范土地流转程序，流转土地45.08公顷，土地流转率提升至90.8%。（郑连花）

【生态旅游】 2022年，向化镇依托灶文化博物馆、精品民宿、农业合作社、水仙花基地等资源，发布向化旅游手绘地图，串联各类文旅元素，深入打造精品乡村旅游路线，推动“食、宿、游”加快融合。10月，北港水仙湾项目正式启动，全力打造北港国家AAA级旅游景区，推动乡村振兴战略向高品质高标准看齐。鼓励扶持民宿产业高质量发展，累计注册备案民宿67家，获评市级星级乡村民宿7家、区级星级精品民宿23家，进一步加强民宿建设申办全过程管理，出台《向化镇民宿开办建设实施方案》。11月29日，向化镇民宿协会第一届第一次会员大会在镇政府召开。充分发挥协会平台交流、示范引领等作用，规范民宿运营管理，促进产业健康发展。（郑连花）

【人居环境】 2022年，向化镇六滧村美丽乡村村庄改造项目竣工验收，花仓村区级乡村振兴示范村建设正式启动。北沿公路向化段道路景观提升项目推进。土地减量化工作规范有序推进，土地利用方式日益优化。巩固并扩大“五棚”整治成果，深化“村庄清洁”行动，乡村面貌美化优化。开展外来入侵物种治理，有效遏制福寿螺扩散蔓延态势，清除“一枝黄花”近20公顷。实施农污设施出水水质全覆盖监测，农村生活污水处理水平质效双优。守好耕地保护红线，完成国土空间“三区三线”（根据城镇空间、农业空间、生态空间三种类型的空间，分别对应划定的城镇开发边界、永久基本农田保护红线、生态保护红线三条控制线）划定。完成违法用地综合整治2.30公顷和农村乱占耕地建房问题整治1.60公顷。新增违法建筑得到有效遏制，制止、拆除新增违法建筑2208平方米，存量违建逐步得到清理，共计拆除33711平方米。（郑连花）

【城乡改造】 2022年，向化镇推进农民相对集中居住工作，完成64户宅基地实物置换和货币化退出。贯彻实施农村村民建房相关操作办法，依法保障农村村民建房权益。开展220千伏高压线下农户搬迁工作，23户村民完成集中居住签约。镇区污水管网完善工程验收投用。加强农村公路管理养护，完成51条段、12700平方米农村破损道路维修。落实农村道路监控设备、路灯设施全面养护，实施齐南村、红卫站临时疏导点顶棚维修，群众生产生活环境更加安全便利。崇明大道绿道向化镇段新建项目和环岛景观道二期项目向化段基本完工。（郑连花）

【民生保障】 2022年，向化镇推进稳岗促就业工作，做好高校毕业生、就业困难人员、失业人员等重点群体就业帮扶，全年举办线上招聘会2场，实现新增就业256人，城乡登记失业人数控制在区下达指标以内。聚焦“沉默的少数”，全力保障困难群众基本生活，实施最低生活保障、特困人员供养、临时救助等各类社会救助1180人次，确保困难群众求助有门、受助及时。生态惠民保险赔付获益者109人次，生态养老补贴获益者近9000人。综合为

崇明灶文化博物馆（向化镇 供图）

老服务中心基础设施不断完善，服务功能持续升级，老年人助餐进一步扩大至9个村居。长护险及居家养老服务共惠及1280人。向化敬老院被评为市级优秀敬老院以及AAA级社会组织。（郑连花）

【基层治理】 2022年，向化镇创新开展社会治理“向心工程”，开发建设“向心码”民声服务平台，构建“一码、一站、一桥”民声服务体系，进一步拓宽民声响应渠道。至年底，“向心码”民声服务平台共受理各类矛盾纠纷871件，办结率100%，满意率90%。积极培育民声议事人队伍，召开民声见面会13场次，全年办结信访初访97件，比上年下降62.58%。修订完善村规民约，群众公共事务管理参与度不断提升。巩固拓展“五美社区”建设，规范阳光村居务，不断提高村居治理水平。完成17名农村事务工作者招录，村级后备力量补充壮大。工会、共青团、妇联等群团组织在基层治理中的作用进一步发挥。（郑连花）

【云南省临翔区党政代表团到向化镇考察】 7月29日，临沧市委常委、临翔区委书记、临沧工业园区党工委书记蒋世良率云南省临翔区党政代表团到向化镇考察。双方就推动互学互鉴、促进产业协同发展、实现更高水平合作进行深入交流。镇党委书记周忠涛，党委副书记、镇长王绪晖，人大主席沈菁菁等陪同考察。临翔区党政代表团先后来到上海享农果蔬专业合作社、知谷1984民宿等单位，参观向化镇特色农业打造、民宿产业发展、重点项目推进等情况，了解向化镇在打造特色产业集聚的首发之地、建设生态宜居人文的醉美花乡中的具体举措。双方表示，将进一步加强在主导产业、招商引资、文化旅游等方面的广泛交流与合作，共同搭建携手共进、互利互惠的友好平台，实现优势互补，把友好合作关系不断推向深入。（郑连花）

【向化镇首批“围炉暖心屋”授牌仪式】 8月23日，向化镇开展北港村、向化村、南江村等首批“围炉暖心屋”授牌仪式。北港村、向化村、南江村党总支书记、党建联络员及“星火党员”代表等20余人参加活动。区委组织部副部长、区社会工作党委书记孙现印，镇党委书记周忠涛，镇党委副书记、镇长王绪晖等出席活动。北港村、向化村、南江村党总支书记及“星火党员”代表分别围绕项目推进、阵地建设、服务简介及后期设想等内容进行交流分享。（郑连花）

【“生态合作·共创共享”上海崇明向化“醉美花乡”生态产业推介会】 8月25日在上海浦东嘉里中心举行。会上，举行“上海崇明世界级生态岛人才服务园向化分园”启动仪式。同时，崇明区向化镇人民政府与上海市新疆生产建设兵团商会、宁波商会、第一资源、洳凯商务、君云信科、天仁人力签订合作框架协议；并通过视频连线与华格照明、欣子（宁波）智能科技、山东利津上海商会进行合作框架协议云签约。（郑连花）

【向化镇“围炉暖心”党建项目第二批试点村工作部署会】 9月13日召开。会议就《关于探索实施“围炉暖心”项目加强本镇党员队伍建设的实施意见（试行）》和《关于进一步完善“围炉暖心”党建项目工作机制的通知》两个文件的重点内容进行解读，春光村、阜康村、六滧村、齐南村党总支负责人结合本村情况，分别就下阶段如何推进“围炉暖心”项目、组建“星火党员”队伍等内容进行交流。镇党委副书记茅洪杰出席并讲话。（郑连花）

中兴镇

【概况】 中兴镇地处崇明岛东部，地理坐标位于北纬31.3°，东经122°。东以八滧港与陈家镇隔河相望，西与向化镇接壤，南濒长江南支北岸线，北与崇明现代农业园区相邻，距沪崇越江通道陈家镇出口处1.5公里。全镇呈南北狭长形，南北长13公里，东西宽3.5公里，行政区域面积45.54平方公里，年末耕地面积1847公顷，水域面积835.27公顷。全镇有1个居委会、12个行政村（1个渔业村）、5个居民小组、296个村民小组。至2022年底，全镇总人口数29726人，总财政收入28700万元，比上年增长30.45%。1949年6月2日，崇明解放后成立汲浜乡，1958年9月更名为汲浜人民公社，1984年3月政社分设成立汲浜乡人民政府和汲浜人民公社，1987年3月撤销公社建置，1995年2月撤乡建镇，汲浜乡人民政府更名为中兴镇人民政府。2016年7月22日，崇明县撤县建区，崇明县中兴镇人民政府更名为崇明区中兴镇人民政府。近年来，中兴镇先后获评国家卫生镇、全国“一村一品”示范村镇（花菜之乡）、上海市文明镇、上海市信用镇等荣誉称号。中兴镇人民政府位于广福路42号。

2022年中兴镇基本情况表

表70

项 目	数 据	项 目	数 据
区域面积（平方公里）	45.54	公园（座）	3
水域面积（公顷）	835.27	新增市科技“小巨人”企业（含培育）（家）	0
年末耕地面积（公顷）	1847	新增市高新技术企业（家）	1
行政区划		专利申请量（件）	114
行政村（个）	12	专利授权量（件）	14
社区（个）	1	技术合同认定登记（个）	0
年末总人口数（人）	29726	技术贸易额（万元）	0
男性（人）	14544	高等学府（所）	0
女性（人）	15182	在校学生（人）	0
60岁以上人口数（人）	11621	成人学校（所）	1
百岁老人人口数（人）	4	在校学生（人）	270
年末户籍人口（人）	29726	高中（所）	0
外来常住人口（人）	2209	在校学生（人）	0
户籍户数（户）	13059	初中（所）	1
人口分布		在校学生（人）	302
农村人口（人）	21937	小学（所）	1
非农人口（人）	7789	在校学生（人）	421
人口密度（人/平方公里）	653	幼儿园（所）	1
年内出生人口（人）	105	在园幼儿（人）	254
年内死亡人口（人）	310	文化机构	
人口自然增长率（‰）	-6.9	社区文化活动中心（家）	1
社区事务受理中心		陈列馆、展示馆、纪念馆、博物馆（家）	0
服务事项（项）	244	影剧院（家）	0
窗口量（个）	7	文广站（家）	0
办件量（件）	11285	基层文化活动场所（处）	0
城镇登记失业人数（人）	579	全国重点文物保护单位（家）	0
新增就业岗位数（个）	1083	市级文物保护单位（家）	0
居民人均可支配收入（元）	79610	区级文物保护单位（家）	0
居民人均生活消费支出（元）	46045	国家级非物质文化遗产（项）	0
园林绿地面积（平方米）	25488.6	市级非物质文化遗产（项）	1
人均公园绿地面积（平方米）	0.86	区级非物质文化遗产（项）	0
绿化覆盖率（%）	17.57	医疗卫生机构（家）	1

续表 70

项 目	数 据	项 目	数 据
区级医院（家）	0	养老机构（家）	1
社区卫生服务中心（家）	1	工作人员（人）	31
村卫生室（家）	5	床位数（张）	182
医院床位（张）	45	寄养老人（人）	65
医疗卫生技术人员（人）	77	区级体育场馆（家）	0
执业（助理）医师（人）	29	宗教场所（处）	2

（中兴镇）

2022 年中兴镇国民经济主要指标情况表

表 71

项 目	完成数	比上年增长（%）
固定资产投资完成额（万元）	1024	8.52
公共财政收入（万元）	28700	30.45
公共财政支出（万元）	26401.43	20
外贸进出口额	—	—
出口额（万元）	5859	−38.3
外商直接投资实际到位金额	0	—
年末私营企业注册数（个）	783	−64.6
规模以上工业总产值（万元）	31853.6	−40.12
商品销售总额	—	—
社会消费品零售总额	—	—
年末银行存款余额（万元）	333570.32	—
年末银行贷款余额（万元）	6257.98	—
年末居民储蓄存款余额（万元）	333570.32	—

（中兴镇）

【政府实事项目】 2022 年，完成镇政府实事项目 13 个，开工 1 个。完成 2 家早餐工程示范门店建设；完成誉福市场消防应急救援站建设；完成中兴镇农副产品集中收购点建设；成立中兴镇民宿协会，出台《关于促进中兴镇民宿高质量发展扶持奖励办法（试行）》；完成爱国村区级乡村振兴示范村项目工程建设；完成樱花廊道综合品质提升工程建设；完成生态大道绿道新工程；完成镇党群服务中心拓建；完成广福居委会党群服务中心改造；完成绿岛田园设施菜田项目建设；完成村级河道提升工程建设；完成 2022 年生态廊道、公益林养护工程；完成 2022 年破损道路修复工程；开工建设乡风园设施菜田项目。

【生态环境建设】 2022 年，中兴镇全面推进第八轮环保三年行动计划，实施 102 条镇村级河道养护提升工程，其中镇管河道 1 条，总长 2.66 公里，修整边坡 5328 平方米，边坡绿化 5328 平方米，种植水生植物 266.4 平方米，建设生态护岸 806 米；村级河道 101 条，涉及七激村、永隆村、红星村、胜利村、汲浜村、富圩村，总长 43.08 公里，清淤 43.08 公里，修整边坡 65326 平方米，边坡绿化 65326 平方米，种植水生植物 4307.6 平方米，建设生态护岸 3.98 公里。完成崇明大道中兴镇段绿道建设，总投资 1259.13 万元。

【生态环境治理】 2022 年，中兴镇做好中央、市级生态环境保护督察及市生态环境警示片反馈问题整改工作，补齐生态领域短板。联合区生态环境局、市环科院积极推进七滧河环境污染案件应急处置，持续实施生态修复补偿后续工作；做好北横引河—七滧港西桥国考断面水质治理，国考断面水质稳定达标；持续开展外来入侵物种治理，开展

"一枝黄花""福寿螺"等整治行动，清理"一枝黄花"662.5亩，福寿螺5675只；加快完善垃圾全程分类体系，生活垃圾资源回收利用率达到40%。严格控制和预防土壤污染，受污染耕地安全利用率、污染地块安全利用率均保持100%。地表水环境质量断面达标比例保持100%。

【乡村振兴示范村建设】 2022年，中兴镇爱国村区级乡村振兴示范村项目完工验收，市级乡村振兴示范村项目完成前期准备工作。爱国村实施区级乡村振兴示范村项目，工期自1月5日至11月30日。总投资1171.83万元，建设项目有村庄绿化、道路建设、水环境整治、路灯安装、风貌提升、室内活动场地改造。实施道路绿化8800平方米、小三园建设2000平方米、组团小品1000平方米、村委会花坛改造60平方米；硬化路面1500平方米、新建会车道192平方米、健身步道280平方米、道路白改黑2067平方米；新建单孔涵桥30米、单孔涵桥8米；安装太阳能路灯105座；外墙喷真石漆14000平方米、外墙面刷涂料3600平方米、更换水落管2000米、屋面瓦片喷漆4000平方米，门窗油漆1000平方米；休闲节点改造800平方米、活动节点改造600平方米、综合节点改造1000平方米。

【绿色农业】 2022年，中兴镇全镇12家农业经营主体28个产品获得绿色有机认证，认证面积2.4万亩，认证率90%。全年水稻种植面积7563.5亩，其中"两无化"水稻种植面积880亩，机械化率97%。全年杭白菜、小青菜等蔬菜种植6.5万亩次。特色养殖业智慧化转型取得新突破，全年白山羊养殖超1万头，"羊脸识别""种养循环"等新技术广泛应用。"农业+新零售"业态取得新成绩，年内与"盒马鲜生""叮咚买菜"等主流电商平台开展农产品销售合作，年销售量超过4690吨、销售额超过4835万元。

【民宿发展】 2022年底，中兴镇有市五星级民宿1家、四星级民宿5家、三星级民宿4家，区五星级民宿8家、四星级民宿7家、三星级民宿14家。全年旅游收入近6000万元，接待游客12万人次。

【民生保障】 2022年，中兴镇完成建设沿河道路塌方修复工程；完成新增就业200人；完成镇长者运动健康之家建设；完成广福社区日间照料中心建设；开设中兴镇爱心暑托班；为不少于400名残疾人提供免费健康体检服务，为700名社区居民提供大肠癌筛查；发放城乡最低生活保障8898户次11612人次，合计金额381.73万元；发放城乡重残无业4866人次，合计金额544.33万元；发放特困供养1209人次，合计金额199.39万元；发放粮油帮困14065人次，合计金额98.67万元。

位于中兴镇红星村红北红汲支路的久居民宿（中兴镇 供图）

【崇明区首个民宿奖补政策出台】 1月1日，中兴镇出台全区首个民宿奖补政策文件《促进中兴镇民宿高质量发展的扶持奖励办法（试行）》（沪崇中府〔2022〕1号文件），发布四方面十条专项细则。其中对民宿集群发展、多旅融合发展、专业化服务、品牌化经营、差异化竞争、举办重大活动等都明确不同程度的奖励。

【民宿协会成立】 1月18日，中兴镇民宿协会成立。民宿协会理事会由15位理事组成，印刘琼为会长，汤玲、陈冲、彭践为副会长。聘请曹益民为秘书长。监事会成员由3人组成，王素琴为监事长。中兴镇民宿协会有上海市崇明区久居农家乐俱乐部、上海市崇明区城边森舍农家乐俱乐部、上海市崇明区余芳农家乐俱乐部、上海市崇明区汤之道农家乐俱乐部、上海崇明笙平农家乐专业合作社、上海海岛水堂农家乐专业合作社等首批会员54家。

【中国能源建设集团投资有限公司华东分公司与崇明区中兴镇人民政府签署项目合作协议】 3月10日，中国能源建设集团投资有限公司华东分公司与崇明区中兴镇人民政府签署项目合作协议。中国能源建设集团投资有限公司华东分公司总经理孙黎明，投资开发部主任万锦超，中兴镇党委书记沈利，镇党委副书记、镇长李永林，副镇长沈俭、吴蒙出席签约仪式。双方共同推动项目尽快并网发电，并围绕"双碳"领域，在循环经济、清洁能源、多旅融合等各个方面深入开展合作，共同创造“绿水青山就是金山银山”的案例。

【上海广樱文化旅游发展有限公司成立】 4月1日，上海广樱文化旅游发展有限公司成立。该公司是镇政府下属的全资国有、线上线下实体运营的文旅企业。公司法人代表曹益民，常务副总经理沈飞。公司主营范围为酒店、民宿管理，景区管理，物业管理，餐饮管理，住房租赁，旅游咨询服务，休闲观光活动，会议及展览服务，数字文化创意内容应用服务等。

【应急消防救援站揭牌】 9月16日，中兴镇应急消防救援工作站揭牌运行，是崇明区首支乡镇层面应急消防救援队伍。中兴镇应急消防工作站位于中兴镇誉福市场内，地处中兴镇中部区域。工作站有工作人员8人，配有消防水带、消防水枪、通用安全绳、手抬泵（手电双启）、消防腰斧、手提式防爆探照灯等消防设备。以救早、灭小和“5分钟到场”扑救初起火灾为目标，依托志愿消防队伍，配备必要的消防器材，主要负责对村居微型消防站进行指导、检查、统筹协调；负责对镇域范围内企事业单位、林地、厂房等区域的安全、消防工作进行检查、指导、应急处置；负责镇域范围内公共安全突发情况的先期灾情核实、初起灾害的应急处置、消防隐患排查整治等工作。

【马术公开赛】 9月16日至12月25日，在位于中兴镇汲浜公路999号的上海爱久马术俱乐部有限公司举办市级大型马术比赛3场。上海市体育局、上海市教育委员会主办。上海市马术运动管理中心、上海市马术协会、崇明区体育局承办，上海市崇明区中兴镇人民政府、上海市崇明区现代农业园区开发公司、上海爱久马术俱乐部有限公司协办。600余名骑手、780余匹马参加比赛。其中，9月16—18日，举行2022年区域性骑手分级考核（上海爱久站）；11月18—20日，举行2022年“兴业银行杯”上海城市业余联赛上海市民马术节暨盖世英雄马术系列大奖赛第四站；12月24—25日，举行“浦发银行 & 太平洋保险杯”上海市第十七届运动会马术场地障碍比赛（青少年组）暨2022年上海市青少年马术锦标赛。

【2022年“兴业银行杯”上海城市业余联赛上海滑步车三项全能挑战赛】 11月25日在中兴镇五星级民宿久居民宿 CPARK 运动公园举办。上海市社会体育管理中心和崇明区体育局主办，中兴镇人民政府和老骑体育科技（上海）有限公司承办。比赛旨在推进滑步车运动的少儿普及。参赛者被划分为2~4岁组、5~7岁组、8~10岁组三个年龄组，共设9个单项2个三项名次。

【中能建渔光互补项目推进会】 12月15日召开。中国能源建设集团投资有限公司华东分公司总经理孙黎明，执行总经理蒋克勇，中国能源建设集团华东建设投资有限公司上海市域执行总经理倪超，崇明区副区长徐慧泉，中兴镇党委书记沈利，中兴镇党委副书记、镇长李永林以及崇明区规划资源局、崇明区农业农村委、崇明区发展和改革委员会、崇明区投资促进办负责人等17人出席会议。会上中兴镇就渔光互补项目的前期准备工作进行汇报。相关委办局就项目实施方案、电力接入、专项规划等方面进行讨论，并发表意见建议。渔光互补项目装机规模100兆瓦，投资规模4.47亿元。

【崇明东滩首届滨海社区观鸟生活节】 12月17—18日在上海崇明东滩鸟类国家级自然保护区宣教中心举行。由上海市崇明东滩自然保护区管理事务中心、中兴镇人民政府、阿拉善 SEE 东海项目中心、红树林基金会（MCF）等单位联合举办。来自上海市及其他11个滨海保护地的26支队伍（组成13支联队）、77名观鸟爱好者，以线上、线下相结合的方式，在崇明东滩以及11个滨海保护地同步参与比赛。大赛共观察记录201种鸟类，其中崇明东滩赛区记录鸟种数122种。国家一级保护动物卷羽鹈鹕被评委评定为该届观鸟赛的至尊鸟种。优胜奖：大丰麋鹿队（122种）；至尊鸟种奖滦南遗鸥队（首支记录并提交卷羽鹈鹕）；最佳预测奖：滦南遗鸥队；特殊贡献奖：大丰麋鹿队（19种）、黄河口白换（18种）、大连老铁山金雕队（7种）、盐城丹顶鹤队（4种）、南大港青头潜鸭（2种）、盐城遗产地候鸟旗舰队（2种）、滦南遗鸥队（2种）、条子泥小哨子队（1种）、北戴河湿地海鸥队（1种）、辽河口丹顶鹤队（1种）、崇明东滩白头鹤队（1种）；优秀奖：崇明东滩大滨鹬队、长海黄嘴白鹭队。共有11支参赛队贡献唯一记录鸟种。另外，300人次参加设置在上海东滩鸟类国家自然保护区西出口的富圩村社区自然中心观鸟集市。（施玉飞）

陈家镇

【概况】 陈家镇位于崇明岛东端，地处东海之滨长江入海口，是上海长江隧桥和轨道交通（在建）通往崇明岛的首站，崇启通道的途经处，G40大通道的起始段。南濒长江，北接东平前哨社区，东与上实集团相邻，西与中兴镇接壤。行政区域面积94.44平方公里，下辖21个行政村，10个居民委员会，2个社区工作站。全镇户籍人口62775人；实际居住人口47906人；外来人口9781人；境外人员81人。人口自然增长率 -1.10‰。2022年，全镇实现财政收入3.87亿元，与上年基本持平，实现增加值24亿元，比上年增长7.2%，农村居民人均可支配收入3.84万元，比上年增长4.7%，社会消费品零售总额7.7亿元，比上年增长6.6%。陈家镇人民政府地址为北陈公路1435号。

2022年陈家镇基本情况表

表72

项目	数据	项目	数据
区域面积（平方公里）	94.44	在校学生（人）	395
水域面积（平方公里）	8.313	教师（人）	10
年末耕地面积（公顷）	1416	高中（所）	2
城镇建成面积（公顷）	1000	在校学生（人）	335
城镇建成区绿地面积（公顷）	65	教师（人）	33
行政区划		初中（所）	4
行政村（个）	21	在校学生（人）	1889
社区（个）	10	教师（人）	268
年末总人口数（人）	62775	小学（所）	4
男性（人）	30426	在校生（人）	2523
女性（人）	32349	教师（人）	265
农村人口（人）	26202	幼儿园（所）	4
非农人口（人）	36573	在园幼儿（人）	1067
60岁以上人口数（人）	22599	教师（人）	158
百岁老人人口数（人）	11	文化机构	
年末常住户数（户）	26921	社区文化活动中心（家）	1
外来常住人口（人）	9781	基层文化活动场所（处）	28
年内出生人口（人）	217	影剧院（家）	2
年内死亡人口（人）	587	国家级非物质文化遗产（项）	1
人口自然增长率（‰）	-1.10	市级非物质文化遗产（项）	1
社区事务受理中心	1	区级非物质文化遗产（项）	2
服务事项（项）	200	社区卫生服务中心（家）	2
办件量（件）	33000	村卫生室（家）	19
城镇登记失业人数（人）	545	医疗卫生机构床位数（张）	108
新增就业岗位数（个）	430	医疗卫生技术人员（人）	150
新增就业人数（人）	430	执业（助理）医师（个）	84
居民人均可支配收入（元）	38400	养老机构（家）	5
居民人均生活消费支出（元）	12188	工作人员（人）	85
粮食总产量（吨）	9561	床位数（张）	728
蔬菜总产量（吨）	4805	寄养老人（人）	329
水果总产量（吨）	2543	宗教场所（个）	4
成人学校（所）	1		

（陈家镇）

2022年陈家镇国民经济主要指标情况表

表73

项目	完成数	比上年增长（%）
固定资产投资完成额（万元）	2678	—
公共财政收入（亿元）	3.87	4.59
公共财政支出（亿元）	3.87	4.59
年末私营企业注册数（个）	1123	—
规模以上工业总产值（万元）	175166	−23.02
社会消费品零售额（亿元）	7.7	6.9

（陈家镇）

【政府实事项目】 2022年，完成镇政府实事项目10个。抓好轨道交通崇明线陈家镇站点前期工作，组建专班，制定时间表、作战图。完成重点地块动迁6户，协调保障上海交通大学国际农业与生态学院等区重大工程有序推进。实施镇、村级河道养护提升104.9公里。完成造林321亩，抚育500亩。推广绿色种植、养殖模式，实施4515亩水产养殖尾水治理，申报水稻绿色农药1.7万亩，推广水稻病虫害绿色防控技术1.5万亩。开展新型职业农民引导性培训300人次，培育示范户25个。引进京优客、麦当劳、罗森等连锁品牌商家30余个。推进上海市实验学校东滩高级中学主体工程建设。开展科普早市、讲座活动12次；举办第七届崇明山歌节、各级各类文化活动130场。推进体育特色小镇建设，举办第三届东滩骑行节。新增就业384人，办理征地灵活就业164人，扶持自主创业23家，帮助39名长期失业青年就业。完成新建敬老院工程主体结构施工、小区电动车充电桩设备更新220台、多层加装电梯2台、智慧电梯物联网建设和南北老旧小区雨污混接改造。

【生态环境整治】 2022年，陈家镇村级河道基础性养护管理举措，由村民自治转变成全面市场化养护模式。持续开展镇村级河道措施性养护，覆盖镇级河道4条、村级河道239条，总长104.907公里，充分落实长效管理。抓紧推进生态小流域规划设计工作。项目涉及德云村及裕安养殖场范围内河道114条段，总长度50.02公里。其中，镇级河道4条段，总长度为10.37公里；村级河道110条段，总长度39.65公里。坚决遏制福寿螺扩散、蔓延，防止对河道生态环境造成破坏，各单位相互配合，分区划片全线排摸。结合河道养护、采取措施性清除和集中收集、规范处置四种方式进行综合整治。清除福寿螺69661只、卵块2579块，整改率100%。

瀛东村民宅区（陈家镇　供图）

【生态产业】 2022年，陈家镇围绕“生态发展＋新兴产业”发展经济。推广高效低毒政府补贴农药，降低农业面源污染。落实测土配方施肥工作，设立耕地地力监测点13个。全覆盖推广水产养殖绿色生产方式1.1万亩，重点示范基地有新健、崇东、江海“21”裕西基地。建设立新村立体防鸟网、池塘小改大及防虫系统建设。完善国家级健康养殖场提升工程，创建2个（城市电力、崇东水产养殖）示范点，通过市、区两级验收。积极探索水产养殖新模式，引进水产温室陆基序批养殖新产业。在崇东、璞叶小镇河蟹养殖中应用信息化智能化新科技，实施精细化管理，饵料精准投喂、水质实时监控，提高养殖管理效率。实施“渔光互补”项目，发展空中发电，地面种植，水面养殖的土地资源立体化利用，促进绿色生态、高效低碳发展。

【绿色农业】 2022年，陈家镇发展绿色智慧农业，完成水稻种植面积1.6万亩，水稻机械化种植率95%，推广水稻优质品种，良种覆盖率100%。开展农机安全年检，消除农机安全隐患，检验各类农机462台次。创建300亩蔬菜生产基地绿色防控示范区，完成50亩设施菜田土壤保育，推广80亩水溶肥技术。推进水产养殖尾水治理，陈家镇第二期尾水治理面积4515亩，47个点位。做好春季、秋季集中免疫及月月补防工作，杜绝重大动物疫病的发生和流行。加强为农服务体系建设，落实农产品质量安全监管，完成绿色认证续展4家，新增1家水产有机认证和1家粮食绿色认证，面积认证率96%，产量认证率59%。做好1094亩经济果林生态补偿、物化补贴发放。培育新型职业农民32名，培训300人次，培育示范户25个，入户指导250人次。

【文旅产业】 2022年，陈家镇镇域内有星级民宿23家、农家乐96家。其中，鸿田村的“鸿田·義田”项目通过开发商与农户签订房屋租赁协议，再由开发商集中、成片进行民宿策划与改造，秉持“村庄周围森林化、村内道路林荫化、庭院绿地宜人化、河道沟渠风景化，房屋墙面彩绘化”的标准，推出特色体验、会展、商品销售、文创活动、住宿、康养等服务内容，打造绿色低碳、舒适宜居的农村生活环境，深化乡村民宿和文化、农业、健康等产业融合，将乡村民宿发展成为带动农民就业、增收、致富的新产业，乡村振兴的新示范。

【民生保障】 2022年，陈家镇把扩大就业创业放在突出位置，全年新增就业438人，办理征地灵活就业474人，扶持自主创业25家，帮助40名长期失业青年实现就业，开发生态就业岗位50个。做好民生兜底保障，新增低收入家庭259户，低保家庭65户，重残无业25人，特困1人；全面开展低保家庭定期复审，发放低保金480万余元；向低保、低收入、重残无业对象发放各类医疗救助款797万余元；发放残疾人各类补贴175万余元。加强为老服务体系建设，新设立养老顾问点25个，综合为老服务中心和社区助餐点运营管理有序；新建敬老院项目有序推进，预计于2023年6月完成初步施工；落实居家养老、“老伙伴”计划、长护险工作。做实双拥优抚工作，为重点优抚对象和农村籍老退伍军人发放定期补助、医疗补助；开展关爱功臣项目，完成全镇退役军人、三属的优待证信息采集发放工作。开展东西部协作，广泛动员社会力量参与对口地区协作帮扶，镇商会13家企业共捐赠资金108万元。

【上海警备区调研奚渔村海上民兵建设情况】 1月28日，上海警备区到陈家镇奚渔村专题调研海上民兵建设情况。奚渔村党支部书记、村委主任张敏向调研组汇报奚渔村渔业生产、民兵建设情况。随后，与会人员围绕调研组提出有关海上民兵建设的“四个问题”展开讨论。

【村史馆建设（上墙文案）研讨会】 10月24日在瀛东村召开。通过各方建言献策，达成以下意见：一是村史馆的文案要体现党的领导和国家政策红利的释放效应，总结40年来瀛东村的创业、建业、守业的历程；二是村史馆的文案要体现坚持发展集体经济、走共同富裕之路，兑现让老百姓过上好日子的诺言；三是村史馆的文案要体现“垦拓精神”的传承与发扬、初心和使命的坚守，紧紧围绕党的二十大精神，与时俱进，继往开来，谱写瀛东村乡村振兴建设新的篇章。

【陈家镇第七届崇明山歌节】 11月18日举行。活动由崇明区文化和旅游局、陈家镇人民政府共同主办，崇明区文化馆非遗办、陈家镇社区党群服务中心共同承办，主题为“奋进新征程 建功新时代”。崇明区文化馆馆长季洪益、陈家镇党委委员邵军出席活动并分别致辞。崇明山歌市级非遗传承人张顺法和徒弟张美萍演唱《消防安全不马虎》《山歌好唱口难开》。

【2022年全民健身展示活动】 11月23日开展。陈家镇文体服务中心组织开展。主题为“展风采、添活力”。活动分4场，27支团队参加。活动中，太极爱好者表演《六首四象功》《42式太极拳》《陈式太极拳35式》，新洁美健身队、先锋为家健身队表演水兵舞《秋梦》，现代舞团队表演《花开中国》《迎盛世举金杯》《党旗更鲜艳》等节目。 （陈雨豪）

新海镇

【概况】 新海镇位于崇明西北区域，呈东西狭长走向，西北与江苏海门隔江相望、北邻新村乡，南至绿华、三星、庙镇、港西四镇，东邻东平镇，行政区域面积为105.04平方公里，耕地面积14公顷。所辖范围包括原跃进、新海、红星、长征4个市属国有农场，下设5个居委会，分别为长征居委会、红星居委会、新海居委会、新海二村居委会和跃进居委会。区域内有瑞华果园、光明田园2个国家AAA级旅游景区，每年举行油菜花节庆活动。至2022年底，全镇总人口数9710人，总财政收入49316.05万元。新海镇政府地址为崇明区北沿公路3366号。

2022年新海镇基本情况表

表74

项目	数据	项目	数据
区域面积（平方公里）	105.04	技术合同认定登记（个）	—
水域面积（平方公里）	7.34	技术贸易额（万元）	—
年末耕地面积（公顷）	14	高等学府（所）	0
城镇建成区面积（公顷）	518	在校学生（人）	0
城镇建成区绿地面积（公顷）	108	成人学校（所）	0
行政区划	—	在校学生（人）	0
行政村（个）	0	高中（所）	0
社区（个）	5	在校学生（人）	0
年末总人口数（人）	9710	初中（所）	1
男性（人）	5175	在校学生（人）	117
女性（人）	4535	小学（所）	1
60岁以上人口数（人）	4899	在校学生（人）	178
百岁老人人口数（人）	1	幼儿园（所）	1
年末户籍人口（人）	10149	在园幼儿（人）	90
外来常住人口（人）	2377	文化机构	
户籍户数（户）	5705	社区文化活动中心（家）	2
人口分布	9686	陈列馆、展示馆、纪念馆、博物馆（家）	2
农村人口（人）	0	影剧院（家）	0
非农人口（人）	9689	基层文化活动场所（处）	5
人口密度（人/平方公里）	92.28	全国重点文物保护单位（家）	0
年内出生人口（人）	13	市级文物保护单位（家）	0
年内死亡人口（人）	195	区级文物保护单位（家）	0
人口自然增长率（‰）	−0.019	国家级非物质文化遗产（项）	0
社区事务受理中心	4512	市级非物质文化遗产（项）	0
服务事项（项）	192	区级非物质文化遗产（项）	0
窗口量（个）	7	医疗卫生机构（家）	1
办件量（件）	4313	区级医院（家）	0
城镇登记失业人数（人）	270	社区卫生服务中心（家）	1
新增就业岗位数（个）	149	村卫生室（家）	0
居民人均可支配收入（元）	67017	医院床位（张）	80
居民人均生活消费支出（元）	28754	医疗卫生技术人员（人）	65
园林绿地面积（平方米）	—	执业（助理）医师（人）	14
人均公园绿地面积（平方米）	—	养老机构（家）	1
绿化覆盖率（%）	21.58	工作人员（人）	18
公园（座）	1	床位数（张）	100
新增市科技“小巨人”企业（含培育）（家）	0	寄养老人（人）	30
新增市高新技术企业（家）	4	区级体育场馆（家）	0
专利申请量（件）	—	宗教场所（处）	1
专利授权量（件）	—		

（新海镇）

2022年新海镇国民经济主要指标情况表

表75

项目	完成数	比上年增长（%）
固定资产投资完成额（万元）	2477	−43.28
公共财政收入（万元）	49316.05	58.82
公共财政支出（万元）	49316.05	58.82
外贸进出口额	—	—
出口额	4457	−41.36
外商直接投资实际到位金额	—	—
年末私营企业注册数	273	−58.9
规模以上工业总产值	76700	24.11
社会消费品零售总额	4208	−6.68

（新海镇）

【政府实事项目】 2022年，完成镇政府实事项目7个。开展职业培训8人次；实现新增就业75人，城镇新增就业指标190人，帮助17名35岁以下长期失业青年再就业，成功扶持自主创业4人。完成2022年体育场地调查工作，修缮群众健身苑点2处。加强47名三级社会体育指导员队伍建设，落实市区两级体育资源配送40课时，太极拳20课时、乒乓球10课时、瑜伽10课时。开展文化配送下乡工程，配送群众文艺演出25场，群众文艺辅导10场，群众文艺导赏12场。为656名退休和生活困难妇女提供免费妇科病和乳腺病检查；为126名残疾人提供免费健康体检服务；为500名社区居民提供大肠癌筛查。完成各类主副食品、母婴用品等需求订单1.5万余份，配送液化气426次，市区及岛内代配药2923人次，保障血透及紧急送医就诊等1375人次。关心关爱高龄独居老人、重大病、行动不便、留守儿童等特殊困难群众3500人次。

【生态环境治理】 2022年，新海镇举行专项课题调研，制定《关于构建严格生态安全监管体系的工作方案》。加强全域生态环境保护，做好市环保督察“回头看”工作，相关6个环保问题全部整改到位。完成一般工业固废及危废备案管理，落实辖区餐饮单位油烟净化装置安装，落实秸秆露天禁焚，开展扬尘污染、建筑垃圾、渣土等专项执法检查40余次，立案查处露天扬尘污染、噪声污染等环保案件7起，处罚金额4.25万元。推行林长制，建立健全林长责任体系和林长制工作配套制度，形成“发现—督办—整改—销项”管理闭环，严格森林火灾预防和病虫害防治。加强全域“一枝黄花”、福寿螺、美国白蛾等外来入侵物种治理。落实河湖长制，实行周检查、月通报制度，发现整改问题137个。加强长江“十年禁渔”，开展“清船净岸打非”专项行动27次，取缔“三无”船舶13艘，销毁非法网具110个，拆除河坡违章建筑3处、废弃简易码头1处。实施社会治理薄弱点位负面清单管理问题整治，年度10个问题点位整治任务全部完成。推进人居环境提升行动，督促光明集团驻区单位加强集中生活区、连队散户点环境整治，清理一批积存垃圾、无证养殖等问题。协调推进生态清洁小流域建设。推进生活垃圾分类，做好市级第三方常态化实效测评迎评工作，累计修缮垃圾箱房40余处，更换垃圾桶112个，更新各类宣传版面157块、标识标签452张。加强垃圾分类检查，查处乱扔垃圾问题389个，开具责令整改通知书37份，依法立案查处5起。开展零包垃圾专项治理，约谈住宅小区内乱扔小包垃圾当事人2人次，签订保证书2份。分别析出可回收物942吨、

北沿公路跃进农场春耕白鹭齐飞图（新海镇 供图）

湿垃圾1478吨、干垃圾处置1720余吨。加强农村生活污水项目运维及出水水质达标管理，通报整改问题26个。对农污出水水质开展两轮全覆盖检测，结果均为合格。

【社会治理】 2022年，新海镇严格土地管理，落实土地卫片379宗、涉及耕地问题图斑8885个（含农村乱占耕地问题图斑7个）的核查整改工作，巩固“三区三线”（“三区”为城镇空间、农业空间、生态空间三种类型的国土空间；“三线”为城镇开发边界、永久基本农田保护线、生态保护红线三条控制线）划定成果和上海市无违建乡镇创建成果。完成长征自来水厂地块开发边界外建设用地减量化项目立项，立项面积7.5945亩。完成长征农场三十队鱼塘土地整理复垦项目立项，立项项目604.26亩。加强住宅小区综合治理，推进跃进新村、跃高新村部分售后公房住宅小区楼栋修缮项目，新建、改造售后公房住宅小区停车棚3个。制定《新海镇加强城市运行“一网统管”工作实施方案》，建立覆盖基础网格、警务网格、综治网格“多格合一”的基层大联勤大联动力量清单，实行专职网格长兼站长全面负责制和每周联席例会制度，推动“一网统管”做实做强。加强城运中心规范化建设，网格化平台及时发现处置各类事部件1.5万起。制定《新海镇“12345”市民服务热线工作方案》，处置“12345”市民热线工单458起，市民满意率81.1%。加强全国文明城区创建工作。以全国文明城区常态长效建设为主导，归并国家卫生镇复审迎评、文明居住（经营）积分管理、人居环境优化提升行动等三个专项工作，设立新海镇“四合一”专项工作领导小组，由镇党政主要领导挂帅，并纳入各相关职能部门、单位、居委和光明驻地企业作为小组成员。依托领导小组框架，建立双周工作例会、双周问题通报、镇企联席协商、联合现场办公等工作机制，形成镇域全覆盖的强大合力。继续推进文明居住（经营）积分管理，引导居民养成良好的生活方式和文明行为习惯，规范个体工商户文明经营、遵纪守法，不断提升地区文明水平。完成2021—2023年度市区级文明单位、文明小区创建工作。

【民生保障】 2022年，新海镇制定实施新海镇新一轮就业促进扶持政策（2022—2026年），举办“政策护航·乐业未来”线下招聘会，多措并举促进就业。开展人民城市理念引领下的为民服务体系建设专项调研，研究制定《坚持人民至上加强为民服务体系建设工作方案》。按时足额核发各类帮困救助款项4627人次、399.8万元。组建由2名镇级救助顾问和5名居级救助顾问组成的社会救助顾问团队，建立社区救助顾问政策信息库和资源库，推广社会救助顾问制度。完成薄弱三阳机构改造。落实残疾人“两项补贴”3424人次、77.8万元。加强规范评残工作。基本完成新一轮基本养老服务发展规划编制工作。针对常住区域内70周岁以上的困难、高龄、独居、行动不便的老人，推出“养老小秘书”为老服务项目，针对常住区域内70周岁以上的困难、高龄、独居、行动不便的老人，提供助洁、助行、助购、助缴、助医等居家养老公益助老服务。引入绿洲食品银行，在新海增设爱心物资分发点，将各个渠道募集到的临期食品捐赠到有需要的弱势群体和老人手中，年内，接受物资2000余份，均已及时发放。持续做好长护险初次初审评估，指导长征居委会申报创建上海市老年友好型社区。坚持依法依规，配合做好社会救助、三阳机构资金使用管理情况等领域民生领域专项督查检查工作。组织开展庆祝中国人民解放军建军95周年系列活动，完成380名退役军人优待证系统审核及发放工作。稳步发展社会事业。组织开展丰富多彩的暑期假日学校活动，完成未成年人保护工作站阵地建设及验收，进一步加强未成年人保护。举办2022年新海文化艺术节系列活动，组织开展书画摄影、红色故事讲演等群众性文化活动，落实市区两级基层文化资源配送74场次，创作推出舞台剧《守“沪”者》《我是一只“羊”》等原创群文作品。推进上海市健康镇创建，加强健康智慧小屋规范化运行管理，完成年度体质测试计划。

【政企协同发展】 2022年，新海镇落实联席会议制度，坚持落实每半年一次的联席会议制度。3月17日，新海镇与崇明农场召开专题联席会议。政企双方分管领导围绕疫情防控、河湖长林长路长环长“四长”协同、创城创卫、人居环境整治、开发边界外建设用地减量化等相关事项，开展沟通协商。7月26日，召开下半年联席会议，就土地管理、国家卫生镇复审、疫苗接种、应急管理等4项议题进行协商。经常性开展工作对接。以召开座谈会、协调会、专题会、专家咨询会、联合检查等方式，沟通解决工作开展过程中遇到的困难问题。对接解决市级交办信访事件，根据市级部门交办意见及相关协商结果，新建海星桥，费用由新海镇、三星镇、崇明农场公司分别承担1/3，解决新海镇辖区内居民通行的安全隐患问题。疫情防控期间，政企双方召开疫情防控专题会议，就辖区内农场公司管理的旧住房改造小区、租赁及安居房集中生活区、外围散户点管理工作等方面，研究分析相关工作中的潜在风险隐患和薄弱环节，就进一步织牢织密城乡安全防控网、加强全域疫情防控工作达成一致性共识。聚焦新海镇10连改建房集中居住小区存在的公共区域乱堆物、乱晾晒、乱种植等问题，针对长征鸽龙港路29队哨所处、长乐二村15号东侧的环境卫生问题，通过与光明驻地企业召开“四合一”专项工作沟通协调会，将日常检查发现的光明驻地企业86个点位环境问题给到相应企业，并提出治理建议。疫情防控期间，及时协调解决农发集团跃进现代农业、光明牧业鼎健饲料等农牧生产企业在大型农机及用工方面遇到的问题，辖区近4.8万亩大小麦如期开镰。

【长三角一体化建设】 2022年，新海镇落实联席会议制度。建立沟通协调、经验交流、协商推进的工作平台，由崇启海三地组织部门牵头建立崇启海“毗邻党建”工作联席会议制度，由三地组织部部长担任轮值主席，分年度负责联席会议的召集和协商安排有关工作。组成成员为三地结对联盟单位党组织，联盟单位党委书记执行联席会议确定的事项，推进具体工作。崇启海三地分别设立“毗邻党建”工作协调组，组长由各地组织部分管党建工作的副部长担任，负责区市级层面的工作对接与协调，研究、协调、沟通、交流三地“毗邻党建”联盟合作共建工作。构建党的二十大学习教育联动。落实毗邻党建联席会议制度，深化“红标舫”“红领合伙人”党建项目建设，建强“红梅学苑”党员教育品牌做实“青苗培优”计划，联合举办座谈交流、“联建活动日"主题党日”等活动，开展“毗邻纪监”、选派“第二书记”等工作，成立“邻动青春”长三角青年建功联盟，建立联席会议制度，以轮值联办形式开展现场观摩、交流座谈、经验分享等“双学双促”活动，围绕降碳、减污、扩绿、净滩等主题常态化开展理论学习、素质拓展、主题实践、志愿服务等行动，加强组织共建、促进资源共享、推动阵地互融，为毗邻青年搭建交流学习平台。聚焦特色活动，创新党建联学新路径。设置崇启海火炬专列项目，由新海镇、东平镇、启隆镇、海永镇牵头轮值，设置党建联学、便民服务、健康医疗等主题车厢。加强生态产业联推。8月8日，蒙古马集团到新海镇考察闲置资产盘活利用情况，双方共同考察光明田原以及周边500余亩闲置工业厂房，并就厂房利用、企业引入开展洽谈。8月25日，新海镇党委书记茅振华、镇长陆建军，光明母港董事长褚伟奇，寻梦源合伙人曾明军等一行对光明田原文旅项目进行专题交流，三方就光明田原文旅板块发展，对三方在文旅项目上的定位以及需要负责的事项进行沟通。10月中下旬，新海镇与南通野生动物园总经理王海龙一行、光明母港有限公司对接考察联络动物园勘察、选址问题事宜。11月18日，上海奇特园林有限公司至新海镇考察洽谈居民闲置住宅事项，三方就长征区域，尤其是光明田原周边的闲置厂房和居民闲置住宅进行现场调查并洽谈，就如何利用该类资源改扩建为高端、特色住宅小景，吸引专家教授到新海镇，并带动相关产业发展深入交流。推动文化活动联办。举办新海镇“光明田原杯”定向运动赛“三镇四企”乒乓团体赛等体育赛事，开展毗邻书法大赛优秀摄影作品展等文创活动。强化生态环境联治。推进四好农村路提质增效实施鸽龙港路—海长路贯通工程，推进新江路省亮灯工程、隆海路—港东路际交界路段升级改造及区域环境提升，实施鸽笼港路北段明亮工程，长征大转盘向北至海永乡交界处，全长1.7公里，安装路灯58盏。加强重大活动联勤保障，完成春节、党的二十大、第五届进博会等节点安保任务。

【新海镇《农场老房有管家 守护平安解民忧》获奖】 3月1日，新海镇《农场老房有管家 守护平安解民忧》获第五届中国（上海）社会治理创新实践“提名案例”。由中共上海市委党的建设工作领导小组办公室、中共上海市委政法委的指导下，新华社上海分社、新华社中国经济信息社联合中国浦东干部学院、中共上海市委党校连续五年组织开展。为深入贯彻党的二十大精神，助力上海推动高质量发展、创造高品质生活、实现高效能治理，共申报案例逾360件，数量较往届再创新高。经专家评审并报主管部门审定，精选出“十佳案例”10件、“优秀案例”20件、“提名案例”20件。案件体现新海镇坚持党建引领市域社会治理现代化，积极统筹各方资源和力量，采取联手共治的方式，推出农场老房汇——新海镇居民小区空置房屋委托集中管理公益服务项目，着力构建空置房管理下业主放心、居民安心、小区安全的社会治理新格局等情况。

【2022新海镇第四届“光明田原杯”定向运动赛】 11月15日“毗邻花开·逐梦田原”——2022新海镇第四届“光明田原杯”定向运动赛暨新海镇文化艺术节闭幕式在崇明区光明田原举行。活动由中共上海市崇明区委组织部、上海市崇明区文化和旅游局、上海市崇明区体育局指导，中共上海市崇明区新海镇委员会、上海市崇明区新海镇人民政府主办，启东市启隆镇人民政府、海门区海永镇人民政府、光明食品集团上海崇明农场有限公司、光明乳业股份有限公司、光明农业发展（集团）有限公司、光明母港（上海）种业科技有限公司、崇明区新村乡人民政府、崇明区庙镇人民政府、崇明区港西镇人民政府、崇明区城桥镇人民政府、崇明区东平镇人民政府协办。24个参赛队伍，120名运动员参赛。2022年上海市青少年公路自行车锦标赛赛事活动落户举办。联合崇明农场公司以大色块、大水面、大森林和“两高”农业为基准，打造农旅特色体验路线，推出水上观光、休闲垂钓、户外骑行、科普采摘等旅游项目。

【“宣贯二十大 奋进新赛道”——崇启海“毗邻党建”联盟工作推进会】 11月15日在崇明区光明田原举行。由崇明区委组织部、启东市委组织部、海门区委组织部共同主办。会上，形成2023年“毗邻党建”十大实事项目，包括崇启海一体化党建联建，崇启海火炬专列，崇启海生态环境联防联治，岛屿一体化水域生态共治，省级交界水域执法联动，“庆盛会、融毗邻”文体荟，省级道路及配套设施提档升级，一市两区七所跨区域一体化打防管控，崇启海疫情联防联控以及“邻动青春”长三角青年建功联盟等10项内容。

【**市警备区动员局到新海镇检查基层武装部规范化建设**】 11月30日，上海警备区动员局副局长廖刚斌一行到新海镇武装部规范化检查考评。检查组对照考核相关标准实地检查新海镇武装部规范化建设软硬件设施，查阅近年来规范化建设相关资料。廖刚斌对新海镇武装部“三室一库”等规范化建设，提出指导性意见和建议。

【**《“访调帮控”新路径 “组团联办”暖民心》案例获评上海信访“家门口”服务体系十大优秀案例**】 为深入学习宣传贯彻党的二十大精神，持续推动上海信访“家门口”服务体系建设工作高质量发展，搭建全市基层信访干部服务能力提升的实践平台，集中展示基层信访创新经验成果，12月15日下午，上海信访“家门口”服务体系十大优秀案例现场评比会以线上线下相结合的方式在东方体育中心举办。市联席办、市信访办主任王剑华出席会议并作总结发言。前期经过4场上海信访“家门口”服务体系十大优秀案例现场讲评会，从200余个街镇、园区中评选出34个入围优秀案例。现场案例评选会上，16家特色鲜明的街镇品牌上台展现。最终，新海镇选送的《“访调帮控”新路径“组团联办”暖民心》案例获评上海信访“家门口”服务体系十大优秀案例。

（李晓洁）

东平镇

【**概况**】 东平镇大部位于崇明区北沿中部，东至富民农场，西至三双公路（三沙洪），南至建设、新河、竖新、港西交界处，北至建设垦区、新河垦区、竖新垦区、港西垦区交界处。另有前哨新村居民区，地处崇明岛东首，远离镇区，毗邻陈家镇社区，东至陈家镇立新村，南至前哨十八连，西至陈家镇裕安社区，北至五滧垦区。东平镇前身是上海市东平地区社区管理委员会，由原上海市东风农场、长江农场、前进农场、前哨农场4个社区组建而成。2008年7月24日经光明食品集团和崇明县委县政府批准，组建东平社区政务移交小组，启动在崇市属国有农场政务移交并纳入属地化管理的前期运作。2008年8月6日经上海市政府批准，建立崇明县东平镇。镇域面积119.7平方公里，下辖前哨新村、前进新村、桂林新村、长江新村、风伟新村、东风新村六个居委会。全镇户籍人口约1.05万人，外来常住人口约0.35万人，实际常住人口约1.16万人。有基层党组织30个，其中6个居民区党总支部（共23个网格支部），机关、事业党支部9个，镇属企业党支部2个，“两新”组织党支部13个；党员1085人。其中，在职党员331人，占30.51%；退休党员754人，占69.49%；“两新”组织党员130人，占11.98%；60岁以上党员694人，占63.96%。2022年，东平镇获评“河长制标准化街镇”“上海市儿童友好社区示范点”。东平镇人民政府地址为东平镇平悦路288号。

（周丹燕 张 韬）

2022年东平镇基本情况表

表76

项 目	数 据	项 目	数 据
区域面积（平方公里）	119.7	百岁老人人口数（人）	0
水域面积（平方公里）	6	年末常住户数（户）	5475
年末耕地面积（公顷）	80.8	年末户籍人口（人）	10458
城镇建成区面积（公顷）	475	外来常住人口（人）	3743
城镇建成区绿地面积（公顷）	166	人口密度（人/平方公里）	120.5
行政区划		年内出生人口（人）	19
行政村（个）	0	年内死亡人口（人）	—
社区（个）	6	人口自然增长率（‰）	—
年末总人口数（人）	14424	社区事务受理中心	
男性（人）	5734	服务事项（项）	134
女性（人）	4947	办件量（件）	5489
农村人口（人）	0	城镇登记失业人数（人）	268
非农人口（人）	10681	新增就业岗位数（个）	149
60岁以上人口数（人）	4951	新增就业人数（人）	75

续表 76

项目	数据	项目	数据
居民人均可支配收入（元）	76202	社区文化活动中心（家）	1
居民人均生活消费支出（元）	44203.2	陈列馆、展示馆、纪念馆、博物馆（家）	0
公园（座）	6（1家城市公园＋5个街心公园）	影剧院（家）	0
新增市科技“小巨人”企业（含培育）（家）	0	文广站（家）	0
新增市高新技术企业（家）	1	基层文化活动场所（处）	6
专利申请量（件）	1	全国重点文物保护单位（家）	0
专利授权量（件）	2	市级文物保护单位（家）	0
技术合同认定登记（个）	0	区级文物保护单位（家）	0
技术贸易额（万元）	0	国家级非物质文化遗产（项）	0
成人学校（所）	0	市级非物质文化遗产（项）	0
在校学生（人）	0	区级非物质文化遗产（项）	0
教师（人）	0	医疗卫生机构（家）	6
高中（所）	0	区级医院（家）	0
在校学生（人）	0	社区卫生服务中心（家）	1
教师（人）	0	村卫生室（家）	5
初中（所）	1	医疗卫生机构床位（张）	85
在校学生（人）	83	医疗卫生技术人员（人）	66
教师（人）	20	执业（助理）医师（人）	25
小学（所）	1	养老机构（家）	1
在校学生（人）	117	工作人员（人）	16
教师（人）	31	床位数（张）	50
幼儿园（所）	1	寄养老人（人）	34
在园幼儿（人）	66	区级体育场馆（家）	0
教师（人）	18	宗教场所（处）	1
文化机构			

（东平镇）

2022年东平镇国民经济主要指标情况表

表 77

项目	完成数	比上年增长（%）
固定资产投资完成额（万元）	1125	−13.2
公共财政收入（万元）	52262	33.13
公共财政支出（万元）	52262	33.13
外贸进出口额（万元）	103.4	170.68
出口额（万元）	103.4	170.68
外商直接投资实际到位金额（万元）	2163	−91.85
年末私营企业注册数（个）	374	−69.1
规模以上工业总产值（万元）	18615	−13.76
社会消费品零售额（万元）	19910.83	−16.67

（东平镇）

【政府实事项目】 2022年，完成镇政府实事项目6个。全面加强公益林建设和养护，补种苗木45亩5000余株。推进老旧多层住宅小区加装电梯惠民工程，完成转角楼1号门洞加装电梯的主体结构和综合楼加装电梯的居民意见二次征询工作。持续推进早餐工程，新增1家区级早餐示范点。天然气预警平台正式上线，完成长江桂林两个居委1819户业主的燃气报警器安装，初步形成燃气泄漏处置体系。巩固中小河道整治，对老北横引河开展底泥疏浚、新建护岸、绿化种植等综合整治。开展文化配送下乡工程，配送群众文艺演出19场，其中市级13场、区级3场、镇级（线上）3场。

（陈　欢）

【生态环境治理】 2022年，东平镇全面深化落实环长制。发挥基层环长和环保干事的作用，加强区域内巡查频率和监管力度。会同光明集团崇明农场公司、农业公司完成8个问题点位整改。建立健全"四治理"联动机制。协同光明食品集团驻地7家企业，合力全域整治"一枝黄花"2.2万亩，消除违法用地59.21亩。政企联动开展"散乱污"点位整治"回头看"，对7个信访问题整改点位进行复查，未发现违法违规行为。加大拆违止违工作力度，遏制增量3161平方米，清除存量50523平方米，巩固"无违乡镇"创建成果。

（刘佳莹　张　韬）

【人居环境】 2022年，东平镇实事工程建设稳步推进。林风公路街心花园景观提升、部分道路沿线综合整治工程等6项工程完工，东风生活服务中心创建成为崇明区一星级生态市集，全镇11条农村公路获评"农村公路文明样板路"称号。推进东平北路（静南路—平悦路）道路新建工程、菜场沿街商铺等点位雨污混接改造等4项工程。多措并举垃圾分类减量。广泛开展宣传培训，发放宣传资料500份，上门粘贴宣传资料450余份，提升垃圾分类的知晓率、参与率和正确率。对全镇192家沿街商铺全面展开上门收集生活垃圾服务，更换分类标识1100余份，更换垃圾桶120套。对镇域内居民区、企事业单位及沿街商铺开展宣传指导和突击分类检查。

（刘佳莹　张　韬）

【产业发展】 2022年，东平镇新引进注册企业374家，完成税收3.6亿元，分别比上年下降66.7%、34.7%。做好中小企业服务工作，优化营商环境，为企业提供精准指导和服务。26家企业被评为2021年度崇明区红榜企业，1家企业被评"上海礼物"，2家企业获评"崇明好物"。优化存量资源配置，完成1家工业企业产业结构调整。落实企业专项扶持政策，帮助企业申请疫情防控消杀补贴共计4.7万元。光明食品集团整合资产，上海大瀛食品有限公司并入上海瑞华实业有限公司，强化食品行业资源整合，推动品牌高质量发展。充分利用花博存续建筑，落地光明母港种（上海）业科技有限公司，成立了光明母港垂直农业研发中心，推进高科技生态农业高质量发展。东滩源国际创新合作交流中心完工。　（王冰冰）

【社会治理】 2022年，东平镇推进城市运行"一网统管"工作，城运平台共网格巡查接单14825件，结案率和及时率均为100%。东平镇"12345"市民服务热线累计受理624件（245件属于涉疫诉求），按时办结率100%；先行联系率为96.5%，低于上年的96.6%；解决率为93.8%，低于上年的91.6%；不满意率8.3%，低于上年的16.6%。接到110非警情案件27件，均属于社会管理类，全部按时办结。在原有的"守护门磁""智慧环卫""热点停车""视频汇聚"的基础上，利用硬件＋软件的深度融合新建天然气泄漏预警平台，为全镇1860户开通天然气的家庭安装天然气报警器，占开通天然气户数接近90%。

（施冬铭）

【民生保障】 2022年，东平镇完成新增就业75人，自主创业4家，帮助长期失业青年就业创业14人。新增岗位补贴发放3家4人次，发放金额14500元。稳定岗位补贴发放9家503人次，发放金额882000元，最大限度稳定和促进就业。做好城乡居民医保和社会救助工作（低保、重残、特困、残疾人补贴、支内回沪补助、医疗救助），累计救助各类对象12073人次，发放各类帮困救助款751.32万元。有序推进劳动关系协调中心工作，全年调解案件55起、调解金额163万余元，(其中区流转案件4起、涉及金额18万元），调解成功率82%。落实为老服务举措，全镇有5个老年助餐点，实现4个农场区域全覆盖。推进为老服务体系建设，

位于东平机场附近的东平镇雨水花园（东平镇　供图）

完成4个区级“睦邻示范点”创建。持续打造“三合一”领跑“助老行动”，220个老年人被列入项目服务对象。（乔婷 匡忠）

【东风新村居民区】 东平镇东风新村居民区位于东平镇东风农场老场部南首（林风公路1131号是东平特色小镇的核心区域），辖区东至原长江农场、南至东风乳品厂南侧横河、西至三沙洪水闸、北至三民文化村，区域面积为17.8平方公里。距镇人民政府所在地5.4公里。因所管辖范围内东风新村而得名。至2022年底，居民常住户数为968户，常住人口数为1876人，党员143人。居委会设在林风公路1131号，提供“五星助老”“温馨之家”调解室等特色服务项目。东风新村居委会分别获上海市文明小区、上海市敬老模范单位、上海市老年教育示范点等称号。（周婧）

【长江新村居民区】 东平镇长江新村居民区地处东平镇中心区域，东与前进居委会相望，南与桂林居委会相伴，西与风伟居委会相邻，北与北横运河相隔，占地面积0.219平方公里。下辖长江一村、长江二村、瀛都新村、集林小区、瀛丰嘉苑等居民住宅区，还有光华新村、商业大楼、服务大楼、供销大楼、工商大楼、综合新村、基建新村、基建改建楼、东平新村、作业队生活区、职校生活区、农修厂生活区等和奶牛场生活区、化工厂生活区等2个外围散户点组成。总户数2545户，常住户数1297户，常住人口3355人。“健讲乐吧”是长江新村特色活动项目，通过“保健知识类”“疾病防治类”“时政宣传类”和其他类（如生活小常识、幽默故事、做手指操等）健康讲座、现场测量血压等方式，将服务送到居民身边，让居民掌握保健常识，提高生活质量。2022年，“健讲乐吧”扩编为3个小组60人，定期开展健康讲座，累计授课230余次、受益居民1500人次。长江新村居民区先后获上海市平安小区、上海市文明小区、上海市民主法治小区、上海市妇女之家示范点等称号。（武文军）

【“梅开东平 香飘瀛洲”2022东平镇第五届梅花文化节】 2月12日至3月20日举行。活动期间，结合线上、线下的方式开展元宵线上猜灯谜、线上赏梅、以“花”为主题舞蹈视频征集比赛、环保公益健步走以及布艺梅花制作等五大系列活动。近万人参与。（陈欢）

【东平镇养老院老旧消防设施改造项目】 10月25日，东平镇养老院老旧消防设施改造项目完成前期招投标及施工报批。10月28日开工。年底，完成竣工验收。项目位于上海市崇明区东平镇平悦路728号（原北沿公路1725弄728号）。改造总面积约1890平方米，加装应急照明、应急疏散系统的电源集中控制系统，电气火灾报警系统，挡烟垂壁，更换应急照明灯具、防火门、防火窗等消防安全设施。（张韬）

崇明年鉴

ChongMing NianJian

2023

人物·先进

2022 年上海市“最美退役军人”

黄凯辉，汉族，1980 年 10 月生，中共党员。1998 年 12 月入伍，2011 年 3 月退役。现为崇明区离休退休干部休养所退休士官，圆通快递崇明东平分部工业园区网点负责人。他是火场上的“敢死队员”，2002 年 8 月在扑救火灾中光荣负伤，全身烧伤面积超过 30%，面部严重受损。退役后、坚持自力更生、自强不息、自主创业，成为一名“快递小哥”，用勤劳和勇毅续写老兵的英雄故事。曾荣立个人一等功、三等功，2003 年被评为杭州市第三届十佳文明市民，2022 年被评为 2022 年度上海“最美退役军人”。

2022年崇明区道德模范

胡传硕，汉族，1983年10月生，共产党员，江南造船（集团）有限责任公司总装一部特装作业区钳工一组组长。曾获2022年全国五一劳动奖章、上海市五一劳动奖章，获评上海市劳动模范、上海市优秀农民工、上海船舶系统“船舶工匠”。工作22年来，他从一名默默无闻的劳务工，逐步成长为中国船舶制造领域的工人发明家、技术带头人和优秀的船舶工匠。从“远望”号航天测量系列船，到超大型集装箱船、大型液化气船、自卸船、化学品船，他先后参与建造多项国家重点战略高新产品及国际某重点工程项目，以高技术含量、高附加值船舶产品，带领班组获“全国优秀质量管理小组”“上海市优秀质量管理小组”等称号。他自主研制的16项船舶专用工装中，有3项获得了国家专利。疫情防控期间，他主动向所居住的长兴镇凤辰乐苑社区报到，加入社区“物资发放突击队”，以耐心、细心的志愿服务获得社区居委和居民们的一致认可。

黄刚，汉族，上海市公安局崇明分局城桥派出所副所长。立个人三等功4次，嘉奖6次及优秀共产党员、先进个人多次。他工作上认真负责、兢兢业业、任劳任怨，在重大活动会议安保、新冠疫情防控、防范电信网络诈骗等方面均表现突出、成效明显。在年初区“两会”、冬奥会、冬残奥会等重大活动会议期间，安保、备勤、值守中都有他忙碌的身影，每天都是单位里第一个到岗、最后一个撤岗，回所以后还要安排次日的安保工作。疫情防控阶段，他刚做完膝关节手术，仅休息了三天，就回到了自己的工作岗位上。作为所里疫情防控具体负责人，他合理统筹、精准布岗，应对疫情变化随时调整警力，确保全所民警既能正常开展警务工作，又能够保持旺盛精力连续作战。为了遏制电信诈骗案件发生，他利用“线上”宣传等形式开展防范电信诈骗宣传，辖区电信诈骗案件发案比上年下降33%。

陈礼兴，1965 年 12 月生，共产党员，长兴镇长明村党总支书记、主任。2021 年长兴镇优秀党务工作者。“只有把工作做到群众心坎里，基层的工作才有底气。”这是陈礼兴常挂在嘴边的一句话。长明村是长兴镇最大的行政村之一，由于靠近江南船厂，所以几乎每户村民家中都有外来务工人员租住，导致全村居住人口众多、人员结构复杂。在 2022 年疫情防控工作中，陈礼兴把责任扛在肩上，吃住在办公室，用实际行动践行了一名老党员的使命担当。作为一名基层村党支部书记，他充分发挥党总支部书记的“头雁效应”，带领村干部、志愿者用实际行动为辖区群众点亮一盏“平安灯”。

逝世人物

陆肇达

陆肇达（1939—2022），崇明区港西镇人，中国流体机械及工程领域的著名专家、哈尔滨工业大学能源科学与工程学院流体机械及工程研究所教授。1939年6月13日生于上海崇明县；1957年崇明中学高中毕业；1962年8月1日获得大学本科学历；并于此后担任能源学院流体机械及工程研究所教师，1998年被评为教授。他长期从事叶片式流体机械、液力传动的教学及科研工作。撰写出版流体机械、液力传动等方面的多本专著，先后负责完成空中加油软管液力加载、加油平台液力驱动预研、可调式液力变矩器等重点项目，获得国防科学技术奖和航空科学技术奖等荣誉，为打破发达国家技术垄断作出贡献。1986年6月10日，他参与研制的“YOXH400液力耦合器”在大连通过航天工业部技术鉴定，载入哈尔滨工业大学校史。他从教近四十年，为教育、科研事业奉献毕生精力，他治学严谨、开拓创新、追求学术，潜心科研，为流体机械及工程学科的发展作出突出贡献。

2022年9月26日凌晨（美国时间9月25日中午12：00）陆肇达在美国加州因病逝世，享年83岁。

杨永华

杨永华（1947—2022），崇明区城桥镇人1947年5月生，中共党员，长期兼任中国经济发展研究会副会长、全国高师《资本论》研究会副会长、全国马克思列宁主义经济学说史学会常务理事、广东经济学会副会长、广东非公有制经济研究会常务副会长、广东消费经济学会副会长。

1961年至1967年，在上海市崇明中学读书。1967年8月至1978年10月于家乡务农，担任过新建副业场贫下中农协会专职副主任等。1978年10月至1982年7月，在华东师范大学经济学系读书，追随著名经济学家卓炯从事社会主义商品经济研究，获经济学士，在广东改革开放理论与实践、中国社会主义市场经济理论研究领域取得显著成果，为华南师范大学经济学科的发展、中国特色社会主义政治经济学理论体系的构建贡献精力。1982年9月至1984年10月，任湖南省衡阳医学院马克思主义原理教研室教师。1984年10月至1985年7月，至江苏省南通市政府工作。1985年7月至华南师范大学，先后在政治系、经济研究所、经济学系、经济与管理学院工作。1987年1月，任讲师。1991年10月，任副教授。1995年12月，任教授。1996年，获广东省人民政府授予的突出贡献科技奖三等奖（文科最高奖），被授予“广东省有突出贡献专家”称号。1997年，获国务院政府特殊津贴。2002年，开始招收政治经济学“经济增长和经济发展”方向的博士研究生。兼任中国经济发展研究会副会长、全国高师《资本论》研究会副会长、全国马克思列宁主义经济学说史学会常务理事；广东经济学会副会长、广东非公有制经济研究会常务副会长、广东消费经济学会副会长。2012年退休。

2022年12月2日7时，杨永华因病于广州去世，享年75岁。

先进集体

全国先进集体

国务院办公厅2021年落实有关重大政策措施真抓实干成效明显地方
崇明区

全国红十字模范单位
上海市崇明区建设镇红十字志愿服务队

全国绿化先进集体
上海市崇明区林业站

全国统计系统先进集体
国家统计局崇明调查队

全国司法行政系统先进集体
上海市崇明区法律援助中心

2021—2022年度全国“四好”商会
上海市崇明区堡镇商会
上海市崇明区中兴镇商会

全国优秀法院
上海市崇明区人民法院

为群众办实事示范法院
上海市崇明区人民法院

2022年渔业执法系列专项行动工作突出集体
崇明区农业农村委员会执法大队

2022年全国水生动物防疫系统实验室检测能力验证基层优秀单位
上海市崇明区水产技术推广站

全国工人先锋号
上海冠华不锈钢制品股份有限公司研发部

全国示范性老年友好型社区
凤辰乐苑社区

全国三八红旗集体
上海冠华不锈钢制品股份有限公司厨具包装车间

全国巾帼文明岗
崇明区看守所女子监管中队

市级先进集体

2022年度上海市志愿服务先进集体
崇明区东平镇社区志愿服务中心

上海市河长制工作先进集体
上海市崇明区向化镇河长制办公室
上海市崇明区港西镇河长制办公室
上海市崇明区港沿镇跃马村村民委员会
上海市崇明区绿华镇华渔村村民委员会

2022年上海市五一劳动奖状
上海市崇明区人民法院
上海市崇明东滩自然保护区管理事务中心
上海交通大学医学院附属新华医院崇明分院

上海市工人先锋号
上海海龙工程技术发展有限公司
上海浦东国际机场三期扩建交通配套工程项目监理组
上海崇明宝岛社会工作服务中心项目部
上海市崇明区疾病预防控制中心流调消毒组
上海市崇明区市场监督管理局城桥市场监督管理所
上海崇明肉食品有限公司屠宰班
上海锦绣宾馆有限公司餐饮服务组

上海市乡村振兴先进集体
上海市崇明区港西镇北双村村民委员会
上海市崇明区港沿镇农业农村发展办公室
上海市崇明区市容环境卫生管理所
上海富盛经济开发区开发有限公司
上海玉海棠生态农业科技有限公司

上海市优化营商环境工作先进集体
崇明区发展和改革委员会行政许可科

上海市第三次全国国土调查先进集体
崇明区堡镇城市建设管理事务中心

上海市绿化工作先进集体
崇明区绿化和市容管理局林业科
崇明区绿化管理所

2021—2022年度上海市“四好”商会
上海市崇明区中兴镇商会
上海市崇明区堡镇商会
上海市崇明区中兴镇商会
上海市崇明区横沙乡商会
上海市崇明区东平镇商会
上海市崇明区绿华镇商会

上海市人防训练演练先进单位
上海崇明自来水有限公司
上海市崇明区民防指挥信息保障

中心有限公司

上海市纪检监察系统先进集体

崇明区纪委监委第六审查调查室

上海市“十佳调解品牌”

港西镇“老潘”调解工作室

2022 年度上海市青年五四奖章集体

上海市崇明区庙镇“青力青为”乡村振兴青年突击队

上海市公安局崇明分局交警支队青年团队

花博园复兴馆救治点青年翻译志愿者团队

上海冠华不锈钢制品股份有限公司工程研发青年团队

上海市崇明区人民法院“崇法奋进启航”青年团队

第 25 届（2022 年）上海市青年文明号

市级机关系统：

国家税务总局上海市崇明区税务局第一税务所

建设交通系统：

崇明海事局“亮·践”青年执法艇

中国船级社上海分社崇明检验处

公安系统：

上海市崇明区看守所青年管教岗

青春进博专项：

崇明巴士南东专线班组

崇明海事局指挥中心

上海市污染防治攻坚先进集体

上海市崇明区生态环境局污染防治科

上海市崇明区给排水管理所

上海市公安局崇明分局经济犯罪侦查支队食品药品环境犯罪侦查大队

先进个人

全国先进个人

全国信访系统优秀接谈员
凌　雷　区信访办综合科科长

2022年第二季度中国好人榜
张　瀛　原上海第三十五棉纺厂党委副书记

2022年第三季度中国好人榜
陆科肖　上海市崇明区消防救援支队长兴特勤站战斗四班班长，一级消防士

全国农业农村先进工作者
秦　杰　崇明区乡村振兴服务中心副主任

2022年全国气象工作先进个人
陆海荣　防灾减灾科科长

人民法院政治工作先进个人
朱浩杰　上海市崇明区人民法院党组成员、副院长

人民法院环境资源审判工作先进个人
黄菲菲　上海市崇明区人民法院审委会委员

全国文化科技卫生"三下乡"活动服务标兵
季洪益　崇明区文化馆

国家电网有限公司劳动模范
周　炜　国网上海崇明供电公司总经理

畜牧业统计监测工作综合评估优秀个人
罗　峰　农业农村部畜牧兽医局副主任

2021—2022年度"最美统计员"称号
刘学武　农业农村部畜牧兽医局职工

全国农村集体产权制度改革工作先进个人
赵　萍　崇明区农村经济经营管理指导站党支部书记、副站长

2022年度全国绿色食品标志监督优秀监管员
吴　跃　上海市崇明区农业质量安全中心
贺　波　上海市崇明区农业质量安全中心

第三届"最美渔技员"称号
周　捷　上海市崇明区水产技术推广站站长

"2022中国最美村镇"乡村振兴带头人
韩峰岭　长兴镇石沙村党支部书记、村委会主任

市级先进个人

2022年度上海优秀志愿者
陆东辉　崇明区向化镇春光村党总支副书记
陆科肖　崇明消防救援支队新海消防救援站副站长
陈晓玲　崇明区横沙乡东方社区信息苑营业助理

2022年度上海优秀志愿服务优秀组织者
秦秋炜　崇明区志愿服务指导中心

2022年上海市五一劳动奖章
王正刚　上海市崇明区庙镇永乐村村民委员会党总支第一书记、上海市崇明区庙镇城市运行管理中心主任
沈金平　中交第三航务工程局有限公司崇明生态岛环岛防汛提标二期工程（老滧港——四滧港）施工3标项目经理
陈　斌　上海市崇明区长兴镇人民政府经济发展办公室主任
倪祖德　上海市崇明区中兴镇汲浜村村民委员会党总支书记、村委会主任
黄莉莉　上海市崇明区东平镇东风新村居民区党总支书记、居委会主任
蔡志昌　中共上海市崇明区卫生健康工作委员会副书记、崇明区卫生健康委员会主任、崇明区中医药发展办主任
朱伟佳　上海市崇明区长兴镇长兴家园党总支书记、居委会主任
孙慧响　上海市崇明区长兴镇社区卫生服务中心党支部书记、主任
陈丰锋　上海市崇明区看守所党支部书记、所长

上海市乡村振兴先进个人
黄　东　上海市崇明区建设镇虹桥村党总支书记、村委会主任
管仕忠　上海市崇明区竖新镇仙桥村党总支书记、村委会主任
杨卫东　上海市崇明区横沙乡党委书记

刘　奕　上海市崇明区农业农村委员会村镇建设科科长
季凤英　上海市崇明区卫生健康委员会健康促进科科长
姚李超　上海市崇明区体育局局长
张　雪　上海华宇西红花种植专业合作社理事长
施　豪　上海崇明百叶水仙花专业合作社理事长
张正飞　太平洋安信农业保险股份有限公司上海崇明支公司总经理

2022 年上海“最美退役军人”

黄凯辉　崇明区军队离休，退休干部休养所退休士官，圆通快递崇明东平分部工业园区网点负责人

上海市优化营商环境工作先进个人

施春波　崇明区政务服务办公室行政审批制度改革科科长
杨春丽　崇明区行政服务中心大厅区域值班长
蒋杨盼　崇明区投资促进服务中心科员
蔡天成　上海智慧岛数据产业园投资发展有限公司副总经理

上海市第三次全国国土调查先进工作者

施小禹　崇明区规划和自然资源局执法大队大队长
夏　翱　崇明区规划和自然资源管理所副所长
沈宇锋　崇明区新河镇城市建设管理事务中心主任
顾海涛　崇明区陈家镇城市建设管理事务中心科员

上海市河长制工作先进个人

张　超　上海市崇明区城桥镇河长制办公室副主任
黄　英　上海市崇明区堡镇水务管理所党支部书记、所长
韩长柏　上海市崇明区向化镇河长制办公室干部
陈佳琦　上海市崇明区东平镇河长制办公室干部
王　勇　上海市崇明区陈家镇河长制办公室干部
施　丹　上海市崇明区中兴镇河长制办公室干部
耿　晔　上海市崇明区建设镇界东村村民委员会副主任
周诗阳　光明食品（集团）上海崇明农场有限公司社区事务中心副总经理

上海市绿化工作先进个人

蔡君毅　崇明区三星镇生态保护和市容环境事务所所长
丁俊花　崇明区林业站副站长

上海学校后勤标兵

毛静海　上海市崇明区教育事务服务保障中心科长
王一平　上海市崇明中学后勤副主任
姚国明　上海实验小学长兴分校总务主任
杨　赟　上海市崇明区教育财务核算中心学生资助
杨　健　上海市崇明区实验幼儿园后勤负责人
秦健忠　上海市崇明区大新中学总务主任
周建辉　上海市崇明区民本中学后勤主任

2021—2022 年度上海市工商联优秀会长

樊为中　崇明区总商会副会长、崇明区长兴镇商会会长、上海为中集团有限公司董事长
高　健　崇明区工商联副主席、崇明区港西镇商会会长、上海高家庄园农业发展有限公司董事长
陆　贤　崇明区工商联副主席、崇明区城桥镇商会会长、上海运良企业发展有限公司董事长
高　舜　崇明区工商联常委、崇明区建设镇商会会长、上海首絮维施企业管理咨询有限公司总经理
黄建民　崇明区工商联执委、崇明区港沿镇商会会长、上海聘启拆房工程有限公司总经理

2021—2022 年度上海市工商联优秀秘书长

朱佳莹　崇明区工商联执委、崇明区新村乡商会秘书长、新村乡党委委员（组织）
杨　霞　崇明区工商联执委、崇明区三星镇商会秘书长、三星镇党委委员（组织）
沈　英　崇明区工商联执委、崇明区庙镇商会秘书长、庙镇党委委员（组织）
朱一妹　崇明区工商联执委、崇明区新河镇商会秘书长、新河镇党委委员（组织）
王嫣倩　崇明区工商联执委、崇明区陈家镇商会秘书长、陈家镇党委委员（组织）

2022 年高新技术成果转化先进个人

袁佳欢　区科委创新服务科科长

上海市青年五四奖章个人

江佳艳　共青团上海市崇明区委基层工作部部长
陆莉莉　上海市崇明区竖新镇团委书记
王春华　上海市崇明区新海学校大队辅导员
陈　丹　上海市崇明区农业农村委员会农业科科长
王　彦　上海市崇明区港西镇协西村驻村指导员（选派单位：黄浦区委组织部）
王宗文　云南省临沧市耿马傣族佤族自治县委常委、副县长（派出单位：团崇明区委）

上海市污染防治攻坚先进个人

李晨博　上海市崇明区农业农村委员会农产品质量安全监管科一级科员
王翠萍　上海市崇明区生态环境局综合计划科科长
张立新　上海市崇明区发展和改革委员会党组书记、主任

第五届中国国际进口博览会商务外事保障工作先进个人

安琪琪　上海市崇明区农业质量安全中心

2022 年上海市游泳场所夏季开放服务工作优秀管理干部

黄　赛　上海市崇明区社会体育管理中心、副主任

李煜恒　上海市崇明区社会体育管理中心、职员

蒋胜挺　上海市崇明区社会体育管理中心、职员

2022 年度上海“最美城乡社区工作者”

韩东英　崇明区陈家镇新桥裕鸿佳苑第四社区党总支书记、居委会主任

崇明年鉴

ChongMing NianJian

2023

统计资料

2021—2022 年崇明区基本情况表

表 78

指标	单 位	2021 年	2022 年	2022 年为 2021 年比例（%）
区域面积	平方公里	1413	1413	100.0
镇	个	16	16	100.0
乡	个	2	2	100.0
居民委员会	个	89	90	101.1
村民委员会	个	268	268	100.0
村民小组	个	5408	5754	106.4
年末总户数	户	307170	306425	99.8
年末总人口	人	672908	669145	99.4
其中：男性	人	330562	328156	99.3
女性	人	342346	340989	99.6
其中：18 岁以下人口数	人	47642	46146	96.9
18—35 岁人口数	人	90426	85549	94.6
35—60 岁人口数	人	271841	265352	97.6
60 岁以上人口数	人	262999	272098	103.5
年内出生人口	人	2018	1855	91.9
人口出生率	‰	2.99	2.76	92.3
年内死亡人口	人	7271	7722	106.2
人口死亡率	‰	10.78	11.51	106.8
年内迁入人口	人	2333	1864	79.9
年内迁出人口	人	88	60	68.2
人口自然增长率	‰	−7.79	−8.74	112.2
平均期望寿命	岁	83.5	83.3	99.8
其中：男性	岁	81.0	80.8	99.7
女性	岁	85.9	85.9	99.9

2021—2022 年崇明区主要经济指标情况表

表 79

指标	单 位	2021 年	2022 年	2022 年为 2021 年比例（%）
增加值	万元	4097200	4041600	95.7
工业总产值	万元	5121482	4794747	93.6
农业总产值	万元	518896	565058	108.9
社会消费品零售总额	万元	1435078	1349124	94.0
集市贸易成交额	万元	375507	323851	86.2
外贸出口拨交额	万元	587986	357655	60.8
海关进出口总额	万元	1350000	1451000	107.5
其中：出口	万元	506000	420000	82.9
进口	万元	844000	1031000	122.2

续表 79

指标	单位	2021 年	2022 年	2022 年为 2021 年比例（%）
财政收入	万元	4575458	3726500	81.4
其中：区级财政收入	万元	1460488	1218788	83.5
财政支出	万元	3388233	3167345	93.5
银行存款余额	万元	13284435	15078367	113.5
银行贷款余额	万元	8388596	7907764	94.3
居民储蓄存款余额	万元	8397251	9959098	118.6
固定资产投资额	万元	2328554	1797843	77.2
全体常住居民人均可支配收入	元	45979	48237	104.9
农村常住居民人均可支配收入	元	33169	35225	106.2
城镇常住居民人均可支配收入	元	60589	62910	103.8

注：增加值增长速度为可比增长

2021—2022 年崇明区国民经济主要比例关系表

表 80

指标	单位	2021 年	2022 年	2022 年比 2021 年增长百分点
一、增加值				
第一产业	%	5.7	6.0	0.3
第二产业	%	26.2	23.8	−2.4
第三产业	%	68.1	70.2	2.1
二、工业总产值				
大型企业	%	60.6	63.7	3.1
中型企业	%	11.1	10.3	−0.8
小微型企业	%	28.3	25.9	−2.4
三、农业总产值				
种植业	%	55.8	53.9	−1.9
林业	%	2.3	1.1	−1.2
牧业	%	14.6	18.6	4.0
渔业	%	22.0	21.3	−0.7
农林牧渔服务业	%	5.3	5.1	−0.2
四、固定资产投资				
第一产业	%	2.0	0.8	−1.2
第二产业	%	10.0	14.2	4.2
第三产业	%	88.0	85.0	−3.0
五、区级财政收入占增加值比重	%	35.6	30.2	−5.4

注：增加值为市下一级指标，增长速度为可比增长

2021—2022 年崇明区财政收支情况表

表 81

指标	单位	2021 年	2022 年	2022 年为 2021 年比例（%）
一、财政收入	万元	4575458	3726500	81.4

续表 81

指标	单位	2021 年	2022 年	2022 年为 2021 年比例（%）
1. 中央级收入	万元	2255659	1771999	78.6
2. 市级收入	万元	859311	735713	85.6
3. 区级收入	万元	1460488	1218788	83.5
其中：增值税	万元	772321	563684	73.0
个人所得税	万元	239203	210763	88.1
城市维护建设税	万元	76437	45060	58.9
房产税	万元	17661	15112	85.6
契税	万元	33097	17144	51.8
企业所得税	万元	159659	163695	102.5
其他收入	万元	162111	203332	125.4
二、财政总支出	万元	3388233	3167345	93.5
其中：区级财政支出	万元	2105728	1832908	87.0
1. 一般公共服务支出	万元	76908	92055	119.7
2. 国防支出	万元	1338	1689	126.2
3. 公共安全支出	万元	90604	82764	91.3
4. 教育支出	万元	217247	235205	108.3
5. 科学技术支出	万元	58571	59877	102.2
6. 文化旅游体育与传媒支出	万元	27690	15509	56.0
7. 社会保障和就业支出	万元	261613	267850	102.4
8. 卫生健康支出	万元	164782	223364	135.6
9. 节能环保支出	万元	114751	115170	100.4
10. 城乡社区支出	万元	348129	78651	22.6
11. 农林水支出	万元	283423	162719	57.4
12. 交通运输支出	万元	178051	239806	134.7
13. 资源勘探工业信息等支出	万元	76650	73766	96.2
14. 商业服务业等支出	万元	50236	49755	99.0
15. 援助其他地区支出	万元	1358	1348	99.3
16. 自然资源海洋气象等支出	万元	24530	2782	11.3
17. 住房保障支出	万元	52820	48982	92.7
18. 粮油物资储备支出	万元	3443	6134	178.2
19. 灾害防治及应急管理支出	万元	16789	17649	105.1
20. 其他支出	万元	1108	770	69.5
21. 债务付息支出	万元	55687	57063	102.5

2021—2022 崇明区私营企业情况表

表 82

指标	2021 年	2022 年	2022 年为 2021 年比例（%）
一、户数（户）	283279	244068	86.2
（一）按行业分			

续表 82

指标	2021 年	2022 年	2022 年为 2021 年比例（%）
1. 农、林、牧、渔业	283	290	102.5
2. 制造业	2595	2510	96.7
3. 建筑业	26908	25044	93.1
4. 交通运输业	7555	7533	99.7
5. 批零贸易、餐饮业	33811	30689	90.8
6. 社会服务业	212127	178002	83.9
（二）按城乡分			
1. 城镇	34416	31828	92.5
2. 农村	248863	212240	85.3
（三）按经济类型分			
1. 独资企业	125304	81780	65.3
2. 合伙企业	25941	23226	89.5
3. 有限责任公司	131992	139021	105.3
二、投资人数（人）	441914	406303	91.9
（一）按行业分			
1. 农、林、牧、渔业	507	526	103.7
2. 制造业	4541	4411	97.1
3. 建筑业	38863	38247	98.4
4. 交通运输业	11261	11869	105.4
5. 批零贸易、餐饮业	48931	46294	94.6
6. 社会服务业	337811	304956	90.3
（二）按城乡分			
1. 城镇	56762	54527	96.1
2. 农村	385152	351776	91.3
（三）按经济类型分			
1. 独资企业	125219	81696	65.2
2. 合伙企业	86856	81700	94.1
3. 有限责任公司	229839	242907	105.7
三、雇工人数（人）	840437	760501	90.5
（一）按行业分			
1. 农、林、牧、渔业	1377	1375	99.9
2. 制造业	19495	18984	97.4
3. 建筑业	97899	94970	97.0
4. 交通运输业	25154	26118	103.8
5. 批零贸易、餐饮业	101117	94329	93.3
6. 社会服务业	595395	524725	88.1
（二）按城乡分			
1. 城镇	138187	130139	94.2
2. 农村	702250	630362	89.8

续表 82

指标	2021 年	2022 年	2022 年为 2021 年比例（%）
（三）按经济类型分			
1. 独资企业	288075	189404	65.7
2. 合伙企业	91402	84201	92.1
3. 有限责任公司	460960	486896	105.6
四、注册资本（万元）	130651346	128341123	98.2
（一）按行业分			
1. 农、林、牧、渔业	229412	232878	101.5
2. 制造业	1065541	1033795	97.0
3. 建筑业	21601513	22957405	106.3
4. 交通运输业	2826810	3159523	111.8
5. 批零贸易、餐饮业	13447354	12979939	96.5
6. 社会服务业	91480716	87977583	96.2
（二）按城乡分			
1. 城　镇	20199454	19608752	97.1
2. 农　村	110451892	108732371	98.4
（三）按经济类型分			
1. 独资企业	8650700	6060609	70.1
2. 合伙企业	28910058	27708131	95.8
3. 有限责任公司	93090588	94572382	101.6

2022 年崇明区“三资”企业情况表

表 83

指标	单位	2021 年	2022 年	2022 年为 2021 年比例（%）
一、三资企业经营情况				
1. 期末实有企业数	个	1364	1485	108.9
2. 销售（经营）收入	万元	1147029	1492938	130.2
3. 利润总额	万元	178437	-42536	—
4. 外贸出口额	万元	506000	420000	83.0
5. 实交税金总额	万元	27714	15969	57.6
二、利用外资情况				
1. 外商投资企业数	个	368	227	61.7
2. 外商投资企业投资额	万美元	79348	29581	37.3
3. 外商投资企业注册资金	万美元	93098	29570	31.8
4. 外商投资企业合同外资额	万美元	62191	16931	27.2
5. 外商投资企业实到外资额	万美元	15425	17811	115.5

2022年崇明区招商引资情况表

表84

乡镇	注册户数（户）	税收额（万元）
合计	22292	3491519
新村乡	749	117183
绿华镇	542	31492
三星镇	1089	85109
庙　镇	1162	164274
港西镇	344	125273
城桥镇	823	95332
建设镇	437	74180
新河镇	562	79361
竖新镇	670	106342
堡　镇	870	90108
港沿镇	694	95004
向化镇	1237	50060
中兴镇	632	55444
陈家镇	305	34701
长兴镇	2029	402315
横沙乡	2032	394581
东平镇	328	36041
新海镇	273	38412
工业园区	662	373951
富盛开发区	458	240301
旅游园区	1679	102102
农业园区	543	158537
长兴基地	793	57810
智慧岛园区	513	216546
临港长兴科技园	1692	94982
经委（工投公司）	35	18953
光明长江总公司	398	52623
光明米业园区	346	31104
区供销总社	395	53735
招商服务中心	0	15666

2022年崇明区教育事业情况表（一）

表85

类　别	学校（所）	其中教育部门办	学校占地（平方米）	校舍建筑（平方米）	班级（个）	学生（人）	教职工（人）	
							合　计	其中：教师
总计	110	104	2794556	1256913	1541	45037	8853	5097

续表 85

类别	学校（所）	其中教育部门办	学校占地（平方米）	校舍建筑（平方米）	班级（个）	学生（人）	教职工（人）	
							合计	其中：教师
高中	8	7	226943	122937	133	4828	—	584
初中	23	22	1008412	390408	358	10915	—	1319
二、小学	22	22	596253	234305	466	14808	2385	1479
三、幼儿园	37	5	333121	221442	380	8474	1848	852
四、中专职校	3	1	367758	165490	168	5783	626	410
工程管理技术学校	1	1	278457	110049	93	2715	475	310
卫生学校	1	0	15180	8653	6	181	34	21
江南造船集团技校	1	0	74121	46788	69	2887	117	89
五、智障者辅读校（班）	1	1	15670	8338	36	229	96	82
六、工读学校	1	1	8959	4717	—	—	60	37
七、进修院校	2	2	16792	15317	—	—	160	128
八、成人学校	6	6	100395	32633	—	—	100	85
九、其他教育	7	7	120254	61327	—	—	276	121

注：教育部统一口径，本次统计的教职工包含非编人员

2022年崇明区教育事业情况表（二）

表 86

指标	单位	2021年	2022年	2022年为2021年比例（%）
3～6周岁儿童入园率	%	99.9	99.9	100.0
小学学龄人口入学率	%	100.0	100.0	100.0
初中学龄人口入学率	%	100.0	100.0	100.0
高中阶段教育入学率	%	100.0	100.0	100.0
小学招生数	人	2718	2653	97.6
小学毕业生数	人	2949	3009	102.0
初中招生数	人	2854	2932	102.7
初中毕业生数	人	2516	2679	106.5
普通高中招生数	人	1563	1820	116.4
普通高中毕业生数	人	1338	1564	116.9
幼儿园专任教师专科学历达标率	%	100.0	100.0	100.0
幼儿园专任教师本科学历达标率	%	96.5	96.9	100.4
小学专任教师专科学历达标率	%	99.6	99.8	100.2
小学专任教师本科学历达标率	%	75.1	84.3	112.3
小学生师比		9.08∶1	10.01∶1	—
初中专任教师本科学历达标率	%	99.0	99.0	100.1
初中生师比		8.22∶1	8.27∶1	—
高中专任教师本科学历达标率	%	100.0	100.0	100.0
高中生师比		7.66∶1	8.26∶1	—

续表 86

指 标	单位	2021 年	2022 年	2022 年为 2021 年比例（%）
幼儿园中级以上技术职务专任教师比重	%	33.5	36.5	109.0
小学中级以上技术职务专任教师比重	%	51.1	50.2	98.2
初中中级以上技术职务专任教师比重	%	71.4	70.0	98.1
高中中级以上技术职务专任教师比重	%	88.3	84.4	95.6
小学生均占地面积	平方米 / 生	37.7	40.3	106.8
小学生均建筑面积	平方米 / 生	14.1	15.8	111.9
普通中学生均占地面积	平方米 / 生	79.3	78.5	99.1
普通中学生均建筑面积	平方米 / 生	33.3	32.6	98.0
幼儿园非沪籍幼儿占比	%	35.0	32.9	93.9
小学非沪籍学生占比	%	33.5	32.3	96.3
初中非沪籍学生占比	%	21.3	20.5	96.3

2021—2022 年崇明区旅游情况表

表 87

类 别	单位	2021 年	2022 年	2022 年为 2021 年比例（%）
游客接待人次	万人次	1899	1241	65.4
旅游收入	万元	506505	327000	64.6
旅馆业接待能力				
年末客房数	间	26000	23000	88.5
年末床位数	张	43156	35598	82.5
全年客房率	%	56.3	49.2	87.5
旅游主要企业收入				
景点收入	万元	41723	20500	49.1
旅行社收入	万元	32450	12400	38.2
宾馆饭店收入	万元	345962	214200	61.9
游客人均消费	元	650	680	104.6

2022 年崇明区绿色生态指标完成情况表

表 88

指标名称	计量单位	2021 年	2022 年
人均 GDP	万元	6.08	6.02
城乡居民收入水平	—	1.83 ∶ 1	1.79 ∶ 1
农业从业人员持证率	%	78.80	80.08
三次产业增加值比例	—	5.7 ∶ 26.2 ∶ 68.1	6.0 ∶ 23.8 ∶ 70.2
战略性新兴产业增加值占 GDP 比重	%	11.58	9.68
农产品中无公害、绿色、有机农产品种植面积比例	%	92.21	90.00
国土开发强度	%	10.73	10.82
耕地保有量	万公顷	4.86	4.91

续表 88

指标名称	计量单位	2021 年	2022 年
单位建设用地生产总值	亿元 / 平方公里	1.45	1.42
用水总量	亿立方米	7.03	7.97
农业灌溉水有效利用系数	系数	0.75	0.75
单位 GDP 能耗	吨标准煤 / 万元	0.32	0.31
可再生能源发电装机容量	万千瓦	57.40	59.30
能源消费总量	万吨标准煤	125.35	118.52
空气质量指数（AQI）达到优良天数比例	%	92.80	88.70
新建绿色建筑比例	%	100.00	100.00
农作物秸秆综合利用率	%	97.47	98.07
畜禽粪便资源化利用率	%	100.00	98.00
占全球种群数量 1% 以上的水鸟物种数	种		
林地保有量	万公顷	3.85	3.91
森林覆盖率	%	30.55	30.62
人均公园绿地面积	平方米	9.28	9.78
PM2.5 年均浓度	微克 / 立方米	26	25
城镇（乡）供水水源地水质达标率	%	100	100
城镇污水集中处理率	%	96.6	97.8
城镇（乡）生活垃圾无害化处理率	%	100	100
地表水环境质量考核断面达标比例	%	100	100
化肥施用强度	公斤 / 公顷	241.56	240.62
农药使用强度	公斤 / 公顷	5.75	5.75
生态文明知识普及率	%	92.9	93.4
党政干部参加生态文明培训的比例	%	72.7	86.6
公共交通出行分担比率	%	6.59	6.83
二级及以上能效家电产品市场占有率	%	97.6	100.0
节水器具普及率	%	99.5	99.9
城区居住小区生活垃圾分类达标率	%	100	95.9
政府绿色采购比例	%	99.06	99.14
生态文明建设占党政绩效考核的比重	%	51	49
资源节约和生态环保投入占财政支出比例	%	6.6	6.4
科学技术支出占财政支出比例	%	2.8	3.0

注：单位 GDP 能耗、能源消费总量中“十四五”较“十三五”期间能耗数据统计口径发生变化

2022 年崇明区常住居民人均可支配收入情况表

表 89

指标名称	单位	全体	城镇	农村
一、可支配收入	元 / 人	48237	62910	35225
1. 工资性收入	元 / 人	25209	—	18628

续表 89

指标名称	单位	全体	城镇	农村
2. 家庭经营收入	元 / 人	2344	—	2664
3. 财产性收入	元 / 人	3497	—	1607
4. 转移性收入	元 / 人	17187	—	12326
二、可支配收入增速	%	4.9	3.8	6.2
1. 工资性收入	%	4.6	—	5.6
2. 家庭经营收入	%	−20.1	—	−20.5
3. 财产性收入	%	6.7	—	7.4
4. 转移性收入	%	9.7	—	15.4

注：因 2020 年样本轮换，2021 年起我区不再公布城镇居民收入分项数据

2022 年崇明区常住居民人均消费情况表

表 90

指 标 名 称	单位	全体	城镇	农村
一、消费支出	元 / 人	27805	28754	26531
1. 食品烟酒	元 / 人	9429	—	8506
2. 衣着	元 / 人	1156	—	1020
3. 居住	元 / 人	7480	—	6742
4. 生活用品及服务	元 / 人	1498	—	1502
5. 交通通信	元 / 人	2712	—	2676
6. 教育文化娱乐	元 / 人	1059	—	741
7. 医疗保健	元 / 人	3893	—	4785
8. 其他用品及服务	元 / 人	578	—	559
二、消费支出增速	%	−8.3	−12.5	−3.0
1. 食品烟酒	%	−1.3	—	−1.4
2. 衣着	%	−18.5	—	−14.1
3. 居住	%	7.0	—	7.8
4. 生活用品及服务	%	−10.1	—	−3.0
5. 交通通信	%	−23.7	—	7.6
6. 教育文化娱乐	%	−35.0	—	−47.4
7. 医疗保健	%	−20.3	—	−10.5
8. 其他用品及服务	%	−5.2	—	13.4

注：因 2020 年样本轮换，2021 年起我区不再公布城镇居民收入分项数据

2022 年上海市郊区社会经济主要指标情况表

表 91

指 标	单位	闵行	嘉定	宝山	奉贤	松江	金山	青浦	崇明
区域面积	平方公里	327.56	463.16	299.15	720.68	604.64	614.23	668.49	1413.00
年末总人口（户籍）	万人	126.70	72.51	107.22	55.92	72.05	52.85	51.61	66.91

续表 91

指标	单位	闵行	嘉定	宝山	奉贤	松江	金山	青浦	崇明
人口密度	人/平方公里	3394	1566	3584	776	1192	862	772	474
人口出生率	‰	5.00	5.63	4.26	3.93	5.44	3.60	5.05	2.76
人口自然增长率	‰	−4.00	−4.18	−6.37	−6.21	−2.89	−6.12	−3.78	−8.74
增加值	亿元	2880.11	2768.31	1771.20	1371.11	1750.12	1117.74	1334.45	404.20
第一产业	亿元	0.95	3.61	1.20	8.93	5.38	9.16	8.22	24.30
比重	%	0.03	0.10	0.10	0.65	0.31	0.80	0.60	6.00
第二产业	亿元	976.50	1599.47	613.12	882.13	854.50	709.66	419.59	96.20
比重	%	33.90	57.80	34.60	64.34	48.83	63.50	31.50	23.80
第三产业	亿元	1902.66	1165.23	1156.88	480.05	890.24	398.92	906.64	283.80
比重	%	66.10	42.10	65.30	35.01	50.87	35.70	67.90	70.20
农业总产值	亿元	3.12	9.73	3.33	23.82	18.32	28.58	21.19	56.51
规模以上工业总产值	亿元	3417.38	4501.62	2633.99	2703.09	4535.61	2340.57	1704.98	459.70
工业销售产值	亿元	3404.39	—	2623.46	2629.97	—	1565.04	1689.33	462.00
私营企业累计注册户数	户	163352	271706	—	518420	186814	—	156094	244068
私营企业实交税金	亿元	219.27	230.40	134.84	284.40	281.27	—	228.20	280.60
外贸出口商品总额（海关）	亿元	1099.60	805.00	366.17	713.07	2369.99	662.07	458.91	42.00
粮食总产量	万吨	0.91	4.30	0.60	9.62	8.68	10.44	6.62	15.92
蔬菜上市量	吨	50783	103616	31837	238625	92359	249715	382719	693471
生猪出栏	万头	—	3.40	—	0.05	14.16	8.74	—	13.18
鲜蛋产量	吨	145	341	—	4084	353	2711	63	30161
牛奶产量	吨	—	3738	—	—	—	16922	—	18079
水产品产量	吨	71	1120	166	10836	1582	5435	13211	43255
社会消费品零售总额	亿元	1844.58	1525.90	823.52	521.72	613.00	409.36	518.39	134.90
固定资产投资额	亿元	666.82	528.80	563.49	541.89	523.91	309.44	578.03	179.78
财政收入	亿元	830.01	749.80	387.92	651.42	533.13	434.10	555.67	372.70
其中：区级财政收入	亿元	307.30	230.70	173.77	222.48	221.31	105.83	217.77	121.90
财政支出	亿元	470.36	389.10	310.17	525.24	358.96	250.78	371.29	316.70
在岗职工工资总额（四上单位）	亿元	—	613.98	379.51	251.63	458.81	186.89	383.11	27.94
在岗职工年平均工资（四上单位）	元	—	—	132073	123895	130268	119767	146770	99559
居民人均可支配收入	元	82413	67277	79344	55292	66452	53817	59944	48237
金融机构存款余额	亿元	6828.10	4517.00	2366.47	2825.73	4614.79	2162.19	2907.76	1507.80
金融机构贷款余额	亿元	3238.44	2012.20	3006.26	1678.53	2568.14	1217.97	1636.76	790.80
城乡居民储蓄余额	亿元	3879.19	2481.90	3254.96	1541.85	—	1077.31	1348.62	995.90

2022年崇明区、启东市、海门市社会经济主要指标表

表92

指标名称	计量单位	上海崇明区		江苏启东市		江苏海门市	
		2022年	2021年	2022年	2021年	2022年	2021年
1. 年末总人口	万人	66.91	67.29	107.79	108.74	99.51	99.30
2. 区域面积	平方公里	1413.00	1413.00	1234.00	1234.00	1148.71	1148.71
3. 增加值（现价）	亿元	404.16	409.72	1391.14	1345.94	1621.68	1569.33
#第一产业	亿元	24.25	23.44	92.96	88.66	76.36	72.64
第二产业	亿元	96.15	107.35	685.87	656.96	799.22	769.69
第三产业	亿元	283.76	278.93	612.30	600.32	746.11	727.00
4. 农业总产值（现价）	亿元	56.51	51.89	188.19	177.93	—	129.30
5. 规模以上工业产值（现价）	亿元	459.66	488.67	1249.74	1120.58	—	—
6. 全社会固定资产投资增幅	%	−22.8	−11.5	3.2	7.7	4.1	2.1
7. 社会消费品零售总额	亿元	134.91	143.51	477.24	482.57	500.22	506.43
8. 当年实际利用外资	亿美元	1.54	1.78	3.60	3.85	4.21	3.60
9. 外贸出口总额	亿元	42.0	50.6	271.10	259.84	344.28	276.29
10. 财政总收入	亿元	372.65	475.55	—	—	—	—
#地方财政收入	亿元	195.45	231.98	67.16	77.81	86.02	79.01
11. 金融机构存款余额	亿元	1507.84	1328.44	2105.27	1909.65	2172.03	1958.51
12. 金融机构贷款余额	亿元	790.78	838.86	1706.73	1486.50	1774.30	1607.28
13. 城乡居民储蓄余额（含邮政）	亿元	995.91	839.73	—	—	1496.08	1240.25
14. 农村居民人均可支配收入（常住）	元	35225	33169	32501	30710	34190	32307
15. 城镇居民人均可支配收入（常住）	元	62910	60589	57106	54910	61491	59183

附录

崇明区组织机构和负责人名录

中共上海市崇明区第二届委员会组成人员

书　　记　李　政（2022.6离任）
　　　　　缪　京（2022.6任）
副书记　缪　京（2022.6离任）
　　　　　李　峻
　　　　　杨元飞（2022.8任）
常　　委　吴召忠
　　　　　龚朝晖
　　　　　陈志忠
　　　　　黄晓霞（女）
　　　　　陈立俊
　　　　　沈雪峰
　　　　　陆志斌
　　　　　龚　伟
委　　员　王　昊　苏卫东
　　　　　杨冬卫　邹　明
　　　　　宋学梅（女）张立新
　　　　　张永恒　张建英（女）
　　　　　张建国　张振斌
　　　　　张秩通　陈　杰
　　　　　陈　荣　陈　琦
　　　　　陈　群　茅振华
　　　　　林建华　竺常赟
　　　　　胡柳强　倪卫东
　　　　　倪向东　倪建军
　　　　　徐慧泉　奚山青（女）
　　　　　龚　霞(女)　董玲娟(女)
　　　　　蔡志昌　薛　红（女）
候补委员（按得票多少为序）
　　　　　施金星　郭　琰（女）
　　　　　沈　利　张　忠
　　　　　施卫东　陈　晖

中共上海市崇明区委各工作部门及相关单位领导

区委办公室
主　　任　陈　荣
副主任　朱　海
　　　　　邢亚轲
　　　　　王　冲

机要局
局　　长　陈　荣

区委研究室
主　　任　陈　荣
副主任　陈　伟

保密办（国家保密局）
主　　任　陈建生

组织部
部　　长　陆志斌
副部长　郁京忠（2022.1离任）
　　　　　陈汇辉（女）
　　　　　黄　慧（女，2022.2离任）
　　　　　施　伟
　　　　　孙现印（2022.2任）
　　　　　施　洋
　　　　　龚胜瑜（女，2022.2任）

公务员局
局　　长　施　洋（2022.2离任）
　　　　　龚胜瑜（女，2022.2任）

编　办
主　　任　黄　慧（女，2022.2离任）
　　　　　施　洋（2022.2任）
副主任　龚胜瑜（女，2022.2离任）
　　　　　沈　蕾（女）

社会工作党委
书　　记　施　伟（2022.2离任）
　　　　　孙现印（2022.2任）
副书记　李　慧（女）

老干部局
局　　长　陈汇辉（女）
副局长　易曼曼（女，2022.11任）

宣传部
部　　长　陈立俊
副部长　邢　健
　　　　　袁文君（女）
　　　　　郭电波
　　　　　陈　奕（女）

新闻办
主　　任　陈　奕（女）

文明办
主　　任　袁文君（女）

统战部
部　　长　龚　伟
副部长　施卫东
　　　　　蔡　健
　　　　　林艳华（女）
　　　　　高　杰（2022.2任）
　　　　　黄　珺（女）

侨　办
主　　任　黄　珺（女）

民宗办
主　　任　高　杰（2022.2任）
副主任　张宇峰

台　办
主　　任　林艳华（女）
副主任　顾红英（女）

社会主义学院
院　　长　龚　伟
常务副院长
　　　　　钟　萍（女）
副院长　苏力维（女）

政法委
书　　记　龚朝晖
副书记　陈　琦
　　　　　姚　斌
　　　　　陆剑春
　　　　　施建城
　　　　　杜新泽（2022.9任）

机关工作党委
书　　记　张耀春
副书记　黄　胜

信访办
主　　任　季周平
副主任　朱俊霞（女）
　　　　　王小平
　　　　　贾全彪（援滇）
　　　　　沙剑峰（2022.11任）

档案局（档案馆）
局 长（馆长）
朱鑫德
副局长 黄 健
杨中健（女，2022.11 任）
副馆长 顾 超
方志办
主 任 朱鑫德
副主任 吕厚艳（女，2022.1 任）
区委党史研究室
副主任 徐晓霞（女，2022.11 任）
区委党校
校 长 李 峻（2022.9 离任）
杨元飞（2022.9 任）
常务副校长
郭 琰（女）
副校长 胡 巍
吕方鸿（援滇）
总工会
主 席 张建英（女）
副主席 秦文新
陆婷婷（女，2022.1 当选）
区团委
书 记 朱敏煜（女，2022.7 任）
副书记 王宗文（援滇）
顾玲玲（女，2022.7 离任）
姚添乐（女，2022.7 任）
妇 联
主 席 沈 晰（女）
副主席 许然美（女）
许晓芳（女）
残 联
理事长 施菊萍（女,2022.11 离任）
倪红兵（2022.12 当选）
副理事长 王 勇
倪祖萍（女,2022.11 离任）
范 杰（2022.12 当选）
工商联
主 席 仇瑜峰（不驻会）
常务副主席
施卫东
副主席 陈伟聪
王可杰
红十字会
会 长 黄晓霞（女，2022.1 离任）
宋学梅（女，2022.5 当选）
常务副会长
顾钱菊（女，2022.7 离任）
蔡志昌（2022.9 当选）
副会长 孙晋岳（2022.1 离任）
龚宇美（女，2022.5 当选）
侨 联
主 席 杨 霞（女,2022.8 当选，不驻会）
副主席 赵 磊（女）
科 协
主 席 施志琴（女）
副主席 陈惠萍（女）

中共上海市崇明区第二届纪律检查委员会组成人员

书 记 沈雪峰
副书记 龚著忠
宋佩娟（女）
徐斌斌
常 委 刘 冰（女）
徐 刚
吴建峰
刘 斌
施 颖（女）
委 员 王 娟（女） 卞德胜
朱风雷 朱谦彬
李铭敏（女） 杨绵宜
沈 东 张卫华
陆剑春 陈 斌
林 磊 郁建国
郁晓倩 施 辉
姜卫忠 顾 奔
倪剑忠 郭 勤（女）
黄幸家 龚 捷（女）
龚胜瑜（女）康 英（女）
梁作强

上海市崇明区第二届人民代表大会常务委员会

主 任 薛 红
副主任 范洪耀
王 菁（女）
张建英（女）
姚思平
龚思聪
委 员 王 健 王庆跃
王愫怡（女）
玄 洪 沈国兴
沈柳辉 沈菁菁（女）
张明霞（女） 陆立新
陈 英（女） 武俊夏
茅哲诚 周伟明
周咸立 施 伟
施 俊 施亦前
袁 瑾（女） 姚昶熙
顾国兴 顾佩红（女）
顾建舟（女） 倪朝辉
陶 溶（女） 黄 平
黄丽萍（女） 梅雪松
蒋春蕾（女） 谭卫东

专门委员会及常委会工作机构、办事机构负责人

法制（监察和司法）委员会
主任委员 施亦前
副主任委员
周咸立
财政经济（农业与农村）委员会
主任委员 梅雪松
副主任委员
黄 平
社会建设委员会
主任委员 陶 溶
副主任委员
施 俊
教科文卫（侨民宗）工作委员会
主 任 顾佩红（女）
副主任 黄丽萍（女）
城建环保工作委员会
主 任 武俊夏
副主任 姚昶熙
预算工作委员会
主 任 王 健
副主任 顾国兴
人事工作委员会
主 任 施 伟
副主任 张明霞（女）
代表工作委员会
主 任 周伟明
副主任 张明霞（女）
代表资格审查委员会
主任委员 施 伟
办公室
主 任 倪朝辉
副主任 周道芬 陈 玺（女）

研究室

主　任　沈国兴
副主任　李博洋（女）

上海市崇明区人民政府领导

区　长　缪　京（2022.7 离任）
李　峻（2022.8 当选）
副区长　黄晓霞（女）
胡柳强
张秩通
宋学梅（女，2022.1 当选）
陈　琦（2022.1 当选）
施　蕾（2022.1 当选）
徐慧泉（2022.1 当选）

上海市崇明区人民政府各工作部门及所属机构领导

区府办

主　任　林建华
副主任　郁　涛
施军捷
龚如冰
黄　磊
李官仪（女）

区政府研究室

主　任　林建华

外　办

主　任　林建华

合作交流办

主　任　林建华

机管局

局　长　有胜健（2022.2 任）
副局长　唐志群（2022.1 任）
王　莉（女）

发展改革委

主　任　张立新
副主任　高诚廷
丁振新
羌玉萍（女）

经　委

主　任　陈　尧
副主任　黄　晖
缪冬英（女）
周金锐（2022.1 任）

教育局

局　长　龚耀飞
副局长　陆　琴（女）
吴美华（女）
陆　杰

科　委

主　任　施志琴（女）
副主任　吴新平
范伟峰

公安崇明分局

局　长　陈　琦
政　委　张　靖（2022.2 任）
副局长　朱秀红（女）
王金星
宋　平
张　冲
张　华

民政局

局　长　施金星
副局长　杨中健（女，2022.11 离任）
张耀范（2022.12 离任）
沈　菊（女）
倪祖萍（女，2022.11 任）

司法局

局　长　时　枫（女）
副局长　吴胜忠
刘静波（女）
梁晓华（2022.9 离任）
彭世磊
续丽丽（女，2022.2 任）

财政局

局　长　朱菊平（女）
副局长　朱风雷
姚寅峰（2022.11 离任）
林　磊（2022.11 任）
沈昉瑜（女，2022.11 任）

人力资源和社会保障局

局　长　施　蕾（2022.1 离任）
郁京忠（2022.1 任）
副局长　张　虹（女）
赵　永
沈红奕（女）

规划资源局

局　长　宋玉波
副局长　施俊龙（2022.8 离任）
何　澄
李　舒（女）
陈柳焱

生态环境局

局　长　褚卫东
副局长　李雷鸣
师先义
林家骏
孟智奇（2022.11 任）

建设管理委

主　任　陈　晖
副主任　陆　斌
陆　新
蒋　华（女）

农业农村委

主　任　龚　霞（女）
副主任　陈　军（女）
许亚辉
王树人
管帮超

水务局

局　长　苏卫东
副局长　许晓东
柏茂松
王　斌
许鑫华

文化和旅游局

局　长　倪向东（2022.9 任）
副局长　季晓云（女）
施建华
邢　峰
俞家龙（2022.1 任）

卫生健康委

主　任　蔡志昌
副主任　张　奇
朱胜利（2022.01 离任）
施建华
张哲医
闫振峰（2022.4 任）

退役军人局

局　长　黄松夺
副局长　马永峰
龚双海

应急局

局　长　王　勇
副局长　顾黄荣
施　斌（2022.7 离任）
陈　杰
陈　冲

审计局

局　长　瞿　英（女）
副局长　祖红耘（女）

沈昉瑜（女，2022.11 离任）
姚寅峰（2022.11 任）

市场监管局
局　长　陈　冰
副局长　刘汉平（2022.7 离任）
黄　云
高捷峰
徐　波
黄克勤

国资委
主　任　丁汉明
副主任　龚　捷（女）
朱宏培

体育局
局　长　姚李超
副局长　沈　东
俞永峰

统计局
局　长　秦　雷
副局长　李凤平（女，2022.11 离任）
宋　娟（女）

医保局
局　长　施　鑫
副局长　范莉莉（女）

绿化市容局
副主任　蔡建新

民防办
主　任　张飞雁（女）
副主任　唐志群（2022.1 离任）
孙晋岳（2022.1 任）

住房保障房屋管理局
局　长　蔡俊春
副局长　龚　平（2022.12 离任）
朱佳欢
黄剑英（女）

城管执法局
局　长　施　易（女）
副局长　张　鲁
施永华
徐传家

交通委
主　任　陈　杰
副主任　张熠剑（2022.9 任）
倪　明（2022.3 离任）
杜　宇
朱玉星（2022.1 任）

生态产业办
主　任　徐　钢
副主任　杨惠海

沈爱薇（女）
张　辉（2022.1 任）

政务服务办
主　任　吴　蕾（女）
副主任　康　华（女）
马宇杰

政协上海市崇明区第二届委员会常务委员会组成人员名单

主　席　邹　明
副主席　张　荣
樊红妹（女）
丁汉明
施菊萍（女）
瞿　英（女）
秘书长　倪　健
常　委　马宇杰　方一燕（女）
师先义　朱宏培
朱空斌　朱理东
刘静波（女）杨锦英（女）
吴美华（女）吴健春
沈　晰（女）张　虹（女）
张　俊（经济界）
张成刚　张春军
陆祖国　陈子龙
赵　磊（女）施　洋
施利华　施建华
施雪花（女）袁　方
顾玲玲（女）倪　明
高　舜　黄　玲（女）
黄明星　黄宗逵
惟　觉　葛武君
蔡　健　缪冬英（女）

政协上海市崇明区第二届委员会专门委员会、办事机构负责人

（一）提案委员会
主　任　张　荣
副主任（专职）
陆施燕（女）
副主任　邢亚轲
施军捷
葛武君
蔡　健

（二）农业和农村委员会
主　任　樊红妹（女）
副主任（专职）
朱举纲
副主任　苏跃松
范　杰
管帮超

（三）经济委员会
主　任　朱空斌
副主任　邬卫东
沈爱薇（女）
张成刚
陈伟聪
罗　民
黄　慧（女）
樊天瑜（女）

（四）人口资源环境委员会
主　任　陆祖国
副主任　朱丹丹（女）
陆　斌
茅洪杰
林艳华（女）
高新峰

（五）教科卫体委员会
主　任　吴健春
副主任　朱胜利
陆　琴（女）
吴曦红（女）
沈　益（女）
陈柳焱
龚　娟（女）

（六）社会和法制委员会
主　任　施利华
副主任　王振锋
秦卫萍（女）
顾惠民
黄宗逵

（七）文化文史和学习委员会
主　任　袁　方
副主任　王　莉（女）
吴美华（女）
汪青松
施建华
陶政江

（八）区政协办公室
主　任　倪　健
副主任　徐修民
黄明珠（女）

（九）区政协研究室

主　任　葛武君

上海市崇明区各乡镇领导

长兴镇

党委书记　倪卫东

党委副书记

郭春菊（女）

王　莉（女）

施　俊

镇　长　郭春菊（女）

副镇长　单俊生

李　磊

张　俭

蔡钱江

人大主席　顾方亮

人大副主席

韩　彬

横沙乡

党委书记　杨冬卫

党委副书记

曹　俊

陶政江

张霞娇（女）

乡　长　曹　俊

副乡长　万明辉

陈惠娟（女）

顾伟达

人大主席　刘新倚

人大副主席

黄建忠

新村乡

党委书记　王慧健

党委副书记

张　静

丁忠逵

秦卫萍（女）

乡　长　张　静

副乡长　潘青松

邢裕东

陈　迪

陈建娥（女）

人大主席　陈建国

人大副主席

王文英（女）

绿华镇

党委书记　杨丽华（女）

党委副书记

黄　超

彭光辉

顾惠民

镇　长　黄　超

副镇长　施　浩

樊　娟（女）

沈云峰

龚　健

人大主席　顾　佩（女）

人大副主席

刘　静（女）

三星镇

党委书记　张建国

党委副书记

陆　华

范　杰（2022.11 离任）

沈振香（女）

镇　长　陆　华

副镇长　梅志峰

杨惠莲（女）

杨　钦

宋云利

人大主席　陈　健

人大副主席

张雪飞

庙镇

党委书记　陈建飞

党委副书记

陆　飞

高　杰（2022.2 离任）

龚　波

陈　新（2022.9 任）

镇　长　陆　飞

副镇长　戴如堂

王　璠（援滇）

俞一华（女）

张　威

冯光华

人大主席　施建昌

人大副主席

俞朝霞（女）

港西镇

党委书记　王卫中

党委副书记

顾晔华

樊天瑜（女）

孙现印（2022.2 离任）

梁晓华（2022.9 任）

镇　长　顾晔华

副镇长　陈　李（女）

姚文忠

姚耸立

孙东波

人大主席　陈　英（女）

人大副主席

季建明

城桥镇

党委书记　董玲娟（女）

党委副书记

施　俊

苏跃松

王彬斌

镇　长　施　俊

副镇长　唐　俭（女）

张羽龙

张　蕾

石　磊

人大主席　顾建舟（女）

人大副主席

张蕾蕾（女）

建设镇

党委书记　陈　群

党委副书记

凌　青

施　捷

黄　慧（女）

镇　长　凌　青

副镇长　黄小春（女）

薛卫彬

陈　荣

人大主席　杨冬琴（女）

人大副主席

万星田

新河镇

党委书记　施　君

党委副书记

曹崔秀（女）

沈　云（女）

邬卫东

镇　长　曹崔秀（女）

副镇长　薛永红（女）

王宗友

陈海广

沈天烨

人大主席　施　斌

人大副主席

陆洪斌

竖新镇
党委书记　王　昊
党委副书记
康　乾
沈　益（女）
姚一兵
镇　长　康　乾
副镇长　杨　君（女）
姚　凯
袁立峰
龚晓辉
人大主席　施　诚
人大副主席
宋锦贤（女）

堡镇
党委书记　倪建军
党委副书记
牛　扬（女）
陈　超
高新峰
镇　长　牛　扬（女）
副镇长　宋清国
梅新忠
陈　健
施　杰
人大主席　陆　军
人大副主席
宋　张（女）

港沿镇
党委书记　丁冬红（女）
党委副书记
张　锋
龚　娟（女）
李伟春
镇　长　张　锋
副镇长　方云中
郭志华
陆中超
吴婷婷（女）
人大主席　陈卫兵
人大副主席
范　雷（女）

向化镇
党委书记　周忠涛
党委副书记
王绪晖
茅洪杰
王红雷（女）
镇　长　王绪晖
副镇长
朱敏煜（女，2022.7 离任）
顾玲玲（女，2022.8 当选）
周　利
黄　庆
黄继刚
人大主席　沈菁菁（女）
人大副主席
陆俊德

中兴镇
党委书记　沈　利
党委副书记
李永林
朱丹丹（女）
朱宇栋
镇　长　李永林
副镇长　顾雪昌
沈　俭
黄汝娟（女）
吴　蒙
人大主席　朱伯胜
人大副主席
陆耀贤（女）

陈家镇
党委书记　张振斌
党委副书记
施　律
方全安
汪青松（2022.7 离任）
任盼盼（女，2022.10 任）
镇　长　施　律
副镇长　任盼盼（女，2022.10 离任）
樊　备
石　宇
杨飞鹏
人大主席　杨裕琴（女）
人大副主席
张兴华

新海镇
党委书记　茅振华
党委副书记
陆建军
王振锋
承金明
镇　长　陆建军
副镇长　叶红城
季惠娟（女）
陈海贝
人大主席　顾立新
人大副主席
陈明吉

东平镇
党委书记　杨　峻
党委副书记
施　宏（女）
王惠东
吴曦红（女）
镇　长　施　宏（女）
副镇长　张　倩（女）
宋洪雷
黄　荣（援滇）
王　祥
人大主席　沈　辉
人大副主席
秦丽丹（女）

2022年崇明区委重要文件目录

1. 中共上海市崇明区委员会印发《中共上海市崇明区委常委会2022年工作要点》的通知（崇委发〔2022〕3号）
2. 中共上海市崇明区委印发《中国共产党上海市崇明区第二届委员会巡察工作规划》的通知（崇委发〔2022〕6号）
3. 中共上海市崇明区委转发《崇明区纪委监委关于监督护航世界级生态岛建设的实施意见》的通知（崇委发〔2022〕9号）
4. 中共上海市崇明区委印发《崇明区贯彻落实〈上海法治社会建设规划（2021—2025年）〉的实施方案》的通知（崇委发〔2022〕11号）
5. 中共上海市崇明区委印发《中国共产党上海市崇明区委员会工作规则》的通知（崇委发〔2022〕12号）
6. 中共上海市崇明区委关于深入学习宣传贯彻市第十二次党代会精神高标准推进崇明世界级生态岛建设的实施意见（崇委发〔2022〕14号）
7. 中共上海市崇明区委转发《崇明区纪委监委关于监督护航世界级生态岛建设三年行动计划（2022—2024年）》的通知（崇委发〔2022〕15号）
8. 中共上海市崇明区委印发《崇明区关于加强对"一把手"和领导班子监督三年行动计划（2022—2024年）》的通知（崇委发〔2022〕16号）
9. 中共上海市崇明区委员会 上海市崇明区人民政府印发《关于新时代加强和改进思想政治工作的实施方案》的通知（崇委发〔2022〕17号）
10. 中共上海市崇明区委关于加强新时代乡镇统一战线工作的实施意见（崇委发〔2022〕21号）
11. 中共上海市崇明区委关于坚持和完善人民代表大会制度加强和改进新时代人大工作的实施意见（崇委发〔2022〕22号）
12. 中共上海市崇明区委关于认真学习宣传贯彻党的二十大精神的通知（崇委发〔2022〕23号）
13. 中共上海市崇明区委员会 上海市崇明区人民政府关于表彰上海市崇明区推进实施乡村振兴战略先进集体和先进个人的决定（崇委〔2022〕93号）
14. 中共上海市崇明区委办公室 上海市崇明区人民政府办公室印发《崇明区关于促进世界级生态岛建设人才发展的若干意见》的通知（崇委办〔2022〕1号）
15. 中共上海市崇明区委办公室 上海市崇明区人民政府办公室印发《崇明区关于进一步统筹推进农民相对集中居住工作的实施意见》的通知（崇委办〔2022〕8号）
16. 中共上海市崇明区委办公室 上海市崇明区人民政府办公室印发《区委、区政府2022年重大项目和重点工作表》的通知（崇委办〔2022〕12号）
17. 中共上海市崇明区委办公室印发《关于委托各民主党派崇明区委对中共上海市崇明区第二次党代会精神贯彻落实情况开展专项民主监督的实施方案》的通知（崇委办〔2022〕18号）
18. 中共上海市崇明区委办公室印发《崇明区关于加强新时代廉洁文化建设三年行动计划（2022—2024年）》的通知（崇委办〔2022〕37号）
19. 中共上海市崇明区委办公室印发《崇明世界级生态岛建设干部挂职锻炼三年行动计划（2022—2024年）》的通知（崇委办〔2022〕56号）

2022年崇明区人大常委会重要文件目录

1. 崇明区二届人大常委会第三次会议关于本区贯彻实施《上海市崇明区人民代表大会常务委员会关于加强检察公益诉讼工作服务保障崇明世界级生态岛建设的决定》情况报告的审议意见（崇会〔2022〕11号）
2. 上海市崇明区人民代表大会常务委员关于批准2021年崇明区本级决算的决议（崇会〔2022〕19号）
3. 崇明区二届人大常委会第四次会议关于区二届人大一次会议以来代表建议、批评和意见办理情况的报告的审议意见（崇会〔2022〕20号）
4. 崇明区二届人大常委会第四次会议关于2021年崇明区本级决算（草案）及2022年上半年预算执行情况的报告、2021年崇明区本级预算执行和其他财政收支的审计工作报告的审议意见（崇会〔2022〕21号）
5. 崇明区二届人大常委会第四次会议关于本区贯彻实施《上海市食品安全条例》情况报告的审议意见（崇会〔2022〕22号）

6. 崇明区二届人大常委会第六次会议关于本区贯彻实施安全生产和城乡运行安全相关法规情况报告的审议意见（崇会〔2022〕26 号）
7. 崇明区二届人大常委会第六次会议关于本区贯彻实施《上海市人民代表大会常务委员会关于促进和保障长江流域禁捕工作若干问题的决定》情况报告的审议意见（崇会〔2022〕27 号）
8. 崇明区二届人大常委会第七次会议关于本区固体废物污染防治情况报告的审议意见（崇会〔2022〕29 号）
9. 崇明区二届人大常委会第八次会议关于本区酒店民宿服务质量提升情况报告的审议意见（崇会〔2022〕32 号）
10. 上海市崇明区人民代表大会常务委员会关于批准《上海市崇明区 2022 年区本级预算调整方案》的决议（崇会〔2022〕33 号）
11. 关于上海市崇明区选举上海市第十六届人民代表大会代表结果的报告（崇会〔2022〕34 号）

2022 年崇明区政府重要文件目录

1. 关于印发本区区级城市维护项目管理办法的通知（沪崇府规〔2022〕1 号）
2. 关于印发修订后的崇明区被征收农民集体所有土地农业人员就业和社会保障实施办法的通知（沪崇府规〔2022〕2 号）
3. 关于印发《崇明区加快经济恢复和重振实施方案》的通知（沪崇府规〔2022〕3 号）
4. 关于印发崇明区 2022—2026 年促进就业扶持政策的通知（沪崇府规〔2022〕4 号）
5. 关于印发本区国有土地上房屋征收补偿标准的通知（沪崇府规〔2022〕5 号）
6. 关于印发本区政府质量奖管理办法的通知（沪崇府规〔2022〕6 号）
7. 关于印发本区生态空间“十四五”规划的通知（沪崇府发〔2022〕11 号）
8. 关于印发本区民防建设发展“十四五”规划的通知（沪崇府发〔2022〕14 号）
9. 关于印发《崇明区营商环境创新试点实施方案》的通知（沪崇府发〔2022〕23 号）
10. 关于印发《崇明世界级生态岛碳中和示范区建设实施方案（2022 年版）》的通知（沪崇府发〔2022〕51 号）
11. 关于印发《2022 年度上海市崇明区人民政府重大行政决策事项目录》的通知（沪崇府办发〔2022〕6 号）
12. 关于印发进一步加强本区部分区域社会管理实施意见的通知（沪崇府办发〔2022〕12 号）
13. 关于印发《崇明区粮食企业深化改革工作方案》的通知（沪崇府办发〔2022〕13 号）
14. 关于转发区发展改革委制订的 2022 年本区扩大有效投资稳定经济发展若干政策措施的通知（沪崇府办发〔2022〕15 号）
15. 关于印发本区创建国家森林城市工作方案的通知（沪崇府办发〔2022〕17 号）
16. 关于印发《关于进一步促进本区农村集体经济高质量发展的实施意见》的通知（沪崇府办发〔2022〕18 号）

2022 年崇明区政协重要文件目录

1. 政协上海市崇明区第二届委员会公告（崇协委〔2022〕1 号）
2. 关于张荣等同志职务任免的通知（崇协委〔2022〕2 号）
3. 中国人民政治协商会议上海市崇明区第一届委员会常务委员会工作报告（崇协委〔2022〕3 号）
4. 中国人民政治协商会议上海市崇明区第一届委员会常务委员会关于提案工作情况的报告（崇协委〔2022〕4 号）
5. 关于印发二届区政协主席、副主席、秘书长工作分工的通知（崇协委〔2022〕5 号）
6. 区政协二届二次常委会会议纪要（崇协委〔2022〕6 号）
7. 政协上海市崇明区第二届委员会提案委员会关于一次会议期间提案审查情况的报告（崇协委〔2022〕7 号）
8. 关于印发《政协上海市崇明区委员会常务委员会 2022 年工作要点》的通知（崇协委〔2022〕8 号）
9. 关于倪健等同志任职的通知（崇协委〔2022〕9 号）
10. 关于邢亚轲等同志任职的通知（崇协委〔2022〕10 号）

11 关于王莉等同志任职的通知（崇协委〔2022〕11 号）
12. 区政协二届三次常委会会议纪要（崇协委〔2022〕12 号）
13. 关于加强文旅品牌建设，促进文旅融合发展的协商建议书（崇协委〔2022〕13 号）
14. 区政协二届四次常委会会议纪要（崇协委〔2022〕14 号）
15. 关于印发《政协上海市崇明区委员会界别委员（联合）工作室工作细则（试行）》的通知（崇协委〔2022〕15 号）
16. 关于发展高品质现代农业，打造绿色农业新高地的协商建议书（崇协委〔2022〕16 号）
17. 区政协二届五次常委会会议纪要（崇协委〔2022〕17 号）
18. 关于实施第八轮环保三年行动计划，推进生态环境治理体系和治理能力现代化的协商建议书（崇协委〔2022〕18 号）
19. 关于印发《政协上海市崇明区委员会委员履职尽责工作规则》的通知（崇协委〔2022〕19 号）
20. 区政协二届六次常委会会议纪要（崇协委〔2022〕20 号）
21. 关于进一步做好区政协提案办理落实工作的协商建议书（崇协委〔2022〕21 号）
22.2022 年度区政协委员年末集中视察活动意见建议书（崇协委〔2022〕22 号）
23. 区政协“学习贯彻二十大·共话长江大保护”专题协商建议书（崇协委〔2022〕23 号）
24. 区政协二届七次常委会会议纪要（崇协委〔2022〕24 号）
25. 关于对《政府工作报告（征求意见稿）》的协商建议书（崇协委〔2022〕25 号）

2022 年崇明区政府实事项目和重点工程

一、实事项目
（一）* 为 8 个住宅小区新增电动自行车充电设施；* 新增 12 家早餐网点，创建 12 家早餐示范点；完成 3 个生态市集改造；* 为 20 个既有电动自行车棚（库）加装消防设施；南门液化气储备站更新改造；* 建设 2 家中医药特色示范社区卫生服务站；* 完成 100 个平安屋建设；* 实施 50 户餐饮食品“互联网 + 明厨亮灶”工程。
（二）完成 16 条公交线路电子站牌建设；* 新增 100 个公共（专用）充电桩；* 打造 5 条精品示范路。
（三）开展职业培训 10000 人次；新增就业 9000 人；* 帮助 430 名长期失业青年实现就业创业；* 培养 300 名企业新型学徒。
（四）* 新建（改建）120 个市民益智健身苑点；* 新建（改建）10 片市民多功能运动场；新建 5 个长者运动健康之家；* 新建 8 家市民健身驿站；* 新建修建 20 公里生态绿道及市民健身步道；* 新建改建 10 座口袋公园。
（五）开展文化配送下乡工程，配送群众文艺演出 200 场，群众文艺辅导 100 场，群众文艺导赏 50 场，专业演出 20 场，艺术展览配送 20 场；* 打造 2 处“市民艺术夜校”服务点。
（六）* 新增 3 家社区综合为老服务中心（分中心）；* 新增 11 家社区老年助餐服务场所；* 改建 59 张认知障碍照护床位。
（七）* 新增 1 个普惠性托育点；* 开设 42 个爱心暑托班。
（八）* 新增 18 家未成年人保护工作站；为不少于 3 万名退休和生活困难妇女提供免费妇科病和乳腺病检查；为不少于 5000 名残疾人提供免费健康体检服务；* 为 90 名困难视力残疾人提供智能助盲辅具；为 12500 名社区居民提供大肠癌筛查。
（标注 * 的项目为市级延伸至区项目）
二、重点工程
（一）完成崇明生态岛环岛防汛提标二期主体工程；开工建设崇明生态岛环岛防汛提标一期生态修复提升；完成崇明岛公共货运码头建设。
（二）完成长兴镇固体废弃物资源化利用中心主体工程；完成堡镇垃圾分拣中转站工程；开工建设庙镇垃圾分拣中转站工程；开工建设崇明湿垃圾处置中心。
（三）完成 15 个区级乡村振兴示范村建设；开工建设城桥镇明珠花苑综合整治工程；开工建设堡镇污水处理厂扩建工程；开工建设新河污水处理厂扩建工程。
（四）完成新华医院崇明分院改建工程；开工建设社区卫生服务中心标准化改造。
（五）完成界河（北横引河—界河北闸）河道整治；完成 2 个生态清洁小流域示范点；开工建设四滧港河道综合治理工程。
（六）完成横沙乡全民健身中心主体工程；完成堡镇 25 号地块幼儿园建设；开工建设上海市实验学校东滩高级中学；开工建设风清幼儿园。

2022年媒体报刊报道崇明区情文章情况表

表93

文章标题	刊载媒体	日期
【乡村振兴】崇明这个村的老百姓捧起“金饭碗”	学习强国平台	2022.1.11
【菁菁教苑】“双减”半年之后，崇明发生了什么变化?	学习强国平台	2022.1.26
【生态环保】濒危“长江精灵”重回崇明	学习强国平台	2022.2.5
【博物志】时下最火考古古船构件，为何在崇明“寄存”了五年多?	学习强国平台	2022.3.8
【上海战疫】夯实疫情防控措施，营造安全就医环境	学习强国平台	2022.3.8
【“疫”线党旗飘】1.3万名党员挺起崇明战疫“钢铁脊梁”	学习强国平台	2022.4.26
【上海战疫】“蔬”通销路，“庙”手回“村”，有序营业……崇明庙镇巧解群众急难愁盼	学习强国平台	2022.5.11
【上海战疫】看，崇明渐渐升腾起的“烟火气”	学习强国平台	2022.5.25
【直通区情】崇明：与水相交，做最好的农业	学习强国平台	2022.6.19
【生态环保】崇明：启航世界级生态岛建设新征程	学习强国平台	2022.6.26
从前修飞机，如今修洗衣机，这个崇明老兵还是很酷!	学习强国平台	2022.7.1
90%以上的上海水牛都在崇明?	学习强国平台	2022.7.28
崇明翠冠梨：在危与机间择路前行	学习强国平台	2022.8.13
累计销量超500000根，崇明芦穄今夏“火出圈”	学习强国平台	2022.8.31
世界首艘纯超级电容动力渡轮抵达崇明	学习强国平台	2022.9.24
崇明这个“花漾小镇”，“颜”“值”并存!	学习强国平台	2022.9.29
【喜迎二十大】居民岛外就医率低于5%，“大病不出岛、小病不出镇”在崇明成了现实	学习强国平台	2022.10.2
【瞰上海】夜瞰崇明	学习强国平台	2022.10.11
【区融动态】守正创新，崇明融媒永远在路上	学习强国平台	2022.11.10
【乡村振兴】花卉产业展现新活力，助力崇明乡村振兴	学习强国平台	2022.12.12
【乡村振兴】崇明这座充满活力的生态小镇，正在美丽蝶变	学习强国平台	2022.12.31
“请规范垂钓!”他们开着船在江面喊话，只为保护长江里的“宝贝”	上观新闻	2022.7.5
云南小伙走出深山到上海当电焊工，月入过万还买了车，“梦想成真啦!”	上观新闻	2022.11.10
预降内河水位，加强重点点位巡查，崇明积极做好防台防汛工作	上观新闻	2022.9.15
十几年前，这位东北果农把无花果带到上海横沙岛，如今不少农户靠它致富	上观新闻	2022.9.21
直击上海物资供应：从田头到商超，“菜篮子”管够!	新华社	2022.3.16
崇明绿港村“积分制”激发移风易俗新活力	东方城乡报	2022.8.11

（区融媒体中心）

2022年上海市崇明区国民经济和社会发展统计公报

2022年，全区人民在区委、区政府的坚强领导下，深入学习贯彻落实党的十九大、十九届历次全会和二十大精神，以习近平新时代中国特色社会主义思想为指导，面对经济下行压力和疫情冲击等超预期因素影响，全区上下付出艰苦努力，以非常之举应对非常之难，全区经济总体呈现企稳回升、稳中向好态势。

一、综合

各项稳增长举措落实见效，经济总量降幅稳步收窄。总体来看，第一产业增加值增速位居全市前列，第二、三产业增加值增速低于全市平均水平。2022年，全区实现增加值404.16亿元，按可比价格计算，下降4.3%。其中，第一产业增加值24.25亿元，增长4.7%，增速高于全市平均水平8.2个百分点；第二产业增加值96.15亿元，下降11.8%；第三产业增加值283.76亿元，下降2.1%。

财政收入波动大，总体呈企稳回升趋势。2022年，全区实现一般公共预算总收入548.6亿元，比上年增长37.2%。其中，区级一般公共预算收入121.9亿元，比上年下降16.5%。全区实现税收收入381.5亿元，比上年下降16.8%。其中，增值税184.4亿元，比上年下降23.9%，占税收总量的48.3%。第一、二、三产业实现税收比重分别为-0.03%、28.89%和71.14%。

2022年，全区一般公共预算支出511.6亿元，比上年增长34.2%。其中，社会保障和就业支出、交通运输支出、教育支出、卫生健康支出占据前四位。继续把稳增长放在更加突出的位置，强化综合施策，加大各类资金统筹调剂力度，加强支出管理，确保财政收支平衡。

图1:2018—2022年崇明区增加值及增速情况

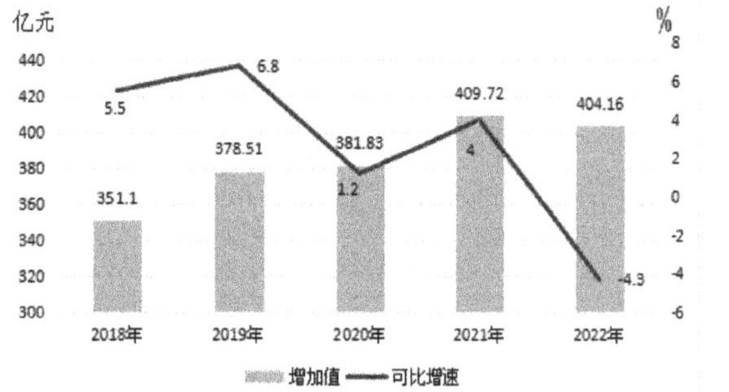

二、农业

农业生产形势总体稳定。2022年，全区实现农业总产值56.5亿元，比上年增长8.9%。其中，种植业产值30.4亿元，增长5.2%；林业产值0.6亿元，下降50.1%；畜牧业产值10.5亿元，增长38.9%；渔业产值12亿元，增长5.1%；农林牧渔服务业产值2.9亿元，增长6.7%。

持续提升科技创新能力，赋能现代都市农业。以全国农业科技现代化先行区共建为契机，联合上海海洋大学，研究形成共建实施方案，包含探索区校合作模式、解决系列技术难题等6项共建任务、21项共建指标和35项技术创新指标。组建工作专班，组织专家推进河蟹种源创新、商品蟹高效养殖、长江鱼类繁养、白对虾现代养殖、生态循环养殖关键技术研究与示范，合作启动基因标记“崇明1号”河蟹新品系研发合作。开展信息服务和农业数字化转型工作，启动建设集“一张图”“一个门户”“智能管控”“应用场景”“数字驾驶舱”于一体的高质量数字农业智能管控系统；搭建“崇明三农之声”线上学习培训平台，共开设三农政策、农技服务、农业科普、新农业、益农书屋、美丽乡村6大栏目，自建课程70个，发布学习资源153课时，学员927人，

图2:2018—2022年崇明区三次产业增加值占全区增加值比重

图3:2018—2022年崇明区农业总产值及增速情况

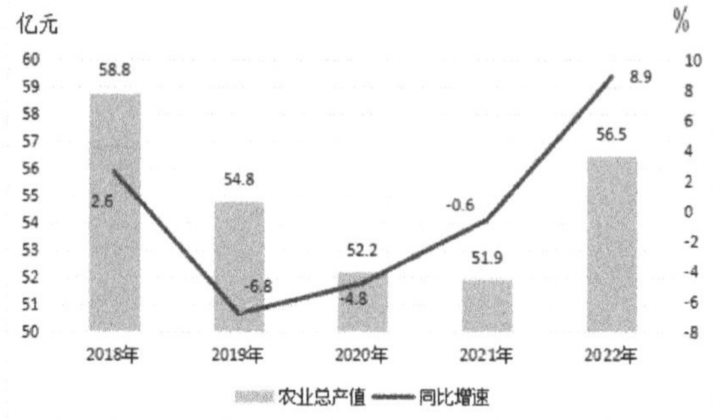

2022 年崇明区工业六大重点行业产值情况

六大重点行业	单位	2022 年	
		绝对值	同比（%）
金属制品业	亿元	26.8	−15.7
通用设备制造业	亿元	30.2	−18.6
铁路、船舶、航空航天和其他运输设备制造业	亿元	282.9	0.8
电气机械和器材制造业	亿元	18.1	−32.5
仪器仪表制造业	亿元	1.5	−31.2
金属制品、机械和设备修理业	亿元	33	6.7
合计	亿元	392.5	-4.1

总学习时长达 7218.8 小时。打造科技创新平台，实施“揭榜挂帅”机制，编制发布 2022 年区级农业科创项目申报指南，聚焦种源种业创新、先行区共建、重点产业关键技术攻关和人才培育等方面，形成科技创新导向。争取市级科技兴农项目资源，组织开展 2023 年度市科技兴农项目意向征集，结合重点产业发展需求，遴选上报崇明河蟹、沙乌头猪、白山羊种质创制等 5 个顶层设计项目。

产业发展“动力源”得到激活。聚焦崇明清水蟹、白山羊、沙乌头猪、水仙花、大米和特色蔬菜等地方品种，形成产业发展支撑保障体系，共申报 2022 年上海都市现代农业项目 14 个，进一步补齐产业发展的弱项短板。确定崇明生态稻米、白山羊种养循环基地建设项目列入产业园（二期）申报项目，已获市级批复。谋划推出“优农三兄弟”崇明农产品区域公共品牌统一标识，构建以“优农三兄弟”为母品牌，以“崇明 +”地理标志为子品牌的管理体系。完成组建蔬菜、河蟹、白山羊、米业龙头企业，重塑“崇明米道”销售平台，创新崇明优质地产农产品线上营销模式。

深入践行绿色发展理念。严格落实粮食安全责任制，完成 15.7 万吨年度粮食生产目标任务。绿色优质农产品认证率 90% 以上，绿色优质认证面积 36.05 万亩，有 25 家 45 个产品新取得绿色认证、6 家 8 个产品新取得有机认证、57 家 100 个产品的绿色食品认证得到续展。开展 256 家绿色认证企业证后监管和检查。加大农药经营企业、门店监管力度，全年共检查门店 170 家次，农药实名制销售率达 95%。应用蔬菜绿色防控 2.6 万亩，水肥一体化 5280 亩，实施土壤保育 3800 亩，全面推广水产绿色养殖方式。完成 17.87 万亩农产品绿色生产基地创建，其中水稻面积 16.4 万亩，水产养殖面积 1.47 万亩。提高畜禽粪污处理利用精细化管理水平，确保畜禽粪污资源化利用率稳定保持在 98%。

三、工业

2022 年，受地缘因素、原材料价格上涨、疫情导致停工限产等多方面影响，工业生产企业承压明显。全区完成工业总产值 479.5 亿元，比上年下降 6.4%，其中，完成规模以上工业总产值 459.7 亿元，比上年下降 5.9%。海洋装备产业完成总产值 347.7 亿元，比上年下降 0.1%，占全区工业总产值的 72.5%。全区六大主导行业呈“二增四减”，实现产值 392.5 亿元，比上年下降 4.1%。全区实现工业销售产值 480.6 亿元，工业产销率为 100.2%；实现出口交货值 35.8 亿元，同比下降 39.2%；工业战略新兴产业完成产值 213.2 亿元，同比下降 2.5%。

工业行业受疫情影响显著，鉴于稳增长等因素的考虑，工业节能降耗任重道远。分解确定乡镇、园区节能降耗目标和 9 家市重点用能企业年度双控目标，强化指标考核。制订节能降碳改造推进计划，推动企业启动能源审计、节能诊断工作，完成 5 家重点用能企业能源审计报告评审。完成 5 家单位能源管理岗位备案。实施 15 项节能技改项目，其中规模较大的有华润大东高耗能落后电机改造项目（节约标准煤 100 吨）、三江精密锻造余热技改项目（节约标煤 600 吨）、马腾材料厂光伏发电项目建设（年发电量 200 万度）。推进长兴产业基地启动绿色园区创建工作、永利公司绿色工厂完成创建工作、推动华润大东能耗在线监测建设工作、组织申能电厂申报水效领跑企业。产业结构调整方面，实施淘汰落后产能项目 5 个（区级），腾出土地 116.5 亩，节约能耗近 552.4 吨标准煤，拨付补贴资金 55.1 万元。

修订实体企业扶持政策，拟围绕支持企业做大做强、支持企业创新发展等 10 方面支持企业加快发展。认定本区第 10 批区级企业技术中心 12 家。审定 2021 年度绿色

图 4:2018—2022 年崇明区工业行业产值及增速情况

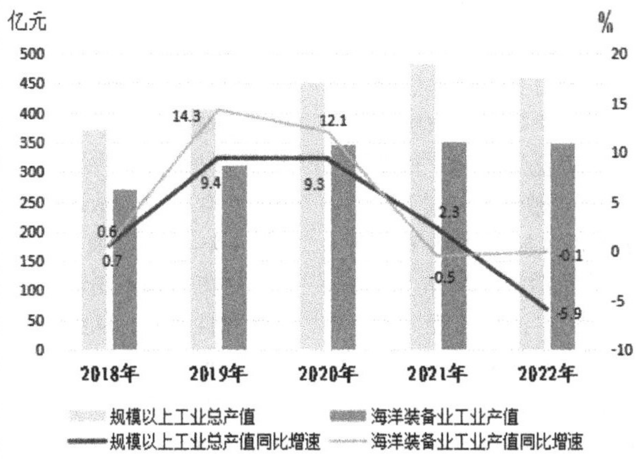

工业扶持项目27个，共计扶持资金243.81万元。完成工业企业资源利用效率评价工作，全区实有工业企业888家，符合评价企业760家，其中优先支持类190家，鼓励提升类266家，调整转型类266家，落后淘汰类38家。引导企业申报市级扶持项目，华润大东等6家企业94人获市重点产业领域人才奖励资金268万元；安吉智能方阳荣获上海市“上海产业菁英”青年人才。

图5:2018—2022年崇明区社会消费品零售总额及增速情况

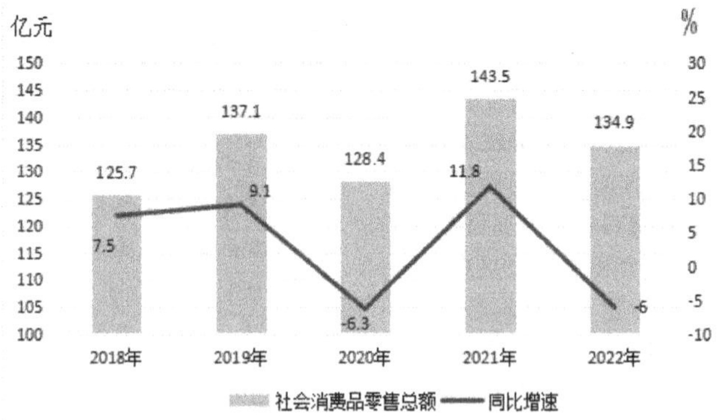

四、交通运输

交通基础设施重点工程项目加快推进。2022年6月《上海市城市轨道交通第三期建设规划（2018—2023年）调整》获得国家发展改革委批复，轨交崇明线工程于9月获市发展改革委工可批复，于10月底获市住建委初步设计批复。一期工程南港越江段区间（约9.8公里）的掘进施工于11月开工，二期工程于12月开工。沪渝蓉高铁上海至南京至合肥段初步设计于8月获得国铁集团、上海市人民政府、江苏省人民政府、安徽省人民政府联合批复，于10月中旬完成动施工招标。环岛景观道二期工程基本完成主体工程。环岛景观道一期（闸外桥）工程正在推进新建港闸外桥、三沙洪闸外桥桥梁桩基施工。崇明岛公共货运码头建设工程竣工。推进港西三号地块周边道路系统完善项目，其中鼓浪屿路（南横引河桥～陈海公路）道路整治工程已完工，陈海公路（鼓浪屿路/港东公路～三双公路）新建慢行道工程正在推进路基施工，预计2023年第一季度完工。

交通便民需求得到进一步满足。持续加强“四好农村路”建设，深化农村公路管理养护体制改革，提档升级农村公路30公里。市政道路建设及精细化管理不断加强，堡辉路、达山路东段、堡港路项目完成施工；完成翠竹路、崇明大道等5条精品示范路的创建申报；完成慢行交通专项建设规划初稿、6处缓拥堵改造和3处慢行交通优化工程，进一步提升道路通行能力。公交线网持续优化，优化堡胜专线、城桥5路、长兴4路等公交线路，增加申崇线、横长线等线路运能班次投放；推进公交站点的规范化建设和电子站牌建设，崇明区公交站点规范化建设工程（二期）全年安装完成400套电子站牌。停车难综合治理工程有效推进，8月正式发布崇明区公共停车设施建设规划，完成1个停车治理先行项目（川心街老街）和206个公共泊位设置，推动停车信息化建设，引导经营备案公共停车场开展信息化改造，完成接入“上海停车”统一支付28个。

绿色交通持续发展。全年更新完成新能源公交车43辆。推进政府投资建设公共充电桩项目，完成分布在花博会周边的一期项目。城桥镇、长兴镇、庙镇累计投放公共自行车近2000辆。新能源船舶完成建造投入运营。内河码头标准化岸电安装全部完成。

五、商业、招商引资

政策效应逐步显现，市场消费稳步恢复。推进港西镇、建设镇、绿华镇3家生态市集建设，完成2021年度集贸市场绩效考核，评定绩效考核先进32家，开展2022年集贸市场两轮双月督查。推进全区早餐工程建设，全年创建市级示范点3家、区级示范点50家。成功举办“疫去嗨购 点燃崇明”五五购物节、“2022崇明乡村夜生活节”等多种形式促消费活动。举办“品牌赋能、链接美好”品牌连锁商业经营企业招商云推介活动，2022年度全区新引进品牌连锁经营企业门店56家。2022年，全区实现社会消费品零售总额134.9亿元，比上年下降6%。

受宏观经济、疫情和减税降费政策等因素影响，招商引资面临压力。2022年，全区各乡镇、园区引进各类企业2.2万户，比上年下降57.2%；实现招商税收349.2亿元，比上年下降21.3%，占全区税收总额的91.5%。

外经贸发展基本稳定，进口保持高速增长。2022年，全区累计进出口额145.1亿元，比上年增长7.5%。其中，出口额42亿元，下降17.1%，进口额103.1亿元，增长22.2%。全年新批准三资企业227家，比上年减少141家；三资企业累计投资29581万美元，下降62.7%;累计注册资本29570万美元，下降68.2；累计合同外资16931万美元，下降72.8%；实到外资17811万美元，增长15.5%。

六、固定资产投资

受疫情严重冲击，固定资产投资降幅明显。2022年，全区完成固定资产投资总额179.8亿元，比上年下降22.8%。

从资金来源看，财政性投资方面，全年完成投资53.2亿元，比上年下降45.2%，占全社会固定资产投资的29.6%；社会性投资方面，全年完成126.6亿元，比上年下降6.8%，部分项目遭遇供应链瓶颈、物流运输不畅、生产经营受阻等阶段性问题。从投资构成看，建设项目投资全年完成89.6亿元，下降31.4%；房地产开发投资在前三季度对投资总额支撑作用明显，第

图 6:2018—2022 年崇明区固定资产投资及增速情况

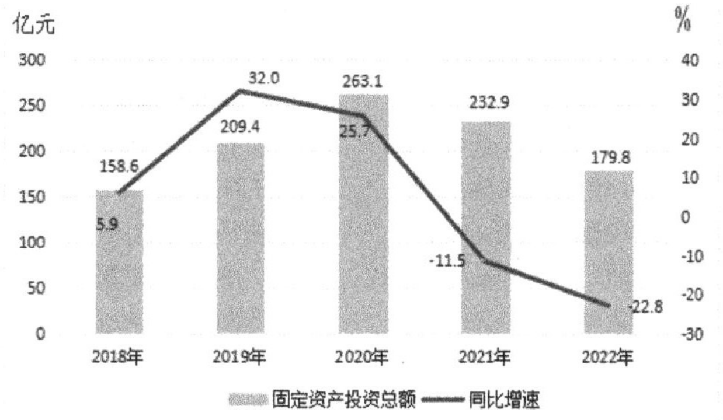

四季度有所下滑，全年完成 90.2 亿元，下降 11.9%，金悦逸庭、泊岸华庭、怡雅园、右岸雅苑等项目建设完成。从区域分布看，城桥、长兴、陈家镇三大重点地区全年共完成投资 134.2 亿元，占全区投资总额的 74.7%。

七、文化、旅游

2022 年，全区共接待游客 1240.6 万人次，比上年下降 34.7%，实现旅游营业收入 32.7 万元，比上年下降 35.4%。

繁荣群众文化，“线上”“线下”相结合，丰富文旅活动内容。做好文艺资源配送，承接市级各类活动 40 场，受众 3500 人次；开展区级配送文艺演出 220 场，受众 27350 人次；文艺辅导 100 场，受众 6650 人次；艺术导赏 50 场，受众 3650 人次；展览展示 100 场次，受众 16650 人次；农村数字电影 1780 场，受众 55612 人次。筹办文旅节庆活动，举办以“蝶变新时代 花朝新生活”为主题的上海花朝节和以“飨受崇明不一样的人间烟火”为主题的 2022 上海崇明乡村文化旅游节暨首届美食狂欢季系列活动。提升文艺创作质量，开展抗疫作品创作；组织开展“瀛洲古韵”新年音乐会、“塑浦东引领区形象 讲崇明生态发展故事”主题摄影展等直录播活动；录制“学才艺”视频 8 个，入选全市文艺教学视频教材。

持续深化创建，推动生态新文旅建设。推进西沙明珠湖国家 AAAAA 级旅游景区创建，加快景区服务设施和环境质量提升改造，做好迎检各项准备工作。推动民宿产业发展，全年新增民宿 80 家，启动 2022 年度星级民宿评定，修改完善评定标准，推进崇明民宿品质和特色提升；出台《促进崇明乡村民宿高质量发展的实施意见》，下发《崇明区民宿集群村建设导则》，8 个乡镇的 15 个村申报建设。出台和落实文旅产业各项扶持纾困政策和措施。开展乡村旅游重点村镇创建工作，竖新镇、横沙乡获评第二批全国乡村旅游重点乡镇，遴选推荐虹桥村、北双村、新安村、永乐村、新乐村为第一批上海市乡村旅游重点村。深化全域旅游工作，积极引入旅游新业态，长兴郊野公园、玉海棠景区、荷花博览园开展夜间旅游项目，江南造船厂成功创建国家工业旅游示范基地。指导香朵开心农场新 A 级旅游景区建设；指导泡泡大叔房车营地、宁听林房车营地建设。推进工程项目建设，开展演武厅复建前期研究，完成“旅游大数据监管应用平台”信息化项目申报，加快陈龙章旧居修复。

加大传承保护，注重宣传推广。推进非遗传承保护，评定 8 个项目为第七批崇明区非物质文化遗产代表性项目，新评定区级保护单位 8 个、区级非遗代表性传承人 11 名。加大文物保护力度，制定出台《崇明区不可移动文物保护实施办法》。做好旅游投诉咨询，全年接待柜面和电话旅游咨询 106346 人；受理市 12345 投诉咨询 169 件，收到评价满意 120 次；受理区 12345 投诉咨询 244 件，结案满意度 90%。高效开展行业动态宣传，依托“崇明旅游”“文化崇明”微信公众号，推送信息近 1000 篇，总阅读量近 106 万次；线下通过文化长廊、户外 LED 屏等广泛开展主题宣传推广；对接东方卫视、解放日报、动感 101 等平台，宣传报道崇明文旅相关新闻逾 100 篇。

八、教育和科技

推进重大工程项目建设。新建上海市实验学校东滩高级中学项目，完成各单体工程的结构封顶；新建城桥生态社区九年一贯制学校项目，完成工可编制申报和施工图审计等前期工作；上海交大国际农业与生态学院建设项目，完成腾地动迁和土地出让；新建长兴完全中学项目，做好项目控规编制、方案设计等前期工作，与有关学校达成合作办学意向；上外贤达学院项目施工进度按计划推进。

深入推进教育综改项目。制定完善《上海市崇明区教育综合改革示范项目实施方案（2022—2025 年）》。持续开展托幼一体化建设，新增向化幼儿园普惠性托育点，全区 16 个乡镇的 34 所幼儿园开设 45 个托班，提供 900 个托额，其中公办园所提供 840 个托额，完成普惠性托育点乡镇覆盖率 89%、公办园开设托班比例 85% 的目标。推进紧密型学区和集团化建设，项目化推进《义务教育紧密型学区和集团建设项目实施方案》，实施“2+X”攻关项目研究；调整完成崇西、崇中、崇东和长横 4 个同学段学区组织架构；上海市实验小学长兴分校如期招生办学。深化高中育人方式变革，全面实施高中新课程新教材，参与本市特色高中、“双新”示范校项目校创建；完善以选课走班为特点的教学管理体系，2022 年高考成绩创近三年新高。持续推进“双减”工作，2022 年中考成绩创近三年新高。

统筹疫情防控和在线教育工作。迅速有效处置工程技术管理学校长兴校区疫情，做好崇明中学、工技校、新纪元 3 所学校准封闭管理期间疫情防控和生活保障等工作，有序推进分阶段复学复课，确保校园安全。高质量开展线上教育，巧用活用优质线上资源，组织教研员网上巡课2500多节；推出“崇师在线课堂面对面”等志愿辅导，受众学生6万多人次；针对1761名在防控一线的医护人员、公安干警子女和长兴地区33名独居在家儿童实施“导师暖心行动”。

科技供给能力得到提升。实施2022年度可持续发展创新行动计划，征集各类科研课题187项，确定110个课题立项。引入上海碳中和技术创新联盟入驻崇明，助力崇明世界级生态岛碳中和示范区建设。推进崇明碳中和技术集成示范纳入上海市2022年度“科技创新行动计划”，“崇明区碳中和状态智能监测、评估与响应技术研究示范平台”等4个课题作为市级课题完成立项。推进高新技术企业发展，共有413家企业申报高新技术企业；244家企业报名参加“2022年创业在上海国际创新创业大赛”，其中，72家企业入围共获得了1430万元市、区二级科技创新资金的支持，2家企业获推荐参加全国创新创业大赛；45个项目获得了2303万元市、区二级张江专项资金的支持。服务科技企业发展，全年完成认定登记技术合同813项，合同成交金额277073.69万元；做好2022年度科技创新券区级配套补贴工作，19家科技企业共计财政补贴70.93万元；完成科技型中小企业评价审批510家，比去年增加8家。

新一代型信息基础设施建设加快推进。完成信息基础设施规划编制，累计建成5G基站（逻辑站）3436个，本区万人5G基站占有率全市第一；梳理规模超过100个标准机架（2.5kW）的在用数据中心、在建数据中心，以及“十四五”期间规划数据中心、边缘数据中心底数，推动数据中心和5G等新型基础设施资源优化配置和绿色高质量发展；推进智能回收箱、智能取餐柜、智慧零售终端等便民服务智能终端设施部署，为市民提供便捷的数字化服务体验；完成政务外网二期工程建设，通过了市大数据中心的现场评估验收，总体评价良好。

九、体育

持续完善体育健身设施。完成新建（改建）市民益智健身苑点120个，新建市民健身步道15公里，新建（改建）市民多功能运动场10片，新建长者运动健康之家5个，新建市民健身驿站8个。横沙市民健身中心正常推进。东滩自行车小镇配套项目纳入第五轮生态岛三年行动计划。积极谋划体育产业发展，印发《关于促进崇明体育产业发展的扶持奖励办法》，完善“两镇一带十基地”规划布局，加快建立崇明体育产业发展的服务体系。推进东滩自行车小镇、西沙康养旅居小镇建设。积极推进活力新康养融合发展，引导“武医养”活动项目向西沙康养旅居小镇集聚。

有序筹备和开展各类体育赛事活动。全民健身赛事方面，承办上海市国际龙狮网络大师赛、第三届东滩骑行节等全国比赛2项，上海红土网球赛等市级赛事6项，举办第五届上海（崇明）休闲体育大会等区级赛事35项，乡镇委局开展全民健身活动600多场次，组队参加2022上海城市业余联赛等市级活动40多次。专业赛事方面，组建市运会崇明代表团，召开参赛动员会；完成市运会参赛运动员注册22个项目，确定市运会参赛队员337人；完成市运会反兴奋剂宣传和签约工作，开展运动员反兴奋剂宣教和集体宣誓；成功举办市运会马术障碍赛和公路自行车赛。

着力推进青少年体育和体教融合。与上海市体育局签订了第二轮框架合作协议，为崇明体育融合发展打开了通道。34名教练完成国家级和市级通识培训；完成2022年（第一批）普通高等学校运动训练、武术与民族体育专业及高校高水平运动队招生报名；完成运动员技术等级称号复核5人；向市级运动队输送竞技体育人才22名。在上海市第十七届运动会上，本区获60金、36银、42铜，实现了参赛项目、参赛运动员和奖牌数超过上届市运会的目标。

十、卫生健康

深化医药卫生体制机制改革。稳步开展院校合作和市区医院合作，挂牌成立上海健康医学院附属崇明医院。继续探索医保支付方式改革。开展医联体药品集中议价采购，2021年启动第一批和第二批药品集采，至今分别节约1847万元和820万元采购资金，2022年8月第三批共有三大类别11个药品确认中选，中选药品药价平均降幅46.95%，最大降幅达66.72%。开展医用耗材集中采购，全年共节约耗材采购费用1277万元。做实家庭医生签约服务，60岁及以上老年人全年签约21.26万人，签约率84.57%，长护险评估2–6级的失能老人实现应签尽签。提升社区卫生服务能级，完成各社区卫生服务中心互联网医院平台建设。大力发展中医药事业，中医药参与疫情防控工作。疫情期间，共发放连花清瘟77.14万盒、六神丸31.32万盒、中药预防方6.60万帖；完成2022—2023年市中医药科研立项申报，完成中医药事业发展三年行动计划（2018—2020年）人才类项目培训，7人完成上海市中医药高层次人才引领计划申报，14名乡村医生参加国家级继续教育培训班。

持续优化公共卫生服务与管理。扎实推进重大公共卫生服务项目，大肠癌筛查系统切换至新慢病系统，全年共完成初筛1258人；60岁以上老年人接种肺炎疫苗项目，全区共摸底8446人，接种2632剂次；农村妇女病普查共完成28842人次。落实传染病防治举措，全区无甲类传染病病例报告，报告乙类传染病10种6247例；做好传染病疫情报告和网上直报审核管理工作，每月开展不明原因肺炎主动搜索工作；利用门急诊发热病人信息采集报告系统等，继续开展以腹泻病、流感为主的传染病监测，确保呼吸道、腹泻和发热伴综合监测的正常运行。认真做好免疫规划工作，乙肝疫苗、卡介苗等免疫规划疫苗报告接种率均在98%以上。巩固慢病综合防控示范区建设成果，依托基层电子健康档案的公共卫生信息平台，开展慢性病患者管理，其中高血压疾病筛查9.04万人，糖尿病高危人群筛查登记11.84万，筛查5571人；完成心血管病及其危险因素监测1204人。

十一、人口、人民生活和社会保障

2022年末，全区共有户籍人口66.9万人，与上年相比减少0.38万人。全年户籍人口出生1855人，出生率2.8‰；死亡7722人，死亡率11.5‰；人口自然生长率为-8.7‰。

2022年，全区全体常住居民人均可支配收入48237元，比上年增长4.9%。其中，农村居民人均可支配收入35225元，增长6.2%。

加大促进就业工作力度。制订本区新一轮促进就业扶持政策，审核发放各项区级就业扶持资金3548.21万元。贯彻落实市级援企稳岗政策，制订本区企业职工线上培训实施办法、两项稳就业补贴实施细则，共审核通过企业2808家次，涉及1.95万人次，补贴金额1461.03万元。推进重点群体就业帮扶，开展各类招聘活动90场次，805家次单位提供岗位3070个，区内全年新增就业9216人，就业困难人员实现就业人数4581人；帮助480名长期失业青年实现就业创业，完成补贴性职业技能培训7.62万人次，企业新型学徒制培训454人，本市离校未就业毕业生实现就业比例91.93%，城乡登记失业人数控制在市下达的指标以内，均已完成年度目标。开展职业技能培训，建设区职业培训信息系统；完善线上培训信息审核系统，共受理955家企业备案申请，培训职工8.49万人次，发放补贴资金1422.36万元。深化创业带动就业，共审批通过市、区级创业补贴资金申请362家次，发放863.27万元。统筹推进东西部劳务协作工作，完成转移来沪就业农村劳动力1263人，其中脱贫劳动力278人，均已完成年度指标。

努力提升社会保障服务水平。实施全民参保计划，引导无账户人员参保，新纳保178人，城乡居保覆盖率99.74%，居全市第一；全区城乡居保参保人数20.97万人，养老人数16万人。提高城乡居民基础养老金标准至1300元，养老金平均领取水平1520元。修订征地人员保障政策，共办理征地项目23个，落实被征地人员社会保障293人，发放征地养老人员生活费1080.1万元。依法开展工伤认定和劳动能力鉴定工作，共受理工伤认定案件2302件，鉴定1922件。加强养老服务政策支撑，制订《崇明区养老服务三年行动计划（2022—2024年）》，新增2家综合为老服务中心（分中心）（市指标2家），新增10家老年助餐服务场所（市指标1家），改建50张认知障碍照护床位（市指标50张），实施居家环境适老化改造120户（市指标50户），新建26家市级示范睦邻点（市指标8个），新增2家乡村长者照护之家（市指标2家）、3家老年人日间照护中心（无市指标）。完善社区“养老顾问”试点，试点社区养老顾问点368个，社区养老顾问员807名，接待12786人次。

继续加大社会救助力度。开展元旦春节帮困送温暖活动，投入救助资金4865.77万元，受益群众9.9万多人次。对低保、重残等部分困难人员发放粮油帮困电子卡12580张，充值虚拟金额1118.48万元。疫情期间，兜住兜稳困难群众基本生活，发放菜价临时补贴17824人次、178.24万元；发放临时价格补贴53001人次、557.01万元；发放一次性生活补贴14929人次、1555.08万元，实施临时救助37人、4.92万元。启动价补联动机制，发放9月份临时价格补贴59409人、421.8万元。截至12月，全区累计救助各类困难对象383967人次，发放救助金22658.32万元（含综合帮扶1840人次，583.5万元）。

十二、生态环境

2022年，全区环境空气质量AQI优良天数为322天，优良率为88.7%；PM2.5平均浓度为25微克/立方米，比去年同期降低1微克/立方米。27个考核断面水质达标率100%，与去年持平。受污染耕地安全利用率和污染地块安全利用率均达100%以上。

在大气污染防治方面，统筹做好扬尘污染防治，开展“扬尘污染、渣土整治”双月主题执法、渣土运输专项整治等专项行动。持续推进VOCs综合治理工作，开展挥发性有机物攻坚专项执法检查，共出动31批次65人次，现场检查企业31户次。开展路检执法134辆，超标1辆，处罚金额0.02万元；入户调查248辆，无超标；对141台非道路移动机械开展现场检查和监测，核发非道路移动机械环保牌照562张；对37家企业自备加油点开展专项检查14户次，未发现油品异常。完成2021年489家企业的大气污染源排放清单编制。开展重污染天气应急清单编制，梳理上报30家工业污染源、115个扬尘污染源。

在水环境污染防治方面，狠抓断面水质达标治理，完成11期“水环境质量简报”编制，发送预警函6份，电话微信预警20次。针对国考断面（北横引河—七滧港西桥）高锰酸盐指数连续超标，制定控藻、控源、控时间的解决方案；针对市考断面（北横引河—前卫村桥自动站、市控断面界河—新村公路桥）水质波动，召开断面水质提升推进会，做好替代断面水质保障。落实饮用水水源地安全保障，推进卫星遥感问题点位销号，完成青草沙、东风西沙两个水源地共计35个问题的核准销号。长江入河排污口整治，完成1043个排污口中的1033个整治工作，完成率为99.04%。启动全区入河排污口工作，基本完成全区不少于河道岸线总长度30%（约2279公里）的排污口排查、监测和溯源工作。

在土壤污染防治方面，按期完成建设用地安全利用率核算，全区重点建设用地安全利用率100%；加强建设用地全生命周期管理，完成7个地块土壤污染环境调查报告评审；强化地下水污染防治，完成全区地下水监测井回填情况排查；完成危险废物处置场和垃圾填埋场地下水环境状况调查评估。加强对土壤重点监管单位的监管，严格落实土壤污染防治法要求，做好有毒有害物质地下储罐排摸、落实污染隐患排查、土壤及地下水自行监测、新改扩建及拆除过程污染防治等工作。

强化固废危废管理。加快推进标准化的危废基础数据“一个库”，动态更新产废清单，共有758家产废单位完成管理计划网上备案，完成率100%。深入推进危险废物专项整治，经排查我区无产生定性不明副产物的单位；认真开展危险废物规范化管理考核，对82家相关单位实施专项检查，按时推进完成本年度考核任务。持续跟踪并督促加快危险废物规范处置。统筹兼顾大、中、小、微型产废企业危废处置情况，共安全处置危险废物1.92万吨。

生态空间建设实现新突破。公园建设全面发力，新建口袋公园10座，共50212平方米。区、镇林长制组织体系进一步强化，树立林长制公示牌222块，更新359块。启动创建国家森林城市，制定《崇明区创建国家森林城市工作方案》，完成崇明区国家森林城市建设工作领导小组组建准备和备案申报。绿色生态基底持续夯实，基本落实2022年新增森林面积任务1.43万亩，达到市级下达的任务要求。推进20公顷绿地建设任务（其中公园绿地10公顷），其他绿地完成11.55公顷，超额完成建设任务。新建立体绿化17930平方米，超额完成市级下达17300平方米建设任务。新建生态绿道30.331公里，绿道总里程达203.058公里，创建绿化特色道路1条，开放3个单位附属绿地。森林资源管理建管并重，实施公益林抚育1.03万亩，推进竖新、建设2个千亩开放休闲林地。组织重大林业有害生物监测防控，布设美国白蛾监测点35处，实现全区监测全覆盖，防治面积达1万多亩次。湿地生态修复有序开展，实施北沿滩涂互花米草整治湿地修复项目，完成互花米草整治1500亩，有效防止互花米草入侵。野生动植物保护落细落实，收容救护红隼、红腹锦鸡等14只国家重点保护动物。

十三、城市运行安全和生产安全

统筹做好疫情防控和安保工作。2022年，全区报警类110同比下降29.4%，刑事案件立案数比上年下降16.5%，破案率达73.2%，50人以上群体事件和“民转刑”“刑转命”案（事）件“零发生”。深入开展“除隐患、保平安”冬春防控、“百日行动”及“砺剑”系列专项行动，常态化推进扫黑除恶斗争，刑事案件万人发案率保持全市最低水平，公众安全感暨公安工作满意度再夺全市“双第一”。优化完善反诈分中心运作机制，推进电信网络诈骗综合治理，电信诈骗立案数大幅下降。

2022年，全区工矿商贸领域发生生产安全死亡事故5起、死亡5人，发生亡人火灾事故1起、死亡1人，与上年同期（7起，死亡7人；3起，死亡3人）相比大幅下降，城乡运行平稳有序。

索　　引

条目索引

A

B

C

D

E

F

G

H

J

K

L

M

N

P

Q

R

S

T

W

X

Y

Z

表格索引